亲历者说

中国抗战编年纪事

1942

全国政协文史和学习委员会 编

人民出版社

1942年初，蒋介石在夫人宋美龄的陪同下，在“同盟国中国战区总司令”就职书上签字。

1942年2月，蒋介石偕夫人宋美龄访问印度。

1942年11月至1943年7月，宋美龄赴美治病并开展一系列外交活动。这是她在美国国会发表演讲。

八路军副总参谋长左权将军是牺牲在战场上的八路军最高将领。

冀东八路军在操练。

晋察冀军区冀东军分区司令员李运昌（左）与副司令员包森（右）、政治部主任刘诚光的合影 。

远征军涉过界河，进入缅甸。

牺牲在缅甸的戴安澜师长。

中国远征军第一次出征。

中国驻印军在美国教官指导下进行训练。

“驼峰”航线

在印缅指挥作战的国民党高级将领郑洞国（后排中）、杜聿明（前排右）等。

“驼峰”航线曾运送大批中国军队到印度兰姆伽受训。

吕正操（持望远镜者）司令员指挥冀中军民反“扫荡”。

冀中八路军在“五一”反“扫荡”中向敌人发起冲锋。

“五一”反“扫荡”中的八路军英雄连队。

浙赣战役中，中国军民在破坏铁路交通。

衢州保卫战一景。

浙赣战役中，中国军队准备迎击来犯日军。

敌后武工队在河北定县的一次成功伏击。

八路军解放“无人区”的“人圈”——周四沟部落。

战斗在“无人区”的八路军。

柯棣华（1910—1942）

北疃惨案中被日军毒气毒死的儿童。

中国军队的军器仪仗，简朴而庄严。

目　录

冀中“五一”反“扫荡”

浙赣战役

八路军总部突破日军“围剿”

敌后武工队

中国驻印军成立

鲁中反“扫荡”斗争

国共两党的地下斗争

其　他

概　述

1942 年是第二次世界大战规模进一步扩大，世界法西斯势力极为猖獗的时期，也是中国共产党领导的敌后抗战极为困难的时期。

百团大战后，日军华北方面军总结经验教训，在 1941、1942 年大大强化和扩充了“治安”措施，其中最重要的是开始推行“肃正建设三年计划”和“治安强化运动”，其中又以 1942 年夏秋之际为高潮。中国共产党在日占区建立与发展起来的抗日根据地，由于日伪不断的“扫荡”“蚕食”“清乡”以及严重的自然灾害，处境非常困难。

面对新的形势，中共中央、中央军委在武装力量建设，对敌斗争策略等方面作出新的部署。先后提出开展生产运动、健全“三三制”民主政权、开展整风运动、实行精兵简政以及加强党的一元化领导等重要政策。这些政策对于敌后广大军民战胜极端困难，夺取对敌斗争的胜利，具有极其重要的指导意义。

首先是冀东八路军打治安军战役。“华北治安军”是日军华北方面军扶植的汉奸武装，积极推行“治安强化运动”，作恶多端。八路军冀东军分区决定发动战役，集中兵力打击治安军。从 1941 年 12 月到 1942 年 2 月，较大战斗 9 次，较小战斗 14 次，连战连捷，共消灭治安军 5 个团，重创 2 个团，瓦解 1 个团，缴获长短枪 6000 多支、轻重机枪 60 余挺、山炮 2 门，战果辉煌。

“无人区”是侵华日军为了封锁、隔离、扼杀敌后抗日根据地，切断八路军与人民群众的联系，建立集中营式的“集团部落”（群众称之为“人圈”），以此确保日本所谓的“生命线”与“利益线”。1942 年，日军在冀热察边界长城沿线，即“满洲国西南国境线”上，开始制造骇人听闻的千里“无人区”。根据当时的形势，八路军游击队一方面在敌人“人圈”里建立“两面政权”，另一方面努力开辟以长城为轴线的千里游击长廊，在长城内外，主动出击，打击日伪，逐渐掌握了战场上的主动权。

1942 年 4 月 29 日拂晓，日伪军 3 万人突然对冀南党政军机关和主力部队活动区域实施大包围。我方决定兵分两路突围，但因敌众我寡，突围未成。军区领导重新调整部署兵力，并借助有利天气，于 29 日傍晚胜利突出重围。日军妄图消灭冀南区领导机关和主力部队的“铁壁合围”被粉碎。

5 月 1 日，日伪军 5 万余人采取“铁壁合围”“反复合击”“分区清剿”“辗转抉剔”等战术，对冀中抗日根据地进行残酷大“扫荡”，企图消灭我冀中区领导机关和主力部队，完全控制冀中地区。冀中军区主力部队 3 万余人，以部分主力同地方部队、民兵相结合，在内线坚持斗争，主力大部转移至外线寻机歼灭日伪军的作战方针，展开反“扫荡”作战。日军此次“扫荡”使冀中根据地遭到严重摧残，部队减员 1.68 万余人，一批中高级指挥员牺牲，群众被杀、被捕达 5 万余人，根据地绝大部分变为敌占区和游击区。冀中军民在两个月的极端艰苦的反“扫荡”斗争中，共进行大小战斗 272 次，毙伤日伪军 1.1 万余人。

侵华日军华北方面军司令冈村宁次制订了一个“晋冀豫边区肃正作战”计划（C 号作战），于 5 月 15 日，以 3 万日军分兵进犯太行山，完成了对我八路军总部的包围，日军还派出特种部队进行突袭，企图一举歼灭八路军首脑机关。在敌众我寡、猝不及防的情况下，八路军少量部队顽强阻击日军进犯，掩护总部机关突围。万分危急中，我方付出重大牺牲，彭德怀、罗瑞卿等首长各自率部突围成功，而八路军副总参谋长左权在十字岭指挥各部突围时壮烈牺牲，成为抗战期间阵亡的八路军最高将领。此次反“围剿”斗争持续到 7 月下旬，终以敌人力疲撤兵而告结束。

1942 年 11 月 2 日，驻山东日军集中 5 万兵力，对沂蒙山区我抗日根据地进行“扫荡”。中共山东分局和第 115 师师部等领导机关在危急关头突围。穿过敌人两道封锁线之间的缝隙，转移到了安全地带。11 月 30 日，日军开始第二期“扫荡”，进行分区“清剿”。八路军在不断转移的过程中与敌军反复厮杀。太平洋战争爆发后，日军主力陆续从沂蒙山区撤出，我军先后收复据点数十处。至年底基本恢复了根据地。在近两个月的反“扫荡”战役中，八路军歼灭日伪军 2000 余人，我军伤亡 1400 余人，群众被杀害和抓走 1.4 万余人。

1942 年伊始，由中、美、英、苏四国领衔，共 26 国在华盛顿签署《联合国家宣言》，规定加盟诸国应尽其兵力与资源，以打击共同之敌人，且不得与任何敌人单独媾和，标志着世界反法西斯统一战线正式形成。中国抗战与世界人民反法西斯战争成为紧密一体，中国的抗战地位和国际地位得到世界正式承认。

2 月 5 日至 21 日，蒋介石应英国驻印总督的邀请访问印度，这是他掌权 13 年来作为国家元首首次出访。其目的，一是协调远东战区对日防御，保障援华物资的供应和交通畅通；二是调解英国殖民当局与要求印度民族独立力量之间的对峙，以使英国能够全力抗击日本。蒋介石对印度的访问和其后一系列在大国首脑间的斡旋，标志着中国作为大国首次参与国际外交。

2 月，中国远征军根据 1941 年 12 月 23 日《中英共同防御滇缅路协定》，深入缅甸与日本侵略军作战。3 月，远征军在缅南同古遭日军重兵围攻，激战 12 昼夜始突围北撤。此后连发皆北，至 8 月初分头撤至印度和滇西集结，整个缅甸及怒江以西的部分国土遂落入敌手。此次战役，远征军损失惨重。特别是在撤退途中经过“野人山”，部队大量减员，由出征时的 10 万兵员，最后只剩 4 万人左右，在撤退中损失人数竟大大超过作战中伤亡人数。远征军之所以遭此惨败，是由于指挥系统凌乱无能和盟国之间彼此观望不前所造成的。

由于日军占领缅甸，滇缅公路断绝，于是5月，中国和盟军开辟了一条全长500公里的空中通道，即西起印度阿萨姆邦，东至中国云南昆明的“驼峰航线”。其间穿越高山大川，气候恶劣，加之不断有日机拦截，堪称世界战争空运史上持续时间最长、条件最艰苦、付出代价最大的一次悲壮的空运。在长达3年的艰苦飞行中，驼峰航线共运送了65万吨战略物资、战斗人员3.3万多人。美军共损失飞机1500多架，牺牲飞行员近3000人，损失率超过80%。巨大的牺牲，换来的是巨大的胜利。

浙赣会战是5月中旬至8月下旬在浙赣铁路沿线及两侧进行的。日军此次作战的目的是为了防止盟军使用该地区衢州、丽水、玉山等机场，对日本本土进行轰炸，确定由地面部队予以占领后彻底破坏。浙江方面日军与赣东方面日军分别进攻，于7月1日在浙赣铁路线横峰会合，将几个机场破坏后即下令撤退，仅以一部留置金华地区。到8月底基本恢复战前原态势。此役中我军打了几场恶仗，日军一师团长阵亡，日军战史记载伤亡1.7万人。

中国驻印军成立于5月底，是中国远征军第一次进入缅甸作战失利后，在退至印度的新二十二师和新三十八师的基础上成立的，为当时中国最精锐的美式轻装备作战部队，为反攻缅北、协同中国远征军打通中印公路、歼灭日军第十八师团立下了赫赫战功。

1942年11月至1943年7月，宋美龄赴美治病并代表蒋介石国民政府访问。她1943年2月出院后，便积极展开外交活动，呼吁美国对中国的抗日战争给予更多更大的支持。她作为罗斯福总统夫妇的贵宾，访问过白宫，与美国政要举行会谈，在美国国会众参两院分别发表过演讲，与罗斯福总统联合举行过记者招待会，到美国各地参观访问，并发表一系列演讲，在美国朝野引起轰动。

抗战中的1942年，正面战场和敌后战场都经历了严峻的考验。特别是中国共产党领导敌后抗日根据地广大军民，不屈不挠，前仆后继，发挥中流砥柱的作用。无数烈士用鲜血和生命铺就了前进的道路，中华民族正在迎来胜利的曙光。

冀东八路军打伪治安军及挺进热河

冀东人民的抗日斗争

李运昌　李楚离　张明远　李中权*

日寇对冀东的大“扫荡”，从1941年5月21日开始。这次“扫荡”前，敌人耍了个花招：一面宣传要用最大的兵力来“扫荡”，一面只用小股武装与我周旋，造成一种虚张声势而并无实力的假象，借以迷惑、麻痹我军和人民。然而，却远距离集结重兵，形成大包围圈，搞所谓的“铁壁合围”。这次，日军出动两个旅团、6个联队，加上他们在冀东的守备队和伪军，号称“十万精兵扫荡冀东”。他们先从西、北、东三面山地向我压来，企图把我压缩到玉田、蓟县平原地带加以消灭。由于我军侦察工作做得不准确，所以没有及时识破敌人的阴谋，打了一场被动仗。

1941年6月1日，13团在玉田杨家套、杨家板桥与敌人激战一天，第二天转到十棵树、六道街子继续激战。战斗结束后，第1营连夜转到盘山、平北及兴隆一带，另外两个营和教导队，被迫化整为零，分散转移出去，保存了实力，但损失了部分枪支。

12团3个营加地方部队2000多人，在陈群团长的带领下，自6月2日

---

* 李运昌时任八路军冀东军分区司令员；李楚离时任冀东军分区政治委员；张明远时任中共冀热辽区党委代理书记；李中权时任冀东军分区政治部主任。

起，在丰润、玉田连续同敌人打了几次恶仗。6 月 12 日，陈群在玉田孟四庄被炮弹击中，不幸牺牲。这位身经百战的长征干部到冀东以后，身先士卒，英勇作战，深受冀东军民的拥护和爱戴。他的死是我军的重大损失。陈群团长牺牲以后，12 团又同敌人打了几次恶仗，有相当大的伤亡，智勇双全的第 1 营营长杨作霖也牺牲了。但部队斗志依然旺盛，在新任团长曾克林率领下，继续英勇地与敌人作战。

在这次大“扫荡”后，我们及时地总结了经验教训，制定了新的作战计划。等“扫荡”一过，在敌人洋洋得意、认为已经把冀东八路军统统消灭了的时候，即返回原地，集结部队，积极活动，迅速恢复地方工作。

1941 年夏，冀东党委举行了大张屯会议，决定用全力开辟热河山区根据地，以扩大部队回旋区，同时，加强老根据地内部的锄奸防特工作。会后，先派高敬之、周治国等同志带武装工作队到口外伪满敌占区探路，而后派遣 12 团和 13 团深入热河山区，以排为单位分散活动，宣传群众，组织群众，并带去热河人民所急需的生活日用品（火柴、剪刀、布匹、食盐等），发给当地人民。部队吃老百姓粮食后开条，随后就由地方政权按条付现款，以建立政权威信。这样，很快取得了热河人民的信任和拥护。为了不惊动敌人，暂时不打据点。对伪军、伪组织则以“中国人不打中国人，共同抗日”为口号，争取他们和他们的家属，使他们不向日军报告我军消息。与此同时，进行铲除汉奸的工作。这样做，使我军在热河的工作进展极为迅速，很快就开辟出从都山到雾灵山之间的广阔的游击区。

就在我们调兵遣将全力开辟热河时，伪治安军 23 个团共 3 万多人开进冀东。他们企图先以团营、后以连排为单位，分散驻守在我冀东根据地内，妄想把我们的根据地吃掉。这就是敌人吹嘘的“三次强化治安”运动。为了蛊惑人心，与我争夺地主阶级上层人物，他们还胡说什么“治安军是中国人的军队”，散布“曲线救国”论，使一些接近我们的地主上层人物开始动摇，一部分基本群众也迷惑不解。针对这种情况，冀东军区负责人李运昌、包森、曾克林连续召开了驸马寨、傅家城两次军事会议，决定集中兵力发动一场打治安军的战役，以保卫冀东抗日根据地。打治安军战役是冀东第二个抗日高潮，意义极为重大，是巩固扩大冀东抗日根据地的一个重大战役行动。

1941年11月15日，12团和13团各一部，在遵化四十里铺伏击由三屯营向遵化县城移防的治安军第三集团军第六团，共歼灭敌人两个营和一个团部。这是打治安军的第一仗。然后，我两个团一鼓作气，连续打了双城子、刘备寨、梁子河、西旧寨、牵马岭、果河沿等几个漂亮仗，整营整团地消灭了敌人，并攻克了杨店子大据点。我军在战斗中做了优待俘虏、开展政治攻势、瓦解敌军的工作。这个战役到1942年2月15日胜利结束，3个月的时间，作战23次，共消灭治安军5个团，重创2个团，瓦解1个团，缴获长短枪6000多支、轻重机枪60余挺、山炮2门（地方游击队和民兵缴获的武器尚未计算在内）。

打治安军战役的胜利，不仅粉碎了敌人以治安军代替日军驻守冀东的计划，牵制了日军兵力，而且壮大了我军，改善了部队装备，提高了作战能力。这不仅对于巩固冀东根据地有重大意义，而且为开辟北宁铁路南和滦河东两块新根据地创造了有利条件。打治安军战役结束后不久，我们就派12团去滦河东，1区队去北宁铁路南开辟工作。在丁振军、张鹤鸣、张振宇、王晓生、高小安等同志的积极努力下，1区队很快开辟了北宁铁路南这个人口众多、物产丰富的地区。在曾克林、高敬之、曾辉、欧阳波平等同志的积极努力下，12团也很快开辟了滦河东地区。到1943年夏，这两个地区都建立了专署，并建立了8个联合县政府，使冀东根据地的面积和人口增加了一倍。这样，不仅使冀东根据地扩大到渤海边，与胶东相望，而且进逼山海关，打开了到辽西的通道，大大改善了冀东的战略地位。

在我们打败了治安军以后，包森同志就准备率领部队惩罚不断猖狂进犯我冀东解放区的伪满洲军。他先带少数部队到长城线上进行侦察。1942年2月27日，在遵化县野户山同日、满军的一次遭遇战中，包森不幸被敌人的冷枪击中，为抗日战争光荣地献出了他的宝贵生命。包森有勇有谋，敢打敢拼，是一个出色的军事指挥员。他忠诚党的事业，努力奋斗，为开辟冀热边抗日根据地作出了卓越的贡献。他的死，是冀东党组织、冀东军民的一个重大损失。在包森牺牲以后不久，在遵化铁厂附近的甲山战斗中，深受军民爱戴的军分区政治部主任兼12团政委，老红军刘诚光同志也壮烈牺牲了。这是我冀东军民的又一重大损失。

包森、刘诚光、陈群三位卓越的军队领导同志的牺牲，引起冀东军民的巨大悲痛。为了狠狠打击日本侵略者，给烈士报仇，1942年6月，冀东部队在热河王厂沟召开了追悼、誓师大会。李运昌同志作了慷慨激昂的战斗动员，号召全军奋勇作战，消灭日寇，为牺牲的烈士们报仇，为受难的人民雪恨。于是，在这一年的夏季，轰轰烈烈的“复仇战役”开始了。这次以打击日军为主的战役，从7月开始，共与日军作战20余次，消灭了近2000名日军。我军在战斗中进一步发展壮大，部队的武器装备进一步得到改善，战术水平和战斗能力都大大提高了。1942年夏“复仇战役”胜利后，为加强冀东部队的军事建设，冀察热挺进军萧克司令员派彭寿生同志任冀东军分区参谋长。接着我们新组建了第11团，由赵文进同志任团长。当年秋，敌人又开始进行五次“治安强化运动”。这次我们总结了1941年反“扫荡”的经验，采取了“敌人进攻我根据地，我进攻敌人后方”的方针。为了保存实力，我军主力在敌人“扫荡”一开始，就转到外线作战，开辟新地区，想把敌人调动出去，彻底粉碎了敌人的“强化治安”运动。

打“治安军”战役

娄 平*

打伪治安军战役是 1941 年 11 月至 1942 年 2 月冀热辽我军发动的，战役以我军大获全胜结束。

一、战役前形势

抗日战争进入相持阶段后，日本侵略者在中国虽已陷入持久战的被动局面，却依然野心勃勃，准备“南北并进”——北上攻苏和南下太平洋攻美、英、荷。为此，它对国民党政府加紧政治诱降，“迅图其屈服”，以便减少在华兵力，又明知希望甚微，所以，无论结果如何，也要转向长期战之方略。由于我军广泛开辟了敌后战场，日方对已占地区则要确保要地，“彻底维持占领区治安”，才能实现减少在华兵力的目的。日本侵略者的这个指导思想在 1940 年 10 月 1 日决定的《中国事变处理纲要》中表达得十分明显。1941 年 1 月日本大本营制定的《对华长期作战指导计划》中更明确地提出，“作战目的是以维持治安、肃正占领区为主”。“肃正占领区为主”华北无疑

* 作者时任冀东八路军第 13 团政委。

是重点，所以日本华北方面军明白，“在一九四一年度要彻底进行剿共治安战，已经成为空前未有的大事”。于是，日军吸收了单靠军事“扫荡”不能奏效的教训，在1941年2月就制定了为期3年，连续5次的“治安强化”运动计划，充分发挥日本“以华制华”“以战养战”的方针，妄图实行以军事为主的军事、政治、经济、文化相结合的“总力战”，使华北“治安”达到“满洲国水平”，以确保华北成为“大东亚战争”兵站基地。

第一次“治强”于1941年春首先从冀东开始，到9月第二次“治强”在全华北结束。日本华北方面军认为已在“巩固和改善治安方面取得了空前的成果”，又于11月开始第三次“治强”。

时值太平洋战争爆发前夕，日本侵略者深感兵力不足，急于把“以华制华”的方针扩展开来，充分利用伪治安军，使其达到能不依靠日军，独立承担确保治安的任务。日军选定先在冀东东部（伪华北政府的冀东道）实行。

冀东先于华北其他地区两年沦为殖民地，日本的殖民统治较有基础。这里我抗日游击战不仅开展较晚，而且在1938年大暴动组成的队伍又遭受极严重的损失，直到1940年末才建成大片游击根据地，在200余万人口的地区中只有队伍7000人；1941年夏季反“扫荡”战争中，仅有的两个主力团又受严重损失（日军称“收受到彻底扫荡的成果”），是敌后我兵力薄弱之地。所以，日本华北方面军认为，以绝对优势的“治安军”确保冀东的一半，很有把握。

“治安军”总兵力为5.4万人，由伪华北治安总署督办齐燮元统辖。1941年10月开始以其主力3万余人（包括原已在冀东的）进驻迁、滦、丰、玉、遵5县（伪冀东道西半部，我根据地东半部）。其分布情况是：

第一集团驻迁安城、罗屯、太平寨、兴城、三屯营直至撒河桥一线，集团司令李定衡；第二集团驻玉田，集团司令黄南鹏；第三集团驻遵化城及东双城、大寨、铁厂等地，集团司令刘化南（一说刘化南为第五集团司令——编者）；第四集团驻遵化县南之党峪、新店子等地，集团司令刘祖生；第五集团驻滦县城、张各庄、上五岭、苏家庄等地，集团司令叶荫南；第六集团驻丰润县城及左家坞等地，集团司令马文起。另有8个独立团分别配署于各县境内（由原伪警防队改编的“治安军”第一〇一集团，此时尚留在蓟县、平谷、密云一线）。在战役开始前，其进驻计划已实现大半。“治安军”的编制不一，每集团下属两个团（一〇一集团为 3 个团），团以下为三三制。其装备好的约占五分之三以上，主要是第一期建军的前 8 个团，皆以捷克式武器装备，长枪是“马四环”（马步两用），每连一般配备捷克式轻机枪 3 挺，每团另有机炮连，配捷克重机枪和迫击炮各 4，集团司令部有山炮连，配备山炮 2 门（一〇一集团的装备还要好些）。第二期建军的装备一般较为低劣。“治安军”的营级以上军官，多为旧行伍出身，他们没有打游击战的经验。但第一期建军的队伍训练较好，是其精锐。唯有一〇一集团，不仅装备好，而且对付游击战的实战经验丰富，战斗力较强。

治安军拟先以团、营为单位驻防和“扫荡”，确保“点、线”，以连、排为单位散开，确保“面”。他们不仅要把我主力和游击队驱逐和消灭，对我在农村的基础也要“剔抉”干净，把伪政府的统治加强，恢复保甲制和建立所谓农村自卫组织，实现建成“模范治安区”的目的。治安军还高唱“曲线救国”，拉拢农村上层人士，破坏抗日统一战线，军事、政治双管齐下，以达其目的。

当治安军大量涌进冀东之时，我方已侦知其战略意图、兵力部署等基本情况，并发现境内一些上层分子在伪军的威慑和欺骗下发生动摇。冀东区党分委立即在青龙县王厂沟开会研究对策，认为若不能给治安军以沉重打击，它们的反动目的必逐步实现，我根据地将陷入困境。会议决定发动打治安军战役，并乘胜开辟滦东和路南，扩大根据地。军分区司令部随后在遵化驸马寨研究军事部署，决定将分兵开辟热南的队伍大部调回，以 12 团、13 团两个主力团大部和一些游击队相机作战。在战术上力争巧打，打伏击，打运动中之敌，以多胜少，也不放弃必要或有利条件下打攻坚战，以少胜多。

二、战役经过及战果

战役从 11 月 15 日揭幕，首战于遵化城东之四十里铺。我军据侦察所得确切消息：治安军第三集团第六团于该日自三屯营向遵化进驻。军分区司令部李运昌、包森、曾克林等遂于该日前夕，率12团、13团约4个营兵力，东自白马瞎，西至大柳树，布成20里之袋形伏击线。12团在东，13团在西，控制公路两侧之所有制高点。因公路靠北山较近，所以，主要兵力埋伏于北侧。如此布阵，拟将该团一网打尽。由于前数日之内，该团少量官兵络绎不绝于途，我军不打草惊蛇，所以该团沿公路西进时，既不搜索，也无戒备。该敌晨8时开始进入“口袋”，约10时许，某前队已达赵家庄（尖兵将达穆家庄，距大柳树尚有数里），辎重到达靠山庄，本队只有一半进入“口袋”之时，12团2营在四十里铺附近首先开火，于是，全线出击，仅半小时结束战斗。这一仗共毙俘敌450人，缴轻机枪5挺，步枪350支，子弹2.5万发，辎重150车。首战告捷，然后两个团分头寻战。

四十里铺战斗之后，治安军第三集团继续向遵化进驻，不久进驻完毕，一个多月内未出动“扫荡”，忙于安营扎寨。

包森率13团3营、特务连和遵化游击队，伺机进攻由治安军第五集团一营据守的东双城据点。该据点位于遵化通往三屯营之公路上，向南又与该团另两个营据守之大寨、铁厂有公路相通。包森乘其工事未完成时攻取之。12月26日上午，包派出3支突击队，化装探亲、赶集、送粮柴之各色人等，从东、东北和正北入村，偷袭攻占其背部，里应外合，迫使全营投降。当突击队进入东双城接近伪军据点之时，遵化游击队队长曹致福和特务连长贾紫华率领的两支突击队，都遇上敌人哨兵强行检查。他们只好开枪，击毙伪军一二十人，并有少数人抢入据点内，占了东南角碉堡；由8连排长张子余带领的另一突击队，占据了西北角碉堡。进入这两座碉堡的人数有限，且多持短枪，碉堡又未完工，在敌人反扑之下，无还手之力。我后继部队亦被敌火力压制在村外小河边，以致奇袭未成，战斗形成不利于我的僵局。

包森分析战场内外之敌我形势，仍决心攻之。他重新布署兵力：派3营9连于小寨阻击大寨之敌，派遵化游击队阻击遵化之敌，以特务连和3营7、8两连担任主攻——白天保持胶着状态，入夜发动总攻。该敌顽强抵抗待援，经逐院逐屋争夺，午夜该敌待援无望，士气大衰，仍企图突围逃走，突围未成又退回据点。凌晨 3 时，该敌终于被我全歼（仅营长带 20 人左右漏网）。

此战共毙俘敌 200 余人（两个连、两个排），缴迫击炮、重机枪各 1 挺，轻机枪 4 挺、长短枪 160 余支，创夜以继日连战近 20 小时攻坚克敌之首例，军威大振。13 团亦付出伤亡数十人的代价。

以上两战，治安军在被伏击和遭强攻时受到严重打击，伪军指挥官信心和士气有所衰落，但就总体上看，其骄狂之气尚未明显减弱。

治安军从 1942 年 1 月开始“扫荡”。1 月 3 日，包森率部驻山头庄、刘备寨一线。平安城等治安军来犯，我军将其击溃，歼敌一个营大部。毙日籍教官一名，俘伪连长以下百余人，缴轻机枪两挺，步枪百余支。4 日，王官营、辛庄子等千余治安军分路进攻马庄户、奉马岭，被我 12 团击溃。我毙伤俘敌数十人。

我军亦主动作战。1 月 5 日夜，12 团一部佯攻大寨治安军第五团团部，2 营设伏于大寨南十余里，伏击其五团二营，仅二三十分钟即全歼之。俘伪营长及连长 2 名以下 250 余人，毙日籍教官及连长各一人，士兵数人，缴迫击炮、重机枪各 1 挺、轻机枪 9 挺、长短枪 200 余支。我军毫无伤亡。

1 月 5 日，13 团从平安城上层人士得来情报，谓伪治安军第十团第三营翌日将再犯刘备寨，寻找日籍教官尸体。包森遂率 3 营及特务连，于敌必经之路东亮子河、张庄子、马各庄设伏。翌晨该敌到来。伪营长指挥无能，通过村中竟不搜索，以致 13 团 3 营顺利地按计划将敌从东亮子河村中放过，然后与特务连前后夹击而全歼之。计毙日籍教官一名，俘伪连长以下官兵 200 余人，缴轻机枪 3 挺、步枪 200 余支。该团恐慌之至，余部向石门方向撤退，在出头岭又被我丰玉遵游击队击溃，丢掉团旗，损失人枪百余（包括 1 挺轻机枪）。至此，治安军十团番号消失。

治安军连遭失败之后，其中下级军官及士兵多已丧失斗志。齐燮元见出师不利，赶来冀东督战，把以营为单位驻防和“扫荡”向以团为单位转变。从此，日军不得不配合行动。

1 月 9 日，日军出动飞机 5 架，在王官营附近及鲁家峪以北侦察并多次投弹。11 日，日军一个大队和伪军一部自丰润北犯，携炮两门、重机枪两挺，轻机枪 22 挺。我 12 团一营伏击该敌于甄庄，毙日军十余人，俘伪军 26 人，缴轻机枪 1 挺、步枪 26 支。但日伪军仍继续向丰、玉、遵、迁等地围攻。

在不断取得胜利的形势下，我军越战越强。敌人集中兵力，我军也集中兵力。包森调来 13 团 1 营第 4 连和 2 营两个连，准备大打。1 月 11 日夜，包率 7 个连设伏于丰润、玉田之亮甲店，拟伏击出犯之治安军。因敌情变化，遂于午夜后迅速撤退，宿营于黄家山。12 日，玉田城内上层人士传来情报：玉田治安军将于翌日北犯，“扫荡”平安城一带，但不知其出动时间及兵力。包森估计，敌出动兵力可能相当于 13 团已集结之兵力，只要战场选择和作战指挥得当，就有把握战而胜之；于是率部连夜急行军，13 日 1 时前布阵（即以迎战姿态宿营）于遵化东部果河北岸蔡庄一线。玉田城驻治安军第二集团司令部及其第三、四两团，几乎与我 13 团同时倾巢出犯。第四团入燕山口，司令部及第三团入界山口。第四团于 13 日凌晨 1 时许到达蔡老庄、蔡二庄之间河口，当即与我 13 团 4 连接触，被击退后据守南岸对峙。

包森根据战场情况判断，敌兵力较大，但骄傲狂妄，布阵失当，且其他方向未发现敌情，遂决心歼灭之。包命 3 营迂回至敌后 4 里之燕各庄敲敌右后侧，陷敌于蹄形包围之中。2 营在蔡庄西北担任警戒。天方明，7 连从敌右后侧开火，敌阵大乱。4 连、特务连和 7 连冲锋，立即歼敌机炮连等 200 人。余敌陷于混乱，一股 500 人向燕各庄狂跑，刚到村头就被我全部缴械；另一股 300 人奔上左后侧小山上之别古寺。包森审问被俘伪军官后，方知该集团倾巢出犯。但其司令部及第三团尚在 30 里外，故仍决心全歼之。据守别古寺之敌藉山势的等齐斜面，庙墙坚固，易守难攻，在日教官督战下困守待援。我炮兵因无熟练炮手，不能命中。我军发起强攻，庙内残敌待援绝望，方打死日教官后投降。在强攻别古寺之时，2 营曾派兵于战场西侧之段庄击退蓟县之援敌，保证了主攻。敌司令部率三团午后来援，下午 4 时其前锋到达燕各庄东旦许之范石桥，向我军进攻。我 3 营阻击之，激战之时，3 营派一个排绕到范石桥南之王四项，居高临下猛打，一特务连又于范石桥北不足 3 里处以重机枪群扫射。此时伪四团已被全歼的消息在援军中传遍，他们又遭夹击，惶恐万状，阵地大乱，遂扔掉两门大炮，向东南罗家口逃去。时天色已晚，我军亦未追击。此战俘中校团副（团长率十余人逃跑）及 2 名营长以下 800 余人，毙日教官 4 人、伪军官兵百余人，缴获山炮 2 门、迫击炮 4 门、重机枪 4 挺、轻机枪 22 挺，长短枪 700 余支、子弹 10 余万发、望远镜 20 余个及电台、骡马、辎重等。我军伤亡 30 余人。

治安军果河沿惨败之后，日军调来大批兵力，在伪满军及治安军配合下，在玉田、遵化寻机报复。我 13 团化整为零，避敌锋芒。

12 团在果河沿大捷鼓舞下，于 1 月 20 日集中 1、2 营及 8 总队强攻杨店子治安军二十团据点。我 12 团以特务连，2 连、3 连一部为突击队，5 连为二梯队，攻杨店子中心，1 营、2 营其余部分分别攻南北两翼，8 总队打援。战斗一开始就攻占据点大部分。南北两翼残敌都向中心靠拢。1 营、2 营也跟踪追击，形成敌我重复包围之阵。双方经逐院逐屋争夺，白刃血战，我军将敌压缩在团部驻地，歼敌大部。但因敌工事坚固，未能全克。此战共缴获轻机枪 5 挺，步枪 200 余支。我军撤出战斗后，该团在大批日伪军及飞机接应下，放弃杨店子，逃回迁安城，一个整团仅剩 300 余人。我军共伤亡 170 余人。此战虽缴获较少，但其激烈程度大大超过前几次战斗，沉重地打击了日伪军，逼退该据点，使我军威震滦河左右，其意义在全战役中居于第二位。

果河沿、杨店子两战歼伪军近两个团之后，治安军已溃不成军，无力再战，敌人急忙调回日军 2000 余人、伪满军一个团，治安军一〇一团也从蓟平密调道丰玉遵来。这些援兵的到来，已不是执行原任务，而是在原有治安军溃不成军后稳住阵脚，避免一败涂地。2 月 4 日，丰润日军 300 余人进攻枣林庄，与我 12 团 1 营激战两小时后又向鲁家峪进犯。同日，一〇一团 2000 余人进攻西亮子河，与我 13 团激战终日。敌我互有伤亡，我军小有缴获。

2 月 5 日，大量日伪军继续“扫荡”丰玉遵。该日凌晨 2 时，我 13 团 2 营与日军田口休助大队于夏家峪遭遇。包森因情况不明，命令撤出战斗，上南山隐蔽。下午 4 时许，仍命 2 营及特务连于贾庄子设伏。5 时，该敌返回，进入埋伏线。我军迎头痛击，立毙中佐大队长以下 70 人，缴轻机枪 1 挺，步枪 20 支。该敌被迫退却。我军因夜幕降临，亦向北转移。

至此，打治安军战役结束。我军 12 团、13 团等共作战 20 余次（规模较小、缴获不大的战斗不一一赘述）。据不完全统计，毙俘伪军中校以下官兵 2700 余人，毙日军中佐以下（包括伪军中之日籍教官）官兵 500 余人，击伤伪团长以下官兵约 600 人，缴获山炮 2 门，追击炮 6 门，重机枪 6 挺、轻机枪 62 挺，长短枪 2500 余支、掷弹筒 25 个、弹药（包括炮弹 700 余枚）24.7 万余发，电台及望远镜数十个，辎重、骡马及其他军用品甚多。我军伤亡连排级干部十余人，士兵 300 余人。

在战役后期，我民兵亦大显身手。果河沿战斗缴获两门山炮，就是燕各庄民兵打扫战场得到的。在敌军溃散时，民兵缴成班伪军武器的就有几起。有的还攻克碉堡，缴获轻机枪。民兵还学着主力部队，给俘虏讲话、发路费。在战役过程中，各地方都向治安军开展政治攻势，广泛向伪军官兵教育：“不替日本鬼子卖命”“只有反正才是出路”等，还广泛散发“归顺通行证”“回家通行证”，配合军事上的胜利，有力地瓦解伪军斗志，使治安军逃亡日益严重。例如，驻丰登坞伪军一夜之间就逃亡数百人。全战役战场歼灭及政治瓦解，共使治安军丧失在冀东兵力的四分之一以上，其余的大多数兵无斗志——只有一〇一集团和另外二三个团还有些战斗力。就其总体来说已溃不成军了。这是华北解放区几次大的战役胜利之一。

这个战役的胜利超出预计，我军越战越强，对伪军大有摧枯拉朽之势。如果河沿战斗伪三团之溃败，杨店子据点之放弃，出头岭一战数百名伪军被游击队打得丢盔卸甲，伪军成班向民兵交枪投降。无怪乎晋察冀军区接到果河沿战报后唯恐失实、友邻解放区将信将疑、十几年后研究战史的人看成是奇迹。

在滦河东岸的战斗岁月

曾克林[*]

在抗日战争中，冀东地区是日寇进行封锁、“扫荡”“蚕食”的重点地区之一。1941年，敌人发动了3次“治安强化”运动。从1942年4月起，敌又纠集日伪军4万余人，对冀东开始第四次“治安强化运动”。在此严重的形势下，冀东军分区（后改称晋察冀军区13军分区）所辖的12、13两个主力团，采取集中、分散、转移的方式，与敌进行英勇斗争，机智灵活地周旋于丰滦迁、丰玉遵、蓟平兰地区，巧妙地打击敌人。同时，为粉碎敌人的“治安强化运动”和“扫荡”“蚕食”政策，冀东区党分委和军分区制定了“分散活动、坚持地区和转移外线、开辟新区”的方针，决定向热南和滦河以东发展，开辟新的抗日根据地。

渡过滦河去

滦河，把冀东一分为二。滦河东有昌黎、卢龙、迁安、抚宁、临榆5县，东至山海关，北至长城，是东北通往华北的咽喉，具有十分重要的战略

* 作者时任八路军冀东军分区参谋长兼第12团团长。

地位。长城外是伪满洲国，河东岸有严密的封锁线。日伪在城乡强制推行保甲制，并对来往行人严加盘查，没有“良民证”就是“匪”，动辄扣留、审问、枪杀。由于滦东地理位置的重要，日军统治森严，所以开辟新的根据地存在着许多困难。

但是，东渡滦河也具备了有利条件。1941 年军分区展开了打治安军运动，大小战斗 40 多次，杀伤敌人 5 个团 6000 多人，缴步枪 3000 多支、机枪 70 余挺，从而粉碎了敌人的第三次“治安强化”运动。我主力部队还在滦河西，特别是迁滦卢三角地带，狠狠地打击日伪，为开辟新区扫除了障碍。有 3 次影响较大的战斗。第一次是 1941 年 11 月 15 日，由李运昌、包森和我率领 12 团、13 团一部，在遵化县四十里铺伏击由三屯营向遵化县城移防的伪治安军，一举消灭敌人两个营和一个团部。第二次是 1942 年 1 月 20 日，我带领 12 团攻击了敌人严密设防，吹嘘为“固若金汤、牢不可破”的杨店子大据点，击毙日军教官 1 人，毙伤俘伪军一个营 300 多人。第三次是 1942 年 7 月，由我率领 12 团一部在滦县千河草设伏，伏击和痛歼了制造潘家峪惨案的刽子手佐佐木以下日军 180 余人，伪军 200 余人。这三大仗及其他许多战斗，给滦河西岸的敌人以极大震动。我 12 团乘胜前进，拔掉了沿滦河岸的野鸡坨等多处据点，打破了滦河和北宁铁路的封锁线，为开辟滦东奠定了基础，打开了通路。

6 月初，敌第四次“治安强化”运动结束后，分区确定反击部署：主力团打中心区的日伪军，地方武装在外线活动，破坏交通，袭扰据点，配合主力作战，地方干部恢复政权工作，并加强对群众的宣传教育，12 团担负恢复丰滦迁和迁滦卢地区以及开辟滦东抗日根据地的任务。同时，调整了组织和部分领导干部。这时我任 12 团团长，带领干部战士做好开辟滦东的一系列准备。

先于部队渡过滦河的是一部分地方干部和工作人员。从 1941 年 10 月开始，高敬之、李焕章、张福德、田丰、李国安、林子江、张沛然等同志先后秘密到达滦东，并着手开展开辟新区的工作。由于我军在滦河西的胜利，滦河东的伪组织人员惶恐不安，有些伪职人员便想同我方联系，好给自己留条后路。高敬之、李焕章等就利用上层人士的掩护，深入下层，宣传群众，组织群众，发展地方武装，瓦解敌军，犹如第一把刀子插进敌人的心脏。

1942 年 8 月，我 12 团 1 营作为突击组，东渡滦河，武装开辟滦东。在营长欧阳波萍、总支书记杨春垠的带领下，1 营越过敌人在青龙河上的层层封锁线，像第二把刀子插到昌黎、卢龙、抚宁东山以西地区。随 1 营过河的还有龚发田游击队。我军东渡滦河，使敌人一下子骚动起来。8 月 18 日清晨，接侦察员报告，日本关东军原田东两中队从长城口奔迁安、建昌之间的彭家洼来了。欧阳波萍、杨春垠就率领 1 营隐蔽在彭家洼南山上。当敌人进入伏击圈后，1 营猛烈开火，敌人顽强抵抗。号称“常胜军”的日军中队非常凶残、狡猾，而且武器装备精良。但我 1 营的干部战士不怕牺牲，冲上去和鬼子拼刺刀。阵地上，喊杀声、枪声、枪刺的撞击声响成一片，打得敌人嗷嗷叫。欧阳冲进敌群，驳壳枪不停地响着，在他的周围，倒下了一片日军。战斗很快结束，1 营缴获 1 挺重机枪，1 门小钢炮，6 挺歪把子机枪和几十支长短枪。76 个日军除一名化装逃跑外，其余全都被消灭。首战彭家洼告捷，一下子扩大了我军在滦东的影响。

不久，我带团部和 2 营、3 营全部渡过滦河。由于欧阳波萍等同志光荣牺牲，马骥同志提升为一营副营长，杨树元同志调入 1 营任营长。敌人发现我军过河后，急忙调兵遣将，妄图寻找我军决战，把我挤出滦东。当滦河开始结冰的时候，我和高敬之、曾辉、周家美等同志正在西牛山开会，不巧被敌人发现，团部和部队便转移到大贤庄。但敌人又获取情报，并暗中策划，调建昌营、迁安县城、大横河、包各庄四路兵马，准备包围消灭我军。我们得到消息后，便在大贤庄摆开战场，把建昌营来的日寇全部歼灭，打得敌人血肉横飞，死尸遍野，再把迁安来的敌人击溃，然后甩开了大横河、包各庄的敌人，安全转移。彭家洼、大贤庄两次战斗，打的都是日军的王牌军。为此，我军威震滦东，敌人闻风丧胆，大大振奋了士气，鼓舞了斗志，为开辟滦东根据地、扩大抗日力量起到了积极的推动作用。

接着，我们又根据毛主席“敌进我退，敌驻我扰，敌疲我打，敌退我追”的战术原则，进行了许多战斗。我们一面打仗，一面同地方干部一起，广泛向人民群众宣传我党的抗日主张和政策，大力揭露敌人的罪行。同时，用军事斗争的胜利，配合地方进行建党建政。在滦东人民的支援下，我们白天隐蔽，夜间行动，连续拔掉多处据点，摧毁了许多伪军伪组织，迅速在400多个村子建立了基层政权和群众组织，先后帮助成立了临抚昌和迁卢抚昌两个抗日联合县办事处（办事处主任是高敬之）。1942年秋，迁卢抚昌成立了5个区，冬天成立了9个区，临抚昌也开辟了抚宁东山以西、洋河以东地区。在迁卢抚昌和临抚昌开辟的地区里，逐步建立了农救会、工救会、妇救会、青救会、文救会、儿童团、老头团等抗日群众组织，滦东地区长期被日伪统治的局面初步打开了。

跳出口外打

敌人在第四次“治安强化”运动被我粉碎后，不甘心其失败，从1942年秋开始，进行了更为残酷的第五次“治安强化”运动。他们从东北和华北各地调关东军、伪治安军、伪满军，杂牌伪军共4.6万余人，开始对冀东根据地大举“扫荡”，企图用挖沟筑垒、封锁“蚕食”、“铁壁合围”、分进合击、“梳篦政策”，使八路军和游击队无处藏身。滦河两岸的形势变得非常紧张。为了粉碎敌人的第五次“治安强化”运动，我军采取了“敌人进攻我根据地，我进攻敌人后方”的方针，集中主力，以武装工作队的形式向伪满的热北、热东和辽西区发展，开辟新的抗日根据地，开展游击战争。12团奉命留两个连在基本区配合地区武装，用“蘑菇”战术与敌人周旋，主力部队则跳出包围圈，撤离基本区，转到长城以外的外线作战，到热河省开辟新区。具体步骤是：1营到都山以东花果山、芦户庄、明水塘一带，2营到平泉东南活动；部队到达热南后，以连、排为单位深入敌占区开展工作；团领导随各营、连活动。

热河省是伪满洲国的一部分。敌为防止抗日游击战争向东北蔓延，在长城一线实行封锁。但是从1940年开始，冀东部队几次打出长城，深入到热南，因此敌人非常恐惧，挖空心思割断我口内口外的联系。他们从1942年春开始，实行大规模的“集家并村”政策，制造了东西长700余里，南北宽80余里的“无人区”，企图消灭我军生存的条件。日军对“人圈”的群众进行惨无人道的统治，人民生活在水深火热之中。

我12团主力到达热东后，生活极端艰苦。天气冷了，部队没有被子，就铺树叶、干草；没有粮食，就以树叶充饥。干部战士转战热东，斗志旺盛，在人民群众的支持下，寻找有利战机，狠狠地打击敌人。一次，青龙县伪武修讨伐队200多人，在安子岭以南妄图合击马骥带的一个连队。马骥带队伍迅速转移到隔河头以东，然后杀回马枪，将伪武修讨伐队指挥所及大部分敌人歼灭。接着，他们在青龙县东部界岭口据点西北鲇鱼洞沟，击退了伪张金祥讨伐队300余人的阻击。1943年4月，伪满洲国进行西南“国境增兵”，由我带领1营到达青龙县，在杨树窝铺附近伏击伪满国兵运送弹药的汽车，缴获了汽车和追击炮弹。接着，在龙王庙木头凳附近，我带领一部分部队又伏击了伪满国兵的运输车队，消灭一个连，缴获运送给养、弹药的胶轮大车百余辆。为打击敌人“集家并村”运动，1营还攻打了长城外的北台子。一天深夜，马贤、张智魁带领2连为突击队，先摸进北台子，然后发起攻击。1连、3连在外面配合打，结果杀伤大量伪满国兵，使敌人感到在北台子再也待不下去了，不几天就撤走了。在口外，卧龙岗一仗打得也很激烈。当时，我军获悉龙王庙的敌人要换防，就在离龙王庙二三十里的卧龙岗上设伏。敌人的近20辆汽车进入我军火力射击圈后，政治处主任程陆天、1营营长杨祷元指挥部队一齐开火。敌人应声而倒，乱作一团，负隅顽抗的当即被打死。战斗结束时，消灭敌人一个国兵营，俘虏100多人，打掉了号称“第二日本”的伪满国兵的威风，使日本人大为恼火和伤心。我12团主力还先后攻克锦承路南的上峪车站、平泉东老杖子等据点，使敌人后方终日不得安宁。

在热东，我12团部队还以军事斗争和地方工作相配合。深入宣传我党的方针政策。如在“人圈”的人民中广泛物色抗日积极分子，同时，做好士绅、伪军、伪警、伪政权人员的统战工作，促使他们站到人民一边，并建立抗日两面政权。在敌人进行“集家并村”时，还专门派部队支持群众搞反

“集家”斗争，使有些地方的“人圈”围墙白天修，晚上拆，始终修不起来。热东人民进入“人圈”后，失去了生产和生活资料，生活极度困难，我们就支持群众对敌人开展经济斗争，派队伍掩护他们到口里卖粮换布，并多次击退伪警、伪讨伐队截粮、截布的行动。热东人民饱尝了当亡国奴的滋味，反满抗日情绪很高。许多群众自动为我们带路、探消息、送情报、掩护伤病员、送粮送菜等。有些老乡被敌人抓去，敌人强迫他们说出八路军的踪迹，但任凭敌人严刑拷打，他们坚决不吐真情。我们在站稳脚跟后，又秘密帮助地方建立抗日政权。1942 年底，以青龙县东都为重点，建立了青龙、绥中、建昌、凌源 4 个县境内的抗日区政权，下设 4 个分区，由随 12 团 1 营到热东开辟新区的地方干部海瑞祥任总区长。接着，成立了凌青绥工作委员会和办事处，张化东为工委书记兼办事处主任；陆光为民运部长，周鸣岐为秘书。从此，滦河东西联系起来了，口内口外也联系起来了，滦东根据地由口内的 5 个县延伸到口外的 4 个县。

1943 年 6 月，我 12 团主力分路入关作战后，仍留马骥带 7 区队坚持在口外凌青绥一带活动，寻机打击敌人。8 月，马骥率部在青龙县花广峪沟击溃了伪满国兵 1 个营和 30 多个日军，打死日军十几个，缴步枪十多支。9 月，又带队伍打开周杖子矿，歼灭日军 20 多人，伪矿警 20 多人，击毙日军少将 1 人，缴轻机枪 1 挺、步枪四五十支、炸药一大批。

在热东人民和民兵、游击的支持下，我 12 团部队共作战数十次，歼敌千余人，使大部分“人圈”都有我方的工作人员，敌人建立起来的基层政权变为两面政权。我方还建立了情报网，并能从“人圈”中征收少量粮、款。我方工作较好和敌人控制较松的“人圈”，夜间在游击队掩护下，还能开群众会。由于军民共同努力，热东“无人区”的斗争，在极端艰苦的条件下坚持着和发展着，直到日本投降。

国民政府的外交活动

抗日战争时期的中英美关系及其矛盾

杜建时*

抗日期间，蒋介石派我在重庆筹办国防研究院。蒋介石自兼院长，实际工作是我负责。为军事援助事，美国派军事代表团团长马格鲁德来和蒋政府协商。蒋派我兼任侍从室中将高级参谋及国民政府中将参军，随同商展与马格鲁德联系。不久珍珠港事件爆发，由中、英、美发起成立联合国。划中国战区，以蒋介石为中国战区统帅。从此，不断有美国高级将领来到中国。蒋介石对此特别重视，凡美国来华将领，都由他亲自接洽。我就成了蒋和美国将领之间的联络员，并经管了一部分军事外交文件。以下所写的材料多系我亲自参与或经管之事。

1941 年，日军入侵赣北、湘北、鄂西后，蒋介石因军备物资缺乏而处于危殆之中。是年 3 月，宋子文向美国政府要求军事援助。美国派军事代表团团长马格鲁德来重庆磋商。协议由美国补充国民党 30 个师的装备。经马格鲁德将此意见电告美国政府，美国未予批准。后经宋子文向美国政府交涉，始允拨 5000 万美元的军事装备。美援尚未启运，1941 年 12 月 7 日突然发生珍珠港事件，太平洋战争爆发。

蒋介石闻讯大喜，急召何应钦、白崇禧、徐永昌、商震等商议，决定向

---

* 作者时为蒋介石侍从室中将高级参谋及国民政府中将参军。

美国建议成立中、美、英、荷、澳5国军事同盟，并由美国总统罗斯福在华盛顿主其事。会议后，蒋召见美国代表团团长马格鲁德，要求将此建议转告罗斯福，几天后即收到罗斯福表示同意的复电。

1942年元旦，罗斯福与英国首相丘吉尔发表联合国宣言，参加联合国者共26国，以美、英、苏、中为首领，加盟各国均须各尽职责，打击共同敌人，不准单独媾和。

联合国宣言发表后，蒋介石得罗斯福电，建议组织中国战区，并推蒋介石为中国战区统帅，指挥中、越、泰、缅军事。在统帅部内设联合参谋处，由中、美、英三国派员担任参谋。

蒋介石担任中国战区统帅后，电请罗斯福指派美国高级将领一人来华为中国战区参谋长。宋子文从美国来电，谓罗斯福及参谋总长马歇尔拟派史迪威来华任中国战区参谋长，并告史迪威是美国很有能力的将领，盼能接纳。蒋复电欢迎。

3月初，史迪威来重庆就职，由朱世明和我陪同到德安里见蒋介石。史向蒋说明其来华之职责，竟有6项之多：（1）美国总统的代表；（2）驻华美军司令官；（3）驻华空军司令官；（4）对华租借物资监理官；（5）滇缅路监理官；（6）中国战区参谋长。史迪威在蒋面前强调他是美国总统的代表，而忽视参谋长这一职务。蒋闻之不悦。史迪威走后，蒋一人坐其会客室内，面部阴沉，久默不语。

随后，史迪威又来见蒋。蒋问其对中国战区全部情况如何估计，又问今后应如何拟订作战方案，再问联合参谋处应如何组织。史迪威均含糊其辞，未作正面答复。蒋对史之漠不关心，颇为诧异。蒋自珍珠港事变后的一团高兴，因史迪威之来，给泼了一瓢冷水。此后蒋美关系中，矛盾百出。下面分4个问题来叙述。

一、远征军入缅作战

序战的失败

史迪威到渝的第二天，缅甸南部海口仰光为日军占领。蒋介石派史迪威为中国入缅军指挥官。史迪威入缅后，国民党军守同古之第五军（军长杜幸明）因英国守军从普罗美撤退，侧背受到威胁，不得不弃守同古。当时在史迪威指挥之下，国民党军逐次后退，放弃曼德勒，退守北缅重镇密支那。随后，日军占领密支那，又以其一部北进，进迫怒江西岸，威胁云南。史迪威得知密支那失守，退入中国的归路已被截断，竟然丢了军队，徒步逃往印度。自国民党军从曼德勒撤退后，史迪威既不与蒋介石联络，独断专行，又不向蒋作任何报告。蒋久不得史迪威直接报告，甚焦急，屡电远征军司令长官罗卓英和驻滇参谋团主任林蔚询问，均无答复。后得马格鲁德电，始获悉史迪威已逃往印度。

蒋对史迪威战败只身逃脱，深为不满，但因盼望美国租借物资甚切，不愿伤及美国，未向美国作任何表示。

美国驻重庆大使馆首席武官荻拔斯（我在美国军事学院同班的同学，过从甚密）听到史迪威在缅甸战败只身逃脱的消息，大为惊异。荻拔斯与史迪威观点不同，反对史迪威的轻慢专横。荻拔斯到国防研究院见我，询问蒋介石对史迪威的态度。我据实以告。荻拔斯问我，蒋是否有调换史迪威之意。我答并无此意。荻拔斯将我所谈有关史迪威在缅甸失败的经过，全部记录下来，悻悻而去。事后我将与荻拔斯的谈话告诉了蒋介石，蒋只“嗯、嗯”，而未作表示。

直到 6 月，史迪威始从印度来重庆，见蒋介石于德安里官邸，气焰仍盛，说缅甸失败是由于蒋部下指挥官无能，第五军军长杜幸明不听指挥，且无指挥作战能力。要蒋撤换，并保荐孙立人、廖耀湘升任第五军军长。蒋拒绝说，进入缅甸之部队及其指挥官均经认真挑选。第五军是好部队，杜军长是好军长，孙、廖两人资历均浅，不能胜任。

蒋介石要史迪威迅速组织中国战区联合参谋处。史说，联合参谋处应直接由史安排业务，不受国民党政府军令部指挥。蒋未允。

史迪威要求让他赴印度兰姆伽主持训练。蒋说，参谋长应常在重庆，遇事可以随时商量。印度训练工作可让顾鲁白代理。

史请求的 3 件事，蒋介石均未允许，史迪威很恼火。

当时蒋、史矛盾已渐尖锐，动辄顶撞。蒋电令宋子文，叫他面见罗斯福，要求解决由史迪威引起的僵局。罗斯福派居里来重庆调处。蒋允史迪威赴印督训国民党军，矛盾才逐渐缓和。

史迪威提出反攻缅甸计划

1942 年 7 月间，史迪威提出反攻缅甸计划。其计划要旨：一面由英军 3 个师、国民党军两个师（在印度兰姆伽训练的第三十八师与第二十二师）为西方部队，从印度经英坊、卡儿瓦向曼德勒进攻；另一面以国民党军 20 个师为东方部队，从云南之龙陵、畹町向腊戍进攻，东西方部队会师于曼德勒。史迪威将此计划提交蒋介石，蒋召其高级幕僚何应钦等集议。经议定，国民党军当务之急是巩固国内防线，并非反攻缅甸，一抽调 20 个师组织滇西攻击部队，对国内战线影响甚大。如英军急需反攻缅甸，收复仰光海口，国民党军自可参加。但必须英、美海陆空军均有准备，从南北缅水陆夹攻，绝不能只以国民党军的陆军为主力反攻缅甸，舍己耘人，再蹈前次惨败之覆辙。为此，蒋介石向史迪威提出：反攻缅甸，美国须派陆空军，英国须派陆海军及海军陆战队共同作战。美国最少要出陆军一个师和优于日军的空军，英国必须以足够的海军控制孟加拉湾，以海军陆战队从仰光登陆，南北夹击始能取得胜利。史迪威不愿考虑蒋的意见，但未正面顶撞，只说容与英国统帅韦维尔商议后再定。

英国统帅韦维尔已经自有反攻缅甸计划。他们反攻之目的是为英国保卫印度，而不是为中国打通滇缅路；他们进攻的目标在阿恰布（孟加拉湾西方海口）而不在仰光。因而韦维尔对史迪威表示，北非战事正在进行，英国海军不能抽调转用于东南亚，既不能控制孟加拉湾，也不能从仰光登陆，拒绝了蒋介石提出的意见。史迪威回到重庆将韦维尔意见告知蒋介石。蒋对上次缅甸作战，由于英国部队私自撤退而致使国民党军惨败记忆犹新，因而对史迪威说，如英国无以海军控制孟加拉湾并收复仰光之企图，滇缅路不能打开，中国军队就不能参加作战。

蒋介石鉴于英国不肯以海军参战，曾电罗斯福力争英国必须以足够之陆海军从南缅夹攻，共同收复缅甸，否则国民党军不愿再蹈覆辙。罗斯福复电说，美、英将在摩洛哥的卡萨布兰卡举行最高级会议，容在会议上与丘吉尔商量。由于蒋、英双方各为自己的利益所产生之矛盾无法统一，反攻缅甸事遂行搁置。

卡萨布兰卡会议及加尔各答会议

1943 年 1 月，罗斯福与丘吉尔会于摩洛哥之卡萨布兰卡，商谈世界战争的形势，并磋商反攻缅甸问题，而未邀蒋介石参加。罗、丘谈及 1943 年内盟军在欧洲从地中海之西西里进攻巴尔干半岛可望成功，南太平洋战争也将得手，英、美两国可以调动一部分海空军到孟加拉湾，从仰光登陆收复缅甸，打通滇缅路。协定 1943 年 11 月可以全面反攻缅甸。

会后，罗斯福派美国空军补给司令索摩维尔来渝，将卡萨布兰卡会谈情况通报蒋介石，并通知蒋介石，2 月间将在印度加尔各答市召开中、美、英三国高级幕僚会议，商讨反攻缅甸的具体计划。蒋表示同意。

1943 年 2 月，中、美、英三国高级幕僚集会于加尔各答。中国方面出席的有宋子文、何应钦、朱世明和我以随员身份参加。美国出席的有史迪威、索摩维尔。英国出席的有韦维尔。因中国屡次受英国之欺骗，故何应钦强调反攻缅甸海空军之重要性，必须有足够的海空军参战，必须从南北缅实行海陆夹攻，才能取得胜利。与会之美、英代表均表示同意。何应钦继续说，各位代表既同意南北缅同时反攻，中国将以 10 个师自滇西向密支那进攻，两个师由印度向雷多前进，可会师于曼德勒。韦维尔、史迪威也在会上说明英、美拟使用之兵力及其战略上的行动。何应钦回渝后将加尔各答会议内容报告蒋介石。蒋很满意，遂即着手调动第二军、第七十一军向滇西集结，准备 11 月参战。

谁料 1943 年春，由于欧洲战况发展，英国拟提前从北法开辟第二战场。如此，欧洲则需要补给大量军用物资。美国同时供给欧亚双方，有捉襟见肘之感。英国重视欧洲，遂有取消全面反攻缅甸之议。美国军部考虑，如完全取消反攻缅甸计划，对太平洋战局十分不利，影响盟军全盘计划。如按卡萨布兰卡协议，全面反攻缅甸，势必缩减供应北法登陆所需物资。两全之计，唯有缩小缅甸作战范围，只从北缅进攻，放弃南缅作战，遂由英、美参谋长联席会议（有力之决策机构，专事拟定作战方略、物资分配等重大问题，经罗、丘共同批准施行）拟订单独进攻北缅计划，并决定此计划暂不通知中国。宋子文在华盛顿得此消息，急电蒋介石。蒋阅后大怒，大骂英国“反复无常”“欺人太甚”，骂丘吉尔是“狡猾的狐狸”，并召侍从室主任林蔚来，拟电复宋子文，让宋向罗斯福力争维持卡萨布兰卡和加尔各答决议案。

宋子文接蒋电后，即到白宫见罗斯福。宋对罗谈话的大意是：听说卡萨布兰卡及加尔各答决议又有变更，何以事前不与中国商量，事后又不通知中国。在加尔各答会议上，英国韦维尔曾嘱告各方，按照决议，为共同反攻缅甸，作好准备。中国履践决议，已在滇西集中比较优良部队，作进攻准备。如果英、美放弃进攻南缅，中国也不愿单独进攻北缅。罗斯福见宋子文态度强硬，企图转圜。罗斯福谈话之大意：随形势的变化，战略也将有所变更。对缅作战，势在必行，在方法上可能有些改动。英国在印度洋都是些旧兵舰，在仰光登陆损失大而成效小，如发动南缅作战，美国海军必须尽量协助，我将说服丘吉尔与中、美一致行动。

蒋介石得宋子文电，见语意含糊，即告何应钦，在滇西集结部队不必急于实行，似有等等再说之意。

一天，我邀美国驻重庆首席武官获拔斯和驻中国美军司令部参谋长布朗在国防研究院便餐，谈起反攻缅甸问题。我说，英、美参谋长联席会议决议放弃进攻南缅，为什么不通知中国？获拔斯说，史迪威参加了那个会议，传说不通知中国是史迪威的建议。史迪威认为中国正按照加尔各答决议向滇西集结部队，唯恐此决议传到中国，中国将停止行动，不利于北缅作战。我转问布朗是否也听到此种传说，布朗微笑而不答。我将获拔斯的谈话与布朗的表态告诉了蒋介石，蒋想了一下说：“嗯！很像，一点国际道德都没有。”

魁北克会议

1943 年 8 月，英、美首脑在加拿大的魁北克举行会议。罗斯福、丘吉尔及其高级幕僚均出席。在此会议中，对日作战是一主题，而未邀中国参加，仅在会后邀宋子文到加拿大，告以会中之决定。宋子文因未能参加会议提出抗议，略谓：商量有关中国问题而中国不能参加，仅在会后通知，常常引起误会与误解。今后同盟国有关合作的会议，中国应平等参加。英、美则敷衍搪塞，置若罔闻。

魁北克会议后，罗斯福、丘吉尔联名致电蒋介石说，魁北克决定派英国海军中将蒙巴顿为东南亚盟军总司令，直接受英、美参谋长联席会议指挥。还说，蒙巴顿即将赴重庆面陈魁北克会议精神。

1943 年 10 月，蒙巴顿、索摩维尔来重庆。蒋介石在其黄山别墅召集蒙巴顿、索摩维尔、史迪威开会。中国方面参加的有何应钦、商震、刘斐、朱世明等人。在会上，蒙巴顿传达了魁北克会议要点。他说，魁北克会议商定全面反攻缅甸改以攻克北缅为主，以中国驻印军和云南的远征军为主，以英印军为辅。至于海军在南缅登陆作战，暂时还不能实行。为了配合北缅作战，拟用“温盖待氏”游击队方法，在南缅进行游击战。由英、美选对热带森林作战有经验的士兵 2 万人，分为若干游击队。装备以轻武器及交通器材，破坏南缅交通要道，并进攻日之后方部队，以策应北缅作战。索摩维尔说，今后中印空运量，每月可达 1 万吨，在云南集结的部队可得适当的补给。蒋介石在会上仍然表示，反攻缅甸，英、美必须以足够之海空军控制孟加拉湾，进行水陆夹攻，不然，只以中国军队作为主力进攻北缅，恐再蹈前车覆辙。游击队必须熟悉游击区的地理风情，英印军人地生疏，恐难发挥良好效果。蒙巴顿为了缓解蒋的情绪，允尽快筹划进攻南缅。

会后蒋介石对何应钦说，英国对控制孟加拉湾不作准备，他们不打算打通滇缅路，游击队可能又是一个骗局，我们不能再上当，云南部队要谨慎从事，没有英美合作，我们决不再单独进攻。魁北克会议想以游击队为诱饵驱使中国军队进攻北缅，又告失败。

开罗会议

为讨论同盟国的协同作战问题，罗斯福邀蒋介石、丘吉尔、斯大林举行一次联席会议。斯大林因苏联没有同日本宣战，为麻痹日本对苏联的警惕而回避与蒋介石在一起开会。因此，罗斯福先邀蒋介石、丘吉尔集会于开罗，然后再邀丘吉尔、斯大林集会于德黑兰，分别进行讨论。

蒋介石接到罗斯福邀请后，即让史迪威、商震等拟具在开罗会议上的提案。在反攻缅甸问题的提案中，主要是要求美国装备、训练国民党军和要求英国大力支持反攻缅甸。史迪威、商震等所拟提案又经蒋介石、宋美龄、王宠惠等讨论修改。

蒋介石偕宋美龄、周至柔于 11 月 21 日上午抵开罗。另外，商震、王宠惠、林蔚、朱世明、董显光和我等先一日到达。开罗会议在美纳饭店举行。

第一次大会罗斯福、丘吉尔、蒋介石及三国高级幕僚均出席。关于反攻缅甸的问题，是以英国蒙巴顿提出的议案进行讨论，而未用中国提出的议案。蒙巴顿的缅甸作战议案，完全从英国立场出发，只让中国出兵而未照顾中国的利益。其方案主要内容，以英印第一方面军进出英坊，前进目标是更的宛河西岸，如进攻得手则从北缅孟拱前进，希图与中国驻印之第一军会师于密支那。以第二方面军进出吉大港，其前进目标只限于布提当。蒙巴顿议案之主要目的是为确保印度安全而非反攻缅甸，且给予中国远征军之任务甚繁，要远征军从龙陵、碗町向腊戍、长萨进攻。而腊戍、曼德勒是敌主力所在地，如中国远征军向腊戍、一粉萨进攻，吸引敌人主力，则在更的宛河以西之英军不致遭受强大阵力。

蒙巴顿议案只限于北缅作战，未提及海上控制孟加拉湾，从南北缅水陆同时夹攻的计划。此与打通滇缅通路之中国目的相去甚远。

针对蒙巴顿的计划，蒋介石提出反攻缅甸必须海军陆军同时作战，海军切断敌人海上联络线，陆军才能取得胜利。陆军作战必须待海军在海上作战收有成效时方能开始。蒋介石说这番话，其意在英国不从海上登陆，中国陆军则不出动。

丘吉尔说，英国拟抽调海军使用于孟加拉湾，预计 1944 年 5 月可以集中，至于登陆问题，因登陆艇不敷分配，需看北法登陆情况而定。

随后，罗斯福说美国可以拨用登陆艇，并作出保证，南缅海军可与北缅陆军同时作战。

蒋介石、丘吉尔双边会谈时，曾谈及反攻北缅问题。中方要求英国第二方面军从吉大港越过更的宛河进攻曼德勒，英方以战线太长，后方联络线将被截断为辞，拒不接受。

英美参谋长联席会议有策划和决定各个战场作战计划与分配作战物资之权。中国方面要求参加这个组织，亦为英方所拒绝。

开罗会议在反攻缅甸问题上，未通过中方任何一项意见。所得的收获，仅罗斯福口头上作出的南缅海军可与北缅陆军同时作战之保证而已。

开罗会议结束后，蒋介石于 11 月 27 日离埃返渝。罗斯福、丘吉尔赴德黑兰与斯大林集会。

在德黑兰会议上最重要的决定是，苏联预计可于 1945 年夏战胜德国。战胜后，苏联同意经过准备即对日本宣战。此一决定，对于中国影响甚大。

罗斯福、丘吉尔及其高级参谋从德黑兰又回到开罗，进行第二次开罗会议（未邀蒋介石参加）。英国认为苏联参加对日作战，中国战区则失去其重要性。为在欧洲先于苏联抢得胜利果实，必须早日集中登陆艇供南北法登陆使用。因此，从南缅登陆计划必须取消。美国则不赞成取消从南缅登陆作战的计划，它认为如取消南缅登陆作战，蒋介石将不会令其部队进攻北缅，这样日军在缅甸的部队则将转用于太平洋，对美国在太平洋上尼米兹、麦克阿瑟的攻势不利。由于英国的坚决反对，最后美国放弃了它的主张。

会后，罗斯福致电蒋介石，大意说在德黑兰与斯大林会商，1944 年春季将对德进行决战，英、美联军将在南法登陆，需要大量登陆艇，无法将登陆艇分配于孟加拉湾，在南缅登陆计划需推迟一年后施行。至此，蒋介石在开罗会议中仅得到的罗斯福南北缅水陆同时夹攻之保证也告吹。

蒋介石在美国压力下命令中国军队进攻北缅

为了配合尼米兹、麦克阿瑟在太平洋上的攻势，罗斯福几次电促蒋介石出兵北缅，蒋拖延不动。后来史迪威停止供应远征军物资，言明等远征军入缅行动开始后，再予恢复。蒋介石在美国强力压迫下，于 1944 年 4 月下令远征军进入北缅，渡过怒江，6月进攻腾冲、龙陵。与此同时，驻印军以主力进攻孟拱，以一部迂回至密支那。占领机场，掩护空运驻印军着陆。第二十二师廖耀湘部队包围日军第十八师团，将其击溃向南逃窜。这次胜利牵制了侵入缅甸的日军部队，减轻了麦克阿瑟进攻太平洋的抵抗力。

北缅告捷，而中国国内东战场却遭到失败。两年多以来所有运入云南之租借物资，史迪威均装备了远征军，对于国内部队很少补给，精壮兵员又多补充远征军，国内部队空额多未填补，且官多贪财怕死，兵无战意。1943年后半年日军在太平洋上处处失利，其海上联络线有被截断之虞，因而急于打通中国内地从河南经长沙、衡阳到越南海防的通路，企图贯通南北，在中国大陆作垂死顽抗，并想占领桂林，破坏美国空军基地，妨碍美国空军协助太平洋之攻势。于是集中100多万人，展开入侵中国以来最大之进攻，横行于豫、鄂、湘、桂之间，使国民党军在东战场惨遭失败。北缅之胜利，远不足以抵国内东战场之损失。

二、拨补空军问题

陈纳德的兴起和蒋、陈与史迪威的矛盾

叙述蒋美拨补空军问题，首先应说明陈纳德的来历。陈纳德在第二次世界大战前是美国空军上尉。退役后来中国充国民党军航空委员会雇员，负责研究日本空军情报，因其熟悉中国人情世故，颇受航委会委员长蒋介石、秘书长宋美龄重视。日军入侵中国后，航委会原有飞机损失殆尽。蒋介石与美国驻华代表团团长马格鲁德协商，由航委会邀请美国民航航空人员，成立中国空军美国志愿队，使用从美国购买的P-40战斗机，参加对日作战，名为“飞虎队”。宋美龄派陈纳德为上校指挥官，在湘、浙、赣各战场协同中国陆军对日作战，颇有成绩。珍珠港事件后，陈纳德率其志愿队曾在缅甸击落日机多架，当时为国民党政府及美国大使馆人员所称道。

1942年6月，日军进攻我东战场，浙、赣战事激烈，国民党军损失很

大，同时缅甸战场失败，国际通路完全断绝。蒋介石鉴于从海口接受美援，业已绝望，美国拨归中国战区使用之第十航空队又为英国所占用，遂电罗斯福要求中印航运每月保持 5000 吨运输量，将积存印度之军用物资运进中国，并希望美国保持第一线作战飞机 500 架，以维持中国战区之战斗力。罗斯福复电允诺。蒋介石将罗斯福复电面告史迪威并令其从中催促。史迪威致力于驻印军与远征军之地面部队而忽视空军，因而不但不加催促，反而从中阻挠。

1942 年 6 月的一个上午，史迪威来见蒋介石，告以美国交由中国战区使用的第十航空队的轰炸机和运输机在英国的要求下，全部调往埃及，参与对德作战。蒋听之愕然。急召宋美龄来参与谈话。蒋问史迪威："调走第十航空队飞机是谁的命令？"史答："是 C. C. S.（英、美参谋长联席会议）的决定，美国军部的命令。"蒋又问："飞机已否调走？"史答："已全部调走。"此时气氛十分紧张。蒋以前对史迪威有抵触时还能忍气吞声，敷衍面子，此次则见诸词色：蒋责问史迪威，第十航空队既归中国战区使用，由你指挥，何以不经我同意即行调走。英、美参谋长联席会议是否还视中国为盟国，中国战区之军务是否还是盟国作战重要部分。史迪威经蒋责问，面现阴沉，只推委美国军部措施不当，悻悻而去。此后，蒋介石即不召见史迪威。史之报告亦交军委会办公厅处理，蒋不亲自批阅。一次，史迪威给我写了一封信，让我转报蒋介石求见，蒋亦不理。

蒋介石要求拨给中国战区作战飞机 500 架和中印月空运量 5000 吨吨位的计划，因史迪威从中阻挠而不得实现，蒋遂有要求罗斯福改派陈纳德担任驻中国战区美国空军司令之意念。

蒋介石、宋美龄召见陈纳德于德安里。宋美龄当面夸奖陈纳德计划周详，勇于战斗。陈纳德向蒋、宋建议，史迪威致力于驻印军的训练，即便打开中印通路，亦需时甚久，要在 1945 年后，始能运入物资。以目前形势来看，太平洋与中国战区之战局将迅速发展，史迪威所练之陆军恐缓不济急，不如加强中印航运吨位较为现实。如中印航运每月保持 1 万吨运输量，则可以满足中国战区的补给。现美援物资在印度堆积甚多，如加强阿萨姆飞机场

（中印边界的飞机场），中印航运增至 1 万吨，则毫无问题。如再拨给中国战区 500 架驱逐机和轰炸机，则可防御中国未失之地，不致沦陷，以待尔后反攻。以美国现在国防工业生产情况，拨给 500 架飞机轻而易举。陈纳德的意见，正中蒋介石的心恁，蒋遂决定向罗斯福要求，派陈纳德代替史迪威为驻中国战区美国空军司令。

正在这个时候，罗斯福派居里来华，调处蒋、史矛盾。在居里的调解下，蒋介石又接见史迪威，并将对史迪威痛恨的心情隐藏起来。

蒋介石对居里说，陈纳德善于和中国军人合作，在中国战区指挥空军作战的战果显著，且有从中国参加西太平洋作战及轰炸日本本土的计划，而史迪威对于空军作战则漠不关心，请居里归国后向罗斯福代为提出要求，派陈纳德代替史迪威为驻中国战区美国空军司令。居里回答说，他已得知陈纳德的战绩与计划，回国后当面告罗斯福。

1942 年冬宋美龄访美，见罗斯福于白宫，贬史迪威而褒陈纳德，拟请改派陈纳德为美国驻中国战区空军司令。罗斯福因已得到居里的报告，即允宋美龄所请，决定调整美国驻中国战区的空军部队。

1943 年春罗斯福决定：（1）成立美国空军第十四航空队，配属于中国战区，派陈纳德为少将司令，直接受中国战区统帅指挥。（2）第十四航空队第一线飞机应保持 500 架。（3）中印航运吨位，每月应增至 1 万吨，其中拨出一定吨位专供第十四航空队使用。

陈纳德新命发表后，史迪威很不高兴。他为牵制蒋介石和陈纳德，乃向其参谋总长马歇尔建议，为协调第十与第十四航空队的作战行动，第十、十四航空队均应归美国空军司令部管辖（史迪威兼空军司令）。史迪威是马歇尔旧部属，史的来华，就是马的推荐。为了使史迪威在中国战区保持其统治地位，马歇尔竟背着罗斯福批准史迪威建议，剥夺了陈纳德独立指挥权。罗斯福决定的保持第一线 500 架飞机，始终没有补齐，中印航运吨位每月只有三四千吨。其运入中国之战备物资又大部分补给集结在云南之远征军，补给第十四航空队的只有六七百吨，补给国民党军国内部队则为数极少，因而陈纳德束手无策，蒋介石对史迪威则恨之入骨。

三叉会议

1943 年夏，罗斯福、丘吉尔相会于华盛顿，讨论地中海、缅甸作战与美国空军在中国战区的使用问题，中国亦被邀请。蒋介石派宋子文赴华盛顿代蒋出席，并派我随同前往，称之为三叉会议（又称三叉戟会议）。罗斯福为商谈空军在中国战区之使用问题。乃召陈纳德、史迪威参与其会。

会上讨论空军问题时，陈纳德说罗斯福此前决定的中印航运每月保持 1 万吨，但至今每月仅三四千吨，运入的物资又大部供给远征军，分给第十四航空队的仅六七百吨，实难完成任务。罗斯福问史迪威何以不将中印运输量提高到 1 万吨，史迪威说，印度阿萨姆飞机场能量太小，虽有飞机也不能按计划起运。罗斯福又问，何以不行扩建，史称："正在扩建中。"事实上，扩建工程施工量很小，进行得很慢。

陈纳德在会上表示，第十四航空队可担任协同中国第一线部队作战，破坏日本后方交通线，并且可以担任轰炸西太平洋及日本海上运输、攻击日本本土等任务，但必须有充分之补给。6、7、8 这 3 个月每月需补给 5000 吨，9 月以后每月需 7000 吨，始能完成上述任务。如在后半年得到充分的补给，就可以在 1943 年年终取得中国战区及西太平洋空军之全面优势。罗斯福对于陈纳德的计划表示赞赏。

史迪威则认为，陈纳德之计划如果施行，日本受到轰炸，必追寻美国空军在衡阳、桂林等地的基地，如向其进攻，中国军队不能防守，必招致惨败。史迪威如此倡议是希望罗斯福注重陆军，不要过于重视空军。罗斯福在会上对史迪威的意见进行了批评，说史“不能从大局着眼”。

宋子文在会上发言说，中国战区急需优势之空军力量，以防止日军再行入侵。为了支持第十四航空队按计划实施，希望保证中印航运 7、8、9 这 3 个月的全部吨位并为第十四航空队运输汽油和武器。至于史迪威所说日军追寻基地一事，中国军队有力量予以阻击。

会后，罗斯福单独召见宋子文，询问蒋介石何以重视陈纳德而轻视史迪威。宋子文说，史迪威不接受蒋的意见，独断专行，为了反攻缅甸，动用了国民党军大量有力部队，其主要目的又是为英国保护印度，而对于中国国内之战事则置之不理。陈纳德能统筹全局，用兵于重要地区。在敌人入侵浙、赣、湘战场时，空军协同作战，不但阻止敌人进攻，而且助长了战士的士气。因此蒋介石依靠第十四航空队而重视陈纳德。宋子文又说，第十四航空队根据罗斯福总统指示，是一支独立作战单位，应直接隶属于中国战区统率，但经马歇尔决定。第十与第十四航空队均由美国空军司令史迪威管辖，这样，就束缚了陈纳德在中国战区的作战行动。蒋介石对此甚为焦虑。

罗斯福考虑了陈、史、宋的意见后决定，陈纳德之空军作战计划应立即施行，中印航运吨位应陈纳德之要求，尽量拨给。

会后，宋子文回重庆向蒋介石报告情况。宋说，在三叉会议上罗斯福压抑了史迪威，支持了陈纳德。陈纳德得到罗斯福的鼓励，今后将在中国战区发挥其空军威力。蒋听后面有喜色。频频点头说："罗斯福总统当得起盟国的带头人。"

陈纳德自三叉会议归来后，就计划进攻日军后方水陆交通线，并将其指挥所推进至衡阳。1943 年 8、9 月间，日军进攻洞庭湖南部之沅江、常德等处，陈纳德指挥其空军协同国民党军第一线部队作战，并袭击日军后方联络线，敌军被迫撤退。从此蒋介石重视陈纳德之心益增，蒋与其高级幕僚何应钦等在其黄山别墅汇报时，曾有向罗斯福建议提升陈纳德为中国战区空军参谋长兼空军司令之议，用以抵消史迪威之权力。后因顾及马歇尔从中阻挠而罢论。

史迪威对蒋、陈之报复

史迪威对于蒋介石重视陈纳德耿耿于怀。适在此时，敌空军发现第十四航空队之衡阳机场，并以其最新型之零式飞机进攻衡阳。第十四航空队被突然袭击，损失很大。史迪威乘此机会，一面讽刺蒋介石重视空军而忽视陆军之错误，一面斥责陈纳德东突冒进、引祸上身。陈纳德要求史迪威补充飞机，史迪威置之不理。

蒋介石鉴于陈纳德作战之艰苦与补充之困难，曾专电罗斯福予以关照。

罗斯福曾嘱马歇尔转告史迪威应按三叉会议之决定办理，尽先补充第十四航空队飞机缺额。史迪威却拖延不办，因而陈纳德制订的 1943 年年终取得空军全面优势之计划无法实现。

1944 年春，史迪威要反攻缅甸，日军为策应缅甸作战，有向豫中、湘西、广西全面进攻之趋势。陈纳德来见蒋介石，略谓第十四航空队现仅有飞机400架，史迪威要调走200架参加缅甸作战。日军如同时进攻豫西、湘西、广西，在这样广阔而且分散的战场上，第十四航空队将无法抵御入侵之敌。蒋介石急召史迪威来渝面商。史迪威匆匆由印来渝见蒋，蒋要他减少调往缅甸飞机的数量。史迪威直言不讳地说，北缅战局紧张，需要大量空军助战。必须调走 200 架飞机，不能减少，严词拒绝了蒋的意见。从此，史迪威与蒋介石在空军问题上成见益深。史迪威在中印航运吨位上，千方百计地少给第十四航空队补给物资。陈纳德因受史迪威的压抑，一切计划均未得实现。只有在 1944 年 10 月史迪威离职返美，由魏德迈继任后，陈纳德的第十四航空队始在中国战区和西太平洋上取得一些成就。

三、关于装备第十八集团军的争吵

蒋介石担任中国战区统帅后，向罗斯福要求派一美国高级军官来中国战区任参谋长。他这样做的主要目的，是为了多得租借物资，装备他的部队，这样既可防止日军再行入侵，更可以在战后消灭共产党。但是，两年以来，史迪威控制租借物资，除一部分给陈纳德的空军外，大部补给了入缅作战部队，补给国民党军国内部队的仅有步兵使用的臼炮数百门，反坦克枪数百支和一些制造步枪、机关枪的机器和原料。蒋介石知道美国支援英、苏的租借物资，丘吉尔、斯大林均能全权支配，而独他自己则不能，对此深为气愤。尽管如此，他仍然希望利用美国军援装备其国内部队，以便战后消灭共产党，故不敢开罪于美国，只好忍气吞声，一面敷衍史迪威，一面指使宋子文、宋美龄、孔祥熙在美国巴结罗斯福，拉拢史汀生，贿赂国会中倾向蒋政权的议员，以求有所改变。

在德黑兰会议中，斯大林同意罗斯福、丘吉尔提出的要求，在欧洲战胜德国后，经过准备，对日宣战，与美英协商进攻日本。自从有此协议后，中国战区则失去其重要性。当时丘吉尔认为，苏联将对日宣战，即使蒋介石不继续抗日，也无关大局。蒋介石知道这些情况后十分忧虑，深怕美援落空，战后无法战胜共产党。

德黑兰会议后，罗斯福、丘吉尔率领各自的参谋团重返开罗，举行第二次开罗会议，未邀蒋介石参加。12 月 4 日开会，恰巧此时日军以重兵攻占我湘西门户——常德重镇。为此，罗斯福在开罗召史迪威询问蒋介石军队抗日能力如何。史迪威在罗斯福面前大谈国民党之腐败，蒋介石之无能。罗斯福对史说，国民党既然如此，可与其他党派联系，改变国民党一党统治的局面。史迪威得此指示，回到重庆后，曾与其政治顾问谢伟思等商量支持共产党的办法。其时，美国将以美援装备第十八集团军的传说，不断从重庆美军司令部传出。在一次酒会上，我向美国司令部参谋长布朗询问此事。他想了一下回答说："此传说尚无确实根据。"我问："为什么有这样传说？"布答："下面有此活动，但不能成为事实。"我问："为什么不能成为事实？"布答："史迪威根本不喜欢共产党。史迪威说要这样做，他的目的是为了让蒋委员长调出胡宗南部队参加抗日战争。"

1944 年秋，美国副总统华莱士访华，来见蒋介石，有一美国随员担任翻译，我接待他们。那个翻译用不带外国味的中国话自我介绍说："我叫谢伟思。"经我向史迪威的秘书刘约翰（中国人）探询，知道谢伟思出生于美国人在中国作传教士的家庭，从小在中国成长，思想比较开明，轻视蒋政权而赞扬中国共产党，主张美国与共产党建立关系，并主张美国应联合共产党及其他民主党派，改组中央政府，成立一民主统一的中国。我将谢伟思的这些情况告诉了蒋介石，蒋态度从容，好像已有所闻，并对我说："你设法再了解史迪威背后这些人的意图。"

我去访美国驻重庆大使馆首席武官获拔斯，获拔斯说，史迪威初师中国，原不注意国民党政府政治上的情形，只是挑剔国民党军之无能，不太听信谢伟思、戴维斯的话（戴曾在昆明充美国领事），自得罗斯福可与其他党派取得联系的指示后，谢伟思等力促史迪威向蒋介石摊牌，要求解除对陕北中国共产党的封锁，并将租借物资由美国直接分配给共产党军队。谢伟思等与延安和延安驻重庆办事处均有联系，且甚友好。我将获拔斯透露的消息告诉了蒋介石，蒋面有怒色地说："谢伟思这些人都是共产党，史迪威会陷入他们的圈套。"我又把前些日子在酒会上与布期的谈话告诉了蒋介石，蒋说："都是那些共产党人从中捣乱。"

1944 年初秋，史迪威要求与何应钦、商震会谈，我也参加了。史迪威从缅甸作战兵力不足，说到东战场之挫败，都是由于国民党军保存实力，不肯积极作战的结果。史认为这是想把击败日本的全部担子，放在美国肩上，等待美国击败日本后，国民党用保存的实力作打内战之用，密令胡宗南统领 40 万大兵围困中共于陕北，而不参加对日作战，就是铁证。这样对待共同对日作战的盟国，不是忠诚的态度。讲到这里，史迪威加重语气说道："要求你们改变这种谋略。"何应钦、商震面面相觑，未作答复。史迪威接着又说，共产党统率的第十八集团军能吃苦耐劳，骁勇善战，能领导人民进行游击战，只是缺乏武器。我建议为了同盟国在中国战区早日击败共同敌人，应即撤出封锁陕北的部队，邀请第十八集团军出来抗日。美国愿与共产党合作，愿将租借军事物资直接装备共产党的军队，请你们考虑。何应钦回答说，共产党早有与国民党共赴国难的诺言，但其违反了。第十八集团军不听军委会命令，不受调遣。政府分兵防共，使其他战区兵力不足，并非所愿，乃出于不得已。屯兵陕北，其咎在于共产党而不在国府。至于美国以租借军用物资直接装备共产党军队事，不符合租借法案，租借法案是由中国政府与美国政府的双边协定。美国不能不通过国府而直接装备中国之某一部分军队，所以不能同意这个提议。

会谈后，何应钦等于当日见蒋介石，首先由何应钦报告史迪威提出的强烈意见，语气有些激动。但蒋介石因已听到布朗和获拔斯的反映，并不觉得突然。他很冷静地说，美国年纪大、职位高的军官都是反对共产党、尽量制止共产思想传播的，史迪威也不例外，"他们反对共产党并不真正理解共产党，更不理解中国共产党，有时会被共产党人所迷惑"。史迪威时常没有经过仔细思考就冲动起来，他的这种性格给中国战区制造了许多麻烦。他要求调开胡宗南部队，装备第十八集团军，又是没有仔细思考的一次冲动。他提这样问题的主要目的还是要调胡宗南部队离开陕西，要装备第十八集团军只是一种威胁。“我们不调开胡宗南部队，他有什么办法呢？我们不许可他装备第十八集团军，他又有什么办法呢？不理他，让他去。”“我们的方针是可以商量的，但绝不因为史迪威的无理冲动而有所改变。”何应钦说，这样长期拖下去，会引起更大的麻烦，应请罗斯福调回史迪威。蒋介石说，不要找麻烦。马歇尔以全力支持史迪威，如果坚决要求调回史迪威，可能造成更为不利的态势。他说，他已经要求罗斯福派一亲信代表来中国，等到来华代表亲眼看到史迪威的专横不利于同盟国合作的时候，再要求调回史迪威也就容易了。

过了两天，史迪威送给蒋介石签呈一件，语气强硬，略谓日寇从平汉路进军，预料将有大战，要蒋介石撤出对陕北的封锁，使中共部队出兵晋、豫，以策应平汉路作战。他并说中共军队骁勇善战，唯装备与补给差次，请准许直接装备并补给中共部队，以利作战。蒋介石在原签呈上批示，其大意：十几年来国共纷争，其中之复杂，非外人所能体会。美国应以全力支持国府。装备共产党军队，将加强中共之发展，增加国府之忧患，“千万不可”。史迪威签呈语气虽极生硬，蒋介石的批语仍甚缓和。

这时，美国副总统华莱士在渝，蒋曾向他提出，史迪威强行干涉中国内政，要挟国民政府，实非参谋长应有之态度，并强调对史迪威“已失掉信心”。华莱士当时表示，史迪威态度强硬，不宜在中国战区继续供职，待回国后即面陈罗斯福酌予更调。在华莱士全部谈话中，只承认史迪威的态度强硬，而未涉及装备共产党军队问题。蒋介石虽几次提到装备共产党军队是对国民政府的威胁，华莱士始终未作表示。蒋介石很清楚罗斯福对于盟国军事之处理，多依据其参谋总长马歇尔的意见。史迪威之所以这样桀骜不驯，就是由于马歇尔的支持。蒋虽得华莱士转达罗斯福调换史迪威之允诺，但因有马歇尔从中作梗，并不寄予多大希望。所以蒋介石又退一步向华莱士建议，如罗斯福不能调回史迪威，则“请派一老成持重的高级代表来华，经常驻在重庆，以便约束他的专横，增进同盟国之合作”。华莱士允将此意转达罗斯福。

1944 年 9 月，日军以其主力自衡阳沿湘桂路南进，以一部自粤北北进，夺取零陵，桂林之美国基地受到威胁。在此紧张期中，蒋介石召史迪威于黄山别墅。蒋嘱史将滇西卫立煌部队之主力调回昆明，以备必要时转用于桂林方面。史迪威怒冲冲地说，远征军调回昆明，缅甸作战势必陷于崩溃，则前功尽弃，加强桂林防守，应调胡宗南部队出来，让第十八集团军也参加作战。我们准备装备第十八集团军，增强其战斗力。争持之间，史迪威的言语使蒋介石极其难堪。因蒋不愿与史迪威闹翻而使中美关系陷于最坏状态，只好逆来顺受，但从此他对史迪威已深恶痛绝了。10 月 20 日史迪威去职，被调回国。当时重庆军政方面流传着一种说法：“史迪威要装备第十八集团军，被蒋介石赶走了。”事实并非如此。史迪威要直接装备第十八集团军是对蒋造成一种压力，并不是真要倒国民党而拥护共产党。史迪威终被调走，装备第十八集团军只是一个表面原因，实质是美想要胁迫蒋介石把中国战区全部指挥实权交给美国人。

四、美国撤换史迪威的经过

蒋、史围绕中国战区部队指挥权的争吵

1944 年夏，日军在平汉路上发动攻势，我长沙衡阳相继沦陷。第十军方先觉部投敌，日军气焰益张，大有向我西南进军之势。当时国民党军兵疲财竭，高级将领不顾国家存亡，各怀保存实力的心理，加以军纪废弛，兵员多缺额且少训练，已失去战斗力。因此，一遇敌军的攻势，就望风披靡。美国虽以蒋政权为盟国，实质上仍以半殖民地视之。史迪威早想夺取蒋介石军队的全部统率权，在国民党军队弱点暴露无遗的时候，他的夺权行动就更加表面化了。

美国驻重庆首席武官获拔斯和我闲谈时说，东南亚战区统帅蒙巴顿与

副统帅史迪威（史迪威兼任东南亚战区副统帅）因在缅甸作战问题上意见分歧，产生矛盾，史迪威依仗美国的势力对蒙巴顿施加压力。蒙巴顿与蒋介石不同，不能忍受史迪威之横蛮，向英国参谋总长布鲁克反映，要求撤换史迪威。布鲁克向美国参谋总长马歇尔提出撤史迪威之要求。马歇尔在英国面前无法维护史迪威，乃允调离。马歇尔一贯以全力支持史迪威，为了维护史迪威的面子，想出一个金蝉脱壳之计：以史迪威在缅甸作战有功（攻克密支那）为词，向蒋介石推荐史迪威在蒋介石统驭下统率中国全部军队（包含共产党部队在内）对日作战。史迪威统率全部中国军队，责任繁重，自应免去东南亚战区副统帅职务。这样就可以不失面子地离开东南亚。我听了这个消息，信疑参半，没有向蒋介石反映。但不久，接到自重庆美军司令部转来罗斯福致蒋介石电，大意谓日军进攻平汉路，形势危急，拟晋升史迪威为陆军上将，请蒋介石同意，在蒋介石直辖之下统率在中国战区之全部部队，并进行装备训练（包括国民党军队和共产党军队），以利作战，使国民党军不再受到挫折，早日取得胜利。我看了此电后，才证实获拔斯所谈确有其事，急持电去见蒋介石。蒋看电沉默很久，之后，要我把给华莱士的备忘录底稿拿来，并问："这备忘录是否交给华莱士了？"我答："备忘录是由吴国桢（当时的外交部次长）亲自送给华莱士的。"这时我意识到蒋要看备忘录是疑惑华莱士既已向罗斯福转运他对史迪威已丧失信心，何以罗斯福又来此电。我乘机将前几天获拔斯所谈情况告诉了蒋介石。他说，那么此事决定于华莱士回国之前。我说，可能早有酝酿。

第二天上午，蒋介石在德安里召集何应钦、白崇禧、徐永昌、张治中、林蔚等人开会，朱世明和我也参加了。蒋介石说："美国总统罗斯福来电，要让史迪威指挥中国战区全部军队，请你们来商量一下，如何对待这个问题。"跟着就让我宣读罗斯福的电报。何应钦首先发言，大意是中国战区并不像罗斯福电中所说的那样危急。罗斯福所得情报均出自史迪威。史有意制造紧张局势，污蔑中国军队之无能，乘机夺取指挥权。此人无比险恶，如果让他指挥中国全部军队，中国军队将紊乱，应不惜与美国决裂，拒绝罗斯福提出的要求。白崇禧说话比较激昂，大意说中国军队复杂，不会听从一个外国人指挥。史迪威控制租借物资，如让他统率中国全部军队，势必要装备共产党军队，后患无穷。英国、苏联、中国同是美国的同盟国，美国对于英、苏只有援助没有强制，对中国则百般压迫，让史迪威一个外国人指挥中国全部军队，有损中国的主权。其他人员也都一致反对接受罗斯福提出的意见。最后徐永昌说，事情来得突然，须仔细想想，再决定应付办法。蒋介石只是频频点头，始终没有表示他的意见。

第三天上午，蒋介石在黄山别墅新草房召宋子文、张群、熊式辉、王宠惠、王世杰等人又开会，商谈如何对待罗斯福提出的问题。吴国桢、朱世明和我也参加。由吴国桢宣读罗斯福电报，由我说明前几天获拔斯透露的消息。大家一致认为把统率权交给外国人有损国家之尊严。史迪威专横跋扈，全国部队的统率权交给他，则后患无穷。最后共同研究了一个问题：如拒绝罗斯福的要求，其后果将是怎样呢？宋子文说，罗斯福是一个出色的政治家，对于盟国的元首素来尊重。让史迪威统率中国全部军队，显然是出于马歇尔的建议，罗斯福未必坚持，不妨先婉言拒绝，看看发展情况再作决定。最后蒋介石说，罗斯福对于盟国军事事务的处理，大部是根据马歇尔的意见。马歇尔以全力支持史迪威，如中国一定要更换史迪威，有把事情弄僵的可能。史迪威是一个单纯军人的性格，缺乏政治头脑，总想用压力使人屈服。这样的人并不可怕。现在战场上的形势确甚危急，不能没有美国的协助，史迪威要指挥全部军队，必先对这些部队进行装备训练。史迪威控制租借物资，两年以来，只装备了远征军，对于国内部队，几乎没有装备。原定装备 60 个师的诺言，也因史迪威之阻挠未能实现。让史迪威指挥前线部队，使国内部队得到装备也是一件好事。限制史迪威仅仅指挥前线部队，使他不能为所欲为，再请罗斯福派一老成持重的代表常驻重庆，以约束史迪威的横行。如作到以上各节，答应史迪威指挥第一线部队，让他作一个前敌总指挥亦无不可。蒋说完这番话，大家就没有再谈什么。散会后，蒋留宋子文、张群到他山顶住处密谈。

当日下午蒋介石回到德安里，召林蔚、朱世明和我入见，蒋告以复电罗斯福的内容，大意是委派史迪威指挥中国战区全部部队，可以考虑。但史迪威性情执拗，早为中国将领所熟知，中国将领能不能听其指挥，很成问题，须有一个准备过程。盼能早日派一老成持重且为总统亲信的高级代表来华，以协调史迪威与各方的关系。此电由林蔚起草，经蒋介石看后，于翌晨拍发。

随后蒋介石召何应钦，告以可以让史迪威担任前敌总指挥，但须限制其指挥权，要何应钦拟一个计划。几天以后，何应钦拟了一个计划，大意是：（1）将中国战区全部部队区分为第一线兵团和第二线兵团。（2）委史迪威为中国战区参谋长兼中美联军前敌总司令，在中国战区统帅的命令下负责指挥第一线兵团各军作战。（3）中国战区第一线兵团作战部队的武器装备，均由租借物资供应。（4）关于指挥共产党军队事，等共产党军队确能遵守“中央政府”之军令后，才能施行。何应钦提出的计划，经蒋介石同意后电告罗斯福。

隔日接罗斯福复电，仍催促迅速委派史迪威指挥中国战区所有部队（其意是：否定只指挥第一线兵团）。凡能参与作战之中国部队，不应有所例外（其意是：应让共产党军队参与作战，并受史迪威指挥）。兹派赫尔利为总统私人代表，将于8月底云中国。

蒋介石接罗斯福电报后，不再提委派史迪威指挥中国战区部队事。何应钦拟订的计划也没有在国内发表。一切等待赫尔利来华后再说。史迪威急不可待，曾要求见蒋介石，蒋避不见面。

赫尔利来华

8月下旬，蒋介石嘱我：“赫尔利到重庆，你去接待他，和他住在一起，使他心情舒畅，在闲谈中将史迪威的蛮横行为告诉他，发现什么问题马上告诉我。”

9月6日，赫尔利和美国国务院代表纳尔逊同机来重庆。赫尔利带有随员马堪上校和文书副官（等于秘书）史密斯，住重庆两浮支路军政部招待所。

第二天我陪同赫尔利，吴国桢陪同纳尔逊到德安里见蒋介石。到达时，宋子文已在大门口迎候，蒋介石在楼门口迎接，会谈了一小时左右。赫尔利在表明来意和恭维了蒋介石几句话之后说："罗斯福派我来华的任务是援助中国早日战胜日本，维护国民政府的巩固，拥护委员长是中国的领袖。"当他说到"领袖"二字时，特别把声音提高，并把右臂举起，表示对蒋介石的尊敬。蒋介石笑逐颜开，频频点首表示感谢。蒋说："史迪威性情执拗，不听我的意见。他如装备、使用共产党部队，必须经过我的核准。指挥第一线兵团作战，必须先行装备。"赫尔利说："这些事都要和他商量。史迪威性情刚强，有违委员长的指示，我当进行劝解。"最后，蒋说："请你先和宋子文谈谈。"临别时，蒋送赫尔利到大门以外。蒋对任何外宾，即便是美国副总统华莱士以及威尔基，从不迎来送往，唯独对赫尔利如此尊敬，其用心可知。他是想利用赫尔利赶走史迪威，以去心腹之患。

随后，何应钦、宋子文与赫尔利、史迪威会谈，朱世明和我均参加。讨论的主要内容是：史迪威指挥中国军队的职权、租借物资的处理、装备与指挥共产党部队 3 件大事。会谈的结果是：史迪威的名义为"中国陆空军前敌总司令"；在重庆成立"中美联合委员会"处理租借物资；暂时不使用共产党军队。这些虽经中美双方议定了，但蒋介石仍然迟迟不发表委任史迪威的命令。史认为蒋无意授权，写信给宋子文说，如蒋介石不授其统率中国战区军队之全权，则将建议华盛顿撤退在华的美国陆空军，停止一切物资援助。宋持函见蒋，蒋大骂史迪威是"妄想统治中国的野心家"。

9 月 19 日，应蒋介石之邀，我伴随赫尔利去黄山别墅与蒋共度周末。赫尔利到达别墅，在山坡上一栋名叫老草房的客厅里休息。过了不久，朱世明伴随史迪威也走进老草房。寒暄几句之后，史迪威拉着赫尔利走进里面一间房里去谈话。我问朱，史迪威来干什么？朱回答说：蒋召他来的。4 点钟，蒋请赫尔利、史迪威上山顶：史迪威沉着面孔向蒋介石说了两句很不自然的客气话之后，从口袋里掏出一封电报来，他说，这是罗斯福总统给"委员长的一封电报"，随即交给了朱世明。朱刚把电报抽出来，蒋介石看到电报下面有中文译文，就从朱世明手里把电报拿过去，仅仅看了一下就把电报放在桌上，仰着头一言不发。就这样沉默了几分钟，双方都不说话。后来还是史迪威首先开口："我办公桌上堆着很高的公文，等待我批阅，委员长如没有什么指示，我就回去了。"蒋介石不理。这时赫尔利插嘴说："事情需要考虑，我们告辞吧。"蒋介石对赫尔利微笑一下之后说："好吧，我们回头再见。"

老草房的客厅里，只有赫尔利和我。按照过去的常规，我们两个人要到山顶上和蒋介石同进晚餐。那天却不同了，蒋纬国来到老草房，对我说："我父亲今天有些不舒服，就请你和赫尔利在老草房晚餐吧。"在晚餐时，赫尔利带着沉重的心情说："史迪威硬得很，本来问题就不容易解决，现在问题之上又加问题，就更不容易解决了。"又说："华盛顿把委员长看得太简单了，施加压力是不行的。"我趁闲聊机会从侧面帮蒋介石说话，尽量地维护他。当时我谈话的主要内容是，史迪威初次与蒋见面，就强调他是美国总统的代表，不愿承担参谋长职务。这种表现说明他将在中国不执行蒋的命令而要和蒋分庭抗礼，以后许多事情的发展，都证明了这一点。如租借物资的分配问题，丘吉尔、斯大林均有全权处理，同属盟国，为什么蒋介石就无权处理。蒋介石对盟国有要求也有贡献，要求是以租借物资装备中国部队，而"竭尽全力"对日作战也是对盟国的贡献。史迪威两年多以来，只以租借物资装备直接受其指挥的远征军，国内战场的部队一无所得。日军对豫、湘两省进行攻击的前夕，史迪威竟把持租借物资，不许补给即将受攻击之国内部队，致遭惨败。他是想以租借物资施压力，使蒋屈服。蒋的性格刚强，其所以委曲求全是怕有伤对盟国之合作。但容忍是有限度的，如此下去，总有一天要破裂。赫尔利问："委员长能否授权史迪威指挥中国部队？"我答："这就很难说。委员长为了保持盟国的合作，为了取得租借物资，在无可奈何中，可能授权史迪威。但是，史迪威任参谋长期间，尚且和委员长蛮横顶撞，中国有句俗话，'官大脾气长'，他如指挥中国全部军队后，势必更是盛气凌人。又以其不平等地位对待中国部队，中国军队复杂，高级将领未必都听命于他。早期在缅甸作战时，中国将领罗卓英、杜聿明等都曾反对过史迪威。如强使史迪威指挥中国全部军队，会把中国战区搞得乱七八糟，可能予日军以可乘之机。"赫尔利又问："你看怎样才好？"我答："最好的办法是从根本解决，调回史迪威，另换一高级将领来担任参谋长。只要能考虑委员长的意图，用租借物资装备中国必要的部队，他必然十分欢迎，必然能团结合作，这是盟国的光明之路。”赫尔利注意听我的谈话，但未加可否。第二天清晨，林蔚被召来黄山，先找我了解昨天发生了什么事情，我以实告。林去见蒋，蒋把罗斯福来电交给林蔚，嘱其阅后交给宋子文。早餐后蒋介石与赫尔利散步于黄山之间，谈了一些闲话，并未涉及史迪威事。午饭后，我顺便将昨晚与赫尔利闲谈的要点告诉了蒋介石，蒋微带笑容说："很好，很好。”当日下午我陪同赫尔利回重庆招待所。随后我就到侍从室找林蔚看罗斯福 9 月 18 日发来的电报。这次电文与前大不相同，完全不是对一国元首的外交辞令。他指责蒋拖延委派史迪威指挥中国全部军队，致使中国东战场趋于失败。他又要求蒋立即采取措施，如再拖延，美国对华之一切援助即将停止。当时林与我均认为罗斯福之电，是出于史迪威之反映与希求，并均预测蒋不会再忍受而会赶走史迪威。

过了两天，赫尔利要求见蒋介石，我陪同赫尔利到德安里见蒋，宋子文也在那里。赫问蒋，对罗斯福来电有什么意见？蒋说："我已下决心，请罗斯福总统调回史迪威，另派一能合作的高级军官来接替参谋长职务。希望罗斯福总统不要因为坚决要求调回史迪威而使中美之间产生隔阂。”赫尔利有些为难的样子，请蒋再加考虑。蒋介石说："我决心已定，请婉言转告罗总统。”赫尔利回到招待所即召史迪威谈话。

过了两天，我又陪同赫尔利见蒋，宋子文仍然先在那里。赫尔利拿出史迪威的一封信递给蒋，蒋看了一眼就放在桌上。赫尔利说，史迪威已有悔意，今后当遵从蒋的命令，租借物资全部交由蒋介石支配，使用中共部队暂不实行。赫尔利还说了一些恭维的话，力图为史迪威转圜。蒋说，华莱士、索摩维尔来渝时，均请他们代向罗斯福转达，将史迪威调回，后经史迪威表示听从他的意见，才未坚持调离。但以后史又自食其言，而且变本加厉，反复无常，实难共事。又说，两国合作，理应相互尊重，遇事商量，不能强制。史迪威缺乏政治头脑，处处要挟，言语横蛮，实无法合作；况且他的能力有限，指挥缅北局部作战，尚且顾此失彼，更无能力担任指挥中国战区全部作战的艰巨任务。因此，不能委派他担任总司令职务，请婉告罗斯福总统。随后根据蒋介石对赫尔利的谈话写了一份备忘录，交赫尔利转达罗斯福，作为他 9 月 18 日来电的复电。

10 月 11 日，赫尔利与我共进午餐，赫对我说，今天早晨给罗斯福打了一个电报，请你看看。饭后史密斯把电报稿交给我看。电文要点如下：

（1）蒋介石“是一个统率几百万军队，抗日已经七年的国家元首”，对他不能施加压力。史迪威却以施压力为取得权力之手段，如支持史迪威，势必失去蒋介石，中国的抗日力量亦将随之消失。“美国人民将不赞同总统这样处理问题”。

（2）蒋介石需要美国援助，他能实心与美国合作，美国任何将领来华，蒋介石都能与之合作，惟史迪威则不行。蒋、史性格水火不相容，如通过史迪威以维持中国作战，必趋于失败，正如蒋介石所说：“有史迪威在，中美即不能合作。”

（3）要求罗斯福立即调回史迪威，另派一高级将领来华充任参谋长。

我阅后，即将电报全文抄录下来并译成中文，往见蒋介石。蒋阅后大喜，对我说：“你要好好照顾赫尔利，常和他闲谈，用良好的私人感情，换取政治上的方便。”

魏德迈接替史迪威

赫尔利致罗斯福电报发出后，马上接得复电，略谓已决定调回史迪威，并提出美国将领帕兹与魏德迈两人，让蒋介石从中选择一人继史迪威任中国战区参谋长。当时魏德迈充任东南亚战区蒙巴顿的参谋长。蒋介石从开罗开会归来途经加尔各答时，曾与魏德迈见面，并设宴招待过魏德迈。魏那年刚 50 岁，在行动和谈话中对蒋都表示尊敬，给蒋留下了良好印象，因而蒋介石选择了魏德迈，通知赫尔利转达了罗斯福。

10 月 19 日史迪威收到调回的正式命令，20 日即离渝经印度回国。

史迪威离开重庆的那天晚上，蒋介石带着哈密瓜、鲜花、茶叶、精制的点心到招待所去看望赫尔利，其用意是对赫尔利协助撤回史迪威表示感谢。

10 月 31 日上午，魏德迈到达重庆就中国战区参谋长新职。这一天是蒋介石的生日，赫尔利应蒋介石之邀，由我陪同赫尔利到重庆歌乐山“主席官邸”为蒋祝寿。赫一进门就对蒋说：“今天我的寿礼是把美国英俊的将军魏德迈请到中国来，作你有力的助手。他已经在今天上午到达重庆，暂时和我住在一起。”赫又说：“请指定时间，让魏德迈来见委员长。”蒋介石说：“请你先告诉他，我们很欢迎他。明天上午就可以见面。”蒋当时又叫我作蒋、魏之间的联系人，要我第二天上午陪同魏德迈到德安里与蒋会见。

11 月 1 日，赫尔利、魏德迈由我陪同去见蒋介石。魏德迈表示对蒋绝对服从。魏说：“我是统帅的参谋。参谋的任务是忠实地执行统帅的命令，把统帅的意图变成有效的实际行动，而且使每一行动都适合统帅的意图。”又说：“军事上一切重要事情，都要向统帅请示后再办。”又说：“史迪威在缅甸的一切计划，大致我都清楚，实施的具体情况，还不十分了解。过几天等我把全部情况搞清楚后，再向统帅请示办法。”又说：“经我的要求，美国军部派索尔登将军来华接充史迪威驻印军总指挥的职务。这样我就可以专事国内作战业务，希望统帅同意。”蒋介石对魏德迈表示欢迎，希望魏随时和他保持接触。在魏德迈提出索尔登充任驻印军总指挥时，蒋回答说：“很好，欢迎，希望见面。”谈话约 1 小时。魏对蒋毕恭毕敬，用美国部下对直属长官的礼节对待蒋介石。

魏德迈到达后，把租借物资分配权交给了蒋介石。在蒋介石与陈诚的图谋下，装备了国民党军嫡系部队，作为尔后反共的资本。蒋、美矛盾，得到暂时的统一。

蒋介石访问印度侧记

王由青*

1941年12月7日，日本偷袭珍珠港，第二次世界大战达到新高潮，日本在太平洋同美国开战的同时，出动5路陆军，向东南亚各国和西南太平洋各岛屿发动攻势，英国的2艘战列舰“威尔斯亲王号”“却敌号”在保卫其殖民地新加坡时被日军击沉，英国失去在远东的主要力量，美国在菲律宾失守后将远东陆军司令部撤往澳大利亚，英国、美国在亚洲的势力迅速萎缩，尝到了姑息、绥靖的恶果，搬起石头砸自己的脚。1942年元旦，中、美、英、苏等26国《联合国家宣言》发表后，已任包括越南、泰国在内的中国战区最高司令官的蒋介石，审时度势，觉得在这关键时刻，协调中英在东南亚的行动、保住中国寻求外援的滇缅路大动脉成了第一要务；而印度国大党在甘地、尼赫鲁的领导下，非暴力不合作，使英印关系相当紧张。因此，蒋介石决定出访印度，以图协调好中英印三方关系——以亚洲大国领袖地位影响促使英印和解。

这是蒋介石在中国执政13年来，首次以国家领导人身份出国访问。蒋介石习惯了专制，觉得访问印缅，只要由他亲自出马，万事俱备迎刃而解。

* 本文节选自作者《蒋介石的文化宠臣张道藩》一书，题目为编者所加。

因而他组成的代表团只 15 人，而且人员摆设的成分占多数。且看这份名单：蒋介石夫妇、国防最高委员会常务委员王宠惠、专职协助宋美龄做私人外交的国民党中央宣传部副部长董显光、航空委员会主任委员周至柔、军委会办公厅主任兼外事局长商震、机要秘书俞国华及译电员、女仆等人，让很多人大感意外的是，中央政治学校教育长、国民党文化运动委员会主任委员张道藩竟也被选为团员。当时张道藩自己也摸不着头脑。今天看来，蒋介石把选择随员出国访问当做了赐恩的手段。张道藩熟谙英美外交礼节，长期对蒋介石死心塌地，而他从事党务多年，蒋介石选中他显然是为了跟印度国大党打交道。

这个代表团就这样定了。如果是和平年代，蒋介石带这几个人出国作礼节性访问，那是无可非议的，偏偏这时中国抗日战争进入了最艰苦最需要军事胜利的时候，代表团中，只有周至柔、商震这两个国民党军内二流的将领。商震还好，头一年就由何应钦安排带了一个中印缅军事考察团到前方活动过，而其他人对正在日益激烈展开的东南亚大战，对什么中缅印交通线毫无概念。蒋介石带出去的这一个代表团，先天不足。

1942 年 2 月 4 日一早，代表团从重庆秘密起飞，英国驻华大使和一名英国将领随行，一路上通讯沉默，竟不答复地面无线电询问。降落昆明机场时，昆明机场守备司令王叔铭断定不是敌机，带人包围飞机，可机舱里竟然是最高当局，王叔铭大为惊讶。飞机加油后，当晚飞抵缅甸腊戍。2 月 5 日抵达印度加尔各答，由加尔各答省长接待，为保密起见，入住郊外的前省长公署，准备逗留几天，作访问的各种准备。

军事外交大事自有蒋介石参酌，自然没有张道藩的一份，他的任务是熟悉印英属殖民地的大概，临阵磨刀。他买了几本书，在一本英文版印度年鉴里，他发现国内称呼印度甘地、尼赫鲁领导的第一大党为“印度国民党”是一种错误，因印度确有一个小小的国民党，英文名称为 The Nationalist of India，而甘地领导的党，英文名称为 The Congress Party，他据此改译为“印度国民大会党”，简称“国大党”。这个名称一直沿用至今。可蒋介石却接到了丘吉尔的一份电报，那个“日不落帝国”的首相，毫不客气地警告蒋介石，不能会见甘地。这可让蒋介石伤脑筋了。

2月9日，中国代表团乘印方安排的专列抵新德里，欢迎是很隆重的，站台上全铺地毯，一直铺到出站乘车的地方。可让蒋介石恼恨的事又来了，英国驻印度总督竟没有露面，只让印度军总司令和印度总督府秘书长前来迎接，而下榻地竟是印督秘书长的官邸，而不是接待国家首脑的总督府。2月10日，印度总督林里资哥勋爵才和蒋介石见面，第一次谈话，蒋介石劝英方宣布印度为自治领，但不得要领。当天，蒋介石在张道藩等人陪同下会见国大党主席尼赫鲁。尼赫鲁曾经访问过中国，因此会谈气氛相当融洽，蒋介石又劝尼赫鲁暂时放弃对英政治争执，集中对日战争。

2月12日，印度总督才补办一个欢迎仪式，按惯例要奏中国国歌，总督府乐队为慎重起见，拿一份中国国歌给中国代表团。张道藩接过一看，哭笑不得，这竟然是北洋政府时代的国歌，那歌词是："卿云烂兮，糺缦缦兮，日月光华，旦复旦兮……"

张道藩神情很严肃，对来人道："这首歌万万不可用，这是民国八年中国北洋政府颁布的国歌，相传是中国远古时代虞舜所作的《卿云歌》，北洋政府定它为国歌，可北洋政府已被国民政府推翻了，我们怎么还能用这首国歌呢？"

总督府的乐队长只得诉苦，说他们没有现在国民政府的国歌，张道藩看情形，知道只有临时抱佛脚了，他要乐队长作记录，自告奋勇大声地唱了一遍国民政府的国歌："三民主义，吾党所宗。以建民国，以进大同，咨尔多士，为民先锋。夙夜匪懈，主义是从。矢勤矢勇，必信必忠，一心一德，贯彻始终。"

这歌词是1924年6月10日，孙中山在黄埔军校的训词，后来，戴季陶提议将它作为党歌。1929年1月10日，国民党中央常务委员会决定，党歌就以这首训词为词，采用程懋筠谱曲为准；1930年3月24日，国民政府行政院通令，以国民党党歌为代国歌：1937年6月，国民政府正式决定以此歌为国歌。

就在印度总督夫妇招待蒋介石夫妇和代表团的一天，丘吉尔又致电蒋介石，要他勿访甘地，而蒋介石的主要目的之一就是要进行中印两国的领袖会晤，才不虚此行。2月12日，蒋介石接见长驻印度首都的尼泊尔王子，13日由英印军总司令陪同去白沙瓦参观印度西北开伯尔山峡，14日访问拉合尔，当天返新德里。

代表团中，董显光、周至柔、商震随蒋介石参观去了；尼赫鲁指派他的妹妹班茅特夫人陪宋美龄访问阿格拉，那里有著名的清真寺。而张道藩、王宠惠以及中国驻印度加尔各答总领事保君健，则由尼赫鲁父女和印度女诗人耐都夫人陪同，游览新德里近郊哥托米拉。逛了一阵，众人围坐在一块如茵的草地上小憩，尼赫鲁兴致勃勃，脱去上褂，里面只穿了白汗衫和黑背心，女儿英迪拉（即后来的印度总理甘地夫人）知道他要表演纳顶绝技了，嗔怪他不讲礼貌。他笑了笑，以两手和头顶着地，全身倒立，两脚朝天，惹得耐都夫人大笑不止，别人也乐了，只有尼氏女儿英迪拉很不以为然。尼赫鲁做完，要求中国朋友也来一套，这回又轮到张道藩表演了，他来个鹞子翻身：先用两手着地，抬起两脚朝左边一翻，仍然站了起来。张道藩的表演，赢得了印度友人的好感。

晚上，英印总督府聚餐，印度友人合唱一曲《印度，我们的母亲》，动人的声调感染了中国客人，本来对音乐就有一定造诣的张道藩，又应印方之邀，放声高歌一曲《满江红》："怒发冲冠，凭阑处、潇潇雨歇。抬望眼、仰天长啸，壮怀激烈。……"

蒋介石指定张道藩与尼赫鲁会谈国大党组织建设问题，张跟尼赫鲁先后3次会谈。张特别注意国大党的组织活动方式和在民间的力量，但交换意见时，尼赫鲁不客气地指责国民党不民主，张道藩竭力辩白，并讥讽尼赫鲁"莫名其妙地中了中共统战阴谋的毒了"。其实尼赫鲁访问过中国，对中国实情是清楚的。

蒋介石不顾丘吉尔的不赞同，通过尼赫鲁的安排，2月15日，派人去甘地家乡司瓦格拉木与甘地联系，约定在加尔各答会晤，以避开英印总督。2月18日12时10分，蒋介石、甘地终于冲破阻力会晤了，中国代表团是前一天由新德里返回加尔各答的，甘地从家乡乘火车赶来，张道藩和保君健代表蒋介石赶到加尔各答前方的一个小站迎接甘地。会见在加尔各答甘地的朋友家中，由宋美龄翻译，张道藩作记录，甘地对蒋介石提出的中印共同奋斗不作正面回答，使蒋介石感到失望，因为甘地年事已高，加之会谈气氛并不和谐，谈一阵休息一阵，6 个多小时的会谈，其实并没有什么实质性的成果。

2 月 21 日，访问泰戈尔家乡和国际大学后，蒋介石的印度之行就算结束了。宋美龄代表蒋介石发表了《告印度人民书》，指出印度人“参战不仅为协助反侵略国获胜，亦为其本身自由奋斗之关键”。并要求英国在不久的将来给印度人民以政治自治权，这就触怒了英国，使中英关系又蒙上了一层阴影。宋美龄之后，张道藩也发表了讲话。印度之行，张道藩几次临场发挥，显示了他多方面的才智。

若干年后，在新德里东北部，风景优美的朱木拿河畔，有了一座幽雅别致的陵园。陵园右端有一座规模不大但肃穆庄严的大理石陵墓，墓旁燃烧着不灭的火焰——这就是圣雄甘地的安憩地。而蒋介石访印之后，中印缅的滇缅路大动脉很快就被日军攻占，穿越珠穆朗玛峰的空中航线取代了滇缅路长达近 3 年之久。

跟随蒋介石到印度转了一趟，张道藩自我感觉良好。访印的时候，印方办有中国日活动；回到重庆，张道藩相应地在 1942 年 3 月 17 日操办了印度日活动，同一天，张道藩发表他在印度的广播词《中印共同的责任》。3 月 18 日，文化界国民周会，庆祝印度日，张道藩又应邀详述访印经过；4 月 13 日，沙磁学术讲座，他又大讲访印之行。这一系列的表扬和自我表扬，宣传和自我宣传，虽难避王婆卖瓜之嫌，但他张道藩确实风光了一回。

一九四二年蒋介石三次莅临缅甸

刘家驹*

1941 年 12 月 15 日，我以中国驻缅甸军事代表侯腾将军的机要参谋身份，作为中国远征军的先遣人员，随侯腾及英国驻华武官丹尼斯少将一同入缅，并在蒋介石三次莅缅时参与迎送、警卫及随扈工作，现就我当时所亲历、亲见、亲闻的那些事，追述如后，以存史实，而飨读者。

出访印度首次莅缅

缅甸是中南半岛上面积最大的国家，同中国、泰国、孟加拉国、印度山水相连，唇齿相依，其南面的安达曼海，控制着由印度洋进入太平洋的咽喉——马六甲海峡，成为盟军对日作战北翼重要的战略据点。日军在其发动太平洋战争的作战计划中，已将缅甸纳入其必须攻占的战略目标。他们认为缅甸不仅具有必须确保的战略地位，并且还对切断中印公路、促进印度脱离英国有着重大的战略意义。丘吉尔则指出:“作为一个战略目标，我认为使滇缅公路畅通无阻要比保卫新加坡更为重要……如果缅甸丧失，那就惨了。

* 作者时任中国驻缅甸军事代表侯腾将军的机要参谋。

这会使我们同中国人隔绝，在同日军交战的军队中，中国军队算是最成功的。”遗憾的是，印度英军总司令韦维尔却不持此种观念和态度，他担心中国军队进入缅甸后会赖着不走，并认为若是让中国军队在缅甸打败日军，成为盟军对日作战首开得胜者，会因此降低英军的声威。所以，他衔丘吉尔之命于 1941 年 12 月 23 日，在重庆签订了《中英共同防御滇缅路协定》后，仍然以各种借口阻止中国远征军整体入缅，经过反复商议，最后他只接受中国派刘观隆支队（1 个团）入缅，从而坐失在泰缅边境打败日军的有利战机。我缅甸华侨抗日志愿队，虽在 1942 年 1 月 13、15、20 日，分别于泰缅边境帕罗士、密沙、密亚华迪给予侵缅日军先头部队以沉重打击，打死其星光少佐等 137 人，却由于英军作战不力，导致缅南重镇土瓦、毛淡棉相继于 19 日和 31 日陷落。日军第三十三、第五十五师团乘势猛追，至 2 月初战斗打到了百林河畔，逼近西当河，使仰光震动，全缅惶恐，英军处境危急。印度位于南亚次大陆，是世界四大文明古国之一。北接中国、尼泊尔、不丹、锡金，东邻孟加拉国、缅甸，西北与巴基斯坦接壤，西南濒临阿拉伯海，于 1757 年沦为英国殖民地（包括现在的巴基斯坦和孟加拉国）。它幅员辽阔、人口众多、资源丰富，是大英帝国最重要的殖民地，被誉为英国皇冠上璀璨耀眼的明珠，是日军妄图与希特勒会师中东的唯一通道。现印度东方的屏障缅甸局势危急，印度安全自然受到威胁。

太平洋战争爆发后，日本以武力侵占南洋和东南亚各地，同时，利用亚洲各殖民地人民强烈反抗殖民统治、奋力谋求独立的不屈意志，打出建立“大东亚共荣圈”的旗号，发动“驱逐英美”“亚洲是亚洲人的亚洲”等欺骗性宣传，策动“一向反抗英国的印度人民实行‘不合作’政策，拒绝对日作战”，使英国对印度的统治出现严重危机，如果任其继续发展，后果将不堪设想。

蒋介石对此颇为忧心，认为自己以亚洲大国领袖访问印度，“当可有效地劝说印度国民大会的同种人”，便经由罗斯福向丘吉尔表达了此意。蒋氏此举大受丘吉尔欢迎，并希望他发表劝告印度人民与英国合作抗日的宣言。随后蒋氏便偕夫人宋美龄率王宠惠、张道藩等于 2 月 4 日启程访印，当日飞抵腊戍。缅甸英军司令胡敦中将闻讯，即请侯腾陪其趋前晋谒，汇报缅南战况，请求派兵援缅。经商讨后，蒋介石决定：一、派第六军先行入缅，暂归胡敦指挥，以第九十三师部署于景东以南地区，军部和第四十九师在南桑地区集结，暂五十五师于腊戍集结。二、组建联军统帅部统一指挥中英联军。三、有关后勤供应、交通通信、情报互动、防空防谍、战地民事、两军联络事宜速定有效可行方案报中英统帅部核定。蒋介石还面告胡敦：对日作战应采“后发制人，积极进攻”战术，运用“诱敌、疲敌、孤敌、断敌”策略予以各个击破。对中国军队应集中使用于主决战方面，切勿分割。胡敦唯唯应允。

2 月 5 日，蒋介石一行在英国驻华大使卡尔陪同下，由腊戍飞抵加尔各答，受到孟加拉省省长赫伯特爵士热烈欢迎。经多次会谈，赫伯特承诺将全力以赴帮助开展以加尔各答为枢纽的中印运输工作，并陪同访问。8 日由加尔各答乘火车，9 日到新德里，受到印度总督林里格斯的隆重接待。在会谈中蒋介石提议：英国应立即自动宣布印度为一自治邦，而印度人应放弃完全独立的要求。11 日，蒋介石在总督府前广场阅兵，下午会见尼赫鲁和国民会议主席阿柴德，18 日在加尔各答同甘地会谈良久。20 日访问泰戈尔住宅和国际大学，同日又与尼赫鲁长谈。21 日，再晤尼赫鲁并发表《告印度人民书》。当日启程回国。

再次莅缅部署作战

2 月 23 日，英十七师在百林河地区被日军压迫仓皇退到西当河东岸小镇末克贝林时，被紧追而至的日军三十三、三十五两个师围住，因大桥被炸，致英军大多被俘，仅师长史密斯率残部 3328 人泅渡西当河生还。丘吉尔闻此噩耗，惊呼：“西当河英军惨败，决定了缅甸命运。”24 日韦维尔由雅加达飞来仰光，面告胡敦：“一、请中国远征军立即入缅，以 1 个军置于掸邦、1 个军置于仰曼铁路沿线同古以北。二、英军以现有兵力拒敌，而后移于伊江方面。三、从速抢修通印公路转移物资。四、华军归你指挥，不另设联军统帅部。”25日胡敦派参谋长哈丁少将飞赴昆明晋见蒋介石请求派兵援缅，经美国军事代表团长马格鲁德准将向蒋建言，同时马歇尔又来电敦促，蒋介石方予首肯，于27日令杜聿明指挥五、六两军入缅作战，并决定亲自赴缅了解情况，部署缅甸作战。即派侍卫长俞济时率侍从室先遣人员和驻滇参谋团高参徐庭瑶、邵伯昌、马崇六、斯立等于28日飞抵腊戌，布置行辕。3月1日，侯腾令我指挥宪兵在俞济时亲自督导下，布置机场与沿途和行辕的警戒，再带着汽车队前往机场候驾。11时刚过，天空传来轰隆机声，不一会儿，蒋介石的座机徐徐降落，俞飞鹏、俞济时等先期到缅的高级将领以及侯腾、英军代表马丁少将、缅督代表莫里斯、中国驻缅总领事荣宝澧、武官曾庆集、西南运输处长陈质平等在机场列队迎候。蒋介石夫妇随即乘车前往新腊戌行辕驻跸，行辕设在波特酒家，这是一幢二层哥特式洋楼，林蔚、俞济时均住楼下，蒋居楼上。中午蒋召侯腾与其共同进餐，并了解缅战及英、日两军情况。下午，分别召见俞飞鹏、陈质平等详询运输情况。

林蔚于当日中午召见我询问缅南英军作战经过及目下英军与日军的动态，并问日军有无渡西当河的迹象，英军的战备程度如何。我一一作答，并说，日军已修通泰缅公路，其重装备即可入缅，西当河难以阻挡日军进攻，英军亦难守住勃固，仰光危矣。他令我写成书面报告:《英军缅南作战之我见及对日军状况之研判》。并嘱我立即带领英军车队到滇西接戴安澜及其部队来腊戌。当晚9时我在遮放找到戴安澜向其说明来意，他即令部队登车向缅甸进发，于2日晨4时到达腊戌，入驻英军营房。

是日上午我随侯腾、马丁到机场迎接韦维尔。他由印度专程来此晋见蒋介石，商谈缅战方针。马丁引我在机场见他，并说我是缅甸华侨志愿队队长，曾在帕罗士、密沙、密亚华迪打死日军星光少佐以下137人，生俘37人。2月23日又在西当河成功地掩护英军突围，使史密斯少将及其官兵3328人生还。韦维尔听后，含笑与我握手，并说:“你们中国军人是好样的，英军感谢你们。”又嘱马丁为我申请奖励。韦维尔晋见蒋介石时说:“英军已在马来亚、新加坡受挫，现缅甸英军又在西当河失利，亟待整补，希望贵军从速入缅，进行支援。’蒋介石指出，日军近期将渡河进攻，英军应早作准备。对日军应取积极进攻战术，运用“诱敌、疲敌、孤敌、断敌”手段，予以各个击破，歼敌于西当河两岸。倘若仰光弃守，应断然反攻收复之。韦维尔则表示：万一日军夺取仰光，英军应退往伊江方面，由华军在仰曼铁路及其以东地面作战。当日下午蒋介石召见戴安澜并与之共进晚餐。这时杜聿明、甘丽初双双赶到，即被召见，并召林蔚、戴安澜、侯腾一同与会分别作汇报。蒋介石听完他们汇报后说：“缅战应以进攻为主。二〇〇师可置于同古，掩护主力在平满纳集结，而后随战局发展，适时进攻。”又说：“我已接受罗斯福建议，让史迪威来缅指挥作战，主要由参谋团策划，你们好好合作。”晚 8 时 30 分会见结束，他们回到楼下林蔚办公室，杜聿明说他不赞成史迪威来缅指挥，认为史迪威在美军里是不被看好且年届退役的上校，从未统率过团以上部队，更无实战经验，让他这样的人来指挥缅战，何其不智。林蔚则慰勉他要体会领袖的深远用意，顾全大局。这是我首次听到杜聿明对史迪威不满的议论。林蔚将我的《缅南战况报告》给蒋介石阅后，他于 3 日上午召见我，垂询甚详，至 9 时 55 分方命我随侯腾去机场接史迪威，嘱我可将缅南战况面告史迪威。11 时许史迪威来到波特酒家，蒋介石夫妇在院中楼下相迎，当即上楼会谈，并共进午餐。行车途中，我向史迪威讲了些缅南战况，他颇感兴趣，中午又召我去再谈，直到他的副官狄克杨来催他上飞机，他才坐上我开的车前往机场，行车途中仍向我不断询问，临登机前他对我说：“我的孩子，我会记住你的，再见！”

当蒋介石向史迪威说明缅甸战况和英军与日军的态势以及中国远征军援缅进程后，问史迪威对缅战有何谋划？史迪威说：“只有发动积极进攻，才能拯救缅甸危机。”又说：“英军新败，士气低落，战力大减。现泰缅公路通车，日军重装备和大型火炮必将来缅。我判断西当河东岸的日军近期将大举进攻，仰光危矣。中国第五军装备精良，士气昂扬，前此已创昆仑关大捷，如能尽快入缅，当可挽救缅战危局。与日军决战地区，似宜在同古至平满纳一带。”

蒋介石对史迪威的意见颇为赞许，说史的想法同他的想法如出一辙，两人对缅战前途都甚为乐观。当天下午，史迪威走后便召集在缅将领开会，宣示缅战方针："积极地主动进攻。"并进一步阐明在4种情况下的进攻方法和投入兵力。当即决定二〇〇师推进至同古地区布防，掩护主力于平满纳地区集结；如仰光失守，则适时进攻，予以收复；倘进攻未能奏功，则在同古、平满纳之间与敌进行第一次会战；若仍未能挫敌，则退守漂背、曼德勒间，寻求战机歼灭敌军。务须保住缅中以北地区，以屏障滇西，沟通中印陆上交通。4日，蒋介石一行离缅回渝。

三赴缅甸谋划救局

尽管杜聿明同史迪威从未谋面且对史印象不佳，但史迪威从传媒报导中得知杜聿明在昆仑关大捷中战功卓越，遂对杜心存钦敬。特别是3月14日夜，杜聿明到梅苗红楼会晤史迪威，两人"一见如故"，相谈甚欢，史迪威称之为好伙伴。可惜，好景不长。到3月30日，二〇〇师在同古四面被围，弹尽粮绝，杜聿明果敢决定放弃同古，于当晚撤出二〇〇师，招致史迪威强烈反对，两人因此而闹翻。史迪威愤然返渝，向蒋介石指控杜聿明不听指挥，请予撤职。同时表示不愿重返缅甸，想撂挑子。经宋美龄劝慰后，同意由罗卓英赴缅任中国远征军司令长官，史迪威仍返缅视事。

4月5日，蒋介石夫妇在新任远征军长官罗卓英上将和史迪威、商震陪同下，第三次来到缅甸。随即转赴梅苗。6日，缅甸英军总司令亚历山大上将来见，汇报说："英军遭到日军猛烈进攻，伤亡惨重，只得放弃阿兰谬，退守萨斯瓦、东敦枝、新榜卫、马圭。"蒋介石对此大为不满，并说："此前已由马丁将军向您讲明，第五军将由平满纳发动反攻，希望英军固守阿兰谬现阵地。现你们竟不告而退出阿兰谬，这会使在平满纳准备反攻的第五军右侧背受到严重威胁。你们为什么如此不能信守承诺呢？"面对蒋介石义正词严的质问，亚历山大无言以对，面露愧色，唯唯而已。

当晚缅督多尔曼·史密斯及其夫人，在梅苗北郊弗拉格斯塔夫大厦总督府内举行酒会，宴请蒋介石夫妇与史迪威、罗卓英、商震、林蔚、杜聿明、甘丽初、孙立人、戴安澜、俞济时、侯腾等人，宾主暂弃前嫌，把手言欢。

诗人将军罗卓英触景生情，有感而发，即席赋诗一首《同盟高会在梅苗》，以记其盛。诗云：炎徼初来火伞张，梅苗避暑有山庄。同盟高会筹良策，坛坫从容制锦囊。（笔者注："炎徼"，指南方炎热边远之地。南朝江淹《齐太祖高皇帝诔》："冰州炎徼，来献其琛。""坛坫"，指古代诸侯会盟场所。《史记·鲁仲连邹阳列传》："桓公朝天下会诸侯，曹子以一剑之任，枝桓公之心于坛坫之上。"）

罗卓英这首寓意深邃、文词优美的诗作，当场宣读时，立即引发掌声和一致的赞扬，把宴会推向高潮，中、美、英高官尽欢而散。

7 日，蒋介石在梅苗召集在缅的中国远征军各军师长和其他将领开会。史迪威、罗卓英、林蔚一同出席。会上，蒋介石郑重宣告："任命史迪威参谋长担任缅甸战场中国军队总指挥，拥有最后决策权。由中国远征军司令长官罗卓英上将担任史参谋长的执行官。由军委会驻缅参谋团团长林蔚上将担任史参谋长的幕僚长，参与缅战的策划。由军委会后勤部长俞飞鹏上将负责中国远征军的后勤补给事宜。由侯腾少将为中国驻缅印军事代表，专任同英军总司令亚历山大上将的联络协调事宜。中国在缅各级将领和全体官兵必须绝对服从史参谋长的命令。史参谋长对中国远征军全体官兵有权行使赏罚。"接着就缅战阐明他的意图。他说："现已侦知，日军第五十六师团正由同古向毛奇移动，该敌必将自毛奇向东枝、雷列姆推进，进而北图腊戍；中路日军必将以第十八、第五十五两师团突破我在平满纳、漂背防线，直趋曼德勒；另以第三十三师团沿伊江东岸北上、向曼德勒以北迂回，企图包围我军主力于曼德勒以南地区强行决战。我决定批准杜副长官策定的《平满纳会战计划》，责成史参谋长、罗长官、杜副长官及各军师长精诚团结、齐心协力地实之，以求在平满纳击破中路日军，同时第六军应举全力摧毁东线日军北犯腊戍之企图，务必使敌之'曼德勒会战'彻底破产，从根本上扭转缅战发展趋势，实现我军入缅援英保守滇缅路之战略目标。故取得'平满纳会战'之胜利和在东线击破敌五十六师团，实为扭转缅战局势的关键，望你们努力去创造新战绩。"

8 日上午，蒋介石夫妇在罗卓英、商震、林蔚、杜聿明、甘丽初、孙立人、戴安澜、侯腾、俞飞鹏、马丁等人陪同下由梅苗来到曼德勒视察。首先驱车直上曼德勒山顶峰，参观众佛塔后，便在山巅上驻足四顾，皮宗敢和我立即给蒋介石夫妇送上望远镜，孙立人在他俩身边指点山河，一一解说。蒋介石夫妇饶有兴趣地手持望远镜，随着孙立人的指示杆不断地移动镜头，去搜寻景物。尽情浏览之后，他脸堆笑容对身边的宋美龄和将领们说："你们看啊，这曼德勒城市外形和周边的山川形态是不是很像我国的南京呢？你们看，它西北面那条大河（孙立人马上补充说，那条大河名叫伊洛瓦底江，是缅甸民族的发源地，被誉为母亲河）同南京西北面的长江颇为形似，还有南面那条小河，岂不是很像南京的秦淮河？"蒋的话音刚落，宋美龄马上接着答道："嗯！我也看出来了，这座曼德勒城市真是形如南京城啦！"他二人身边的将领们也争相附和着说："很像！很像！"这时罗卓英马上轻声吟诵他刚刚形成的诗作《两城形似》：巍然旋塔耀千旌，语重心长说旧城。无限神思萦祖国，左山右水似南京。商震听罢首先鼓掌称赞，连声说："好诗！好诗！"蒋介石也很高兴地说："尤青啊！因你诵诗时声音太小，又夹杂有粤语口音，我没有完全听清楚，只听清了这诗的末句'左山右水似南京'。你这句诗把这两座相距数千里的历史名城，描写得形象逼真，神韵飞扬，不愧是我国当代的诗人将军，远远胜过陆游和岳武穆。请你把原诗再高声地朗诵一遍。"罗卓英又抑扬顿挫地高声吟诵了一遍，再次博得喝采和掌声。人们的掌声刚停，罗卓英又高声宣读甫成的另一首诗《曼德勒即景》：城头高踞须弥座，妙义谁能俯众心。仿佛金陵宝志院，钟声寂寂雨沉沉。罗卓英宣读诗文的语音刚落，当场又响起来一片热烈的掌声。孙立人见大家兴趣正浓，便请蒋介石夫妇和随行将领下山，去参观缅甸雍籍牙王朝的国王敏同于1857年至1861年兴建的皇城与皇宫。中午孙立人在其司令部以便餐招待蒋介石夫妇和随行将领。

当日下午，孙立人领着蒋介石及其随行将领到伊洛瓦底江畔巡视。副师长齐学启陪宋美龄去看望缅甸华侨领袖，并参观华侨学校，还到医院慰问伤病员，同他们亲切交谈，受到官兵和伤病员的欢迎。

蒋介石一行巡视到伊洛瓦底江过江大桥时，登上大桥，俯瞰着汽车和火车从桥上风驰电掣般地呼啸而过，滚滚的江水从桥下奔腾不息地流淌，他触景生情地对大家说："我国万里长江之上至今没有一座跨江大桥，使南北交通大大地受到阻碍，这太落后了！我有心实现国父的遗愿，等到抗战胜利后，我们就着手先在南京建造过江大桥和隧道，把南北交通连成一体，而后再在武汉、九江、宜昌、安庆等地建造长江大桥，以利国计民生和国防建设。告慰国父在天之灵，实现国人的衷心期望，这是国家大事，我们一定要办好。"他这番话说得随行将领们备受鼓舞，纷纷表示坚决拥护，一定竭尽全力支持这项盛举。

4 月 9 日，蒋介石一行返回重庆。他这次来缅虽然开了几次会议，对将领们讲过话，也同亚历山大谈过，却未能促使英军放弃"弃缅守印"的打算，以致西线首先崩溃；对于巩固东线、摧毁敌五十六师攻占腊戌的企图，蒋只对甘丽初提出要求，却未给他以切实可行的有效指导，遂致东线也跟着西线迅速溃败，缅甸战局随之急转直下，一败涂地。今日想来，良可痛惜！

活跃在宣传战线上的宋美龄

［美］罗比·尤恩森*

［编者按］蒋介石和宋美龄结婚后，宋成为蒋的得力助手。抗日战争时期，宋致力于对外，特别是对美国方面的宣传工作，利用报纸、杂志和广播，向美国朝野介绍中国抗战形势和事迹，呼吁美国给中国以大力援助。她的宣传工作收到了很好的效果。1942 年至 1943 年她在美国访问期间，宣传工作做得颇为出色，苏联驻美大使李特维诺夫写道："蒋夫人访美和在美国所作的成功的演讲，大大加强了中国的地位。"下面的文字摘自美国传记作家罗比·尤恩森的《宋氏三姐妹》一书。

宋氏姐妹，特别是蒋介石夫人宋美龄，做了一项非凡的工作，这就是向美国和世界上其他国家宣传中国。如果那些最有经验的美国纽约麦迪逊大街公共关系机构能从她们身上吸取经验，就会把工作做得更为出色。她们利用报纸、杂志、无线电广播，加上蒋夫人那种戏剧性的个人表现，驱使美国各界人士打开耳目，注意中国人的困境，并且解囊相助。

宋氏姐妹设法使美国人卷入到这种程度：到了需要排难解忧时，美国人

* 作者为美国传记作家。

民总感到惭愧和不安，好像是当着穷亲戚的面，砰地关上了门。

……

在早期对美国的广播中，在政府出版局收集和出版的蒋夫人《战争与和平的信息》一书的一些讲话中，宋美龄对于人们在对华问题上的冷漠态度，表现出一种讽刺挖苦的倾向。事实上，她对此不能容忍是明显的。她特别希望美国纠正其伤害中国的错误做法。可能是由于她认为自己曾在美国人中间长期生活而十分了解他们，因而她对美国人讲话时措辞有意激烈一些。

在 1940 年的一次广播中，她讲话的一部分内容是："在中国，我们要求制止两件事：身为美国立法者的国会议员，不应对侵略表示恐惧，也不应同意把汽油、石油和其他战争物资送往日本以鼓励侵略。

"我不知道你们这些国会议员们是否想到过，如果中国已向被认为不可战胜的日本势力投降，那会发生什么样的事情？

"回答是显而易见的。日本将保持完整的海、陆、空军。它将利用我们的领土、我们的人力和我们的资源以支持极权主义反对民主国家的军事行动。"

蒋夫人在这次广播的最后说："问题是，我们会得到公正的对待吗？这只能由美国人民和他们的国会议员来回答。"

"中国人民已被炸弹震聋，但是他们焦急地等着听到你们的回答。"

蒋夫人经常接受外国记者的采访，她也奋笔疾书，连篇累牍地解释中国的形势，说明中国人作出的牺牲。其中许多要求美国人注意听取的文章讲话，美国各地的刊物都辟栏刊载。

……

然而，国民政府大多数人都认识到，宋美龄对美国人——包括记者和国会议员——施加影响的重要性。许多人认为，由于有蒋介石那位受过美国教育的妻子和内兄宋子文，中国人才得到成百万美元的贷款和直接援助。

应把中国的情况告诉全世界，这是越来越明显的事情，宋美龄就在这方面起了重要的宣传作用。对于世界上的外国人，她的丈夫并不完全是一个具有吸引力的领袖人物。以打动人心的方式向西方人介绍他，全靠蒋夫人。罗斯福总统曾对一名记者说："在开罗，我无法形成对蒋的任何看法（这两位领袖当时是第一次见面）。后来我回想起这件事，我才意识到，我所知道的都是蒋夫人向我讲的她丈夫如何如何以及她是怎样想的。她总是在那里回答所有的问题。我可以了解她，但对这位蒋先生，我却根本看不透。"

另一方面，蒋介石对西方种种情况几乎没有什么感受，也不那么了解。他的妻子有责任密切注视西方的动态，把有关中国的事情向他报告并进行解释。

在国都迁出南京后，宋美龄曾劝说蒋介石成立一个由董显光负责的宣传处。董是中国第一个由美国人培养的新闻记者，毕业于密苏里州大学，是哥伦比亚大学的普利兹新闻学校第一期的学生。然而，即使通过新闻报道可以让中国领袖处于一种更为有利的国际地位，蒋介石却经常拒绝接见外国记者，或者撤销新闻发布，从而束缚了董显光经验丰富的手脚。

董显光试图向不满的外国报界解释，蒋介石并不是有意抱残守缺，而是由于这位领袖对"新闻自由"的民主概念缺乏了解。实际上，蒋介石认为"新闻自由"是荒谬的。这有时在宋美龄和她丈夫之间引起一些口角，但她总是对感到为难的董新闻官说："那没关系，我支持你。夫妻吵吵嘴不会有什么影响。"

宋美龄订阅许多外国出版物，仔细地加以研究，从而使她充分认识到新闻报刊的力量。但是，她尽管作了尝试，却未能使她丈夫充分认识到国外舆论有利的重要性。

1941 年 12 月，日本人使宋美龄有可能不再因美国忽视日本侵略行径而进行谴责。在一个星期天凌晨，当舰艇上许多海军官兵还在酣睡时，日本人袭击夏威夷，使美国太平洋舰队的大部分舰只葬身于珍珠港海底。美国人这时才认识到，必须增强同日本处于交战状态的盟国的力量。他们终于向中国派遣军事顾问和经济顾问，并送去金钱和作战武器。然而蒋介石还是感到恼火。他本来希望这种援助来得更多，来得更早。

……

不管怎样，美国已把金钱和物资送往中国，并且在约瑟夫·史迪威将军领导下训练了大约 40 个陆军师。史迪威曾在中国服役并非常关心中国人民。美联社的罗德里克谈到他时说:“他汉语讲得很流利，认识正在中国大陆舞台上演戏的大多数主要角色，而且熟悉中国历史。他才华横溢，直言不讳，说话尖刻而生动，为人热情，有时极为诙谐，外号‘醋乔’(“乔”是“约瑟夫”的昵称。——译注)。他一脸皱纹，乱蓬蓬的一头硬发，猫头鹰似的目光的确是一副尖酸的样子。”

可是，史迪威和蒋介石实际上是一见如仇。史迪威对中国作战部队的恶劣状况感到吃惊。他们生病，挨饿，衣衫褴褛，纪律涣散，毫无士气。高级官员牺牲士兵的利益，贪污受贿，大搞政治阴谋，也使史迪威狂怒不已:他立即直截了当地归咎于蒋介石，认为他应负罪责。蒋介石痛恨这个外来狂汉的批评非议和鲁莽无礼，他竟敢如此放肆，说什么他可以当中国军队的一个更好的统帅。

史迪威像蒋介石一样写有详细的日记。他说这位大元帅“顽固、不老实，为了鸡毛蒜皮的面子问题耿耿于怀，只关心权力，其军事战略毫无章法，同西方大相径庭”。蒋介石关于史迪威的日记虽然无法看到，但可能同样是满纸贬抑之辞。

蒋夫人宋美龄和孔夫人宋霭龄常请史迪威共进午餐或喝茶，试图对他进行安抚。据说他佩服宋美龄的才干，并且发现宋家姐妹全都聪明动人。

史迪威来到中国的这一年年底，宋美龄因前些时候身体一直欠佳而去美国就医。她一去就是 7 个月。蒋介石根本不想让妻子离开，因为对他来说，妻子的价值胜过 20 个师，这话是他向一位记者说的。不过，他和宋家的人对宋美龄的身体状况都感到担心。宋美龄的父母都死于癌症，恐怕她也可能患有此症。

1942 年 11 月，宋美龄及其一行秘密离开重庆，飞往纽约。在那里，她住进哥伦比亚长老会医疗中心。对于她在美国一事，保守秘密是不可能的。因为这时人们对宋氏三姐妹的情况已谈得够多也写得够多了。她们已名闻天下。白宫发布了一条新闻，证实中国的第一夫人住在纽约医院，于是关心宋美龄的书信像雪片飞来，平均每天有 1000 封之多。随同蒋夫人此行的董显光说，有必要取得大使馆的帮助，以便答复来信，同时应付络绎不绝地到医院赠礼和向宋美龄问候的来访者。

经医生诊断，宋美龄是荨麻疹复发，这是颇为少见而又很难受的一种皮肤病。人们认为蒋夫人已处于身心衰竭状态，她长期紧张，过于辛苦。医生让她用药物治疗和休息，并同意她于 1942 年 11 月至 1943 年 2 月住院治疗。

蒋夫人出院后，作为罗斯福总统及其夫人的客人，在白宫逗留了一个多星期。在访问期间，她成了以非官方身份向参议院和众议院发表演说的第一位妇女。

1943 年 3 月 1 日的《时代》杂志上，以显著地位报道了宋美龄向国会发表的演说。在杂志封面上，蒋夫人的照片以竹和鸟的中国画作为色彩柔和的背景，显得格外引入注目。图片下的标题说明是:“她和中国懂得坚韧不拔的含义。”

宋美龄向美国国会发表的演说，是一篇有说服力的杰作。这位身着黑色旗袍的苗条文雅的妇人，由副总统亨利·华莱士领着步上讲坛。她十分沉着地站在那里，先以那双大黑眼睛，继而以动人的微笑，向她面前的听众表示感谢。她讲话缓慢，发音清晰，她绘声绘色地描述种种事件，把听众逗得乐了起来。她对听众和在海外服务的美国人恭维了一番，这使他们感到高兴。她很巧妙地指出，像他们这样有见识的美国人无论如何不会犯歧视黄种人的错误。她谨慎地警告他们，在关心打败德国时别忘了日本，并且指出，日本在占领区掌握的资源比德国还要多。

当宋美龄在讲话中引用中国的谚语“看人挑担不费力”时，他们便觉得内疚而脸红。当她说道，不仅要有理想和宣言，而且必须付诸行动，这时全场起立掌声雷动。当她说道:“从五年半的经历看来，我们在中国确信，不要屈辱地承认失败，而要光荣地去冒险，这是贤明的内助。”这时听众都大声欢呼起来。

她的演说不长，但她面面俱到地讲到了她那正在受苦受难的人民和他们的理想，讲到她的丈夫及其献身精神，甚至讲到了她自己和认为她自己属于中美这两个伟大国家的事实。

宋美龄周游了这个国家，在纽约的麦迪逊广场花园、洛杉矶的好莱坞和波士顿、芝加哥、旧金山的公共大礼堂，后来又在加拿大的渥太华，向群众发表了演说，给其他许许多多的美国人留下了深刻的印象。她的声音通过巨大的无线电广播网传到居民家中。她会见了韦尔斯利的女校友和大学生，会见了一些市长、州长、电影明星、劳工团体和商界领袖。有关她的言行的大量消息都登在报刊上。

美国的报界历来以冷酷无情出名，蒋夫人能把他们争取过来，这是一项不小的功绩。她同美国总统一起主持的记者招待会，足以说明她善于驾驭、应付裕如的能力和仪态万千、倾倒四座的本领。这次招待会共有 172 名新闻记者出席。

蒋夫人看起来很像一个睁大眼睛的孩子，她坐在大转椅的边上，小脚还够不着地板。坐在宋美龄一边的是表情严峻的罗斯福夫人，她一只手放在中国来访者的手臂上表示保驾的意思。另一边是轻松自如的总统——一位对付报界的能手。当他谈到蒋夫人是一位“与众不同的特使”时，竟开怀大笑起来。

宋美龄一开场就说，在中国前线视察时，未曾感到害怕，可是现在看到记者们在笔记本上迅笔疾书时，她却不那么自信了。她稍稍停顿一下，接着亲切地说：“不过，我看到你们脸上的笑容，便觉得自己在朋友们中间。”

有人问她，关于中国没有充分利用其人力的报道是否真实，这时她的黑眼睛闪闪发亮，马上投以愤怒的一瞥。她很快控制了自己，解释说，没有汽油、飞机和弹药，人力无法有效地用于战争。

有人问及中国何时能收到所需要的物资时，她把这个问题转给罗斯福，并像记者一样期待着回答。总统简短回答的结语是：“上帝叫我们多快就多快。”

一位记者接着问，蒋夫人对于美国如何加速其援华计划有何建议。她再次转向总统，直盯着他。为了说明没有忘记总统刚说的那句话，她说：“上帝帮助那些自助者。”

专栏作家雷蒙德·克拉波出席了那次招待会，他承认宋美龄的表演使他目瞪口呆。他在 1943 年 3 月 1 日的《时代》杂志上写道：“有朝一日他们可能让海伦·海斯上演这个角色，但她决不会比现实生活中的蒋夫人演得更好。”

然而，认为美国人人都喜爱蒋夫人，那就未免大错特错了。情况恰恰相反。一些人不信任她。有些人认为，她一身珠光宝气，衣绫罗、裹轻裘，顶多是一个妖气十足的势利小人。一些报道指出，在医院和白宫，她坚持要睡在丝绸床单上，这同中国人由于饥饿而在大街上奄奄一息的情景很不相称。她傲慢地对待医院和旅馆的工作人员，也完全证明她不是民主生活方式的真正倡导者。

据透露，宋美龄能使那么多美国人倾向于她的想法，罗斯福总统为此感到恼火。如果宋美龄能够为所欲为——由于罗斯福抵制，她未能为所欲为——她就会把美国对欧洲的优先考虑转向亚洲。总统及其顾问对于来自中国的报告中关于党派斗争、贪污浪费的情况也大为不满，蒋介石对抗史迪威，对美国对华战略计划缺乏合作，这也激怒了罗斯福。

然而，罗斯福夫人却上了中国这位对手的大当。宋美龄住进医院，她前去拜访。当时其他盟国首脑在卡萨布兰卡开会而不邀蒋介石出席作陪，因此蒋夫人大发雷霆，罗斯福夫人则对她表示同情。据约瑟夫·拉斯在《埃莉诺和富兰克林》(即罗斯福夫妇——译注）一书中透露的罗斯福夫人的私人文件说，美国第一夫人觉得宋美龄是“一个很可爱的人儿；意志坚强，肯定不是感伤主义者”。

罗斯福夫人陪伴宋美龄到国会山向国会发表演说，她记下了她的观察所得：“她的到来，标志着对于一位妇女的承认。这位妇女靠自己的品德和所做的贡献，在世界上取得了地位。”

罗斯福总统显然并不认为他的这位东方客人亲切可爱和通情达理。拉斯写道：“虽然总统喜欢蒋夫人作陪，但他对她那双工于心计的眼睛后面隐藏的冷酷无情并不抱任何幻想。在蒋夫人待在白宫的日子里，约翰·刘易斯（美国工人领袖，矿工联合会主席——译者注）正在威胁要举行煤矿工人的罢工，总统在晚餐上就此事询问宋美龄，中国将如何处置这样一位劳工领袖。她迅速伸出那雪白的纤手，富有表情地往喉部一抹。总统瞧了他妻子一眼，过后又逗她说："喂，你那温和可爱的人儿怎么样？"在后来的一些岁月里，罗斯福夫人自己总是悲悯地谈起这件事："那些像花瓣似的纤细手指——你可以想见一些穷苦可怜人的脖子正被它拧掉。"

当宋美龄在美国待了 7 个月之后回国时，她一定深感失望，因为在把日本驱逐出中国和补救中国急剧盘旋上升的通货膨胀的问题上，她没有得到美国政府予以更多协助的什么具体保证。然而，有一点她却达到了目的。这就是她把美国人同效忠于她和蒋介石的中国人结合在一起；这种结合是如此紧密，以致需要好多年才能削弱。宋美龄对于建立这样一种友谊负有主要责任，这种友谊使美国在很长一段期间，对于不是以她丈夫为首的任何中国政府，都无法作出客观的评价。

宋美龄访问美国

［美］芭芭拉·塔奇曼*

［编者按］1942年11月到1943年5月，宋美龄访问了美国。国外不少学者在他们的著作中对此事都作过记述和评价。海伦·斯诺写道："她在整个美国作了一次引人注目和凯旋式的游历。"(《中国新女性》) 埃谢里克写道："蒋夫人对美国作了一次胜利的访问，她在白宫逗留了一会儿，在向国会发表演说时，赢得了国会议员起立欢呼达4分钟之久。"(《在中国失掉的机会》) 下面这些文字，作者对宋美龄此次美国之行作了比较详细的介绍。

蒋夫人于1942年11月来到美国之后，由白宫转交给她的礼物中，有一件是新泽西州东奥林奇的凯瑟琳·奎因太太寄来的一封信，信中夹着一张3美元的汇票和一张剪辑下来的新闻图片，图片上是日军空袭上海之后坐在铁道上啼哭的一个婴儿。写信人要求罗斯福总统把汇票交给蒋夫人："这三个美元是我的三个女儿捐献给坐在中国某地的铁路上啼哭的这个婴儿的。"

蒋夫人在这次直到1943年5月才结束的长期访问过程中公开露面时，博得了人们极大的钦佩和欢迎，这是自从林德柏格成功飞越大西洋以来

* 作者为美国著名女历史学家、作家，曾获普利策新闻奖。

（1927 年 5 月 20 日至 21 日，林德伯格驾机从纽约长岛起飞，经过 33 小时又 30 分钟到达巴黎，成为第一个中途不停留地飞过大西洋的人。——译者注），任何人都没有受到过的待遇。正如威尔基（罗斯福总统的特使和重要助手——编者注）预计的那样，美国人对她“洗耳恭听”。她于 2 月 18 日向美国国会发表的讲话，使她的听众们万分感动。一位议员说：“了不起，我从来没遇见过这样的事。蒋夫人使得我的眼泪差不多要夺眶而出了。”蒋夫人身穿黑色的富有魅力的中国式旗袍，身材苗条，举止端庄，说一口地道的英语，声音柔美，她使国会觉得是在“听世界上的一位伟人的讲话”。据《生活》杂志一位着了迷的也是很了解详情的记者说，议员们被她的“优雅风度、妩媚和智慧迷住了……惊愕万分……完全倾倒了”。在议员们长达 4 分钟的起立欢呼之后，她的讲话的重点是，打败日本比打败德国更为重要，美国应当使它的人民能够在中国进行战斗，而不应在太平洋花费那么大的力量。她说，中国人经过 5 年半的抵抗之后确信，该“宁可光荣冒险，不愿屈辱认输”，她这番话博得了议员们的起立鼓掌……

报刊就蒋夫人访问美国发表的社论强调了两个伟大民族之间的友谊，并感到高兴的是“在目前的困难情况下或许在今后更加困难的情况下”两国的这种关系是能够信赖的。英国驻美国大使哈科法克斯勋爵以某种焦虑的神情向伦敦报告说，美国国会出现了在公众感情浪潮的推动下向中国作出他认为“难以实现的”许诺的危险。他的意思是说美国可能许诺为中国收复所有领土。

自 10 岁至 19 岁在美国受教育、言谈和思维完全西方化了的蒋夫人，使普通美国人产生的感觉是中国同他们自己是相似的，并不是不一样的。她同威尔基一道在纽约麦迪逊花园广场 20 万人集会上发表讲话，在好莱坞城的 30 万人集会上发表讲话。在美国各地进行的资金筹集期间，在芝加哥和旧金山举行的会议上发表讲话，还在几家大广播公司发表了广播讲话。她每天都收到美国公众寄来的千百封信件，一次在美国中西部某地车站作短暂演讲时，车站站长的妻子送给她一盒自己制作的小甜饼。这位站长早上 3 时得知蒋夫人乘坐的列车上午 8 时要经过该站，便叫醒妻子，把这个消息告诉她。

妻子为了表达她的感情，使出了最拿手的本事，制作小甜饼，蒋夫人激起了人们表示友善的强烈愿望，人们觉得她在某种程度上就是这种普遍愿望的象征，正如卡尔·桑德伯格在《华盛顿邮报》上所写的那样："她争取的是什么？她争取的是整个地球上的人类。"

然而背地里的情况则有些不同了。她要进行的访问曾经使得美英联合参谋长会议成员感到不安。他们担心她会诱使罗斯福改变首先打败德国的战略。她自从 1942 年 11 月 27 日乘坐美国陆军部提供给她的飞机抵达美国，哈里·霍普金斯（罗斯福总统的首席外交顾问，有"影子总统"之称——编者注）去迎接她的时候起，就立即开始想方设法改变罗斯福的思想。蒋夫人患一种周期性的皮肤病，曾要求到美国某家医院治疗。随同她的有董显光、孔家的一个外甥和一个外甥女。霍普金斯驱车把他们送到纽约的哈克尼斯馆，该馆的第 12 层楼全都供蒋夫人使用。她在同霍普金斯谈话时对于欧洲和太平洋的战事不感兴趣，"她的兴趣完全集中在我们在中国本土采取的行动上"。她明确表示"不喜欢史迪威，表示最赞赏陈纳德"。她告诉霍普金斯，史迪威"不了解中国人民。他迫使蒋介石把其最得力的几个师投入缅甸战役而损失殆尽，犯了一个可悲的错误"。为了达到她的第二个目标，即美国承认中国是四强之一，她用了很长的时间详细地论述她对和平谈判和战后世界的看法，敦使美国立即采取行动，倡议就战后问题举行"四强"会谈。

罗斯福夫人去医院看望蒋夫人，觉得她显得那么"娇小脆弱"，"我真想帮助照料她，好像她是我的亲生女似的"。蒋夫人于 1 月初带着两名护士和孔家的外甥、外甥女搬到白宫。孔家的外甥女总是穿男式服装，弄得罗斯福误称她为"小伙子"。蒋夫人随身带了许多丝绸被单，每天都要换，如果午后休息，每天就要换两次。她通常是在房间里用餐，白宫服务人员对于她用拍手的方式呼唤他们感到恼火，虽然每个房间都装有电铃和电话，她却不使用。她住在纽约华道夫饭店时，特工人员在她外出后就清扫她的住处以及电梯与通道之间的走廊，这是孔家的外甥告诉特工人员说她已经外出才进行清扫。但是后来，她时常改变主意，直到数小时后才出去，或者干脆不出去。特工人员的头头要她固定她的活动安排，她就要求把这个人调走。孔家外甥、外甥女的特权虽然小得多，但也表现出同样的傲慢态度。

作为掌权的宋室人物和独裁者的夫人，她向往皇室的威严。有一次，当她知道 Madam 在美国是指鸨母的意思时，便相当恼怒地问多恩上校，为什么他和他的同事们称她 Madam 而不称 Madame？思维敏捷的多恩回答说，人们对英国女王的称呼是“Madam”，美国军官们用这个词称呼她是表示对君主的尊敬。蒋夫人的面部表情从不悦一下子变为满面喜色。多恩说：“我一生中从来没有见过一个人的面部表情变得这么快。”这位客人在后来的访问期间一直表现出非常优雅和具有女王的风度。

由于了解她的魅力，罗斯福在准备同她作第一次会晤时，不是像通常那样让客人坐在他旁边的沙发上，而是在他面前放一张牌桌，在桌子的对面放一把椅子让她坐。罗斯福向他的女儿解释说，他就是不想让他的客人“靠得太近”。经过长时间了解，他发现蒋夫人的决心“坚如钢铁”，与他夫人描绘的甜蜜而温柔的性格完全不同。一天晚上，宾主在进餐时随便谈起约翰·刘易斯号召矿工举行的一次罢工。罗斯福问蒋夫人，假如中国政府在战争时期遇到这样的事，该如何处理。她用手指划过脖子做了一个杀头的手势。罗斯福仰头大笑，问坐在桌子那边的夫人：“埃莉诺，你看见她的手势了吗？”

蒋夫人同罗斯福总统谈的是她同霍普金斯谈过的同样问题。谈到史迪威和陈纳德两人时，她叙述了史迪威与蒋介石自“西瓜事件”以来的紧张关系（蒋介石给远征军指挥官史迪威发电报，说我知道缅甸有西瓜，要史迪威给每4个士兵发一个西瓜。战事如此紧张急迫，怎么会想到这种事呢？为此史迪威对蒋很有看法。——编者注）。据她说，史迪威对蒋介石的指令持“公然极端轻蔑”的态度。她说，两人的关系自那以后一直不好。

她邀请罗斯福总统同她一道去中国访问，她对美国政府中的所有高级人士都发出过邀请，用罗斯福的话来说，就是对那些人进行“引诱”。美国参谋长联席会议主席李海海军上将应邀到她在白宫的住处访晤她，但是他后来“一直没有弄明白她那次见他的目的是什么”。陆军部长史汀生发现她是“一位非常能吸引人哄骗人的小巧女人”，她“称赞我的双手生得漂亮”，但是史汀生告诫他的助理部长、应邀一同去拜访蒋夫人的麦克洛伊“警惕她说些什么”。她纠缠所有来拜访她的人，要求为空军运输队增派飞机。由于她竭力坚持，罗斯福在 C–46 飞机试飞以前就下令调拨柯蒂斯 · 赖特公司生产的这种飞机。C–46 飞机投入使用之后，飞越喜马拉雅山这段艰难航线时所暴露的结构上的毛病，使飞行员们送了命，使空军运输队已经低落的士气更加低落。

罗斯福尊重蒋夫人，认为她是中国政府中的实权人物，但是不信任她。她在美国待的时间越长，他就越不易受她的哄骗。她的圆滑同她的魅力相比稍逊一等。在罗斯福为她在白宫举行的有 172 名记者参加的记者招待会上，她向罗斯福提出了美国如何把供应物资运到中国的问题。总统回答说，我们将以上帝允许的速度尽快把物资运到中国，她却针锋相对地说“上帝帮助那些自助的人”。人们看见罗斯福的脸变得通红，但是，究竟是因为艰窘还是由于恼怒，无人知晓。

2 月末，白宫招待室负责人代表蒋夫人给摩根索（美国财政部长——编者注）的私人秘书打电话，要求财政部指示海关税务人员免征刚刚给她运到纽约的一批特制英国香烟的关税。当发现这批香烟仍然装在船上尚未卸下，以蒋夫人名义打来的电话整天不断，最后财政部无计可施，只得指派一名人员“把香烟卸下用飞机运到这里”。同“西瓜事件”一样，英国香烟是一件具有意义的区区小事。蒋夫人的行为没有表现出她是引导她的国家走向民主前程的领导人。“总统……拼命想让她离开美国”，摩根索对他手下人员说。罗斯福并不是完全出于个人的恼怒，而是因为他日益担心蒋夫人的私下举止会受到不利的宣传而有损于她的公开形象——由此而有损于他的政策。

中国远征军第一次入缅对日作战

中国远征军入缅对日作战述略

杜聿明*

一、中国远征军组织的由来

中国远征军是根据1941年成立的中英军事同盟而组织的。1939年欧洲第二次世界大战爆发，1940年6月4日，英法军在敦刻尔克弃甲丢盔大溃败之后，英伦三岛岌岌可危。英国希图凭借中国人民长期抗战的伟大力量，支援它在远东殖民地特别是缅（缅甸）、印（印度）、马（马来亚）方面的军事，以挽救远东大后方的危机。同时，在中国方面，为了要取得抗战最后的胜利，当时也必须确保滇缅路这条最后的国际交通运输线。因此，自1940年10月起，英国首先开放封锁已久的滇缅路，接着酝酿中英军事同盟。1941年春，英国邀请"中国缅印马军事考察团"到缅甸、印度、马来亚作军事考察。以后几经协商，才在同年12月23日签订《中英共同防御滇缅路协定》，成立中英军事同盟。

根据"中国缅印马军事考察团"的意见，中英军事同盟本来早应成立，中国军队及早开入缅甸布防。可是英方迟迟不决，直到1942年2月，中国军队

* 作者时任中国远征军第一路副司令长官兼第五军军长。

才先后动员入缅；3 月 12 日，即仰光失守后第四日，才正式成立“中国远征军第一路司令长官司令部”（原定第二路在越南方面，但因以后情况变化未成事实），指挥 3 个军在缅甸与英军并肩作战。这就是本文所称的中国远征军。

中国远征军随着当时情况的发展分为前后两个阶段和三种不同任务、不同作战地区的组织。前一阶段，自 1941 年 12 月 11 日中国军队动员入缅开始，属于中国远征军第一路司令长官司令部指挥范围。第一次入缅失败后退入印度的部分军队改称为“中国驻印军总指挥部”，简称“驻印军”或“中国驻印军”；另一部分军队退至本国境内怒江东岸，连同以后新增加的部队，到 1943 年春重新成立“中国远征军司令长官司令部”，此为后一阶段。但一般都称“远征军”，以致历史资料中经常混淆不清。特别是这三种任务不同的部队在三个战区作战，又统归史迪威指挥，更易造成错觉。

现在我把中国远征军前后两个阶段、三种情况的实际组织分述如次：

第一阶段可以概括为自珍珠港事变、日寇侵缅至中国出兵远征的时期。

时间：自 1941 年 12 月 11 日中国远征军开始入缅起，至 1941 年 8 月间。

地点：包括缅甸境内司古（即东瓜）、叶达西（即叶带西）、斯瓦、仁安羌（即彦南阳）、乔克巴当、棠吉（即东枝、棠古）、腊戌、曼德勒（即瓦城）及中缅边境惠通桥诸战役及失败后分头撤退的地点。

部队番号及指挥官：中国远征军第一路司令长官部司令长官卫立煌（未到任），由我代理，继任罗卓英，副司令长官是我；第五军军长也是我兼，第二〇〇师师长戴安澜，新编第二十二师师长廖耀湘，第九十六师师长余韶，游击司令（即第五军新兵训练处）黄翔；第六军军长甘丽初，第四十九师师长彭璧生，第九十三师师长吕国铨，暂编第五十五师师长陈勉吾；第六十六军军长张轸，新编第三十八师师长孙立人，新编第二十八师师长刘伯龙，新编第二十九师师长马维骥。

第二阶段可以概括为准备反攻及打通中印公路（亦称史迪威公路）时期。在这一阶段中又分为两个方面：

印度方面：

时间：自 1942 年 8 月，中国远征军第一路司令长官部及新编第二十二师、新编第三十八师等部队退入印度至 1945 年日本投降止。

地点：包括中缅印边境孟拱、密支那、八莫及畹町会师、打通中印公路诸战役。

部队番号及指挥官：中国驻印军总指挥部总指挥史迪威兼，副总指挥郑洞国（前为罗卓英）；新编第一军军长郑洞国，继任孙立人；新编第三十师师长胡素，继任唐守治；新编第三十八师师长孙立人，继任李鸿；第五十师师长潘裕昆；新编第六军军长廖耀湘；新编第二十二师师长李涛；第十四师师长龙天武。（1942 年冬季，史迪威准备驻屯军团营长以上干部一律由美军官担任，蒋介石不承认；以后史又控告罗卓英十大无能，希图借此开撤换中国将领之路。经过数月中美矛盾斗争，蒋介石才以撤换罗卓英为条件，进一步巩固中国驻印军的建制，改为新一军，以郑洞国为军长。至 1944 年春，另由国内调三十八师、十四师、五十师入印，扩编为新一军、新六军两个军。这时调升郑洞国为副总指挥并成立副总指挥部）

中国方面：

时间：自 1943 年 4 月前后至 1945 年 3 月前后。

地点：包括中缅边境松山、腾冲、龙陵、畹町会师诸战役。

部队番号及指挥官：远征军司令长官司令部司令长官陈诚，继任卫立煌，副司令长官黄琪翔；第十一集团军总司令宋希濂，第二军军长王凌云，第六军军长黄杰，第七十一军军长钟彬，第五军第二〇〇师师长高吉人；第二十集团军总司令霍揆彰，第五十三军军长周福成，第五十四军军长阙汉骞；直属部队，第八军军长何绍周。

本文所述，只是远征军第一阶段一些惨痛的回忆。

二、远征以前种种

修筑滇缅公路和铁路

抗日战争初期，日本军国主义者蔑视中国人民英勇无敌的力量，满以为在短期内完全可以使中国屈膝；哪知打了一年、两年、三年，伟大的中国抗日军民不但没有屈服，反而愈战愈强，正循着毛泽东主席在七七事变后指出的“抗日战争是持久战，最后胜利是中国的”这个方向发展着。这时日军又妄想从沿海包围截断我国际交通线，迫使蒋介石投降，于1939年冬在广西钦州、防城登陆，侵占南宁，截断我通越南海防的国际交通线；1940年9月侵入越南。至此，我滇越路国际交通线即被截断，可依靠的只有滇缅路了。

早在1938年春，我国即开始修筑滇缅公路，于是年12月间初步通车，以后陆续加以修筑，成为支援中国抗战的一条重要的交通动脉。可是通车不久，即被英国殖民主义者不断留难，甚至在1940年7月18日，英、日正式成立封锁滇缅路协定，自是日起英国封锁滇缅路3个月，到10月才又开放。

虽然我们祖国抗日战争的胜利，主要是靠人民群众的不可战胜的力量，可是也不能全无外援。外援的最可靠的力量是苏联，而且苏联是抗日一开始首先援助中国抗日的社会主义国家。但蒋介石只相信他自己和依靠资本主义国家。记得在1940年年底有一次“官邸”会报中，蒋介石对一位交通部次长（姓名已忘记）说：“苏联担任的西北运输工作应全部停止。”这位次长吞吞吐吐地说，新疆尚有许多物资未曾运完，而且都是急需的。蒋介石一听，怒气冲冲地命令他：“你照我的意思办不会错，你不要再想运了，再这样下去，都成他们（指中共及苏联）的世界了。”我当时听到有些诧异，觉得苏联援助我国抗日的飞机、坦克、枪炮等都需要大量的油料、弹药补充，为什么要停运呢？特别是我所带第五军的坦克等装备迫切需要苏联的补充。可是慑于蒋介石的淫威，始终未敢出声。

蒋介石坚决站在反共反苏的立场，断然拒绝苏联的援助。他集中全力经营滇缅公路，任命宋子良为滇缅运输总局局长，设立许多汽车保养站。集中主要车辆担任运输。由于宋子良搞得一塌糊涂，以后改由交通部部长俞飞鹏亲自兼任总局长，后来并有美国人参加整顿，也都不见起色。1941年春，又发行修筑滇缅铁路公债1000万美元，发动当地民众日夜赶修路基，很快即将大部路基修好。昆安（昆明至安宁）段于1941年4月通车。

修筑这段铁路时，当地人民激于民族义愤，情绪非常高涨，参加筑路的工农劳动人民极为踊跃，有许多还是由原来津浦、平汉等铁路撤退下来的老工人。修筑这条公路和铁路对于抗日战争起了一些作用。

蒋、龙各有打算

在蒋介石集中全力经营这条国际路线时，他同统治云南的龙云发生了尖锐的矛盾。蒋、龙各有打算。蒋介石企图利用抗日之机，处心积虑“统一”云南；而龙云则处处防备蒋介石的这一手，坚持其独揽云南政治、经济、军事大权的局面。关于云南的政治，蒋介石不能过问；经济方面，一直到 1941 年前后，云南仍使用它自行发行的“滇币”；军事上则中央军不能入境。

这时蒋介石的政治手腕是：一面派中央大员如宋子文等人向龙云多方疏通、拉拢；一面以准备远征为理由，将他的嫡系部队先后向滇黔、滇川、滇康边境陆续集中。计先后集中的部队有：

滇黔边境：在兴仁、兴义附近整训的为第六军甘丽初部 3 个师（第四十九师、第九十三师、暂编第五十五师）；在安顺、盘县附近整训的为第五军杜聿明所部 3 个师（新编第二十二师、第九十六师、第二〇〇师）及机械化部队。

滇川边境：在泸州、叙永附近整训的为第七十一军钟彬部两个师（第八十七师、第八十八师）；另有新编第二十九师马维骥部。

滇康边境：在西昌、会理附近为第七十一军第三十六师。

滇桂边境：为第五十四军黄维（以后为阙汉骞）部的第十四师、第五十师、第一九八师。

川黔境内：为第二军王凌云部的第九师、第七十六师、第三十三师；税警总团孙立人部（1941 年年底编为新三十八师），新编第二十八师刘伯龙部——这两个单位以后编为第六十六军，属张轸部。（远征以后增调的部队未列入）

以上部队大概是自 1940 年 9 月间日寇侵入越南时即开始集中，但因蒋、龙间的矛盾，长期未能入滇。一直到 1941 年中英军事同盟酝酿期间，准备双方协力保全滇缅路及仰光国际交通线，蒋、龙之间经过长期曲折的商讨，这年秋冬间，第六军第四十九师彭璧生部先开赴滇缅路担任护路，第五军也开入云南杨林、沾益、曲靖等处。不久蒋介石在云南成立军事委员会驻滇参谋团，以林蔚任团长；并成立昆明防守司令部，以我兼任司令。接着第六军第九十三师陆续开往车里、佛海布防。至12月间，又将新编第二十八师、新编第二十九师、新编第三十八师3个师编为第六十六军，以张轸任军长，准备参加缅甸远征。

中国缅印马军事考察团

英国是一个老牌的帝国主义、殖民主义国家，十分自高自大。它向来惯用两面手法控制欧洲大陆，挑拨战争，自己从中渔利，这是它的拿手好戏。在第一次世界大战后不久，英国为了同法国争夺欧洲霸权，就逐渐支持德国法西斯主义，并妄图怂恿希特勒进攻苏联。玩火者必自焚，希特勒并未完全依照张伯伦的意图首先进攻苏联，在并吞了一系列小国之后，于1940年先下手进攻法国。5月10日张伯伦垮台，6月4日，英法军在敦刻尔克丢盔弃甲大溃退，伦敦一时张皇失措。可是英国并未接受这一教训，对日本法西斯主义的侵略并未提高警惕，也没有积极在缅甸布防，反而幻想继续用两面手法敷衍日本，以保全它在远东殖民地的大后方。7月18日，同日本正式成立封锁滇缅路3个月的协定。但日本法西斯主义者并未因英国的拉拢而放弃它独霸亚洲的野心，相反地正是通过这一协定，看破英国的弱点，于9月间侵入越南，并与泰国签订友好条约，直接威胁马来亚、新加坡、缅甸等英国殖民地。

这时英国看到中国抗战以来愈战愈强，而且八路军的游击战深入晋冀鲁豫敌人的大后方，建立抗日政权，不断打击敌人，收复失地。英国认为这是了不起的抗日力量，较之英法在欧洲战场上的狼狈处境，真是不可同日而语。于是英国对中国的态度开始转变，首先于1940年10月间重开滇缅路，接着派了一些在敦刻尔克撤退下来的残兵败将来中国学习游击战（当然，他们在中国的政府军中是学不到人民的游击战的）。1941年1月，英政府又任命丹尼斯少将为驻重庆陆军武官，开始和中国酝酿中英军事同盟。第一个步骤是通过中国对缅印马的军事考察，两国共同商定保全缅甸的具体军事计划。经过协商，“中国缅印马军事考察团”于 1941 年 1 月间组成。考察团的成员如下：

团长商震，副团长林蔚。团员：陆军杜聿明、侯腾、冯衍、唐保黄、刘方矩，空军王×赞，海军周应聪，外交郑康祺，秘书刘耀汉。考察团于同年 2 月初出发，到缅甸、印度、马来亚考察约 3 个月之久，搜集有关缅印马经济政治军事资料，编成《中国缅印马军事考察团报告书》，计 30 余万言（有油印本），其中最主要的是中、英、缅共同防御计划草案。

这个草案是根据缅、马地形交通，及估计日寇战略战术而拟定的。我们当时根据日本军国主义已经吃了中国人的苦头的情况，及其政略、战略、战术上的特性，妄图独霸亚洲的野心，同时并考虑到英国军队不堪一击的情况，认为日本对于中国的国际交通线——滇缅公路，将不是从中国境内截断，而是配合它对亚洲的政治战略整个策划；一旦日寇与英国开火，势必先击败英军，进而侵占马来亚、缅甸。这样，日寇既击败英军而夺了它的殖民地，又可以封锁中国，获得一箭双雕的效果。但是由于当时中国在政治上和经济上很大程度上依赖英国，因而就不敢正面向英方提出上述判断，而只能含糊其辞。草案的内容略如下述：

（一）敌情判断

1. 敌情：日寇陆军既具优势，又有作战经验，以日军侵占越南并与泰国成立友好条约的情况来判断，它已在积极准备向英国挑衅。一旦日寇发动侵略缅马军事，可能以海军、空军掩护陆军沿泰马交界进军，先侵占马来亚、新加坡，然后乘战胜之余威回师北上，进攻缅甸。敌人可能使用兵力 3—5 个师团和优势的空军与海军。

2. 地形：中、缅、老（老挝）边境车里、临江一带山峦重叠，交通不便，易守难攻；而且瘴气特甚，对于大兵团尤其现代化部队运动限制很大。缅泰交界景东以南，经登劳山脉，亘萨尔温江下游至毛淡棉（即摩尔门）一带，虽有崇山峻岭和萨尔温江之险，但景东、克耶邦特别是毛淡棉附近，皆有公路与泰国境内公路相衔接，为可攻可守的决战地带。

（二）共同防御意见

1. 中英两军为确保仰光海港之目的，应集结主力在缅泰边境毛淡棉、登劳山脉及景东以南地区，预先构筑阵地，采取决战防御，并将重点指向毛淡棉方面。另以一小部在中缅边境车里、临江间担任持久防御。以一部配合舰艇在仰光及仰光海面警戒。

2. 指导要领：（1）中英两军在车里、临江以南，亘景东以南克耶邦缅泰国境至毛淡棉一带，构筑纵深的据点式堡垒群阵地，吸引敌人于我主力阵地前，以强大之火力摧毁敌人之攻击，不失时机转移攻势，将敌人包围歼灭于我主阵地前，再一举出击来侵之敌。（2）敌人主力如从中央来犯，我利用既设阵地消耗敌人至一定程度，由景东及毛淡棉两翼先击破敌人，将其包围而歼灭之。（3）敌人主力如由毛淡棉附近来犯，我军应利用萨尔温江天险及据点工事，吸引敌人于我主阵地前，以强大之火力摧毁敌人攻势，配合我左翼部队击破一部敌人，将敌人主力包围于毛淡棉海岸附近，而歼灭之。（4）敌人主力如由景东来犯，我军应吸引敌人于山岳地带内，以正规战与游击战并用，竭力迟滞敌人，主力从毛淡棉附近出击，先击溃敌之一部，截断敌人后路，包围而歼灭之。

3. 兵力部署：（1）预定英缅军 2—3 个师，中国 3—5 个军。（2）布置中英两军主力（2—3 军）于毛淡棉、克耶邦、景东间地区，并在毛淡棉附近形成重点，构筑半永久性的纵深据点式堡垒群，形成坚固的主阵地带，在主阵地前选择要点，构筑据点式前进阵地，吸引敌人于我主阵地前，以强大之火力摧毁敌人攻势，不失时机转移攻势，将敌人包围歼灭于我主阵地前。（3）以一小部（一团至一个师）位置于景东亘临江、车里以南地区，构成据点式野战堡垒群，形成纵深的主阵地带，在主阵地前构筑星罗棋布的前进阵地，采用游击战与阵地战相配合的战略战术。依据中缅交界山岳地带的特性，以主阵地为根据地，用一小部兵力警戒，以大部兵力担任游击，适时深入泰缅境内袭击敌人后方。（4）仰光及仰光海面由英军及舰艇担任警戒。（5）控制强大机动性预备队（一个半军至两个半军）于同古（即东瓜）、平满纳（即平马纳）、瓢背、麦克提拉（即敏铁拉）间地区，不失时机增援第一线与敌决战。（6）其他：构筑工事材料及交通、通讯器材等由英方筹备；详细作战部署待双方政府协商后另行拟定。

中国这个意见是在缅甸考察之后所拟的初稿，以后又经过部分的修改补充，接着我们到了马来亚，见了英国当时驻新加坡总督波普汉，谈到这个问题。波普汉很同意中国军事考察团的意见，希望商震抄一份初稿给他。可是商震的英文是半瓶醋，只是唯唯答应，并未明白对方的要求。因为商震直接与波普汉谈话，秘书刘耀汉正闹情绪，也未提醒商震的注意。两天后，波普汉请吃饭，又问到这件事，商震瞠目不知如何回答，反问刘耀汉，刘才说有这回事。商震这时显得十分尴尬，马上表示道歉，并补抄一份送给波普汉。这说明商震为个人出风头，在正式外交谈话中不用秘书翻译，既违外交惯例，又把事情弄错；而刘则为个人情绪，故意让商震在外交上丢脸。

可是英国除少数人如波普汉、丹尼斯（英驻华武官）之外，对于当时局势的看法与中国大有出入。他们幻想以大英帝国的招牌吓唬日本。他们说英国有雄厚的力量，认为日寇不敢轻易向他们挑衅；如果日寇要截断滇缅路的话，必然先从中缅或中老（老挝）边境发难，而不会随便向缅甸冒进。

因此，当 1941 年夏中国正式提出中英缅共同防御意见书时，英国仍然坚持它的谬见，一再强调中国应在中老、中缅边境布防，以防止日寇截断滇缅路，而不允许中国军队及早入缅布防。同时英国心中也明白：日寇一旦侵袭它的远东殖民地，它没有任何的防御能力，所以也不敢正面否定中国提出的意见，只是强调时机未到，不同意中国军队先行入缅。然而英国又不得不借中英合作的声势，进一步唬住日本，于是 1941 年 12 月下旬成立中英军事同盟，签订了中英共同防御滇缅路的协定。

中英共同作战的准备

中国方面：中国在这期间（1941 年 6 月至 12 月间）对中英共同防御滇缅路，做了必要的准备：（1）成立军事委员会驻滇参谋团，以林蔚为团长，萧毅肃为参谋处长，及参谋若干人，策划中英有关作战的一切业务。（2）先准备3个军（即第五军、第六军、第六十六军）动员入缅，与英军并肩作战，详细位置已如前述。（3）对远征各军充实装备，如第五军成立炮兵团等，并令加紧训练。（4）其他集中滇川、滇康、滇黔边境各部队，亦在暗中准备动员（详见前述）。（5）其他炮、工、通、辎等部队，亦做了必要的准备。但对于缅甸境内的交通运输、通讯补给等则完全依靠英方，毫无准备。

英国方面：（1）任命胡敦为英缅军总司令。（2）增加兵力。1941年春，中国军事考察团在缅甸考察时，英国在缅甸仅有英缅军第一师，而且尚未装备训练完成。到珍珠港事变前后，除这一个师装备完成之外，并增加了英印军第十七师、英澳军第六十三旅及英装甲第七旅（坦克150辆），并有炮兵、空军等部队。（3）对缅泰边境防御工事、交通、通讯等完全无准备，但对于主副食、医药等有一定的准备。

三、在缅作战概要

中国远征军入缅作战，由于中、英、美三方矛盾重重，是一个极其复杂的过程。自1941年12月8日珍珠港事变后，同月11日第一次下动员令起，至1942年2月16日远征军正式动员，这两个多月期间，时而动员入缅，时而停止待命，时而准备东调，反反复复，捉摸不定，坐使仰光沦陷，失去了保全仰光国际交通线的机遇。而入缅后，指挥多次变动，系统紊乱，权限不明，各有所私，加之指挥无能，部队战力悬殊等等，既未能适时适地集中主力与敌决战，以期收复仰光，又未能退而凭据险要，与敌作持久战，保全我腊戍的物资。东拉西扯，一无所成，徒使将士浴血，丧师辱国，回想起来，实深愧痛！

但我远征军激于民族义奋，同仇敌忾，士气旺盛，转战东西南北，与敌搏斗，也有不少可歌可泣的事迹。本文只将在缅作战比较有计划的、激烈的、时间较长的、有意义的关键性的战斗，如同古战斗、斯瓦逐次抵抗战、仁安羌解英军之围、乔克巴当大上英军之当等等，加以概略的叙述。

反复的动员，凌乱的指挥

（一）动员方面

第一次动员：1941 年 12 月 11 日，蒋介石令第六军第九十三师开车里，第六军第四十九师以一个加强团开畹町，归英缅军总司令胡敦指挥，准备开景东。16 日，令第五军、第六军动员入缅，协同英军作战。12 月 26 日，当第五军先头部队到达保山附近时，又以奉令“英方表示第五军及第六军主力（欠第九十三师及第四十九师之一团）暂时毋庸入缅”而中止。12 月 29 日，又令第五军毋庸入缅，必要时须向东转运。

第二次动员：1942 年 2 月 1 日，令第六军集中芒市、遮放、龙陵，候英方派车接运入缅。

第三次动员：1942 年 2 月 16 日，又奉令：“据英代表请求，仰光情况紧急，请速派第五军入缅；所有野炮、战防炮均应随同出发，装甲兵团先作出发准备。”

（二）指挥方面

1941 年 12 月 22 日，蒋介石令第五、六两军入缅，归我（时任第五军军长）指挥。

1942 年 2 月 1 日，令第六军入缅部队归甘丽初军长指挥，至该军受何人指挥，另有命令。2 日，令第六军入缅后归英方指挥。25 日，令第五、六两军入缅作战，着由我统一指挥，我仍归胡敦指挥。

2 月 25 日，蒋介石亲自到昆明下达命令，指挥部署。3 月 1 日，蒋介石亲赴腊戍指挥。3 日，蒋在腊戍面谕参谋团指导入缅军之作战行动，并与英方会商。4 日，蒋面对我说：“你归史迪威将军指挥。”并说对史迪威将军要绝对服从。我反问：“如果史迪威的命令不符合你的决策时，应如何办？”蒋说：“你打电报向我请示再说。”蒋回重庆后有些不放心，又给我一封亲笔信，指明必须绝对服从史迪威的重要性。

同年 3 月 8 日，腊戍会报英方通知，英政府已任命亚历山大接替胡敦的英缅总司令，胡敦任参谋长。11 日令第五军、第六军统归中国战区参谋长史迪威指挥，但未规定史迪威与亚历山大相互间的地位。12 日，腊戍会报，英方提出史迪威指挥第五、六两军，与亚历山大之间的指挥系统不明。同日，特派卫立煌为远征军第一路司令长官，我为副司令长官，在卫未到任以前准由我代理，也未规定司令长官与史迪威参谋长相互间的地位。17 日，亚历山大由渝飞回腊戍，转回梅苗。28 日，林蔚到梅苗，据亚历山大面告："在渝已决定，以本人为在缅作战的中英联合军最高指挥官，史迪威将军受本人之指挥。"但参谋团及各部队始终未奉到此项命令。4 月 2 日，改派罗卓英为远征军第一路司令长官，仍未规定罗长官与史迪威参谋长相互间的地位。

同年 4 月 5 日，蒋介石带罗卓英到腊戍。6 日到梅苗，亲自指挥部署，决定平满纳会战，增调第六十六军入缅；并召见同古突围的第二〇〇师师长戴安澜，与他同住一晚，予以慰勉。8 日，蒋约我和戴同他巡视曼德勒。蒋介石看到从梅苗到曼德勒间汤彭山脉一带，山峦重叠，十分险要，便对我说："平满纳会战十分重要，必须鼓励将士一举击破日寇，进而收复仰光。万一日寇后续部队增加，我军也不要勉强决战，退一步准备曼德勒会战，或把住这个山口（指梅苗、曼德勒间）与敌作持久战。"我当时很同意蒋介石的这个指示。回梅苗后，他又叮嘱我要服从史迪威和罗卓英的命令。我因同古战斗曾和史迪威争吵，满腹怨气，对蒋说："如照史迪威的命令，第二〇〇师早已断送了，他既不了解中国军队的情况，也可以说不懂战术。"蒋拦住我的话说："我知道的，以后有罗长官在，他会了解的。"9 日，蒋介石回国，以后关于中国远征军的指挥，即由史迪威、罗卓英完全负责。

缅人的态度，缅甸的形势

缅甸各族人民 60 多年在英帝国主义统治下，深受殖民主义者奴役的痛苦，要求民族独立自由的思想日益增长。当时缅文报主笔宇克孟先生谈到对中国远征军的感想时说："缅甸人不愿做亡国奴，无论日本用什么方式都打动不了缅甸人，缅甸人真诚欢迎中国军队。"他又说："我们一家三口都在抗日，我用笔，儿子用枪，我的太太每天为国运而祈祷。"他还写过不少赞扬中国远征军的社论，这是缅甸人民的主导思想。可是蒋介石对于缅甸人民的民族独立运动，毫未表明态度，更谈不到支援缅甸人民。于是缅甸除先进分子积极支援中国远征军抗日外，一般都抱着观望的态度。而反动党则为日本所利用，甘做缅奸，到处进行破坏活动。同时缅甸人民普遍仇视英军，遇机即杀，造成当时缅战中极其错综复杂的情况。如不是广大爱国华侨积极援助，我军就不免要全军覆没了。

缅甸按山川河流及政治经济情况分为两部分：曼德勒以北为上缅甸，重镇为曼德勒（即瓦城）；以南为下缅甸，重镇为仰光。上缅甸西有那加山脉，中为明克山脉，东南为汤彭山脉；下缅甸西有阿拉干山脉，中为勃固山脉，东有蓬隆山，与泰国毗连者为登劳山脉。全境3条主要河流，即伊洛瓦底江、色当河（亦称西当河、锡当河）、萨尔温江，南北贯通全境；铁路公路南北贯通，并与我滇缅路相衔接。瓦城为上缅甸政治中心，握交通之枢纽，扼水陆之总汇，为历史上兵家必争之地。其东汤彭山脉与登劳山脉间密林丛生，为现代反侵略战争进行游击战的最好根据地。

下缅甸以仰光为咽喉，为新兴的商港，有现代化的港口设备，为我抗战物资供应的最后一个国际海港，也是我远征军必争的要地。

胡康地区，包括那加山以东大洛盆地及新平阳盆地，都是原始森林，古木参天，不见天日，中国历来叫做野人山。其中河流交错，雨季泛滥，水势汹涌，舟船难通，因之有“绝地”之称。每逢雨季，不仅用兵困难，即民间交通亦多断绝；可是到了旱季，河川变为通道，除亲敦河外，一般都可徒步通行。

中印缅交界的气候，可分为雨旱两季，自5月下旬起至10月间为雨季，天气较凉，潮湿极重，蚊虫、蚂蟥很多，瘴气特甚。11月以后至次年5月中旬为旱季，天气多风，极少下雨。12月间风势较大，1月以后逐渐转热，经常在华氏120度左右。

总起来说，缅甸形势是口小，肚大，尾巴尖。仰光为全缅门户，同古、普罗美都是要隘，瓦城为四战之地，八莫、密支那为最后屏障，而棠吉、梅苗又为腊戍的屏障；屏障一倒，不仅缅甸自身无以立足，中缅边境物资汇集的腊戍、畹町也就危险了。

敌友我的军事布置

1942 年 3 月 18 日，在同古以南约 50 公里的皮尤，及其南 12 公里的大桥附近序战开始前，敌友我三方的军事布置如下：

1. 敌情：日本第十五军饭田祥二郎所部第三十三师团在普罗美以南地区；第五十五师团在同古以南地区；第十八师团在泰国景迈附近，一部主力于 4 月初增援斯瓦战斗；第五十六师团判断将由仰光登陆，当时行动未明，以后集结于同古。至于空军和炮兵、战车的情况，当时均不明。

2. 友军：英缅军总司令亚历山大所部英缅军第一师（欠第十三旅）、英印军第十七师、英澳军第六十三旅、英装甲车第七旅，均在普罗美方面。英缅军第一师第十三旅在景东、毛奇方面。英空军飞机共 45 架，在马格威尔。

3. 中国远征军：中国远征军第一路司令长官部所属部队第五军骑兵团附属工兵一部，在皮尤河附近，第二〇〇师在同古（配属炮兵部队未到），新编第二十二师、第九十六师，由芒市于 6 日开始以汽车运输；第六军所属第四十九师、暂编第五十五师、第九十三师在景东、毛奇一带；第六十六军所属新编第三十八师、新编第二十九师、新编第二十八师，此时尚未动员；炮兵为第五军炮兵团及炮兵第十三团第一营，空军为美空军志愿队。

同古战斗

（一）皮尤河前哨战

我远征军先遣第二〇〇师附骑兵团及工兵团的一部，先头部队于 1942 年 3 月 8 日到达同古。9 日，接收英军防务。11 日，骑兵团附工兵一部、步兵一连，推进至皮尤河及其南 12 公里处担任警戒，由骑兵团副团长黄行宪指挥。骑兵团团长林承熙，鉴于英军与敌作战月余，尚不明了当面的敌情，想到前哨部队的最主要任务就是搜索敌情，应该设法获得敌人的有关文件。他根据连日侦悉日寇大胆追击英军的战术，在皮尤河南 12 公里处，先构筑假阵地，又在皮尤河南岸构筑埋伏狙击阵地，皮尤河北岸构筑主警戒阵地，并准备好皮尤河大桥下的爆破工作，等待敌人行至北端，即用电气导火爆炸。所有阵地都伪装得十分巧妙，不易被敌人发现。

3 月 18 日，英缅军全部撤退，日寇跟踪追击，到达皮尤河南 12 公里处，与我发生了激烈的前哨战，这样就掩护了英军脱离敌人，安全撤退。当时从敌人尸体的符号，发现当面之敌为第五十五师团。我前哨连当日达成任务后，即在黑夜撤退，埋伏于皮尤河南岸两侧，准备狙击冒进之敌。

19 日晨，敌果然采取追击英军的姿态，以一大队轻快部队冒进，不知在皮尤河岸已踏入我远征军前进部队预设的埋伏阵地。当敌军用汽车数辆行至桥北端时（桥长 200 余米），全桥轰然陷落（英军在皮尤河以南桥梁皆未破坏，故敌人有此冒进），敌车尽覆。但敌兵仍下车企图顽强挣扎，后续车辆霎时拥塞于南岸公路上。这时我军枪声四起，埋伏的机枪从尾到头，反复射击，打得敌人落花流水，向公路两侧逃窜。企图顽抗的敌人，多被智勇双全的我军王若坤排长予以消灭。敌后援不济，大部被歼，仅有少数向森林内逃窜。我军搜索敌人尸体，发现击毙敌人中有联络军官一员，名机部一经。虏获地图、日记、望远镜、文件、武器、车辆甚多。证明从泰马入缅之敌为第十五军的两个师团，是从泰国经毛淡棉进犯缅甸的；中路仰曼公路为敌第五十五师团，其进入仰光向西路普罗美英军进攻之敌为第三十三师团；东路敌为第十八师团，尚在泰国景迈及毛淡棉间。敌原企图分三路向曼德勒进攻。又知这天被我消灭之敌为一一二联队的一小队。午后敌人增加兵力，并以步炮联合向我皮尤警戒阵地进攻。这时我骑兵团已完成任务，转移至后方既设阵地，皮尤河岸仅留少数狙击兵，迟滞敌人前进。战斗至深夜，撤回既设阵地。

（二）同古激战 12 天

我当时明了敌情及敌人整个战斗计划后，判断当面之敌最多不会超过两个师团（虽认为敌第十八师团主力有增加中路的可能，但尚未料到敌在仰光登陆之第五十六师团），就下决心照蒋介石指示，集中我军主力，击破当面敌人，进而协同英军收复仰光。我即亲赴同古，指导第二〇〇师固守同古，掩护我军主力集中。史迪威也同意我的意见。于是，我在前方积极准备同古会战，史迪威在后方与英方交涉，调度部队集中，预定5—7日开始向敌军攻击。

3月20日起，同古序战开始。敌自前日受我伏击后，行动极为谨慎。先头以步骑联合约五六百人，向我军广正面搜索前进。当其发现我军在鄂克春有既设前进阵地，随即展开一联队附山炮4门，向我攻击。

21日，敌增炮2门，共为6门，向我整日攻击，敌机并更番轰炸同古，我军勇猛还击，敌伤亡300余人，攻击顿挫。我亦伤亡140余人，但阵地屹然未动。

22日，敌再向我鄂克春阵地进攻未逞，一部企图迂回，亦被击退。全日炮战激烈，入夜沉静。

23日，敌增至两联队（第一一二及第一四三联队），炮12门，以战车、装甲车掩护向我鄂克春阵地攻击，炮火猛烈；敌机20余架这一天就投弹6次。我以步骑配合向敌侧反击，结果毁敌战车、装甲各2辆，汽车7辆，敌向南窜逃。下午八九时，敌再向我攻击，阵地被突破一部，彻夜对战。

24日，敌炮空联合向我阵地猛攻，另一部敌五六百人附小炮数门，由同古以西向同古以北飞机场迂回。同古机场北部由我工兵团警戒，正在破坏铁路，团长李树正仓皇失措，向后撤退；仅第二〇〇师第五九八团的一营与敌激战，午后5时，放弃机场退守同古。是晚，戴师长调整部署，将鄂克春、坦塔宾前进阵地放弃，集结该师主力保卫同古。

25日拂晓，敌步炮空联合三面围攻同古，我军沉着坚守，并以火烧森林阻敌前进。敌机30余架更番轰炸同古，一般建筑多被炸毁。但我军利用阵地，伤亡甚微。入晚我各部队不断以小部队袭敌，有断续小战斗。

26日，发现敌占同古机场后，敌第五十五师团以工兵及骑兵守备，另以一部挺进至南阳车站，占领阵地。这一天，敌以3个联队（第一一二、第一四三、第一四四）围攻同古，主力指向同古西北角攻击。该处我第二〇〇师第六〇〇团阵地被突破，我军遂退守同古铁路以东，继续抵抗。是日，敌我争夺战甚烈，双方伤亡较大。

27日，敌主力继续进攻同古，因敌我短兵相接，敌人炮火失效，我官兵沉着固守，敌伤亡较重。我第二〇〇师第五九九团伤亡亦大。午后敌一部向北推进，与我新编第二十二师在克永冈附近发生遭遇战，双方彻夜对峙。

28 日，敌人在同古以北要点构筑阵地，企图以一部对叶带西（叶达西）方面取守势，阻我新编第二十二师攻击；集中主力先消灭我第二〇〇师，并放射糜烂性毒气。敌我反复冲杀，我伤亡虽重，但士气旺盛。迄晚，城内阵地仍未动摇。敌并化装成英缅军及缅甸土人驱牛车暗带械弹，企图混入同古城内，里应外合，均被我第二〇〇师查出消灭。至晚清理战场，计虏获迫击炮 7 门、步枪百余支、机枪 6 挺及防毒面具等甚多。

是夜 11 时，戴师长坐镇桥东司令部，被由同古东南迂回的敌军越过色当河东岸来袭，与第五九九团第三营特务连发生混战。激战至 29 日拂晓后，即与城内部队通讯中断；同古城内我守军第二〇〇师步兵指挥官郑庭笈听到桥东战斗激烈，立即派第五九八团的一部对敌东西夹攻。午后，已将敌压迫于大桥东南对峙，并与第五九九团第三营取得联系，逐渐恢复掌握。

同日（28 日），我叶达西集中的新编第二十二师主力及炮兵战车各一部（只有轻战车，炮战车尚在腊戌待运），为了解救第二〇〇师，向南猛攻。至午后，攻占南阳车站四周及部分建筑物，战车并将敌炮兵阵地摧毁，获山炮一门及弹药文件甚多。但南阳车站坚固建筑物中的敌人，仍顽强抵抗，迄未肃清。

29 日，我新编第二十二师向南阳车站继续攻击，敌军增援，以步炮联合反攻，敌我战斗竟日，均无进展。同日，我游击司令黄翔，令补充第二团的一部由南阳车站以西勃固山脉森林内迂回至同古附近，有一连曾一度进入永克冈机场。这一天，同古西、南、北之敌，被我军攻击牵制，对同古攻击减轻，仅有炮战。大桥以东之敌，仍对戴师攻击甚烈，似有断我同古后路、包围歼灭我第二〇〇师的企图。

（三）放弃同古

在这期间（3 月 18—30 日）全般情况是这样的：

1.3月14日，由仰光登陆的日军后续部队约一师团（以后证明为第五十六师团），行动尚未判明。在泰国境内的第十八师团，既未向景东方面进攻，即有经毛淡棉入缅的可能（以后证明其主力加入中路战斗）。

2.东路景东、毛奇方面：我第六军在景东、毛奇方面无大小战斗；景迈方面之敌，正向景东抢修公路。

3.西路普罗美方面：英军正面仅有小接触。3月29日，英军应史迪威的要求（这是合理的），在普罗美南向少数日寇攻击。英装甲部队进入庞得后，即被敌军在斯维当截断后路，英军仓皇撤回普罗美。

4.英空军于21日被敌机完全毁灭。美空军志愿队虽经协定自27日起协同我新编第二十二师攻敌，但直至30日从未出现。

除以上情况外，我第五军第九十六师、战车炮兵等部队尚需一周以后始能集中（以后实际到4月15日才集中完毕），而第六十六军何时集中，尚难预料。第二〇〇师已在同古连续战斗12日，补给中断，加以日寇顽强坚守既得据点，我军攻击亦非一举可以夺取（根据昆仑关作战经验）。在此形势下，我军既不能迅速集中主力与敌决战，以解同古之围，而旷日持久，仰光登陆之敌势必参加同古战斗，坐使第二〇〇师被敌歼灭。如此，则我远征军将被敌人各个击破，有全军覆没之虞。因此，我决心令第二〇〇师于二十九日晚突围，以保全我军战力，准备在另一时间、另一地点与敌决战。

当时史迪威坚决反对，仍坚持以不足的兵力向敌攻击，双方争执甚烈，竟至闹翻。史迪威坚持不放弃他的错误主张（其实是想个人出风头），竟以服从命令来威胁我，并派他的参谋窦尔恩监督我实施他的攻击命令。我以这个问题关系远征军存亡，并未受他的威胁，另令新编第二十二师于30日向南阳车站之敌佯攻，牵制敌人；令第二〇〇师于29日夜经同古以东突围，主力撤出同古后，即将大桥破坏。

第二〇〇师从同古撤退，可以说是有计划的主动的撤退。撤退时，同古城内部队接到戴师长命令，由步兵指挥官郑庭笈指挥。撤退前，对敌实施佯攻，撤退后，仍留少数部队牵制敌人。到30日拂晓，我大队已经安全渡过色当河，而敌人仍围住这个空城，步炮空联合向城内大举进攻，弹如雨下。我最后牵制敌人的小部队也就在这个时候安全渡河。敌军继续前进，才发现同古是一座空城。我第二〇〇师却连伤兵都未丢失，全师归队（当时伙食担一度走错路失去联络，以后亦全部归队）。

同古战斗，第二〇〇师是完成了任务的，战术战斗都比较成功。我远征军既不能适时适地集中主力与敌决战，那么予敌以一定打击之后放弃同古，保持战力，选择另一有利时机，再集中主力与敌决战，这是合乎战略、战术原则的。

遗憾的是，同古会战未成，放弃控制毛奇公路的要镇，既不能达到收复仰光的目的，反使敌人从毛奇公路向我军大后方腊戍长驱直入，这当然是错误的。但这种错误是英方另有阴谋，故意耽误运输。我统帅部一切依赖英方，咎由自取，而不该把一切责任委之于前方部队长的。

斯瓦逐次抵抗战斗

1942 年 3 月 30 日晨，第二〇〇师突围后，当晚令新编第二十二师以一营在叶达西占领前进阵地，掩护主力在斯瓦河南北岸构筑逐次抵抗阵地，31 日下达正式命令。这一战斗的目的是掩护主力集中，准备平满纳会战（结果平满纳会而未战，是因东西两路告急，棠吉、瓦城动摇之故）。其所以称为逐次抵抗战斗（或称狙击战斗），是根据当前地形（斯瓦至平满纳为隘路）、敌我战术特点、缅甸交通运输腐化、主力集中无法预计，以及同古被围的教训等等，确定我军掩护部队不必固守一地，利用隘路预设纵深阵地，逐次抵抗优势敌人的攻击。在诱敌深入我阵地内，尚未立足时，埋藏的地雷炸弹一起爆发，两侧埋伏狙击兵配合我正面部队，一举反击消灭敌人。我军这种阵地，定要虚虚实实，使敌人捉摸不清。经过一两次打击后，敌军就裹足不敢急进了。因此，新编第二十二师牵制敌人达半月之久（连南阳车站攻击约 21 日之久），其间激烈战斗亦达 12 日之多，使敌人伤亡惨重，寸步难行。我军则达到以少胜众、以劣制优的目的。

当时敌我使用兵力如次：

敌方：第五十五师团 3 个联队，第十八师团两个联队，山野炮二营，重炮一营，空军飞机数十架，战车若干。

我方：第五军新编第二十二师 3 个团，战车一部，山炮一营，游击支队新兵训练处两个团。

从 4 月 1 日，新编第二十二师一部与敌第五十五师团一部对峙于叶达西以南南阳车站间，仅有小部队搜索战斗及断续炮战。

4 月 5—10 日，敌第五十五师团以步炮战车联合，全力向我新编第二十二师猛攻，我军按照预定计划，在斯瓦阵地以南完成任务，并予敌以沉重打击。敌伤亡甚众，始终没有摸清我军虚实战法。

这期间，我第五军军部便衣侦探马玉山伪装缅甸人，为敌第五十五师团司令部挑水打杂。一天，他发现敌人办公桌上有地图一幅，绘有部队番号位置，他立刻烧好一壶水，乘敌人吃饭时送进办公室，将地图偷出，星夜跑回平满纳。我亲眼看到是日军地图，并注明新增第十八师团第五十六及第一二四两联队，山炮、重炮各一营，当即转知前方注意。

4 月 11—16 日，敌增援部队更番进攻，炮空轰炸更为猛烈，并不断轰炸平满纳。新编第二十二师应用虚虚实实的埋伏狙击，并进行游击战，给敌人以极大打击。至 16 日晚，我军安全进入平满纳既设阵地。

在这期间，我游击司令黄翔派队在勃固山脉内，神出鬼没地往来穿梭，扰乱敌人后方的交通运输，并袭击同古机场；4 月 7 日前，侦知敌人从仰光向同古方面增加 3000 余人。可惜团长王肇中经验不够，所部官兵又多属新兵，扰乱敌人的次数不多，严重的打击更谈不到。但以后从各方对照，他们所得情报和第一线部队发现敌人的文件基本上是符合的。

是役我军战术运用灵活，使敌人捉摸不定，伤亡较大。敌军第五十五师团已十分残破，不得不增加第十八师团作为主力；我新编第二十二师也伤亡 1500 余人。

东西两路相继败退

东路毛奇方面 18 日以前仅有敌人一个联队，18 日敌侦知我放弃平满纳会战计划后，始将集中同古之第五十六师团主力转用于毛奇方面。19 日，巴拉克发现敌战车运输车 400 辆。当日我暂编第五师即失去联络。20 日罗衣考失守。23 日，敌进入棠吉，随即东犯，罗列姆（雷列姆）当日失陷。我第六军兵力分割使用，一营一团被敌各个击破。而最恶劣的是，一经与敌接触即离开公路，各级指挥官失掉掌握，以致腊戌门户大开，敌人得以长驱直入。景东方面，则始终未与敌人接触。

英军在这期间已全部集结于西路。英军士无斗志，一经与敌接触即行溃退，4 月 1 日放弃普罗美，6 日放弃阿兰庙（亚兰谬），以后逐日撤退不停。4 月 13 日，英军要求中国军队在英军方面的沙斯瓦、唐德文伊、马格威接防，掩护英军撤退。这等于全部向我交防，而毫未提及英军以后的任务。到 17 日英军在仁安羌的一师及装甲旅约 7000 余人，被敌人一个大队包围，实为战史中的最大笑话。

我新编第二十二师自 3 月 26 日与敌接触以来，至 4 月 16 日，共与敌战斗 21 日之久。我军先攻继守，用逐次抵抗战术与优势之敌（先后 5 个联队）连续激战达 12 日，不但达到了掩护主力的任务，而且以消耗战打击敌人，引敌深入到对我有利的决战地区。可以说，这在我军抗日远征史上也是罕见的战例。

仁安羌解英军之围

当 4 月 18 日晨我远征军中路放弃平满纳会战时，正是西路英军第一师及装甲第七旅在仁安羌被围的第二日。这时我第六十六军新编三十八师主力已到达乔克巴当，第一一三团孙继光（据有关资料记载，第一一三团长应为刘放吾——编者注）部星夜用汽车运送到英军被围前线。到后发现敌人仅有一个大队，我军立即迂回至仁安羌以北大桥附近，截断英军后路。而英缅军第一师及装甲第七旅共 7000 多人，辎重车百余辆，竟至束手无策。经我军猛烈攻击，至午时即将顽敌击退，英军全部解围。

我远征军的这一英勇行动，轰动英伦三岛，以后英方曾发给新编第三十八师师长孙立人、团长孙继光及营长多人勋章。

放弃平满纳会战

4月18日，放弃平满纳会战，是因西路英军退于仁安羌以北（在平满纳右后方约200公里），而东路罗衣考方面的暂编第五十五师已失联络，棠吉告急，我中路军有被东西两路敌人截断包围歼灭的危险。当时，参谋团团长林蔚提出两种意见：（1）贯彻平满纳会战，努力击破敌军一路，以解除我军危局；（2）彻底脱出敌之包围圈，一举退守曼德勒东北，再增调兵力，重新部署作战。他并星夜派侯代表到瓢背通知罗卓英（因当时电话不通）。史迪威与罗卓英虽接受了第二种意见，可是他们的决心、处置并不彻底。史、罗命令要旨如下：（1）放弃平满纳会战，改守梅克提拉、敏扬之线，准备曼德勒会战；（2）令第六十六军刘师固守瓦城，先一步占领敏扬、棠沙，对西南警戒；（3）令第六十六军孙师前方两团逐次阻敌，会合于乔克巴当，以棠沙为后路，节节阻敌前进；（4）令第五军先抽第二〇〇师回占梅克提拉、瓢背一线，掩护主力转进；（5）以第九十六师在平满纳坚强抵抗当面之敌；（6）该军以棠吉为后方，准备在梅克提拉、他希、带侧打击北犯之敌（按此令漏掉对第二十二师行动之规定）。

史、罗这个计划将第五军、第六十六军（欠一师）分布于长达300余公里之平（平满纳）曼（曼德勒）公路上，既不能攻，亦不能守，我极端反对。当时命令要旨是由电话中传达，我说要么在平满纳打下去，要么退守棠吉、梅苗，我不同意这样分散兵力，被敌人各个击破。在电话中相持不下，最后罗拿出他的威风说："不接受命令决不许可。"我一看表，快4点钟了，再拖下去，各部部队攻击开始，与敌胶着更不好办。于是接受了罗的命令，下令放弃平满纳会战。

放弃平满纳会战曾是中国远征军失败后争论的一个中心问题，但我始终认为应否会战须根据具体的时间、地点、条件，放弃这一会战，虽然有些可惜，但尚不是中国远征军惨败的关键。我下令后，即赶赴瓢背，向罗卓英陈述以后作战的意见。大意说：既因东西两路吃紧，放弃已有准备的平满纳会战，那就必须集中兵力保全腊戍的两大门户——棠吉和梅苗，不应再作无准备的曼德勒会战。当时罗曾同意考虑我的意见。

乔克巴当上大当

到 4 月 19 日午后，史迪威、罗卓英忽然变更计划，既未进一步作合理的部署，反而将我军进一步分散使用。他们说，乔克巴当西南发现敌军 3000 人，令第二〇〇师开乔克巴当向敌攻击。当时我根据摩托化骑兵搜集的报告说，我新编第三十八师尚在仁安羌，乔克巴当并无敌情。史、罗坚持认为英方情报确实，非去不可。我坚决反对，并力陈利害，说明即使有敌情也不应置棠吉之危急而不顾。这时罗已唯史迪威之命是从，完全拒绝我的意见。我警告罗："如果出此决策（其实是下策）的话，我不能负责。"罗现出窘态。他的参谋长杨业孔和处事局的一个参事（记不清姓名）出来帮腔，力劝我遵照"命令"。史见我仍坚持保卫棠吉、梅苗的意见，他便反唇相讥说："中国军队吃饭不打仗吗？"我也回敬说："我吃的是中国饭，而不是吃英国饭。"如此大闹一阵，我仍抑制着自己的愤怒，再向史、罗申述说："即使乔克巴当发现敌人，以新编第三十八师掩护英军撤退已可安全无虞，我军应顾全大局，不要前门拒狼，后门进虎，致使我军一败涂地。"史、罗仍无动于衷。我无可奈何，只得忍辱负重，一面接受史、罗的命令，但又声明如再侦察无敌情，仍不能去；一面吩咐戴师长："除先开一团外，其余等我从梅苗回来，再决定行动。"

20 日，得我骑兵再度往乔克巴当搜索的情报，仍无任何敌情，只有大批英军零零散散在我新编第三十八师掩护之下狼狈溃退。我得到这一真实情报后，为了我军的最后命运，再亲赴长官部向罗报告。不料罗已先到梅苗参谋团去了。罗去时交代他的参谋长杨业孔对我说："乔克巴当之敌不堪一击，必须先击破乔克巴当之敌，再作第二步计划。"他坚持将第二〇〇师向乔克巴当运送，否则以抗命论。我觉得他们已不可理喻，急驰梅苗，向林蔚陈述意见。约在午夜 12 时前后，途中遇见罗卓英（距梅苗约 8 英里处）。罗说："你不必去了，现在照你的意见，第二〇〇师不去乔克巴当，改调棠吉。"他不安地说："我于本日午前，已直接令第二〇〇师于黄昏前集结乔克巴当以东，向敌攻击。不知现在情况如何？”我说：“乔克巴当确无敌情，我只要二〇〇师去一团，如果你有直接命令的话，可能主力已到乔克巴当了。”罗这时有些张皇，拉着我上车同他一路回去。我觉得既然如此，争取时间要紧，已无再见林蔚的必要，于是同罗一路赶回。在车中，罗对我说：“东路罗衣考已失守，暂编第五十五师情况不明，敌人正向棠吉、罗列姆前进中。”我说：“这是可以预料到的。乔克巴当我们上了英国人的当。我认为目前必须集中第五军主力第二〇〇师和新编第二十二师，与敌人争夺棠吉；否则棠吉不保，腊戍危急。”我并力述棠吉、梅苗是我腊戍、畹町的门户，必须以最大决心保全棠吉，如敌已占领，必须以全力攻克；如我先敌占领，则必须顽强狙击北犯之敌，使我军主力集中梅苗、棠吉间，与敌作持久战；第九十六师掩护主力集中后，也要归还建制。罗这时并未否认我的意见，也未说明他以后的全盘计划，只说：“只要你带第二〇〇师把棠吉控制，我就有办法准备曼德勒会战。”我觉得罗在现实情况面前，也许会改变他要在曼德勒会战的梦想，所以决心率第二〇〇师先将棠吉占领，再以事实转变罗的错误见解。

21日12时前后，我返回梅克提拉司令部，即作重新部署，将已运到乔克巴当的第二〇〇师主力（两个团）及骑兵团，改向棠吉运输，并先遣骑兵团向棠吉方面搜索敌情。同时，我将集中主力于梅苗、棠吉间与敌作持久战的意见，电告蒋介石，但始终未得蒋的复电。

其实史、罗这时仍然决心将第二〇〇师、新编第二十二师、新编第三十八师，皆使用于乔克巴当方面，第六十六军及直属部队和新编第二十八师也向曼德勒方面运输。而这种毫无军事常识的改变处置，据说是“自4月18日变更决心后，与史迪威参谋长同亚历山大总司令所商决者”。其理由为“彼时我如不去，则英军要走”。继知并无目标后，史、罗又改定措施如下：（1）新编第二十二师在梅克提拉不开；（2）第二〇〇师仍开乔克巴当附近，以一部搜索敌情，以主力控制待机，并支援新编第三十八师行动。

20日下午，得知罗衣考方面十分紧急，遂又决定：（1）新编第二十二师附战车及战防炮各一部，由廖师长率领，增援第六军方面（但须待第二

○○师运输完毕后乃有汽车，而火车又不可靠）。（2）第二○○师到达乔克巴当后，如敌情不急，则待第三十八师集结站稳后，即开回梅克提拉。（3）预定第二○○师须于 21 日运完，以便迅速输送新编第二十二师（共汽车百余辆）。

参谋团看到史、罗以上的处置后，极为不安，用电话通知侯代表，立刻派员赶往皎克西，征求罗卓英的意见。即：（1）可否立即停止第二○○师之运输，并改运棠吉。（2）可否令新编第二十八师只留一团守曼德勒，而令刘伯龙率师主力或一团由火车运回细包，并连同第六十六军将到腊戍之军直属部队（工兵营、战防炮营、特务营等）归一人指挥；再由汽车向罗列姆方向运送，以期与新编第二十二师夹攻北进之敌，并掩护极为空虚的腊戍根据地。

罗卓英的处置是：（1）对参谋团第一项意见，立令杜副长官率第二○○师及特种兵半部，由汽车开回；并指挥甘军准备迎击攘田、罗衣考北进之敌。（2）对于参谋团第二项意见，认为不必如此处理。

以上事实，可以看出史、罗是一直坚持错误，对于腊戍的门户棠吉的重要性，始终未认识，也不了解第六军的战力脆弱。他们始而坚持将第二○○师运到乔克巴当后，再运新编第二十二师到棠吉。继而同我在途中商决将第二○○师改运棠吉，最后参谋团来人商讨时，亦只承认我率第二○○师到棠吉，而把原与参谋团决定调新编第二十二师到棠吉之事，既不告诉我，亦不回答参谋团。因之参谋团认为第五军主力第二○○师及新编第二十二师皆到棠吉，而实则只有第二○○师及特种部队一部。谓为欺上瞒下，贻误戎机，亦不为过。

棠吉攻克，又转皎克西

4 月 21 日午后，第五军第二○○师及军直属部队一部，奉命由西路乔克巴当调回梅克提拉，转向棠吉运输（300 多公里，加上空车放乔克巴当百余公里，共计 500 多公里行程），进击由罗衣考北进之敌，往返之间延误三日，将士疲于奔命，而战局已陷于危殆。

23 日午后，我先遣骑兵团及第二〇〇师一部到达距棠吉约 15 公里的黑河，即与敌人遭遇，我骑兵团对敌猛烈袭击，将敌击退。进展至距棠吉约 9 公里附近，又发现敌前进阵地，至晚攻占并接近棠吉敌人阵地，准备明日开始攻击。

24 日拂晓，我第二〇〇师向棠吉攻击前进，进展迅速。至午，我已攻占西南北三面高地，继续突入市区与敌巷战，争夺至晚 11 时，克复棠吉。敌大部东窜，仅有一小部尚在棠吉东南隘路附近坚固建筑物内顽抗。

25 日，敌增援部队向我反攻，棠吉东方及西北高地得而复失，至晚即将敌人击退。棠吉东南隘路凭险据守之敌亦将肃清。

这时我的决心是：继续肃清隘路之敌，向罗列姆攻击前进，以断绝腊戍北犯敌人的后路。同时林蔚也来电谓“腊戍之安危，系于吾兄一身，望不顾一切，星夜向敌攻击”云云。

我正在部署间，罗卓英连来 4 道命令，着将已攻克之棠吉，除留第二〇〇师向棠吉以东罗列姆攻击外，其直属部队一部、新编第二十二师、第九十六师均向曼德勒集结，准备“会战”。虽经我一再去电申述棠吉的重要性，必须以第五军主力控制棠吉东西南北隘路以解腊戍之危，皆未蒙罗采纳。他仍坚持其谬见，勒令我必须立刻返回曼德勒。我迫于命令，不得不从，于是星夜急返皎克西。26 日，又将已攻克之棠吉放弃。

27 日，我到皎克西后，问罗为什么改变决心，罗拿出蒋介石 4 月 24 日“手启”电给我看，其中要点是：“腊戍应有紧急处置，万一腊戍不守，则第五军、第六十六军应以密支那为后方，第六军应以景东为后方。”

蒋介石这一指示，虽然着重于保卫腊戍，但有“万一”云云，又给史、罗钻了这个空子，不考虑全盘情况，不顾腊戍的安危，断章取义选择了符合他们个人企图的部分——以八莫、密支那为后方，所以才一再电令我回曼德勒的。

这时我对蒋介石的电令也深感不快：第一，自罗、史到后，有关作战部署，蒋对我无直接指示；第二，我 21 日陈述集中主力于梅苗、棠吉间作持久战的意见，蒋始终未复，不知他的意图；第三，我认为蒋 24 日“手启”

电是未了解棠吉第二〇〇师的战绩，决心变得过早，给史、罗钻了空子，转发命令来威胁我；第四，到这时已将我军弄得一塌糊涂，很难挽回危局。总之，我认为蒋介石太相信史、罗，已将战局搞坏，再向他们说话也无济于事。于是我抱定丢车上山的决心，听他去吧！

当日，我看到罗卓英下达曼德勒会战命令中，并未规定战车、骑兵、工兵、辎重、汽车等部队的任务，认为曼德勒会战是史、罗的梦想，一旦吃紧又会逃走，于是即令胡献群团长指挥这些部队即日经腊戌回国，于 28 日前均安全通过腊戌。

这时，我军各路情况如次：

西路英缅军第一师及装甲第七旅自仁安羌解围后，即在我新编第三十八师掩护下，逐渐向曼德勒及以西地区撤退。21 日，退宾河北岸。23 日，退乔克巴当。26 日，基本上撤至曼德勒以西。当面之敌自发现我新增部队以来，未敢冒进，甚至由 5 月 20—30 日曼德勒撤退期间，基本上与我军无重大战斗。

中路自 18 日起，敌第五十五师团和第十八师团主力及重炮战车、空军向我第五军第九十六师猛攻。该师利用既设阵地，逐次抵抗，与敌作战 8 日。平满纳以北至梅克提拉间，地形多开阔平坦，很少隘要可以利用，该师在第五军中又属战力较弱的部队，可是士气旺盛，仍能予敌以严重的打击。该师伤亡甚重，凌则民团长阵亡。该师始终未被优势的敌人击破，诚如林蔚所说，“该师战斗成绩及指挥技术则均属可观”，“惜苦战结果，所取得之宝贵时间（8 天），我军主力既未用于保护腊戌之门户，又未集中击破任何一方之敌”。

东路在 18 日以前，仅有敌一联队与我第六军暂编第五十五师接触。19 日，发现巴拉克附近有敌运输车及战车 400 辆。20 日罗衣考失陷，暂编第五十五师与军部失去联络，棠吉门户大开。23 日，敌占棠吉，复犯罗列姆。25 日，我第二〇〇师克复棠吉，26 日又自动放弃。敌看破我军弱点，以轻快部队用日行百公里的速度，大胆向腊戌前进。至 29 日，腊戌即陷敌手。

这里可以看出：由仰光登陆增援之敌第五十六师团，早在同古集中，其所以在4月18日以前未敢以主力向毛奇方面前进者，一方面是侦察我军情况及准备工作，而主要的则是准备策应对我中路军的攻势。4月18日，我军放弃平满纳会战，敌人才大胆向棠吉、罗列姆、腊戍包围前进。

四、惨败后的总退却

当4月27日罗卓英下达曼德勒会战命令的时候，西路英军已全部退至伊洛瓦底江以西，正准备向印度英普哈尔撤退，我新编第三十八师直接担任英印军的撤退掩护。中路我新编第二十二师的一部，在他希以北30公里处的温丁与敌对峙。东路我第二〇〇师正向罗列姆攻击前进中，第六军已全部离开公路，向萨尔温江以东撤退中。敌人先头已到达细包以南大桥附近，腊戍十分危急。

罗卓英当时的兵力部署：以新编第二十八师4个营守曼德勒核心，以新编第三十八师守瓦城以西伊洛瓦底江的北岸（弯曲部），以新编第二十二师及第九十六师分防瓦城以南小河之线。

敌占领腊戍后，29日，敌一部附战车由细包回窜曼德勒。这时罗卓英张皇失措，再不叫嚷“曼德勒会战”了。30日，他急令瓦城各部队，向伊洛瓦底江西岸撤退（因东岸道路不良），续向八莫、密支那后撤。从此，我中国远征军就陷入了惨败的境地。

西路我军自4月27日前后，即由孟尼瓦（曼德勒西，铁路终点）向印度英普哈尔撤退，所有武器车辆全部遗弃。至5月3日前后，在孟尼瓦附近与敌小有接触后，即无消息。

东路第六军在25日以后即向景东方向撤退。敌先头卡车约百辆，已到腊戍南110英里之孔海坪，26日午后6时，即到达细包东南之南海附近，与新编第二十二师第八十二团接触。27日，我放弃细包。28日，敌向腊戍新编第二十九师攻击，当晚腊戍失守。30日，新二十九师在新维布防，5月1日即失守。5月2日，贵街失守，105英里通密支那、八莫的公路开放。3日，敌攻陷畹町，分兵进占八莫。4日，敌向惠通桥急进。当时参谋团控制着战车部队，竟不知使用战车逐次抵抗，阻击敌人，反令与敌战斗，又在芒市附近破坏一连战车以阻塞道路。他们对于武器运用毫无常识，可以想见。5 日上午，敌进至惠通桥，与我第三十六师先头部队接触。当时惠通桥已被破坏，敌由上游渡河，与第三十六师后续部队发生激战。6、7、8 日这 3 天，敌我仍在惠通桥东岸激战。八莫之敌于 8 日进占密支那。9 日，惠通桥东岸之敌被击回西岸。10 日，敌占腾冲。

中路我军于 5 月 1 日全部撤完，并将伊江大桥破坏。史、罗原计划退过伊江后，利用火车由密曼铁路向八莫撤退。不料史、罗乘第一列火车从斯威堡开出 2 里即碰车，竟日修通后，开至坎巴拉车站，以后再无车可开。此后第五军直属部队第二〇〇师、第九十六师，及第六十六军新编第三十八师，即徒步轮流掩护撤退；部分以汽车分段利用牛车道转运。8 日，到卡萨南印岛时，始悉史、罗已于 3 日前，丢下部队只身逃往印度。我派参谋长罗又伦追赶，亦未追到。罗并来电，令全部向英普哈尔东 150 公里之温藻撤退；同时又奉蒋介石 7 日令，向密支那、片马转进，勿再犹豫停顿。我召集各部队长及参谋长商讨后，决心按照蒋介石命令向国境撤退，当时各将领均无异议。

9 日，卡萨发现敌人。这时仅有孙师先到卡萨掩护的一个团，余师虽到，而廖师、孙师主力尚需一天半始可从正面撤下。我判断敌人企图从南北包围歼灭我军，如不能将部队集中掌握，即有被敌各个击破之虞。卡萨地形负山带河，形势险要，如果将敌击退通过，深恐旷日持久，不能达成先占密支那的任务，若以一团掩护主力，安全转进，尚可希望达成任务。正在决策间，又收剿敌人 3 日占八莫、8 日占密支那的广播。于是我决心先遣第九十三师在右翼掩护，并于孟拱附近占领掩护阵地，使主力经孟拱以西以北进入国境，和敌军打游击战。命令下达后，各部队均遵令转进；独新编第三十八师未照命令，而是照史、罗命令一直向西，经英普哈尔入印度。

至此，我中路军即分为 4 条道路，以不同的方向撤退：第五军直属部分之一部，新编第二十二师及长官部所属各单位，如交通部处长唐文悌、铁道兵团团附张学逸所率的交通员工，暂编团运输大队及英联络官二人等，由曼德勒西北后转打洛到新平洋，因雨季，延时二月余，又奉令改道入印。至7月底，到印度列多。8月初，我奉命返国。第九十六师及炮工兵各一部经孟拱、孟关、葡萄、高黎贡山返国。第二〇〇师及新兵训练处补充第一、二两团自棠吉开始攻罗列姆，以后沿途突破敌人封锁线，经南盘江、梅苗、南坎以西返国。

各部队经过之处，多是崇山峻岭、山峦重叠的野人山及高黎贡山，森林蔽天，蚊蚋成群，人烟稀少，给养困难。本来预计在大雨季前可以到达缅北片马附近，可是由于沿途可行之道多为敌人封锁，不得不以小部队牵制敌人，使主力得以安全转进。因此曲折迂回，费时旷日。至6月1日前后，军直属部队的一部及新编第二十二师到达打洛；第九十六师到达孟关（孟拱西北）附近；第二〇〇师到达中缅边境南坎附近；黄翔部到达国境泸水附近，与国内宋希濂部取得联系。

自6月1日以后至7月中，缅甸雨水特大，整天倾盆大雨。原来旱季作为交通道路的河沟小渠，此时皆洪水汹涌，既不能徒涉，也无法架桥摆渡。我工兵扎制的无数木筏皆被洪水冲走，有的连人也冲没。加以原始森林内潮湿特甚，蚂蟥、蚊虫以及千奇百怪的小爬虫到处皆是。蚂蟥叮咬，破伤风病随之而来，疟疾、回归热及其他传染病也大为流行。一个发高热的人，一经昏迷不醒，加上蚂蟥吸血，蚂蚁侵蚀，大雨冲洗，数小时内就变为白骨。官兵死亡累累，沿途尸骨遍野，惨绝人寰。我自己也曾在打洛患了回归热，昏迷两天，不省人事。全体官兵曾因此暂停行军，等我被救治清醒过来时，已延误了两日路程。我急令各部队继续北进，而沿途护理我的常连长却因受传染反而不治。第二〇〇师师长戴安澜，因重伤殉国，团长柳树人阵亡，第九十六师副师长胡义宾、团长凌则民为掩护主力安全而牺牲。

至8月初，各部先后集结于印度和滇西。据当时初步统计，由于指挥错乱，各部队因落伍、染病死亡的，比在战场上与敌战斗而死伤的还多数倍。中国远征军动员总数约10万人，至此仅余4万人左右。以第五军一个军来作比较，情况如下：

番　号	动员人数	战斗死伤人数	撤退死伤人数	现有人数
第五军直属队	15000	1300	3700	10000
第二〇〇师	9000	1800	3200	4000
新编二十二师	9000	2000	4000	3000
第九十六师	9000	2200	3800	3000
合　计:	42000	7300	14700	20000

从以上数字可以看出在撤退中损失人数比正式作战伤亡的大很多；尤其在正式作战中未损失团长以上将领，而在撤退中竟损失 4 员之多，其情况之惨可想而知。至其他两军，除新编第三十八师在仁安羌之役外，其余损失也都是溃退中的损失。丧师辱国，罪无可恕。

五、远征军失败的原因

中英在战略上的矛盾

根据中英共同防御滇缅路协定，中国远征军的主要目的是确保滇缅路这条国际交通线。而只有保卫滇缅路的咽喉——仰光海港的安全，才能保全滇缅路，这是人所共知的常识。可是自从中国缅印马考察团提出中英共同防御意见草案，于 1941 年五六月间正式送交英方后，在半年多时间内，英方对中英共同防御计划既未着手准备，亦未同意中国远征军事先入缅布防。多次中英会谈中，英国方面一直坚持它的错误判断，着重要求中国在车里、佛海布防，始终不愿讨论中国远征军入缅布防问题，以致中英共同防御计划未能及早准备。这是中国远征军失败的根本原因。

当 1941 年 12 月 8 日日本对英宣战后，我第五军、第六军即行动员入缅远征。同月 11 日选遣一个团到畹町，车里方面也作了部署。16 日，第五军即行出发。26 日，先头部队到达保山附近时，即因“英方表示第五军及第六军主力暂时毋庸入缅”而停止，一直延误到 1942 年 2 月 16 日，再行动员入缅。英方为什么这样呢？此中内幕，当时谁也猜不透。后来终于被一个比较善良的英国人（只能这样说）揭穿了：中国远征军再度动员入缅远征时，英国驻缅甸总司令胡敦拒绝充分供给中国远征军的油料。我第五军有一技术员陈乃能，当时当我的代表，在曼德勒领油，会到他认识的一个英国老朋友。这个英国人拉着手对他说："你不要听英格兰人的鬼话，我给你每月发 100 万加仑油，再多点也行。"这个英国人气愤地说，"没有汽油怎么能打仗呢？英格兰人的国策是：远东殖民地宁可丢给敌人，不愿让与友邦，你懂么？"并指着伊洛瓦底江两岸堆积的汽油说："这许多油，你们几年也用不完。"原来英国是宁愿把缅甸丢给日寇，而不愿让给中国。其实中国只是为了战胜日寇，需要借重缅甸仰光海港而已。这是中英间的主要矛盾，未能及时揭露，合理解决。所以英国始而不同意中国远征军预先入缅布防，继而战争爆发，又阻止中国军队入缅；及仰光危急，英国才要求中国一个团、一个师；及我先头部队到同古后，它即对中国远征军实行缓运。这样，英国政府的阴谋就暴露出来，它是利用中国军队来掩护它的安全撤退，并不希望中英并肩与日寇决战，更不是为了保全仰光这个海口。

中国迁就英美，放弃指挥权

蒋介石当时是中国战区总司令，可是联合军统帅部并未赋予蒋介石在缅甸作战的指挥权，中英双方亦未就此点达成协议。可是，蒋本人企图以这个头衔来指挥中英双方在缅甸作战的部队。他的做法是"将欲取之，必先予之"，就是说他要取得指挥权，必先让英国指挥一些中国的部队，然后在重要关头他自己亲自来指挥。但英方并不欢迎蒋介石，所以他不得已才下令中国远征军归英方指挥。蒋介石对此自不甘心，曾于 1942 年 2 月 27 日令侯腾飞返腊戍，提出 7 项条件通知胡敦。大意是：铁道由我方守备，派副司令主持运输，划清中英作战地境。我派联络员到英军司令部，要胡敦将军答复上项照办后，我第五军始入缅。胡敦除了关于设置联络官一点怕暴露其不可告人之企图，因而未予承认外，其余都接受了。3 月 1 日，蒋介石亲到腊戍指挥部署，企图对胡敦施加压力，取得指挥权。英方另派魏非尔来见。他们会谈情况我虽不知，可是指挥权的问题仍未取得协议。因为以后蒋介石召集第五、六两军长指示说，魏非尔判断日寇迟迟不攻仰光，系因渡色当河困难，但他判断是由于调查我军行动；并说，如敌人兵力在 1 个师以内，我应对其攻击，若有 3 个师，则第五军主力集中后方（按此系指他希、曼德勒以东以北地区）。从这些情况看来，蒋介石仍未取得指挥权。

蒋介石另来一手，在他离开腊戍前，又调中国战区参谋长史迪威来腊戍，指挥中国远征军，并面命我“要绝对服从史迪威，对于英方有关问题由史迪威去办”。这就是在中国远征军之上，再加上一层重复机构。

史迪威一出头，英方看到胡敦经不起中美双方的压力，就改派亚历山大来继任英缅军总司令（当然英国还另有用意）。亚历山大一到任，便下令放弃仰光。这时美国将军的气焰很高，史迪威虽然没有指挥联合军的名义，却以中英联合军指挥自居，指手画脚，不可一世；尤其是史迪威派出的人员，对英方人员十分傲慢。蒋介石以英方不通知中国即放弃仰光，非常愤怒，3 月 9 日我第五军未入缅部队暂时缓入缅。11 日，正式令第五、第六两军归史迪威指挥，12 日，又令成立中国远征军司令长官部。12 日，英方正式提出意见说：“史迪威与亚历山大间指挥系统不明。”史迪威日益感到亚历山大比胡敦更狡猾难缠，于 18 日由腊戍飞渝，向蒋介石报告与亚历山大会商结果，并“请示将第五军主力集中于平满纳”。史迪威希望借中国远征军之力，在同古击灭敌人一部，以扩大他的声威，从中取得中英军在缅联合作战的指挥权。史迪威由渝返缅后，因为第二〇〇师撤离同古问题和我闹翻，他就返梅苗向亚历山大报到，表示归英方指挥（据刘耀汉对我说，亚历山大在重庆返缅后，蒋介石曾给史迪威一封亲笔信，要史归亚历山大指挥）。从此史迪威就以中国战区参谋长的身份，卑躬屈膝于亚历山大之前，使中国远征军完全听任亚历山大的指使；并派出他的亲信深入到中国部队中，监督执行亚历山大的错误指示。最后他和罗卓英两人丢下大军，只身逃往印度，造成中国远征军的惨败。就中国方面说，蒋介石过分迁就英美，应负最大的责任。

史迪威到印度后，还幻想凑合部分兵力打通滇缅公路。1942 年 7 月间，曾草拟一个“反攻缅甸计划”，作为他在缅甸指挥无方遭到惨败的“遮羞布”。此案在当时国民党政府中一直酝酿到12月间，因英国自顾不暇，美国也不同意，并未实行。以后，在1944年间，中国驻印军反攻缅甸，也不是照这个计划从仰光登陆，而是从缅甸北部密支那方面攻击。这也说明史迪威只凭主观愿望，不顾当时中美英三方具体条件，在失败后还写了一纸废文的缘由。

中国远征将领的失职

中国远征军的惨败，罗卓英和我都有责任，罗卓英的责任更大。尤其罗卓英对于乔克马当的行动（根本无敌人，谈不到战役），更是惨败的关键。他把军队的“生地”（占领梅苗、棠吉门户，依据汤彭山脉为根据地与敌作持久战）变为“死地”（向乔克巴当扯乱军队主力，又失守棠吉），一意孤行，以致一败涂地，丧师辱国。

罗卓英为什么这样糊涂呢？不，罗卓英不是一个糊涂人。他明知远征军作战的目的，其所以背道而驰，是他太“聪明”了。他觉得依靠美军可以拿到美国装备，以掌握美国装备来有利自己。所以他到缅甸后就投到史迪威的怀抱。最后他丢开腊戍门户而不顾，坐视腊戍危亡而不救，并且同史迪威一道，丢下部队，只身逃往印度。当蒋介石听到罗卓英逃印时，曾电我追回，但因他逃得太快，追也来不及了。以后史迪威在印度掌握中国军队的目的达到了，就控告罗卓英十大无能，竟把他赶回中国。

我的最大责任是1942年4月19日未与史迪威、罗卓英彻底闹翻，未能独断专行，下令让第五军全部向棠吉集中，反而委曲求全，选遣了一个团到乔克巴当去。对于史迪威的命令，我并不在乎（因为我可以直接向蒋介石请示）；而对罗卓英应服从到如何程度，却未曾得到蒋的指示，心中无底，未敢断行，以致造成不可收拾的局面。以后又未料到敌人先我侵占八莫、密支那，丢车上山的决心太晚，又造成雨季困于野人山的惨境。

至于其他某些将领的无能，如甘丽初逐次使用兵力，对当面之敌始终不明；陈勉吾放开正面，回避战斗；新编第二十八师、新编第二十九师均系康泽的别动队改编成师，毫无战力，一触即垮等等，也是惨败的原因。

我这篇述略，主要是揭露中英美三方的一些表面化的矛盾，说明惨败原因的关键，材料极不充分，分析也限于个人的认识水平，对与不对，留待史家评说。

第二〇〇师入缅抗战经过

郑庭笈*

第二〇〇师简史

第二〇〇师是抗战初期国民党统帅部新成立的第一个机械化部队。这支部队是在苏联政府的支持和帮助下，于1938年年初在湖南湘潭编成的。它由两个战车团、两个摩托化步兵团，和汽车兵团、工兵团、炮兵团、搜索装甲兵团等组成。战车团有苏联9吨半战车、英国6吨半威克斯战车、意大利两吨半非亚特战车，等等。有苏联军事顾问团，负责对机械化军事教育训练。同年冬，第二〇〇师从湖南开到广西全州，即扩编为新编第十一军，后改为第五军。杜聿明任军长，戴安澜接任第二〇〇师师长，该师是第五军的基本部队。

1939年冬，第五军担任对昆仑关的攻坚战，第二〇〇师和荣誉第一师担任正面主攻任务，消灭敌人号称"钢军"的第五师团主力部队，击毙旅团长中村正雄。

第二〇〇师是第五军入缅的先头部队，从1942年3月1日入缅，到6

---

* 作者时任第五军第二〇〇师步兵指挥官兼第五九八团团长。

月 25 日回国为止，在 4 个月的时间里，每日都在行军作战中。在缅南参加过“同古平原固守战”“棠吉要隘的攻击战”，回国途中冲破敌军重重包围的“缅北茅邦突围战”。

入缅前概况

1939 年冬，昆仑关战斗以后，第二〇〇师首先集中在湖南祁阳白地市地区整训，然后调到贵州安顺地区继续训练。1941 年 11 月，敌军在泰缅发动军事进攻，云南边境进入备战状态，第五军奉命开到昆明市区担任防守任务，第五军军长杜聿明兼任昆明防守司令官。第二〇〇师正在碧鸡关地区构筑城防工事时，突然间第五军奉命进军缅甸，协助英印军在缅南进行保卫战，昆明防务交由第七十一军接替。第二〇〇师于 12 月 16 日开始动员，17 日乘西南运输处开往缅甸运物资的放空汽车至保山后，又奉命停止西进，在保山石板桥附近整训。直至 1942 年 2 月 16 日以前，还是在待命的状态中，官兵弄得踌躇不定。到敌人攻占新加坡，从毛淡棉迫近仰光以后，才决定中国远征军入缅，致使第二〇〇师处于孤军深入，后续部队又不能如期集中的不利境地。原计划是 3 月中旬集中完毕，后来延搁到 4 月中旬，足足延误了一个月时间。主要原因是当时国民党政府和英、美之间的矛盾无法解决，集中表现于中国远征军入缅或不入缅的问题上，最后敌人迫近仰光，才决定入缅应战。当时第二〇〇师孤军深入，军主力又不能按原计划时间集中，以致影响到整个战役的失败。

从保山到同古

日军从毛淡棉逼近仰光以后，第二〇〇师和军部摩托化骑兵团作为先头部队，迅速进军缅甸占领同古阵地，策应英印军在缅南开展保卫战，掩护第五军主力集中。2 月 16 日，从保山用汽车运送部队到畹町，3 月 1 日至腊戍，再乘火车到同古。第五九八团为前卫团，4 日到达平满纳占领阵地，掩护我师主力的集中。第五九九团和军部骑兵团6日到达同古，随后师部、直属队第六〇〇团相继于8日到达同古，然后第五九八团即归还建制。

畹町是我国沿滇缅公路出境的国门，地处滇缅边境群山之中。九谷是缅甸靠近畹町的一个重镇，只隔着一条畹町小河。这条河就是中国和缅甸在畹町、九谷的分界线。当时畹町没有国防设备，但九谷的市容整齐，环境优美，有英军营房，充分表现了英国对缅甸在经济、政治、军事的殖民统治。当时英国政府和缅甸人民之间存在着尖锐矛盾。日本帝国主义就利用这个矛盾，提出一系列的欺骗性政治口号："东南亚共荣圈""打倒英国统治""缅甸人民独立"等等。据在缅甸的华侨说，日本在战前派来缅甸当侨民的，不是开照相馆，就是当"和尚"，因为缅甸是信奉佛教的国家，按照法律规定，男子都要当三年和尚。日本当局利用这样的习俗，要日侨当和尚并以此掩护其进行特务活动。"打倒英国统治"是缅甸人民的一致要求。中国远征军入缅，是帮助英国打败日军让英国继续统治缅甸人民呢，还是帮助缅甸人民独立呢？这在当时我们是不清楚的，只知道是为了打通和维护滇缅公路的国际交通线。从畹町出国境入九谷，经贵街、腊戌、平满纳等城市，所到之处华侨到处写彩色标语表示慰问和欢迎，如"出国远征，宣扬国威""入缅远征，无上光荣"等等；有的华侨团体还委托专人招待过境部队免费喝咖啡、抽香烟、吃面包茶点等等。因语言不通，我们根本不能和缅甸人民接近和交谈，缅甸人民看到军队一到就逃走一空。我们非常需要翻译，按实际需要，至少每连一人，但出国时连团部都没有翻译人员。有的华侨自动到军队来充当翻译，便给我们解决了这个困难。第二〇〇师到达同古时，已经看不见缅甸的人民了，后来军队所经过的地方都是如此。

英军在缅甸的状况，由于在平满纳和同古亲眼所见，有所了解。从外表上看，他们装备不错，士兵穿皮鞋，料子军服，步兵连队都有骡马驮背包，士兵行军只背枪和子弹，非常轻便。但他们行军走路就不行了，队形非常凌乱。士兵多是缅甸人和印度人，连长以上是英国人和印度人，排长和班长有印度人也有缅甸人。这样的军队官兵之间自然存在着许多矛盾，缅甸士兵从心眼里就不肯为英国殖民者作战。所以，日军在仰光登陆的战争一开始，英军外怕强敌，内怕缅甸人民，只要听到枪炮声，就纷纷向后溃退。

前哨战初胜，喜获敌情

仰光失守以后，同古处于更为重要的地位。它北通缅甸故都曼德勒，西通普罗美，东通毛奇，道路纵横，交通发达，是缅甸南部色当河与培古山脉间的一个大平原，又是一片全无依托的广漠地区。3 月间第五军奉命向同古进军，当时正是旱季，天晴日烈，田野干涸，大小河流水浅均可徒涉，一路上并无障碍。3 月 8 日，第二〇〇师到达同古，接替英印军防务。戴安澜师长就派军部摩托化骑兵团和第五九八团步兵第一连到同古南 35 英里之处——皮尤河畔接替英军前哨阵地，其任务是搜索敌情，掩护英军撤退。3 月 18 日拂晓，敌人搜索队约 200 人，骑着摩托车沿公路向同古前进，到达我前哨阵地。我摩托化骑兵团及第五九八团步兵第一连在林团长指挥下，命令部队进入公路两侧埋伏，待令出击。敌人自占领仰光后，一直没有和英军发生过战斗，目空一切，向北挺进。当敌人进入我口袋里，林团长一声令下，我步枪、轻重机枪和手榴弹一齐向敌人射击和投掷。当时天色尚未黎明，加上地形复杂、隐蔽，敌人还没有发觉我步兵阵地，就被我打得晕头转向，接着我摩托化骑兵团的装甲车也向敌人出击。混战三小时后，敌人纷纷向南及公路两侧逃窜。我军一面向敌追击，一面扫荡战场。在敌人遗尸中有一少尉军官，名字叫矶部一郎，在他身上搜出武器和军用皮包，皮包内有日军侵缅的兵力配备要图和日记本等重要文件，从中获悉当面敌军为第五十五师团步兵第一一二联队的搜索队。其最高指挥官为陆军第十五军团司令官饭田贞二郎，直接指挥第三十三师团、第五十五师团、第十八师团、第五十六师团，还有战车队、炮兵队、骑兵队及海军和空军。据敌人在缅甸作战的部署，占领仰光后，分三路围攻缅甸故都曼德勒（瓦城）。东路以第十八师团攻景东，中路以第五十五师团攻同古，西路以第三十三师团攻普罗美，第五十六师团为军团总预备队。

此次前哨战，被我击毙的敌尸 30 多具，虏获步枪 20 支、轻机枪 2 挺、二轮和三轮摩托车共19辆，还有手枪、望远镜、地图和重要文件等。这是日军发动侵缅战争以来，第一次遭到的失利，不但刹了日本侵略军的威风，同时也转变了英军对中国“草鞋兵”的轻视，他们举起大拇指对中国士兵说：“你们打得好！”因为英军指挥官对敌情毫无所知，而中国部队，只经前哨一战，就完全掌握了日军在缅甸的作战部署、使用兵力、部队番号、作战计划等。这样英军就不得不重视我军，后勤补给比初入缅时也大大地改善了。

同古平原固守战

第二〇〇师进军同古的战斗任务，本来是策应英军作战和第五军主力的集中。而杜聿明在腊戍接受蒋介石的指示却是，如果敌人在同古正面只使用一个师团的兵力，就要他集中第五军主力向敌人反攻，协助英军收复仰光，打通和保护我西南国际联络线。

3月20日，杜聿明和军部指挥所的随行人员亲到同古城视察地形，和戴安澜师长等检查同古阵地工事，并向我师团长以上部队长官指示作战机宜。同古城工事的构筑完全是坑道封闭式的堡垒，缅甸的木材征伐容易，多是锯好的铁路枕木。工事完全用枕木来作掩盖，经10天时间，日夜施工，即完成了非常坚固的工事。同时，阵地里都绘有轻重武器位置和火力编组、射击距离、射击目标等要图，还有夜间固定射击设备，以及炊事和厕所设备。杜聿明等视察后，表示满意。后来在师部连长以上干部会上，杜聿明指出：如果敌人正面攻击受到顿挫时，必从左翼迂回袭击同古北面的飞机场，切断我同古和瓢背军部指挥所联络线，从三面向同古攻击。因同古东面有色当河，南、西、北面是平原，容易被敌人包围攻击。要在敌人包围下独立作战，则要注意预防敌人使用毒气弹，发挥我军在昆仑关战斗中攻必克、守必固的作战精神，为祖国、为民族争光。已经黄昏了，杜聿明等乘车离同古回瓢背军指挥所。这时，第九十六师、新编第二十二师因火车运输延误，未能按计划集中，第二〇〇师只有孤军在同古与日军决战。

3 月 22 日，戴安澜写给夫人王荷馨一封信，充分表现一位爱国军人视死如归、为国捐躯的崇高品德。

亲爱的荷馨：

余此次奉命固守同古，因上面大计未定，与后方联络过远，敌人行动又快，现在孤军奋斗，决以全部牺牲以报国家养育，为国家战死，事极光荣……

安澜手启三月二十二日同古

当时，同古已经进入战争状态，敌机白天分批轰炸城区和飞机场，城里和城郊房屋已成废墟，老百姓均已逃走。戴安澜命令第五九八团副团长黄景升率领第一营到皮尤去增援警戒部队，配合军骑兵团作战，拒止敌人前进。敌人先用大炮射击，掩护步兵前进，并对森林绵密地带，使用轻重机枪威力搜索，在证实没有埋伏以后，步兵才敢前进一步。敌人还在树上架设轻机枪，向远距离的我军射击，使我军最初受到相当损失。后来我军规定每营重机枪连用高射架，专门对树上敌人射击。由于缅甸树林绵密，树上目标不容易发现，我军又规定部队前进时，重机枪火器对两侧树林横广扫射，致使敌人遭到重大伤亡，以后再也不敢利用树丛为阵地向我军远距离射击了。

23 日，敌人从拂晓开始，直到晚上攻击不停，这是敌向我前进阵地攻击最猛烈的一天，也是我军伤亡最大的一次。第五九八团中校副团长黄景升壮烈牺牲，但阵地仍在我军固守中。敌军的远射程大炮已经向同古城区射击，我守城部队固守阵地，并无伤亡。敌人的正面攻击遇到了我军强大的还击。

24 日拂晓，敌人果然从左翼向我迂回，同古城北飞机场和公路遭到敌军炮兵射击。飞机场只有军部工兵团少数部队守备，但得到守同古城北阵地的第五九八团对敌侧击的支援。从拂晓开始战斗到下午 5 时左右，敌人始完全占领了飞机场，切断了我军后方联络线。敌人占领飞机场后，枪炮声时断时续，双方进入调整部署状态。夜 9 时左右，戴安澜率领师指挥所人员从城北进入城内，召开团长、直属营、连长会议，研究敌情和作战步骤。当初敌人由于从正面攻击进展迟缓，改从左翼迂回同古城北，占领飞机场，切断公路，破坏第二〇〇师同军部的联络线，企图从三面包围同古，歼灭我师于同古城里。戴师长指出，固守同古，为国家民族争光，应是我军的神圣职责。同时宣布各级部队长阵亡后代理人员的名单，以表示固守同古的决心。戴安澜又指出：从同古至瓢背的公路虽然被敌人切断了，但从东过色当河经毛奇通瓢背与军部的补给线仍然畅通。军部摩托化骑兵团在皮尤的战斗任务达成后，现正在毛奇搜索敌情。为保护与军部的通信联络和指挥方便，决定把师指挥所从城里撤出。因为城里受到敌机炮火的轰炸，无线电、有线电架设和通讯都有困难，师指挥所决定设在渡过色当河后的东岸。城里 3 个步兵团由我指挥。这样，戴安澜就可以全力指挥全师的战斗。散会后，立刻行动，调整部署，准备战斗。

25 日拂晓，敌飞机大炮向同古城轰炸，8 时左右，敌步兵分三路向同古城南、西、北我守军攻击，因我阵地坚固，敌每次进攻均受挫折。敌乃增加兵力从同古旧城西北角进攻我第六〇〇团阵地，该团伤亡很大，守旧城的第三营营长王玖龄负重伤。敌人的企图是把我守城部队截为南北两段，从旧城进击色当河畔，从而占领色当河大桥，完全切断我军东路经毛奇同军部的交通线，并使城里部队同师部失掉联络。我当时派第五九八团第二营向第六〇〇团增援，对敌反攻。敌我在同古城展开拉锯战，进行逐屋战斗，两军相距只有 30 米左右。这时敌军飞机大炮均失效用，不敢对城里进行滥炸，于是敌机和大炮转向色当河大桥和东岸，施行轰炸和射击。大桥受到损坏，车辆不能通行。

26、27 日，敌步兵向我阵地进攻，均受挫折。27 日下午 5 时左右，敌对我第五九九、六〇〇团阵地施放毒气弹，因我军早做防备，没有遭受损失。

28 日，城里战况沉寂，当时判断是敌人在调整部署。12 时左右，河东岸炮声隆隆，我得到戴安澜电话，知道敌人从同古南 30 公里处渡河，正向师指挥所攻击中。第五九九团第三营和师部特务连伤亡很重，要第五九八团派步兵两连向师指挥所增援。

29 日拂晓，城里和师部指挥所电话中断，师指挥所情况不明，东岸枪炮声有时激烈，有时沉寂。第六〇〇团团长刘少峰要我派预备队及弹药补充。每隔几分钟刘少峰和第五九九团团长柳树人问我戴安澜的情况，师部电话为什么不通。我说师长刚刚同我通电话，在讲话中电话又断了。同古战斗进入最后的阶段。黄昏时东岸第五九八团第七连连长石磊派兵带来两名缅甸人，是戴安澜到同古后组织的缅甸人便衣队，他们带来戴安澜给我的亲笔命令，并要他们为我当向导。命令要旨为：奉军长杜命令，要第二〇〇师于 29 日夜间从色当河东岸撤出同古城，沿河东岸到叶达西集中待命。撤退时部队由郑庭笈指挥，余在河东岸掩护。戴安澜（签名） 3 月 29 日下午 5 时于师指挥所。

我接到命令后，用电话和柳树人、刘少峰两位团长商讨撤退事宜，决定以团为单位，派各团少校团附指挥伤病兵和炊事班，利用色当河大桥到河东岸沿河大道，向叶达西集中。伤病兵过河后由师卫生队收容送后方医治。第一线步兵营，以营为单位派出阻击组向各营阵地前敌人实行夜袭，掩护各团撤退。撤退时按第五九九团、第六〇〇团、第五九八团的顺序。第五九九团从大桥过河，其他部队一律徒涉。各营阻击组拂晓前离开阵地，向河东岸归还建制。布置完毕后，部队依照计划开始行动。夜间 4 时左右，全师已安全撤出同古城，在大部队行动时，前线的步枪声、手榴弹爆炸声震动全城，敌人始终没有发觉我军行动。拂晓前，各营阻击组也撤出了同古城。

30 日拂晓，敌人炮兵向同古大桥和东岸不断炮击，到 10 时左右还能听到稀微的枪炮声。我渡河后率领第五九八团为后卫，掩护全师向叶达西前进。上午 10 时，由缅甸人带路，在河东一间草棚里会着戴安澜师长，他紧紧地握着我的手，高兴得和久别重逢一样。我向戴师长报告在城里战斗和撤退的经过，撤退中纪律严明，做到对经训练的部队的要求。戴安澜立刻指示，要部队利用绵密的树林地区休息，准备夜间行军。我回到团指挥所，回想到 29 日是同古战斗进入最后争夺的阶段，杜军长果断地下达命令，当晚撤出同古城是多么正确。在月色朦胧中，城里步枪声、手榴弹爆炸声，北方新编第二十二师增援同古的大炮声，不绝于耳。十余天的战斗生活，战壕里又潮又湿，见不到阳光，既艰苦又危险，但士气非常旺盛，作战时勇往直前，撤退时秩序井然，真是一支久经沙场的劲旅。

30日12时左右，敌军只占领一座同古空城，第二〇〇师已不知去向了。

第二〇〇师到达叶达西集中后，有两位英国记者到第五九八团团部访问，要我谈谈部队撤退的经过。他们说，同古是一个平原地带，一面是色当河，三面受敌包围，在这样的情况下，第二〇〇师为什么能安全撤退？我说，这是由于：一、杜军长下达撤退命令适时，出敌意料之外；二、新编第二十二师廖耀湘部队正从叶达西沿公路向同古城攻击前进，同古城听到的隆隆炮声，已迫近同古北边飞机场附近，使敌人误认为是增援固守同古的我军；三、正逢旱季，色当河河水不深，可以徒涉；四、军部补充第一、二团编成游击支队，由新编第二十二师副师长黄翔兼司令，率领游击支队向同古城南前进，扰乱了敌人的后方。在这样的情况下，敌人根本不可能判断第二〇〇师有放弃同古的企图，符合出敌不意的战术原则。最后，中国部队是“草鞋兵”，渡河时用不着脱皮鞋，行动迅速方便。记者们听了以后，无不点头称是，哈哈大笑。

准备平满纳大会战

第二〇〇师撤出同古后，敌人沿公路继续北犯，我新编第二十二师廖耀湘部在叶达西地区进行逐步抵抗，阻止敌人前进，以便我军主力集中后，在平满纳进行大会战。该师到达叶达西以北地区后，4月5日下午，史迪威代表蒋介石到第二〇〇师驻地，对全体官兵讲话。他用中国话说：我是代表委员长来慰问你们的，你们辛苦了，你们在同古打得好。缅甸的战斗正在开始，歼灭敌人的机会是很多的。你们要继续发扬在同古作战消灭敌人的精神……

4月6日，蒋介石在梅苗召见戴安澜。他得到召见的电报时很不安，因为刚刚出国到腊戍的时候，蒋介石曾当面交代他要固守同古，待主力集中后反攻仰光，使滇缅公路畅通。他想，现在部队撤出同古了，没有完成任务，蒋介石是否为此而召见他。戴安澜先到瓢背军部指挥所见杜聿明，把他的想法告诉杜。杜说："你去吧，委员长不会责备你的。同古撤退是你执行军部的命令，一切由我负责。"戴到梅苗后，蒋立刻接见他。戴报告战斗和撤退经过，并说，士气始终很旺盛。蒋听后非常满意，要戴加紧整理，准备参加平满纳的大会战。蒋留戴共进晚餐，还安排戴住在蒋的隔壁房间里。这种安排是蒋要表明他对戴的信任。

7 日下午，戴回到叶达西师部，即召集营团长开会，报告他在梅苗受到蒋委员长接见经过，说话时满面笑容。接着传达本师今后的战斗任务：平满纳会战即将开始，我们是军的基本部队，经过同古战斗后，部队战斗力愈战愈强，是可以完成军给我们的战斗任务的。9 日离开叶达西，11 日全部到达平满纳。12 日上午 9 时，戴师长在师部指挥所召开连长以上干部会议，并有战车团团长胡献群、重炮兵团团长朱茂臻，及该团连长以上干部。这次会议主要是解决对步兵、战车、炮兵在会战过程中如何协同等事，并到现场侦察。如步兵的攻击准备位置，攻击路线，及各时期的攻击目标，战车的攻击准备位置，攻击路线，到达线，前方集合地，炮兵阵地，各时期集中火力射击目标，及步兵到达后延伸射击目标等。参加会议的干部都表示很有信心，一定要打一个胜仗，为中华民族争光。

16 日，第二〇〇师各团均按规定进入攻击准备位置。同时，新编第二十二师、第九十六师也进入阵地。前哨已经发现敌骑兵，第九十六师前哨已经撤退，俟敌主力进入我预定位置后，以第九十六师固守平满纳阵地，牵制敌人；第二〇〇师、新编第二十二师在战车团和重炮团的火力掩护下，从两侧出击反攻，将敌人歼灭在我军阵地前面。

17 日，杜聿明率领军部指挥所人员到达平满纳指挥战斗。但战况变化了，当日右翼英军因敌人压力过重，退出普罗美、马格威、唐得文伊。同时，仁安羌英军也被敌人包围，还有一部敌人窜至乔克巴当，我军后方交通中枢他希大受威胁。

18 日晨 4 时左右，戴安澜忽然向各团下达命令：奉命放弃平满纳会战，立刻撤退。俟战车、重炮兵团退出阵地后，按第五九九团、第六〇〇团、师部、直属队、第五九八团的顺序撤出平满纳。

这时，因为英军在仁安羌被敌人包围，罗卓英、史迪威怕敌人从乔克巴当、他希来包围我军退路，要第二〇〇师撤出平满纳，用汽车输送到乔克巴当。杜聿明认为，既然不坚持平满纳会战，就应退守棠吉、梅苗，与敌作持久战，不同意派第二〇〇师到乔克巴当。但是史迪威坚持他的意见，直接下命令给戴安澜用汽车输送第五九九团、第六〇〇团到乔克巴当。到达后，果然如杜聿明所料，乔克巴当根本没有敌人。因仁安羌的英军被我军第六十六军新三十八师孙立人部解围，敌人发现中国军队的战斗力不可忽视后，就停止前进了。

敌人发现我军放弃平满纳会战后，就派第五十六师团从同古经毛奇，进击棠吉，占领腊戍，对我远征军退路实行大包围的计划。

我东路第六军甘丽初正告急时，而第二〇〇师第五九九团、第六〇〇团、师部已用汽车运往乔克巴当。我率领的第五九八团撤退平满纳时是后卫部队，任务是掩护师部撤退，然后沿公路徒步到达梅克提拉。杜聿明叫我到军指挥所接受作战命令。这时，棠吉情况不明，军部机械化骑兵团已经向棠吉搜索前进。戴师长则率领两个团从乔克巴当向棠吉前进。第五九八团也奉命立刻乘汽车利用夜间向棠吉前进。我接命令后，立刻出发。由于罗卓英、史迪威判断错误，把军队东调西拉，给敌人造成了有利机会，致使远征军不战而溃。

棠吉攻击战

远征军主力之战车、重炮兵均在第五军中路方面。敌企图用第五十六师团从东路第六军方面经同古、毛奇、罗列姆、棠吉，占领腊戍，实行大包围，切断远征军的退路。棠吉的得失，关系到缅甸的整个战局。因此，杜聿明建议放弃平满纳会战，应立刻占领棠吉、梅苗，阻止敌进击腊戍，因腊戍是我军通国内的后方交通中心。因此，第二〇〇师从平满纳撤退后应先占领棠吉、罗列姆。但罗、史坚持他们的意见，命令第二〇〇师到乔克巴当。杜聿明到达梅克提拉后，才命令第五军骑兵团、第二〇〇师第五九八团去占领棠吉。军部骑兵团到达黑河时，已经发现敌人。第五九八团接着到达黑河，敌军乃向棠吉撤退。第五九八团在棠吉城郊占领阵地，准备师主力到达后，开始向棠吉攻击。

敌军所以先占棠吉，因为棠吉是左翼作战的重点，西可直攻第五军的侧背，北可直上曼德勒、梅苗、腊戌，断阻远征军退入大后方。

4 月 24 日，戴安澜率领师主力到达棠吉郊外，决定在 25 日拂晓开始攻击。以第五九九团、第六〇〇团为攻击部队，第五九八团为预备队。第六〇〇团沿公路向棠吉城攻击前进，第五九九团从侧面高地包围棠吉的侧背，切断棠吉至罗列姆的公路。攻击部队在重炮兵和装甲车的炮火掩护下进展很快。是日下午 4 时，第五九九团第一营占领棠吉通罗列姆的公路，该团第二、第三营占领棠吉四周高地，完全控制了棠吉城。第六〇〇团攻入棠吉城街道，与敌人发生激烈巷战。第五九八团第一营在装甲车掩护下，进城扫荡。第二〇〇师只经一天的激烈战斗，完全占领了棠吉城。蒋介石闻报后，立即传令嘉奖并颁发奖金。

突围战中戴安澜、柳树人壮烈殉国

敌第五十六师团并不因我军占领棠吉而停止北犯，他们经罗列姆，于 4 月 28 日下午到达腊戌附近。29 日敌陷腊戌，继续北犯。5 月 3 日中缅边境重镇畹町失守，远征军退路遂被切断。第五军奉命向八莫、密支那撤退。第二〇〇师奉命放弃棠吉，向罗列姆前进，到达该地后没有发现敌情。参谋团命令第二〇〇师从罗列姆东进归第六军军长甘丽初指挥，但戴安澜坚持执行杜聿明命令向北前进，归还第五军建制。5 月 5 日，敌从畹町进至云南境内的惠通桥。5 月 8 日，八莫和密支那先后失守，第五军向八莫、密支那撤退计划完全失败。杜聿明率领军部、直属队、新编第二十二师廖耀湘部向印度前进，越过野人山。第九十六师余韶部自选路线向国境转进，罗卓英、史迪威率领第六十六军第三十八师孙立人部向印度列多前进。第六十六军军长张轸率领两个师从腊戌撤退回国。

第二○○师从罗列姆归国，就要向北通过三条公路线、两条河流。在不见太阳的原始森林中行军和露营，终日在密林中钻来钻去，越钻越深。对我们来说，大部队白天行军得到了有利的对空掩蔽条件。敌机虽终日在我们头顶飞行侦察，却没有发现目标。有一天，我们行军到达南盘江，这是腊戌通曼德勒到仰光的一条大河，宽达千余尺，水势湍急，很难徒涉。渡河口一只船都没有，也没有桥梁。幸而河岸上竹林很多，当即命令各团伐竹编竹排，作为渡河工具。只费一天时间，部队全部渡了河，过了第一个大关。但前面还有三条公路，就是腊戌到曼德勒公路、细胞到摩谷公路、南坎到八莫公路。最后还要渡过瑞丽江。

我们研究决定，每当过公路的时候，部队白天指定休息地点做准备，到了夜间再行军。事先派军官化装缅甸老百姓，侦察通过地点及道路，派部队占领阵地互相掩护，在十字路口互派联络兵，以免迷失方向。就这样，我们顺利通过了曼腊公路。现在又过了第二个难关。

5 月 18 日，当我们通过细胞到摩谷公路的时候，遇着敌第五十六师团的两个大队兵力，我们预先在公路上占领埋伏阵地，以第六○○团为前卫。当前卫营通过时，敌人开始向我攻击。是夜，第六○○团据守阵地，与敌激战。戴安澜指挥第五九九团柳树人部，向左翼包围敌人。因夜间在密林中进行数小时战斗，敌我双方均陷入了混战。戴师长在混战中负重伤，第五九九团团长柳树人和第六○○团副团长刘杰阵亡，遗体都没有找到。半夜，决定部队撤回到原来准备出发的地点。拂晓前，在第五九八团的掩护下，部队脱离了敌人，到达指定地点集合。这时第五九九团、第六○○团伤亡很大，只剩下一营的战斗力。

戴师长伤势很重，胸部和腹部各中一弹。我们用担架抬回师部指挥所，在山顶上一间茅棚里，召开团营长会议。会上决定，如果戴师长不幸牺牲，就由我指挥部队，带领回国。这时，大家都很难过，一言不发；副师长高吉人尤为难过，因为他俩是最亲密的战友。十九日，部队在原地休息，决定另选过公路地点，改由第五九八团担任前卫，戴师长用担架抬着跟第五九九团团部走。我派副团长陈辅汉为便衣队队长，选勇敢善战的军官为队员，在郎东 20 华里处侦察过公路的地点，准备 19 日夜继续前进。第五九八团按照通过曼腊公路的办法，派部队占领公路两侧高地，掩护部队通过。按第五九八团、师部、师直属队、第六〇〇团、第五九九团的顺序通过公路。从晚 9 时开始，一夜间全师安全通过，这时全部官兵满面笑容，特别是戴师长显得格外高兴。缅甸已入雨季，终日行军，衣服湿了又干，干了又湿，医药非常困难，连药棉都没有。戴师长终日躺在担架上，雨淋日晒，又没有药可换，伤口已经化脓。到了 5 月 26 日下午 7 时，戴师长在缅北芳邦村光荣殉国，全体官兵都感到非常悲恸。

这时，我们同军部已经失去联络，参谋长周之再到五九八团来，要我到师部去代理师长职务，指挥部队继续前进。我说，师长职务应由副师长高吉人代理，我俩都有责任帮助高吉人把部队带领回国。遂决定由高吉人代理师长。不久他召开营长会议，宣布就职；同时命令工兵营赶制棺材，夜间将戴师长遗体入殓。并决定即在芳邦附近渡瑞丽江，沿江西岸前进。第五九八团继续任前卫。瑞丽江江面不宽，水势不急，并找到 4 个木排，每次可渡一营人左右。28 日，部队全部渡江，没有发现敌情。29 日，因天气炎热，戴师长遗体流脓水发臭，不能继续抬走，又不能留在缅甸，乃决定火化。我们将戴师长的棺材遗体放在原木上火化后，捡出遗骨，按部位用绸布包好，装在木箱里，跟第五九八团团部前进。6 月 2 日，部队通过南坎到八莫的公路，这是突围中的最后一关，并未发现敌情。6 月 17 日，部队到达腾冲县附近。6 月 18 日渡怒江。6 月 25 日，全师到达保山县漕涧集中待命。

突围战中，给养困难，路途艰险，还经常在雨水中行军和露营，官兵百分之九十患了疟疾，第五九八团第八连有一天竟有 8 名战士死亡。出国时全师官兵有 1 万人左右，回国后只剩 4600 人。

今天，回忆到许多战友为民族生存而英勇殉国，缅怀先烈，不胜悼念。

刘放吾率一一三团仁安羌解救英缅军

党德信*

本书杜聿明将军的文章《中国远征军入缅对日作战述略》，最早于1960年在《文史资料选辑》第八辑上发表，较为详尽的记述了第二次世界大战中国远征军赴缅甸与盟军共同抗日的经过。其对1942年4月新编第三十八师第一一三团解救英军之围，有数百字的概述，对该团团长刘放吾的名字写成实际并无此人的孙继光，对敌方兵力及战后受奖情况也有出入。其后出版的多部关于回忆抗战的书籍在转载杜聿明的文章时，均未予更正，而且将有的文章还按杜聿明的写法给改错了。

1995年，与我书信交往十多年的上海文史馆馆员戴广德先生来京与我见面，送我他新出版的《缅甸之战——随孙立人刘放吾将军远征纪实》（黄山书社出版）。戴广德在抗战时曾以《中央日报》（贵阳版）和《武汉日报》（恩施版）记者身份赴缅北随军采访，新中国成立后任上海文史馆馆员，撰写过多篇文史资料。他说，1993年9月，应刘伟民（刘放吾次子，旅美企业家，美国太平洋国际政策协会董事）之邀到美国洛

---

* 作者曾任全国政协文史资料委员会办公室主任。本文系根据有关亲历亲闻者的回忆和档案、报刊资料整理而成。

杉矶，拜访在美定居与刘伟民同住的刘放吾将军。为其著作增添不少新鲜资料。戴广德同时带来刘伟民先生转送我的新著《刘放吾将军与缅甸仁安羌大捷》（上海书店出版社 1995 年版）。刘伟民按其父口述历史整理而成的《刘放吾将军与仁安羌大捷》，引用了英国史莱姆（Lt-Gen. W.J.Slim，时任英缅军第一军团军团长，又译为史林、史灵、斯利姆、史列姆、斯立丹等）将军的著作 *Defeat into Victory*（反败为胜），还把刘放吾珍藏史莱姆给刘放吾的亲笔命令及新编第三十八师战时行动报告表及虏获的日军军旗等照片刊出。由著名军事史专家、曾任国民党国防部作战厅长、第二十二兵团司令官率部在四川起义的郭汝瑰将军和中国人民解放军国防大学副校长黄玉章将军主编的《中国抗日战争正面战场作战记》，2002 年 1 月由江苏人民出版社出版，我与曾任史迪威联络参谋的王楚英先生（与我相识交往 30 多年）均参加了撰稿工作。该书参考并核实了有关资料，对发生在 1942 年 4 月的仁安羌解围战斗及具体指挥参战的一一三团团长刘放吾有较概略的记述。我又查阅了江苏古籍出版社 1987 年出版的《抗日战争正面战场》，该书由南京中国第二历史档案馆根据馆藏民国期间军事档案整理而成，刊载了抗战期间国民政府军事委员会和各战区之间的往来电报。我重点查阅了仁安羌战役中远征军司令部与国民政府军事委员会的往来电报。我还查看了重庆《大公报》、香港《征信新闻报》（《中国时报》的前身）等报刊当年的有关报道及相关资料，又看到蒋介石颁发的奖章执照及现台湾领导人马英九签发的褒扬令等资料，均证实参加缅甸仁安羌解围之战的一一三团其团长确系刘放吾无疑。

仁安羌解围战役相当有名，尤其是解救英军 7000 人，解救美国传教士及新闻记者等 500 多人，在英美两国及国际上影响很大。对直接参战的团长名字写错，犹有更正之必要。本文一方面对杜聿明将军文章文作个订正，一方面将该战役做一简要回顾，并将英美两国首脑及官员对刘放吾将军的感激之情作一介绍。

仁安羌解围战斗之概略

（一）开赴缅甸腊戍曼德勒

太平洋战争爆发后，中国与英国几经协商，在1941年12月23日签订“中英共同防御滇缅路协定”，成立中英军事同盟。12月31日，罗斯福总统根据英美参谋长联席会议的建议，致电蒋介石，提议组织中国战区，由蒋任统帅。蒋电请罗斯福指定将领担任中国战区联军统帅部参谋长。1942年2月间，中国军队先后动员第五军（军长杜聿明）、六军（军长甘丽初）入缅，与英、美、印、澳等国组成的盟军并肩作战。第五、六两军均由第五军军长杜聿明统一指挥，杜受英缅军总司令胡敦指挥（3月8日胡敦改任参谋长，总司令由亚历山大接任）。当时拟定的作战地区为：中国云南省西南部、缅甸全境、泰国西北部、印度东北部地区。美国指派史迪威担任中国战区参谋长，3月8日由蒋介石正式任命。蒋介石曾面告杜聿明归史迪威指挥。

1942年3月3日，蒋介石与史迪威在缅甸北部腊戍会面，并召开军事会议商议作战事宜。3月8日日军攻陷仰光后，即兵分三路北上，企图截断中国经缅甸的对外通道。3月12日正式成立“中国远征军第一路司令长官司令部”，由卫立煌任司令长官，卫因故未到任，先由副司令长官兼第五军军长杜聿明代理，4月2日由罗卓英继任司令长官。

1942年3月底，第六十六军（军长张轸）新编第三十八师（师长孙立人）、新编第二十八师（师长刘伯龙）和新编第二十九师（师长马维骥）奉命先后入缅作战。

据《新编第三十八师战时行动报告表》之《行动概要》记载，新编第三十八师（辖一一二、一一三、一一四团）于3月12日奉六十六军军部命令先后分4个梯队由贵州兴义徒步行军，3月20日到达云南宜良县休整。3月22日复奉第六十六军军部电令，由宜良出发，徒步行军于3月27日到达安宁县。旋奉六十六军军部令全师分4个梯队先后由安宁以汽车输送，4月5日到达缅甸腊戍待命。又奉六十六军转奉蒋介石委员长电令，新编三十八师除以一营兵力留驻腊戍警卫飞机场外，所有部队继续向曼德勒推进。师长孙立人率部于 4 月 8 日先后由腊戍乘火车于 10 日到达曼德勒，奉命防守曼城并兼卫戍司令。

是时，缅甸南方盟军作战不利，其右翼由仰光向北节节撤退。英缅军第一师及装甲第 7 旅，被日军第三十三师团包围于伊洛瓦底江左岸仁安羌（Yenangyaung，缅语意为“油河”，盛产石油）地区，情况紧迫。

日军第三十三师团曾经参加过中国战场的第一次长沙会战、上高会战和中条山会战，1941 年 11 月调入南方军，参与缅甸作战。1942 年 3 月 25 日该师团从礼勃坦、兴实达一线出发，一路势如破竹，仅遭轻微抵抗就连续攻占瑞当、卑谬、阿兰谬、新榜卫等地，于 4 月 14 日占领了东敦枝和因河南岸的敏贡，迫近了英缅军第一军团部所在地马圭。防守马圭的英缅军第一师无力抵御，准备弃守。由此会影响中国远征军第五军防线，其时中国远征军入缅各部均在与日军作战，只有作为总预备队的新编第三十八师可调。该师正在曼德勒加紧构筑工事，办理地方善后工作。远征军司令长官罗卓英应缅甸战区总司令亚历山大的请求，于 15 日令新编第三十八师师长孙立人由曼德勒即派两团兵力乘汽车及火车向纳特莫克、巧克柏当（亦作巧克柏党）两地推进。孙立人派一一三团（团长刘放吾）移防巧克柏当支援英缅军第一师，派一一二团（团长陈鸣人）移防纳特莫克（亦作纳貎），支援英缅军第十七师并掩护第五军右翼，两团奉令归英缅军第一军团军团长史莱姆（Lt-Gen.W.J.Slim，又译为史林、史灵、斯利姆、史列姆、斯立丹等）指挥，分别于 16 日下午抵达防地。孙立人率师直属部队及一一四团（欠警卫腊戍机场第一营，团长李鸿）暂留驻曼德勒，待第六十六军新编第二十八师（守卫腊戍）赶来接替新编第三十八师防务。

（二）英缅军被日军围困

因缅甸战局已于英缅军不利，英缅军指挥部拟放弃缅甸将部队撤到印度东北部，谋伺机再与日军作战。史莱姆将军在回忆录 *Defeat into victory*（《反败为胜》）中写道：“安排工程师做好仁安羌油田区处置工作，一旦战事不利则炸毁储存的原油和装备设施，以免落入日本人手中。”4 月 15 日，史莱姆感到战局不妙，于 13 时下令炸毁油田区和炼油发电等工厂重要设备。原油贮油区，顿时变成火海。16 日中午破坏作业结束后，史莱姆即率部陆续撤往平墙河（Pinchong，又译为宾河、拼墙河）北岸 25 公里外据点肯耶（亦作归约）驻守。

16 日午夜，日军第二一四联队（附山炮兵第三大队及 1 个工兵小队，称“作间部队”）从撤退英军的右侧超越英军，先期进至仁安羌以东 5 公里处。此时除英缅军第一军团及英印军第十七师等部队早已退至巧克巴当外，英缅军第一师及装甲第七旅的一部尚未从马圭撤至仁安羌。日军第二一四联队遂乘机向仁安羌东北急进，占领了公路交叉点附近屯冈阵地，并以一个大队北进至平墙河以北，在此两处切断了英缅军北撤之退路。17 日晨，日军第三十三步兵团（兵团司令部、第二一三联队、山炮兵第三十三联队、工兵第三十三联队主力、独立速射炮第五中队，称“荒木部队”）占领马圭，撤退的英缅军被包围于仁安羌以北地区。被围英缅军向日军屯冈阵地进攻，企图突围；同时，已渡过平墙河的英缅军向进至平墙河以北的日军进攻，接应被围英缅军。两支部队均被日军击退。此时，日军第三十三师团第二一五联队正乘船溯伊洛瓦底江向仁安羌急进中。

日本防卫厅《缅甸作战》记载：“具有机动能力的敌人（指英缅军），将行动迟缓的荒木部队甩开悠然撤退，但这时该敌退路上的要冲仁安羌已被作间部队占领。”作间部队分兵两路切断公路，对英缅军实施偷袭，后撤途中的英缅军、美国传教士及随军记者数百名被俘。17 日凌晨，作间部队占领平墙河南岸三岔路口之要冲 501 高地，另派第三大队占据平墙河北岸渡口，击退英缅军的反击。南面荒木部队及师团直属部队沿英缅军退却路线追击，原田部队按计划 17 日从伊洛瓦底江渡江北上增援作间部队，由马圭至仁安羌合围成一个大的包围圈。日军企图由马圭至平墙河逐渐压缩，将英缅军赶进仁安羌油田这块沙漠区域全部围歼。

4 月份正是缅甸的酷暑季节。马圭至仁安羌一线系荒漠地带，干燥无水，白天气温很高。从马圭撤退的英缅军第一军团第一师师长斯高特得知仁安羌要道已被日军占领后，随即在仁安羌南部集中部队，通过无线电台向史莱姆报告：部队自马圭溃败以来，士气低落，给养饮水匮乏，加之当地酷热的气候环境，战斗力已经非常低下，如不能及时突围休整，随时有崩溃可能。

17 日凌晨史莱姆获知日军占领仁安羌后，曾令已撤至平墙河以北的部队组织反击，接应尚未过河的英缅军第一师，但在日军阻击下无功而返。此时英缅军第十七师主力尚在东敦枝，无法及时增援，英缅军第一师处境危急。

（三）一一三团奉命救援英缅军

17 日上午，史莱姆得知我远征军增援部队赶至巧克柏当后，即驱车前往一一三团团部驻地。史莱姆见到刘放吾团长后，即展开作战地图一起交谈战局。史莱姆当面将其手签的命令交刘放吾团长，命令全文为：

> 致一一三团团长刘上校：请将贵团开至平墙地区。在该处，你将与安提斯准将会合，他将以所有坦克配合你。你的任务是攻击并消灭平墙河北岸约两英里公路两侧之敌。
>
> 威廉·史莱姆 1942 年 4 月 17 日上午 11 时

刘放吾接到手令并未做肯定表示，而是到有电台的房间向上级请示。这个手令一直保存在刘放吾手中，他后来回忆，当年让史莱姆将军坐等一个多小时的原因：我并不知道新三十八师划归史莱姆指挥，他的命令又写在很随便的一张纸条上，很难令人相信。况且，当年在上海战役时“拉夫”的情况十分普遍，因此师长在部队从贵州兴义出发时，即一再叮嘱不能随便听别人命令，所以一直到以无线电与孙师长联络确定后，我们马上奉命行事。

刘放吾以无线电请示师长孙立人，孙立人又向罗卓英司令长官汇报，罗卓英再上报重庆参谋本部，获准后再逐级转达指示，让刘团长率部先行前往部署解围。得到上峰明确指令后，刘放吾才答应照史莱姆命令执行。史莱姆将军在回忆录中写道：在僵持一个半小时后，当我快绝望的时候，而他（刘放吾）突然笑着说道："好的，我照办。"他为何改变主意我不得而知，猜测在我们对谈间，进出房间的官兵已用无线电请示孙将军并获肯定回音。他一旦付诸行动，我简直无懈可击，也带走了我对中国人的怨言。事实上，在往后几天，我相当激赏他的表现。

远征军长官部下令："立刻派一一三团由齐（学启）副师长率领，火速驰援英军。该师长并仍负卫戍曼德勒之责。"孙立人不同意由副师长率部往援而自己"坐守空城"。据南京中国第二历史档案馆档案《新三十八师缅战详报》记载，当17日午前11时孙立人师长接到刘放吾团长报告，即刻驰赴飘背，向司令长官罗卓英"请示亲往指挥，初尚未允。师长以英军逐次退却自普罗美之线、退至马格威之线，复由马格威退至燕南羌（即仁安羌）之线，若燕南羌之线不守，敌沿江直上直捣曼德勒则曼城危矣。且本师先后两团均调往前方，主力所在必须亲往指挥。"经反复痛陈，罗卓英始允。孙立人遂让齐学启留守曼德勒，自己至前线亲自指挥作战。

17日午后，刘放吾团长随即率领一一三团由英军汽车输送至仁安羌北部的平墙河北岸部署，英缅军十三旅一个重炮营及一个战车队随同一一三团助战，听命于刘团长指挥。刘放吾派副团长曾琪随同英军战车队队长先行侦察地形及敌情。17日黄昏时分，刘放吾指挥一一三团在英缅军坦克部队协助下将日军前沿部队击溃，抵近平墙河北岸，完成攻击准备。

日军作间对第一一三团情况不明前提下，令第九中队留下防守平墙河北岸渡口，大队主力撤至平墙河南岸，固守仁安羌镇区，企图收缩兵力，扼守要害，固守待援，困住包围圈里的英缅军，等待师团主力开到再围歼。

（四）血战仁安羌英缅军被解围

17日晚，史莱姆将军与刘放吾团长通过无线电和斯高特师长一同协调，研拟18日晨的攻击配合方案：其第一师向北边突围，中国军队冲过平墙河，在浅滩扫除关卡，袭击试图追击英缅第一师的日军。刘放吾随即将一一三团3个营分别部署，第一营由营长杨振汉率领从平墙河老渡口向501高地正面突击，第二营由营长鲁廷甲率领沿公路两侧攻击右翼，第三营由营长张琦率领作为预备队守左翼，准备向日军发起进攻，仁安羌大战序幕由此拉开。

18 日拂晓，一一三团展开于平墙河北岸，与英缅军协商将其战车沿公路两侧搜索，炮兵占领阵地以主火力指向 501 高地，掩护一一三团展开向敌攻击。

史莱姆将军对刘放吾团长负责指挥本次攻击多少有些不放心，担心再出现昨日受命时的迟疑，这场战斗之成败关系到英缅军的生死，如何指挥部署尤为重要。18 日晨，他赶到平墙河北岸察看阵地，此时孙立人师长于 8 时左右赶到平墙河前线。史莱姆将自己的疑虑告诉孙师长。孙师长当即邀请史莱姆一同视察刘放吾团长的部署。

史莱姆在回忆录中写道：当我们来到团部，刘团长似乎窥出我的心意，所以对我说，我们到营部看看，于是我们去了非常靠近前线的营部。在视察完部署妥当的营部，刘团长通过孙师长解释部署情况，我表示对刘团长部署非常满意，正打算准备离开。这时刘团长说：我们再去连部看看。在战斗将要打响之际，我不太确定连部是不是我想去的地方，但是这却是一个“面子”问题，所以虽然并不想去，我还是去了。通过一条浅浅的沟渠掩护，我们涉水来到连部指挥所。我们刚到连部没多久，攻击就已打响，这些中国士兵没有半点犹豫踌躇（奋力作战），我想他们中许多都有丰富的作战经验，因为他们能够熟练地利用阵地优势。当中国军队从隐蔽处冲出的时候，日本人叫嚷着。刘团长转过来对着我，我真担心他要说，我们现在去视察排部的情况。幸好他没有提议，只是看着我露齿而笑。只有优秀干练、经验丰富的军人才能在那样的枪林弹雨中面无惧色。

与此同时，英缅军第一师主力及装甲第七旅在仁安羌首先与日军作间联队中井正部及 17 日黄昏撤回的高延大队接火，继而向仁安羌东侧突击，并与作间联队主力接火，形成南北两地激战局面。第一一三团已肃清平墙河北岸之敌（高延大队第九中队撤至平墙河以南）后，向南岸日军发起进攻。上午 10 时，一一三团本欲乘势渡河解英缅军之围，但日军在白塔山的炮火猛烈，疯狂袭击，使渡河部队受挫。

被围英缅军连日行军，官兵极度困乏，缺水严重，弹药也快消耗殆尽，在日军强力阻击下，被阻截在油田区。配属英缅一师的装甲第七旅，是一支有很强战斗力的机械化部队（号称“沙漠之鼠”），但仁安羌一带沟壑纵横，沙丘很多，坦克陷入细沙中，很难发挥攻击作用。一些坦克成了日军的活靶子，突围失败。

此时斯高特再度通过无线电紧急求援，部队已经困难万分，随时可能瓦解。史莱姆催促一一三团继续进攻，孙立人师长陈述厉害，因眼下地形利于日军，加之白天攻击容易被窥破实际兵力，为减少伤亡下令将主力先撤回北岸，已渡河占领有利地形部队继续固守，与英缅军约定计划夜袭。斯高特即令被围部队暂停突围，集中有限的弹药等候一一三团再度进攻时，协同发动攻击突围。

日军三十三师团长樱井省三得知作间部队 17 日凌晨奇袭仁安羌成功后，于 17 日夜急派二一四联队第一大队从马圭经伊洛瓦底江水路北上，该大队于 18 日傍晚赶至增援作间部队。至此，日军二一四联队 3 个大队齐聚仁安羌，围困英缅军兵力得到增强。其余 2 个联队及师团主力继续加紧追击英缅军。

黄昏时分，双方仍对峙平墙河两岸。仁安羌油田区黑烟滚滚，火光照映无数的井架。作间趁机收缩兵力，主力集结于仁安羌东北角，并令前来增援的德重大队于 19 日拂晓迂回至一一三团阵地侧背，实施攻击。

18 日晚，孙立人与史莱姆共同研究攻击部署。孙立人因右翼方面全系石山，侧背临河，万一攻击顿挫，危险较大，主张以左翼（东翼）为主攻。但史莱姆以被围英军在仁安羌东北地区，如果主攻在左翼，则被围英缅军易于蒙受炮火损害，且解围后之撤退亦殊多不便，坚请将主攻改在右翼。于是孙立人师长决定将主攻指向日军左翼。18 时下达了攻击命令。据台湾国防部史政编译局《抗日战史》记载，其主要内容为：“一、当面之敌情无变化，仍坚守宾河（即平墙河）左（南）岸高地一带阵地，英军第一师仍在仁安羌东北地区被敌包围，已弹尽粮绝，危急万分。二、师以击溃当面敌人、救出英军之目的，于明（19 日）拂晓 5 时 30 分继续攻击。三、第一一三团于明 5 时 30 分即向油田区之敌攻击，重点指向敌之左翼。四、英军炮兵队（火炮 3 门）以一部火力协助第一一三团之左第一线，攻击宾河左岸之敌，以主火力支援其右第一线主力之进攻。五、英军战车队以全力沿公路进攻，协同我主力之进攻。”

19 日拂晓，第一一三团主力再度渡河，5 时 30 分集中火力对敌发起总攻。7 时，英缅军也开始恢复进攻，配合一一三团夹击日军。刘放吾团长亲率第一、二营和英缅军战车、炮兵协同攻击白塔山日军炮兵阵地，并与被围英缅军一起夹击拿下阵地，解除了炮兵威胁，极大缓解了被围英缅军的突围威胁。继而，刘放吾率全团兵力进攻 501 高地，作战初始进展顺利。但日军知道 501 高地至关重要，是卡住英军突围的最后一道大门，因此在失守后连番发起反击，致第一一三团在 501 高地三失三得，第三营营长张琦在战斗中不幸牺牲。史莱姆回忆说，“军队在精疲力竭之际，又受到猛烈攻击，死伤又增”，“尽管军官不断安抚，英缅军已经完全崩溃。”激战至 14 时，一一三团攻占了油田区，左翼部队亦攻占了日军占据的 501 高地。15 时一一三团与被围英军取得联系，500 多名英军被俘士兵、随军记者和传教士被解救，并夺回大量英缅军被日军俘获的辎重。血战至 16 时，日军虽有空军支援，但炮火不济，内外受到夹击，终被击溃。至傍晚，第一一三团占领 501 高地，日军作间联队退缩到油田区以南，等待师团主力增援，被围的英缅军第一师 7000 余人突围脱困。一一三团从日军手中夺回的 100 多辆汽车、坦克和 1000 余头马匹等亦交还英军。他们在第一一三团掩护下，安全地从左翼撤至平墙河北岸安全区域。英国随军记者 Jack Belden 写道：“三天的苦熬，已使他们狼狈不堪，一路对着中国军队，个个竖起大拇指，高呼‘中国万岁’。”

4 月 20 日，远征军第一路司令长官罗卓英向委员长蒋介石报告刘放吾率第一一三团在仁安羌经两昼夜激战解救英缅军战况：

渝。军委会。（加表）。委员长蒋：孙师原派乔克巴党（按：又译为乔克巴当）之一一三团，筱日扫荡平河（按：即宾河、平墙河）以北敌人后，进而救援在彦南扬（按：即仁安羌）［被］围之英军。现据孙师长皓未报称：刘团经两昼夜激战，占彦南扬，救出被围英缅军第一师七千余人（情形狼狈，不复成军），并由敌人手中夺获之英方辎重百余辆，悉数交还。敌向南退却，其死伤约五百余，我亦伤亡百余。该团暂在彦南扬占领阵地。等语。查孙师刘团作战努力，除奖励外，谨闻。罗卓英。号巳。参。印。

4月20日，军委会参谋团团长林蔚自腊戍也向蒋介石报告了新编第三十八师第一一三团（团长刘放吾）在仁安羌大捷的喜讯：

限二小时到。XQLA。委员长蒋：夷密。加表。皓机渝电奉悉。一、职与罗长官在梅苗得悉中路之敌慎重攻击。西路方面，我新卅八师刘团已占领彦南扬（即仁安羌），救出英军七千余，辎重车百余辆，敌伤亡五百余，我伤亡百余。前据报彦南扬、乔克巴党间地区有敌三千余，位置、兵力太不确实。二、我军方针决照钧座皓日手令第二案部置。三、西［东］路方面，已令丽初（即第六军军长甘丽初）负责维持，并派车卅辆，俾运吕师（即第六军第九十三师吕国铨部）之后续队。但此路情况，请钧座特别注意。谨闻。职林蔚。卯哿午。参。腊。印

（以上电文中的“孙师”，即指孙立人为师长的新编第三十八师；“刘团”即指刘放吾为团长的新编第三十八师第一一三团。敌我伤亡数字以最后核实为准。）

5月3日，孙立人师长在转进途中，收到缅甸战区英缅军总司令亚历山大将军致谢函电：“谨代表我第一军及其他英帝国军队，对阁下热诚相助，及贵师英勇部队援救比肩作战之盟军美德，深表谢忱。而本人奉英皇陛下之命，赠阁下以‘英军司令勋章’，尤感欣慰。因阁下受命掩护贵国友军之故，未得盘桓，殊以为憾。”英缅军第一军团长史莱姆也来函赞扬孙立人师一一三团“对敝第一军无价之援助”，对英皇赠给孙立人将军勋章，“敬请接受本人及敝军全体官兵之衷心感激与庆贺。”

刘放吾在1963年10月接受香港记者崇学采访时说（具体详见10月18日《征信新闻报》）：“十九日的战斗，以午前八时三十分至午后一时许最为

激烈，敌人曾以大队敌机及炮兵向我攻击部队作猛烈之反复轰炸和炮击，敌之步兵，在其飞机大炮掩护下，亦全线向我反扑，幸赖我将士用命前仆后继，与敌反复冲杀，数次肉搏，卒将顽敌击溃。”“这时，英军虽已安全退出，但战斗并未完全终止。廿日午后四时，敌又增援反攻，从我左翼施行包围。同时，敌炮向我团指挥所及预备队猛烈轰击，我当时立即指挥配属炮兵对敌炮施行制压，并令第一营一部截击敌归路，同时全团预备队一部施行反包围。在我步炮协同作战下，激战约三小时始将该敌完全歼灭，而原有阵地，得以保留。”“是日午后，师后续部队（一一二团）亦已开到，本团官兵，士气益增。原拟于廿一晨向敌右翼包围，以期压迫敌于伊洛瓦底江东岸，一举而歼灭之，但为顾全整个战局以期统筹歼敌计，是夜十一时忽奉命转进，放了敌人一条生路。”

当记者问及被救出来的英军官兵 7000 余人也是战果时，刘放吾说：“那是并肩作战的友军，友军遭遇危难，援救他是应该。那不能列为战果。”

蒋介石颁发的奖章执照和马英九签发的褒扬令

仁安羌大捷之后，新三十八师于 1942 年 4 月 28 日奉命掩护英军撤退。刘放吾团被远征军副司令长官兼第五军军长杜聿明单独派往卡萨占领阵地，戒备八莫方向，掩护师主力和第五军主力撤退。5 月 7 日，杜聿明从卡萨渡河而去，10 日，日军向一一三团阵地发起进攻，激战昼夜，陷入重围，与师主力失去联系。副师长齐学启奉师长孙立人之命，前来指挥，也在突围中失踪。刘放吾率一一三团边打边撤，转入孟放大山，几乎进入绝境。不得已，在折向北行，浴血奋战，九死一生，到达江边，对面就是印度，全团趁夜色渡江，终于在 6 月 8 日到达印度东北部普拉村。向来身先士卒的刘放吾团长因精疲力竭只好躺在单架上。孙立人师长亲率吉普车队携药载粮前去迎接。他体恤刘放吾团长在仁安羌战役和掩护盟军所作的贡献，亲自送他进入盟军医院医治。此时孙立人还是埋怨刘放吾未能保护好他在清华大学和美国弗吉尼亚军校的同窗齐学启的安全，事后传来的消息是齐学启被日军俘虏，后病死在战俘营里。

刘放吾病癒后参加印度兰姆伽战术班二期受训，曾任驻印远征军汽车学校主任。1943 年秋，他回国考入陆军大学特七期。1946 年夏，他在陆军大学毕业后，回到以新三十八师为班底的新一军担任干部教导队大队长，同年底奉令调升东北保安第十二支队少将副司令；1947 年秋奉调陆军骑兵第二旅副旅长并代理旅长，后又转任新编第七军高参。1948 年 12 月，他奉命到台湾担任“陆军训练司令部高参”，翌年 5 月任军校第四军训练班军官大队少将大队长、少将总队长，军校干训总队少将总队长，直到 1951 年 2 月退役，他仍为少将职衔，其中还一度遭无故降职的厄运。孙立人在仁安羌大捷后升任新一军军长，到台湾后一度任“陆军总司令”，1955 年因涉嫌发动所谓“兵谏”威胁蒋氏政权，被软禁 33 年，直到 1988 年才恢复自由。其部下刘放吾的功劳也因此淹没不彰。即便是在 20 世纪 60 年代，远征军的真假团长闹得沸沸扬扬，刘放吾还是默默无闻，没有官方出面证明其事，因此没有啥说法。

刘放吾出身于湖南省桂阳县农村，秉承家训，志在军旅，两袖清风，到台湾后担任的是闲差，退役后仅靠薪水不足以养家糊口，为家计愁烦，因而想另谋出路，贴补家用。他先找开文具行的朋友商量，但因无开文具行的本钱而无奈放弃。1953 年 11 月 10 日晚，刘放吾从台湾南部坐火车回台北，在车上巧遇在缅甸跟随他的营长杨振汉（后升至上校团长退役）。据刘放吾日记记载，杨营长谈话中，似有“后悔当年骄傲之幼稚，自将轰动中外之伟大辉煌之战功，无形抛弃，殊为可惜。至今思之，尚有余恨”。刘放吾平淡地安慰昔日的部下说：“逝者已矣，尚何言哉。未死于野人山之原始森林中，幸甚！”他将这一切荣耀深埋在心底，亦从不在儿女面前表露和炫耀。杨振汉那时已经在凤山经营打煤球的生意，刘放吾有意也试试。于是杨振汉就毫无保留地向老上司讲了自己的经营之道，教他哪里买煤灰，又怎样做煤球。这样，刘放吾就在屏东开起了煤球店。友人将其自制的煤球冠以“将军煤球”的美名，当时居然生意不错，远近闻名。直到 1963 年 10 月冒充刘放吾的假将军案被揭露，其在缅甸之战功在报上宣传开来。台北经营国泰煤气行的李宜荣有感于他的事迹，主动找到刘放吾，劝其改做液化煤气，工作相对比较轻松，收益也高些。这样，做了9年多煤球生意的刘放吾便改做煤气，家庭生活也随之逐渐改善。曾经帮助过他的杨振汉本来煤球生意做得还勉强过得去，但一场台风袭来，把他的厂子夷为平地。失去本钱的他只好到曲尺煤矿下井挖煤，当起了“煤黑子”。1963年香港假冒一一三团团长的骗子被揭露出来以后，台湾的记者多方查找，在矿井找到杨振汉，了解到真实情况，让当年真正的抗日英雄昭然于天下。

到1992年4月，仁安羌大捷50周年纪念日前后，刘放吾将军解救英军的事迹再次被媒体所关注。台北《联合报》、华视新闻、台视《热线追踪》及洛杉矶《世界日报》，都先后访问刘放吾，追忆当年，他说“这一仗打得过瘾”，“解救盟军只是尽到军人职责”，没有乘机夸耀战功，也没有要求追认他应有的荣誉。也就在这一年，台湾“国防部”特别开模，重新打造陆海空军甲种一等奖章，补发给刘放吾。

1994年6月29日，刘放吾于洛杉矶病逝。刘伟民在检校父亲遗物时，发现了老人珍藏了52年的奖章执照：

> 陆军新编第三八师一一三团上校团长刘放吾，因缅甸战役著有功绩，今依陆海空军奖励条例第三条第一款，呈准国民政府给与陆海空军甲种一等奖章一座，合发执照以资证明。
>
> 军事委员会委员长蒋中正
>
> 中华民国三十五年一月日

2011年12月23日，台湾当局领导人马英九签发褒扬令，表彰其在缅甸仁安羌解救英军的蜚声国际的功绩：

> 陆军少将刘放吾，识字标峻，端宜方纯，少年趋庭承训，仁孝传家继世，乃以四郊多垒，矢志效命疆场，爰献身黄埔军官学校，擐甲披袍，弥彰智勇。历任团长、东北保安支队副司令、骑兵副旅长、陆军官校干训总队总队长暨陆军高级参谋等职，秉果毅资赋，怀俊秀雄才，出膺戎寄，委重投艰。抗日军起，迭预一二八淞沪抗战、八一三上海会

战，抒忠赴难，浴血锋镝；振旅奋戟，戮力安攘。嗣奉召率部驰援缅甸仁安羌英军，攻坚奏捷，扬麻异域；复掩护撤离卡萨，见危受命，高义夙彰，旋於旁浜、南先庆诸地作殊死战，得使盟军成功撤退，枹鼓相应，蜚声国际。综其生平，驰骋四裔，击寇仇强弩之末；金戈铁马，开御敌必胜之势，勋绩懋猷，史册聿昭。斯人已远，轸悼弥深，应予明令褒扬，用示政府笃念忠荩之至意。

2012年9月16日，93岁高龄的英国在二战期间英缅第一师老兵费茨派垂克（Gerald Fitzpatrick，时为上尉）造访美国，专程从英国飞到华盛顿，向1994年病故的中国远征军第一一三团团长刘放吾的长女刘伟华和次子刘伟民当面致谢。费茨派垂克回忆说，他和英国皇家约克郡步兵团的19名士兵守卫一处高地，在一座石头建筑旁，看清了中国军队进攻的过程。“当时，我看到开来了多辆斯图贝克卡车，每辆车上都载着五六十名全副武装的中国士兵，随后他们下车并穿过拼墙河岸大片的平坦沙地，时间的安排不可能比这更好了。”他回忆了另一个重要的细节：两天前，英国一个连的士兵用中国士兵同样的方式渡河，不料却陷入日军精心设计的包围圈，他们全部被俘虏。他看到3名指挥官身着军官制服，有别于其他士兵，每个指挥官的身边跟着一个携带不同信号旗的旗手，通过旗语指挥进攻。“他们兵分三路，一路向西面的伊洛瓦底江方向挺进，一路在中间，另一路通过公路进入我们的阵地。”费茨派垂克说：“（他们）像一部适合缅甸中部地形地貌最完美的作战机器在运转，是如此地纯熟，简单有效，干净利落。”费茨派垂克回忆，他看到很多中国士兵伤亡。“我和少尉维克多·史蒂文森（Victor Stevens）在石头建筑内搭建了一个救护站，尽我所能处理和包扎战士的伤口，很多人的胳膊、腿和身体上都是枪眼。史蒂文森将床单撕开，为受伤的中国士兵包扎。”“尽管当时我只有22岁，但中国士兵的面庞看起来就像上等瓷器一样精致，我感觉他们还要更加年轻。”9月17日，中国台湾驻美代表处军事代表团团长黎贤圣少将会见费茨派垂克，感谢他著书还原仁安羌战役历史真相。

2013 年 1 月 13 日，由新三十八师第一一三团后代发起、中国远征军网负责统筹建造的仁安羌大捷纪念碑在缅甸仁安羌当年战地 501 高地落成，举行了仁安羌大捷纪念碑揭幕典礼，纪念阵亡在那里的 202 名抗日烈士，为他们安灵招魂。这是中国抗日远征军 70 年来，也是在第二次世界大战结束后在缅甸所建造的第一座纪念中国远征军战绩的碑纪念碑。为了尊从缅甸当地的习俗，纪念碑修成佛塔的形制，台湾国民党中央荣誉副主席蒋孝严亲笔提写碑名的“七级浮屠”。塔身背南面北，基座下埋了一杯取自重庆黄山云岫楼（蒋介石官邸，抗战时期军政要务的重要决策地）的泥土和一枚军用指北针，意即“让英灵知道家的方向。”曾任刘放吾团长的警卫班长、93 岁的李玉昆参加纪念碑落成仪式。他站在 501 高地高坡上激动地讲述当年的激烈战斗，手指远方:“那边应该有条河，我们从河那边进攻高地上的日本兵。”

中国大陆和香港、台湾的报刊、电视台和网络媒体，20 年来多次报道刘放吾和仁安羌大捷。在电视上我看到的就有中央电视台崔永元主持的《小崔说事》、北京电视台《历史档案》、香港凤凰卫视中文台等关于中国远征军解救被围困英军的专题报道。

撒切尔夫人、布什总统等英美官员感谢刘放吾将军

1992 年 4 月初，正值仁安羌解围战役 50 周年之际，英国前首相撒切尔夫人，在美国前总统里根的经济顾问拉菲尔博士安排下，在芝加哥的卡尔登酒店会见了旅美定居洛杉矶海滨的抗日英雄刘放吾将军。4 月 11 日洛杉矶《世界日报》报道，被称为“铁娘子”的英国前首相撒切尔夫人，身穿红色外套，见到由次子刘伟民及夫人陪同的 93 岁高龄的刘放吾老人，快步相迎，亲切握住刘放吾的手，说:“我听过很多关于你的英勇故事，当年你不但救了 7000 多名英国人的性命，同时也救了许多其他人的性命。”“算算看，7000 英军、500 多美国传教士和记者，他们现在该有第三代第四代了。我今天代表英国政府与人民对你表示深深的感谢与敬佩，希望将来有时间听你讲述你是如何打赢这场战役的。”坐在轮椅上的刘放吾老人见到这位英国前首

相如此亲切慰问，顿时热泪盈眶，连说“谢谢，谢谢！”他依然保持军人本色，谦虚地表示：“我是军人，打仗是我的职责，英军是我们盟国并肩作战的友军，友军遭危难，救援也是应该的。”

同时，英国国防大臣墨柯里·莱费金，美国总统乔治·赫伯特·沃克·布什（在第二次世界大战中曾驾驶轰炸机轰炸太平洋日占岛屿）、加利福尼亚州州长彼德·威尔逊以及洛杉矶县议会议长狄恩·丹纳，也先后分别致函刘放吾将军，对仁安羌战役50周年纪念表示祝贺，重申他们国家感谢他勇敢地拯救500余名美国记者和传教士以及数千英军所作的贡献。贺函译文如下：

1. 英国国防大臣墨柯里·莱费金

刘将军勋鉴：

玛格丽特·撒切尔夫人写信告诉我，她曾于4月在纽约（按：应为芝加哥）会见您，还谈了您团于1942年4月在缅甸仁安羌解救被日军包围的英缅军第一师的一些战斗情况。

今年是这次战役50周年纪念。那是在最黑暗困难日子里干净彻底地击溃日军的经验。为此，请允许我借此机会对您和贵团支援英军挽救严重伤亡表示最热忱的感谢。

英国国防大臣墨柯里·莱费金

1992年6月10日

2. 美国总统乔治·赫伯特·沃克·布什

刘放吾将军勋鉴：

很高兴从你儿子罗伯，刘处获悉，二次大战仁安羌战役中，你领导中国远征军一一三团的英勇事迹。虽然不少勇士为战役捐躯，在战役大捷50周年，我愿意再代表国家，感谢你解救500名美国记者、传教士及数千名英军的英勇行为。我颂扬您对您的人民、国家和世界的贡献。

敬致最良好的祝愿！

美国总统布什

1992年7月27日

3. 美国加利福尼亚州州长彼德·威尔逊

刘放吾将军勋鉴：

我高兴地祝贺盟国在第二次世界大战中缅甸仁安羌油田历史性胜利 50 周年纪念。

我知道您一定记得很清楚 50 年前的历史事件，您身先士卒亲历两军激战英勇事迹。只有最忠诚肯牺牲自己，才能够领导他们的士兵在战争中取得胜利。您就是这种才能中的出类拔萃者。

作为中国远征军一一三团指挥官，您面临营救几千英军和美国记者、传教士的艰危局面和困难的任务，虽然您的团三分之一牺牲了，您和您的部队却打败了敌人，完成任务。假若没有您这位英雄，战胜是不可能的。

将军，在这值得纪念的日子里，请接受我最美好的祝福！

加州州长彼德·威尔逊

1992 年 4 月 20 日

4. 美国洛杉矶县议会议长狄恩·丹纳

亲爱的刘放吾将军：

在您英勇地参加历史性的仁安羌油田战役第 50 周纪念之际，请接受我衷心的感谢。

50 年前，您救了许多人的生命。后人将永远记住这件事。您为了理想的自由和民主所作的贡献，足以为任何国家和任何时代人们的模范。

合众国加里福尼亚州和洛杉矶居民，自豪地恭祝您在那最黑暗的时刻中带来自由而庆贺。

再一次请您和全家接受我最真诚的感谢和最良好的祝愿。

洛杉矶县议会议长狄恩·丹纳

1992 年 4 月 20 日

（以上信件均保留在刘放吾将军次子刘伟民先生家中）

仁安羌战役是中国军队在境外与盟军协同作战第一次挫败日本侵略军的辉煌战例。对这个闻名世界的战役，其主要作战部队新编第三十八师第一一三团第一次和英国盟军并肩作战并成功解救被围部队及其他人员，得到国际社会的赞誉，是永远荣耀第二次世界大战战史和中国人民反侵略战争史的。在仁安羌被解救出的这支英缅军得以保存有生力量，撤入印度，两年后参与了史莱姆（时已升任英印军第十四集团军军团司令）指挥的位于印度东部的英帕尔会战，在中国驻印军的协同下，彻底打败日军。日军在发动进攻时约有 10 万人，结果有 5.3 万多人在战斗中死亡或失踪，狼狈溃退。这次会战的胜利为反法西斯战争的整体战局作出重要贡献。

中国远征军成功解救英缅军得到英国朝野的尊重和赞扬，扭转了以往对中国军队的一些偏见，使其后中国军队在第一次缅甸作战失败撤到印度后能够顺利在兰姆伽开设训练营。在新编第三十八师和新编第二十二师的基础上成立了中国驻印军新编第一军（军长郑洞国，后由孙立人接任），与新编第六军（军长廖耀湘）等其他驻印军部队奉命反攻缅北，英方和美方提供了给养和装备，盟军之间通力协作，勇猛作战，歼敌数万，收复缅北，打通中印公路，为抗战最终胜利奠定了基础。

翻越“野人山”历难记

杨劢初*

1942 年 2 月，日本侵略者把战火燃烧到缅甸，英国在远东的殖民地缅甸、印度、马来亚等都面临着陷落的危险。在此之前，英国想借助中国抗战的力量来保护其殖民地的安全，首先开放封锁已久的滇缅公路，继而提出中英共同保卫滇缅公路的建议，于 1941 年 12 月签订《中英共同防御滇缅路协定》。但英方却拒绝中国军队先期入缅设防的要求，只允我军在中缅边境布防。当时我国已成立了中国远征军第一路司令长官司令部，代司令长官为杜聿明将军，统辖第五、第六、第六十六军共 10 个师（其中有 1 个游击师，师长黄翔），总计有 10 万兵力。但由于英国当局对我缺乏诚意，使得中国远征军迟迟不能入缅境。直到仰光告急，他们抵挡不住时，才急促请求中国军队支援，已失有利战机。由于入境匆忙，主要是徒步行军，后勤准备不足，同时对英军（大部是殖民军）战斗力之脆弱也估计不足，在敌军从泰国入缅而我军又开进未毕之际，即仓促应战，致使我军后方被敌大军团迂回截断，遭受重大损失。我当时任第六十六军新二十八师八十三团团长，率领全团健儿，战斗在第一线，经历了各种艰难困苦，至今难忘。

---

* 作者时任第六十六军新编第二十八师第八十三团团长。

一、为抗击日寇，向缅甸进军

新二十八师、新二十九师、新三十八师同属于第六十六军军长张轸指挥。1942 年春，在贵州兴仁、兴义两县集中待命，4 月初，从两地出发，徒步行军，于当月 12 日到达昆明后，了解到 3 个情况:（1）部队的去向是缅甸，不是越南;（2）第五军早已进入缅境;（3）日军已从仰光登陆，第五军已同敌军接战。

第六十六军是远征军的总预备队，由于情况紧急，所属新二十八师搭乘汽车匆匆开入缅甸，夜以继日地急行军，于 4 月中旬赶到腊戍与畹町之线布防。新三十八师也随即入缅，在曼德勒至腊戍之线布防。新二十九师仍在云南待命。据前线战报：第五军已在缅甸南部同古前线与日军激战。

战斗开始，在伊洛瓦底江江畔，我军右翼的英国军队 7000 余人，在仁安羌油田被日军包围，英缅军总司令胡敦紧急请求中国军队救援。我远征军长官司令部即调总预备队的新三十八师孙立人部增援英军。该师所遗曼德勒防务由新二十八师接替。我八十三团先到曼德勒，军长张轸和师长刘伯龙均到达前线。由于英军战斗力脆弱，影响缅甸整个战局，打乱了我军入缅作战预定计划。又因我们运输工具不够，新二十九师在昆明接应不上。英军虽然已获解围，而我军左翼的第六军已与敌军发生战斗，敌军主力沿同古雷列姆公路向我左后方迂回挺进，腊戍告急。腊戍是我军后方进出国境的咽喉，必须确保。张轸和刘伯龙不得不赶回腊戍，留我八十三团固守曼德勒，我团就成为一支据守前线的孤军。刘伯龙师长临走时，曾留下副师长胡国泽指挥我团，及至我团进入缅甸旧日京都曼德勒布防后，胡国泽也离团而去。我团所唯一依靠的是全团官兵的精诚团结、坚强不屈的抗战意志，以及我们在上海战役中的作战经验和几年整训的成绩。全团官兵激励斗志，决心在缅甸战场与敌作殊死战斗，为中华民族争气！

我团进入皇城布防时，缅甸形势日趋恶化，日军大量收买缅奸纵火、打冷枪，使整个曼德勒成为一片火海，群众纷纷逃避。皇城内只剩两名英国官员和一位英军总部派来的联络官高奕少校。日机成群在上空轮番轰炸，缅奸也四处纵火，硝烟弥漫，损失重大。

二、战局突变，撤退回国

在敌南方军饭田梓二郎指挥下的第三十三师团、五十五师团、十八师团和五十六师团的日军，从同古、普罗美和泰国景迈一带，由空军炮兵掩护，分三路向我进犯。英军总司令亚历山大所指挥的军队，有英缅军第一师（缺第十三旅）、英印军第十七师、英澳军第六十三旅、英装甲第七旅及空军飞机 40 多架，在右翼阻击日军；我国第五军在中路与日军作战打得很好；左翼是我国的第六军。左、右翼都因战况不佳而向后撤退，形成了仰曼铁路沿线的中路我军突出，三面受敌。4 月下旬，中路我第五军也被迫撤退。于是我军全线后撤了，情况相当混乱。我团孤军固守曼德勒阵地，同军部和师部已失去联络。4 月 28 日，我发出电报向师部联系请示行动，翌日接到刘伯龙师长的急电："你团速向腊戍攻击前进。"根据情况判断腊戍正在危急之中。腊戍是中缅边境重镇，公路铁路交织其间。我得电后，只得放弃曼德勒的防守任务，整队向腊戍攻击前进。曼德勒至腊戍行程约 150 公里，经一天一夜的急行军，赶到离腊戍约 10 公里处停下侦察。部队在公路两旁森林中休息造饭，我乘指挥车并率 10 名骑自行车的侦察兵去侦察敌情和地形。到了腊戍附近，才知这个重镇已经于 4 月 29 日失守。我万分惊讶！眼看这座繁华城市，由于敌人封锁交通，不许人进入，变成了一座死城。我远远望见日寇的岗哨，不禁激起满腔怒火，急欲乘敌不备，率全团健儿，向腊戍冲杀。但情况既已发生突然变化，必须请示上级后才能行动。我转回部队，立即用电台发出呼唤，向军部和师部联系，均无回报。我感到进退维谷，心情焦灼。在回部途中，又看见沿途拥塞无数英国车辆，纷纷向西朝印度方向逃跑。于是，我转到伊洛瓦底江畔找到杜聿明副长官，请示我团今后行动。他向我说："我们这次同古会战既未成功，又未控制毛奇公路要地，没有达到大本营指示收复仰光之目的，反使敌人向我后方腊戍长驱直入，迂回包围我军。史迪威、罗卓英还想在曼德勒附近与敌来一次会战，看来无法实现他俩的梦想了。他们原想以你这个团作会战的基干部队，又调去支援腊戍，现在腊戍既不能去了，要赶到纳扒去掩护新三十八师渡江撤退，是当前重要的任务。”得到指示后，我立即率全团通过半森林地带到达纳扒。行军途中，敌机在我上空不断追踪侦察，曾在眉苗对我团轰炸一次，幸无伤亡。到纳扒后，只闻伊洛瓦底江对岸远处传来炮声，新三十八师并未经纳扒撤退，我团去打掩护又扑空了。

我远征军当时已全部转移回国，我团成了最后转移的殿后军。我们沿江而上，一边走一边搜索，碰到敌人就打。走到西维古，搜索到河边隐藏有小木船 6 只，部队稍加休息后，准备渡河。此地是转移回国抑或游击敌后的分界线，须经慎重思考才能作出决定。我坐在河畔，回忆起出国以来，在缅甸战场上东奔西调，随着战局的变化，一仗未打，就要转移回国，何以面对祖国人民？又想：如果游击敌后，利用广大森林作掩护，破坏敌人交通，乘虚打击敌人，配合我军反攻，对抗战或能有所贡献。而现实的情况是：缅甸战场纵横数百里，面临的只是崇山峻岭，原始森林，人烟稀少，更不要说庄稼田园。在敌后作战，如果没有群众支持，没有粮食供给，是无法进行游击活动的。反复思考结果，乃决定回国，完整地保持一个团的战斗力，便于回国整顿后，继续参加抗战。

三、踏上艰苦征途，翻越“野人山”

回国就要渡江，小小木船，每只只能载 6 个人，经过一天时间，全团 1600 余人才渡完，向八莫和密支那方向前进。此地是缅甸北部的高山丛林地带，正逢雨季，电台电池受潮失效，无法用电台对外联系。行军途中经常遇着小股日军在森林内打冷枪。我团排除障碍，冒着山洪大雨抵达八莫和密支那附近，得知日军已控制了这两个城市，无法通过，乃迂回向“野人山”前进。

“野人山”是喜马拉雅山支脉，在伊洛瓦底江上游。我们要渡过迈立开江、恩梅开江和无数较小河川，无桥无船，水深湍急，不能涉水而过，乃伐木扎筏和用电线搭成索桥，渡江前进，进入我国福贡地区，几乎没有道路可走，乃派一支由精壮战士 200 人组成的开路队，搜索得“野人”的锋利柴刀，披荆斩棘，逢山开路，遇水搭桥，沿着小沟，攀登悬崖绝壁。天亮时就走，黄昏时才歇息，如此翻山越岭，无法计算行程。有时就在山中找干枯楠竹用藤条捆绑成竹筏，顺江漂行。每只竹筏只可乘十余人，由于河水湍急，不能用桨划动，只好用电线拖过江。选游泳好手，顺江而下，迨至水流平静处再游水渡河，将竹排拉到对岸，一批人上岸后，又将竹排拉回来接另一批人，轮番渡江。晚间找河边有水之处搭临时帐篷，以班为单位住下。晚上不能卧下睡觉，大家背靠着背烤火取暖，有时沉沉睡去，有时静坐待旦，借以恢复整天跋山涉水的疲劳。夜深静寂，往往被野兽的狂吠和厮打声所惊醒。透过树枝帐顶缝隙，窥望夜空繁星，引起了无限思国怀乡之情！

缅甸森林极为潮湿，瘴气、蚊虫、蚂蟥和野兽，是对我们生命的四大威胁，唯有烧火才可防卫，倘稍不小心，身上被蚊虫叮了，久之恶性疟疾与回归热即行发作。我这个团参加上海抗日战役，对日寇非常藐视，但对这四大害却谈虎色变。

从曼德勒出发，每人带有半月粮食，进入“野人”山后，有的已经吃完，有的所剩无几，缺粮灾难即将降临，令人生畏。眼前是高山林海，前进没有路，处此困境，只有不断鼓励士气，要大家克服困难，努力向前。每当安营扎寨，就以班为单位，以一半人扎搭帐篷，一半人去寻挖野生食物，找到了楠竹笋，一根就有十多斤重，煮稀饭一班人可以吃一天。或挖野芭蕉头作粮食，先用开水煮一次，再煮稀饭充饥，体力消耗很大。

我们走至木拱大山区中间，遇到断岩，大雨终日不停，洪水冲入断岩中，形成一条水流汹涌的鸿沟，无法飞渡。乃派出 3 人渡江侦察，均遭灭顶之灾，部队只好停下休息。我沿岩边侦察一天，毫无结果。翌日出动全体官兵侦察，终于找到了河边一株又高又大的巨树，组织全团的快刀手，砍了半天才砍断，树头倒向东岸，一树分架东西，成了独木桥，俯视桥下万丈断岩和奔腾的洪水，令人目眩！全团人员一个接一个地爬行而过，感谢这根大树，使我们跨越断崖踏上祖国大地。

“野人山”每年有4个月积雪，八九月雨季后开始积雪，开春后才开始化雪。化雪期间，云南二著人集体上山采药，同山上“野人”时有交往，他们经过深沟河流，都采月溜索通过。我们也利用了这种交通工具，可是只能溜滑到中途，就停滞不前，悬空摇摆。只好再选一人攀绳过去，添一根绳索拉重篓过江，再拖轻篓回来，使用这种方法,1000多人通过，历时3天3夜。

此地已靠近云南，经常有“野人”下山去云南境内购买盐巴，我们即循着他们走出的小径前进。连日大雨，官兵衣服全湿，入夜进入老林，大家把棚搭好，准备造饭，火柴已经湿透，无法点火，煮不了饭，烤不干衣服，冷饿交加，备感长夜难熬。为了不使体力下降过快，每晨以连为单位做体操锻炼，汗流浃背为止，借以防止疾病发生。同时派出几名长于上树的战士，爬上最高树尖观察何处住有居民。发现远远树林中有一小棚，屋顶覆盖山草，判断是“野人”住处，部队吃力地走了半天，才走到小棚，并无居人，全团只好住下，寻找野菜充饥。这时我也病了，最初是发烧，继之是大小便拉血不止，不能行走。战士们对我备极关心，用木棍绑作担架，抬我走了两天，当时毫无医药调治，我见有的战士因患同样症状，一倒下去就起不来，也自以为生命从此完结。回溯生平，自黄埔军校三期毕业，参加东征之役，经历北伐战争和以后的内战，每役必从，半生戎马生涯，现在又逢伟大抗日战争，连年征战，河山未复，恨未能马革裹尸，为民族战死沙场，竟未战而败，终为病魔缠身，如是“出师未捷身先死”，死了也不能瞑目！又想到我团这次大转移，历经千辛万苦，征途却至今未完。我作为团长，还得为他们出主意、渡难关，怎能就这样死去？坐在我身边专心看护的一位战士，见我这种痛苦情绪，以极其感人的语气向我说：“团长，不用悲伤，你的病有救，不得死。”我说：“没有医生、没有药，如何得救呢？”他信心十足地说：“我有个方子，只要你能吃得下去，就能有救。”当时我发高烧不止，头昏目眩，未置可否。他继续向我说：“你要得救，只有这一着了。”他鼓动我喝自己屙出的小便血，认为这就是世俗所谓的“回龙汤”。我照着他说的办法做，第一次闭着眼强吞下自己的小便血，不久又喝了第二次。睡了一夜，翌日早起，果然感到一身轻松，温度降低，病情大有好转。我仍躺在担架上继续前进，走了3天，到了一座大山脚下休息，上山搜索，发现有住户，住户是两位爱尔兰女士，长期住在山上，专门为“野人”治病。由于言语不通，战士把我抬到她们的住所，她俩诊断了我的病情，给我打针、灌肠，治疗非常细心，又给我丸药服治。绝处逢生，我的病终于好了，真是衷心感谢她们。

其时我们已经有一月半的行程，粮食早已告罄，实在无法维持了。我团有100匹马，早已杀来充食，现在只有一点希望，就是渡过淡水河，进入蒲桃镇，到那儿或许可以收购一点粮食来维持生命。此时饿死、病死的人已经不少，还有两天行程才能到达蒲桃镇，这两天真难熬过啊！在渡河时，我叫第二营副营长率军官4人，手牵手地下河探渡河点，争取涉水过江。刚下水不远，忽闻对岸森林中枪声大作，当即被打死一人，受伤一人，跑回两人。我们组织还击，打冷枪的人，早已逃走。根据这种情况，我判断蒲桃镇已被敌人侵占，没有前去的可能，而我的部队又已精疲力竭，无法再行组织一场战斗，于是下定决心，改道前进。派3组人进入森林搜索，找到一个“野人”，比画手势，请他带路。他理解我们要回中国，指引我们钻树林，砍出一条小路，走了一天，到达一座大山的山巅，俯视山下一片平原，炊烟四起，官兵从绝望中看到希望，欣喜之余，不禁潸然泪下。

山下是一个有50多户人家的部落，住房和仓库都是用竹子建造，女人都跑了，男子汉热情地接待我们。问他们是什么民族？究竟属于中国政府还是缅甸政府管辖？他们回答说：“两个国家都不管我们，我们是独立的，中国人是我们的祖先。”由于地处中缅交界，边远穷荒，从来无人过问，形成了不纳税、不抽丁，生活安定与世无争的世外桃源。他们每家屋前房后都挂有兽皮，常和药材一起带往集市出售。他们耕作勤奋，讲汉语，保持着中国传统的风俗习惯。我们的战士能严守纪律，对各家秋毫无犯，军民相处融洽，外逃妇女也逐渐返回家园。此地盛产稻谷，每家粮食满仓，我们派战士帮助他们加工大米，下地中耕除草。我们在此补充粮食，由于他们从不使用货币，只好把我们可能拿出来的东西，进行交换。初到这里时，他们看见我们吃野菜，面无难色，深以为怪。我们如实地告诉他们：中国远征军入缅甸打日本侵略军，由于种种原因，战争失利，只有返回祖国继续抗日，中途缺粮，靠吃野菜生活已有20多天了。他们听了深表同情，在粮食上给我们极大支援。

这里属于原始森林区，野兽很多。为了改善生活，我团组织了10个猎手进山打猎，见到一群野牛奔来，有内地的水牛一般大，角短而凶猛，看见人就扑来，猎手们用机枪扫射，野牛负伤后，仍拼命奔逃。他们跟踪寻到兽尸，也无力抬回，只有割成几大块背回宿营地，为战士们加餐。

当重庆统帅部得知我团在野人山的消息后，曾多次派出飞机侦察，苦于原始森林覆盖严密，有时只听得机声隆隆，无法交换信息，只有用烧火炊烟作为联络。但飞机上面投掷下来的物资，因森林阻绝，无法觅得。当时战士的体力，在缺乏食品的情况下，一天天地趋于衰竭，途间又经受蚂蟥、蚊虫叮咬，手脚肿烂，无药医治，而时值雨季，淫雨为灾，瘴气袭人，处此困境，只能全靠意志和毅力来维系生命了。有的战士在行军途中坐在路边休息，向我伸出手来，欲言无语，当我握着他那有气无力冷冰冰的手时，不忍一睹那垂危挣扎的惨状，悲惭交织！直待他两眼翻白，心脏停止跳动，才轻轻把他放在地上，恭恭敬敬地向为国捐躯的战士致敬默哀。由其他战士挖一深坑，在坑底垫上厚厚一层干树枝条和树叶，使这抗日远征殉国的战士安卧在软绵绵的土地上，把军毯覆盖在他的尸体上，用厚厚的黄土垒成坟头，坟前插满山花，让生者经过坟前，举手致哀，勿忘为国捐躯的忠骨，增强对日寇的仇恨。

高黎贡山从北到南，成为中缅两国天然的国界线，它自青藏高原平行南下，其中有许多高山峡谷，山崖高出谷底1000米以上，崖壁陡峭异常，人们进入谷底，等于置身陷阱，纵有超人武技，也难于飞越。我们这支队伍，进入山谷，摸索攀登，踏遍了山山水水，历尽艰苦，牺牲了无数战士，才爬出谷口，足足走了7天，才到达山顶。这个海拔6000多米的大山，分为3层，底层是原始森林，一望无际的林海；中层是如天梯台阶的群山，翻了一重又是一重，走了两天还是走不穿。参天杉木，挺拔笔立，极为壮观。但因我们一直未摆脱困境，仍然焦灼万分。光秃荒芜的山顶，空气稀薄，行动更加困难。我团因缺粮太久，有时连采野草充饥也不可能，只有在自己身上想法——把腰皮带、裤子皮带、子弹盒皮带，都切碎煮食。一营第三连连长蒋志诚，四川永川县人，中央军校十五期毕业生，我的外甥，是一个 23 岁的好青年。他吃了牛皮引起肠结，腹部绞痛得在地上翻滚挣扎，无医无药，一筹莫展。我轻轻地为他按摩小腹，他惨痛的呻吟声逐渐微弱，最后面色惨白，泪水直流地向我说道："舅舅！我不行了，我不能照看你了，为什么你不让我死在沙场，而让我这样惨死在野人山上，有什么价……值呢？"我听了，内疚至极，抱住他的头，眼看着他含恨死去！悲痛的泪水不断地滴在他的脸上和身上，终于无法回答他临终时对我的质询——"人的价值和死的意义"。雄伟的高黎贡山，留下了忠于祖国的抗日官兵的足迹、鲜血和白骨，这难道不是爱国者的价值和牺牲的意义吗？

我们自曼德勒出发翻越高黎贡山，足足走了两个半月，直到 1942 年 7 月中旬下山时，人员死亡已在二分之一以上，全团只剩下 700 余人。而这些幸存者都已精疲力竭，奄奄一息。在继续前进中又经过一座高山，山上住有一个少数民族部落，他们弄不清楚自己的种族和血缘，首领名叫南木老郭。承这位首领的热情接待，在我们到达的当天下午，就送给我们粮食 60 桶，约 2400 斤，我们这群濒临绝境的孤军，真是绝处逢生了！是晚，他们又杀了一头牛，在一个宽广晒场的中央燃起一大堆篝火，煮了几大锅牛肉，并举行跳舞会来招待和欢迎我们。南木老郭还致欢迎词，他说："远征军打日本，我们欢迎！翻过野人山回国，我们欢送！你们太辛苦了。我们应为你们求神保佑。欢迎杨胡子团长跳舞。"我此时行动已很艰难，精力更觉不支，但盛情难却，只好由他们派两人扶着我跳，以表示共同向神祈祷的诚意和礼貌。舞会后，与会军民都各吃一大碗牛肉和肉汤，情绪热烈，欢呼而散。这个部落的人民，一切按照自己的意志，建立自然聚合的农庄。那晚，我们舒适而安静地过了一夜，翌日休息一天，南木又热情地为我们作行军安排，派出一个先遣人员报告我国政府，请即派人来接。同时又派出 30 名精壮青年，前一天出发，沿途为我们设置兵站，做好一切后勤准备。南木并亲自率领数人送我们回国，每到一站菜香饭熟，并有酒肉款待，全团官兵深感民族同胞情谊的温暖。走了 4 天，上一座大山，南木说："此山终年积雪，故叫雪山。"

又说："山上那小庙，就是伏波将军马援庙。"听了不禁感慨万端！我想：马援是东汉名将，为国远征，战功赫赫，千秋之后，人民为他修庙，树碑立传，纪念他的丰功伟绩。而我们远征，则如此狼狈地失败归来，人民仍未责怪，我身为军人，有何面目重见故乡父老！

翻过雪山又走了一天，山前已有路可走了，这里属于云南胡巩设治局辖区，设治局派来 18 人，担来许多猪肉、烟、酒等慰劳品欢迎我们。我在一棵大树下休息，与他们的领队相见。他问："官兵都回来齐了吗？"我当时想起全团死亡人数已近三分之二，实在无颜向祖国人民交代，惭愧之心难以自制，情不自禁地痛哭起来，他们看见我们官兵这副比叫花子都不如的狼狈状，也痛哭起来，引起在场的 700 壮士同声抱头恸哭。哭声盈野，泪洒山河！我们为何这么沉痛呢？因为想到出国之时，我们雄赳赳气昂昂，曾立誓要为祖国杀敌立功，今朝还乡，却如此凄凄惨惨，寸功未立，还受到祖国亲人们的盛情迎接，怎不令人伤心！所幸终于赖百折不挠的毅力，征服了高黎贡山，回归祖国，实现继续参加抗战的愿望。为了感谢南木老郭对我团兄弟般的支援和感人的深情厚谊，我们赠送他一支手枪作为纪念，同他依依惜别。

（杨镇华整理）

戴安澜殉国亲历记

王楚英*

1942 年 5 月 26 日，出国远征、入缅作战的国民革命军第五军第二〇〇师师长戴安澜将军（安徽无为人），在对日军的激烈战斗中，身负重伤，不幸牺牲。噩耗传来，举国大恸。中共中央主席毛泽东远在延安亲撰挽词："外侮需人御，将军赋采薇。师称机械化，勇夺虎罴威。浴血东瓜守，驱倭棠吉归。沙场竟殒命，壮志也无违。"中共中央副主席周恩来则手书"黄埔之英，民族之雄"的挽词，诚挚哀悼。蒋介石、陈诚、何应钦等国民党要员也送了挽联，蒋介石的挽词是："虎头食肉负雄姿，看万里长征，与敌周旋欣不忝；马革裹尸酹壮志，惜大勋未集，虚予期望痛何如？"

我由于工作上的关系，当年在中缅战场上同戴安澜将军接触频繁，对他在缅甸战场的作战经过和建树，知之较稔，且衷心钦敬。现将戴安澜将军远征缅甸、血染沙场、扬威异域的殊勋追忆如次，以存史实，告慰英烈！

---

* 作者时任中国战区参谋长史迪威的联络参谋兼警卫队长。

戴安澜坐我开的专车由遮放进入腊戍

1942 年 3 月 1 日，民国政府军事委员会驻滇参谋团（入缅后改称驻缅参谋团）团长林蔚，随蒋介石来到腊戍。当时我任驻缅英军第十七师的联络参谋，林蔚即召我由仰光飞回腊戍，向其汇报我担任英军第十七师联络参谋和缅甸华侨抗日志愿队队长期间，随英军在缅南作战的情况。为此，我起草了一份《英军缅南作战之我见及对日军状况之研判》的报告，并向林蔚做了口头汇报。林蔚听完我的报告后很满意，决定留我在腊戍协助中国驻缅军事代表侯腾工作，并临时决定由我驾车带领英军汽车队赶往滇西的遮放，把在那里待命的入缅远征军第二〇〇师师长戴安澜将军及其部队接来腊戍，为其安排住宿补给。

当日下午 4 时，侯腾派汽车连长王克潼少校给我送来一辆备足了油料、机械性能极佳的吉普车作为专车，并派有两名武装宪兵做专车护卫。侯腾还给戴师长写了亲笔信交我带去。随后，英军汽车队长汉斯上尉来向我报到，说已有 268 辆备有篷布的大卡车，停在山下路边，听候我的指令。我便开车随汉斯来到公路上，眼前是一眼望不见尾的“汽车长蛇”。

我随即开车在前面带路，请汉斯带着他的车队跟我前进。腊戍到遮放 220 公里，我们用了近 4 个小时，才在夜幕中颠颠簸簸地到达。我看见遮放街上有佩“昆仑”臂章的军人来来往往，一打听他们正是二〇〇师师部和直属部队，傍晚才到此宿营。再探询得知戴安澜师长一小时前刚由昆明驱车来此，现住在遮放街东头一座大院里。我和汉斯在一名军士带领下找到戴师长的住处，向他的副官孔德宏上尉说明我的身份和来意后，孔副官便把我二人领进院内。进门时戴师长正伏案写字，桌上点了一个马灯，光线有些昏暗。孔副官向他报告说，腊戍参谋团有人找他，他即放下手中的毛笔，抬头向我打量，随即招呼我们就座。我即呈上侯腾写给他的信，并介绍汉斯上尉与之相见。他问明了汽车总数和每车的装载量，又问我何时启程后，便请周之再参谋长同汉斯一道去分配车辆，安排部队登车。当晚 9 时刚过，戴师长带着我到各处巡视，见部队都已上车，驻地已恢复原状，清扫干净，一切正常，便对周参谋长说："我想坐王参谋的车，好同他聊聊，你就坐我的车吧。"说罢他就坐在驾驶室我身旁的空位上。从遮放到畹町的路上由于道路艰险，戴师长没有同我交谈，全神贯注地审视着我的驾驶，等车过九谷，行驶在缅甸境内的柏油路上时，他才打开话匣同我拉起家常来。

他态度亲和，详细询问我的家庭情况、受教育的情况等。他还列举了中外文学、军事、哲学等方面的名著，问我读了哪些？有何感受？我在戴师长的询问下，向他讲述了我 19 年的人生历程。当他听说我因家境清寒，8 岁就外出谋生，一直坚持半工半读，七七抗战开始即投笔从戎，先后参加了淞沪抗战和武汉会战，负过伤、立过功、受过勋，曾被罗卓英称为"不怕死、能打仗的娃娃排长"的经历后，现出了会心的微笑，竟然特别亲切地称呼我"楚英老弟"，并对我说，"你这样年轻，就从野战部队的排长走到驻英军联络官的要职，说明了你的聪明才智。你要利用一切机会多多学习文化知识和军事理论，争取再进陆大深造，此乃你今后成长的必由之路，望你继续努力。"

车到贵街停下来等后面的车队，戴师长下车活动一会，点着香烟又喝茶，再回到车上坐着，叫我介绍英军在缅南作战的经过和我负责的缅甸华侨抗日志愿队在缅南作战的情形。他听完后分析说："你们华侨志愿队，才训练两周竟然在泰缅边境伏击训练有素、武器精良的日军的战斗中，能打死其中队长星光少佐以下 146 人，成功地接应英十七师突围，创造了三战三捷的战绩，究其原因是日军轻敌而疏于戒备，所以失败；你们是出其不意，且谨慎机智，故能取胜。"我深感戴师长的分析精辟，一语中的。

我们到达腊戍时已是 3 月 2 日凌晨 4 点多了。蒋介石住在波特酒家的行辕铁门紧闭，夜阑人静，只有隔壁侯腾办公楼内仍然灯火通明。

战事迫在眉睫，蒋介石连续召见戴安澜面授机宜

蒋介石原定 2 日上午接见戴安澜，但随后得到英军联络部长马丁少将通知：英国驻缅甸总督史密斯爵士和英属印度军队总司令韦维尔上将即来晋见蒋介石，并特意指出韦维尔还要接见我这个华侨志愿队长。为此，林蔚就安

排我开车接送韦维尔。当我送戴安澜回南窑师部后随即开车陪同侯腾、马丁到机场迎接韦维尔。韦维尔一走下飞机，侯腾、马丁便带着我前去会见这位独眼将军，他笑盈盈地同我紧紧握手，并说："你们中国军人是好样的，我和英军将士都非常感谢你们在缅南作战中对英军的帮助。我已向伦敦帝国参谋部报告，给你们华侨志愿队授勋颁奖。"

当日下午，我开车送走了韦维尔，即从南窑军营接戴安澜来波特酒家，由林蔚陪其晋见蒋介石。蒋介石听取了戴安澜关于二〇〇师现况的汇报，并详细垂询其训练、装备、士气和官兵健康状况后，对戴安澜、林蔚说："日军第三十三和第五十五这两个师团，目前仍在锡当河东岸，虽然还没有发现日军有渡河进攻的迹象，但是，3 月 10 日是日本的陆军节，我判断日军最近定会渡河来攻，以图在其陆军节前拿下仰光，从起点上切断我国际通道滇缅路。然而，上午韦维尔将军却对我说，日军缺乏渡河器具，锡当河是一道天然地障，他认为日军近期是无力渡河进攻的。我已向他指出，他的判断不确。现在大战迫在眉睫，而英军统帅却对敌情漫不经心，且未制定缅甸战场的全部作战计划，也没有局部作战的阶段性计划。因此，中国远征军必须独立地规划缅甸作战。参谋团应尽快拿出新的计划或方案。你们原先拟的《保卫滇缅路作战计划》和《中英联军缅南会战计划》已经无用了，必须另作计划。对于缅甸的英军，我们仍然要适时地给予帮助，使其免遭挫折。盖唇亡而齿必寒故也！"

蒋介石接着向林蔚、戴安澜宣示他对缅甸战役的指导方针。他说："日军即将有大规模的作战行动，攻占仰光只是他们作战行动的第一步，其战役目标当在夺取全缅甸，进而威胁印度和昆明。现英军战力尚未完全恢复，我第六军（军长甘丽初）仅有两师在缅，第六军余部和第五军（军长杜聿明）全部正在来缅途中。照眼下的运输能力和行军速度，至少要两至三周后方能全部入缅。届时日军的后续增援兵团就有可能到了缅甸。如出现这样的状况，缅甸战役的前途就不容乐观了。唯今之计，拟以二〇〇师前出同古附近，构筑工事固守，掩护我军主力向平满纳附近集中，乘日军兵力分散或攻势顿挫之机，断然反攻，先歼其一部，再破其余，期收各个击破之效。此乃后发破敌方针，你们以为然否？"

他还问戴安澜有什么困难和要求。戴师长答道："蒙校长厚爱，委我重任，至感荣幸。当率全师官兵谨慎将事，奋勇作战，誓歼日军，达成任务。本师尚缺士兵 1306 名、轻机枪 90 挺、重机枪 18 挺、迫击炮 18 门、战防炮 8 门，请予补充；因应日军装备好、火力强的特点，决定采取夜战、近战对敌，故请从待运回国的军械中，先发给本师冲锋枪 500 支，以利作战。"蒋介石当即首肯，嘱林蔚从速办理。

3 日上午 10 时，蒋介石再召见杜聿明、戴安澜，在座的还有商震、林蔚和周至柔，共同研究二〇〇师守同古和第五军入缅后的集中问题。

是日深夜，蒋介石得知日军已开始渡河后，又召见杜聿明、甘丽初、戴安澜前去议事。林蔚叫我带五十万分之一和十万分之一地图各一份，随其上楼到会议室分别将图挂在墙上、铺在桌上，并插上兵旗，供蒋介石和与会人员观看，我和皮宗敢在一旁做记录。蒋介石说："敌既来攻，二〇〇师首当其冲，应速赴同古布防，以强有力之一部推进到皮尤河占领阵地，加强搜索警戒，掩护英军向西线转移，该师主力应依托同古城墙在其周围构筑主阵地带，对两翼和后方应有充分之防范，阻敌迂回钻隙，在同古与皮尤河之间八九十公里地域内应配置有力部队构筑前进据点，逐次消耗敌人，每一寸土地都要使日军付出高昂的代价。总之要以各种手段打击并阻止敌人。"当夜，甘丽初赶回雷列姆军部，戴安澜回南窑师部，杜聿明仍留腊戍。

戴安澜不辱使命血战同古

3 月 4 日，戴安澜将军率师赴战，他在行军途中激情满怀，遂赋《七绝·远征》二首以明壮志：

万里旌旗耀眼开，王师出境岛夷摧。
扬鞭遥指花如许，诸葛前身今又来。
策马奔车走八荒，远征功业迈秦皇。
澄清宇宙安黎庶，先挽长弓射夕阳。

3月8日，二〇〇师所属各部相继到达同古，戴师长亲率全师军官到各处侦察，研究地形、判断敌情，采取集思广益的方式来确定阵地选择、兵力配备和作战方案。部署完毕后，戴师长便夜以继日地到各部队去巡视，指导他们进行备战和应战演练，并派政工人员访问华侨和当地缅人，组建华侨志愿队协助部队作战，亲自同官兵谈话以激励士气。

3月18日上午，英缅军第二旅刚经卡纽昆北撤，日军即跟踪而至，与我第五军骑兵团摩托车连发生战斗。该连当即以一排在现地阻敌，主力移到道格威英北方大桥设伏。14时许，日军一股窜到桥上遭到我军伏击，遗尸30多具而逃。摩托车连乘夜撤回皮尤河。戴师长得报，即令林承熙团长以两个骑兵连和二〇〇师五九八团第一连分别在铁路和公路桥两侧设伏，其余部队移至皮尤河北方15公里处良赤道克设伏。19日中午，日军六七百人在大炮、装甲车掩护下猛攻皮尤，已有100余日军冲到了北岸，部分步兵仍伴随装甲车由大桥北窜，我伏击部队立即向其开火，同时炸桥，几声震天巨响，行进在桥上的4辆装甲车和数十名日军顿时葬身河内，已到北岸的日军被打得非死即伤，激战中我骑兵团副团长黄行宪上校中弹牺牲。是役毙敌200多人，毁其装甲车4辆。入夜后骑兵团退守良赤道克，敌军便从皮尤河上游偷渡紧追。

20日拂晓，日军约一营，又附装甲车4辆、炮4门，向良赤道克扑来，林承熙团长依照戴师长的既定方案，以五九八团第一连和工兵连在皮尤河到良赤道克的道路上设第一道埋伏，以骑兵各连和平射炮连在良赤道克村前设第二道埋伏。日军遭第一道埋伏后，即以其后续部队绕道进攻良赤道克，又在村外遭到伏击，敌被击毙200余人，被迫弃尸后撤。在一个名叫矶部一郎的日军少尉尸体上找到地图文件，知该敌属一四三联队二大队。

22日黎明后，日军约2000人在飞机、坦克、大炮掩护下，分途猛攻开威布威、坦德宾、屋墩、耶索，同我守军激战两昼夜。23日晚，在屋墩激战中，黄景升率预备队向突入阵地之敌背后迂回，以图将该敌围而歼之，忽遭敌狙击，不幸牺牲，但该敌最终被我歼灭过半，先后打死日军第五十五骑兵联队副队长横田大佐和一一二联队二大队大队长冈田少佐以下官兵 500 多人，毁其坦克 3 辆、装甲车 7 辆，俘战马 38 匹，轻、重机枪 9 挺，九二式步炮 1 门、步枪 266 支和其他弹药装具，敌不支而退。在俘获横田的阵中日记内写道："南进以来，皇军所向披靡，敌军望风而溃，今日之战始遇劲敌重庆军二〇〇师。"另在俘获一一二联队的文件上则称："守屋墩之敌是重庆军二〇〇师，约有千人，还有迫击炮和速射炮，又有许多隐蔽巧妙的掩盖枪座，村内更有复廓阵地，以致战斗激烈，伤亡骤增，却无法突破敌阵。自我北进以来，这是首次遭遇强敌，由于轻敌，兼之从前线不断传来攻占敌阵之误报，使指挥陷于混乱，进攻受到挫折。"可见战况确实空前激烈。

22 日深夜，戴师长见日军近来进攻更加猛烈，而我援军仍远在数百公里之外，形势日益严峻，决心与同古共存亡，当书遗嘱遣人交其在昆明的夫人王荷馨女士，托以后事。并令各级指挥人员明定自己伤亡后的继任人，以防指挥中断。其壮烈之志行，着实非常感人，全师士气更振。

二〇〇师由于后援不济，孤军被围，被迫放弃同古，虽没有达成固守同古、支持反攻的任务，却实现了大量消耗日军有生力量、狠挫敌焰之目的。该师以 9000 余人抗击 2 万多日军达 12 日之久，歼敌 4000 多人，毁其坦克、装甲车近 20 辆，使敌遭到自南侵以来的首次重创，也是盟军给予日军第一次最沉重的打击，堪称盟军中的杰出代表。后来缅甸战役虽败，二〇〇师和戴安澜在同古保卫战中所创建的功勋却是光耀史册的。

戴安澜率部血染密林

4 月 5 日蒋介石来到梅苗部署作战，又召见戴安澜，并一同进餐，留宿行辕，慰勉有加，甚是倚重。原指望戴将军在平满纳会战中发挥决定性作用，不料英军背信弃义，不但擅自放弃西线要地阿兰谬、马圭、萨斯瓦，炸毁仁安羌油田，使平满纳右侧背受到了严重威胁，而且硬逼着史迪威（美国驻中、印、缅军司令，中国战区参谋长）、罗卓英（中国远征军司令长官）将平满纳会战的唯一预备队新三十八师调去解救被围的英军，从而导致平满纳会战不得不中途夭折，使缅甸战局开始恶化。

早在4月18日决定放弃平满纳会战时，杜聿明曾主张以一部留在中路阻击日军，抽第五军由棠吉东进，集中第六军于雷列姆附近夹击日军第五十六师团而歼灭之；同时急调第六十六军来援，再在曼德勒附近与敌决战。但史迪威、罗卓英接受英缅军总司令亚历山大的意见，将第五军调到塔泽、敏铁拉、皎勃东（曾直接调二〇〇师大部往皎勃东）一线，举行曼德勒会战，以致日军第五十六师团得以长驱直入，相继夺取了和榜、棠吉等要地，使腊戍的大门洞开。这使史迪威、罗卓英均十分震惊，当即决定调二〇〇师向东攻夺棠吉。戴师长受命后，即派骑兵团和五九八团附装甲车连先行出发，占领棠吉西方的要地黑河，掩护师主力集结。23日戴师长率主力赶到瑞央（位于棠吉至黑河间），了解情况后，即令六〇〇团第二营并指挥原在该地警戒的五九八团第五连，一举攻占了日军在棠吉西侧的警戒阵地沈白。当即以五九九团居右，并派第三营秘密迂回到棠吉东方切断日军后路；以六〇〇团居左，对棠吉构成南北包围、东西夹击之态势，于24日拂晓对棠吉之敌展开围攻，激战至25日18时，完全克复棠吉，击毙日军五十六师团一一三联队第三大队大队长入部兼康少佐以下400余人，切断了日军的后路。24日史迪威、罗卓英、杜聿明亲临瑞央督战。杜曾要求增调新二十二师来此作战，未获史、罗同意。他送走史、罗二人，自己同戴安澜一道指挥，直到25日18时攻克棠吉后，经罗卓英一再电催，限于当晚赶到皎克西开会，杜才依依不舍、心事重重地对戴安澜说："战局骤变，前途艰险，你师孤悬敌后，复受命东进击敌，任重道远，以兄之智勇，当能化险为夷，全师以还。尚望慎之又慎！"戴安澜站在路边，借着西沉夕阳的余晖，目送杜的汽车早已消失，却仍凝神注视杜聿明的去向，默然无语，直到周参谋长来催他回去下达明日行动的命令时，他才从沉思中回过神来。这是两位患难与共的亲密战友的惜别，没有想到竟成了他两人人生征途上的最后诀别，怎能不让人神伤！

戴安澜接到罗卓英要"二〇〇师沿着向腊戍奔袭的日军的进路，自敌背后给以狠狠打击"的指示后，深感此行极险，但为了挽救缅甸的危机，他决心要化险为夷。便率领二〇〇师 6200 多人及黄翔的游击支队，在掸邦高原的密林中，艰难跋涉，于 29 日到达雷列姆（到腊戍和景东的交通枢纽）附近，正准备展开攻击，忽得林蔚、杜聿明的急电，方知腊戍失守。林蔚的电报令二〇〇师退到景东，归甘丽初节制；而杜聿明却令他“向北突围，到卡萨归建”。戴安澜果断决定北上寻找第五军归建。便带着二〇〇师 6200 多名官兵和全部武装器具（车辆和战炮已于 25 日晚令其由棠吉归还在塔泽的军部），穿过原始森林，渡过南渡河，越过曼腊公路和铁道，历尽艰难险阻，于 5 月 18 日夜大雨滂沱中，行抵细保到抹谷公路西南侧森林中，正准备越过公路时，突遭到拥有装甲车的大批日军猛攻，战斗十分激烈，戴师长亲率五九九团向敌后迂回，以求迅速将敌击溃，不幸身受重伤，遂在担架上继续指挥部队突围，由于医药缺乏，伤口严重感染，1942 年 5 月 26 日 17 时，当部队转移到瑞丽江畔茅邦村时，戴安澜将军流尽了最后一滴热血……

60 多年后的今天，岁月风蚀，我已老矣，许多往事已经淡忘，可是当年在缅甸战场同戴安澜将军相处的往事，却记忆犹新。每当我想起这些，一种隐隐怀念之情和不尽的哀思便涌上心头。谨以此文将这段亲历的往事笔录下来，留给历史，留给后来人。

滇西抗战

滇西大溃败及其他

杨肇骧*

1942 年 5 月初，侵入缅甸的日军，在击败了英缅军和中国远征军之后，乘胜进犯滇西，把侵略的战火烧到了中国西南边疆的云南，曾被看作抗战大后方的云南，一变而为抗日的最前线。当时我在第十一集团军总司令部任作战参谋，参加了滇西抗战。

一、滇缅路上的大溃退

（一）远征军四路败逃

1942 年 4 月底，侵缅日军主力从正面压迫英缅军和中国远征军，其第五十六师团，用装甲车汽车组成快速部队，采取闪击战术，由棠吉沿毛奇公路插到远征军的侧背，夺取了远征军后方基地缅北重镇腊戍，切断了远征军的退路。远征军被分割击破之后，四路溃逃。第五军杜聿明部，退到缅北孙布拉蚌后，丢弃车马武器辎重，攀越悬崖绝壁，从人迹罕至的野人山大雪

* 作者时为第十一集团军司令部作战参谋。

山，绕道到滇西的泸水和维西，退回大理；杜聿明则率军部退入印度。第六军甘丽初部则避开日军快速部队，放弃棠吉，由缅东景东退回滇西思茅普洱边区。孙立人的新编第三十八师和廖耀湘的新编第二十二师，则和英缅军退入印度。当时作为远征军总预备队，部署在腊戍附近的第六十六军张轸部，则沿滇缅公路大溃退，撤到滇西。蒋介石对这支10万精锐远征军的指挥，除派了原第十九集团军总司令罗卓英为远征军司令长官，会同中国战区参谋长史迪威全权指挥之外，又派遣了以军令部次长林蔚为首的参谋团协同指挥。但是，这些将领昏庸无能，在日军进犯面前张皇失措。当日军突破远征军的正面抵抗线，并抄袭远征军侧背，进犯腊戍的时候，罗卓英便丢下部队，和史迪威一道逃往印度去了。参谋团长林蔚，见大事不妙，虽然还掌握着远征军的野战部队，但也不敢和日军对抗，闻风而逃。

从滇缅路上溃退下来的是第六十六军。这个军本来有3个师的兵力，一个是武装特务部队——别动队改编而成的刘伯龙的新编第二十八师，一个是由税警总团改编而成的孙立人的新编第三十八师，还有一个是马维骥的新编第二十九师。这些部队武器装备都很好，如果能够发挥战斗精神，是能够和孤军深入的日军快速部队决战的。纵然不能挽救整个战局，至少也不致造成损兵折将有辱于国家的惨败局面。但是，一些军长师长在战况紧急时，置国家民族利益和部队命运于不顾，忙着抢运私人的财物，慌忙遁逃。刘伯龙在曼德勒不战而溃，马维骥在日军还没有到达腊戍前，就抛弃队伍逃走，致使日军未遭到坚决抵抗，轻易地夺取了腊戍。从曼德勒溃退下来的新编第二十八师，受到日军前后夹击，东逃西散，溃不成军。军长张轸丢开部队不管，还把大批财物装上卡车，自己坐上小轿车，率先逃回滇西。5月7日，我们由下关到保山途中，犹见溃军纷纷东逃，人挤人，车挤车，乱成一团。

（二）畹町大火

在抗战中期，滇缅路是唯一国际交通线，物资都从仰光起运入国内，其中以汽车、汽油、轮胎、兵工器材等军用物资为最多。日军侵入缅甸后，滇缅路就被切断了。由于战事紧急，当时在缅甸的物资分段撤退到腊戍和畹町，这两个地方物资堆积如山，仓库堆满了，就沿路边堆放着。从腊戍、畹町到保山、下关沿途成千上万抢运物资的汽车往来不绝。

因腊戍仓皇失守，大部物资沦于敌手。畹町是滇缅公路滇段的终点，是滇西国境重镇。从畹町河边直到山上，满山遍野是仓库货棚，物资积存甚多，仅资源委员会就有 3000 多吨，加上军事委员会和其他军用民用物资，总数在万吨以上。战局突然转变，使这些重要物资无法抢运。有些抢运物资的车辆，被溃军夺用。有些管理物资的人员，丢下物资逃命去了；有的不忍心把物资留给敌人，一把火把仓库烧掉。据后来从畹町逃出的人说，日军还没有到，畹町就烧成一片火海，一直烧了三天三夜，日军到后，也无法扑灭，任其化为灰烬。这次物资的损失是无法计算的，令人痛心。但更令人痛恨的是，有些无耻之徒还借畹町大火，把业已运到保山、下关的物资，也谎报为遭焚毁，就地出售，将售款装入自己腰包。因此保山、下关的黑市盛极一时。

（三）炸毁惠通桥和归侨的凄惨遭遇

莽莽奔流的怒江，是滇西国境的天险。参谋团退到怒江之后，为了阻止日军的追击，命令驻守怒江惠通桥的工兵部队立即将桥炸毁。但是，第六十六军的溃军正潮水般涌了下来，他们把桥把住，只准部队通过，不让老百姓过桥，甚至一般机关人员也不许通行，等到主力部队一过，桥就炸断。这是 5 月 4 日的事情。惠通桥是一座吊桥，爆炸之后，桥身即沉入江中，只剩下两根铁索未断，但已不能通行。日军装甲汽车组成的快速部队，就完全失去了作用。

惠通桥炸毁后，滞留在怒江西岸的大批车辆物资和难侨难民，都被大江隔断，不能过来。他们前有大江之险，后有追兵之危，不少人遭到日军的屠杀；特别是从缅甸逃回国的难侨，遭遇尤为惨痛。我国在缅甸的华侨很多，日军侵入缅甸后，不少侨胞不愿留在那里受敌人的欺凌压迫，他们怀着满腔爱国热忱，抛弃毕生惨淡经营的工商企业和财产，携妻挈子，纷纷撤退回国。在缅北腊戍、曼德勒一带的华侨，是跟随溃军一道逃出来的，有的在惠通桥被炸毁之前就逃过了怒江，有的则被阻隔在怒江西岸。日军到达后，他们为了逃命，抛弃车辆财物，沿江乱跑，有的用汽车轮胎当救生圈，从急流滚滚的怒江上泅水逃生，在泅渡中有的被急流卷走，有的被日军开枪打死，有的在夜间泅渡时，又被我守军误认为是偷渡的日军打死或打伤。过不得江的侨胞，却遭到日军的侮辱或屠杀；从上下游绕道过江来的侨胞，又被溃军抢劫，身上仅有的一点金银首饰也被抢光，弄得饥寒交迫。我在郎义村指挥所就接见过好几批难侨，他们痛哭流涕，诉说自己不幸的遭遇。我当即由指挥所派人找车，资送他们去昆明。而大多数人历尽千辛万苦，冒险回国，弄得家破人亡，妻离子散，竟无人照管，情况至惨。

（四）腾、龙失陷

由于远征军四路溃退，特别是由于第六十六军不战而逃，日军如入无人之境，长驱进犯滇西。日军于 4 月 29 日占领腊戍后，一股回窜曼德勒，阻击新编第二十八师，一股继续向滇缅边境进犯。新编第二十八师正由曼德勒溃退下来，遭到日军的阻击，更是溃不成军。后来刘伯龙控告张轸、马维骥弃守腊戍，其原因正是为此。进犯滇缅边境的日军，沿途未遭抵抗，于 5 月 3 日占领畹町，4 日占领芒市和龙陵县城，5 日到达惠通桥，短短一个星期的时间，侵入 600 多公里。追击第五军到达密支那的日军，也于 5 月 10 日进占腾冲县城。当时腾冲这个国防重镇，没有什么守军，原腾龙督办龙绳武（龙云的大儿子），早已率领他的卫队和在那里抢得的 200 多驮鸦片，一溜烟逃回昆明，致使日军唾手而得腾冲。进犯腾冲敌军，曾一度越过高黎贡山，侵占栗柴坝，封锁第五军第二〇〇师的退路。腾冲、龙陵一带国民党地方政府机关，如县政府、设治局、警察局等，都在日军未到之前，纷纷逃跑，没有一个尽到守土保民之责。驻防保山的云南地方部队步兵第六旅和保山专员公署人员，都闻风而逃，滇西怒江两岸的大片锦绣河山，未经战斗，便轻易地沦于日军铁蹄之下。日军进犯滇西，切断抗战后方的唯一国际交通线，在军事上、经济上给抗战造成严重困难，同时给滇西人民带来严重灾难。

二、惠通桥之战

（一）蒋介石惊慌失措

日军以约一个旅团的快速部队，冲垮了第六十六军，长驱侵入滇西，震动西南大后方。如果日军由此再乘胜长驱进犯，则在10天之内即可到达昆明，这显然是一个十分严重的情况。这一情况的发生，一方面，固然是由于远征军的溃败，特别是由于第六十六军放弃守土抗战的责任，避战自保，畏敌遁逃所致；但蒋介石作战指导错误，也是造成滇西失陷的重要原因。当时蒋介石借远征抗战为名，把他的中央军调入云南，企图逐步排挤龙云在云南的统治地位，霸占云南。蒋介石之所以给龙云当昆明行营主任，授给他代表军事委员会委员长指挥驻滇军政机关和部队的大权，是给龙云戴上一顶高帽子，以换取龙云对中央势力侵入云南的谅解。实际上，龙云对中央军的军令政令都无法插手，只不过管管后勤而已。蒋介石醉心于并吞云南的活动，对于云南抗战的军事部署，却毫不重视，这从当时的兵力部署就可以证明。当时蒋介石有两个集团军进驻云南：一个是关麟征的第九集团军，控制滇南文山、马关一带。表面上是担任滇南防务，实际上是监视驻防蒙自、个旧一带的滇军第一集团军。另一个是宋希濂的第十一集团军，总部驻昆明翠湖，宋兼任昆明防守司令。其所属第六十六军已入缅远征，第七十一军则分别由川康入滇，正在运输途中，昆明附近只有驻安宁的预备第二师，还有在曲靖整训的新编第三十九师。按照当时的任务来看，第十一集团军是负责对龙云的直接监视。从昆明到畹町，1000多公里的交通线和国境线上，蒋介石并没有配备重兵。在保山只有云南地方部队步兵第六旅。下关和楚雄，也是云南地方部队特务大队和滇西护路大队驻防。这些部队都没有什么战斗力。蒋介石的中央军，沿滇缅公路驻有专门进行交通检查的一个宪兵团，另外有一个专门负责守备怒江和澜沧江的公路桥梁的工兵团，和担任日军空袭时施放烟幕掩护桥梁的化学兵营，这些都不是作战部队。蒋介石的军政部，在昆明虽然设立了一个国防工程处（处长是尹隆举），但在滇西的整个国境线上，连一个国防工事也没有构筑。

侵缅日军的第二步侵略目标，一个可能是印度，一个可能是云南，而后一目标的可能较大，这是当时的敌情。作为最高统帅的蒋介石，显然是应该考虑到如何在滇西国境线上，利用滇西边境高黎贡山、岩山及怒江、澜沧江等天险，构筑国防工事，配备强大兵力，进行防守，进可以作为远征军进击的支柱，退可以抵抗日军的进犯。但是，蒋介石并没有这样做。蒋介石认为，他的远征军在美国将军的指挥下是能够打垮日军的，存在着一种对美军的依赖思想。不料美国将军和远征军挡不住日军进攻的锋芒，一败涂地。日军突然侵入滇西，这一晴天霹雳，使蒋介石大为震惊。这时，他才急忙调兵遣将，仓皇应战，弄得手足失措，于事无补。

（二）宋希濂西上御敌

当远征军被击溃、滇西告警的严重关头，蒋介石可以拿来抵挡攻入滇西日军的兵力，实在是少得可怜。远在滇南的关麟征的第九集团军，不仅远水难救近火，而且实际上也不能调往解救滇西燃眉之急。因为日军已侵占越南，与滇南仅一江之隔，且有配合滇西日军进犯滇南的可能。在这捉襟见肘的情况下，只好拿宋希濂第十一集团军防守昆明的部队去抵挡一阵。蒋介石从长途电话上，直接命令宋希濂率领驻昆明附近部队，星夜兼程西上御敌，并命宋希濂组织第六十六军溃兵应战。但是，这个时候宋希濂拿来挽救滇西危局的部队，也没有多少。第十一集团军的两个军，第六十六军已在缅甸被日军打垮，第七十一军则在川康入滇途中，其第八十七、八十八师在泸州、叙永一带，第三十六师则在会理途中，一时难以投入战斗。在昆明附近的只有预备第二师，但它是新成立的部队，战斗力薄弱。另外在滇东曲靖整训的新编第三十九师，也是新由补充兵训练处改编的新部队，战斗力也很薄弱。拿这两个师去抵挡日军的进攻，凶多吉少。而且用汽车运输由曲靖、昆明到保山要四五天时间，很难应付燃眉之急。

在这个紧急关头，幸有从西康入滇的第三十六师先头部队，已到达滇西的祥云。这个部队，是宋希濂的基本队伍。抗战初期，宋曾任该师师长，是个战斗力较强的老部队。宋希濂于是决定，先派第三十六师西上，接着调运预备第二师，并催促第八十七师和第八十八师兼程入滇。蒋介石同意宋希濂的计划，并饬昆明西南运输处，派汽车运输宋军西上，饬宋希濂马上到保山前线指挥。宋希濂即与西南运输处洽妥，派 500 辆汽车运输宋军，并令下关和云南驿站就近抽调可能抽调的汽车，集中祥云，运送第三十六师到保山。宋旋又飞到云南驿，当面给第三十六师师长李志鹏交代任务。5 月 6 日下午，宋希濂率领副参谋长陶晋初和作战参谋杨肇骧、高宝书等 3 人飞往云南驿。到达时，已知第三十六师师长李志鹏业已率领该师第一〇六团到达保山，我们旋即改乘吉普车到达下关。我和宋希濂到电报局给保山打长途电话，接线员说线路不通，却又让商人和保山谈生意经。宋大为恼怒，拍柜台大骂说：“我是宋总司令，限三分钟接通保山，不然贻误戎机，杀你的头。”吓得接线员发抖，马上把线接通，找到李志鹏通话，得知该师于 5 月 5 日到达怒江东岸和阻击日军情况。宋大为高兴，立即电蒋介石报捷，并请蒋下令迅速赶运第七十一军后续部队。

5 月 7 日午，我们到达保山，设指挥所于城北郎义村后山上的庙内。接着我和宋希濂乘车到老农田第三十六师指挥所视察前方。见窜犯怒江东岸的日军数百人，遭到我军的逆袭，攻势顿挫，退据江边构筑工事，顽强抵抗。怒江西岸大部日军，在腊猛附近的松山上构筑工事。日军的山炮不时向怒江东岸我军阵地射击，特别是封锁老农田附近公路，阻碍我军运输。此时第三十六师业已全部到达，正在构筑工事，准备反攻。宋希濂察看地形后，指示第三十六师注意加强阵地工事，配备炮兵火力，封锁怒江渡口，严防日军夜间偷渡。从前方视察归来途中，我们顺便到金鸡村会晤参谋团长林蔚，该团参谋长萧毅肃也在座。双方交换了对当前敌情判断的意见，言谈之间，林蔚等对于破坏惠通桥阻止日军前进一事，颇恃功自傲。林蔚把撤退经过叙述了一番，似乎算是和宋希濂办理了交接任务的手续，接着就回重庆向蒋介石交差去了。

（三）惠通桥阻击战

惠通桥横跨于汹涌澎湃的怒江上面。怒江江面宽约六七百米，江流湍急，两岸山势险峻。公路沿山曲折迂回，从东岸的老农田到西岸的腊猛，遥遥相对，距离不过三五里路，而汽车一下一上，需要半天。山上没有森林，双方部队活动一目了然。怒江东岸只有一个简陋的桥头堡，供守桥部队驻守。5 月 5 日，日军进抵惠通桥时，桥已被炸毁，只剩两根铁索，其装甲部队无法继续前进，即派约一个大队的兵力，乘橡皮船抢渡到达怒江东岸，占领了桥头堡，并沿公路搜索前进。正在这千钧一发的时刻，第三十六师的先头部队第一〇六团的两个连，已乘车到达老农田附近，见日军攻到东岸，遂下车阻击日军。师长李志鹏和副师长也赶到了，他们二人各指挥一个连，居高临下，向日军猛攻。第一〇六团主力陆续到达，逐次投入战斗，日军在仰攻的不利条件下，颇有伤亡。第二天，第三十六师的第一〇七团和第一〇八团赶到，加入战斗，虽在没有地形隐蔽的条件下，遭到对岸日军炮火的猛烈射击，仍奋勇进攻，经过两天的激战，把日军压缩到怒江边上。到第四天即 5 月 8 日，全师发动总攻，日军不支，一部乘橡皮船逃回西岸，大部被歼灭在江边，也有在江中被打死的。第三十六师肃清了窜犯怒江东岸的日军，稳住了惠通桥阵地，然后沿江部署防务，加强工事，防敌再度进犯。

日军第五十六师团的后续部队，在快速部队抵达怒江东岸之际也陆续到达，见先头部队遭反击失败，即停止东犯，并在松山上加紧构筑工事。其炮兵则加强封锁怒江东岸的交通运输，并沿江搜索警戒，防范我军渡江反攻。惠通桥战役，虽然规模不大，参加作战的部队不多，战斗时间也不长，只是双方先遣部队的一次前哨战，但能够以一个师的兵力，在仓促应战的情况下，阻止住了乘胜追击的日军锋芒，挽救了滇西垂危的战局，不能不说是打了一个具有重要作用的胜仗。

（四）隔江对峙

第三十六师顶住了日军的攻势，稳住了怒江前线战局之后，第七十一军的后续部队也陆续到达保山集结，预备第二师也运抵保山。宋希濂判断，敌军主力集结之后，可能沿江大举进犯。当即决定加强怒江防务，派第八十七师和第八十八师把守双虹桥、红木树、攀枝花、惠人桥各怒江渡口；预备第二师把守栗柴坝渡口。因为怒江水急滩多，两岸多悬崖峭壁，除上述渡口以外，船只亦无法渡过，把住这些渡口，就能够阻止日军的进犯。同时命令各部队派遣搜索部队，过江搜索敌情，加强补给运输和交通通信等后勤设施，逐步加强备战工作。另外，由昆明总部调来一批幕僚，加强指挥所的业务。时值盛夏，怒江边上，天气炎热，疟疾流行，俗称蛮烟瘴雨之区，部队只能在夜间天气稍凉时候，在江边构筑工事，白昼则移到山腰修建竹棚，以作久住之计。

日军第五十六师团主力集结在龙陵至腊猛一带，惠通桥西只有少数警戒部队防守，沿江不时有少数搜索部队出没。日军在腊猛附近的松山，征集大批民夫，搬运木石材料，构筑工事，为了固守和防范我军反攻。从腾冲窜至栗柴坝的小股日军，不久亦撤回腾冲。第五军第二〇〇师和黄翔部队，曾因日军封锁栗柴坝渡口，过不得江。日军撤后，预备第二师即派部队渡江，到高黎贡山接应第二〇〇师部队归来。蒋介石见第三十六师一个师的兵力，就顶住了日军的攻势，认为日军力量薄弱，产生了侥幸心理。命令宋希濂乘日军立足未稳之际，派部队反攻松山、龙陵之敌。但结果遭到日军第五十六师团的坚强抵抗，攻击没有成功，这是 5 月底的事情。当时指挥所判断，认为日军不敢继续东进，隔江防守。其主要原因是日军占领缅甸全境，兵力分散，后方秩序亟待巩固，孤军不敢深入。故向蒋介石建议，加强江防，积极整训部队，待机反攻。蒋介石命令宋希濂负责指挥滇西军事，把第十一集团军总部由昆明移驻大理；把昆明防守司令任务交给新任第五集团军总司令杜聿明；第五军退回滇西，余部也到昆明集结整训。

（五）部队热衷于发国难财

在破坏惠通桥的前后，有的部队于阻击日军的同时，热衷于个人发财，掳掠车上的公私财物。一般士兵多半掳些香烟、食品、内衣、毛巾、袜子、电筒、电池之类的日用品。排连长则掳掠布匹、毛呢、化妆品和日用百货，营团长师长还大量掳掠五金、电料、汽车零件等贵重物资。这些物资被运到保山、下关乃至昆明去出售。当时军中普遍流行着“张百万”“李千万”等诨号，互相以发财来夸耀。官兵发了财就大吃大喝，聚赌或抽鸦片。阵地上的掩蔽部里，经常彻夜聚赌。不少官兵纷纷汇钱回家。还有些下级军官，纷纷请客结婚，叫作娶“抗战夫人”。

（六）战役检讨会议

6月间，宋希濂在保山指挥所召开滇西战役检讨会议，总结经验教训。参加会议的，有总部参谋长车蕃如，副参谋长陶晋初，参谋处长欧阳春圃，作战科长蒋国中，兵站分监李国源，第七十一军军长钟彬，第三十六师师长李志鹏，第八十七师师长向凤武，第八十八师师长胡家骥，副总司令兼六十六军军长张轸，新编第二十八师师长刘伯龙，新编第二十九师师长马维骥，新编第三十九师师长成刚，预备第二师师长顾葆裕。宋希濂在会上对第六十六军的溃败和后退，进行了严厉的批评；对第三十六师在惠通桥的作战，大加表扬。他认为只要各部队都像第三十六师那样恪尽职守，勇于见危受命，滇西战局是可以挽回的。会议开了三天，主要争论的问题，是滇缅路上大撤退的责任问题。刘伯龙在会上吵得特别凶，他把全部责任都推在张轸身上，说张轸手里抓着新编第二十九师，但不抵抗日军，日军未到就先逃走，致使新编第二十八师从曼德勒撤下来，前后受敌。甚至用手指着张轸的鼻子，大骂张轸腐败无能、贪污敛财等等。后来人们说，刘伯龙存心要把张轸搞垮，以便他代张轸而当军长。张轸则说马维骥未奉命令私自撤退，说刘伯龙不服从指挥不与军部取得联系，也把责任推得一干二净。云贵监察使李根源也参加了战役检讨会。他在会上作了慷慨激昂的演讲，谈了一些“天下兴亡，匹夫有责”之类的话以后，很沉痛地说：“现在我的家乡（指腾冲）也沦陷了，我不能当亡国奴，不能当顺民，不能当俘虏，我要豁出这条老命和日寇拼了。”

会后，宋希濂为了整饬军纪，报请蒋介石撤销第六十六军和新编第二十九师的番号，并惩办张轸、刘伯龙和马维骥。滇西人民对于不战而溃的第六十六军，也很愤慨，纷纷向云贵监察使署控告。李根源接受民意，电蒋介石请惩办失职人员。后来蒋介石批准宋希濂的建议，撤销第六十六军和新编第二十九师的番号，把马维骥关了起来，撤了张轸和刘伯龙的职。刘伯龙想当军长当不成，连师长也丢掉了。但是，这些人都在缅甸发了大财，回到重庆乃大肆送礼，和各方面拉关系。不久，蒋介石任命张轸为中央训练团的教育长，刘伯龙被派去训练新兵，马维骥因得黄埔同学向蒋介石求情，也释放了出来。

（七）英国对中国远征军的态度

1941 年 12 月 23 日，中英签订共同防御滇缅路协定。英方同意中国派遣部队入缅作战，实际上是利用中国军队替它保护殖民地。1941 年年底，中国组成了远征军，调到滇西边境，准备进入缅甸。英方突然变卦，拒绝中国军队入缅。直到 1942 年 2 月初，日军由泰国攻入缅甸，情况紧急时，英方才请求中国军队入缅，仓促应战。我军丧失了在缅布防的机会，种下了失败的远因。在缅作战期间，英军不堪一击，纷纷溃败，影响了整个战线。英军被日军击溃后，主力即撤入印度，一股被日军切断，从缅东退入云南的卡瓦山区，后来被中国军队接到保山。英军系由一中将旅长率领，撤退初期，原有 1000 余人，沿途遭日军阻击，死伤枕藉，到云南保山时，只剩下 80 余人，大都衣衫褴褛，形容憔悴，狼狈不堪；经兵站发给他们服装和粮食，给以种种优待，然后送往昆明，转飞印度归队。

1942 年 7 月，滇西战局稳定后，我奉命侦察怒江、澜沧江之间的斜交阵地位置，从保山到泸水，途中有英国传教士梁之音（译音）夫妇同行。梁自称在滇西居住 20 多年。他不仅会说一口流利的中国普通话，而且还精通傈僳族语言。他曾用拉丁字母创造了傈僳文字，并编写识字课本。课本的第一课上写道：“汉人来了，我怕。”他长期就是这样挑拨汉、傈民族关系的。他说最近从英国接太太来，在重庆住了一个时期。梁之音在怒江东岸麻栗坪山上，盖了一栋洋房，用小恩小惠收买民心。后来我在大理再和他见面时，他已穿上了中校的军服，我很惊异。他说英国政府已派他担任联络官，与中国军队秘密联系，洽商有关反攻缅甸的问题。后来才知道这个梁之音是一个英国间谍，长期在滇西活动，这次是为了了解中国对缅甸的态度，而出任联络官的。从这件事情上，可以看出当时英国这个所谓同盟国家，是怎样对待中国抗战和对日作战的共同事业的。

三、保山浩劫

（一）日机滥炸保山城

1942 年 5 月 4 日，日军在滇缅边境追击中国远征军第六十六军溃军的时候，日机几批在保山以西滇缅公路线上，侦察扫射，并飞抵保山城进行轰炸，城内落弹数十枚，南门外亦落弹数枚，一个汽车停车场也被炸毁。由于日机来得突然，事先未发空袭警报，城内居民没有疏散，伤亡的人很多，城内房屋被炸毁十之五六，十字街一带繁华市区，几乎被炸成废墟。5 月 7 日，我进城去县政府找县长，商量解决救济难民难侨问题。见城内静悄悄的，却闻到一股腐尸的臭味，断垣残壁间有人在挖扒被埋没的死尸，饿狗成群地在街头乱跑，乌鸦在树梢悲鸣，满目荒凉，情景十分凄惨。县政府大门上着锁，连一个人影也没有，后来派人在板桥把县长刘言昌找回来，宋希濂当面告诉他，立刻派人清除死尸，救济难民，整理街道，恢复秩序。刘县长派了大批民夫挖掘尸体，挖了一个多星期，据说被炸死的有 1000 多人。此后居民虽然陆续回城，但已是满目萧条景象了。

（二）龙奎垣洗劫保山

龙奎垣是云南省三席龙云的侄儿，当步兵第六旅旅长。该旅驻防保山，代号为“梁河部队”。这个番号，在保山附近地区，几乎老幼皆知，谈虎色变。第六旅上至旅长，下至连长，都利用枪把子，勾结商人，大做鸦片生意，个个发了大财，营长以上都成了百万富翁。军官们日以抽烟（鸦片）赌钱为乐，对部队训练很不重视，入伍很久的士兵连步法也走不齐。当龙奎垣听到远征军溃败的消息，料定滇西必不能守，就把派到怒江栗柴坝、蒲瓢等处的队伍撤了回来，准备逃跑。及至溃军先头到了保山，传闻畹町失守的时候，他决定洗劫了保山城再走。他命令部队把四门把守起来，只许出，不许进，借检查为名，搜取居民贵重财物。城内中央、中国、交通、富滇等银行仓库的金银物资，全部都被抢光；只有龙云办的兴文银行，因给龙奎垣送了大量礼物，才免于浩劫。第六旅抢了保山城后，坐上汽车就往永平跑。龙奎垣装了两卡车财物，率先逃出保山，到永平后见第三十六师部队西上，才停了下来。

第十一集团军指挥所到保山后，饬龙旅回驻保山。龙奎垣深怕宋希濂追究，就用异乎寻常的客套话，写了一封白话信给宋希濂，称呼宋为“亲爱的宋总司令”，内容更是俗不可耐，当时传为笑柄（据说那封信是龙奎垣口授，叫秘书一字不改地写出来的）。后来地方机关和老百姓都纷纷告发龙奎垣抢劫保山的罪行，宋希濂因碍于龙云的面子，不好处理，就把状子都转给龙云。龙云一看，如果让龙奎垣继续干下去，对他的声望影响太大，就免去了龙奎垣的职务，派潘朔端接任第六旅旅长，并把该旅调到楚雄整训去了。

（三）溃军到处掳掠

从缅甸退回来的溃军，因无人指挥，失去掌握，他们三五成群，数十成伙，到处乱窜。军纪废弛，无以复加。他们逢村吃村，逢寨吃寨，到处向居民勒索饮食。有的到处放枪，恐吓老百姓，弄得鸡犬不宁。有的把枪支子弹也卖掉。一些很坏的士兵，还沿途奸淫妇女。不少归国华侨，也被乱军抢劫侮辱。宋希濂发现这一情况后，即派指挥所的几个参谋，率领第三十六师的两连兵力，沿公路要道收容溃军，不论官兵，一律强迫编入收容队，并由兵站拨粮拨款，解决他们的生活问题，不到三天，就收容了 1000 多名。接着由昆明总部派来一批军官，在永平、保山、下关各地，设立收容所，先后收容 1 万多人，编入重新恢复的新编第二十八师。

第五军从泸水撤退回国的第二〇〇师，尚保持建制，算得是败而不溃。

唯从中甸、维西退回的部队，也是十分狼狈，大部分士兵把枪支子弹卖掉，沿途拉夫封马，要粮要草，纪律废弛。第五军在下关设收容所收容，然后送往昆明集中。

（四）霍乱流行

随着战争的蔓延，滇缅边境地区发生霍乱传染病，在保山地区尤为严重，民间都叫它做“瘟疫”。滇缅边境地区，夏季就是雨季，天气忽雨忽晴，特别暴热。从缅甸撤退回来的溃军，特别是难侨，以及从沦陷区逃出的难民，在战乱之中，昼夜奔逃，日晒雨淋，风餐露宿，不得休息，不得温饱，生活条件十分恶劣，更谈不上什么卫生和医疗，所以霍乱首先在难侨难民之间流行，接着溃军也传染上了，他们经过的村庄也就很快传染开了。保山驻军传染上了霍乱，弄得人人自危。从缅甸逃回国的华侨数以万计，他们冒着敌人的炮火逃出战区，劫后余生，本可庆幸，但又遭到霍乱的袭击，多数人又无医药治疗，因此死的人很多。有的全家死在一堆，有些死尸被遗弃在路边沟壑里；呻吟哀泣之声，处处可闻，其状至惨。

第十一集团军指挥所曾命令保山县长，动员当地医疗机关全力扑灭霍乱；但因当地医务人员大都在战况紧急时逃往下关、昆明去了，霍乱在军民中流行很快，很难控制。当时我和军医娄滨汶来到惠通桥前线，娄医官拿“大健凰”进行救治，收到了奇效。指挥所的一个传令班长，就是这样医好的。这个方法立即在部队中推广，发挥了很好的作用，不少居民也得到挽救。此后，霍乱还沿公路一直流行到昆明，下关、大理一带尤为严重。此次霍乱流行，仅保山一地就死了几千人。

（五）善后之灾

保山人民遭到战火兵灾和瘟疫的重重浩劫，生命财产损失惨重，地方元气大伤。保山县长刘言昌（是国民党军政部长何应钦的亲老表，仗势欺人，异常跋扈）借口办理善后事宜，召开了镇长会议，摊派大量款项。保山有 36 个乡镇，每乡镇摊派 3 万元，共 108 万元，当时约折合黄金 1000 余两。这笔巨款除了用于救济难民的一部分外，大都装进了私人腰包。各乡镇长又借摊派善后款项的机会，追加派款，大肆敲诈，老百姓的实际负担就不止 108 万了。

这里应当特别提到的是，在滇西作战中，保山人民贡献人力物力财力，尽到了最大的责任。十来万军队需要的粮秣，多半由保山就地筹措，部队运输需要的马匹民夫，大部向保山人民征调，前线构筑工事需要的木石材料，也大都向保山人民索取；惠通桥附近一带的老百姓，甚至把门板也抬给部队做工事。部队住的房子，吃的蔬菜肉食，无一不仰给予保山人民。这对滇西抗战的胜利，起到了决定性的作用。

畹町撤退经过

李志正*

1941年，日本采取南进政策，进军泰国，并占领越南。为了彻底打击英军，并截断我国国际运输线，1942年2月间，日军以十多万的兵力进攻缅甸，中国应英国之请，组织远征军，入缅作战。3月8日，缅甸首都仰光沦陷；4月29日，腊戍又告陷落。日军沿公路向我国国境长驱直入，5月3日进入我国边防重镇——畹町。当时我任云南省畹町警察局局长，兹将畹町撤退经过，记录于后。

畹町概况

畹町是我国和缅甸交界的重要地方，是滇缅公路咽喉，归潞西遮放土司管辖。那里有一条畹町河，河东为中国畹町，河西为缅甸九谷，两个边防重镇，遥遥相对。原来仅有一家人卖茶水，滇缅公路修通后，就逐渐繁荣起来。由于地形和气候限制，卫生条件很差，传染病流行，因此居民不多，机关、商店、旅馆占的比重甚大。行政机关仅有一个警察局（直属云南省警

---

* 作者时任云南省畹町警察局局长。

务处领导），管理地方行政，另驻有中央宪兵一个连。其他多属交通运输机构，如检查站、车辆管理所、公私停车场，还有海关、税局、银行等。房屋均系傣族式的竹架草顶临时建筑。抗战期间，我国东南部大半山河沦陷敌手，海口完全丧失，只有畹町为唯一的国际交通要道，一切外国物资全由此处进口，输出也全靠此地。因此畹町繁荣一时，投机官商大发国难财，畹町自然成为他们角逐的场所。1942 年，畹町人口激增至 1 万多人，不过流动性很大，车辆进出频繁，据调查每两分钟就要出入汽车一次。特别是日本侵略军进攻缅甸时，人口和车辆进口得更多了。由于只有两条街，全长不过 3 公里，更显见得拥挤了。

畹町撤退前的混乱

1942 年 3 月 8 日，缅甸首都仰光失守后，日本侵略军的箭头指向下缅甸，逐步推进，企图侵入中国境内。国民党组成的远征军（第五军、第六军、第六十六军）日夜车运入缅，大军云集，畹町人民寄予莫大希望，认为可以抵挡一阵。不意远征军和英国军节节败北，日军进展甚速，缅甸华侨纷纷逃难回国。由于到达畹町后，人车应办理入国手续，因人车太多，国民党车辆管理机关手续繁杂，所以在畹町等待的人车与日俱增，形成窒息状态。国民党战败的散兵游勇回到畹町，治安秩序紊乱不堪；更有日本派入的汉奸作祟，抢劫杀人案件，层出不穷。严重的是汉奸三次纵火，畹町房屋烧毁过半，连警察局也未幸免。

4 月下旬，归国华侨越来越多，一般坐汽车而来，有的步行回国，因房屋烧毁，不能容纳，许多华侨风餐露宿。进口的汽车为数甚巨，加上昆明公私车辆前来畹町抢运物资，畹町盛极一时，秩序混乱，来往行人和车辆，挤得水泄不通。

畹町的机关和商人纷纷撤退，有的货物、家具什物无人照管，遍地皆是，以棉纱、棉花、铁钉和汽油等笨重物资为最多。中央资源委员会待出口的桐油有数万桶，损坏的大小汽车而一时又不能修复的抛弃路旁，为数甚巨。

当时谣言甚多，有的说日军只离畹町数十里，有的说日军便衣队已进入畹町，风声鹤唳，人心惶惶。

交通部长亲到畹町主持撤退

国民党当局眼看形势不利，畹町物资和车辆须设法撤退，乃于4月27日派交通部部长俞飞鹏前往畹町主持其事。俞飞鹏到达畹町后，召集了一个紧急会议，出席的人是畹町检查站长、车辆管理所长、警察局长、宪兵连长、海关和税局负责人、资源委员会畹町负责人及其他有关的数人。这个会议在检查站召开。我得知俞飞鹏来到畹町的消息，为表示对他的尊敬，特派出警戒人员予以保护，特别是在开会过程中，会场周围加派警戒人员。这个会议由晚8时左右开起，开到夜间12时结束。会上各单位汇报敌情及畹町一般情况，更多的是谈畹町当时的车辆、华侨及物资数目和拥挤情况，然后是研究如何疏散问题，最后决定几个原则（这几个原则也就是俞飞鹏的指示），分述如下：

（一）宪警加强维持地方治安秩序，防止汉奸及其他犯罪分子趁机破坏（当时宪警也无能为力，仅会衔出了一个紧急戒严的布告，内容是什么纵火者斩、抢劫杀人者斩、造谣惑众者斩等等。但人数众多，情况复杂，混乱已极，这个布告形同具文，未发生一点效果）。

（二）大力撤退公私物资，以免资敌。在畹町的车辆，装上货物，立刻开走，到达保山卸货，车再回畹町，继续抢运。规定汽车日夜行走，不得耽搁；贵重物资先运。

（三）疏散华侨，劝告有车的人立刻开出畹町，无车的人步行，向保山撤退。

（四）关于进口车辆及货物，责成车辆管理所、海关及税局放宽尺度，赶办手续。

（五）资源委员会运到畹町准备出口的桐油约8万桶，无法运回，决定予以破坏。破坏方法：雇人用斧头在桶盖上砍开一个缺口，推倒在地，让其自行流出。这样既节约人力，又节约时间。

这几个原则决定后，俞飞鹏最后说："蒋委员长派我前来畹町撤退物资，现在日本军队距离畹町尚远，还有时间可以争取，希望大家加倍努力，务必完成任务。国难当头，是我们为国家效力的大好机会。"会议结束后，各单位分头进行。

俞飞鹏住在遮放，开完会就走了。以后每天晚饭后才来畹町处理事务，处理完了，又回遮放，原因是遮放比畹町更安全些。

俞飞鹏的撤退原则，执行了两天，效果不大。特别是车辆和华侨进口者更多，拥挤不堪，车辆货物进口手续并未简化，有关人员虽漏夜赶办，也无济于事。俞飞鹏 4 月 29 日来到畹町，根据当时情况，迫不得已才下令所有进口车辆、货物，在畹町一律不办手续，到昆明后补办。但滞塞已久的车辆，同时开出，争先恐后，更为拥挤，三步一停，五步一站，汽车比人走还要慢若干倍。

4 月 29 日腊戍已经沦陷，5 月 1 日日军距离畹町更近了。晚间俞飞鹏再来畹町，这时电报局及银行、海关的电台都已撤走了。我向俞飞鹏报告："现在情况紧张，又无法向云南省政府请示，今后我应该怎么办？"他答："你明后天斟酌情况撤退回去，我到昆明时和龙先生（指当时是云南省政府主席的龙云）讲一下。"我早几天就想走了，恐怕上级说我擅离职守，不敢行动，但也有所准备。我派警察在九谷到畹町的一股小路上，扣留得一辆大卡车（这辆车是一个贵州商人，派他的司机到九谷盗运物资，瞒关瞒税，被我查着说他是走私车辆，因而扣下来），扣车的目的，是准备撤退时载运我全局官警之用。另一个打算是，如果时间紧迫，不能乘车，即走小路，只携带武器弹药，其他一概不要。我得到俞飞鹏的指示，第二天即 5 月 2 日，所有的机关都走光了，只有宪兵和警察，其他还有无数的华侨。当天夜间，风声更紧，说日本军队只离畹町十多公里，前面没有部队阻拦，畹町亦未设防，惶恐万状，这时宪兵先走了，我也决定走了。先到遮放，在土司衙门见到俞飞鹏，报告了撤退经过。他说："没有你的什么任务了，你走吧！至于放火烧毁畹町的物资，我已派宪兵回去执行。”5月2日夜间3时许，宪兵一个排，坐着一辆大卡车，回到畹町，打开几桶汽油，沿路放火烧仓库，因宪兵行动慌张，未能完全烧掉，但汽油棉花着火，火势十分猛烈，畹町撤退算是完结了。

我在5月2日夜间11时许离开畹町，因途中车辆太多，无法开快车，3日上午10时到达龙陵，龙陵虽然紧张，但不知前面情况。龙陵县税局局长兼兴文银行经理李方柏，在我去畹町时，热情招待，并派车送我去畹町。我顺路跑进县城，做了一个人情，告诉他日本军队已经距畹町不远，我们已经撤退回来，说我无法报告省府，希望他由他的电台报告一下，说完我即离开。他当时去找龙陵县县长杨立声，将我说的情况谈了，杨立声立刻电报省府主席龙云，其中说到我已由畹町撤退到龙陵。在5月4日省务会议时，还研究了这一情况。会后报中央采取紧急措施，调动兵力，西上御敌。

畹町到保山全长300多公里，我由5月2日晚从畹町出发，至4日下午1时，才到达保山。日夜不停地走，共走了两天两夜，可见车辆拥挤的情况。

保山被炸

日军进入畹町后，企图沿滇缅公路直捣昆明，所以在5月4日下午1时半，派27架轰炸机轰炸保山。当时保山没有防空设备，敌机突然袭击，全县人民未能及时疏散，当时被炸，死伤在1万人以上。本来保山县城五天一街期，这天不是街期，但有四五万人赶街。因为这几天来，从缅甸撤退出来的华侨，沿街设摊售卖货物。保山是个大县，有30多万人口，四乡农民不约而同地前来争购便宜货。下午1时半，正值热闹之时，突遭空袭，同时27架日机除编队轰炸外，又分散低空扫射，因此死伤者众。我当时因车辆拥挤，不能进城，汽车停在保山县南关，空袭后，我立刻进城看我父亲（因我是保山县人，我父亲在城内），沿途看见被炸伤、炸死的人，东歪西倒，哀号呻吟。尤其是正阳南路吴家牌坊附近，尸体堆集如山；南门街上水河的小河中，尽是血水，惨不忍睹。半月后我又回到保山，已变为死城了。除几个武装士兵外，没有一个居民，尸体臭味扑鼻，其凄惨状况，言语不能形容矣。

日军进入国境

1942 年 5 月 3 日上午，日军先头部队一个中队 200 余人，分乘装甲汽车，进入我国境内畹町，国民党军队无兵力防守，未受任何阻挡，长驱侵入。日军 5 月 5 日到达怒江边惠通桥，占领怒江西岸高地老六田。惠通桥是横跨怒江的一座吊桥，桥的两岸是高山，形成极深的峡谷，地形险峻，真是难于飞渡的“天堑”。日军占领的高地，峰峦起伏，比较容易隐蔽，又能控制对岸。东岸则绕山筑路，形成“螺纹”，汽车随路运转，由桥至顶，路线甚长，目标很大。因此，日军架起炮来，专打先头车辆，前面的打坏了，将公路堵住，后面的就无法行驶了。这时日军的小炮、机关枪对准东岸的人和汽车，尽情射击，打死的人很多，有的人沿江边逃命，所有的车辆与货物都丢在公路上。护守惠通桥工兵署的工兵，见此情况，生怕日军过江来，就把桥炸掉。正在这紧急情况下，国民党军第三十六师奉命西上击敌的先头部队一个连，到达惠通桥，见对岸已发现敌人，立即跳下汽车，摆开阵势，开枪还击。接着该师队伍陆续到达，沿江布防，构筑工事，隔江对峙。日军先头部队到达惠通桥，与大本营距离太远，又遇到对岸阻挡，不敢冒进，就在老六田停下。以后企图强渡几次，幸惠通桥已经炸断，并有第三十六师沿江布防，未能得逞。日本军又分头占领腾冲县和龙陵县，腾龙失陷。隔江对峙的局面，保持到抗战胜利前夕，消灭了日军五十六师团，才告结束。

5 月 4 日夜间，日军到达惠通桥的消息传到保山，驻在保山的云南地方部队第六旅，在旅长龙奎垣主持下，放火烧毁正阳南路一条街。该旅官兵趁火打劫，首先是抢银行，其他商号富户无一幸免，小户人家也不放过。放火及抢劫后，就撤出保山，逃到永平、下关一带。事后被保山人民告发，中央军也提出了意见，龙云不得已才撤去了龙奎垣的旅长职务，并将该旅调离保山。龙奎垣回到昆明时，龙云曾将他扣留在云南宪兵司令部，名为查办，但不数月就把他放出来了，继续作恶。新中国成立后仍继续与人民为敌，组织暴乱，1950 年才被人民解放军击毙。

畹町警察局撤出后，我到昆明，向云南省警务处处长李鸿漠请示，指示我回到保山一带待命，随军进退，形成“流亡政府”。我在保山住了一年多。当时宋希濂的第十一集团军驻扎保山，滇西腾冲县人李根源，也由昆明回到保山，协同我军防范日军进攻。我曾请示李根源、宋希濂，他们指示我暂住一时，随时联系。1943 年 7 月间，畹町警察局奉令撤销，人员武器归并下关警察局，我调回昆明工作。

滇西敌后军民抗战纪实

常绍群*

第二次世界大战开始后，日本军国主义者实行南进政策，于1940年5月侵入东南亚各国，对中国进行包围，妄图一举并吞中国。因此，第六十军奉命由赣北调回云南南部一带布防。当时我任第一八四师师部副官处副官主任，因事到昆明。适值日军由缅甸侵入我滇省腾冲、龙陵八县局，全省为之震动。我与朱嘉锡（龙陵县象达人，曾与我在国民党中央军校军官高等教育班第八期同学）在昆相遇，谈论腾龙沦陷事。他说他愿毁家纾难，深入敌后组织民众抗击日军，并说他已向昆明行营龙云主任请愿，得到批准，颁发番号为“昆明行营龙潞区游击支队”，委任他为游击支队司令兼龙陵县县长，约我任他的副司令兼潞西设治局局长，共同过江杀敌。由于我有要事在身而又是现职人员，不便骤然答应，但因我俩交情较深，在昆期间，我确协助他筹措一切。不料被当时的第一八四师师长万保邦知道，大为愤怒，即派师部少校参谋李佑来昆捆我回部，李未执行，敷衍了事。此时，有地下党朋友由重庆或桂林回到昆明，朝夕相处，受到一些熏陶，使我深深感到要做一个真正的人，才有价值，于是决定辞去副官主任职务，另谋出路，得到批准，遂

* 作者时任昆明行营龙潞区游击支队副司令。

在昆明闲置下来。到了是年九月中旬，朱嘉锡由滇西敌后回到了昆明，特意来我寓所谈及他过江后的种种情况，一再约我前往怒江西岸赞助一切。此时，地下党朋友张子斋同志亦对我大加鼓励，并表示同去，我答应了朱（临行张因故未去）。我即于 1942 年 10 月上旬离开昆明，前往滇西参加敌后游击，直到远征军反攻收复腾龙及至日本投降。

因为我们是在滇缅公路以南的龙陵、潞西一带活动，反攻前几个月才冲过公路深入腾南各县局游击，消息闭塞，知者很少。兹特将滇西敌后军民抗战的实际情况，如实地写出来。但因事隔四十多年，难免有错误遗漏的地方，敬请知情者给予指正。

一、朱嘉锡在昆明时的筹组工作

装备方面：昆明行营对朱嘉锡只发一张委任状，一颗龙陵县县印，一颗游击司令关防，五万分之一的龙陵一带军用地图。在武器装备上，只发给十多支云南兵工厂仿造的七九步枪，几十颗地雷，一部电台，几万发步枪子弹，几十箱手榴弹。其余的都是朱嘉锡把以前加入“茂恒商号”的股金全部取出来，自行向云南兵工厂购买仿造七九步枪 30 支，向私人购买俄造雪克加立夫式转盘机枪 3 挺，黄色炸药和手榴弹若干，以及其他军需物品。

组织训练方面：

1. 从干部来说：一是由朱嘉锡聘请的云南陆军讲武学校第十九期毕业的军官罗小池、郑作舟，云南大学外文系讲师甘襄庭，由朱嘉璧介绍的军校第八期学生金完人，中央军校昆明分校第五期军官训练班毕业的王开秀等人；二是由第六十军跑来投效的军官刘叔良、萧光品、梁国兴、马仲义等十余人；三是龙陵县旅昆高初中学生，请求回乡参加游击的方南天、张健秋、钟品贵等十余人，知识青年自愿投效的司正培、王嘉和等数人。

2. 大队长以上人员初步分工：罗小池任支队部参谋长，甘襄庭任支队政治部主任，郑作舟任支队部副官主任，刘叔良任军械主任，钟品贵任支队部军需主任，陈子章任秘书，张健秋、方南天等青年学生均在政治部工作（军医主任及电台台长记不清了），金完人代副司令兼第一大队队长，王嘉和任摄影师。

罗小池临出发时未去，由郑作舟代理参谋长，刘叔良改任副官主任。

3. 训练方面：在昆明筹组期间，朱氏把全部参加人员集中在昆明西部海源寺自己的朱家祠堂里面，施以短期的训练教育。由罗小池、郑作舟、金完人等讲授一般的战术和战斗方法；亦初步试探讲解斯诺《西行漫记》里的红军游击战术以及谍报方法；由萧克品讲爆破方法及投手榴弹方法；由甘襄庭讲授抗战形势和保家卫国的重要意义以及政治宣传方法等等。大约在昆明筹组一个多月，朱氏即偕同金完人、郑作舟、甘襄庭等数十人奔赴滇西下关，向驻大理的第十一集团军总司令宋希濂、驻节大理的云贵监察使李根源请示机宜。同时，朱嘉锡在下关拟写了《告龙陵、潞西民众书》，用石印印刷带去怒江西岸散发。此外，朱氏在下关收容一些散兵游勇，汽车司机十多人。逗留一星期即到保山施甸镇天王庙，在该处成立“龙潞区游击支队”和“龙陵县政府”。后方办事处先由杨渭廷任主任，后由朱嘉祥任主任。此时，怒江西岸各渡口全被敌人封锁，只有姚关酒房下面的打黑渡可以偷渡，但没有船只，杨渭廷（天王庙的富户）乃请工赶造木船一只捐赠，朱氏于六月底率部由打黑渡过江。

二、朱嘉锡过江后的行动

朱氏率部过江，挺进到龙陵县象达朱家村一带。象达是朱氏的老家，朱氏的父亲朱旭（字晓东），曾任过国民党军的师长、云南省民政厅厅长，声望很高，深得民心，因而龙潞区民众，特别是象达的老百姓对朱氏印象很好，对他所带去的游击队都很欢迎。

朱氏在象达驻定后，当地爱国青年自动献出原来远征军在缅甸失利后，沿途丢在民间的枪支五十多支，爱国绅士捐献步枪、手枪三十余支。同时，当地青年亦有不少的自愿参加。因此，司令部就编组了两个中队和一个警卫队。一个是克忠队（队长何克忠），另一个是家旺队（队长李家旺），警卫队（队长马仲义）。每队各有人枪约五六十支。此外，由王开秀率领队员十多人，在打黑渡东岸酒房地方设立联络站，负责供应转运及临时对伤员的救护等工作。

司令部工作人员和军佐人员虽多，但过江的只有参谋长郑作海，参谋郭震卿、司正培，摄影师王嘉和，青年学生张建秋、方南天、钟品贵等人。其余军佐人员全部留在天王庙后方办事处。

象达驻定后，司令部一面抓紧训练教育，一面抓紧摸清敌情，部署谍报工作。司令部除派出大批谍报人员向龙陵、潞西两县进行秘密侦察活动外，每天并派出携带手枪的谍报人员搜捕刺探我军情况的敌探和为虎作伥的汉奸。有一次抓着一个敌探，经侦讯后供出：龙陵方面，沿着公路的镇安所、黄草坝，直到江边都有日军，约有一个联队的兵力；潞西方面，除敌军主力驻在芒市、畹町及公路上的三台山、八角岭外，另有两个小据点，一个是猛戛（设治局所在地），另一个是猛旺（乡公所所在地），各据点只有一个班兵力。其余是在芒市的伪军，有时日军完全撤掉，由伪军驻守，日军每周来巡查一次就回去。

在部署谍报方面，参谋长郑作舟亲自作了如下部署：一、对象达周围方圆五十华里内都布置了情报网点，并由情报网点组织递步哨传达情报。二、注重保密工作：（一）把龙陵、潞西两县重要的军用地图的地名或高地都用数字代替，如平忧标号为第 1 号，平安山标号为 0.1 号等等；（二）部队番号第一大队用 101 队，中队用人名代替，如克忠队、家旺队、仲义队等等；（三）通信方法上，信封上和里面都用代号，不写真名真姓。写信的内容，表面上用毛笔写家常或经商情况，实际情况（是敌情或本部重要命令）是用白矾写在信的字里行间。双方接到信后，把信页漂在水盆里就可把真的内容看得清清楚楚了。这些方法一直用到反攻为止，没有出过问题。

（一）初次袭击猛戛敌伪

猛戛是潞西设治局衙门所在地，有三百多户人家，相当热闹，原设治局局长龚镇（南甸土司属官，日本留学生）于日军侵入芒市后即弃职逃走。因此，日军派行政班来猛戛组织维持会和伪军，由原石镇长当会长。猛戛伪军不多，敌军并未常驻，时来时去，但防守甚严，外围筑有堡垒和单人掩体，象达到潞西猛戛要走一二百里，稍一不慎就会在途中遇到敌人。于是，司令部决定，只派少数人去偷袭，由队员里挑选 10 人组成一个突击队，由艾振帮、万兴阶两人做向导，由普永达率领突击队，带着黄色炸药和轻机枪 1 挺，步枪 6 支，悄悄地进入猛戛，向日伪军营地前进。后被伪军发现，双方发生战斗，我军以密集火力向敌猛射。因为伪军一时摸不清我方的力量，惊慌失措，东奔西逃，我军很快地缴获了伪军步枪十多支，食盐、行李、毡子等物品，还夺得大马一匹，立即把食盐驮在马上，其余的战利品各人背的背、扛的扛便忙着撤退了。撤退时用炸药把敌伪碉堡炸掉，但因药力不够，只把碉堡炸个洞口。经过十多分钟的战斗，附近的敌伪军听见枪声即前来增援，猛戛被惊走的伪军也向我方反扑，从四面八方包围过来。此时普永达中弹牺牲了，大家背着普永达的尸体拼命地突围而出，紧急中把缴获的部分战利品丢失了，枪也掼断了几支，昼宿夜行地在潞西境内绕了一星期才回到龙陵象达。

（二）龙陵象达、囊洒间的伏击战

1942 年 7 月底，龙陵镇公所之敌约一个中队，向我象达驻地进攻，激战一日，我军不支，向平戛平安山撤退。从此，象达落于敌手，我军主根据地随即建立在平安山的前沿——平戛。数日后，日军三百余人由芒市出发向平戛前进，企图扫荡我游击队。得情报后，司令部决定由家旺队、仲义队率领精干队员十余人携带地雷数枚，在象达、囊洒间两公里的夹槽内埋上地雷，上面盖上 2—4 公斤重的石头，增强爆炸威力。等敌人先头部队通过后，我埋伏在夹槽上面松林内的队员们用拉线引爆，轰隆一响，我伏兵以手榴弹掷向敌军，加上地雷的杀伤，这样敌军伤亡十多人。敌人以机步枪向我伏击队伍进行疯狂扫射，我方阵亡队员熊维科一人，负伤数人。敌人未向平戛前进，而主动向芒市撤退。

（三）龙陵县猛卯、扬烟河的战斗

1942 年 8 月初，龙陵黄草坝的敌人约二百余人向猛卯、扬烟河出发，有迫击炮两门、轻机枪十余挺。司令部据报后，即派仲义队配合第八十七师的一个加强连（只两个排）的兵力，附轻机枪 6 挺，以急行军抢在敌人前面，埋伏在扬烟河夹槽的两侧山脚下。下午 1 时左右，敌军人马大摇大摆地进入我伏击的火网，马仲义中队长一声喊打，我方的机步枪、手榴弹向敌人猛烈射投。敌军遭到突然袭击，弄得晕头转向，首尾不能相顾，死伤五人，我方亦伤亡队员二人。我方立即向咬郎转移，约三十分钟后，黄草坝之敌前来增援，收抢伤亡者而回。

（四）龙陵县蚌渺的战斗

1942 年 8 月中旬初，黄草坝的日军，因屡遭我游击队袭击，认为猛卯、大桥隐藏着游击队，认为是该地的娄品兴做我方的情报工作的，对娄非常痛恨，乃出动数十人前来猛卯、大桥一带搜索，没有见着游击队，将娄品兴的两间房子烧掉而去。我仲义队队员十余人，附轻机枪一挺尾追其后。敌人行抵马加山前五华里内因走错了路，又折过头来时，马仲义队长在隐蔽处用机枪向骑马的敌军官扫射，当即把敌军官打下马来。敌人乱作一团，我仲义队忙向马家山转移。

（五）芒市——小水井间的伏击战

1942 年 8 月中旬，仲义队的分队长刘忠亮率领队员五人，化装潜入芒市附近公路侦察敌情，捉获敌伪中尉监工员一名后，立即转移到龙陵象达中间的坝竹。马仲义队长判断敌伪有可能向我夜袭，抢救被活捉的监工员，因此，仲义队即于夜间 12 点钟埋伏在龙陵坝竹通往芒市的小水井地方等候敌人。果然，晚三时半，敌军二十余人进入我伏击圈内，马队长立即下令射击，打死敌人两名，缴获步枪两支，敌军逃回芒市。

三、朱嘉锡司令由敌后回到昆明

龙潞区游击队的组成人员是复杂的，组织也不很健全。虽然渡江后人枪已发展到两百多，但由于人员复杂，环境恶劣，供给困难以及不懂政治思想的教育工作等原因，以致发生了叛逃等问题，游击队几乎瓦解。一是原龙陵县自卫队队长蒋三元率三十余人叛变投敌，被敌人委为先驱司令，为害不小，使我方遭受很大损失。二是仲义队拿获猛卯的大汉奸廖长发一名，解到司令部后交克忠队看守，但廖长发却在被押时做策反工作，唆使克忠队的队员于深夜把克忠队的中队副杨绍昆杀掉，把队伍拖走。司令部派家旺队去追击，途中分队长汪明清将李家旺杀害，带人枪七十余通过廖长发投敌，从此只剩仲义队的六十多人了。三是代理副司令的金完人陪同朱老太太到邓川县山上去招安土匪小霸王（名王振武，张结疤的余党），殊料被小霸王扣留要钱取赎，否则就要杀害。因此，朱嘉锡为了恢复实力及营救母亲等问题，只好请假到昆明来谋求解决。朱到昆明后立即到我寓所商谈，一再约我过江相助，仍然担任他的副司令。此时，思想进步的朋友们亦一再鼓励我到敌人后方去，并表示愿与我同往，我这才毅然决然地答应了他。朱即上报龙云主任，请委我为“昆明行营龙潞区游击支队副司令兼潞西设治局（即准备创造条件设立县治的区域）局长”。龙云立即批准。

四、我走上了滇西敌后游击的征途

我接受任命后，朱嘉锡催我先到下关、邓川去解决招安小霸王的问题，以便营救他的母亲。因此，我于 1942 年 10 月初随带传令兵 1 名，偕同朱的胞弟朱嘉品乘车前往下关。

小霸王是滇西著名大匪张结疤的残部。张结疤于 1930 年前后被第一〇一师师长张冲剿灭后，小霸王即在老家邓川县金家镇山上安营扎寨，不时出没于鹤庆、剑川、兰坪、云龙、河源等县，抢劫富户及行商，为害地方多年。抗战以后更加猖獗，龙云主席曾令地方各县联合会剿，收效不大。1942

年秋，朱嘉锡为了扩大游击武装，同意叫副司令金完人随同朱的母亲前往邓川招安小霸王，很想争取这个绿林武装，来增加抗战力量。想不到小霸王把朱母和金完人扣留起来，宣称要拿洋烟几驮才能释放。因此，朱嘉锡才叫胞弟朱嘉品陪我亲自到邓川县营救朱的母亲。但我们到下关时，小霸王已主动让朱母和金完人离开匪巢了，朱嘉品即回昆明，由我个人主持招安小霸王事宜。我同土匪素昧平生，要把小霸王匪部招去敌后打日本，不是一件容易的事。于是我做了深入的调查研究，并电呈龙云主席及电告史华专员。得到龙主席和史华复电准许我招安小霸王，限其一个星期离境。

我派原是我任第一八四师师部军械主任时的少校军械官张凤仪，到邓川金家镇山上向小霸王转达招安他的意图。我又去邓川县政府，取得县长赵际云的支持。经我上山做工作，小霸王王振武终于同意接受招安，带二百人随我过江杀敌。

我们到达天王庙后方办事处没几天，朱嘉锡司令由昆明回来了，又请来一位副司令叫李犹龙（弥渡人）、一位参谋长叫王叔湛（四川人），均是我们高教班第八期同学。另外又请来一位政治部主任王任之（上海人），也约有几个军官来，据说是李犹龙的同乡。最难能可贵的是朱氏很重视政治宣传工作，由昆明组织一个话剧团来，共有男女演员十多人，现在我只记得一位女演员马沙，男演员赖凡、胡涤，其他记不得了。

朱即另约来了参谋长、政治部主任等人，因而原来的参谋长郑作舟、政治部主任甘襄庭以及参谋司正培、摄影师王嘉和等就借机请假回昆明，脱离了游击队。

我到天王庙后，即抓紧时间对小霸王队伍和原有六十多人进行教育训练，主要是训练夜间搜索、攻击、防御、伏击、奇袭等动作及爆破技术；并派萧克品充任小霸王部的中尉副官，负责该队的军事训练工作。

朱司令到后，对现有力量进行整编，暂时建立第一、第二两个大队。第一大队长调副官主任刘叔良充任，第二大队长由小霸王（王振武）充任。不到半个月，朱氏就叫我先带第二大队由打黑渡过江。

五、我过江后的种种情况

（一）丢失关防

我率小霸王王振武部到达龙陵平安乡平头寨子的当晚，就向平头寨的保长匡正福了解周围的敌情、民情，还布置了警戒和情报网；次日亲自侦察了周围的地形和部署防御的兵力。平戛街子是龙陵或象达之敌来进犯我军的必经通道，我布置一个情报小组在平戛街上，并叫该组在平戛的前方左、右方都布置好情报网。不几日朱司令率领第一大队仲义中队和警卫队到达平头寨子。我和朱司令都依靠平戛街子情报组，而且我们又层层布防，所以高枕无忧，甚至连外衣都脱掉睡觉。谁知第二天半夜的时候，象达的日军和蒋三元的伪军共百余人开来平头寨子袭击我部，一直冲进司令部的院子里。听到噼噼啪啪的枪声时，我和朱司令才从梦中惊醒。朱司令提起二十响盒子到天井里向敌人射击，我随后赶来，眼看天井里已冲进了敌人，情况万分紧急，而我们的队伍已向后撤。我忙把朱司令拉出后门向后面高地转移，追上队伍，同到岔河郑保长家。天亮后，敌人把蒋家祠堂（司令部驻房）烧掉，折回象达。

事后，追究平戛的情报站，为什么敌人通过平戛不来报告？据答是大家都睡着了。平头前沿的警戒和布置好的防御为什么不阻止敌人前进呢？据答，小霸王的队伍，初次遇敌没有经验，被敌人吓慌了。

敌人来袭击时，我和朱嘉锡都只穿着汗衣而卧，把蓝布便衣上装脱下来挂在墙壁上。我的上衣口袋，左边一个装着支队司令部的关防，右边一个装着潞西设治局的关防。我俩一听见枪声就从床上跳下来，提起枪就往外冲，忘记了穿外衣，也忘记了上衣里面还装着这么重要的两个关防。没有这两个关防，在敌后凭什么来组织群众、治理民众呢？我俩急得没有办法，心情非常沉重。我细想一下后告诉朱司令：事到如今，千万要沉得住气，不能声张，我自有办法。

我想省政府和县政府的印信是用铜来铸的，至于所谓关防、钤记都是木头刻的，我们只要把档案上或过去用的公文上盖过的印信和关防模子拿来照刻，谁有闲心来研究你的印信是真是假呢？朱司令很赞成我的想法，由我去办。于是，我就暗暗叫小霸王队伍里面会刻私章的队员老杨照档案上和公文上盖过的关防蒙着刻下来，同时一再嘱咐要保密。一直到腾龙收复后，我交潞西设治局的事给新任局长赵清澄时，就是将这个仿造的关防移交给他的，一直用到新中国成立后改为县为止。支队司令部的关防，在我宣布独立时，把它丢在火里烧了。

（二）为了掌握敌情去打猛戛

为了掌握敌情，捉拿汉奸吕英，朱司令和我率领第二大队小霸王部去打潞西设治局衙门所在地猛戛。猛戛是芒市敌人的一个外围据点，长驻敌军一个分队，有时在，有时不在，主要是猛戛维持会石镇长及大汉奸吕英（湖南人，土司方克光的秘书），在猛戛主持一切，假如抓着吕英，就可全面了解敌情。因此，我俩于 1942 年 11 月下旬亲自去打猛戛抓汉奸。不料我部打进猛戛，并无敌人，维持会已逃走，我们就去围攻吕英家砖墙的住宅，费了一些力气才把吕英家打开。但没有抓着吕英，不得已才把吕英六岁、八岁的两个男孩背来做人质，随后送到昆明进学校（我们这样做了，使后来吕英在敌营为我们供给情报）。

（三）争取潞西猛板土司参加抗战

潞西的猛板土司级别很小，只能算得上是土千总，力量并不大。但从沦陷后，该土司的父亲蒋某和土司之弟蒋嘉杰投靠了日本人，在一个大山上住着。蒋家老土司和朱司令的父亲朱师长有干亲家关系（大略是土司蒋嘉俊拜寄过朱师长），两家有往来。朱司令了解土司衙门里有两挺重机枪、四挺轻机枪、百十多支七九步枪，算得上是一支力量，就打蒋家的主意。大约是 1942 年 12 月上旬，朱嘉锡先派人暗中活动，使土司衙门里掌握武装的队长晏必祥靠拢我们，然后率大队人马突然去猛板土司衙门会见蒋嘉俊土司。朱司令和他在衙门外见了面，热情地握手叙旧。朱对蒋土司直截了当地说：

“我来看你的目的，主要是邀约你参加打日本鬼子，政治上请你代理潞西设治局局长（谈到这里，朱介绍我就是龙主席新委的局长），因他要带兵打仗，忙不过来，军事上由你成立一个游击大队，归你的人自己带领，你认为如何？”蒋土司当即推卸无力参加，并说他没有什么武器等等。朱就把他有些什么武器和数字都说了出来，蒋土司大吃一惊，总是推托。朱说：“你们大队长晏必祥都愿和我们打日本人了，你不干，他也要来参加，不信你可叫他来问问。”于是土司喊晏必祥来问，晏表示愿意干。蒋土司不得已答应参加，准许晏必祥把武器（除留机枪一挺，步枪十多支保护土司衙门外）带来成立为第三大队。不几天晏必祥把队伍带来平戛参加了我军。

（四）潞西小平河战斗

1943 年 4 月中旬，朱嘉锡率队到潞西小平河一带去活动。到小平河时，据报芒市之敌即将出动来平戛一带扫荡我军。朱司令即派队在葫芦口一带分段伏击，殊料敌人到葫芦口时，先用大炮和重机枪威力搜索，然后用尖兵逐步搜索前进，致使我伏击部队在葫芦口站不住脚，只好撤退到小平河一带待命。随后朱司令又决定在小平河附近堵击敌人。芒市之敌果然向小平河扑来，与我进行战斗。另有一部分敌人则由芒市的猛旺上来，迂回到我军的侧背，致使我腹背受敌，我军只得慌忙地向木城坡、万马河、平安山一带撤退。潞西民众自卫大队（即潞西青年救亡团）未能撤出，与敌苦战几个小时后才摆脱了敌人。在突围时，大队长杨焕南被敌人冲散，跑去山上躲在老百姓的窝棚里面，后被敌人掳去，强迫他带路去木城坡追击我军。杨大队长走到悬崖时就纵身跳下，敌人又补了他一枪，杨大队长壮烈牺牲。我部全队官兵莫不痛哭。敌军撤退时把小平河寨子完全烧光。

（五）组织龙潞区经济委员会，保证我军供给

自从“潞西青年抗日救亡团”参加我军后，游击队的力量壮大了许多。潞西的投敌土司们已在暗中归顺我们，龙陵的绅士和乡保长们对我军比以前要好得多。我向龙陵的一些区乡长和潞西的芒市、遮放、猛板各土司提出由

龙陵、潞西两县控制区组织经济委员会，按规定供应我军的粮秣和必要的经费，减轻老百姓的负担，得到了潞西各土司的承诺。芒市方代办方克光派来李济宽、黄世铭两人为代表，遮放土司多英培派来杨春焯、刘盛景两人为代表，猛戛土司蒋嘉俊派来晏必祥、明乡长（小平河乡）两人为代表，龙陵由绅士杨秉衡为代表，齐到平戛司令部开会讨论组织经济委员会的问题，得到了与会代表一致赞成。会议决议：一、龙陵只有平安乡是游击队的控制区，游击队经常出入，而敌人亦常来扫荡，民众的负担太重，免去负担。二、对游击队的粮秣（包括副食）供应，潞西三司都负责，到哪司归哪司供应不误；对游击队官兵的零用经费三司按规定平均负担，按月实报实给。三、游击队官兵的零用开支，暂行规定队员每人零用钱半开银币二元，菜金一元五角，班长同；分队长每人零用钱三元，菜金与队员同；中队长零用钱四元，菜金二元；大队长零用钱五元，菜金三元；大队部公用费三元；支队司令零用钱六元，菜金四元；支队部公费五元（支队副司令、参谋长零用钱、菜金与支队司令同，支队部各处主任零用钱、菜金与大队长同，各处干部待遇与中队长同，勤杂人员待遇与班长或队员同）。四、宣传费、情报费、招待费，实报实销。

（六）保卫平戛秋收的战斗

龙陵县平安乡的平戛街，是平安乡唯一的集市，周围都是丘陵地带，形成一个较小的盆地，宽约十华里，长十几华里，可种稻谷，周围山上则种包谷、荞麦。因此，我们和敌人都很重视这块盆地。每当老百姓在平戛这块稻田耕种或收获时，敌人都要来捣乱。我们为了维护民众的利益和游击队的粮食来源，采取了一些措施：在春耕时对本地的游击队员全部放假，带着枪回家种田，并派一部分队伍在平戛附近保护他们种田，敌人来了就打，争取时间把秧插下。秋收时，就派队伍保护秋收。1942 年朱司令在时就是这样做的。1943 年的 10 月上旬末，平戛的稻子快要割了，我判断今年敌人一定要来抢收割的粮食，下决心要保卫平戛的秋收。我召集各队队长和第八十七师的加强连开会商议，大家一致同意坚决保卫平戛民众的秋收，采取攻势防御的阵地战和运动战相配合的战术，无论如何都不能让敌人进入平戛抢走粮食。要求民众务须在三天时间内，把稻谷抢收后运上山并藏好，军民要一条心干下去。决定：第一，由第一大队和第二大队前往胡家寨（离平戛三十多华里，是龙陵敌人来平戛必经的地方）构筑防御工事，负责防守，阻止敌军进入平戛，统一归第二大队长王振武指挥。第二，由第八十七师加强连傅连长带部队活动于胡家寨的左翼，我部第三大队活动于胡家寨的右翼，展开游击战，要求不让敌人由翼侧冲进平戛；第四大队位于陈家寨附近构筑工事，作为预备阵地，司令部驻于平戛右前方的安洞地方。各队受命后，均立下军令状，谁放进敌人，谁负责任。

各队进入阵地，刚把工事构筑完毕，象达之敌三四百人即向我胡家寨进犯，被我防守部队迎头痛击。敌反复向我进攻，均不得逞，我左右两翼的游击队伍立即夹击敌人，敌人无法前进一步。战斗到第二天下午，敌人不支退去，我部完成了保护秋收的任务。

无人区的斗争

日军在中国制造千里无人区

陈　平*

1941 年秋季，八路军冀东部队隐蔽开进热南山区之后，给华北方面日伪军造成错觉，以为冀东的八路军已不足为患了，伪报上说：只有几个八路军在长城上哭呢！而伪满方面日伪则大为惊恐，称之为“共产党对满洲国的第三次进犯”。面对着共产党八路军连续三次“进犯”，热南、热西抗日烽火已成燎原之势，经日本关东军从上到下紧锣密鼓的策划，从 1941 年 5 月开始，在其所谓的“西南国境线”上，大规模制造“无人区”。

“特别肃正”

长城线上抗日游击战争的发展，使伪满洲国最高主宰——日本关东军司令部如芒刺背。适值 1941 年 5 月开始，华北方面日军动员 4 万余兵力对冀东发起“扫荡”进攻，日本关东军遂趁火打劫，于 5 月 17 日，由关东军宪兵司令部发出《西南地区特别肃正》作战命令。在其“要领”中指明“肃

*　作者系亲历者，又经过采访多名亲历者和当事人后撰成此文。

正”重点地区为丰宁县西南部，滦平县西部，兴隆及青龙县西南部。并强调要采取“治本措施”，即“建立集团部落，建立警备道路、警备通讯及部落防卫设施”。

如前所述，八路军冀东部队第12、13团在夏季反“扫荡”受挫折后，于8月间突然开进热南，而且迅速打开局面，粉碎了日本关东军的“西南地区特别肃正”计划。日本关东军防卫司令部遂于9月15日发布实施《时局应急西南特别肃正》作战命令，其“要领”中指明，实施地区扩大到热河全省，重点为丰宁、滦平、兴隆、承德、青龙5县。并再次强调进行集家并村，建设集团部落为“治本工作之重点”内容。

为了实施此项“时局应急特别肃正”命令，日本关东军司令部曾在伪满中央机构中进行总体动员。据日本战犯、伪满铁路警护军少将参谋长原弘志供称：

“1941年（我记的是10月），我以总监部警备科长的身份，奉总监藤井贡一之命令，出席了关东军防卫司令官山下奉文所主持的有关西南地区肃正工作指导会议。这个会议在长春关东军防卫司令部举行。出席者有伪满政府中央机关代表约20名。由最高参谋长片仓忠指导了这次会议。他报告说：‘热河的治安对伪满洲国来说是一个后患，所以一定要彻底肃正。但肃正工作是由现地机关负责实行，作为中央机关来说，必须鼓励及满足他们在人员、资财、经费等方面的要求’。”

根据日本关东军防卫司令部的命令，从1941年下半年，就从伪满各地向热河全境特别是“西南国境线”增派兵力。为了有力地推行集家并村制造“无人区”计划，将在东边道进攻东北抗日联军、大搞“集家并村”的军政骨干全部调到热河，对热河省伪机构实行大换班。原伪通化省警务厅厅长岸谷隆一郎升任热河省次长；通化省伪警务厅长皆川富之亟调任热河省警务厅长；通化省伪协和会副本部长户仓胜人调任热河省协和会副本部长兼事务长；通化省伪第八军管区司令官吴元敏调任热河省第五军管区司令官。与此相适应，对所有伪军、政、会下属机构都得到充实，在制造“无人区”的重点地区如滦平、兴隆、承德、青龙等县的伪县长、警察署长、协和会长等要职，也大部换成由东边道等地调来的骨干人员。

在调整政权机构的同时，军事力量更得到加强，日本关东军第一〇八师团第九独立守备队进驻热河各地，伪满洲国军除第五军管区下辖的 3 个旅外，又从其他军管区调来 14 个团，分驻各地，作为机动兵力。还将原在东边道专门进攻东北抗日联军的 12 个省辖警察讨伐大队全部调来热河省。这些讨伐大队实际上是伪满洲国的机动讨伐队，哪里战事吃紧就调到哪里去。这些讨伐队成员极为复杂，大都是叛徒、惯匪、流氓、烟鬼等没有人性的亡命之徒，其骨干都是受过特种训练的汉奸、叛徒。他们在东边道地区进攻抗日联军和制造“无人区”过程中，疯狂之极，双手沾满了人民的鲜血。

在制造“无人区”的重点县又先后组建起许多县属警察讨伐队，计：青龙县 8 个、兴隆县 13 个、滦平县 8 个、承德县 5 个、平泉县 2 个。

省讨伐队相当营建制，县讨伐队相当连建制。省讨伐队为机动兵力，重点使用于制造“无人区”的重点地区，县讨伐队主要分片负责本县境内的集家并村。

“无人区”化政策

遵照日本关东军防卫司令部和宪兵司令部的命令部署，于 1941 年 9 月间，日军西南防卫司令部制订出《时局应急西南特别肃正计划》，承德日本宪兵队本部拟定出《国境地带无人区化》实施方案。

从其《国境地带无人区化》方案中可以看出，日本侵略者对制造“无人区”的措施，已从过去战术性的对策提高到战略的“治本”方针的高度认识了。文中分析说：“中共现在所采取的对日战略，是扩大强化抗日民族统一战线。为了坚持抗战，获得最后胜利，积极地动员民众参加协力于抗战工作。在政治方面，使之拥护抗日政府，支持抗战政策；在经济方面，使之担负军需之供给，确保战争所必需的物力；而且在军事方面担负起兵力补充及支援军事行动，以获得武装斗争的胜利。”“所谓集家，即将可能成为敌人游击区的国境地区内的居民，集结于我方据点，或其近旁地区，使之与敌人的活动完全隔离，而由我方掌握控制，乃可彻底封锁扼杀敌人之所谓人力、物力的动员工作。”

在日军另一份文件中还有一段露骨的分析：“鉴于冀热察国境地区当前的情势，其根本第一要谛，无论怎么说，也在于匪民分离，这也几乎是担负保安重责之吾人，在灭共对策上最应建立功绩之处。”“民众的支持，乃是彼等的依靠，这样就能切断其与民众联系的纽带，救命之纲绳，此实乃致命的打击。”（1942 年 10 月 29 日，承德日本宪兵队本部《灭共对策资料》）

这里可以清楚地看到，日本侵略者对于中国共产党的抗日民族统一战线，依靠人民群众反抗日本侵略的政策、策略，是十分害怕的，对其说来是致命的。因此，日本侵略者妄图以制造“无人区”隔断共产党和抗日武装与人民的联系，彻底消灭抗日力量。

根据日本关东军司令部命令的部署，于 1941 年五六月份开始，热河省日伪机关即着手拟定计划和进行大规模集家并村的准备工作。从日本文件中看到，计划制造“无人区”的宽度，大体上从长城线计起，步一日之行程，大约为 25 或 30 公里。而东西起止点没有查到文件依据，据多年来多方调查表明，这次大规模集家并村制造“无人区”，主要是在丰宁、滦平、兴隆、青龙几个县境内实施的，大致西迄丰宁县西南部千家店、红旗甸一带山区，沿长城线向东，经滦平、兴隆，至青龙县青龙河西岸，总面积约 1 万平方公里。总之，就是从 1939 年以后，所有在伪满热西、热南辖境的抗日游击区，全部划为“无人区”，并沿长城构成一条战略封锁线。

所谓“实验区”

热河日军西南防卫司令部和承德日本宪兵队本部拟订出大规模制造“无人区”的规划后，于 1941 年冬和 1942 年春，在滦平、青龙、兴隆等县搞建设“集团部落”的“实验区”。

1941 年冬和 1942 年春，滦平县日伪机关在于营子和吴栅子两村相继搞建设集团部落“实验”。于营子搞得比较潦草，在吴栅子搞得很细致，由伪县长亲自督办，一切建筑都按照伪满洲国民政部训令第九六九号《关于集团部落建设》通告的规格施工，号称“模范部落”，命名为“安乐村”。浪费了许多人力物力，造了许多假象，并请来伪满洲国一位大臣视察，还拍成电影纪录片，到处播放，作欺骗宣传。

1941 年 8 月，伪青龙县政府宣布大地村（现属宽城县）为集团部落“实验区”。当即成立“集家工作指导部”，由日人副县长西岛宽任主任，下设武装班、巡视班、拆房队等。调集几百名日伪军警进行武力镇压，限令大地村所属 22 个自然村的群众 10 天内拆毁家园，搬进大地、熊虎斗、木匠屯 3 个集团部落。自己不拆的就纵火烧毁，拒绝进集团部落的就抓捕、屠杀。折腾了一个半月，22 个村庄被夷为废墟，1800 口人被迫离开家园热土，被驱赶进了部落。集家完成后，立即划定部落 5 公里以外为“无住禁作地带”，面积约 40 平方公里，占 22 个自然村总面积 90%以上，荒废了大量耕地。

1941 年冬季，兴隆县日伪机关又在横河川重点实行集家并村，并建设集团部落。

日伪鉴于 1939 年和 1940 年两次小集家的失败教训，对这次集家进行了周密安排，把集家点定在靠近半壁山中心据点的靳杖子，并修通汽车路，建设集团部落，派驻伪警察讨伐队驻守。

这次划定的集家区总面积约 750 平方公里，包括 70 多个自然村，1200 多户，6 万多口人。而靳杖子集家点位于集家区的最南端，所以绝大部分村落都距靳杖子在 5 公里以外，最远的相距约 30 多公里。可以想象，在一个集家点上集中这么大范围的众多群众，是根本不可能的。于是日伪就划定距靳杖子以北约 5 公里的一条山岭为界，岭南为“无住地带”，强行集家并村；岭北为“无住禁作地带”，彻底摧毁。这片“无住禁作地带”，面积约 600 平方公里，包括 60 多个自然村，约占整个集家区的 80%。

大集家

1938 年以来，八路军几次从平西根据地向冀东和热河地区的推进，都是以热河西部滦平、丰宁、密云地区为突破口和交通走廊的，而冀东地区与晋察冀和平西根据地的联系，也是通过这一带的地下交通线的。伪满方面日伪军为了有效地封死八路军向伪满地区的推进和切断这一交通枢纽，在实施“特别肃正”计划之始，就确定以丰滦密地区为重点，首先从这里开刀。

为了强化这一地区制造的“无人区”措施，在古北口设立了“西南防卫司令部分部”。从 1941 年 10 月 4 日开始，集中万余重兵，对滦平、丰宁长城沿线山区（包括与密云、怀柔、延庆、赤城交界地区）进行疯狂“扫荡”。从古北口至独石口长城内外，由东向西，从南向北，纵横捭阖，分进合击，梳篦清剿。在持续两个多月的“扫荡”中，首先是寻找八路军 10 团主力决战，而当八路军转至外线时，便拿人民来发泄其疯狂兽性。就是按照日本档案文件中所说的全力“攻伐民众”。在所有的深山区，特别是八路军游击队活动过的地方，反复剔抉，实施彻底的杀光、烧光、抢光的“三光政策”，制造一起又一起血腥惨案。在滦平县下营村两次集体屠杀 78 名群众，在孟思郎峪一次屠杀妇女儿童 27 名。日伪在对民众的“讨伐”中，以摧毁抗日基层组织为重点对象。在两个月的“扫荡”中，抓捕基层干部和骨干分子 500 多名，屠杀 300 多名。

日伪在“扫荡”后期，即开始大规模驱逐群众集家并村，然而，遭到群众的激烈反抗，许多地方群众硬是坚持不下山。1942 年 4 月，又调来 6000 余日伪军，在长城各关口及深山区里增设了 37 个据点。然后以各据点为中心，把“无人区”划为若干片，每片进行反复“扫荡”，驱赶群众集家并村。

对坚持领导群众反集家斗争的共产党及政府机关经常活动的地区，则派出大量特务侦探，一经发现目标，立即多路奔袭合围，前后有几股游击队受到严重损失。1942 年 4 月 8 日，日伪军又奔袭丰滦密抗日联合县政府的基地臭水坑，县长沈爽等 30 多名干部牺牲，45 名干部战士被捕。此时正值斗争激烈的关键时刻，领导机构遭到严重损失，反集家斗争受到影响。到 1942 年冬，日伪基本上完成了在热西长城线上集家并村的计划。

从 1942 年 4 月 1 日开始，华北方面日军推行第四次“治安强化运动”，与伪满方面日伪军形成合力，夹击丰滦密地区。沿长城南侧，东起古北口南的辛庄，西至昌平县桃峪口，挖起一条宽大的封锁沟。华北方面与伪满方面日伪军遂协同动作，将东起半城子，西至渤海所，南迄白道峪，北至于营子，总面积 3600 平方公里的地区划为“无住禁作地带”并且用尽一切残暴手段加以摧毁，房屋被烧光，群众被赶尽杀绝，牛盆峪、马营、高家岭等十多个山村的森林也都被纵火焚毁。

日伪大规模集家并村的形成，大片“无住禁作地带”的出现，使平北、热西地区的抗日斗争出现了严峻的局面。

在热南青龙县和兴隆县大规模集家并村的时间是交错进行的。青龙县日伪机关在 1941 年 8 月开始在大地村进行集团部落“实验”的同时，即召集会议，部署在青龙河以西地区集家并村。

在兴隆县，于 1941 年 11 月和 12 月间开始军事“扫荡”。在 1939 年和 1940 年的旧集家区长城沿线及黑河川、横河川等局部地区继续集家并村。到1942年4月，由日人副县长主持，组成“社会调查队”，对全县村落分布、居住状况等进行调查。然后召集各有关方面及 19 个大村村长举行秘密会议，划定集家范围，指定集家点，在全县范围形成全面制造“无人区”的规划，开始大范围的集家并村。

在热南青龙和兴隆的大集家过程中，都进行了血腥的大“检举”（即大搜捕）和大屠杀。在兴隆县，大集家开始前就进行了一次大“检举”。据热河省协和会别室部员（又称共产党研究员）郝席庵供称：第一次大“检举”是在 1942 年 2 月 5 日开始的，在全县逮捕 2000 多人，在各地就地屠杀 400 多人。这次大“检举”中，以大洼、宝地、大小水泉、北台子、东道峪、揪木林、靳杖子、龙井关等村最为残酷，被逮捕五六百人。被抓捕的人，都受到严刑审讯，处死一二百名，未被判刑的人都被送往东北各地充当劳工，鲜有生还者。全面“检举”后，又接连在茅山、大灰窑、南双洞等重点地区实行“检举”，制造了一起又一起血腥惨案。

在青龙县大地（现属宽城县）一带搞建设集团部落“实验区”的同时，在全县范围搞了一次大“检举”，抓捕 800 多人。1942 年 4 月间开始大规模集家并村时，又搞了一次全面大“检举”，从榆木岭、艾峪口、熊虎斗、唐杖子等 24 个村，抓捕了 422 人，其中 342 人惨遭杀害，唐杖子一个村就被屠杀 100 多人。

日伪军疯狂的“扫荡”、“检举”、屠杀以及烧房抢掠，使热南山区受到严重摧残，但是由于党的坚强领导和八路军的反击，群众展开顽强的反集家斗争，基本上粉碎了日伪在热南集家并村制造“无人区”的计划。

回忆无人区“人圈”斗争

李运昌[*]

“无人区”是抗战时期一个很大的事情，我们受了那么大的损失，外边还不知道。“无人区”的斗争是英勇的，牺牲是很大的，而且，在“无人区”的斗争中，我们也有过应该借鉴的经验及教训。

日本人在热河大规模搞“无人区”是从1942年开始的，敌人的目的：一是赶走八路军，不让八路军在热河活动；二是阻止八路军向东北发展，扰乱它的后方。“集家并村”，先是小规模的，哪里有八路军活动，他就在哪里实行“集家并村”，修筑“人圈”。当年在东北，日本人就是用这个方法把东北抗联搞垮的。以后，我们在热河的抗日活动越来越厉害，他们就大规模地搞起来了。敌人把“无人区”叫“无住禁作”地带，山里不准住人，地里不让种庄稼，制造什么“绝缘体”。当时，日本人烧了长城内外东西长700里，宽80到250里的地方，杀了10万人，集中了100万人进“人圈”。他们要搞这无人地带的目的是很清楚的，就是要割断老百姓与我们的联系，让我们站不住脚。他们当时已经认识到，我们与人民群众是鱼水关系，是老百姓掩护了我们。他们要搞“民匪分离”，要“清水抓鱼”，让我们没吃、

* 作者时任八路军冀东军分区司令员。

没穿、没住的，逼我们自己退出“无人区”。当然，他们这个目的当时是达到了一半啊！把我们搞得很困难嘛！部队来了，没地方住，房子都让他们烧光了，也没有吃的。大部队来，你不能带那么多的粮食。而且，你不但没吃的，还得救济老百姓啊。

当时，我们能不能阻止敌人搞“无人区”呢？不能的。这是敌人的战略计划，因为我们没有那么大的力量去打击敌人。开始的时候，我们没有认识到这一点，用的办法就是阻止敌人修“人圈”。他白天修了，我们晚上就给拆掉。这里边还有个教训，当我们不能控制的时候，应该改变政策，不能再砸“人圈”，控制老百姓不进“人圈”。老百姓没办法，被敌人赶进去以后就不敢跟我们见面了。结果，我们搞了一段时间，还是控制不住，敌人一边强迫老百姓在修，一边动用了倾国的人马来打我们。因为这是他们既定了的战略计划，他们就是要切断八路军到东北去的道路，保住东北。他们设立了西南国境防卫司令部，把伪满洲国大部军队都调来了，什么“铁血部队”“铁心部队”“铁石部队”，伪满洲国兵 10 个旅、36 个讨伐大队调到冀热边的 27 个。而且，他们还有关里华北敌伪军的配合。

虽然“无人区”搞得很惨，敌人在“无人区”内，见人就杀，见动物就打，打得家猪变成了野猪，有的妇女把孩子生在了冰上，但热河英勇的人民在党的领导下，与敌人进行了坚决的斗争。人民确实好啊！没有房子住，吃得相当困难，人都被糟蹋得不像个样子了，但还是坚持斗争，有 5 万多人就是不进“人圈”，配合八路军与敌人进行斗争。

在阻止敌人修“人圈”失败以后，我们改变了斗争策略。我们不拆“人圈”了，也让一些人住进“人圈”，但他们是为我们做工作的，与我们有关系。当时兴隆县有个县长王佐民同志，就是搞这个工作的。他在“无人区”里待着，领导“人圈”里面的工作，人家给他送情报、送粮食。他把伪政权变成两面政权，表面上为敌人做事，实际上归我们领导。就这样，我们在“无人区”站住脚了，配合“人圈”工作，支持当地人民的抗日斗争，最后终于胜利了。

利剑插入“无人区”

张振川*

1945 年 6 月 20 日，八路军冀热辽军区迁青平支队二连，奉命编入中路北进支队。要打过长城去，扩大解放区，解放被关进“人圈”的苦难人民。

出发前，我们在迁安县滦河边大河西村，做向北挺进的准备工作。支队总支书记郝福鸿和连长赵玉刚去参加北进支队召开的会议。他们一回来，立即传达了中路北进二支队司令员赵文进、政委宋诚的动员报告。赵司令员讲了我们这次出关要执行的三项任务：恢复热南山区根据地；开辟热中辽西游击区；解脱伪满军对冀东根据地的压力。赵司令员进一步讲到，这次行动是根据毛主席扩大解放区、缩小沦陷区的指示决定的。冀热辽区党委书记兼军区司令员李运昌亲自组织了这一战役。接着又传达了宋诚讲的这次任务的重大意义。他说：挺进热辽，扩大解放区，是毛主席的伟大号召，是晋察冀分局的战略决策，也是冀热辽军区全党全军的光荣任务，对于将来收复东北有重大意义。

传达上级指示后，连队党支部组织了讨论。同志们深深感到向北挺进的光荣，领会到毛主席号召的重大意义。我们这个部队这次行动还有另一层意

---

* 作者时任冀东军分区中路北进支队排长。

义，要为牺牲的战友报仇。这个部队的前身是3区队，我们年轻的区队长高桥同志和许多战友壮烈牺牲在这块土地上。今天我们带着对敌人无比的仇恨出击，大家都憋足了劲，准备不惜牺牲一切，去完成上级交给我们的任务。我们在预先侦察好的山路上，轻装疾进，神不知鬼不觉地越过长城。走了5个小时，通过喜峰口东北白草林村边进入北山沟，预定在午夜过后趁敌人在睡梦中，采取办法，歼灭守敌，打下孟子岭据点。

当我们摸进孟子岭据点时，发现日伪军已于头天夜晚撤走，我们便烧毁了敌碉堡工事，捣毁了两座“人圈”。与此同时，11团主力也向宽城的大屯、南天门、九虎岭发起进攻，全歼守敌，解除伪警察的全部武装。

两天后（6月22日）赵司令员率领中路北进支队，在宽城北孤山子、李杖子一带与日本讨伐队和伪满洲国兵展开激战，击溃堵截我军北进的顽敌。而后，部队进入平泉南部椁椤树川，敌伪人员望风而逃。我主力数日来。在平泉、宽城境内，展开打“人圈”抓警察、摧毁敌伪政权的斗争，势如破竹，连克敌伪据点19处，深入伪满洲国的统治区域。

“无人区”群众的苦难

我们越过长城，进入“无人区”打开“人圈”，群众向我们控诉日军的残暴统治。他们说，在“人圈”里凡夜间两三个人在一起唠叨，或谁家被搜出手电筒、茶缸、小铁锅、灰黄色民服，或外出做活晚回来一点，均以通八路列为“思想犯”被抓捕。如果从谁家搜出枪弹、八路粮票等，更成了严重的“国事犯”。敌人乱捕乱抓去的人，被施以多种酷刑。如“倒栽莲花”，让“犯人”自己挖好坑，把“犯人”倒栽进去，腿脚露在外边，活埋而死；还有什么“军犬狂舞”，把“犯人”手脚捆住，叫日本狼狗跳跃着疯狂地撕咬；又如什么“滚绣球”，把“犯人”剥光衣服，放进四面钉好钉子的木笼里，来回滚动，使人悲惨地死去；又如“虾公见龙王”，把“犯人”头和脚绑在一起，让人体弯成虾一样，扔进河里淹死。更有甚者，把“犯人”当活靶，让日本士兵练刺杀。还有一些残酷刑法，如往鼻子里灌煤油，灌辣椒水，用皮鞭沾凉水抽打，用火烧，用烧红的烙铁烙等等。特别是妇女被抓后，所遭受的刑法和污辱更不堪言述。

集家并村以后，人民在敌人残酷的统治下，吃没吃的，穿没穿的，加上伤寒鼠疫疾病的流行，以及敌人不断抓捕杀戮，房屋被烧尽，土地没法耕，猪羊被吃光，壮丁被抓走。人民遭受的苦难不计其数。如宽城柏水堂村，全村进入“人圈”869 口人，就有 271 人被折磨而死。宁城八里罕南场子 25 个沟岔 10 个自然村子，被分别集中到三岔口和辛家窝铺两个“人圈”。在这两个“人圈”里有 7 家 26 口人死绝，30 多户人家全部失散。在“人圈”里人有病，有的还没咽气就被警察拉出去喂日本狼狗。还有一位老大娘哭诉，老头被打死，儿子被抓丁，媳妇被强奸自杀身亡。“无人区”里的人民，把自己的悲惨生活概括为：“‘人圈’生活没法熬，租税重，利息高，招来穷人三把刀，借债、上吊、坐监牢。”吃得艰难，“早上菜，晌午汤，晚上糠菜照月亮。”住的穿的更难，“三间马架房，四面没有墙，天上雪花飘，身上没衣裳。”“‘人圈’死杀惨，百姓哭黄天，只盼八路军，救咱出‘人圈’。”

听了这些，同志们怒火满胸膛，更激起了杀敌救同胞的决心。大家深深感到，我们北进支队，在这样地区开辟工作，解放人民，肩负着重大责任。一天拂晓，我们袭击了雷神庙“人圈”，缴了伪警察分驻所的枪，老乡们可高兴了。我们见到许多群众甚至青年妇女衣不遮体，纷纷把内衣脱下来，送给苦难的同胞。这时，中路北进支队迁青平支队第 2 连，自越过长城已向北挺进 300 多里，穿过敌人集家的“无住地带”，突破了敌人的层层封锁线，战胜了几十倍于己的敌伪追击堵截，一面战斗一面挺进到了热中指定地区。

这里的乡亲们，在痛苦的煎熬中，无时无刻不在盼望着解放，如今盼来了八路军，部队到哪里，乡亲们都把仅有的一点粮食、南瓜、大葱、咸菜送给同志们吃。有的乡亲在我们临走时，还偷偷地把一点杂合面烙糕装到战士们的口袋里。那次雷神庙的一位老大娘给王贵几块烙糕，因几天没有好好吃上饭了，小王贵咬了一口吃着说：“唉！我的妈真好吃！”老大娘眼含着热泪说：“孩子，拿着到山上去吃吧！”过了好久，小司号员还开小王的玩笑说：“小王，你妈给的烙糕真好吃！”苦难的人民热爱子弟兵，真似我们的生身父母！

在“无人区”与敌人周旋

我们护送武装工作队刚到锦热铁路以北，正好碰上日本讨伐大队和伪满洲国兵第六旅。虽然敌人力量超过我们几十倍，但我们从侧面向敌人的密集队形射击，打得敌人死伤一片。我们的连队却像闪电一样，眨眼钻进了山林。七老图山脉真是打游击的好地方，任我们甩开大步奔驰。敌人又是骑兵，又是步兵，还有大炮，望着山林眨眼，只好鸣枪炮为我们送行。

我们越过西大梁，到了东杖子，隐蔽在山凹的密林中，稍稍休息后，总支书记郝福鸿召集干部研究一下前进的方案。郝支书是口外3区队的老总支书，他和高桥区队长、黄云政委，曾创建平泉、宁城这块游击根据地，他对这一带的地理人情很熟。首先他分析了情况，敌人多我们不怕，我们能以一敌十，在这广大山区敌人像蠢牛，我们像一只虎。真犯愁的是，群众少，不进“人圈”，就看不到人民。吃粮困难我们也不怕，可以打进“人圈”搞吃的。与地方党政同志联系不上，我们站不住脚，这可真不好办。我们的主要任务是，解放人民，摧毁“人圈”，开辟地区。可我们即使打进“人圈”，人民也解放不了，因为我们军事上不能控制这个地区，人民一时出了“人圈”还要被赶回来，反而更受迫害。

通过研究最后决定，先来一次“示威游行”，路线是由平泉西北突击，到长胜沟一带联系我们的武装工作队，接着往西打，向宁城，到八里罕甸子，然后再向西，跃进七老图山，再看情况而定。连长赵玉刚讲，我们这次打巧一点，要打就打着敌人，又不叫敌人打着我们。班排跃进，隐蔽时，敌人就是踏着脑袋也不要动。要走，就像雄鹰一样，展翅高飞，转眼就叫敌人瞄不到影。

天刚麻麻黑，我们整装出发，向东插去。路过大庙“人圈”时，我们派去司务长带个小部队秘密搞点吃的。临走时，嘱咐部落自卫团打锣敲梆子，大喊“八路上西山啦！”实际上我们的小分队已转头奔上东山，跟上部队直插长胜沟北山。天亮前，我们到达樱桃沟东山隐蔽起来。这一天我们派出三组侦察，部队休息了一天。敌人疯狂进攻大西山，其实我们早已跳出敌人包围圈，到了东山。后来，我们见不到群众，找不到工作队，只好又向北挺进。这一夜我们猛插到宁城西北地区，这一地区是老三区的游击根据地。残暴的敌人把这 20 几道沟 40 多个自然营子的房子烧掉，把人民赶进两座“人圈”。房屋倒塌，土地荒芜，甚至人的白骨暴于路侧无人掩埋，到处是悲惨景象。

这时，我们已深入热河腹地，西路北进支队已到达隆化以北，围场以南地区；东路北进支队到达建昌以北叶柏寿以南地区，使敌伪大为震惊。

我们中路北进支队主力，因宽城地区敌情严重，又联系不到地方党政同志，赵文进司令员率主力西越滦河到达承兴地区。那时，王佐民县长为首的抗日政府坚持在五凤楼黄花川一带，并准备了粮食和支前物资，主力到达承兴地区配合当地民兵游击队打了几仗就回到关内了。

我 2 连曾在宁城西北巴素台沟里开了一次会，决定下一步行动。我们越过长城已转了半个多月，又经多次战斗，虽无大的伤亡，但战士们已极度疲劳，又找不到地方同志，见不到我们护送过来的工作队。敌人在七老图山折腾了几天，后来才知道上了当，发现我们已到宁城方向。掉过头又猛扑上来，当时我们决定“敌来我走”，我们再转向西南回七老图山，准备打一个较大的“人圈”，设法了解路南主力情况。当晚，我们越过八里罕河、四道营子，在夜深人静之时，一下扑到蒙古苏，“人圈”伪警察还在梦中，八路军却到了跟前，兵不血刃解决了这个据点的敌人后，我们立即教育处理俘虏，迅速了解情况，抓紧解决给养。能干的司务长韩文奎，给同志们搞到了一顿美餐，小米饭、拌莴苣、大葱蘸盐水。他还搞到一些炒玉米和混合面的烙糕，足足够我们吃 5 天的，这可解决了大问题。

据俘虏的部落警长说：“路南八路大队已向西过了滦河。这边来了 4 个满洲国兵旅，10 多个讨伐大队。”看来情况很严重。我们的主力可能已回关内，地方党政同志可能全部隐蔽起来，我们的处境十分困难。郝总支书立即召集我们，经过简短商量，决定我们向锦热铁路以南转移。正当我们准备行动，远方侦察组报警，敌人上来了。说话间，敌人骑兵先到了，部队立即向西转移。情况出人意料，万分危急。敌人有一路占了西南山，东边也有一路从北边绕过去进入西山沟。看样子敌人想拉大网，捞大鱼，把我们这个唯一的战斗连队吃掉！

没那么容易！山路虽然陡立，到处是峭壁悬崖，但要讲爬山，日伪兵还不是我们的对手，我们迅速占据了有利地形。这时数十倍于我们的敌人合围上来，我们以猛烈地冲击和火力压制，撕破了即将合围的敌网。在西山前突击部担任阻击的 3 排 8 班半个班在班长刘玉林率领下，与敌人展开了英勇顽强的战斗，5 个同志完成了使命，掩护了连队主力脱离险境，他们却为了民族的解放，长眠在七老图山上了。

这次突围十分巧妙，我们这支雄鹰迅速飞出险地，开始向北猛进，钻进深山，一直到达七老图山中部的光头山（说光头山，实际山凹里的密密的树林是我们理想的隐蔽地）。我们站在高山的林边隐蔽观察到，四面山川里全有敌人在行动，实际上我们又被包围在光头山地区。但我们坚定沉着地隐蔽在光头山上，黄昏后，巧妙地在深山里向南移动，由平泉西边越过锦热铁路。那一夜在细雨中，我们走了近百里，到达椁椤树川马鞍山地区隐蔽起来。

中国与英美的空军合作

在美国空军中作战的片断回忆

程敦荣*

抗日战争中，中国空军在美国训练的第一批毕业生在关键的 1942 年学成回国。1942 年年初，美空军第十四航空队在中国刚刚组建，毕业生中有 12 个年轻的飞行员调入其二十三战斗机大队，与美国飞行员并肩作战。我是其中之一。我们 12 人分在 3 个中队作战，执行战斗任务约 300 次，击落敌机 5 架。但先后牺牲 5 人，还有 1 人在越南受伤跳伞后被越奸出卖，做了日军的俘虏。战斗的酷烈，于此可见。

从飞虎队到二十三战斗机大队

二十三大队是当时十四航空队的主力，其前身是著名的“飞虎队”（美国志愿空军队），它是在 1941 年年初，由陈纳德在美国筹组的。陈当时是中国空军军官学校的顾问和总教官。虽然当时美国的孤立主义势力很大，但经陈纳德和一些支持中国抗日的美国国内有影响人物的奔走、游说，得到美国总统罗斯福的支持，从美国的陆、海军中（包括退役与后备役）召

* 作者时任美国空军第十四航空队第二十三战斗机大队飞行员。

募到109名飞行员，150名地勤人员。飞机是英国政府转让的100架美制寇蒂斯P-40A、B型战斗机。同年秋在昆明正式建队，共3个中队，陈纳德任指挥。8月在缅甸进行了60小时的战斗训练，陈纳德亲自讲授有关日本空军的战术并监督训练。初次战斗是在12月12日于缅甸开始的。执行的任务是昆明的防空任务和在缅甸支援中国远征军（陆军）及盟军的地面战斗。飞虎队实际作战6个月，共击落日机297架（正式承认记录），飞行员战死13人，空战损失10架飞机，被地面炮火击毁12架，其他因事故与地面炸毁20余架。1942年7月4日解散，正式改编为空军特遣队，称二十三战斗机大队。

1942年年初，十四航空队正式建立，陈纳德任少将司令官。初建时仍以二十三大队为主力，另有一个B-25型中型轰炸机队和一个B-24型重型轰炸机大队，一个P-38型侦察机分队。十四航空队是当时美空军中最小的航空队，总计不到500架飞机，而驻英国的美军第八航空队曾达到8000架飞机。当年美国战友曾戏称它是“吊在一根鞋带上”的航空队。

当时在二十三大队的飞虎队骨干已经很少了。新飞行员不断地补充进来，不过也有一些资格较老、经验较多的飞行员担任中队长和分队长。

二十三大队虽然已是正规空军部队，但在战术与技术、战斗作风与风格上，继承与发展了飞虎队的传统，颇有战争的浪漫主义色彩。飞虎队的飞行员要求至少有两年的战斗机飞行经验，个人技术是很好的，配合也好，很像美国的职业明星球队。陈纳德也像一个有威望和能力的教练，他的战术是机动灵活一，以少胜多。当年的参加者的确不乏佼佼者，而且也有美国青年的那种活泼朝气，有正义感和富于冒险精神。尽管也有少数人是为着较优厚待遇和奖金而来，但大多数是同情中国抗日战争，并意识到美、日之间终不免一战而热情地参加的。如巴麦尔曾参加过西班牙内战，是著名的林肯大队飞行员，同法西斯飞行员作过战。外号“老爹”（Pappy）的波音顿原任海军陆战队教官，加入时已有6年的战斗机飞行经验，在飞虎队时击落日机6架。后来回到美国海军陆战队航空队任中队长，带领一群年轻飞行员，他的中队称为“黑羊羔”（Black sheep SQ）中队，立下很多的战功。留下来任二十三大队第一任大队长的罗·斯考特上校，两次到中国作战，还写过本书名为《上帝是我的副驾驶》。我加入二十三大队时的大队长霍洛威上校，1937 年毕业于西点军校，有正规军人的严肃作风却又对部下亲切和蔼，作战沉着勇敢，大的战斗任务必定自己领队。他一个人单机在几个中队间飞来飞去，常常从昆明飞到桂林，从机场西边的山口俯冲下来，直奔机场，我们就知道有大仗打了。他后来是美国第一个喷气式战斗机大队长，空军战术学校司令员，退役前是美国战略空军的四星上将司令员。曾任副大队长的约翰·亚利逊是个矮个子，非常勇敢，曾在衡阳和巴麦尔两人在没有夜间导行设备的情况下用 P-40 型飞机拦截并击落日本夜间轰炸机，自己飞机也被打坏而迫降在湘江里，幸好被人救了起来。他在支援我国陆军的鄂西会战中曾被日本“零”式机缠住，座机中弹，中国空军飞行员臧锡兰击落了咬住他的日机，才使他脱险。战后他曾是美国空军协会（AFA）主席，诺斯洛普飞机公司的总经理，还是一位发动机设计师。

最令人难忘的是 P-40 型机首上的虎鳖嘴徐饰，可惜那位天才的创作者的名字我忘了。这位有艺术灵感的飞行员把“虎”和“鳖”的凶猛结合得真妙。P-40 飞机的发动机下的冷却罩构成短粗的机头，绘上虎鳖的大红色血盆大口，配着上下两排雪白的利齿，上边是一对带点邪恶的斜视的鱼眼，就给相貌本来平常的 P-40 型机一种猛悍的神气，增添了战争浪漫主义的色彩。有趣的是，其他机种也曾模仿这种涂饰，但都不那么合适。所以在美国任何航空博物馆中都必然陈列有这种虎鳖嘴涂饰的 P-40 型机，它也最能吸引观众，成为世界大战的多彩的空中战斗物的象征物之一。

二十三大队的 4 个中队中，经常作战的飞机大约有 100 架，却担负着西起云南西部的云南驿，经过昆明，东至桂林、零陵、衡阳这个上千公里宽广空域的战斗任务。在昆明和云南驿的中队的主要任务是保护“驼峰”航线的安全，和昆明—驼峰航线终点站的防空。在我国东部的两个中队执行攻击任务，作战空域北抵武汉，沿长江航运到九江、南昌，南边以广州、香港为攻击目标。我在这两个作战空域都参加过战斗。

我所知道的陈纳德将军

1943 年在埃及首都开罗举行的中、美、英三国首脑会议上，据说陈纳德将军的一副威猛的面容曾令英国首相丘吉尔吃惊不小。陈纳德当时是作为蒋介石的顾问列席的。他身材壮实，深褐色而粗糙的脸孔，像美国西部久经风霜日晒的牧人，也像一个威严勇猛的印第安酋长。他是个不苟言笑的人，一个空军战术家。

给我第一个最深的印象是在 1940 年秋，一天，十余架日本新式“零”式战斗机从其占领的越南河内起飞袭击昆明。我那时正在昆明的中国空军军官学校学习。航校只有供训练用的 3 架苏制伊–15 型战斗机起飞迎战。这是老式的 30 年代初期的双翼飞机，固定起落架，装 4 挺小口径机枪，速度慢，但转弯性能非常好，半径小，操纵非常灵活。那天高级飞行教官谭汉男带领两个毕业一年的见习飞行员组成三机编队。敌我在约 4000 米高空遭遇。敌机有高度优势，俯冲下来，立即击落了一架僚机，另一僚机俯冲脱离。我们看到 4 架“零”式飞机轮番攻击谭教官的飞机，从 4000 米盘旋直到超低空。谭汉男以熟练、沉着的小转弯，半滚下滑、上升反转，避开了一次又一次的日机的射击，还曾对一架上升转弯的日机开枪反击，但终于在最后一次从贴近地面的高度作上升转弯时，被一架日机从左后方击中发动机，发出沙沙的声音，螺旋桨转速顿减，谭汉男当机立断，作了一个大坡度侧滑下降，飞机摔落在田边，人尚未受伤。经验丰富的谭汉男立即解开保险带从座舱滚出来，凭借田埂俯卧以保护自己的身体。果然，两架“零”式转弯过来，朝着在地上的伊–15 残骸各扫射一次才离去。这场惊心动魄的格斗就发生在离航校不远我们隐蔽处的上空。

第二天，陈纳德（当时的顾问和美籍总教官）召集全体飞行人员讲话。他讲话的主要部分我至今还记得。他指出，这是日方的一种最新式战斗机（当时还不知其名字和型号），无论在速度、上升能力、火力配备上都远远超过我们当时已所余无几的伊–15 型或伊–16 型（也是一种苏联制造的低单翼战斗机）。因此，在遭遇到这种飞机时，我们不能还用三机成队的队形，单机格斗也要吃亏，只能作圆圈转弯飞行，前后交错，互相掩护，充分利用本机转弯灵活的长处，伺机采用急转弯迎头攻击来反击……

由于“零”式战斗机的出现，使我们的空战处于绝对劣势。但这时陈纳德仍然积极地提出如何保护自己和反击的战术设想。可见在当时他的战术思想中已在孕育彻底抛弃第一次世界大战的传统三机成队战术。他的灵活的交叉掩护思想，以后就发展成为两机一组的四机编队，以及“一击脱离”（或称“打了就跑”）的战术，就是很自然的了。

陈从 1938 年来到中国后，对于日本空军的作战战术和技术都作过长期的观察与研究，所以在指挥飞虎队时，能以 100 架飞机对抗在数量上占优势的日本空军。如在仰光的空防战中，日军两次出动重轰炸机 60 架，轻轰炸机 27 架，战斗机 30 架，志愿队只一个中队加上美国少数战斗机，却能击落 8 架日机，自身损失 3 架，取得胜利。

战后，日本的空军战术家在评论日空军的失败时，承认他们受到第一次世界大战传统的三机编队和单机格斗的陈旧战术思想的束缚，加上日本自己的“武士道”精神的影响，以至在很长时间内认识不到四机编队的灵活性，也不了解“一击脱离”战术的优越性，造成他们多次空战的失利和有经验飞行员的过多死亡。

P-40 型战斗机与日本“零”式战斗机

在太平洋战区和在中国战场上空，P-40 型战斗机和日本“零”式战斗机是较量最多、历时也较长的两种机型。

珍珠港事件后，美国仓促参战，当时陆军航空队可用的战斗机主要是 P-40 型。尽管飞行员们认为它是一架“哪一方面都不出色”的飞机，可在 1943 年以前它仍是空战的主力，在最困难的时候和最激烈的战斗里，作出了贡献。这种飞机首先是结实可靠，能耐打击。常常是满身弹孔却仍像一匹忠实的战马一样，将骑手安全地送回家。因为它对飞行员的保护比较好，风挡中部是很厚的防弹玻璃，座椅背是厚钢板，能承受大口径子弹近距离射击，油箱是自封闭式，击中也不会起火。装在机翼上的 6 挺 12.7mm 大口径机枪的有效射程远，组成的交叉火网有很大的破坏力。而且工作可靠，极少故障。我在湖北沙市地区的一次空战中，曾目睹我的僚机将一架日本“零”式机打得在空中爆炸，可见火力之强。

日本的“零”式战斗机无疑的是二次世界大战中杰出的机型之一，其陆军编号是三菱 A6M 型。主设计师堀越二郎，毕业于东京帝国大学航空系，30 年代初留学美、英、德三国。他充分吸取了 30 年代驱逐机设计的新思想。如：全金属、低单翼、可收放起落架、密闭座舱等等，也吸取了在中国战场和日、苏在外蒙古诺门罕之战的经验，主要是日本的 96 式和 97 式驱逐机同苏联制造的伊–15 和伊–16 驱逐机曾多次交手的经验，加以改进设计的。它于 1939 年开始试飞，1940 年秋投入中国战场。它的平飞速度达 500 公里 / 时，升限可达 1 万米，续航距离增至 2000 公里，火力增强为两门 20mm 的机关炮和两挺 7mm 机枪。“零”式机的出现，使日军的战斗机性能有了划时代的飞跃。

同 P–40 机相比，“零”式的上升性能和操纵灵活性要好些，转弯半径小得多，极适于单机格斗。美、英空军在战争初期时不了解它这一特点，仍用传统的单机格斗战术，又因日本飞行员多是在中国战场有丰富作战经验的老手，所以使美英飞行员吃了不少苦头。

陈纳德对日本空军的战术技术有长期的观察研究，也对比分析了 P–40 与“零”式各自的优缺点，在他指挥飞虎队时，正确地制定了四机编队和“打了就跑”的战术，所以一开始就占上风，飞虎队的优势鼓舞了飞行员的士气，日本人自吹“零”式是“太平洋之王”的神话破了产。直到十四航空队时，二十三战斗机大队仍然继承这种战术，一直保持着空中优势。

紧张、热烈的战斗生活

我们 12 个中国飞行员编入 3 个中队，每队 4 人。李鸿龄、毛友桂、毛熙品和我在七十四中队，同美国战友生活、战斗在一起，留下了难忘的印象。

队长孟宁汉上尉是正规军官，不到 30 岁，黄头发剪得很短，湛蓝的眼睛，总是以一种诚挚而又冷静的目光注视着谈话的对象，非常沉着，忠于职责。一次我随他执行俯冲轰炸任务，他问我投过弹没有，我回答说只是当飞行学生时打过地靶。我们在美国飞的是前三点起落架的 P–39 型“空中眼镜蛇”式战斗机，对 P–40 不熟悉，而且因燃料太缺，我只飞过 3 个起落。他仔细给我讲解投弹要领，如何以机翼上的某一点对准目标（因为战斗机没有投弹瞄准具），如何进入俯冲和选择拉弹时机等等。可是我第一次还是俯冲角过大，速度太高，一下子把共重 500 公斤的炸弹投到洞庭湖去了。回到渝阳基地，我非常惭愧，他却笑着对我说：“程！炸死了不少鱼吧，哈哈。”然后鼓励我第二次注意要领。果然第二次投弹就直接命中目标。

分队长夏波是意大利裔美国人，一头卷曲的黑发，典型的罗马人面孔，嘴里含着大雪茄，一口又快又满是俚语的纽约腔，玩得一手好牌，赌扑克常是赢家。飞行时喜欢做特技，搞惊险动作。有一次我俩巡逻驼峰航线回来，他带我从 8000 多米的高空一直俯冲下来，低空返回机场，对着跑道做半滚特技，我则紧紧地和他保持编队，一致动作。着陆后，他拍着我的肩膀悦：“喜欢吗？这样才痛快！”

1943 年春季，在我国东部的空中战斗很活跃。日本的“神风”高空侦察机有时飞到衡阳或桂林，往往这就意味着有一场恶战到来，我们都巴不得遇上这种机会。

最初，日本飞行员还很自负，“零”式常在三四千米高度，飞小转弯，翻跟头，进行挑战，诱你和他格斗。我方因有良好的防空监视网，一般都能有及时的警报。有充分的时间升空和爬高，往往能占高度和速度的优势，从高空俯冲下来，以大速度接近和攻击敌机，然后脱离或再次上升，争取二次攻击机会，而不和“零”式格斗。“零”式机吃了多次苦头后，也改变了战术，在高空飞，即使掩护其轰炸机队时也在它们上面很高，但这又给我们造成攻击其轰炸机编队的有利机会。

8 月的一天，我正警戒值班，有警报说敌编队从广州起飞向北飞行。这是他们加强攻势搞的穿梭式轰炸，在广州与武汉之间交替地攻击桂林、零陵和衡阳。它们过韶关不久，我们起飞拦截。我们在桂林的 7 架 P-40 机由桂林的前进基地司令芬逊准将领队，一面搜索敌机一面升高，到了约 8500 米，这是 P-40 机性能最好的高度，发现了敌轰炸机群，它们比我们还高些，在右侧前方大约距离 2000 米。我和长机几乎是同时发现敌机，随即看到长机拉掉了下油箱、加大油门、转弯向敌机飞行方向扑过去。敌机越来越清楚地呈现在眼前，是 99 式双发动机重轰炸机，大约 20 多架，编队很密集。看上去它们在上下摇晃着，可能也发现了我们，正在互相靠拢，以便用它们机上的机枪组成交叉火网，防卫我们的进攻。我看着前上方这个灰茫茫的编队群，打开了机枪按钮，瞄准具也亮了，我们已正在它的下方稍后一点，占据了良好的攻击位置。这时“零”式战斗机飞得太高，还来不及发现我们，机会太好了。突然，我看到芬逊准将的座机摇了几下机翼，一推头，我们都进入俯冲，正在敌编队群的正下方，只见长机第一个以几乎是垂直上升的角度向敌编队的中央开始攻击，我在最左边，就盯住最边上的一架敌机，看着它在我的瞄准具的光环中越来越大，它的两翼占满了光圈时，我按紧了机枪按钮，立即 6 条火龙直向它射去。从敌机的左发动机处就不断地掉下许多黑色碎片，冒出黑烟来，我按住机枪按钮不放，直到它带着烟与火向左倾斜并往下坠落。就在这一瞬间，一种喜悦和复仇的满足情感涌上心头……

正当我打算重新俯冲以增大速度，寻找第二次攻击机会时，敌人护航的“零”式机从高空冲下来。就在我右转弯时，它和我交叉飞过，正在我前下方，橄榄绿机身上的红太阳标记十分刺目。我本能地压下左翼，想飞到它的后面以便咬住它，但后面还有一架“零”式已咬住了我，就在我转弯时，它开炮了。机身剧烈地震动了两下，顿时座舱内烟雾腾起，驾驶飞机的操纵杆一下震脱了手。不好，敌机是 3 架，前面那架引我进入格斗，给后面狡猾的敌人制造机会，而我是单机。我本能地猛拉机头，飞机急上升，又立即猛推操纵杆向左前方，并突关油门，P-40 机立即进入垂直俯冲，敌机被甩脱了。等我降落到桂林机场一看，机身正中有两个直径 20 多厘米的洞，金属蒙皮裂开，距离座舱也只一米多！

来而不往非礼也，最好的防御是进攻。这一年的夏季也有多次的出击。

一次是我们掩护 P-24 重型轰炸机炸汉口。大编队到汉口上空时，敌“零”式机仓促起飞，正在拼命爬高，企图接近我轰炸机队，我的长机带着我垂直俯冲下去，占有高度优势，又出敌不意，从敌机的后上方猛扑下来，我瞄准一架开火，它拖着长烟向地面落下去，长机也击中另一架。这次没有一架敌机能向我轰炸机编队进行攻击，我们掩护他们返航到岳阳，轰炸机向昆明飞返，我们战斗机飞回衡阳基地。

出击香港—九龙也是令人难忘的。前一天下午 5 时左右，我们看到一架 P-40 机从二塘场西面的山口处穿出来，直向机场俯冲下来，有经验的飞行员都知道这是大队长霍洛威上校的习惯飞法，意味着明天有大任务。我又幸运地轮值警戒。清早大队长就召我们集合，宣布任务：护航，目标九龙船坞。他简要地布置了编队序列和注意事项后，16 架 P-4Q 立即起飞。起飞后迅速地编好队向南飞。航向指向香港。当我远远看到大海、香港的山顶房屋、港中的船舶时，非常激动。1941 年秋，我正是从这里乘海轮去美国，多么熟识的地方。那时太平洋战争尚未爆发，而祖国正是苦难最深时，我们是第一批横渡太平洋去接受飞行训练的学生……这次却从空中来打击那些强占着这块土地的侵略者。轰炸机的重磅炸弹向九龙船坞、码头以及停泊的海轮和兵舰倾泻，整个港九地区浓烟滚滚，海面激起粗大的水柱。我们 16 架飞机从启德机场扫射过去，我正好对着半岛酒店开枪。攻击完成后，轰炸机的整齐队形又出现在我们前面，战斗机也迅速爬升，掩护 B-24 机返航。大约在 6000 多米的高度，从广州白云机场起飞的日本“零”式机飞了过来，企图向我轰炸机队攻击。我们正在 B-24 编队的上方，尽管 B-24 型机上的火力也很强，但我们仍紧紧飞在编队的两侧。我发现一架“零”式正迅速地向我编队飞过去，它打算向编队左翼的一架 B-24 轰炸机作左上方俯冲攻击，我加大油门从它的后上方紧跟着俯冲，它发现了我，企图转弯脱离，却正好在我的射程内，就在我从瞄准光环中看到它的整个机身的最大面积时，我咬住它开火，看到我的机枪子弹击中它。

从 1943 年的春季直到秋季，我们 4 个中国飞行员在二十三大队七十四中队经历了激烈紧张的战斗，也付出了很大的代价。我们中首开记录的是李鸿龄同学，他在 5 月初的一次出击九江、南昌一带的任务中，在南昌机场附近的上空击落一架敌军用运输机。我们都为他高兴，庆贺他首开记录。陈纳德将军也给他申请了一枚空军勋章。但不久在另一次出击中，他就没有回来。这个从沦陷了的东北跑到关内的青年学生，为了打回老家去而参加抗日战争，却未能重返故乡。8月里，在桂林的防卫战中，另一位同学毛友桂不幸被“零”式机击落，壮烈牺牲。这是个从云南昆明来的学生，平时话都不大说，腼腆得像大姑娘似的。他们两人的牺牲，使我们感到悲痛，但也促使我更坚定了决心，不管抗日战争还要打多久，我一定打到底，要为战友和同学复仇。我们直接参加美国空军作战部队，无形中也是国家的代表，我们要以自己的奋勇作战，甚至以自己的生命来为国家争光，为民族争气。

多少美国战友也为我们共同的事业而在中国的天空献出了他们年轻的生命，长眠在中国的大地上。孟宁汉少校（他刚晋升）在一次单机侦察任务中失踪，最后断定是被击落了。他的死令我们全队的人都感到心情沉重。他是一个很优秀的飞行员和中队长，记得我刚报到时，他就要求我除飞行作战外，还兼任中队机务长的助理，学习机务管理。我们中队驻云南基地时，曾因空袭警报贻误（云南西部崇山峻岭，监视哨不够）使日机的一次偷袭成功，地面上的5架战斗机和1架运输机烧毁。中队长把这视为最大的失败，把打击敌人争回补偿作为自己的奋斗目标，争取每一个作战的机会，身先士卒，奋勇作战，最后以身殉职。

还有一个同我们几个中国飞行员最友好的北美印地安人后裔费陀维奇中尉，他的外号叫“酋长”。身材不高，但非常结实，古铜色的皮肤，深而黑的眼睛，微微卷曲的黑头发。他和我们最要好，性情也极和蔼、热诚，每当我看到他那带有亚洲蒙古人种的面容时，就产生一种亲切之感。他打仗也正像他们的祖先一样，是真正无畏的勇士。不幸的是，一次从印度接机回来的途中，因天气恶劣，迷航撞山，牺牲了。当我们听到这不幸的消息时，都悲痛地落了泪。

写下这些回忆片段，可使人们多少知道那场震撼世界的大战中的一个地区的一些情况，多少知道一点那些牺牲了的和尚存的人们曾经怎样为民族存亡而战斗。

中英空军情报合作亲历记

邱沈钧*

1942年，国民政府的电讯情报技术人员应英国政府邀请，前往加尔各答，协助英印空军抗击日本侵略者。这次中英空军情报合作涉及电讯侦测的保密性，在战争结束以前，没有向外透露，加以当年参与其事的人不多，以至战后40年来，未见报道，濒于失传。我是亲身经历这一合作全过程的人之一，为了填缺补遗，现就回忆所及，写献出来，以供参考。

侦译日本空军密电情报

七七事变后，国民政府对日作战。1938年，蒋介石的机要秘书毛庆祥，在武汉正式组织研译人员，开始研译日本军用密电。1939年，军统头子戴笠在军统局成立了一个密电组，聘请美国密码专家亚德雷任该组顾问，以日本军用密电为对象，进行研译。1940年4月，蒋介石把在重庆的国民党从事密电侦收和研译工作的7个机构合并，成立了军事委员会技术研究室，集中人力、物力、财力，加强密电情报的侦译工作。

---

* 作者时任航空委员会空军监察总队驻加尔各答工作队副队长。

在军事委员会技术研究室成立以前，大约在1939年10月前后，军统局密电组组长魏大铭从军令部获得一份侵华日本陆军航空队电台使用的通讯密件，这是从兰州方面击落的日机中缴获的，内有日本陆军航空队空对空和空对地的无线电通讯联络规定，是我们侦收侵华日本空军无线电通讯的重要线索。因此，密电组就在重庆复兴关（原名浮图关）附近的徐家坡设置专门电台，按图索骥，开始侦收日本空军的通讯。1940年春，这个侦收电台已能抄收到日本侵略军以山西运城为中心的陆军航空队和以武汉为中心的海军航空队电台发出的密码电报。这是侦译日本空军密电通讯的开端。

1940年4月，这个侦收台同密电组编并于技术研究室，我任技术研究室第三组第一科科长。侦收台抄收到的密电，均送技术研究室第二组（日文密码研究）研译。6月间，第二组破译了部分在华日本空军空对地和空对空的密码电报，从中获悉日机活动动向，专供重庆国民党空军司令部参考利用。

为了加强情报的时效，技术研究室把徐家坡侦收台扩大改组为对日空军电讯的侦译工作队。这是一个能独立搜集日本空军电讯情报的机构，它具备电讯侦收、密电研译和情报研判等全部职能，提高了对日机动向的密码电报侦察的时效，从侦收到破译形成有价值的情报，不失时机地通知空军指挥当局利用。侦译工作队建立后，国民党的电讯侦收技术情报工作，从破译简单的中文密电，发展到研译比较复杂的日文外交密电。从单纯搜集日本外交密电情报，发展到用电讯侦收和密电研译相结合的方法，有效地截收日本空军电讯情报。

在国民党空军将领中，最重视电讯侦译情报的，是曾任航空委员会空军总指挥的毛邦初。1940年日本空军大举轰炸重庆期间，其轰炸机编队一般都有战斗机配合，同时来袭。国民党空军战斗机，曾与日机“零”式战斗机相遇，吃过大亏。毛邦初按照蒋介石指示，凡遇敌机来袭，驻渝空军飞机，必须避战逃离，保存实力。但是，在指挥上却发生了难题，如果飞机起飞太早，在空中逗留过久，有油尽迫降之虑；倘若起飞迟了，来不及与敌机脱离接触，就有被炸或击落的危险。毛邦初依靠重庆工作队的电讯情报，根据工作队截获的敌机位置和动向，下令飞机及时起飞和适时返航，敌来我去，敌去我返，不受损失。日本飞机频繁轰炸重庆，侦译工作队对敌机的来踪去迹了如指掌。凡当年在重庆居住过的人都能记得，每逢日机来袭，总是先后发出“预行”“空袭”“紧急”“解除”4 种不同的警报，使全市军民及时进入防空洞，躲避日机轰炸，这 4 次警报，就是工作队在不同时间，从日机的无线电通讯中获悉的敌机所在位置和航向而发出的，所以正确可靠。

最先侦获英国战舰被炸情报

毛邦初升任航空委员会空军总指挥，他立即呈准蒋介石，由技术研究室成立一个新的侦译工作队，专门配属成都空军总指挥部，负责全面搜索侵华日本空军的活动。1941 年 7 月，技术研究室代主任毛庆祥指派我出任成都侦译工作队队长。9 月间新队编组完成，从重庆前往成都，10 月初开始工作，约一周后，即掌握了侵华日本空军的主要通讯网。

10 月下旬，侦收机上突然发现日本空军通讯联络繁忙，情况异常，结合译出的密电内容，判明日本侵华空军部队分两条路线南调：一路以华中、华东的日本海军航空队飞机为主，经上海、广州南去；另一路是华北、东北的日本航空队，经我国东北，越过朝鲜济州岛上空，向日本本土飞去。这样的大调动，历时一个星期左右。从此以后，侦收机上转趋沉寂。经与空军总部参谋处研究，判断日本空军正在南进。于是调整搜索范围，集中注意距离远、声音微弱的日本空军电台讯号，终于在日本空军偷袭珍珠港的第二天，侦获了原驻武汉的日本海军航空队为主力的敌机出击活动。

12 月 10 日晨 8 时许，发现日本海军航空队侦察机一架，在新加坡东北海面上空进行搜索。根据该机发往基地的密电内容，知道它正在监视着海上某舰艇的行动。但由于距离过远，收听情况不良、讯号十分微弱，时有时无。9 时后，这架侦察机的讯号完全消失，也听不到其他与此有关的动静。直到下午 1 时许，才听到了日本海军航空队重轰炸机群的讯号，领队机向基地拍发的密电内容，已是战果的详细报告。这说明日本轰炸机群早在午前已经出动，下午 3 时以后，战斗基本结束。在这两个多小时内，工作队截获敌机发给基地的密电，约十六七份。根据破译密电的内容和日军空对地通讯联络透露：

——日本驻西贡方面的海军航空队，在侦察机的搜索和监视下，出动了重轰炸机群，在马来亚半岛以东的海面上，炸沉了英国主力舰“威尔士亲王号”和巡洋舰“却敌号”。当时工作队破译的密电中，日机向基地报出的是“乔治五世号”，这是日机上人员一时观察的错误，因“威尔士亲王”号，属“英王乔治五世”级五舰之一,五舰外形相似，由高空俯瞰，不易区别而造成差错。

——从日机通讯中的电台呼号数量估计，出动的飞机有 100 架左右。

——根据日机通讯联络中的种种特征，证明这次出击的重轰炸机，有一部分是原来驻在武汉、曾经空袭重庆的飞机。

——密电中有几份专门报告这两艘战舰中弹后的情况，如落弹部位，何处着火，舰身如何倾斜，舰首开始上翘和舰上人员东奔西跑等情景，都作了极其细致的报道。

——在所有译出的密电中，并无关于双方空战的内容，说明英国这两艘巨舰是在没有空中掩护的情况下被炸沉的。

工作队将译出的电文逐一通知空军总部情报科，并由总部报告重庆转告英国大使馆。当时，英方不相信英国皇家海军这两艘无敌的战舰，竟会轻易地被日本空军击沉。更不相信中国人有能力截获那样遥远的情报。可是就在这时，东京广播电台大擂大鼓地向全世界公布了这项“赫赫战果，辉煌胜利”的消息，这才使英国政府在震惊之余，不得不信服中国情报的正确可靠。

中英空军情报合作

英国“威尔士亲王号”和“却敌号”两艘主力舰被炸沉后，日军立即在马来亚半岛登陆，轻而易举地从后门打进新加坡，接着攻占了缅甸，直叩印度大门，首当其冲的就是加尔各答。

惨重的教训，使英国人清楚地看到要加强空中防御，守住印度，必须加强电讯侦译工作，掌握日本空军情报。但要建立一个确能截收日本空军情报的电讯侦译系统，决不是一年半载可以办到的事。中国军队在侦（电讯侦收）、译（密电研译）日本空军电讯情报方面成果显著，引起了英国的重视。英国政府于 1942 年 5 月，向中国政府正式提出要求，派遣中国电讯情报技术人员，前往加尔各答同英印空军情报部门合作，进行侦译日本空军情报的工作。

蒋介石接受了英国政府的要求，当即指定掌管军事情报业务的军令部第二厅厅长杨宣诚主持其事，同英方进行协商。中国政府同意派遣侦译人员前往加尔各答，同英印军合作，由军令部第二厅为一方，英印军总司令部情报厅为另一方，正式进行协商，经过举行多次会议，达成以下协议：

——中英两国基于联合对日作战的同盟关系，决定进行对日空军情报合作。中国政府接受英国政府的邀请，同意派遣一个电讯侦译工作队，常驻印度的加尔各答，配合英印军驻加尔各答空军指挥部，从事对日本空军情报的搜集，以加强印度的空防。

——中国驻加尔各答工作队负责侦收缅甸及其邻近地区的日本空军无线电通讯，破译其密码电报，截取情报，提供给英印空军指挥部，同时英印空军指挥部将截获日本空军情报和有关日本空军的各项资料，提供给中国驻加工作队参考、利用。

——关于中英双方对日本空军方面情报合作的范围，暂以第二款规定的情报交换为限。今后根据战局的变化和形势的需要，双方再进一步协商，扩大合作范围。

——中国驻加尔各答工作队可自设通讯电台，并享有使用密码发报之权，直接与重庆中国政府通讯联系。

——中国驻加尔各答工作队有权将截得的日本空军情报和英印空军指挥部提供的情报和资料，通过电讯或邮路传送给重庆中国政府，不受英印军政当局检查。有关通讯过程中的保密措施，由中方负责处理。

——中国驻加尔各答工作队全体人员的薪饷津贴由中国政府支付，工作队使用的电机、器材，由中国政府提供和补给。

——中国驻加尔各答工作队的工作驻所由英国当局负责提供。全体人员的主副食品、交通工具，由英国当局负责供应。

——中国驻加尔各答工作队的工作驻所、电机器材设备、密电码本、机密文件和全队人员的人身安全等，均由英方负责保卫，确保安全，不受任何损害或干扰。

——中国驻加尔各答工作队的工作驻所列为军事机要部门，除英方指派并经工作队负责官员认可的联络军官以外，任何英印军民不得侵入。

——中国驻加尔各答工作队全队人员及所有携带的文件、电讯设备以及其他公私必需用品，从中国出发赴印度途中，在中国境内的重庆到昆明一段，由中国政府负责运送，昆明到加尔各答一段，由英国政府负责接运。

——中国驻加尔各答工作队全队人员携带的机密文件、电讯设备和其他公私必需用品，在进入印境后，不受任何方面的检查（本款所以强调不受任何方面检查，主要是防范英印当局借检查为名，窃取我方有关对日空军侦译情报的技术资料）。

当年中英双方签订的情报合作协定，实际条款不止上数，但协定的主要内容，均已概括在以上各条之内。

编队待发戴笠插手

当时，对日空军电讯侦译业务已由军事委员会技术研究室移交给航空委员会主管，所以，组筹赴印度工作队派遣事宜实际上由航空委员会主办。1942 年 3 月，成都成立了一个综管侦译日本空军情报业务的专门机构，为了保密，定名为航空委员会空军监察总队，下设监察区队，负责各地区侦译工作。原属技术研究室的成都工作队，改番号为第三监察区队，重庆工作队改番号为第二监察区队，移驻昆明，又另建第一监察区队驻重庆，第四监察区队驻洛阳，并计划在东南地区筹建第五监察区队。同年 8 月间成立赴印度工作队，番号为航空委员会第六监察区队，属航空委员会建制的空军情报机构。可是，它在组织派遣上出现“一国三公”的局面。一是军令部第二厅负责对英方的谈判，代表中国签订协定，英方始终认定第二厅厅长杨宣诚全权在握，殊不知杨只不过是奉命行事，实际上对此项工作无权过问；二是航空委员会是主管机关，负责全队人员薪饷、器材供应和空运等事项，但缺少人事支配权；三是赴印度工作队部分侦译人员是军统局电讯训练班出身，军统局有权推荐人，戴笠就凭此干预赴印工作队的编组工作和出发事宜，以至最后插手破坏中英合作。

军统局第四（电讯）处处长魏大铭把亲信倪耐冰推荐给航空委员会，担任第六监察区队队长。倪耐冰早年在国民党上海国际电台工作，是无线电讯的老手，但对电讯侦测和密电研译是外行，所以决定增设副队长一人，由我担任。1942 年 5 月，倪耐冰先去加尔各答同英方取得联系，布置区队到达后的工作和生活事宜。国内区队的编组和出发工作，则由我来办理。我于 6 月间离蓉赴渝。航空委员会指定重庆空军第一路司令部协助进行编队工作和办理出国手续。为了便于行文办事，我以第一路司令部名义同技术研究室、军令部第二厅、军统局和英国大使馆等机构联系，解决有关区队人事、经费、器材、出国护照以及空运赴印度等一系列问题。8 月间完成了编队事宜，全队 30 余人集中在重庆上清寺空军招待所，待命出发。

先期去加尔各答的倪耐冰于 7 月间来电，告知区队赴印度的工作和生活均已安排妥当，英方希望尽快前往。于是，我们准备 9 月初启程，航空委员会 8 月下旬把区队编组和准备出发的情况，分别通知了军令部第二厅和军统局，并征询他们对区队出发日期意见。军令部第二厅厅长杨宣诚专门接见我，询问区队编组情况。可是，军统局的答复：戴先生（军统一般称戴笠为戴先生，不称局长）准备接见区队全体人员，待日期确定后再行通告。出乎意料，9 月初的行期已过，未得戴笠的接见通知，经多次向军统局催询，答复戴事忙，抽不出空来接见，到 9 月底仍然无消息。

倪耐冰在印度数月，得不到区队赴印的确切日期，英方又催促，他只好飞回重庆，弄清究竟。倪回渝与我们见面后，经仔细商量，决定由他分别向杨宣诚、徐康良和戴笠汇报，强调英印军方因印缅边境情势吃紧，急切要求区队尽快赴印，配合对日作战，并指出再拖下去英方很可能直接向蒋介石催询，藉以促使各方面对戴笠施加压力。倪照此办理，果然见效。

戴笠在各方面的催促上，不得不于10月中旬邀请区队全体人员到他的公馆共进午餐。公馆离军统局本部不远，环境很隐蔽，是一座偏僻的小洋房。席间戴笠边吃边讲，他对英国人深恶痛绝的一些话至今不难忆及。他说："英国人是世界上最出名的老奸巨猾。你们去印度，与英国人打交道，一定要事事处处留心，态度要硬，决不可软，应寸步不让，否则就会吃亏，上他们的当。"他还说："英国人外强中干，实在不中用。英国佬不到半年就被日本一脚踢出了香港、马来亚和缅甸，难道他们这次会坚守印度，能守得住吗？我就不信。"他接着又说，"你们到印度要机警些，看形势不好就赶快回来，不要到头来，他们扔掉你们先逃跑了，你们还莫名其妙哩！"最后，戴笠着重嘱咐倪耐冰在印度如遇到重大问题，必须向他请示报告，不得延误。

在加尔各答

1942年10月24日，全队人员携带电讯、器材和有关侦译参考资料，从重庆飞昆明，再从昆明分两批乘飞机到达加尔各答。区队队部设在加尔各答市的东北一个名叫皇后公园的地区，属军事禁区。我们住在禁区中心地带的一幢很大的两层洋房里，前面有大片草坪。当我们到达驻地时，英方已准备好西厨，供应西菜，每天5餐。日子久了，大家吃不惯，特别是侦收值机人员连续守听，不能中断，5次饭点，对工作带来不便，于是就改吃中餐，由航空委员会驻加尔各答办事处物色中国厨师，英方负责支付工资。区队人员除薪金按月向航空委员会驻加办事处领取外，住、食、行三项所需，均由英方负责供应。

区队和办事处之间，只限于正副队长和办事处主任可以互相来往，办事处其他人员不能随便前往区队。与区队有联系的是中国驻加尔各答总领事、军统特务陈质平。区队原则上不接待外客，只有两个人例外，一个是曾任重庆空军第一路副司令兼参谋长徐康良，途经加尔各答特地到区队看望我们一次；另一个是中国驻印度武官杜武，路过加尔各答访问了区队。

英方和区队的联系限定两个人，一个是英印军东方军区空军指挥部情报处处长福尔克纳上校，是和区队联系的主要负责人；一个是英方驻区队的联络官佩特少校。另有区队专用车驾驶员两人。福尔克纳向我们介绍他们驻加尔各答侦译工作队有 150 人左右，成立不久，还没有掌握到日本空军的通讯联络网，他希望中国工作队给予必要的帮助。

区队工作室在楼上，设两台四室。

侦收电台：设侦收机 4 架，由领班杨启华和俞京两人主持工作。一是搜索和掌握缅甸一带日本空军的无线电通讯网，研究分析通讯网的变化和通讯过程中出现的各种情况，判明敌情，即截取“侦测情报”；二是抄录敌台拍发的密码电报，送交研译室研译。

通讯电台：台长姚舜一，专用于和重庆空军监察总队、航空委员会、军统局的联络，报告重要敌情。

研译室：主任金仲宣，研译员钟逢甲、张志范、张云绚等，均系从事日本军用密电研译工作多年的能手，负责研译侦收台截获的密码电报，攻破密码组织，解译密电电文。译出的电文是完整的敌情，即截取“密电情报”。

队长室：除主管全队行政工作外，负责侦译，情报的处理，将侦测或研译的情报，随时通知英方驻区队联络官佩特。根据侦译的重要敌情，编成《每周综合情报》于周末送交英方参考。

联络官室：这是英方联络官佩特少校驻区队的办公室。他的任务是传递情报，担负区队和英方间的一般联络事宜。凡有重要情报，他可直接用电话告知空军指挥部。

总务室：区队其他人员，如书记、会计、文书、译电、打字员、事务员等，都集中在一室办公。

侦得英方无法获得的日军情报

加尔各答毗邻缅甸，是日轰炸机航程之内的印度东部大城市。我们侦收台开始工作时，把日本海军航空队的电讯作为重点搜索对象。经过几天的侦听，仅能偶然听到极其微弱的讯号，无法抄到完整的电报，这说明并无日本海军航空队飞机的频繁活动，因而转向以日本陆军航空队为目标。不久，我们侦得了在缅甸的日本陆军航空队通讯网，与我们掌握的资料比较，电台呼号结构和使用波段等改变不大，唯有密电的密码组织已变动。在中国战场，日军认为国民党军不可能破译他们的密电，特别是空军密电，所以一贯使用简易的移位密码法。现在的对手是美、英两国，日本的空对地和空对空通讯，就不用移位密码法，改用地面部队使用的加乱数法密码。这是当时保密性很强的密件，使我们在研译上增加了难度。不过，我们截抄到的密电是三数字组，乱数表本较薄，经统计分析，乱数组也不多。在研译人员的努力钻研下，终于把这种密码破译了，从译出的密电中，及时掌握敌情。

自 1942 年 11 月至 1943 年 10 月，区队在加尔各答工作期间，侦获日本驻缅甸陆军航空队的情报约 300 件以上。凡有时间性的情报，随时逐件译成英文，送交英方驻区队联络官佩特少校。例如日侦察机发给基地的侦察报告，其中有搜索海面舰艇情况、印缅边境英军活动和各地气象资料等；日轰炸机的出击活动，在缅甸西北部印缅边境英帕尔一带和密支那东南中缅交界地区进行轰炸情况，每次出动 3—9 架左右。我们从译出的密电中获悉日本一个高级将领乘军用飞机巡视缅甸，每到一站，先向下站发出电报。此外，英印空军指挥部根据我们侦译有关日军后勤运输的情报，经常派出飞机袭击日军车队和船舶，获得很大战果。

根据侦收记录和译出的密电可以判明，原结集在印度支那的日本海军航空队主力早已调离东南亚地区，基本上收听不到日本海军航空队的通讯，驻在缅甸的是日本陆军航空队，按通讯网出现的飞机台数量估计，约 200 架。其中用于陆军协同作战的轻轰炸机较多，用于远程战略轰炸的重轰炸机，在侦收机上较少出现。日机在缅甸东北地区活动最为频繁，北部和西北方面次之，西南和南部地区很少发现日机的作战活动。日机出击活动，很少互相呼叫和发报通讯，更不透露地名，说明在缅甸的日本空军加强了通讯保密。

我们区队截获 300 余件情报，大多是英方无法获得的，有不少情报取得了军事行动的直接效果，所以英方对区队的工作极为重视，福尔克纳对区队工作人员表示慰问和谢意，物质供应也不断改善。

一次没有向外透露的空战大捷

1942 年 12 月初的一天夜晚，天空晴朗无月，加尔各答城异常平静。8 时半左右，空中忽然传来了飞机的嗡嗡声，接着就是一阵炸弹爆炸的巨响。炸弹落在市中心区的公园街，炸塌了两三幢建筑物。顿时，商店停业，行人稀少，大家争先恐后躲避空袭，一片混乱。这是日军攻占缅甸后，对加尔各答的第一次空袭，仅仅出动 3 架轰炸机，选择黑夜偷袭，轰炸的并非机场、港口或军事目标，而在市中心区，扔下炸弹就飞回去，显然是一次试探性的威力搜索，借以探测加尔各答的防空能力。当时，全市对这次空袭竟然毫无防备，连防空警报也没有听到。英印军在加尔各答有较强的空军力量，只因对日机的行动毫无所知，以至无能为力，任敌来去。更出乎我们意料的是，这次日机来袭，在我们区队的侦收机上也无所获，不能不使全队人员感到震惊。究其原因，原来我们一味按照在国内对付日本空军的老经验办事，麻痹大意，把全力用在搜索日军航空队的通讯网，没有腾出部分侦收机监听日本的特殊动态，而且认为驻缅甸的日本空军远程轰炸以前，先要派出侦察机进行侦察，侦察机向基地的通讯是逃不出区队侦收人员双耳的，谁也没有料到这次远程轰炸却没有侦察机来侦察。

我们根据这个新情况，对侦收工作重新加以部署，以一半力量继续控制通讯网，尽量抄收密码电报，为加速破译工作准备条件，又以另一半人机担任重点守听。我们从各侦收机的侦收记录中，发现仰光以北东瓜（亦译“同古”）机场的日机升降架次最多。该处位于缅南偏西，日机从这里起飞袭击加尔各答，大部时间在海上飞行，不易被地面监视哨察觉，说明日军非常狡猾。于是，我们以此为目标，耐心监听，终于取得了可喜的战果。

自 12 月初日机轰炸加尔各答后，过了一段时间，一天晚上 8 时许，侦收机上发现东瓜机场突然热闹起来，基地电台和轰炸机电台互相呼叫，进行试通，以便飞机出发后双方通讯无阻。根据飞机台出现的呼号，估计这次日军出动的轰炸机约 9–12 架。过了十多分钟后，互呼试通的讯号消失，说明轰炸机编队正在起飞，升入空中。不久，飞机台讯号再度出现，与基地台联络，但双方不发报，只是先由机上电台连续呼叫基地电台多次，而后基地台把测向机测得飞机所在的位置，告知机上台，这是基地利用测向技术，给夜航飞机导航向的一种方法，使飞机沿着既定的航线飞行，不致迷失航向。当时，日本空军使用基地测向方法导航，说明他们还没有先进的机上导航设备，由于基地电台并不是用成文的电报，把飞机的位置通知机上电台仅仅告以测得的“示向度”，所以侦收人员如果不懂测向知识，即使抄到了“示向度”的数字，也是莫名其妙，无法使它成为有价值的情报。区队侦收人员曾在重庆中苏特种情报电台培训过，已经掌握测向的基本技术，当时根据抄收到的“示向度”，判明日机机群自东瓜起飞后，一直朝西北方向飞行。

区队将侦得的每一项敌情，立即通知佩特少校，并由他通过专线电话，报告驻加尔各答的英印军空军指挥部。我们集中力量注意守听，可是，日机起飞后约 1 小时，飞机台讯号突然消失，东瓜基地电台不断呼叫，始终得不到机上电台的回答。我们继续监听，直到东瓜基地电台停止呼叫为止，并把这一情况最后通知了佩特。这一天晚上加尔各答上空却平静无事。

第二天上午，福尔克纳上校偕同他的副官，满怀喜悦地来到区队，向我们祝贺在情报战线上打了一次胜仗。他告诉我们，昨晚区队陆续递交给佩特的每一份情报，都及时送达指挥部，经整理研究，判定日机循着东瓜至加尔各答的航线再次来犯，指挥官立即命令战斗机出动拦截，果然在吉大港附近上空和来袭的日轰炸机 9 架遭遇，处于优势的英印军战斗机予以迎头痛击，将日机全部击落，无一幸免。英印空军没有损失。当我们向福尔克纳询问他们的工作队有何收获时，他摇着头说，我们侦译日本空军电讯没有基础，昨晚日机来袭依然毫无所知，我们没有估计到中国搜集日本空军情报的丰富经验和成就。

自从这次空战胜利后，直到区队离开加尔各答为止，虽然侦收机上发现日机在缅甸的北方活动频繁，但没有再犯加尔各答。这次空战的胜利，粉碎了日军对加尔各答的袭击，使这个城市恢复了正常秩序，稳定了印度局势，有利于打败日本侵略者。这是中英合作对日作战的贡献，也是我们这条无形战线的作用。

关于加尔各答第一次被空袭的情况，印度各报曾以大字标题作为要闻报道，可是，第二次日机再次来犯，英印空军在吉大港全歼日机的胜利，却默默无闻，没有任何报道。这是因为这一胜利和侦测密电情报工作连在一起，为了保密，在战时不容许向外透露。1942 年至 1943 年的中英空军情报合作和吉大港空战胜利，40 年来，一直被人们所忽略，原因就在于此。

戴笠电令回国

1943 年秋，整个局势已经明朗。在东方，日军已无力入侵印度，欲用空袭进行骚扰也力不从心；在西方，德军节节败退，希特勒曾经夸下"德日东西会师"的海口，已成梦中的呓语。邻接阿富汗国界的国防工事，包括那些防御德国坦克的白色路障，已变成多余的赘物。英印空军以驻缅甸的日本空军为对象的防空任务大大减轻，防空情报的价值已退居次要地位。在此情况下，英方不满足于单纯的情报交换，迫切需要吸收我国的侦译技术，为建立他们的电讯情报工作打好基础。但英方这一要求，涉及修改协定，区队无权擅自决定。我们当即发电向重庆航空委员会监察总队请示，得复电，大意说，修改协定需由原签署双方会商决定，英方如欲修改，可派员去重庆协商办理，这显然是加以拒绝。区队将复电内容通知福尔克纳，英方立即作出反应，目的是迫使我方让步，或让我们自动撤离。因为如不实行技术交流，区队对他们已没有多大作用了。我们再电重庆，请示对策。倪耐冰还专电向戴笠请示，很快收到戴笠的复电，严令立即通知英方，停止合作，全队撤回重庆，不得延误。我们立即通知佩特，福尔克纳代表英方表示同意。福尔克纳、佩特和其他几名英国军官代表英印军驻加尔各答空军指挥部，在假座大东饭店为区队正副队长及队内各部分负责人员饯行。10月初，区队人员分批撤回重庆，至10月下旬撤离完毕。

（丁绪曾整理）

驼峰航线

“驼峰”和“驼峰空运”

吴子丹*

第二次世界大战期间，在亚洲战场上，以美国空运总队为主力，加上中国航空公司的运输机，在中印缅战区的崇山峻岭上空，展开了人类历史上规模空前的空运行动——“驼峰”空运。

“驼峰”空运在抗日战争最艰苦的年代，支援了我国，巩固了反法西斯的东方战线。今天，当全世界正在纪念反法西斯战争胜利40周年之际，让我们回顾一下这段史实，作为对在抗日战争中，为了保持这条“中国的空中生命线”的通畅，而献出宝贵生命的中美两国的空中勇士们的缅怀。

“驼峰”不是一个具体的地名，而是在抗日战争期间，以中美两国战士的鲜血，在我国的喜马拉雅山区和缅甸的丛林上空开辟的一条空中航路。这条航路西起印度的阿萨姆邦，向东横跨喜马拉雅山、高黎贡山、萨尔温江、怒江直至我国的云南高原和群山环绕的“天府之国”——四川。

由于飞机性能的限制，当时的飞机只能在高耸入云、海拔7000米以上的山峰之间的低凹处穿行。当时新闻报道形象地把这些起伏的高山比之谓“驼峰”。流传开来，“驼峰”就成为这条航线的代称。1941年，眼看我国的

* 作者时为中国航空公司工作人员。

海陆国际通道，一条条被日军封锁。1942 年 3 月，日军攻占缅甸以后，我国的海陆国际通道几乎完全被日军封锁。在基本失去外援的情况下，国民党政府处于投降或战败的风雨飘摇中，反法西斯战线的东翼，面临着崩溃的危险。

美国的罗斯福总统，出于对整个反法西斯战局的考虑，决定不惜任何代价，以近千架运输机在空中架设通往中国的桥梁。从 1942 年 10 月起，直到 1945 年 8 月抗日战争胜利，中美两国的飞行人员在横亘中印缅边境的喜马拉雅山区 1200 公里的航线上，在险峻的地理和变化莫测的天气条件下，与日本法西斯的零式歼击机展开了世界空运史上极其壮观的搏斗。

“驼峰”空运从一开始，就是按紧急军事运输的要求来执行的。1943 年 9 月，美国的空运指挥官汤姆斯·哈丁上任后的第一道立即执行的命令是：“飞越驼峰，没有天气限制”。从此，不管结冰和雷雨，也不顾从缅甸起飞的日本零式歼击机的拦截，500 多架 C-46、C-54 和 C-87 运输机夜以继日地飞行，从不中断。那时，中国航空公司的货机根据军事合同，也全部投入了“驼峰”空运。根据文献记载，当时空运的战争物资每月达 4.4 万吨，1945 年 7 月最高记录为 7.1 万吨。在短短的两年内，“驼峰”空运的总飞行时间达 150 万小时，我国云南省的昆明、陆良、呈贡、云南驿、沾益和四川省的宜宾、新津、彭山、广汉、泸州和重庆等机场在最繁忙的时候，每 75 秒就有一架飞机从印度或我国的某机场起飞。

为了在这场战争中取胜，付出的代价是高昂的，牺牲是巨大的。喜马拉雅山峥嵘的山崖，孟加拉湾暖流形成的雷暴和高空严寒造成的结冰，加上盘踞在缅甸的日本零式歼击机拦截。笔者当时工作的中国航空公司，在结冰和雷雨季节，每周就有一架飞机失踪。据 1946 年美国的《时代》杂志第一期记载：“在第二次世界大战中，美国在亚州战场共损失 3603 架飞机，而在‘驼峰’航线上，损失的飞机达 400 多架。”同一篇文章记述道“……至战争结束，在长 520 英里、宽 50 英里的航线上，飞机的残骸七零八落地散布在陡峭的山崖上，而被人们称之为‘铝谷’。在晴朗的天气，飞行员可以把这些闪闪发光的铝片堆作为航行的地标”。

关于驼峰空运对我国的抗日战争，对世界性的反法西斯战争在政治方面的积极意义，在国外已有不少的评论。在我国，尚有待近代史学家去研究，关于驼峰空运在军事方面的重要性，这里可以举个历史事实来说明。年龄在 50 岁以上，抗日战争时期居住在华北和东北的人应该还记得，1944 年至 1945 年在北平、沈阳、长春等地上空出现的空中堡垒（B–29）轰炸机，都是从我国的四川成都地区的几个基地起飞的。这种以摧毁日本军国主义后方工业基地的战略轰炸，后来一直扩展到日本本土。这些巨型飞机和其他作战飞机所用的汽油，甚至炸弹，全是经过“驼峰”用飞机从印度运来。

为了反对共同的敌人，中美两国的飞行人员约 1500 人，长眠在“驼峰”的高山幽谷之中，当我们正在和平中度过抗日战争胜利 40 周年之际，写这篇短文，作为对在“驼峰”空运中英勇牺牲的英雄们的悼念。

飞越驼峰

古　江*

“驼峰航线”要经过喜马拉雅山脉、高黎贡山脉和横断山脉，沿途高峰起伏，状如驼峰，故称“驼峰航线”。它是在 1942 年 5 月，日军侵占缅甸各地，切断了我国除与苏联外所有的陆、海交通而开辟通航的国际通路。担负着从印度汀江至昆明和从汀江至四川宜宾两地，空运紧急需要的对日作战物资和人员往来的任务，运输量很大。

在航线上，山高一般海拔 3500—6000 米，深涧峡谷多。怒江、澜沧江、金沙江，在崇山峻岭间穿过。野人山地带覆盖着大片的原始森林。由于山高险峻，地形复杂，使空中气流流动不稳，产生各种坏天气，有时会使飞机失控坠毁。加之供飞行参考的气象资料缺乏，导航设备简陋，对飞行安全没有保证。日本零式飞机神出鬼没地沿途拦截运输机，使飞行人员每趟飞行都提心吊胆，要全神贯注地搜索日机踪迹。但天空辽阔，云团多，防不胜防，仍有飞机遭到日机击落事件。

承担驼峰空运的是美国空运大队和中国航空公司。

为了打败共同的敌人——日本帝国主义。中美两国的飞行人员，冒着生

---

*　作者时任中国航空公司副驾驶员。

命危险，不顾身体疲劳，夜以继日在驼峰航线上穿梭飞行，地勤人员冒着酷暑或在滂沱大雨中装卸货物、加油料，检查维修飞机。他们就在这样危险和困难的情况下，共同努力，在驼峰空运中做出成绩。据资料记载：从 1942 年 5 月至 1945 年 8 月抗日战争胜利为止，中航飞机共飞越驼峰约 8 万架次；从印度运到中国物资共 50089 吨；从中国运到印度物资共 20472 吨；运送人员共计 33477 人（大部分是去印度的远征军和送美国受训的空军人员）。美国空运大队从印度运到中国各种物资共 65 万吨。同时也付出高昂代价：据资料记载，在驼峰空运期间，中美两国损失飞机共 514 架（其中，中航 46 架），牺牲飞行员约 1500 名。

我曾于 1942 年 12 月起在中航公司任副驾驶员，有两年多的时间飞行在驼峰航线上，经历过各种险境，至今难忘。值纪念抗日战争胜利 50 周年，回忆往事，感慨不已。谨将中航公司在驼峰空运期间的情况写下一些片段，以作为对患难与共的中美两国战友的怀念，也可以让当代青年人了解一些抗日战争情况，激发居安思危、奋发图强的志气，为振兴中华，贡献力量。

1943 年年初，中航只有 C–47 运输机不到 20 架。其中，有两架改装为客机，每周定期从印度加尔各答起飞，经汀江、昆明到达四川重庆，载运旅客。其余系货机，轮流换班不间断飞行。飞行员有美国人，有从加拿大或美国回来的爱国华侨、华裔（他们都是机长），有中国人（任副驾驶员或报务员），总计不到 100 人。到抗日战争胜利时，中航已扩展到拥有 C–47 型、C–46 型、C–53 型运输机共 40 多架，飞行人员约 200 人，特别是有相当多的中国副驾驶员当上了机长。

驼峰航线分南线（经云龙、泸水至汀江）、北线（经丽江绕道至汀江）。南线地势低，坏天气比较少，航行一趟只需 3 小时左右，但沿途有日本零式机拦截，虽有美军 P–40 战斗机护航，起一定威胁作用，但仍常遭到日机追击或被击落事件。北线气候经常很坏，飞行会遭到的危险多，航行一趟约 3 个半小时。因此，机长多选择南线飞行。

随着日本侵占云南境内龙陵机场，驻扎在缅甸密支那机场的零式飞机可以在龙陵机场着陆加油，活动范围扩大，出现的架次增多。有一天，竟趁美军 P-40 巡逻机都降落在云南驿机场加油时，突然袭击，使美机遭到较大损失。不久，又偷袭了印度汀江机场。接着又有美军运输机 3 架被击落，中航机 1 架被零式机拦截追降在龙陵机场被俘。我们的飞机，也曾遭到过日机追击，死里逃生。当时的情况是这样的：飞机在昆明载运 24 名去印度的远征军。当飞机经过云南驿机场后，机长（美国人）叫我到后舱通知乘客协同搜索在空中的日机，我对他们说明，日机是 1 架或 3 架的飞行，美机是 2 架或 4 架的飞行，如发现天空里有黑点移动就通知我，我将驾驶舱门打开，便于联系。当天云层有好几层，最低一层接近一些高峰，机长选在 4000 米两片间隔较大的云层中间飞行。在距离汀江还有一小时左右，突然从飞机后上方射来日机子弹击中机翼及尾部，幸未击中油箱，机长急忙将飞机钻入云中飞行，过了一会儿刚钻出云层，就听到后舱左右两边的人都在惊呼有日机，机长猛推驾驶盘冒险朝最下边云层穿出来沿着山谷飞行，才脱离危险。机长笑嘻嘻地摇着头指着山峰惊叹："非常危险！"我们幸运飞机没有撞山仍心有余悸。报务员因未扣保险带，飞机急降时被抛起来，头也撞伤，发报机也弄坏了不能发报。故飞机降落汀江机场时，很多人都来迎接我们，因为电台报道飞机遇险的紧急讯号后就联络中断，以为我们已经遇难。

基于南线飞行常遇到日机袭击，有一段时间被迫在北线飞行。

在驼峰航线上威胁着飞行安全的各种坏天气，有些很凶险，变化莫测。计有：

急剧上升下降气流，在一瞬间使飞机猛升降几十米或几百米。

在春秋两冬，有强烈的大风，有时风速达每小时 200 公里。我们有次逆风飞行，遇到不知时速有多大的风，飞机像停留在空中不动似的，怕燃料不够用，立刻返航。

在雷雨季节，天空到处飘浮着一堆堆外形美观、千姿百态的积雨云和积云，有的连成一大片挡住飞机的航路。这些由雪或冰雹聚集其中的冷气团，飞机强行通过就上下左右巅簸很厉害。有时雷声阵阵，震耳欲聋，驾驶窗玻璃上，刺眼的电光闪烁着，温度很低，发动机运转有时不正常，故飞机不能过久在其中飞行。在这个冬季的黑夜，有时密集的云结水形成"冰幕"是最可怕的，若遇大范围的冰幕把飞行中的飞机包围起来就难脱险。有一次，我们就遇到大范围的冰幕，幸好我们发现起变化就升高，找到一处尚未合拢的云缝钻出来。在黑压压的大片云层上返航飞行将近一小时也看不见地面，导航仪器失灵，已看到云南驿机场的位置，准备燃料用完就跳伞，幸好不久就发现前方云层上有一个黑洞，就从黑洞俯冲下去，在洱海上空已看到云南驿机场跑道的灯光。飞机降落后，我们在招待所，纷纷有人来询问情况并告诉我们，电台已收到有飞机出事的讯号。后来获悉，这个晚上共有 19 架飞机失踪。

雨季时间长，常有浓雾，能见度有时等于零，有些人因此把飞机撞毁。

因此，在北线飞行困难更多，然而没有日机干扰，危险相对减少。但可恨的是零式机跟踪而来，在丽江上空频繁出现，连续击落美军运输机多架和中航机一架，以致被迫停止日间飞行，改为夜间飞行。为保证完成繁重的空运任务，每架飞机的机组人员都抓紧时间争取每晚往返飞行 3 次，不管天气好坏，照常进行，直至抗日战争胜利，才结束这一艰险的历程。

回忆呈贡航空站和美国空军并肩战斗往事

惠　群*

呈贡航空站位于昆明南方，直线距离约 25 公里，邻近滇池，风景秀丽，出产桃梨等水果，最负盛名的是“宝珠梨”。呈贡航空站机场是 1941 年年初修建的跑道，长为 2800 米，抗战后期，为适应 B-29 型战略重轰炸机起落，延长为 3000 米，机场东北方为丘陵地，倚地势建造简易木板独立营房，星罗棋布，夜晚灯光通明，宛如一座小县镇。机场周围滑行道，每距约五十米，向外延修行道，构筑 B-24 型、B-29 型轰炸机用凵形露天掩体，滑行道侧边，停放系列战斗机，机场西面牛头山驻机场警卫部队。俯瞰全场，十分壮观。机场北头，地名三岔口，北通昆明，东至陆良，南达开远，三岔口因此得名。从这里可以进出机场。

呈贡航空站的基本任务是：协同美国空军基地指挥做好一切地面战备工作。主要有如下事项：1. 监听日本空军活动情报，立即通报基地指挥部。2. 保证机场工程如：跑道、滑行道、停机坪坚实平整、无任何障碍。3. 警卫驻场飞机和军用物资安全。4. 与美方密切合作，维护机场秩序和纪律。5. 预报天气。6. 日本投降，美国撤离呈贡机场回国，办理军用物资接收及移交。我从

* 作者时任云南呈贡航空站站长。

1942 年到呈贡航空站任站长，直到 1945 年 8 月日本投降后美空军回国，先后与驻呈贡基地指挥惠勒少校及杰克逊中校密切合作，成绩突出，获得美国总统杜鲁门授予“自由勋章”一枚，及总统签名证书。

“飞虎队”即“第十四航空队”，正式名称是“美国空军志愿队”，自从日本发动侵华战争，中国空军处于劣势，陈纳德将军当时是中国航空委员会高级顾问。他同情中国，反对日本侵华，特遄返美国，呼吁援华。美国总统罗斯福表示支持，并宣布“凡有意于援华的空军飞行员，可以志愿退伍，投效中国”。同时，美国国会通过“军火租借法案”卖给中国 100 架 P–40 型战斗机。1941 年 8 月 1 日，美国空军志愿队正式成立。陈纳德被中国任为准将军衔大队长，下辖 3 个战斗中队，以昆明、呈贡、沾益为基地。1941 年 12 月 20 日，日本 95 式轰炸机 10 架空袭昆明，“飞虎队”P–40 型战斗机 24 架，分别从昆明、贡呈、沾益起飞迎战，一举击落日机 9 架，逃回 1 架。1942 年 4 月下旬，日军攻占滇缅公路终点腊戍。5 月上旬，日本前锋抵龙陵、腾冲，史迪威将军率一部分中国远征军突围到印度。戴安澜师长向云南突围，在缅甸东瓜战役中壮烈牺牲。云南危急。陈纳德将军亲率中队长艾利逊中校、希尔中校以及阿康纳少校，分别从昆明、呈贡、沾益等基地带队起飞，袭击轰炸怒江西岸日军，迫使日军全线后撤。1942 年 7 月 4 日“飞虎队”正式并入美国陆军航空队第二十三战斗大队。陈纳德将军受任为准将衔大队长，下辖第七十四、七十五、七十六、八十一、八十三、八十五战斗中队及第三一五空运中队（后扩为大队）。从 1941 年 8 月 1 日至 1942 年 7 月 4 日，飞虎队在各地作战 50 余次，击毁日机近 300 架。

美国陆军第十四航空队于 1943 年 3 月成立，负责中印缅战区作战任务，陈纳德将军晋升为少将衔司令。第二十三大队长由哈娄威上校继任，仍属第十四航空队建制（哈娄威将军后任美国战略空军四星上将司令）。

由于滇缅公路被日军封锁，修筑中印公路困难重重，遂决定由第十四航空队开辟从印度利多直航昆明的空中航线，以抢运积压在印度的战略物资。试飞成功了。这条航线经过西南高原横断山脉。这些山地海拔 4000 米，主峰梅里雪山海拔 6740 米，高山大江，平行排列。山顶谷底，高差达 3000 米以上，形成有名的滇西纵谷区，有如驼峰，故形象地称为“驼峰航线”。第十四航空队的驼峰空运大队的C-46型运输机，每天（包括夜间）从利多机场空运作战物资到昆明巫家坝机场降落，平均每分钟起降一架次。每天约千吨物资卸下飞机，大大有利于中美空军对日作战。日军鉴于地面封锁无效，即从空中抢劫骚扰。当时，陈纳德将军将战斗机分别布置于呈贡、云南驿、沾益等基地，白天派遣P-40、P-51、P-38等战斗机护航，夜间则派出P-61战斗侦察机（黑寡妇）护航，以确保驼峰航线畅通。

中美空军混合大队于1943年11月成立。下辖6个驱逐中队、4个中型轰炸中队，共200架飞机。在第二次世界大战进入激烈残酷阶段的1943年，美英国家兵员耗损很大，尤其是最宝贵的空军飞行员。而我国因工业落后，不能制造飞机，航空健儿上天无路。中美双方经过协商，中国出人，美国出飞机，组成“中美空军混合大队”，陈纳德将军兼任大队长。具体办法是：飞行员由中美双方各出一半，中国飞行员的一切后勤装备供应亦由美方负责。这种一方出人、一方出飞机的办法，在当时是可取的，而且是两利的。由于双方团结合作，配合默契，对日作战取得良好成绩。1945年2月25日“中美空军混合大队”轰炸机远征日本，炸中日本皇宫，动摇了日本皇室的狂妄和尊严。从“飞虎队”创立，到第十四航空队成立，总计在中印缅战场共击落击伤日军飞机2000多架，这是十分丰硕的战果。

B-29型战略轰炸机从进驻呈贡基地至1944年年底，对菲律宾的日本军事目标进行轰炸，并配合其他基地B-29进行穿梭轰炸，该机当时系新出厂的新型高空轰炸机，有最先进的高空轰炸瞄准镜，属保密机种，在基地停留时，除外围派岗哨守卫外，飞机上还由美方机组自行轮岗守卫。在贡呈一名美国兵，由于好奇，不听劝阻，径上飞机，即被机上守卫开枪击倒。

冀南“四二九”反“扫荡”

“四二九”突围前后

王蕴瑞*

在冀南平原抗日的2000多个日日夜夜，1942年4月29日，是我终生难忘的一天。

这一天，日本侵略者对我冀南抗日根据地进行了规模空前的大“扫荡”，妄图一举消灭我冀南八路军。我党政军民在严酷的形势下，团结一致，英勇顽强地展开了反“扫荡”、反合围斗争。我当时是冀南军区参谋长，亲身经历了这场生死搏斗。一些朝夕相处的战友，在这场斗争中视死如归，为国捐躯，我是一个幸存者。迄今，45年过去了，然而，当时军民同仇敌忾、奋勇杀敌的壮烈场面，依然历历在目；英勇牺牲的战友们的音容笑貌，时时在我脑海中浮现。

一

1939年，日军占领冀南区全部县城后，为彻底摧毁冀南抗日根据地，消灭抗日力量，便加紧对冀南区“扫荡”“蚕食”和封锁，在根据地内到处

---

* 作者时任八路军冀南军区参谋处长。

修据点，建炮楼，筑公路，挖封锁沟，到1942年上半年，敌之据点、碉堡由1941年年底的498处，增加到700多处。据点与据点之间，不仅距离缩短，还增修了公路，并在重要区段挖了封锁沟，公路和封锁沟在全区内长达4886公里。当时，刘伯承师长曾形象地说：“敌人要用铁路做柱子，公路做链子，据点做锁子，来造一个囚笼，把我们军民装进里边去，凌迟处死。”

敌人依托铁路、公路和据点，对冀南区频繁地、残酷地进行“扫荡”“清剿”“蚕食”和“治安强化运动”。1942年2月，敌三路以上的合围、“扫荡”即达30余次。3月增加到40余次，其中出动千人以上的大“扫荡”就有5次。在敌人连续不断地“扫荡”下，冀南抗日根据地逐步缩小。如1分区之魏县、漳河地区，2分区之滏阳河以西地区，3分区之永（年）北地区，4分区之邢台至临清公路以北地区等，均变为游击区。5分区、6分区的活动区域也缩小了。

冀南抗日根据地虽然面积缩小，斗争却更加残酷，但是，冀南军民的抗日斗争活动并没有因此而减弱。在党的领导下，我军指战员和广大人民群众携手并肩，巍然屹立在冀南平原上和敌人浴血奋战，成为日本侵略者为实现其变华北为“兵站基地”梦想的不可逾越的障碍。日本侵略者为了彻底消灭冀南抗日军民，扑灭冀南平原上的抗日烈火，决定采用新战术——即所谓“铁壁合围”式大“扫荡”。

敌人对冀南区的这次大“扫荡”，是华北方面军1942年度“肃正作战”的一个重要组成部分。根据日本战后防卫厅出版的材料披露：为了进行这次大“扫荡”，敌人作了长期的准备，早在2月份，日军华北方面军召开了所属兵团参谋长会议，传达1942年度“肃正作战”计划，“提出关于肃正作战计划实施纲要”，决定在冀南地区之第十二军等部，从4月末开始，进行“十二号作战”计划，由方面军直接指挥。其目的是想彻底消灭冀南抗日力量，同时“兼起佯攻牵制的作用，以配合5月开始的冀中作战（3号作战）和晋冀豫边区肃正作战（C号作战）”。敌人这次“扫荡”的特点是：“特别注意隐蔽企图，极力以假计划、假命令、散布流言”等迷惑、欺骗我抗日军民，其“真实命令一概用口头传达”。同时，敌人对其各级指挥军官、参谋集中进行教育，反复研究对付我们分散退避的“搜索捕捉办法”。敌人非常狡猾，准备工作尽量选在离我军较远、不易被我发现的地方进行；然后，利用夜晚迅速向所进攻的地区轻装移动，以便突然发起袭击。

当时，敌在冀南的主要部队有：驻邢台、南宫、威县、清河的日军独立混成第八旅团；驻邯郸、大名、曲周的独立混成第一旅团；驻辛集、新河、衡水、枣强一带的独立混成第九旅团；驻德州郑家口、武城的独立混成第七旅团。除日军外，还有大量伪军。

我冀南党政机关当时主要活动在冀南与鲁西北交界的武城、故城、清河地区，以及冀南的枣强、南宫一带。冀南军区、区党委、行署经常在一起活动。“四二九”前，都驻在武城县武官寨附近；军区机关驻前后花园；区党委、行署驻大言村、付官屯、军王庙一带。随军区机关驻武官寨附近的有特务团和骑兵团，新 7 旅旅部及所属 19 团驻武官寨北小杨庄、北仁庄一带，21 团驻西半屯一带。

1942 年 4 月 29 日，是日本的天长节（即日本天皇的生日）。就在这一天凌晨，敌人出动大批兵力，按事先准备好的部署，对冀南抗日根据地展开了“铁壁合围”式的大“扫荡”。这次“合围大扫荡”共出动 3 个独立混成旅团和 1 个师团一部以及大批伪军，约 3 万余人，其范围之广，兵力之多，都是空前的。敌人主要搞了两个大包围圈，一个是以武城北武官寨为中心，北起德石铁路，南至邢（台）济（南）路，西起王高路，东至卫运河畔，由驻德州的日军独立混成第七旅团和驻南宫、清河的独立混成第八旅团和枣强之敌各一部，重点合围冀南党政军领导机关和新 7 旅；另一个是以邢济路南香城固、东目寨为中心，由驻临清日军第五十九师团一部、驻曲周的独立混成第一旅团及驻威县的独立混成第八旅团一部，重点合围我新 7 旅、4 分区及地委、专署等机关部队。

敌人这次大“扫荡”部署极为严密。恩县、武城、夏津的日伪军封锁武城南北运河的桥梁、渡口，堵住东路；清河、垂杨的日伪军封锁武城、运西的西南边界；枣强的日伪军封锁故城西北部边界。主力部队在飞机配合下，从德石路一线向南拉网式包剿。敌人对冀南和冀中的大“扫荡”，统由华北派遣军司令冈村宁次指挥，第十二军司令官土桥一治亲自在临清第一线指挥。

当时军区陈再道司令员和宋任穷政委去太行开会不在冀南，王宏坤副司令员到部队检查工作，也不在这一带。在这里的军区领导只有参谋长范朝利和政治部主任刘志坚，我也在包围圈内，在范参谋长和刘主任领导下，我和广大指战员一起经历了这场合围与反合围的殊死搏斗，情况了解得比较多。而对香城固、东目寨方面的情况知道得不多，因此，下面记述的仅是武官寨方面的情况。

二

4 月 28 日傍晚，据派出去的侦察员汇报，驻地周围各据点敌人均无什么异常活动。殊不知敌人正是以这种平静的假象迷惑我们，掩盖其大规模行动的企图。就在这一天夜晚，敌人迅速调动各路兵力，向我们开始大规模地合围“扫荡”。

4 月 29 日天刚亮，在我驻地北边饶阳店方向传来枪声。尔后，得知系敌人与新 7 旅 19 团部队接触。当时该部队驻饶阳店北，按上级指示准备向南开进，进行整军，与敌打响后，迅即转向西南，灵活机动地跳出了敌人的包围圈。

正准备吃早饭，军区司令部侦查科副科长程诚报告，大营、饶阳店、郑家口一线之敌均已出动，由北向南齐头疾进，直逼武官寨方向。大营和郑家口距武官寨约 30 华里左右。根据程诚的报告，范参谋长、刘主任决定，立即向南转移。由于对其他方向敌情不明，部队边走边侦察。中午时分，军区机关走至十二里庄时，又发现垂杨、芦头方向有敌人，由西向东压来，同时也发现故城之敌沿运河两岸向南，武城之敌沿南召村一线由南向北前进。这时才察觉到我们已处在敌人的四面包围之中，是敌人的“铁壁合围”，敌之包围圈已经构成。处在包围圈内的我军区和区党委、行署机关、部队以及学校等，遂逐步向十二里庄、王洼、郭庄靠拢集中。此时，敌人已占领了十二里庄北面的几个村庄，不断向我们前沿部队发起冲击。敌人的飞机也出动了，疯狂轰炸、扫射。我机关部队有些混乱，指挥也有些困难。我们的人员越靠拢，敌人的包围圈也随之越小，兵力也越雄厚，逐步对我形成层层包围。形势越来越严重，如再不突围，则有全部被消灭的危险。范、刘两位首长决定立即率军区机关部队并掩护区党委、行署等一同突围出去。向哪个方向突围？北面、西面敌人兵力雄厚，难于突破；东面不远是运河，既是天然障碍，又无回旋余地，且几个渡口都有日伪军把守，不易通过；南面敌人兵力比较薄弱，据悉武城之敌已倾巢出动，后方空虚。故决定向王行枉和武城方向突围。根据首长的指示，我即刻向机关部队作了部署，要求机关人员动作要迅速，要紧跟上部队，突围中，各部队要保护好地方党政机关和人民群众以及军区首长的安全。突围的具体部署是：骑兵团为先导，从“武城河西街、三里庄、霍庄、祖杨庄、王行枉”一线，采取宽大正面多层次地乘马冲锋，机关乘马人员紧随其后，军区特务团和 21 团在左右两侧掩护，这样可以冲破一个绞大的缺口，以掩护徒步人员突围；并规定突出包围圈之后，连家为第一集合点，谢炉集为第二集合点。

真是天公作美，此时，狂风骤起，尘沙飞扬，天空昏暗，给我们突围带来有利条件。骑兵团由团长曾玉良、政委况玉纯率领，像离弦的箭一样，向敌人猛烈冲去，其他乘马人员随后紧跟。骑兵团突到武城王行枉时，敌人在右侧用猛烈的火力封锁了前进的道路。我骑兵团指战员奋不顾身地发起突击，但由于敌人火力密集，没有冲过去。于是他们下了战马，徒步接近敌人。4 连在韩永卫率领下，以迅雷不及掩耳之势，一下子冲上去，砍倒敌人的机枪射手，冲过大辛庄。特务团和 21 团指战员，也分别在两侧反复猛烈冲锋，掩护机关人员突围。终于将阻我之敌赶跑，打开了一条三四里宽的缺口，军区和党政民机关等大队人马紧跟着冲过去，突破了敌之第一层包围圈。我是在最东边从武城河西街炮楼边冲过封锁的，刚冲出突破口，我大腿根部中弹负伤。当时我紧紧抱着马脖子，催马猛跑，才冲了出来。骑兵团和乘马的机关人员突出包围圈后，突破口很快被敌人封锁住。因此，跟在后边的徒步人员，在突破口的三早庄、霍庄、祖杨庄一带伤亡最大。

突破敌人第一层包围圈后，又遇到敌人的第二层包围圈。敌人的一个骑兵部队迎上来拦截，骑兵团同志机智灵活，即刻下马，迅速将马匹拉到道沟里隐蔽，调集了 12 挺机枪，待敌人冲锋近前时，机枪一起怒吼，将冲在前面的敌人打得人仰马翻，后边的敌人惊慌失措，调转马头四散退去。我们又趁机冲出了敌人的第二层包围圈。

突围出来的人员，大都在连家附近集结，进行整顿。此时，敌机又轮番在高裴、连家等地轰炸、扫射，但我未遭什么损失。我在沟里躲飞机时，雷绍康同志问我：“伤得要紧不要紧？”我说：“不要紧。我们机关出来的人多不多？”他告诉我：“突破口又被敌封锁住了，后边没有出来多少。”我心情极为沉重，非常担心没有冲出来的同志们的安危。29 日傍晚，为收容被敌人冲散的人员，军区首长决定：沿着敌人包围圈外边，向北转移，拟到枣南地区。夜幕降临时，我们以一个骑兵连为前导，机关人员紧随其后，从集合地出发，经连家、前后段庄到军营时，发现村边墙壁上用石灰写着“军营”两个大字，这是敌人的路标，我们怀疑这个村有敌人。这时，前边的骑兵连已穿过村庄，我们正走在村中间，突然听到站在房上的日本兵呱啦呱啦地叫，我们不懂日语，大概是问口令，谁都没有作声。敌人立即开枪射击，我们冒着敌人的枪林弹雨，迅速穿村而过。当时有两三个同志负伤，其中有范朝利参谋长的爱人刘秀英。大部队则沿军营村东侧向北。过村后，即在村北沙滩上（清凉江的干河滩）集合。这时敌人又打了几发炮弹，别无动静。敌人的这一阵枪炮声，却帮了我们的忙，起到了报告消息的作用，很多失散的同志听到枪炮声后，估计我们在这个方向，便找来，陆续归队，我们将机关人员和部队简单地整顿了一下，就继续向北前进，最后终于突出重围到了枣南地区。

三

在这次惊天动地的血战中，大部分同志跟随部队冲出层层包围，转移到安全地点。有些没有冲出来的同志与群众混在一起（因多数穿着便衣），被敌人紧紧包围起来，有的被俘，有的壮烈牺牲，大部被群众保护起来。一些被捕的同志，经受了严峻的考验，表现出中华儿女头可断、血可流、志不可移的崇高品德和坚贞节操，在中国人民抗日战争史上，树立了不朽的丰碑。

有 40 多名战士和学员被敌人带到霍庄，将他们的衣服扒掉，用皮鞭打，开水烫，施以惨无人道的酷刑。这些同志，在日本法西斯强盗面前，正气凛然，毫无惧色，皮鞭和开水，动摇不了革命战士们钢铁般的意志。最后，这 40 多名中华民族的优秀儿女，全部被日本侵略者残杀在霍庄北的一个大水坑里。

有一位女同志被俘后，敌人企图从她身上得到一些我党政军的情报，便用金钱、活命等各种手段引诱，劝其投降。可是，敌人枉费心机，这位女同志立场坚定，慷慨激昂，当场揭穿敌人的鬼把戏，痛斥日本侵略者占我河山杀我同胞的累累罪行。敌人恼怒，严刑拷打，妄图使其屈服，但是这位女同志在如狼似虎的敌人面前，巍然挺立，怒目而视，面对敌人的刺刀，高喊着“打倒日本帝国主义”“中国共产党万岁”的口号，英勇就义。这样可歌可泣的英雄事迹，不胜枚举，迄今思之，仍禁不住使人泪下。

冀南的广大人民群众，舍生忘死地掩护营救我军干部、战士的动人事迹更是使人难以忘怀。有些群众不怕抓，不怕打，冒着生命危险保护我们的同志。有的妇女把怀中抱着的婴儿交给战士扮成夫妻；有的大爷、大娘把战士当成自己的儿女；有的将我们同志藏在柴禾堆里、地窖里，掩护了不少干部、战士，他们脱离险境后，利用夜间逃出来寻找部队。

有一位叫王宝忠的群众，将我们的一名干部隐藏在家里。这位干部怕被敌人发现，连累王宝忠一家，决定离开王家，王宝忠拉住这位同志的手说：“同志，你不能走，外边危险，咱们是一家人，你放心，有我们在，就有你在，敌人来了，就说你是我兄弟。”并嘱咐了全家。话音刚落，一群日军和汉奸破门而入，上下打量这位同志，要带走。王宝忠和他的爱人毫不犹豫地冲上前去，对日军和汉奸说：“这是我家兄弟，你们不能带走。”汉奸抓住这位同志的手看了看，发现手上没有老茧，认为不是庄稼人，定是八路，就向外拖。王宝忠夫妇说：“我家兄弟常年在外地上学！不干庄稼活，手上哪会有老茧。”日军不信，用枪托打王宝忠夫妇的头，鲜血直流，夫妻俩一口咬定是他家兄弟，并示意8岁的女儿去拉叔叔。小女孩抱住这位同志的腿，哭喊着不让叔叔走。日军这才信以为真，无奈只好放了这位同志。第二天，王家夫妇亲自巧妙地将这位同志安全送走。

有十多名干部、战士和干校学员，隐藏在一位叫孙凤臣的老乡家南屋。一群日军窜到他家，正要到各屋搜查，孙凤臣急中生智，将北屋前鸡窝里的十几只大母鸡放了出来。日军一见院子里的鸡，顾不得搜查，满院里追鸡、捉鸡。最后，每人抓了几只鸡就走了。我们的同志免于受难，转危为安。敌人走后，孙凤臣端出干粮，让我们的同志吃得饱饱的，趁天黑敌人不注意的时候，安全转移出去。

当时的霍庄只有60多户人家，据不完全统计，掩护了我们50多名干部、战士。在敌人合围圈内，我们有数百名同志在群众的掩护下，得以安全脱险。冀南人民对我党的干部和子弟兵的深情厚谊，永远铭刻在我的心中。

冀南平原的“四二九”

刘大年*

冀南军区参谋处长王蕴瑞写的《“四二九”的前前后后》一文，开头一句话是:“在冀南平原抗日的2000多个日日夜夜，1942年4月29日是我终生难忘的一天。”作者的感受，我想是说出了所有在冀南平原经历了“四二九”日军“铁壁合围”的人们的共同感受。与“四二九”紧相连接的是日军对太行根据地5月大“扫荡”，八路军副总参谋长左权在指挥战斗中牺牲。

环境一天天困难，冀南领导机关人员再次紧缩。任仲夷担任政治学校校长，他要我去任专职教员，时间大概在4月初。不足200人的政治学校，行军宿营不再与行署在一起，改为我们并不熟悉的新7旅指挥。三天两头传来平汉路、德石路等处敌人增兵的消息，上级要求大家克服麻痹思想，尽量轻装。我与另一位专职教员杨清华（那时她叫陈毅）合用一匹马，一名勤务员。各人行李都很简单，一铺一盖，加上几件衣服而已。但我随身携带的二三十本书，现在成了累赘，不像以前一人用一匹马方便了。那些书中有苏联哲学家米丁等人的哲学著作译本，李达《社会学大纲》，郭沫若、吕振羽、

---

* 作者时任晋冀鲁豫边区冀南政治学校教员。

日本人佐野袈裟美等人关于中国古代社会的书，延安出版的那时不知道何人编著的《现代中国革命运动史》以及若干本马列著作等。它们是我多方搜集的，生怕散失。在风声鹤唳中让马驮上这些“不急之物”游行，可能给活动带来掣肘。4月29日前一天，夜间行军，宿营很晚。我决心第二天头一件事，是从马褡中取出那些书，找个稳妥的地方隐藏起来。

我麻痹大意，第二天一觉睡到天光大亮。杨清华推门进来，叫：“大年，还不起来，机枪响了。”我问枪声有多远，哪个方向，她说：“5里路，西北边”。大家每天都听到枪响，声音远近一般能够判断。5里地，我认为还不用急。勤务员从伙房端来半瓦盆红薯稀粥。我刚喝了一口，哨音紧急集合。勤务员在街头看了一下，急忙跑进来说，快！校部都走了。我们住在村西北角，正当敌人奔袭的前沿。我来不及把被子塞进马褡，折叠了一下，连同清华的行李紧勒在马背上，拉起缰绳就走。学校大部分人已经离开村子，走出一二百米。时间是早晨7点来钟。那批书仍然在马褡里鼓鼓囊囊的。

队伍向南急速行进。这里是河北故城县、山东武城县自北而南一个空隙很小的地带。东面挨近卫河敌人封锁线，西边南宫县日军据点密布，只有南北几十华里可以游动，而且要避免白天行军。半上午以后开始走走停停，显然是敌情不明，要等待旅指挥部通知。路上本地机关团体人员与部分逃离村庄的群众混合在一起。人们并不都朝一个方向走，而是照自己对敌情的了解或南或北。这显示出周围的情况都吃紧。迎面遇到一支战斗部队，由南而北。彼此都用诧异的目光看待对方，意思是你们怎么往敌人活动的地方去！更不祥的是明明南北都有敌情，却不闻枪炮声。往前穿过一个镇子的南北街，各家门户紧闭。靠近街中心十字路口，有人在那里张望。我们问：今天这里有什么事吗？张望的人神秘地用手指指西边说，村外就是日本兵，天不亮到的，一直没有动。多路分进合击，寻找打击目标，是敌人“扫荡”惯技。现在明明知道我们就在它眼皮底下，纹丝不动，这种阵势头一次碰到。

新7旅指挥部跟上级机关相去其实并不远。军区、行署、区党委活动范围是比较大的，现在都聚集在这狭窄的地带里。它们同样是早晨发现敌情，马上转移。别处堵塞不通，在一个叫十二里庄的村子里停下来，等待各路侦察员紧急报告情况。“十二里”是指与东面武城县街的距离。武城县境以前我在行军中不止一次到过。有时还想起六七岁时念《论语》，书上那个与武城相关连的家喻户晓的故事。孔子的学生子游作武城宰，孔子游学到此地，“闻弦歌之声”。孔子既赞赏，又以为大可不必地说：“割鸡焉用牛刀。”可是谁会想到，此地有一天竟然成了日军“铁壁合围”的中心！数千名抵抗入侵之敌的军民，在敌我力量对比异常悬殊的形势下，面临被歼灭的严重危险，必须在这里突出重围。

当政治学校全体来到十二里庄的时候，村北一片树林里早已挤满了人。党政军领导机关、军区警卫团和骑兵团、新 7 旅指挥部和所属两个团的各一部分、本地机关团体工作人员等都在其中。人数估计不下三四千，骑兵团有马约 500 匹。我方以往一向消息灵通，因为凡敌人据点所在，就是我方搜集情报，对敌工作站所在，这回例外。头天晚上，侦察员汇报说：周围敌人据点“无异常活动”。事后知道，这是敌人周密策划的一次大规模的拉网围歼阴谋。北起德石铁路，南至邢台济南公路，西起某处，东至卫河，日军出动两个师团、3 个旅团各一部及众多伪军，共 3 万余人。庞大敌群在临清、武城分别构筑了两个合围圈。武城地区是其重点，日军主力先在很远的地方秘密集结，并散布假情报迷惑我军。然后突然远距离快速运动，一夜之间，进到层层封锁线与预定合围的位置。敌人企图运用这种战术，令它的对手插翅难飞，聚而歼之。头天晚上我方侦察的周围据点“无异常活动”，实际上正是敌人大动作的异常活动。

军区领导人陈再道、宋任穷这时不在冀南。参谋长范朝利、政治部主任刘志坚是现场最高指挥员。中午时分，敌人从西、北两面逼近十二里庄。范朝利召开紧急会，简短宣布：我们已经被敌人四面包围，马上突围。骑兵团朝西北方向往外冲，各单位骑马的人一律跟骑兵团走；军区警卫团、新 7 旅部队朝西南方向往外冲，各单位所有步行的人跟警卫团走，立刻行动。我对杨清华说，你骑马走，我步行。骑兵团刚刚冲出十二里庄西北，预伏在那里的敌人机枪、小炮劈头盖脑一阵猛烈射击。受惊的马匹失去控驭，掉回头奔向还没有来得及走出树林的人群。各单位一直保持的编队顿时大乱，在道路和田野上散开。村北、村东同时响起密密麻麻的枪声。敌人便衣也很快渗入我们中间，接连打冷枪。又刮来大风，卷起黄尘飞扬旋转。就在这时，两架敌机出现在头顶上，低空轰鸣，疯狂扫射。刹那间，草木颤抖，天日无光，上下左右，杀气笼罩。我们没有能够从西北方向突围出去。一些人受伤牺牲。

我早起喝了一口稀粥，多半天坚持忍着口渴。在跟随众人移动中，见路旁有个像茶水铺的小土屋，房檐下放个水缸。我向屋门口的一位老妪说："我喝口水"。她连忙递给我一个瓢。哪知开头一两口水硬是咽不下去。原来是多半天走动，张嘴呼吸，喉咙塞满了尘土。敌机正从房顶上呼啸掠过，身后射来的子弹在近处爆炸。老妪口中连连念："天老爷，善过！天老爷，善过！"我不懂"善过"是什么意思。她知道这是八路军与无辜百姓遭到了日军的凶杀围剿。大概是祈求"天老爷"让中国人少受些灾难吧！当地群众语言我基本能够听明白。唯有"善过"这个字音多年来一直引起我的琢磨。

步行人群往西南走。战斗部队们行动快，在前面开路。时间不长，南边、西边枪炮声又作，越来越猛烈。步行的人大批向东涌动。我们朝西南方向也没有很快冲出去。我跟警卫团向西走，跟到了这里，又随涌动的人群往东，并不知道从此便与战斗部队脱离了。

东面是武城县卫河封锁线。大批人之所以往那里走去，是其他三面被围堵住，唯独东面没有枪声。大家在一望无垠、光秃秃的田野间，毫无遮挡。又要躲避敌机的扫射，又要注意正在封锁南北两面村庄和道路的敌人的行动。一时快跑一阵，一时来回打转。谁也不知道要走到哪里去，更不知道前面是否会撞上敌人。众人中大多数徒手，也有被冲散了的带武器的战士。党政机关人员早已改穿便衣，作战部队正赶上冬、夏服装换季，新旧不一。我与随同军区政治部突围的日本士兵反战同盟成员碰到了一起。他们 7 个人，我认识其中两人。他们装束整齐，崭新的夏季草绿色军服，手里拿些印刷品和包裹。在便衣人群中目标显著。这时可能到了下午两点来钟，我们走在一块铁犁翻过的地里，背后忽然有人说："喂，你看左后方是不是敌人？"左边一条东西路，十来个人，与我们相距约 200 米。草绿色服装，一人骑马，步行的人枪扛在肩上正朝东走。我看是日本兵，随口说了一句："管他妈的！"话音刚落，一排枪射来，子弹在耳边嗤嗤穿过，脚边土块乱飞。反战同盟成员迅速卧倒在地，往前翻滚。我和后面的人也弯腰疾行，但与反战同盟士兵已经分开。不知道在田野里穿行了多远，进入一个镇子的街口。一些人进街往东走，更多的人从街口两侧民宅里找水喝。顺街往东的人很快纷纷回来，摇手表示那里不能去。所有的人又急忙掉头往西，也没有人想打问究竟。

走出镇子没有多久，北面一股敌人逼近，在相距只有百把米的地方对我们射击。敌人的便衣跟我们混到了一起。奔波疲劳，长时间注视敌人行动，我本来有点麻木了。这时精神猛然振奋起来。举起我那支实际上只可以演节目当道具的手枪，高喊一声："有枪的打呀！"谁知这一声喊产生了就像是战场命令的效果，田野间顿时爆发出一阵愤怒的喊打声和对敌人射击的枪声。带武器的人远比最初看到的要多，有蹲下来瞄准敌人射击的，有边打边走的。我和三四个人在两个坟头畔趴下，其中一人是机枪手。他打了三两个连发，子弹就光了。喊打声和我们的还击虽然持续不过三五分钟，大概也有点出乎敌人意料。我们很快知道，一些人闯进去的小镇是武城县的河西街，街东头是防守卫河渡口的碉堡。敌人以为这里是他们盘踞的牢固窝点，所以没有在街西口一带布置兵力。否则我们这许多人恐怕难以有几个生还。

人群翻回往西。估计走了四五华里，前面出现大块麦田，青色伸向远处。回头一看，我成了人群中走在最后的几个。前面本来众多的人，这时也逐渐减少，而且转眼之间，几乎看不到人影了。我在麦田里走了一段，找了个不太潮湿的地垄歇下来。麦子刚高过膝盖，为避免暴露，只能在垄间躺下。麦田至北面村庄一华里多，至南面村庄二华里多。南、北村庄都驻扎着敌人，岗哨游动，马匹来往看得一清二楚。不多时，发现麦田里我前后左右都躺着人。彼此低声招呼，并且马上分工，谁注意北边敌人行动，谁看住南边。我身边除一件夹袍、一支手枪外，还有一个缴获的日本军用皮包。里面没有什么文件，但有在抗大时朱总司令亲笔给写的"坚持抗战"笔记本、抗大毕业证书、杨秀峰签署的任命我为宣传科长的委任状和一方在长沙购置的鸡血红印章。为应付不测，清除“抗日分子”的证据，现在只有咬咬牙把它们埋在麦田里。不能坐起来挖土，就用脚在麦垄间蹬出一个坑埋上。夹袍不是“犯禁”物。手枪修理过几次，不一定能打响，也只有三四颗子弹，它必须留下，差不多是最后的依靠。这时快近半下午，西边较远的地方传来密集的机枪、小炮声，是双方激烈交火。停了一阵，枪炮声再起，但在更远的地方了。可以肯定，这是作战部队突围出去了。我们面前的敌人没有动。我们疲劳，敌人似乎更疲劳。他们从昨天夜间开始远距离行军，一般是今天中午到达指定地点。只要不碰上我们的抗击，他们就是休息待命。我们暂时没有被发现，唯一要做的就是密切注视周围情况，熬时间。

战场上什么怪事也有，忽然间出现了一个意想不到的险情。早晨紧急集合，我把被子勒在马背上。我的被面是不久以前花两元钱从贸易局缴获的敌人物资中买来的白底蓝花细布，看上去格外显眼。十二里庄突围时，杨清华骑马走了。现在这匹马驮着原封不动的行李，突然出现在麦田里，站在距我不过四五十米的地点。清华丢了马，人怎么样了？马站在麦田，很可能招引村里敌人来捉马。我们这些卧倒在麦田中的人会被发现，这太危险了。想把马驱赶走，但也找不到办法。马站在那里不动，也不见敌人来捉。时间和空气就像是凝固起来了。北边村庄忽然响起呼唤似的马嘶鸣。麦田里我们这匹马闻风答话，长嘶两声，扬鬣向村庄跑去。戏剧般地出现的危险，又戏剧般地化解了。照这个情形判断，敌人今天来麦田打扫战场的可能性很小。等到天黑，我们冲出敌人的包围圈毫无问题。

4月底，是旧历三月中旬。落日余晖未尽，皓月已经在东方升起。开头月光明亮，不久被云层遮掩，夜色昏暗。我站起来小声说：“走”。前后左右的人没有谁答话，都站起来在麦田里一直往西。越走人越多，大家心里全明白，什么也不用说。后来一连发现几名伤员，马上有人自动出来架起他们走。只有一次有人喊：“同志，不要丢掉我。”大概是他伤势重，别人也没有发现。麦田中遇到一口水井，大家口渴，要求停下来喝点水，没有桶，有战士解下绑腿系上茶缸往上提，费时又不济事。忽而听人说，伤兵不能喝水，那会增加出血。我抓紧点了点人数，共八十二三人。其中多数是战士和本地工作人员。战士携步枪十余支，轻机枪 2 挺。我认识的水原健次等 3 名反战同盟成员也在其内。我估计此地当在北线敌人占据的村庄以西三四华里。敌人的联系巡逻刚过去，这是脱离敌人包围圈最好的地点、时间。我问大家：你们中间有负责干部吗？一人回答：我是军区警卫团营长。我说此地决不能久停，必须赶紧离开。你负责断后，我在前面开路，迅速把所有人带出去。他同意。也不容许商量讨论，什么宣传鼓动也都是多余的。我只低声简单交代了几句：这里是敌人包围的黑暗地区，越过封锁线就是光明。同志们互相帮助。伤员、武器一定要带走！不能丢。口渴忍耐一下，出了包围圈不怕没有水喝。立刻行动。没有等走出麦田，又加进了十余人，共近 100 人。

4 名持枪的战士走在前面，侦察警戒。我和 3 名反战同盟日本士兵走在一起。伤员留下的 3 支步枪，给他们两支，我拿一支。其他人走在我们后面几十米。封锁线轻而易举穿过了。顺路往西北走到头一个村庄，4 名战士进村侦察，没有异常情况。后面的人都进村，稍事休息。负责照顾伤员的人不用吩咐，各自去向住户敲门，安置伤员。这里恐怕要算敌人的“治安区”，我们不敢耽搁，急速向西北走，也就是白天敌人朝我合围的方向。100 来人中，除了一位营长，我算是比较负责的干部。如今大家脱离了眼前危险，伤员也暂时得到安置，武器也带出来了，我当然感到轻松。但是对于 3 名日本反战同盟成员，我必须把他们安全带到领导机关去。敌人调集重兵，没有达到消灭我们的目的，必定不会罢休，因此，心头并没有一块石头落地。

大概已经过了后半夜，天空云层消散，月光不再朦胧。一百来人走在一路，目标太大。在一个路口休息，我跟大家说明这个意思，请军区营长带领战士和武器回部队，本地区工作人员情况熟悉，分头去找自己的单位。这时忽然发现政治学校教务主任丁哲民和一名勤务员也在人群中。丁腿瘸、眼近视，主要靠小勤务员带路。教务处本来是有马的，马在突围中也惊跑了。丁和勤务员是我们在麦田中往北穿行的时候加进来的。我走在前头，所以谁也没有看见谁。众人分开了，我和丁 2 人加上 3 名反战同盟士兵，6 个人的小分队，我成了“小队长”，也不需要选举投票。

我们碰到村庄就绕行，一直默默往前走。这十几个小时对神经的刺激太强烈了。我想找到一个扼要的说法表述出来，总不如意。这时头脑渐冷，终于冒出了一个想法：“力量上弱，精神上强。”我们长时间在敌人碉堡林立的空隙中斗争、生存，对于敌人大小规模的“扫荡”司空见惯。但这一次毕竟不一样。十多个小时里，三四千人，在方圆仅仅几华里的包围圈中，面对敌人千军万马，情况瞬息变化，生死成败间不容发。我们只要大多数人突出重围，敌人精心策划的这次大行动就是失败的。现场上，人们表现出的精神，是面对强敌无所畏惧；是被打回或打散了再集合起来闯出去；是对胜利有信心；是沉毅坚定，不怕牺牲，压不垮，顶得住。归根到底，这也就是中国人民在敌强我弱形势下坚持抗日战争的共同精神！我想如果某位名家高手把今天的场面用诗歌写出来，一定是感人的，不过这不容易。

30 多年后，我读到一部唐诗选本，其中有张巡《守睢阳作》一首，不禁马上联想到武城突围的往事。

张巡这位历史人物，是我念私塾时读文天祥《正气歌》上的“为张睢阳齿”时知道的。那时只看过《通鉴纪事本末》上关于这位英雄人物的生动记述。他坚守河南睢阳，抗击席卷黄河南北、气焰嚣张的安禄山贼军。他报告唐君主说：“臣被围四十七日，凡一千八百余战。当臣效命之时，是贼灭亡之日。”《守睢阳作》就是被围困非常危险的时候写的：“接战春来苦，孤城日渐危。合围侔月晕，分守若鱼丽。屡厌黄尘起，时将白羽挥。裹疮犹出阵，饮血更登陴。忠信应难敌，坚贞谅不移。无人报天子，心计欲何施。”短短数行，惊心动魄，生气虎虎。诗中“合围侔月晕，分守若鱼丽（形容敌人包围严密，像月亮外面的晕圈，“鱼丽”是古代作战的阵名）”“屡厌黄尘起”“裹疮犹出阵，饮血更登陴，忠信应难敌，坚贞谅不移”，不但与发生在武城的战事情景相似，展现的思想意志也相仿佛。6 人小分队在夜间默默地往前走的时候，我想要找到的东西，几十年以后，觉得在《守睢阳作》里传来了回响，感叹多时，反复咏诵！

4 月底，天亮得很早。我们只知道是在南北狭窄的小路里，地点敌情一概不明。等村中农民出来，了解到敌人昨天从这里来回经过，没有占据。我们进到一个较大的村庄停下，在农民家里吃饭。在此以前，也不怎么感到饥饿。村庄正当过往大道，我们必须尽快转移。动身时，水原健次交给我一包印刷品，好像还有写成的标语之类。意思是要我决定怎么处理。昨天以来，他们经历的危险至少跟我们一样。这些东西本来随手可以扔掉，但他们没有那样做。可见日本兵不但战术训练很严，纪律训练也很严格。这些印刷品未必有多大机密。农民院子堆满秫秕秆，我接过来塞进秫秕秆堆里，就离开了村子。

河北南部有一条（或两条）自南而北的黄河故道，或者沙丘起伏，或者宽阔干涸的河床深深凹进地面。河床中常常能够见到农民熬制土盐堆起的土垒，有像小土屋残垣断壁的。我们找到一处认为地点机动的土垒隐蔽休息。3 名反战同盟士兵看来情绪稳定，他们彼此也不交谈。我只是用手指比成“八字”形，向西北方向指指说：“八路大大的有。”现在想起来，这好像是讲儿童故事。多半天没有听到枪声。先后有两支日军在与我们相距约 200 米处穿过河床。最前面的人用长竹竿挑着太阳旗，更前面是几条寻找猎物的狼犬，没有发现我们隐蔽的地方。太阳西沉，估计敌人的行动已经过去，我们来到河西边一个村庄找到村干部，安排在一户农民家里弄点吃的。又凉又硬的高粱窝头，蝇子在饭筐上飞舞。这是长期艰苦生活、又饱受敌人摧残的农民群众能够拿出的最好的东西。天还不黑，军区宣传部长白文华（50 年代担任过总政秘书长）独自一人，从村东口走进来，显然跟我们的经历也差不多。我头一句话就是问，是否知道军区在哪里？ 3 名反战同盟战士我想最好他带走。他说军区大概在枣强东部一带，反战同盟 3 人由他接收过去。我从武城麦田出来到现在，肩上的负担解除了。怎么也没有想到，事情还留下了一个小小尾巴。

1945 年 10 月，我从太行山回到冀南行署，军区与行署同驻在威县城里。军区敌工部长张有萱（张茂林）在一次见面中，郑重地问：水原说，“四 二 九”时他把一包文件交给你了，你能记得放在什么地方吗？我似乎感到惊讶，告诉他水原是把一包东西交给我了，当时藏在一家农民的秫秕秆堆里。不但记不起村庄名称和农家的位置，就算能记起，事隔几年，什么文件早该化成灰烬了，还从哪里去找？自那以后，与张没有再见，只知道

“文革”前他是国家科委副主任。前几年，我到协和医院治牙。在我前面做牙的一位老同志觉得在哪里见过，一问才知道是张有萱，彼此交谈起来。抗战前他是留日学工科的，“文革”后，先后在几个工业部任副部长。已经离休，我没有记住他最后在哪个部。

武城突围以后三四天，我与任仲夷、杨清华等在枣强地区行署会合，牺牲和失踪者的名字陆续传来。其中有行署文教处科员庞明辉、通讯员小吴、教材编审委员会负责人王化民。他们都是长时间和我在一起工作的。庞冀中，束鹿人，是中学毕业不久的青年，工作细心负责。十二里庄突围时他跟在骑兵团后面被冲散了。我碰见他和小吴拉两匹马在路边两棵杨树下躲避敌机。我要他放开马，人先走。他指指马褡说，有文件，马不能放。敌机低空盘旋，树下马匹很容易被发现。结果两人一同牺牲在敌人的炸弹下。小吴是行署受人夸赞的“小鬼”，以为他未来可能成为军队的指挥员。他头脑机灵，一切都是主动去干，不知疲劳。牺牲时不过十五六岁。王化民河北临城人，“七七”前当中学教员。一条腿受重伤，农民从麦田中把他背出来。他与一位江姓女同志彼此有意，从未明言。受伤后江赶去护理，怀着爱情和对敌人的仇恨，坦然表示：你只要活下来，我们就结婚，没有腿，我照顾你一辈子。因缺少医药，王无救身亡。后来听说，武城突围，牺牲干部、战士200余人，各村群众遭屠杀又200余人。当地现在树有一座抗战胜利后修建的烈士纪念碑。

冀中“五一”反“扫荡”

永难忘怀的“五一”反“扫荡”

吕正操[*]

发生在1942年的冀中“五一”反“扫荡”，虽已过去60年了，但当年日本侵略者在冀中大地犯下的累累罪行，以及冀中抗日军民在炮火硝烟中与敌拼杀的悲壮情景，却恍若昨日，历历在目，使人刻骨铭心，永难忘怀。

一

抗日战争进入相持阶段以后，“扫荡”与反“扫荡”成为冀中敌我斗争的主要形式。从1942年5月1日起到6月底历时两个月的“五一”大“扫荡”，是日军对冀中抗日根据地实行的一次规模最大、持续时间最长、空前残酷的大“扫荡”。

“五一”大“扫荡”，是日军蓄谋已久的。冀中抗日根据地，是遵照中共中央和毛泽东关于在敌后广泛开展游击战争、创建敌后抗日根据地的指示，从1937年秋开始，在艰苦复杂的斗争中建立、巩固、发展起来的。它

---

* 作者时任八路军冀中军区司令员。本文系作者为《血色冀中——“五一”反“扫荡”60周年祭》一书作的序。

的存在，严重地威胁着日军盘踞的几个中心城市——平、津、保、石及其军事命脉——平汉、北宁、津浦、石德等4条铁路，使敌人寝食不安。冀中抗日根据地，又是晋察冀边区的平原堡垒，对边区的人力和物资都是重要的补充来源，对边区的巩固和发展有着十分重要的意义。因此，在抗日战争中，尤其是进入相持阶段以后，日军对冀中这块“心腹大患”进行了频繁的、各种方式的和不同规模的“扫荡”，小规模的分区“扫荡”经常不断，全区性的大“扫荡”一年数次。尽管如此，冀中军民的抗日斗争愈加顽强，冀中抗日根据地成为插进敌人胸膛的一把尖刀。冀中军民的顽强斗争，更使敌人恨之入骨，穷凶极恶。由此，日军针对冀中军民的“五一”大“扫荡”也就不可避免。

“五一”大“扫荡”，是敌人在新的困难条件下进行的。1941年12月，太平洋战争爆发后，日军战线延长，兵力不敷使用，捉襟见肘；战略物资供应紧张，困难日益加深。日军为了确保华北，抓紧掠夺战略物资，支援太平洋战争，急于变华北地区为其“大东亚战争”的后方兵站基地。正因为如此，日军在华北的掠夺就更加变本加厉，决心将我华北抗日根据地变为其确保的“治安区”，而我冀中平原抗日根据地则首当其冲。日军提出要“确保华北，首先要确保冀中”，进而决定采取“军事上猛烈攻击”的战术，进攻“河北省北部的中共平原根据地，一举将该地区建成为治安区”。“五一”大“扫荡”，就是日军为达此目的而采取的一次重大战略行动。

“五一”大“扫荡”，敌人使用了最阴险毒辣的手段。日军采取了突然袭击的方式，由华北方面军司令官冈村宁次亲自坐镇指挥，穷其第四十一、一一〇、二十七、二十六师团和独立七、八、九混成旅团等精锐部队5万之众，配以空军、装甲部队，实施“铁壁合围”作战。“扫荡”开始以前，敌人专门设立了情报、谍报班，千方百计刺探根据地的情报，并极力隐藏其作战意图，进行战役伪装。“扫荡”之初的5月1日至10日，敌人先以“铁连环”阵进行“梳篦拉网”，企图把我军主力压缩到滹沱河以南，滏阳河、石德铁路之间的三角地带，形成一个大包围圈。同时，又十分险恶地在中心区设置较大的空隙，作为“诱导圈”，以引诱我军入内。5月10日至15日，敌人集中兵力对我实行“铁壁合围”，妄图聚歼冀中党政军领导机关与主力部队。对合围地区多路并进，将兵力全线展开，以实现其“筑堤拦水、淘水捉鱼”的阴谋。5 月 16 日至 6 月 20 日，又采用了纵横搜索、分段“清剿”、彻底“剔抉”的战法，寻找我主力部队决战，搜捕分散隐蔽的抗日干部、战士和地方工作人员。同时增建碉堡，抢修公路，平毁抗日道沟，企图使抗日部队无立足之地，最终达到全部消灭之目的。

“五一”大“扫荡”，给冀中抗日根据地造成了空前的损失，也使冀中广大群众遭受了巨大的灾难。日军在“扫荡”中采取了空前残酷的法西斯手段，疯狂地实行烧光、杀光、抢光的“三光”政策，所到之处，大肆奸淫、烧杀、抢掠，无恶不作。短短两个月，冀中根据地损失十分严重。冀中军区部队伤亡 4671 人，减员 5500 人，区以上干部牺牲三分之一。冀中根据地的群众被杀害的达 2 万多人，被抓去当劳工的达 5 万多人，大批粮食、物资被“扫荡”一空，造成了“无村不戴孝，户户闻哭声”的悲惨局面。到 7 月，在冀中 42 个县、8000 多个村庄、6 万多平方公里的土地上，日军共建立碉堡 1750 个，修筑“扫荡”公路 7500 多公里，挖掘封锁沟 4000 余公里，整个冀中大平原，被分割成 2676 个小格子，实行所谓点、碉、路、沟、墙五位一体的“囚笼”政策，使冀中广大群众被置于枪弹刺刀的血腥统治之下。冀中平原的抗日游击战争，自此进入了更加残酷和困难的阶段。

二

面对日军空前野蛮残酷的大“扫荡”，冀中抗日军民在中共冀中区党委、冀中行署和冀中军区的领导下，同敌人进行了艰苦顽强的斗争。军区部队采取主力转到外线作战、地区部队分散隐蔽的“敌进我进、避实就虚、消耗敌人有生力量”的方针，灵活机动地与敌人周旋，并伺机给敌人以沉重打击，先后经过了 272 次战斗，共毙伤日伪军 1.1 万多人，不但消灭了敌人的有生力量，而且挫败了敌人的锐气，粉碎了敌人消灭我冀中领导机关、冀中主力部队并摧毁我冀中根据地的企图。“五一”反“扫荡”以后，侵华日军的士气逐渐走向低落。冀中根据地军民同仇敌忾，英勇奋战，在燕赵大地上奏响了英勇悲壮的反“扫荡”凯歌。

我冀中党政军领导机关成功地进行了反“扫荡”，跳出了包围圈，使敌人的阴谋落空。日军“五一”大“扫荡”的主要作战方针是，寻找我军主力与领导机关决战，消灭冀中首脑机关。针对这种情况，冀中区党委、行署和军区机关，首先进行了精简和轻装，加强了掩护部队的力量。5月2日，离开饶阳县张保村一带，跳到沧石路南。5月8日，在敌人加强对滏阳河封锁以前，东渡滏阳河，跳到敌人的“铁壁合围”之外，大胆地插到敌后的敌后，深入到敌占区，在任（丘）河（间）大（城）和子牙河以东地区与敌人周旋了20多天。在此期间，曾四渡子牙河，五临津浦路，18次越过封锁线，在与敌人的结合部及点线间巧妙穿插。在群众的支援和掩护下，敌人连我领导机关的影子都没有找到，不能不哀叹：“此次扫荡战中未能捕获敌人的指挥中枢。”6月1日，冀中党政军领导机关越过石德路进入冀南地区。6月12日，在威县城北25公里处的掌史村，打了一个著名的掌史战斗，被中央军委嘉奖为“堪称平原游击战坚持村落防御战的范例”。掌史战斗以后，我们于6月中旬到达冀鲁豫军区，后又转到太行山区。在领导机关干部多、非战斗人员多、盆盆罐罐多、冲锋陷阵困难很大的情况下，我们不但冲出来了，而且没有受到多大损失。因此，刘伯承司令员表扬我们说，你们这样的机关反“扫荡”，就像背着灯泡赶集，很容易被挤碎的，但是，你们没有被挤碎，跳出来了，这确实是非常不容易的。

冀中军区的主力部队，表现了顽强的作战精神，给“扫荡”之敌以沉重的打击。反“扫荡”开始，各分区主力部队一边向外线转移，一边寻机消灭敌人，不仅先后突出了敌人的“合围”，而且歼敌1000多人，有力地打击了敌人。如：我7分区部队在10天内共作战21次，毙伤敌300余人；我警备旅1团2营在深县护驾池，抗击敌人装甲车、飞机、坦克和四五千敌之围攻，激战竟日，敌伤亡300余人，我只伤亡40余人；在无极县小吕、王村，22团与17团联合作战，40分钟内打死打伤敌人180余，毙日军一中队长和伪正定道尹，伤日军大队长加岛，我无一伤亡。这说明我们采取“敌进我进”的方针，是十分正确的。5 月下旬，根据上级指示，主力部队重新转入内线作战；至 6 月 4 日，为适应战斗环境的变化和保存实力，又转到外线作战。在这一进一出的过程中，各军分区主力部队又打了一些大仗、硬仗，取得了一些大的胜利，如：深泽城北的白庄战斗，毙伤敌人 400 余，并击毙日军大队长管泽；无极城西北的里贵子战斗，毙伤敌人 180 余；被称为“五一”反“扫荡”光辉战例的深泽县宋家庄战斗，由 22 团团长左叶指挥，血战 16 个小时，以我伤亡 73 人的代价，毙伤敌人 860 余，为平原地区开展村落防御战创造了宝贵的经验。还有 6 分区指挥的北阳堡战斗，9 分区指挥的张庄战斗，8 分区指挥的东圈子战斗和 10 分区指挥的固守村落的战斗等，也都打得非常成功。也有一些战斗损失较大，如：定县的北疃战斗，部队依托村庄和地道抗击日军，虽给敌人以较大的杀伤，但由于敌人卑鄙地使用毒气，使地道内我军民近千人窒息而死；我警卫团 1 团 1 营在深县王家铺受挫，只有十余人冲出包围，大部分指战员壮烈牺牲；肃宁县雪村战斗，不仅部队受到严重损失，8 分区司令员常德善和政委王远音也壮烈牺牲。但这些丝毫没有动摇指战员们的战斗意志。在反“扫荡”的两个月中，他们浴血奋战，英勇顽强，既给猖狂的敌人以迎头痛击，又较好地保护了自己。

冀中军区骑兵团，肩负着特殊的使命，在反“扫荡”中建立了不朽的功勋。冀中军区直属部队以马仁兴为团长的骑兵团，是一支很有战斗力的部队，其突出的作战特点是快速、突然。敌人“扫荡”开始以后，奉军区指示，骑兵团坚持在内线作战，担负的特殊任务是：牵制与吸引敌人，侦察情况和宣传群众。我骑的那匹远近闻名的大洋马，交给了骑兵团，敌人见了大洋马就追，所以骑兵团总也甩不掉敌人。5 月中旬，他们左冲右突，从任（丘）河（间）大（城）地区插到津浦路，跳出了包围圈，稍作喘息后，又奉命返回深（县）武（强）饶（阳）安（平）根据地腹地坚持斗争。骑兵团从任河大地区向西插到肃宁、蠡县，进白洋淀，又南下定南、安国、晋县、深泽一带，越滹沱河到达深武饶安地区，整整转了一大圈。在 40 多天的转战中，他们始终骑着马，身着军装，在极为暴露的情况下，先后找到 7、8、9、10 军分区领导，传达区党委和军区的指示。还特地到安平、饶阳区党委机关的常驻村，向干部群众介绍领导机关和主力部队外转的情况，鼓舞群众的士气。他们经过多次战斗，遭到敌人无数次包围和袭击，队伍被打散，团政委汪乃荣、政治处主任杨经国壮烈牺牲，仍很好地完成了军区领导交给的任务。直到6月23日，在最后击退千余敌人的合击后，才跳出包围圈，南下冀鲁豫根据地，与军区领导机关会合。

马本斋司令员率领的冀中回民支队，在反“扫荡”中杀出了威风，表现了良好的军事素质和顽强的战斗作风。“扫荡”刚一开始，由于敌我力量悬殊，冀中党政军领导机关在中心区的活动遇到了很大的困难。当时，各部队根据军区指示，挺进敌后，向敌占区城镇及交通线进击，以牵制敌人，减轻中心区的压力。5月中旬，回民支队奉命攻打泊镇和交河县城，军区要求他们务必攻克，以吸引日军主力东移。马本斋接到命令后，立即部署作战。第1、第2大队攻打泊镇，一举深入镇内，予敌以严重杀伤。第3大队夜袭交河县城，打开了3座城门，俘虏了50多名伪军，缴获了50多支枪。同时，他们还派出8分队，袭击交河东北部的淮镇、郭尚庄等据点，收割敌人电话线400余公斤，取得了不小的胜利。攻打泊镇和交河县城以后，回民支队继续留在抗日根据地中心区的阜东、建国、交河一带与敌周旋。5月底，接到军区电报，催促其跳出内线，才辗转迂回到冀鲁豫地区。

冀中在华日本人民反战同盟支部，与冀中军民并肩作战，有着不同寻常的经历。该支部是1941年2月成立的，成员多是历次战斗中俘虏的日军官兵。他们在我党我军的教育和感召下，从日本武士道的精神枷锁下解放出来，决心与中国人民一起为结束这场罪恶的侵略战争而战斗。反“扫荡”开始以后，反战同盟支部化整为零，有的随部队转到外线作战，有的留在内线坚持斗争。支部长田中在回民支队攻打交河县城时，奉命带着一部电话机赶到前线，以自己熟练的技术，接上通往交河的电话线，与城内的日军通话劝降。后在日军“追剿”时腿部受伤，流了很多血，仍舍不得扔掉背上的两支长枪和几挂子弹，终于突围出来。副支部长兼宣传部长东忠，与几位盟员在内线坚持斗争，几次被冲散，几次又聚拢，历尽艰险，孤身转移，没有一人叛逃。冀中群众待他们也像亲人一样，经常挺身保护他们，巧妙地躲过敌人的追杀。东忠和中山两人被冲散以后，一个走进村庄，向村长说明自己是日本人民反战同盟支部的，村长立即把他隐藏起来，又帮他找到了部队；一个对房东说自己是日本八路，房东一听，就对他说："孩子你放心，只要有我在，就有你在。"西村在深泽县境内受了重伤，被坚壁在安平县堡垒户郭大娘家，因伤势严重，坚壁了很长时间。敌人曾两次闯入要人，把郭大娘毒打得昏死过去，但老人家始终未说出西村的藏身之处。西村归队时，不但能说一口流利的安平方言，还认郭大娘做干娘。

"抗大"二分校第三团学员，在艰险中与敌周旋，最终胜利归建的事迹十分感人。抗三团是从 1940 年 1 月开始，由"抗大"总校派到冀中来办学的。在两年中，为冀中培养了近 4000 名基层干部。他们接到军区反"扫荡"的紧急指示后，将休养所和文印组人员就地分散坚壁；令剧社单独隐蔽活动；第 1、2、3 大队随 7、8、9 军分区转外线；团部机关和直属 1、2 大队向沧石路以南转移，相机跳出合击圈。5 月 11 日，抗三团的学员在深南遭到 8000 余敌军的合围，在飞机扫射、坦克冲击、步骑兵围追堵截下，缺乏武器的学员们一下子被冲得七零八落。有的分散在群众中隐蔽；有的暂时回到附近自己的家里；有的带介绍信回到原部队；有的三三两两各自为战，白天在野外躲藏，以野菜充饥，晚上到村里找吃喝打听消息；有的遭到敌人逮捕毒打，伤口化脓生蛆。但学员们凭着抗战必胜的信念和坚忍不拔的毅力，硬是在冀中平原上坚持了两个多月。"扫荡"结束以后，军区派出联络组，在沧石路两侧展开了艰难的收容工作。到 9 月下旬，除几十名牺牲者外，一批批学员冲破艰难险阻，回到了"抗大"二分校，胜利地归还了建制。

在"五一"反"扫荡"中，地道战发挥了巨大的作用。地道是冀中军民的伟大创举，它发展了平原游击战争，使人民群众有了退避依托之所，地方工作人员可以大胆地在近敌区坚持工作，而民兵和部队更可依靠它打击敌人，保存自己。"五一"反"扫荡"开始后，我们的医院、工厂、报社、通讯站、情报站等，几乎全部转入地下坚持工作，地道确实成为保存革命力量，保护群众利益，坚持和开展斗争，打击敌人、消灭敌人的"地下长城"。利用地道开展斗争的战例很多：5 月 13 日，日军大队长加岛率领 700 多名步兵，向藁无县小吕、王村一带围攻，藁无县大队和22团、17团部分连队得到情报后立即动员部署：一部分部队依托村外土岗和坟地迎击敌人，其余则在村内准备。组织群众有秩序地进入地道，在村边、街口、地道口、地道上面草堆中，埋设了地雷。敌人到达后，村外的部队先给敌人以大量杀伤；敌人冲到村口，又踏响了地雷，被炸得血肉横飞。这时，村内的部队已上高房，向冲进街内的敌人甩手榴弹。待敌人抢占了高房，22团等部队又进入了地道，利用地道的射击孔，或趴在地道口的暗处，向高房上、街道上的敌人射击。敌人伤亡很大，却看不到八路军的踪影。有一个地道口被敌人发现，加岛派伪军下去，伪军一进洞口，便被守洞的民兵打死。加岛又命令挖地道，伪军没挖几下，又被地道顶上埋设的地雷炸死炸伤几个。这时敌人已死伤180余人，一中队长和伪正定道尹被击毙，加岛也被打伤，我则无一伤亡。黄昏已经来临，敌人不敢再继续挖地道，便回据点去了。5月23日，日军纠集了1000多人，配有骑兵、汽车，进攻无极县赵户村。驻赵户村的22团一个连和民兵一起，先后打退了敌人4次冲锋。到下午5时，敌人再次进攻时，该连战士和民兵一面利用屋内墙角还击，一面由侦察员带12名战士，从地道内转移到村外敌人的背后，集中火力向敌人射击。敌人误认为是八路军援军接应，仓皇撤走。这次战斗，敌伤亡200多人，却一无所获。

冀中人民，是冀中平原抗日的屏障，他们牺牲最大、付出最多，是我们伟大民族精神的化身。“五一”大“扫荡”中日军在集中力量“围剿”我抗日部队的同时，更以残杀和平居民为手段，企图征服拥护、支持抗日斗争的广大群众，割断我抗日军民之间的鱼水关系。他们成立棒子队，就是专门打老百姓的。在藁无县六贤庄，日军一天就打死11人，打伤40多人；在深南的黄龙乡，20多个老百姓葬身狼犬之口；在白洋淀端村，日军一夜奸污50多名妇女，上有70岁的老人，下有11岁的幼女；在博野县槐安庄，日军实行“三分钟杀人术”，该村12个村民被折磨得死去活来，日军却以杀人取乐。敌人在深县中菉村、任丘县留村、饶阳县杨各庄、固安县马村等地制造了屠杀惨案，其手段之残忍骇人听闻。但是，敌人的法西斯暴行，并没有征服冀中人民，有着高度民族气节和无比英勇气概的冀中人民，宁愿牺牲自己，也要保护抗日军人、干部和军用物资。这方面的感人事迹数不胜数。在安平县羽林村，敌人拷问一个 12 岁的孩子，逼他说出藏身的八路军干部，他的母亲就高声对他说："孩子别说，咱娘俩要死一块死，不能留骂名！"孩子被折磨得死去活来，始终未吐一字。在新城县白新庄，敌人搜捕我回民支队战士，村长和几个青年被敌人棍打、灌凉水、压杠子，但他们咬紧牙关，一言不发。南皮县何七拨村的抗日妈妈姚大娘，为掩护第 7 中队，遭敌人的马鞭、棍棒、枪托暴打，偌大的年纪，很快昏死过去，但始终未吐一字。敌人还采用认亲的花招抓捕我抗日人员。勇敢的冀中人民挺身而出，青年妇女把不相识的抗日人员认作丈夫，老年人把他们认作儿子，以自己的血肉之躯掩护抗日人员。真正的铜墙铁壁是什么？是人民群众！我们正是有了根据地广大人民群众的支持和掩护，才赢得了对敌斗争的一个又一个胜利。冀中人民在"五一"反"扫荡"中经受了巨大的磨难和考验，他们用鲜血和生命铸造了抗日斗争的不朽丰碑！

三

"五一"大"扫荡"，是日本军国主义侵华罪行的铁的史证；"五一"反"扫荡"，更是中国抗日战争史上的不朽篇章，是英雄的中国人民反抗外来侵略的英勇斗争精神的真实写照。《血色冀中》一书，以鲜明的政治立场，撼人心魄的生动事例，忠实地记录了抗日战争中这难忘的一页。这无论对于揭露当年日本侵略者的狰狞面目，抨击当今日本右翼势力的新军国主义倾向，还是对于深入进行爱国主义和革命传统教育、加强社会主义精神文明建设，都是很有作用和意义的。

让历史告诉未来，也就是用历史警示后人，这不是一句空话。历史是人民群众写成的。真人真事、亲历者的见证，是最有说服力、感染力的。《血色冀中》弥足珍贵的史料价值就在于此，这也是该书所作出的第一个贡献。当年这段历史的见证人和亲历者，大多已经作古了，余者也都进入了耄耋之年。应当感谢《血色冀中》的作者、编者们，他们以对历史、对人民负责的精神，抢救了大量的历史资料，做了一件很有意义的事情。

宣传党史、革命史，用老一辈的革命传统教育青少年一代，这是该书所作出的第二个贡献。我们党历来十分重视对青少年一代的革命传统教育，进入新时期以后，更是多次强调青年人尤其是走上各级领导岗位的中青年干部，要认真学习党史、革命史，继往开来，接好老一辈所留下的革命传统的班。

“五一”反“扫荡”的历史告诉我们，被侵略民族的历史是屈辱的历史，亡国奴的滋味是不好受的。侵略战争的发动者，他们要在被征服被占领的地方发展自己所谓的文明，而绝不是帮助我们发展我们的文明。要发展我们的文明，只能靠我们自己；也只有我们自己发展起来，才能自立于世界民族之林，避免重蹈落后挨打的覆辙。“五一”反“扫荡”的历史告诉我们，中华民族永远是一个不屈不挠的民族。她们不畏强暴，不怕困难，前仆后继，英勇斗争，反抗侵略与压迫，争取自由和解放，具有高尚的英雄气节、强大的民族凝聚力和不屈不挠的斗争精神。这是我们的民族之魂，是我们极为宝贵的精神财富。在建设有中国特色的社会主义的伟大征程中，我们要继承这种宝贵的民族精神，并使之发扬光大。

“五一”反“扫荡”的历史还告诉我们，时刻都要与群众息息相通，任何时候都不要脱离群众。革命战争之最深厚的伟力存在于民众之中，现代化建设之最深厚的伟力也同样存在于民众之中。信任群众，依靠群众，全心全意为群众谋利益，这是我们党的宗旨，也是我们推进改革和建设、做好一切工作的根本保证。在任何情况下，我们都须臾不可背离、不可忘记这个宗旨。

还应该说，《血色冀中》一书对加强中日友好也是一个贡献。它可以使日本人民特别是日本的青年，了解日本军国主义给中日两国人民带来的灾难，认识到反对军国主义，不使这段历史重演，从而为不断发展中日友好关系做出积极的努力。和平与发展，是当今世界的主流。我们高兴地看到，越来越多的日本人民和有识之士，正在顺应潮流，正视历史，从反思过去中认识军国主义的罪恶及其本质。同时我们也清醒地看到，在日本国内，还有那么一股右翼势力，不但不接受历史教训，不反思日本军国主义在侵华战争中所犯下的罪行，反而美化侵略战争，歪曲侵略历史，推卸战争责任，妄图为日本军国主义翻案。这是对历史事实和人类良知的挑衅，是对所有亚洲受害国人民感情的伤害。包括中国人民在内的亚洲各国人民理所当然是不能接受的。《血色冀中》一书不仅用铁的事实回击了日本右翼势力的谎言，也为我们抨击日本右翼势力的倒行逆施提供了新的佐证。我相信，正义必定战胜邪恶。共同面对历史，面向未来，反对军国主义，反对侵略战争，让中日两国人民世世代代友好下去，将会成为中日两国人民越来越强烈的共同心声。

我与武强县委在中心区反“扫荡”

严镜波[*]

1942 年，中共武强县委所坚持的抗日地区，正是冀中党政军领导机关所在的深（县）武（强）饶（阳）安（平）抗日根据地的中心区，是“五一”反“扫荡”最艰苦、最残酷的地区。

这一年，中国共产党领导下的中国人民的抗日战争进入相持阶段。日本帝国主义在中国的侵略暴行处处受到打击，晋察冀边区的抗日烽火越烧越旺。穷凶极恶的日本侵略军不甘心自己的失败，在冀中平原发动了大规模的惨绝人寰的“五一”大“扫荡”。中共武强县委遵照党中央的指示，坚强地领导全县人民进行了针锋相对的反“扫荡”斗争。在这场艰苦卓绝的斗争中，武强县委坚持正确的战略方针，紧紧地依靠人民群众，开展武装斗争，开展敌工工作，进行游击战、地道战，打开了抗日斗争的胜利局面，保卫了人民群众的生命财产，保卫了抗日根据地，使日本侵略者陷于处处挨打、四面受敌的人民战争的汪洋大海之中。为把侵略者赶出武强，为抗日战争的最后胜利打下了基础，创造了条件。

入春，日军在冀中发动了第四次“强化治安”运动，制定了“逐步蚕

---

* 作者时任中共武强县委书记。

食，步步为营，强化治安，消灭灯下影”的方针。经过长期的准备和周密的策划，日寇于三四月间开始集中兵力，准备“扫荡”，妄图一举歼灭我抗日武装力量，摧毁我抗日根据地。

“五一”大“扫荡”前夕，各级党组织对如何开展反“扫荡”工作已有明确的指示和部署。4 月初，地委召开了各县县委书记会议。会议传达了冀中区党委的指示：敌人又在准备进行新的“扫荡”，估计这次兵力要多，时间要长，其残酷程度也更甚。要求各级党委做好充分的思想准备。地委指示我们，为了反击即将开始的日军大“扫荡”，各县委要精简机关，疏散人员，秘密组织主要村级干部挖地洞、组织群众、坚壁清野。回县以后，我向全县各级党委传达了会议精神。按照上级指示，做了相应部署，县级机关干部也分散到了基层，只留下少数人坚持日常工作。但是，我们对于日军这次法西斯“扫荡”的残酷程度还是估计不足，对于敌人出动的兵力之多、时间之长、手段之残忍，缺乏足够的精神准备。

从 5 月 1 日开始，敌人出动 5 万余兵力，对冀中根据地反复“扫荡”，称为三期作战。5 月 10 日以前，敌军把大批兵力投入诱迫我军进入其“合围圈”的外围。5 月 1 日以前，敌人在武强县小范镇以北的滏阳河上筑起一道拦河坝，以抬高水位、封锁滏阳河武强至衡水段，这是敌人“精密扫荡”“梳篦拉网”的手段之一。他们以强大的兵力，反复搜索驱赶我军主力与地方干部、武装进入“合围圈”。到 5 月 10 日，敌人把滹沱河、滏阳河、石德铁路之间的三角地带，即冀中根据地的中心地带，铁桶般地围了起来。

冀中区党委和部队在敌人清扫外围时，就转移至平汉路西，脱离了敌人的包围圈。而 8 地委留下的机关和献县、饶阳、武强 3 县的县委、县政府机关都陷于敌人包围之中。我们真正的与敌人短兵相接，是在 5 月 11 日至 15 日，这 5 天是敌人所谓的第二期作战阶段。敌人集中了几万的兵力，对这个三角地带进行了“铁壁合围”“淘水捉鱼”，形势严峻到难以想象的程度。

5 月 12 日凌晨 3 点，县大队侦察员报告说敌人全线出动了。敌人从沧石路沿线各据点出发，分路进兵，从深安路以东、滏阳河以西、沧石路以北、滹沱河以南向我“合围”。严密的封锁像拉起的鱼网，步步压缩。东西长二三十公里，南北长一二十公里的封锁线上，日本兵一个挨一个，并肩向中心推进，连庄稼地里的野兔都被赶得东跑西窜。我们4个县的部队干部与成千上万的老百姓混在一起，被围在堤南村以北、小尹村以南的洼地里。逃难的人群一会儿向北，一会儿向南，四处躲避敌人的追赶。我推着车子，带着文件、手枪，也随着人流东奔西走。日本兵的包围圈越缩越小，只见地面上骑兵、车子队在前开路，陆军头戴钢盔，穿着黄军装，端着大盖枪，刺刀在阳光下寒光闪闪。头顶上，日军飞机在上空盘旋，不时向人群中轰炸、扫射。敌机有目标地向混杂在老百姓中的我干部、战士打冷枪。有些胆小的群众见到拿枪的干部和部队人员连连躲闪。敌人在刘堤村南的大堤上，架起50多挺机关枪，不停地向人群扫射。县大队被敌人冲垮，我们的干部也被敌人打散。武强县第一个共产党员史大呼就在这次反“扫荡”中牺牲了。反“扫荡”的头一天，由于敌我力量相差悬殊，我方伤亡惨重。英勇善战的骑兵团在尹村南、堤南村北的洼地里与日军遭遇。经过激烈战斗，终因寡不敌众，三四百名指战员壮烈牺牲。至于受难的群众，更是不计其数。只见孩子伏在母亲的尸体上哀哭，白发老人在血泊中呻吟，尸横遍野，惨不忍睹。在路南小章村，丧尽天良的日寇兽性大发，把全村青年妇女拉到大街上轮奸，然后让她们赤身跳舞。把男青年捉来投到井里，再往下砸碌碡，活活地砸死了许多人。在深县中菉村，敌人一次推到井里18人，又把抓到的老百姓吊在敞棚上，吊死了很多人。从堤南村向南望去，每个电线杆上都吊着一颗血淋淋的人头，白色恐怖笼罩着冀中大地。我身为县委书记，虽然早已将自己的生死置之度外，但看到同志们和乡亲们惨遭敌人杀害，心中悲痛万分。想到干部和部队的安全，想到乡亲们遭受苦难，我感到肩上的担子沉重。

在敌人发起“扫荡”的第一天，我们就被敌人冲散了。我和徐海亭、刘万将带着3支枪，和群众混在一起，随时准备和敌人遭遇。我们商量好，敌人骑兵冲上来，先打马后打人，拼到最后只剩下一颗子弹，宁肯自杀也不被捕。我是个女同志，行动不快，几次劝他们把我丢下，免得一起牺牲，他们坚决不肯。这时我扔掉了那辆新自行车，带着文件包与撸子枪，两个警卫员各带一把盒子枪，毫无选择地跟着人流躲着敌人来回跑。一会儿往南，一会儿往北，发现四面都是敌人，我们被“合围”了。南边的敌人离我们只有二三百米，像一道墙，一个挨一个地平推过来，东边的马队也很近了。这时，我们三人跳进一个半人深的坑里，趴在里面，我先把文件包掩埋了。我看到情况这么紧急，又一次催促两个警卫员自己突围。我说，你们比我跑得快，别管我了，咱们跑出去一个是一个。两个人还是不肯自己跑。这时，漫天遍野尘土飞扬，人仰马翻，枪声四起，哭声、喊声连成一片。我四处瞭望，混乱中，我突然发现敌人马队和步兵的结合部有一段距离，留下了空隙，于是我向身边的群众做工作，用手指着缺口处，劝他们从那里突围。在我的指挥下，一批批干部群众从那里拥了出去。我夹杂在人群里，最后一批冲出敌人铁桶似的包围圈。这样，我和群众从道沟里隐蔽疏散才脱了险。

傍晚，我拖着疲惫的身体，忍着饥渴，辗转奔波，终于在饶阳县小尹村，与冲散的武强县县大队政委马庆云、县长李子寿等会合了。在这个村还集中了 30 团（即地区队）和武强县大队的一部分干部战士，一些区县干部也凑到这儿来了。见到同志们还活着，欣喜之情难以形容。这时突然枪声四起，子弹像雨点一样打过来，敌人已经把村子包围了。同志们临危不惧，立即摆好阵势，回击敌人。由于战士们顽强抵抗，双方相持了很长时间。天一擦黑，敌人摸不清村里虚实，没敢硬攻。为了避免更大的损失，保存我方力量，我们准备撤离小尹村。我和马庆云把武强县干部和部队带回本县，去开展反“扫荡”工作。为安全起见，地区队政委要我们和部队一起转移到大韩村，部队很快在场院集合了。借着头上照明弹的亮光，只见黑压压一片人群。在夜幕的掩护下，部队悄悄撤离了村子，我们紧紧跟在队伍后面，整整走了一夜。拂晓一看，空旷的野地里，只剩下我和马庆云、李敬仁、李子寿，还有专署一个科长和几个警卫员，总共才十几个人，我们和部队走散了。辨了辨方向，原来这里离小尹村才 4 公里路。我们当即决定，返回本县。这时天已大亮。

5 月 13 日，是敌人在武强境内“扫荡”的第二天，形势没有好转。我们在昨天跑了一天一夜的情况下，又暴露在敌人的面前。敌人的飞机一开始就盯上了我们，没完没了地盘旋俯冲，子弹打在身旁的沙土上，噗噗地冒烟，就像一锅正在煮沸的粥。在离我们一二米远的地方爆炸，敌人的马队、车队轮番在后面追赶，四野坑洼，找不到隐蔽的地方，敌强我弱，又不能与敌人硬打，只有不停地奔跑。这是我一生中感到最长的一天，太阳总是不肯落山，晚8点钟还有飞机在头上转。

整整一天，我们没有地方落脚，从“扫荡”开始，两天一夜，我只吃了一个窝窝头。我们几个人商量着，必须回本县自己的根据地去，摆脱这种被动局面。于是我们开始往回走，钻道沟，穿树林，避开敌人，又整整走了一夜。14日天将亮，我们终于回到了武强县西部的梅庄村，住到了6区区委委员耿玉英的家里，白天钻到他家的地洞里，晚上出来。他家的老母亲为我们做饭放风，连日的紧张和疲劳至此才得以喘口气。

5月15日以后到6月底，敌人的“五一”大“扫荡”转入第三期。当敌人发觉其“铁壁合围”并未达到聚歼我军领导机关和主力部队及根据地内的武装力量的目的后，从5月16日开始，即改变战术，将其兵力隐蔽在机动位置，加强侦察，发现目标突然奔袭。5月26日以后，更以毒辣的纵横搜索、分段“清剿”和彻底“剔抉”的战术，寻找我军主力，搜索抓捕我分散隐蔽的干部战士和地方工作人员。同时抢修碉堡、公路，平毁抗日道沟，沿县界挖“封锁沟”，以“细碎分割”限制我们的活动。5、6两个月，敌人在各村普遍成立维持会，建立伪政权，摧毁我方抗日政权及党群组织，到处包围村庄烧杀抢掠。在这血雨腥风、黑云压城的情况下，我们县委一班人应该怎么办，怎样才能组织领导群众反“扫荡”，怎样坚持根据地内的抗日斗争，怎样能给敌人以有力打击……针对这些问题，我领导武强县委连续召开两次重要会议，组织武强县党政军民在中心区开展反“扫荡”斗争。

第一次重要会议，是在5月15日召开的。我们派出的通讯员，在乐郊村找到了地委敌工部副部长张之生和县委的李刚、陈健、田振东等。我们开会研究了开展反“扫荡”斗争的具体部署。大家一致认为，根据目前情况，反击日军“扫荡”，需要整顿部队和干部，然后化整为零打游击。因为路南在敌人包围圈外，估计形势要好些。为了整顿组织，我们把部队带到路南。谁知到了路南，敌情也很严重。每天遭遇敌人，县级干部开不成会议。

此时，我更加感到局势严重。我想到路南尚且如此，路北是抗日根据地，是敌人“扫荡”的中心，环境更加恶劣。抗日群众遭日军烧杀、蹂躏，我们不能丢下不管，要让抗日军民知道党的领导还在，抗日武装还没有被打垮，要保护群众，鼓舞士气，打击敌人，安定人心。因此，应该立即派人返回路北。我向张之生谈了我的想法。当时正值新老县长交替，我决定带领县政府秘书陈子瑞和县议长郭少溪连夜返路北（由他们代表县政府出面处理一些问题）。陈、郭二位同志是和崔毅一起刚刚从路北赶来的，他们在“扫荡”的第一天被敌人冲散后，当天按原定地点，到大王庄找机关和部队，因为敌情严重，机关和部队没能在大王庄会合。虽然大王庄离他们二人的家只有一二公里路，但他们没有回家，而是沿途讨饭、吃野菜，打着游击寻找机关。刚刚回到县委，就听说让他们二人返回路北，他们二话没说，愉快地服从组织决定。当天夜里，我们和两个通讯员一起回到了路北，留下部队和除我以外的县委、县政府其他负责同志，继续进行整顿，重新研究对敌斗争策略，以反击敌人“扫荡”。我们走后的第二天，敌人又对路南进行了“扫荡”，县大队全部被敌人冲垮。县委几个负责同志和县政府的几个科长也回到路北，另一部分干部则分散回家隐蔽。整顿队伍的计划就这样落空了。我们在路北的十几个干部，在极其艰苦的条件下开展了工作。

“五一”大“扫荡”之中，敌人在全县到处设立据点。如堤南村、留寺林、杨五寨、南召什村据点等等，共计安上了24个据点。每个区驻有日本军一个中队或一个小队，各种伪组织、警卫队、自卫团、新民会等纷纷成立。各村建立了伪政权、维持会，反动势力极为嚣张。敌人每天出来残害百姓，抓夫修碉堡，挖县界沟，闹得人心惶惶，抗日干部无法进村。维持会有的通敌送情报，有的来求情：“鬼子知道了会把全村杀光、烧光，老百姓遭殃，你们心里也不忍。”婉转地把我们拒之村外。敌伪嚣张，人心动摇，我们的处境更加困难。尽管从“扫荡”开始我们和张之生就与上级党委失掉了联系，直到青纱帐起来后，才找到了上级党委，由于环境恶劣，还不能经常联系，但我们始终坚持工作。当时，地委交通部长李国华就说过：找武强县委好找，在大盐疙瘩的小营基地上，什么时候都能找到他们的人。

在严酷的斗争形势面前，武强县委没有被敌人吓倒，干部、战士们表现得英勇顽强。谁也难预料什么时间，哪次战斗自己就会倒下去。人们在擦枪时，都精心挑选一颗红色底火的保险子弹留给自己。在生死关头，没有一个人动摇、投敌，大家都争着到环境最残酷的地方去开辟工作，把生存的希望留给同志。县委组织部长李刚的壮烈牺牲，令人难忘。他带领4个同志组成县委工作组到大王庄检查工作时被敌人包围，他们钻进地道，匆忙中弄坏了洞口。房东不在，屋子里明摆着洞口，地道又是死洞，不能转移。眼看就要束手就擒，李刚抽出手枪，果断地说：“我先冲出去作掩护，你们随我往外冲！”说完第一个冲出洞口，在墙外等着接应其他同志。就在这时被敌人发觉，李刚打完最后一颗子弹，被敌人用刺刀活活挑死。其他县委成员表现得也很英勇。如县委宣传部长陈健，接受县委任务，深入到环境残酷、工作基础比较差的路南区开展工作。一次他和3区区委书记李天、区长李静、通讯员小罗一起到郑家厂开辟工作，当时村里没有党的工作基础，村长把他们领到一个独院，被敌人坐探发觉告密。大批的敌人包围了这个院子，周围房上也趴满了敌人。在场的几个同志全部被捕。陈健在狱中表现非常英勇，任凭严刑拷打，始终没有暴露身份，只承认是小学教员。敌人放狼狗把他腿上的肉一块一块撕咬下来，他咬紧牙关，誓死不讲。在狱中他还组织被捕干部秘密编成党小组，互相鼓励，教育大家坚贞不屈，准备牺牲，并组织难友和敌人斗争。最后陈健病逝在狱中。县委成员的英勇抗战，使县委成为领导全县军民反击敌人的坚强领导核心。

第二次重要会议是5月27日在小营村召开的。从“扫荡”开始，我们从路北打到路南，又从路南赶到路北，损失越来越大，干部队伍越来越少。尽管环境恶劣，我们一直寻找机会召开县委会议，研究部署工作。这一天，我们终于在小营村集合了全体干部。那天，我们把警卫员、手枪队全部派出去警戒，我也一直紧张万分，万一被敌人发觉，会把全县干部一网打尽，后果不堪设想。当天下午，由我主持召开了县委常委会，地委敌工部长张之生参加了会议。会上，分析了当前的形势和我们的任务。大家认为：全县干部对于“五一”大“扫荡”缺乏足够的思想准备。面对强敌，部分同志失去了抗战胜利的信心，有的人躲进据点或回家隐蔽，也有人带队投敌。当务之急，是稳定人心，鼓舞斗志，动员干部出来工作，迅速打开局面。晚上，我们又召开了全体干部会。除县委常委外，到会的还有新任县长李敬仁、原县长李子寿、县政府秘书陈子瑞、议长郭少溪，以及副议长崔毅、事业科长赵诚、民政科长刘佩、教育科长王云、粮食科长李明泰等，大约二三十人。当时，这就是我们全县的干部队伍。在会议上，我做了形势与任务的报告。为了鼓舞士气，我就把“今年打败希特勒，明年打败小日本”作为口号提了出来。接着我说：国际形势一派大好，国内形势虽然严峻，这是黎明前的黑暗，眼前到了最黑暗、最困难的阶段，不久就会发生转变。苏联战场上苏军节节胜利，日本鬼子猖狂不了几天了。干部们听了人心振奋，看到了光明前途，最后布置了当时的中心工作：（一）要求全体干部深入到基层，帮助各村尽快恢复党支部，动员回家干部出来工作。（二）要求各村支部整顿后，首先抓政权建设，建立应敌的两面政权，同时还要采取各种措施，控制掌握维持会人员，允许他们送些假的和过时的情报，以免敌人的怀疑；但内容必须交抗日村长过目，村党支部批准。（三）开展锄奸工作，坚决镇压一批血债累累、罪大恶极的汉奸，打击敌人的嚣张气焰，为我们扭转局面创造条件。同时强调要注意政策，打击首恶，争取一般。会议只开了一个小时，干部们就迅速分散转移了。事后知道，散会以后不久，敌人就包围了这个村子，我听说后出了一身冷汗。

小营村会议之后，县级干部按会议要求，分散到基层。李刚去了 2、5 区，陈健去了 3、7 区，马庆云除主要负责抓武装之外，还协助我抓全面工作，为我县抗日工作作出了卓越贡献。田振东负责公安工作，李敬仁、李子寿虽正值新老县长交替，也都下去帮助工作。县政府的各科长也深入到基层。县委机关干部白天打游击，晚上进村帮助支部研究工作，一直活动在乐郊村一带。在干部们的努力下，县委会议精神很快传达到基层，各村支部工作逐步恢复。经过动员，一些回家隐蔽的干部纷纷出来工作。2、3 区党的基础原来就比较好（2、5、6 区是原来的老根据地），分散下去的干部和村支部密切配合，工作很快开展起来。各村支部仅在“五一”大“扫荡”时发生混乱，一两个月后，支部工作就迅速恢复了正常。在恢复工作的过程中，各区的干部们舍生忘死，英勇顽强。1区区委书记向前，工作认真负责，打仗机智勇敢。在一次和敌人遭遇中被捕，一直下落不明。2区工作在区委书记吴玉清领导下，区小队一直比较活跃，狠狠打击了敌人，局面扭转很快。5区区委书记李志是个女同志，为了工作方便，她经常头挽大髻，手挎饭篮，扮做普通农妇，走乡串户，发动群众。路南的3、7区，多是敌占区和游击区，又因是一个东西长10公里、南北宽4公里的狭长地带，地理形势不好。加上紧靠县城，距敌太近，县里武装和干部难以开展活动，又和县委联系困难。种种不利因素，给开展工作带来重重困难。陈健到那里开辟工作，不幸被捕牺牲。区委书记李天、区长李静被捕叛变，给3区工作造成混乱，干部、群众惶恐不安。我听到汇报之后，立即动身赶到3区去收拾局面。沧石路难以通过，我从4区绕道过滏阳河再转3区。途经中旺村，我参加了4区区委会。会议当中我突然发起高烧，病倒了，只得到偏僻一些的阎五门村休息，不料被村中一个过去当过伪军的人告密。敌人知道村里有两个八路，马上进村抓人，正巧我没在屋，敌人抓走了我的警卫员马庆宗和村干部数十人。区委书记弓力、副书记李毅闻讯，立即带领区小队赶来营救。他们尾随敌人，伺机搭救被捕同志。当时环境残酷，白天打仗有困难，区小队指导员刘丰化装成农民去侦察。当敌人中午进村吃饭时，刘丰在墙外听到敌人返回路线，区小队抢先一步，埋伏在敌人必经之路两侧的青纱帐里。午后，敌人押着抓来的村干部和马庆云刚刚走到这里，埋伏的同志一拥而上，敌人四散奔逃，被我方抓了两个俘虏，截获了两支大枪，被捕的同志全部得救。青纱帐里这场漂亮的伏击战，表现了4区干部、战士的机智勇敢。我回县后，经县委研究，派青年团书记杨国洪去3区任区委书记，李真任区长。他们二人到任后，抓紧稳定情绪，恢复组织，整顿和扩大区小队，连打了两个漂亮仗。

在中共武强县委的领导下，不但粉碎了日军空前残酷的、惨绝人寰的“五一”大“扫荡”，而且由于县委及时正确的引导，小营村会议精神的传达贯彻，各级党组织与人民一起同甘苦，共命运，经过大量艰苦的工作，工作很快地恢复了起来。全县7个区、200多个村的党组织恢复了正常工作，广大人民群众的抗日情绪又高涨了起来。

忆宋家庄战斗

赵培珍*

1942年5月初，日军集中了5万多兵力，对我冀中抗日根据地实行“扫荡”“合击”“围剿”，妄图一举消灭我军主力。

宋家庄，正处在敌人这个“合围”圈里。从5月1日起，我22团在定县的大定、小召、邢邑、高棚一带活动，六七天内，每天和“扫荡”的日军打两三次仗，多的一天打过7次。部队吃不好、睡不好，十分疲劳。宋家庄属深泽县，离县城较近，不是敌人“扫荡”的重点区域，不易引起敌人的注意。我们还在宋家庄坚壁着一些弹药（主要是手榴弹）。6月8日夜，部队开进该村，想稍作休整。

宋家庄东西长约500米，南北长约1000米。分南北两片，中间相距约50米。南片30多户，北片300多户。

部队进村后，左叶团长和平时驻防一样，马上带连排干部看地形，分防区，部署兵力，制订方案。在村边土坯墙下和村里修工事、掏枪眼，用门板、大车、梯子、树枝堵街口、设路障，打通院落。拂晓，一个从房上到房下、从村边到村里的火力配备系统和工事基本完成。大体部署是：北片由

---

* 作者时任冀中军区第7军分区第22团第1连第2排排长。

1、2 连防守；南片由 41 区队一部、晋深无大队一部、6 分区警备旅零散人员、23 团和冀中军区骑兵团失散人员组成的混合部队防守，其成员多是干部，由 41 区队政委临时统一指挥。由于组建仓促，他们未来得及修好工事，给坚守南片造成了很大困难。

团长还派交通员刘秋发与晋深无县大队阎志国取得联系，让他们在必要时增援配合。准备就绪后，安排好岗哨，战士们正准备休息，侦察员突然来报：深泽县西固罗的敌人经北冶庄头自北向南向我方向运动。团长在望远镜里看到：3 队日军骑兵约 30 人，挎枪横刀，紧跟 300 名日本兵，从北冶庄头顺道沟向宋家庄东北角开来。据判断，这股日军并未发现我军行踪，只是在此路过。事后证明，这一判断是正确的。

骑兵离我们只有 30 米了，二连长吴浚池大喊一声：“打！”1 挺重机枪和 3 挺轻机枪狂涛一样射向敌人。日军人仰马翻，倒下一片，活着的全爬进道沟里。我机枪射击已无效，便用掷弹筒向沟里打，第一炮就击中了敌军指挥官。事后查明，被击中的就是“真勃特区”司令长官坂本旅团长，骑兵全部被歼。

骑兵后边的步兵是坂本的精锐卫队，装备很新。见长官被毙，一下子像红了眼，开始拼命，他们以分队为单位，配备机枪和掷弹筒，挺着胸，端着枪，呀呀叫着向我扑来，我机枪步枪的子弹暴雨般射向敌群。日军几次冲锋惨败后，害怕了，由挺胸冲锋改成弯腰或爬着冲锋，但都没逃脱死亡的命运，被我打死 240 多人，坂本卫队基本被消灭。

在我军与坂本部队激战时，日军开始调兵遣将。在附近“扫荡”的日军，深泽县城、西内堡、东内堡、高庙、马里、大直要、西固罗等据点的日伪军，陆续从四面八方增援上来，计一千几百人，包围了宋家庄。

我军若此时突围，在大白天离开村庄的依托到旷野去，是十分危险的，必须等到深夜。在村东二三百米的坟地里，我军战士发现了日军一高级指挥官，张牙舞爪，指挥兵士抢挖工事，附近设有电台，并有几门大炮。我指挥员判断，这是敌人的炮兵阵地和通讯联络点，是敌军的一个要害地方。我指挥员果断决定，在敌炮兵部署完成之前，先行攻击。一声令下，重机枪和迫击炮射向那里，顷刻之间，敌炮兵指挥机构便被我摧毁。

与此同时，日军设在村西边的联络电台，也被我战士打掉。敌人开始轮番向村里发起进攻，每次都轻重机枪齐鸣，子弹铺天盖地。我军沉着应战，每次都是待敌人离近时，才机枪手榴弹齐发，把敌人打回去。战士们个个勇敢坚强，表现了中华民族的英雄气概。班长李清泽一气杀死了 7 个敌人，壮烈牺牲。战士边程杰（深泽彭赵庄人），打死打伤了 27 个日兵。几个小时的冲锋反冲锋，村周围已是敌尸遍野，敌人遗弃的枪支弹药比比皆是。

6 月 9 日近中午，村北边的日军冲上来，与我军展开了激烈的阵地争夺战。我军团长亲自赶来指挥，战士们怒吼着，跳出战壕，端着刺刀冲进敌群与敌人搏杀，敌人被压了回去。我军牢牢地掌握了自己的阵地，副连长韩培申壮烈牺牲。

到中午，我们共击退敌人 12 次进攻，打死打伤日伪军七八百人。

敌人援军还在不断增加。定县、元极、晋县、旧城、饶阳、安平、安国的敌援军陆续赶到，敌军已增到 3000 余人，分 3 层包围了宋家庄。前面是敌攻击部队，中层以炮为主，外层是预备队和远程炮。敌武器精良，有九二炮、山炮、野炮、迫击炮数十门，掷弹筒几十个，瓦斯筒、轻重机枪近百挺。

此刻，阎志国在外围积极配合支持 22 团，组织起由县大队、区小队和民兵组成的混合部队，一部分埋伏在敌人增援的路上，阻击他们向宋家庄增兵。在大贾庄村北，与深泽城来的一股援军展开激战，迫使敌军又缩回去。阎志国把一部分部队秘密转移到宋家庄村西和村南的交通沟里，在村西口激战吃紧时，佯作正规部队，在西边攻敌扰敌。敌人不知虚实，忙逃到村北阵地，使村西口敌情缓解。

下午，日军开始重点进攻南片。混合部队英勇战斗，打退了敌人 3 次进攻。后来，敌人从西墙缺口攻进村，正当我们对付进村的这股敌人时，其他方向的敌人也一拥而入。我战士在街道、院落固守，与敌人展开肉搏，战场上刀光闪闪，杀声震天。在此危难时刻，埋伏村南交通沟里的阎志国指挥的区小队向敌人发起进攻。敌人腹背受敌，一片慌乱。我混合部队抓住这个机会，一部分向南突围，被区小队接应而去；一部分向北突围，亦被我军接应到北片。南片被敌人占领。

傍晚，敌人又增加了援军，试图在天黑前，凭借南片一举攻克全村。敌各种炮火齐鸣，炮弹冰雹似的落在我们阵地上。村里火光四起，硝烟腾空，房倒屋塌，砖瓦横飞，树木折断，整个村子剧烈震动，烟遮尘盖。我村边工事一次次被炸毁，但英勇的战士们冒着炮火一次次修复；没法修的，就用废墟和炮弹坑当掩体。许多战士被土埋住，又钻出来继续战斗。

炮响过后，遍野的敌人铺天盖向村里冲来。敌轻重机枪齐响，村里残墙断壁都被打成了筛子眼。我各级指挥员都奔赴到战斗最激烈的地方，与战士同战斗，共生死，誓死顶住敌人，保住阵地。多数战士已没了子弹，最多的也不过只有三五颗，每挺机枪也只有两三梭子子弹，手榴弹也严重不足。针对这种情况，我军采用近战打法，提出：敌人不近不打，子弹不见血不放枪，手榴弹不见血不投出。待敌人冲到十几米处，就向敌群甩手榴弹，绝不轻易放一枪。有时敌人冲到工事前，就跳出来，用刺刀把敌人刺退。战士们都杀红了眼，浑身烟尘，脸色模样都变了。负了伤的，只要还能站起来，端起枪就决不离开阵地半步。

为了补充弹药，我不少战士利用暂停的拼杀瞬间，冒着生命危险跳出工事，冲出墙外，捡日军的枪支弹药，有的用杆子把子弹从墙外扒进来……

我军打退敌人一次冲锋，敌人便又更加疯狂地来下一次，战斗一次比一次激烈紧张。

村西南角的日军放了毒气，凭借一片芦苇的掩护，从一个炸开的围墙缺口攻进村里，情况万分紧急。2 连副连长庾治国一卷袖子，向一班长王振山一挥手：“1 班跟我来！”他们跑步赶到西南角，正遇上敌人从院里出来。勇士们冲近敌人，甩去一批手榴弹，把敌人压回到院子里后，又隔墙向院里连续投弹，把敌人逼到房顶上。战士们一鼓作气，冲上房顶，与敌人展开肉搏，一个房顶一个房顶逐次夺了回来，硬把敌人从原路打回村外。敌人又组织兵力 3 次扑来，妄图重新夺回这个立足点，都被我击退。此番战斗，敌人在缺口处扔下 40 多具尸体。在东街口，敌人也一度冲进来。1 连副连长吴浚池，率两个班的预备队赶到，一阵血战，再次把敌人打出村子。东口敌人又接连发动 3 次冲锋，均被我杀退。这股敌人死伤大半后，无奈地停止了进攻。

敌人向我阵地放了毒气弹，我战士被熏得嗓干泪流，不少敌人乘机攻到了我阵地围墙外边。战士们用湿毛巾捂着嘴和鼻子，一个个跃起与敌隔墙相拼，使敌人不能越我阵地半步。战士王子仁，被炸塌的墙土埋住，战士们以为他牺牲了，但敌人冲上来时，他又从土里跃出，杀退敌人。

日暮将近，战斗也越来越激烈，我战士也越战越勇敢。2 连 4 班伤亡惨重，班长张文生一人凭借几个房角，痛击三面来敌，击退了敌人进攻。1 连 2 排的战士们，子弹基本打完，干脆把冲来的敌人放到工事墙外，等他们探头或爬墙时，再用刺刀刺，这样，打退了敌人 7 次冲锋。凶恶的日本兵被英雄的 22 团打怕了！一些下级军官因不敢再冲锋被上司枪毙了，一些冲锋的士兵在下级军官的默许下不再向前，偷偷埋掉子弹回去交差。

天全黑了，枪声停止。英雄的 22 团用血肉捍卫了宋家庄北片，敌人没占去半步，我们没丢失一寸阵地！宋家庄，仍牢牢掌握在我军手中。

团部召集各级指挥员，研究突围事宜。决定从西、北、东三个方向突围，时间定在零点 40 分。敌人为阻止我军突围，又进一步缩小了包围圈，在村四周用麦秸烧起了堆堆篝火。敌人的如意算盘打错了，我们从远处看近火处的敌人很清楚，敌人在近火处看远处的我们就看不太清了。

突围前几分钟，正好下起了小雨，部分篝火熄灭，给突围带来有利条件。我奉命带 1 连 1 排和 2 排向西突围。战士们虽只在清晨吃了一顿饭，又鏖战一天，但个个斗志高昂，精神饱满，上牢刺刀，悄悄出了村。这时我冷静下来，边走边想：向西要冲过敌人 3 道封锁线，战士们血战一天活过来，在突围时牺牲实在更痛心，更舍不得。接近敌人第一道封锁线时，我有了主意，扭头轻按身后那位战士，示意他依次传给身后同志，就地趴下待命。战士们趴好后，我又悄悄返回村，重新请示改从西北角突围。正好遇上左叶团长，团长惊讶地问："你不是带出了村吗？怎么又回来了？"我又向团长申述了自己向西北角突围的理由。团长问："从那里突，你有把握吗？"我坚定地回答：“若突不出去，我提着自己的脑袋来见你！”团长把我的肩膀一拍：“好，按你的意见办！”

于是我悄悄出了村，轻轻拍了拍队末尾一个战士，示意他依次传给前头的战士，悄悄起来跟我回村。回村后，我作了突围布置：4班长尹明山在左，5班长杨兰保在右，我和机枪班长赵再中在中间，后边一队紧跟，最后是团直部分人员。我动员大家：“尹、杨二人各只有两枚手榴弹，机枪里还只有一梭子弹，途中无论发生什么情况，只许向前，不许后退，剩下一个人也要冲出去！”

之后，我又率两个排出发了，到了敌人封锁线，此刻劳累过度的日本兵死猪一般睡在战壕里，丝毫没有察觉。我和战士们快速在他们身上越过。几个被惊醒的日军认为是自己的部队，稀里糊涂跟着一起跑。只几分钟，战士们都安全通过了封锁线，没放一枪，没伤亡一人。

队伍到了安全地带，奔到一棵柳树下，这是1连约定的集结地。还没喘口气，村西边枪声大作，我断定是连长率领的3、4排突围受阻，便命一个班前去接应，命令说：“去后不准硬拼，只呐喊着放几枪，使敌误解他们已腹背受敌，也使西边的同志知道我们已突围成功，速向我靠拢。”去的战士按命令行事，一会儿，3、4排的同志们也到了柳树下。连长的警卫员走到我面前：“给，这是连长的枪！”我忙问：“他呢？”“牺牲了！”我一听吴浚池牺牲，急得差点失去理智，向警卫员大发雷霆。另外，一位排长和几名战士也牺牲在突围途中。

另一支突围部队也受阻，经过激烈肉搏，才冲出来。整个突围战斗，我共伤亡14人，其中阵亡9人。

我们胜利突围后，日军还蒙在鼓里，认为我突围出去的只是小股部队，大部队还在村里，敌还在增兵。黎明，保定的一个独立大队赶到，把村子更加团团围住，欲待天明后一举全歼我军。

天亮以后，敌人从四面八方向宋家庄发起猛烈进攻，进攻的敌人都把自己对面的枪声误以为是我军，越打越猛。他们自相残杀一阵后，方知是误会，停止了战斗。敌人进了村，一见空空如也，恼羞成怒，放火烧了许多民房。

11 日，22 团派人到宋家庄，挖开地道口，接走伤员和医护人员。

宋家庄战斗，22 团带着人民的愤怒与厚望，在众寡悬殊、武器优劣殊异的条件下，与敌人血战了 16 个小时，击伤、击毙日伪军 860 多人，我仅伤亡 73 人。日本军国主义向全世界谎称，他们这次所遇之敌是八路军威震四方的主力大部队。

日军不少官兵对这次惨败发出长长的哀叹："为争夺一个村死那么多人，太不值得！"遂把宋家庄叫"送死庄"。

宋家庄战斗后，22 团被上级授予"战斗英雄团"光荣称号。在 20 世纪 60 年代初级中学的历史教科书上，把这次战斗称为"战役"给予记载。以后，国家的许多史料书上，也把这次辉煌的战斗记入史册。

（贾岐峰整理）

激烈悲壮的雪村战斗

龚友源　屈培壅*

1941 年 12 月太平洋战争爆发，日军为扩大侵略战争，更急于巩固对我华北地区的占领，加紧掠夺我根据地的人力、物力。地处平、津、保、石、德等战略要点腹心地区的冀中区，敌我斗争形势达到了前所未有的白热化地步。1942 年“五一”反“扫荡”前夕，敌对冀中地区的“蚕食”、封锁、“扫荡”步步紧逼，据点增至 1750 多处，所有县城及较大的村镇，均已被占据；再加上大清河、滹沱河、滏阳河、子牙河，以及平大、沧石、津保、沧保等几十条大小公路干线纵横分割（公路、铁路沿线一般均挖有宽深各三四米甚至五六米的深沟），我成片的根据地基本区仅剩下深县、武强、饶阳、安平、河间、肃宁、深泽、安国、蠡县等县之间两三小块，东西不过五六十公里，南北不过三四十公里。而冀中军区、行署及 6、7、8、9 等分区的机关、部队、后方医院、学校、被服厂等，已遍及中心区各村，部队活动回旋余地很小。

1942 年 5 月 1 日，敌集中约 5 万余人（按当时中心区全部面积计算，每平方公里即有敌二三十人），在飞机、坦克、装甲车、炮兵、骑兵、汽车、自行车队的配合下，由敌华北方面军最高指挥官冈村宁次直接指挥，首

* 作者龚友源时任冀中军区第 8 分区宣传科副科长，屈培壅时任第 8 分区电台队长。

先依托平汉、北宁、津浦、石德铁路线，向冀中腹地的外围地区——平大公路、滏阳河以东，深（泽）安（国）以西，河（间）肃（宁）以北，沧（州）石（门）、晋（县）深（县）武（强）段以南——反复突击“扫荡”，加强这些地区的纵深控制，建立了所谓“铁环阵”，切断冀中区与冀南、北岳、平西、冀东、冀鲁边等兄弟战区的关系。随后即对我深、武、饶、安中心区进行“铁壁合围”，同时设点、挖沟、筑堡，反复进行“拉网清剿”，妄图将我各级领导机关、主力部队驱赶压缩在这一小片地区，予以聚歼。继而敌在5月中旬，在献县北之臧桥附近堵塞子牙河，以抬高滏阳河、滹沱河水位，沿河岸及公路沿线增派日军守卫。白天以骑兵、自行车、装甲车、汽艇来回巡逻，夜间则到处举火照明，阻我越渡。而在河肃路以南、滹沱河以北地区于5月底以前，则一直不设点，不建碉，故留空隙，作为所谓“诱导圈”，采用“张网捕鱼”“张口待食”战术，三五天奔袭合围一次，寻我主力作战。只要一处发现我军主力，敌即从四面八方、天上地下，蜂拥而至。这些地区正是8分区的中心区。因此，在反“扫荡”斗争中，8分区首当其冲地成为敌“扫荡”突击的重点。

1942年6月8日，8分区司令员常德善、政治委员王远音，率领分区主力30团、23团2营和分区直属机关的部分干部，在河肃路以南雪村一带的战斗，就是在上述严重的斗争态势下发生的。这次战斗是冀中“五一”反“扫荡”中对整个8分区斗争形势影响重大而又极为壮烈的一次战斗。这次战斗，敌数倍于我（我约六七百人，敌有4000多人），装备更占绝对优势（我无重火器，轻、重机关枪也很少，且弹药奇缺）；加之该地区地势开阔，又紧靠河肃路交通干线，敌以步、骑、炮、空、坦诸兵种配合，重兵层层包围，战场形势于我十分不利。在这种情况下，干部战士不顾连续一个多月日夜行军作战的疲劳，奋勇冲杀，给予敌人以重大杀伤，但我分区也遭受到前所未有的严重损失。

战前情况和战斗经过

1942年4月，8分区根据上级的指示及对当前情况的判断，初步预见到了敌情的严重性，开始进行反“扫荡”的动员准备工作：疏散后方，安置伤病员，坚壁物资，分区领导和机关实行分片指挥与集中领导相结合的部署。司令员常德善和政治委员王远音带分区部分机关人员及23团2营，直接指挥34团（这时已缩编为小团）、23团团部及3营（该团1营在反“扫荡”开始时担任掩护冀中军区、行署的任务，随军区活动）活动在深、武、饶、安地区，并负责指挥全分区部队反“扫荡”作战；副司令员孔庆同带小部分机关人员在任（丘）河（间）大（城）地区活动；参谋长李弗畏带部分机关人员和警卫营，在献县、交河一带，负责指挥该地区部队的活动（政治部主任张逊之，参加冀中军区组织的赴冀鲁边区的参观团，不在冀中）。这样部署的目的，既便于就地指挥各部队反“扫荡”作战，又可以避免指挥机关过于集中，在不利情况下受挫，以保存我有生力量。

根据这一部署，“五一”反“扫荡”开始时，司令员常德善、政委王远音率领的分区部分机关人员（随行机关的主要干部有司令部作战股长晓冰、侦察股长杨克夫、教育股长赵庚林、机要股长张庆丰、电台队长屈培壅、政治部宣传科长张迈君等）及23团2营（营长邱福和、教导员王××），先在饶、武、献地区之肖店、豆店、皇甫、堤南村一带活动。敌人开始大“扫荡”后，又往返活动于滹沱河南北两岸地区之三角、镇上、刘传、瓦钟一带及子牙河、滏阳河两岸地带。后又转到大尹村、长刘庄、付家佐一带，并准备相机在深武饶安中心地区的敌情缓和后，重返该地区，打开局面，恢复地方工作，稳定群众情绪（冀中军区5月21、22两日也连续两次电令有此指示）。5月中旬分区曾经在饶阳城西渡过滹沱河到达饶（阳）安（平）路附近的支窝、南北京堂一带，但未能站住脚，发现敌不是短期“扫荡”，而是长期“驻剿”。修公路、筑炮楼，挖封锁沟，建“爱护村”，准备长期据守。于是分区即又重返滹沱河北。但此时敌在初步控制了深武饶安地区后，将其主力分兵部署在滹沱河北、河肃路周围地区。此时23团团部所率之3营在滹沱河北岸张岗一带遭敌合击，损失严重，团长谭斌及3营干部全部牺牲，仅团政委姚国民带少数人突出重围，与仍在饶阳、献县地区坚持活动的该团1营会合（1营系由该团副团长赵振亚、政治处主任孟庆武带领）。分区当即决定向任河大地区转移。至 5 月底，冀中军区根据总部通知，认为敌长期“驻剿”，根据地变质，大兵团又难以坚持，决定部队除留部分基干团、地区队配合县、区游击队坚持武装斗争外，主力部队全部立即自行向兄弟战略区转移。8 分区据此也决定除 30 团留下坚持武装斗争外，分区机关大部、23 团全部立即外转（23 团此时尚余第 1、2 两个完整营）。

为执行这一部署，分区常、王首长率 23 团 2 营再次从任河大地区进入河肃地区，计划联系上 30 团向该团明确任务后，即行外转（30 团在反“扫荡”中奉命坚持中心区根据地的斗争，反“扫荡”初期在饶阳县五公村遭敌合围损失严重，电台坚壁起来，与分区失去电信联络）。

6 月 7 日，分区急行军过河肃路进驻肃宁县万里村一带，与 30 团取得了联系（30 团此时已又集结二三百人），计划 8 日会合。此时分区已通过电台与 9 分区及军区沟通联系，并掌握了敌对河肃地区定期“合围”“张网捕鱼”的确切情报，许多情况证明 8 日正是敌大“合围”的日子。但因分区首长意见分歧，最后确定部队行动时间过晚，被迫向靠近河肃路南侧雪村、顶汪、荆轲一带转移，与 30 团会合。

8 日拂晓，部队到达宿营地，正在布置岗哨，构筑阵地，即发现肃宁县梁家村方向之河肃公路上敌汽车纵队的长串灯光，侦察员也同时报告：敌是从沧州经河间而来，有汽车五六十辆，敌人正向我驻地方向推进。与此同时，肃宁、献县臧桥、饶阳方向之敌也纷纷向我驻地方向出动。敌对我包围圈已经形成。晨 5 时左右，战斗先从东北方向 30 团驻地顶汪村打响，继而西南方向战斗也激烈进行。分区机关即在常、王首长率领下且战且走，向河肃路北突围。23 团 2 营全力掩护，队虽突过河肃路，但由于地形开阔，敌骑兵和车子队从两侧迂回侧击堵击，常德善头部被敌机枪弹击中，当即英勇牺牲。而后王远音因腿部负伤行动困难，即用手枪自杀。部队此时失去指挥，在敌紧紧迫逼下，各自为战，分散突围，与敌交错混战。直至黄昏，敌撤回据点，部队失散人员乘夜间分别集结，分为两部：一部 100 多人并携电台，由作战股长晓冰、机要股长张庆丰、电台队长屈培壅带领，转到任河大地区与副司令员孔庆同会合；一部由宣传科长张迈君率领返回到河肃路南经献县地区转到子牙河东，过津浦路到达冀鲁边与参谋长李弗畏、政治部主任张逊之会合。23团1营随后也渡过子牙河穿过津浦路转移到冀鲁边，在盐山县东圈子，与天津及沧县、东光、南皮之敌两三千人激战一整天，杀伤敌五六百人，于黄昏突围。副团长赵振亚、政治处主任孟庆武英勇牺牲。余部由营长刘江亭、副教导员王守仁等率领，在冀鲁边与分区李、张首长会合。这部分人员在八九月返回8分区继续坚持游击战。

烈士们永垂不朽

雪村战斗所显示的我人民军队英勇顽强、不屈不挠的英雄气概和战斗传统，广大指战员不畏强敌、浴血奋战、前仆后继、可歌可泣的光荣业绩，将流芳百世，永远使人怀念。

分区司令员常德善，是经历过二万五千里长征的红军优秀指挥员。他指挥作战沉着勇敢，机智灵活，经验丰富，并具有坚强的党性。1939年随120师到冀中，在平息我分区2支队柴恩波部叛变中，立下了卓越战功。任8分区司令员后，在历次反“扫荡”战役和进攻战役中（任河大战役、青大战役等），都以机智果断的指挥，沉重地打击了敌人。“五一”反“扫荡”初期，他率机关、部队巧妙地与敌周旋，敌来我走，敌走我来，多次跳出敌的合围，保存了我有生力量。他在全分区干部、战士中享有极高的威望。这次雪村战斗中，率领突围越过河肃路后，不幸头部被机枪弹击中，英勇牺牲。

分区政委王远音是北平十六中学（后为河北中学）的高中学生，“一二·九”和“一二·一六”爱国学生运动中的骨干，在白区入党。曾在赵侗游击队和山西地方工作过，精明干练，能讲善写，有极高的革命工作热情，作战勇敢。在雪村突围中，越过河肃路后，因腿部负伤，为保持民族气节，用手枪壮烈自杀。

30团政委汪威，是经过长征的优秀红军干部，曾在八路军总政治部任政治科长，作风艰苦朴素，平易近人，有很高的政策、思想水平，有丰富的政治工作经验和作战指挥经验。“五一”反“扫荡”中，指挥 30 团在深武饶安地区坚持作战，表现极为英勇顽强。雪村战斗中，他虽因连续作战体力很弱，仍然沉着指挥战斗。他指挥 30 团警卫连（又称青年连，全部是十六七岁至 20 岁的青少年），顽强与敌拼搏，全连壮烈牺牲，无一人屈降，汪威也壮烈自杀。

30 团副团长肖治团、总支书记沈笑天，23 团 2 营营长邱福和，分区侦察股长杨克夫等，均在战斗中顽强作战，英勇牺牲。

分区教育股长赵庚林，在河肃路上指挥部队掩护分区突围时，双腿负伤，仍奋力爬出重围。23 团 2 营重机枪排金排长（可惜名字记不得了），作战异常勇敢，精通重机枪射击术，甚至能熟练地按抗战歌曲的节拍进行点射和连射，闻名全分区。在河肃路上他只身托着重机枪，来回扫射蜂拥而至的敌人，予敌以重大的杀伤后光荣牺牲。

分区电台和机要股的同志，在“人在电台在”“誓死保住党和军队机密”的坚强信念下，不顾生命危险，在部队和敌人已经形成交错混战的紧急关头，烧毁密码本，把收发报机和二三十公斤重的手摇马达，背离危险区，分散坚壁，第二天取回，未遭丝毫损失。但电台分队长关福才、政治指导员赵宪彬在战斗中身负重伤，报务主任庞树楷、报务员张冠儒、摇机员沙高等，为保护电台英勇献身。

分区民运科长侯监（当时在地方执行扩兵任务）和当地群众、村区干部，冒着敌人连续“清剿”“扫荡”的危险，连夜打扫战场，收容失散人员，掩埋烈士遗体，掩护救治伤员，免遭敌人第二天挨村挨户搜查时所可能造成的损失。更多的部队失散人员，在那样残酷的环境中，在分区首长牺牲、分区首脑机关和部队主力遭受如此严重损失的情况下，并未消极畏缩。

当时突围出来的科、股、基层干部以至普通战士，有的还带着伤，但只要能行动，都自动联络失散人员，不分建制单位自动组织起来，昼伏夜行，躲开敌人清剿；不避千难万险，越过敌人重重封锁线，千方百计寻找部队。当时找到任（丘）河（间）大（成）、文安洼、白洋淀归队的，就不下二三百人。七八月分区白洋淀会议，决定建立饶、武、献支队，很快在该地区集 3 个大队（相当于连）和支队机关，约三四百人，其中大部分是 23 团、30 团及分区直属队的失散人员。他们听说自己的部队又回来了，便自动归队。这许许多多英勇不屈，打不散、摧不垮的坚强战斗的情景，十分感人。雪村战斗中英烈们的英雄业绩将永远铭记在人们心中！

浙赣战役

浙赣战役回忆

岳星明[*]

一、太平洋战争爆发后第三战区的战略地位

1941 年 12 月，太平洋战争爆发。此时，第三战区统辖苏南、皖南、赣东及浙闽两省，处于长江南岸、抚河东岸、浙闽沿海的重要战略地位。在第三次长沙会战结束后，日军南下政策得势。针对日军的军事行动，军事委员会从抗战全局着眼，于 1941 年年底从第九战区抽调第四十九军和第十九师转用于第三战区；1942 年春，又从第九战区抽调战斗力较强的第二十六军和第七十四军转用于第三战区，以增强第三战区的兵力。在这期间，第三战区的部署概要如下：

（一）第二十五集团军总司令李觉指挥的第八十八军何绍周部 3 个师，担任钱塘江南岸诸暨、萧山、绍兴等地域的警备，防制杭州方面的日军；暂编第九军冯圣法指挥所属 3 个师，控制浙东武义、永康、丽水一带地区，针对向浙东、浙南蠢动的日军，做好战斗准备。

（二）由浙江保安处长兼金兰警备司令宣铁吾指挥的浙江保安团队，负

* 作者时任第三战区司令长官部参谋处长。

责曹娥江南岸、宁波、温州等处的江防海防任务。

（三）第十集团军总司令王敬久指挥的第四十九军王铁汉部3个师和第八十六军莫与硕部第七十九师以及第六十三师，控制金华、兰溪及其以东富春江南岸一带地域，做好对付杭州方面之敌的战斗准备。

（四）第三十二集团军总司令上官云相指挥的第二十五军张文清部4个师和苏浙闽赣边区游击总指挥陶广部第二十八军两个师，警备苏南、芜宁铁路和浙西方面的日军，并派出部队游击袭扰苏南、浙西敌后。

（五）第二十三集团军总司令唐式遵指挥的第二十一军和第五十军，共6个师，担任皖南和赣东自荻港到湖口长江南岸防务，并趁机炮击、布雷，阻断日军航运。

（六）第八十六军莫与硕指挥的第十六师、第六十七师，驻衢州、龙游地域，加强既设阵地工事，进行作战准备。

（七）第七十四军王耀武部3个师控置于龙游以南及遂昌一带地域。

（八）第二十六军丁治磐部3个师控置于江山、玉山一带地域。

（九）第一〇〇军刘广济部两个师及预备第五师担任抚河东岸、临川的防务，警备南昌和抚河西岸的日军。

（十）第三战区司令长官部设上饶。

二、浙赣战役的发动

1942年4月18日，由美国航空母舰起飞的B-25型轰炸机，轰炸了日本东京、大阪、名古屋等城市，这是日本本土历史上第一次遭到空袭，它使日本国内人心惶惶，极为震恐，舆论哗然。日本大本营迫于形势，令日军驻上海第十三军和驻汉口第十一军，分别急速从中国战场拼凑兵力，发动浙赣战役，企图彻底摧毁衢州、玉山、丽水等国际机场，防止遭受美机穿梭轰炸，以达到安定本国民心和战场官兵士气的目的。

当时，江南已届梅雨季节。入夜，阴云密布，月黑无光。4月18日深夜，顾祝同司令长官打电话给我，要我通知当地政府和部队全面出动，协力营救跳伞降落的美国飞行员。当得知日本本土遭到轰炸的消息时，全战区人心士气大为振奋。一周内，以美国空军上校杜立德为首的十余名执行轰炸日本本土任务的飞行人员相继被寻获，在上饶第三战区司令长官司令部，顾祝同偕参谋长邹文华和我，对他们嘉慰有加。这批飞行员经过治疗、休整后，被第三战区妥善送到重庆。

自此以后，日军调动频繁，根据情况，判断有蠢动西犯的企图。顾祝同司令长官要参谋处做应战的准备。4 月底，奉军事委员会急令：坚守衢州、玉山、丽水国际机场，加固既设工事，诱敌深入，以衢州为核心，捕捉战机，与敌决战，粉碎敌人西犯企图。长官部本此精神，即作如下部署调整：

（一）第三十二集团军上官云相率第二十五军速开赴寿昌以西地区集结待命，第二十八军陶广部南调淳安，令所部加强兰溪、寿昌的守备，相机袭截沿富春江方向来犯之敌。

（二）第十集团军王敬久应尽力守住金华，并派出有力部队支援第八十八军，努力阻击敌人，消耗敌人有生力量。

（三）第八十六军莫与硕部继续加固工事，做好坚守衢州城及机场的准备。

（四）第二十三集团军唐式遵部调整长江南守备部署，仍应趁机炮击、布雷，并抽调第二十一军（欠一个师），开往江西德兴集结待命。

（五）第二十六军预定待命归第三十二集团军指挥，积极做好应战准备。

（六）第七十四军预定待命归第十集团军指挥，积极做好应战准备。

（七）暂编第九军和金兰警备部队均应提高警备，执行现任务。

（八）第一〇〇军并指挥预备第五师，警备抚河西岸之敌，加强工事，守备现阵地。

随着时间的推移，敌人情况逐渐明了，判断大规模的军事行动即将开始。同年 5 月上旬已获知敌军兵力部署概况如后：

敌第七十师团大部集中在奉化溪口一带；敌第二十二师团主力及伪军第十三师集中于余姚、绍兴地区；从华东抽调的敌第三十二师团、原田混成旅团，经津浦东运，集中于杭州地区；驻南京的敌第十五师团和驻长江一带的敌第一一六师团各一部，以及驻常州、苏州地区的敌独立第十七旅团，经沪杭集中于萧山、临浦、富阳、余杭等地区；敌海军陆战队亦从厦门北调。敌军总兵力约10万余人，编为第十三军，直辖5个师团、3个混成旅团，由敌酋泽田茂指挥，并在5月14日以前分别完成一切作战准备。

对此，第三战区司令长官司令部的作战方针是：坚固守卫衢州及机场，以此为核心，诱敌胶着于核心周围，运用主力从南北两面夹击包围日军而歼灭之。长官部的作战指导要领是：

（一）第十集团军逐步向遂昌方向转移，第七十四军归其指挥，以龙游为衢州外围坚强据点，配合暂编第九军夹击进出龙游之敌，重创其有生力量。如敌进犯衢州，应以全力从灵山镇、遂昌向衢州东南的敌人侧背猛攻。

（二）第二十八军应固守兰溪、寿昌，策应拱卫衢州方面之作战；调第二十一军之第一四六师归其指挥。

（三）第二十五集团军使用暂编第九军之主力，配合第十集团军夹击犯抵龙游之敌。如敌越龙游南犯，应从武义西北山地向龙游以东击敌侧背；第八十八军先配合第七十九师切断兰溪江，如敌已转进，应相机向义乌、永康地区转移，不断袭击窜犯之敌，并归还第二十五集团军建制。

（四）第三十二集团军指挥第二十五军、第二十六军，从衢州西北地区，以全力攻击衢州外围之敌，配合第十集团军的夹击作战。

（五）第一〇〇军逐步消耗敌人，滞阻敌人东进。调第二十一军之第一四七师归其指挥。

（六）第二十一军之第一四六师驰归第二十八军军长陶广指挥。

（七）第三战区司令长官司令部暂从上饶转移福建建阳，在崇安县境内武夷山上的武夷宫设立战区指挥所。

（八）铅山设立警备司令部，由宪兵团团长王一飞担任司令。

三、战役经过概述

1942年5月15日，日军以4个半师团的兵力，从奉化、余杭开始向我进攻。24 日，日军到达武义、金华、孝顺、兰溪、建德等地区。这时，敌人判断我金、兰守军似已逐次撤退，无抵抗企图，决定向衢州猛烈追击，迫使我军决战。

第三战区司令长官司令部针对敌人的凶猛攻势，对浙东几处要地的作战，采取了积极的对策，各部队对来犯之敌进行了顽强的抵抗。

5 月 27 日，敌陷龙游，我金、兰守军愈形孤立。我第四十九军第二十六师向进犯金华之敌进行阻击后，28 日，我放弃兰溪，29 日，放弃金华，向北山转移。第二十八军在富春江方面，第八十八军在义乌、苏溪镇等地进行游击战，对敌后方兵站、运输线进行袭扰破坏，予敌后勤运输线以沉重打击。

第二十八军第一九二师沿新安江阻击敌人，坚守寿昌。第二十一军第一四六师在大小长山与敌进行激烈战斗。该师独立工兵第八营，在一个步兵营的掩护下，突进兰江东岸，设置障碍，埋设地雷群，破坏公路、铁路。5 月 28 日上午，敌第十五师团长酒井直次中将触雷毙命。

5 月 29 日，敌第十五师团沿铁路西进。30 日，敌第二十二、第十五师团及河野旅团集结于龙游及其以南地区。敌第三十二师团攻陷寿昌后，与敌第一一六师团之一部连结，进出于衢江北岸的峡口、杜泽、莲花镇一带。敌小薗江旅团也向龙游移动。敌各部逐渐完成进攻衢州的准备。

与此同时，第三战区司令长官司令部积极部署，充分备战。我第四十九军暂编第十三师在北界镇；第二十五军第四十师在大洲镇、石室街附近；第七十四军在湖山镇、溪口街、黄坛口一带；第四十九军主力在衢州以西招贤镇附近；第八十六军在衢州；第二十六军在衢州西北浮河村、芳村镇一带；第二十五军在寿昌以西夺勘头、大同镇、上方镇一带，准备包围歼灭进攻衢州之敌。我军按计划以衢州城为核心，吸引敌人，官兵们斗志高昂，摩拳擦掌，誓歼敌军，保卫国土。

5 月 31 日，从南昌方面东犯的敌第十一军一部，渡过抚河，向东南方向猛烈进攻，与进攻衢州之敌东西呼应，企图打通浙赣铁路线。

军事委员会判定日军旨在破坏各国际机场，作有限的进攻。为了避免我主力部队作不必要的损耗，蓄积力量，待机捕捉战机，重创敌人，遂命令第三战区避免与敌在衢州附近决战。第三战区接到命令后，即变更部署，于6月3日令第八十六军仍继续守备衢州，吸引敌人；战区主力则撤离铁路正面至南侧山地，一部撤至北侧山地，准备在敌沿铁路突进时，出其不意，分段截击。

我第八十六军（欠第七十九师）为获得战区重新部署的时间，力保衢州，与敌展开激烈的攻防战。在与优势之敌激战四天四夜后，于6日由南面突出重围。

6月7日，敌陷衢州后，其第二十二、第十五、第三十二师团继续西进，相续攻陷江山、玉山、广丰。14日，敌陷上饶。

在南昌方面，敌第十一军于5月31日沿浙赣路东犯，以配合敌第十三军的作战。敌第三十四、第三师团及今井、井平两个支队渡过抚河右岸。我守抚河的第七十五师及江西保安纵队，对由抚河东进之敌岩永支队节节抵抗。敌第三师团南下攻陷临川，敌第三十四师团由宜黄、崇仁南进。

6月6日，军事委员会急令第九战区赶调第七十九军、第四军、第五十八军，先后投入攻击已陷临川之敌第三师团，以策应第三战区的作战。第三战区以第一〇〇军会同第九战区友军会攻临川，日军不得不转用第三十四师团增援第三师团，抗击我各军，并向南攻陷丰城、南城，以减轻我对其第三师团右侧背的威胁。敌续与我各军转战于上述各地及宜黄、崇仁一带，后敌又转用第三十四师团于进贤、东乡、鹰潭等浙赣路东段与岩永支队联合向东进犯。敌平野支队与海军配合，在鄱阳湖东岸登陆，陷瑞洪，继续东进，相继攻陷进贤、东乡。6月16日，敌陷鹰潭、贵溪。

敌东西对进，至7月1日，在横峰会合，浙赣路全线打通。

浙赣线被敌打通以后，第三战区根据军事委员会的命令，对部署作如下变更：

战区主力第七十四军、第二十六军转移至衢江南岸之峡口、仙霞岭一带及广丰、上饶间信江南岸至汪二渡之线，归第三十二集团军指挥，其任务是阻敌南犯，确保浙闽边境及浦城要地，并派出有力部队对占领浙赣线之敌，袭扰游击，消耗、牵制敌人。

第十集团军指挥第二十五军、第四十九军转进衢江南岸遂安、古市地域，确保云和、松阳之线，阻敌南犯，并向占领浙赣线及丽水之敌袭扰游击。

第二十八军和第二十一军之第一四六、第一四七师配合常山、华埠一带的第一四五师，向占领衢州、江山、玉山、贵溪、寿昌之敌进袭，广泛开展游击战，牵制敌人南犯，掩护主力转移。

第二十五集团军指挥第八十八军和暂编第九军在浙赣线金华至杭州段、富春江东岸及浙南地区展开游击战，不断袭击牵制敌人，策应战区主力作战。

上述部署在6月中、下旬先后调整就绪。在广大战场上，我各个部队四处出击，并配合地方武装，破坏铁路、仓库、撤运物资，使敌人抢获物资的东运计划受到扰乱。我军在沙溪及信江两岸击溃敌3个联队，获重大战果。

7月底，日本大本营鉴于破坏机场的目的已基本达到，再加上到处遭受我军的打击，消耗大，战线长，固城守点，兵力捉襟见肘，有深陷泥淖之感，于是作出了东西背进后撤，确保金华、兰溪一隅和抚河西岸及南浔路的决策。

敌纷纷东向金华、西向抚河逐步撤退，经过沿途各市、县、乡镇，一逞愤退之恨，疯狂掠夺骚扰，残害人民。我军民同仇敌忾，协力追袭，敌人损失难以计数。

在撤退过程中，敌第三十二师团一部曾北犯，以掩护浙赣线撤退部队，与我第一四五师在常山、华埠交战；上饶之敌第二十二师团北犯郑家场，与我第一四六师交战；我第二十六军在上饶以南土官桥、坑口、冷滩与敌激战，予敌第二十二师团以重创，敌被迫败退上饶。敌第十五师团之一部为掩护其主力东撤，攻占了仙霞岭，经我第四十九军第一〇五师奋力反攻，于8月9日收复仙霞岭。浙南方面之敌虽于7月下旬至8月上旬先后攻陷瑞安、遂昌、松阳等地，但被我第八十八军、暂编第九军两面夹击，遭受损失，退向金华。

8月底，敌第十三军各部退缩金华、兰溪一角之地；敌第十一军放弃临川，退过抚河，据守西岸及南浔路之线。浙赣战役至此结束。

此后，我第二十五军调赣东南城；第一〇〇军调归驻临川的第三十二集团军指挥，守临川抚河东岸。第十集团军指挥第四十九军、第八十八军驻衢州，与金华、兰溪之敌相对峙。浙东丽水、温州也相继收复，仍归浙江保安司令部所属部队守备。第一四六、第一四七师与守备开化、常山一带的第一四五师，归还第二十一军和第五十军建制。

第七十四军、第二十六军先后调回第九战区。

第三战区司令长官司令部于9月由福建建阳迁回江西上饶。

四、结束语

浙赣会战自1942年5月15日发动，到8月底结束，历时约3个多月。在东西战场上，敌人使用的兵力，包括旅团及编组的支队在内。东段约6个师团，西段约3个师团。我以军为单位计算，东段为7个军，西段及赣西为4个军。以步兵而言，我军较为优势，但日军的炮兵、坦克和航空力量则占绝对优势。在这样长的作战过程中，双方动用的兵力众多，我敌装备悬殊，据此，我军以防御为主，敌以攻击为主，攻守势异，敌损耗和伤亡亦大，这是很自然的。

在浙赣战役的前一阶段，时值江南梅雨季节，雨量颇大，遇到60年来未有的大暴雨，河水泛滥，平地水深达丈余。由于降雨的影响，日军为了保证作战目的实现，不得不投入更多的兵力。但因时机选择错误，天不助敌，其作战目的不能顺利达到，结果是得不偿失。

从军事上的战略角度来看，敌人破坏国际机场的企图虽然达成，然而最终还是因为作战线过长，占据地域太多，造成补给困难，兵援不足，而被迫放弃已获战果，匆匆撤退，仅占据金华、兰溪一角之地，所获甚微。

我方原定诱敌深入，在衢州与敌决战，但随着战势的发展和对敌之作战目的与规模的了解，判断日军这次作战只是为摧毁丽水、衢州、玉山等地的国际机场，并不能确保上述地方，攻击十分有限。为了减少牺牲，保存力量，待机给敌以更大打击，我方因此决定避免衢州决战。从此次会战的结果看，这一决策无疑有它的正确性。

激战兰溪击毙酒井师团长

韩正礼*

1942年，太平洋战争已经爆发。为了攻击日本本土，盟国空军在我国浙江衢州建筑了一个规模较大的国际机场，以便就近轰炸日本本土和亚洲大陆沿海的日军空军基地。我军指挥部估计，日军对此绝不会等闲视之，必将集结兵力前来夺取机场。于是决定以一个军的兵力固守衢州，另以第七十九师守金华，第六十三师守兰溪，扼守衢州机场的水陆两扇大门。当时，我在第六十三师第一八八团任第二营少校营长。日军发动浙赣战役后，我亲身参加了兰溪战斗，这个战斗规模并不算很大，但它却产生了很大的影响。这是因为我们在兰溪战斗中，击毙了一个日军中将师团长酒井直次及其幕僚等人，震惊了日本朝野，使盟军对我军也刮目相看。在八年抗日战争中，也是少有的战例。现把记忆所及的有关情况整理如下，其中某些具体细节，难免有回忆失误之处，尚望当年参战的其他亲历者予以补充修正。

---

* 作者时任第六十三师第一八八团第二营营长。

阵地配备与工事构筑

1942年2月，第六十三师经过对兰溪地形的侦察，决定在这里构筑一个钩形阵地。兰溪城防核心阵地南第一八七团构筑和防守。从兰溪市折向东北，沿石廊（骨）山北延伸约20华里，构成一个侧面阵地，由第一八八团构筑和防守。第一八九团及师直属部队则驻守兰溪东郊大云山与金兰铁路之间，为师预备队并协助其他两团构筑工事。这种配备形势，在战术思想上是吸取了当时欧洲战场上盟军对德作战的经验而制订的，打破了一线式或圆圈形守城市的老观念，优点是可使侧面阵地与核心阵地互为犄角，火力互相交叉，兵力互相支持，以分散敌人攻击重点。这一计划上报到第三战区司令长官部后，司令长官顾祝同亲率第十集团军司令王敬久和兵工监到这里作了实地勘察，认为很好，当场批准。

3月初，我们开始按计划紧张施工。在这一过程中，有几件事是值得一提的：

（一）农民的支援。兰溪东郊的北山山区，有一种树的枝干上生有尖刺，比荆棘还厉害。我军阵地前沿的障碍物如仅靠铁丝网，数量太少不敷用，而把这种有刺的树干埋在阵地前，就成为障碍力很强的鹿砦。当地农民知道这一情况后，都踊跃地把老树更新或整枝时砍下的废枝干卖给我们，对构筑工事作出了很大贡献。另外，我营第五连连长底柱是侗族人，祖传一种用毒草制毒竹签的技术，为了能利用这种技术杀伤进犯之敌，兰溪农民又踊跃地把他们砍伐毛竹时剩下的枝梢支援给我们做毒签，我们用这种毒签插在路上，覆以伪装，敌人踩了只要刺破皮肤就溃烂不已，给了敌军以不小的伤害。

（二）步兵机枪击落敌机。在我们构筑工事的过程中，时遭日军飞机的轰炸，因为轰炸衢州、上饶等地的敌机在返航回杭州时，常把剩余的炸弹在兰溪找一目标投完才走。为此，我们特设置了一处伪装阵地工事，专门吸引它们投弹。由于怕暴露真的阵地工事，即使有敌机来作威力搜索，我们也不开枪回击。因此敌机总是肆无忌惮地在我军阵地上空低飞，连山头上的树梢都常被飞机驱动的风所刮动。4月初某日黄昏，敌一架中型侦察轰炸机正在低空搜寻目标，我第一八七团某连机枪前哨恐被其发现并轰炸我阵地，遂举枪射击，恰巧击中了敌机油箱，顿时起火遁去。次日接寿昌县（现为建德县的寿昌镇）通报，得悉这架敌机逃到寿昌上空机身坠地摔碎，机上4人全都摔死。为此上级奖赏我部1万元奖金，全师每人购胶鞋一双，又买了几十头猪加餐庆贺。

（三）拆宝塔。兰溪大云山上有座七级浮屠，名叫能人塔。在兰溪军政联席会议上，有人提出，日机轰炸兰溪总是利用这座宝塔作为瞄准的指示标，因此必须将它拆除。但有人认为它是历史文物，应当保留。还有人说宝塔是“镇水”的，拆掉了兰江就会闹水灾。经过一番争论，最后还是以“军事第一，抗战需要”为由予以拆除了。碰巧，那年夏天浙江地区多暴雨，钱塘江上游山洪暴发，沿江城镇受了水灾，为此，当地百姓对我军拆塔很表不满。

浙赣战役的催化剂

1942年4月18日晨，美军16架B-25型轰炸机由队长杜立德上校率领，在太平洋接近日本海的“大黄蜂”号航空母舰上，秘密起飞去轰炸东京。日本防空军发觉后，立即起飞战斗驱逐机近百架迎击，但已被美机掌握了高空的制空权，迅即向东京市区投掷下炸弹后，向我国沿海飞来。日机恐有后续美机再来轰炸本土，不敢追出国境。美机按与我军预约的计划，从钱塘江口向衢州机场飞来，拟在此处降落。岂知当大批日机在东京起飞迎敌时，我衢州机场却得到一个误传情报，说有大批日机前来轰炸衢州机场；加上美机从太平洋起飞的时间、地点通知有误；因此阴差阳错，衢州机场当晚立即熄灭灯火，全部关闭。美机从钱塘江口按地图坐标向上游寻找衢州机场，又正值下雨，看不见机场和跑道，竟在杭、衢之间上空来回转了很久，最后因汽油耗尽，只好各自寻找地面降落，机上人员弃机跳伞。这一来在钱塘江两岸和天目山一带，许多地方都有美国空军人员降落。第三战区司令长官部当晚发出紧急命令，通知各部队、各县悬赏寻找美空军降落人员。这次虽然损失了十多架飞机，幸而人员伤亡不大，以杜立德（现已晋升为美军四星上将）为首的多数降落人员，受到各地抗日军民的热情接待和保护，先后安然返回盟军部队。这次美机首次轰炸日本本土，就成了浙赣战役的催化剂。为了摧毁衢州等地供美军使用的空军基地，侵华日军就急不可待地于 1942 年 5 月间发动了浙赣战役。

兰溪战斗经过

（一）敌军开始向我进犯。5 月中旬，日军从富阳、诸暨分两路进攻桐庐和义乌，大肆轰炸浙赣铁路各车站，义乌车站被全部炸毁。这个地区的我方守军战斗力不强，日军一进犯，义乌立即失守。此时有一列载有千余枚地雷的火车，因日机猛炸金华车站，被迫疏散到金兰铁路支线上来，进退维谷。我们闻讯后趁机前去交涉，终于将这千余枚地雷全部移交归我师使用，我营阵地上因此增加了几百枚地雷。正巧连排长中有几人是军校第十五期工兵科毕业的，对埋设地雷很内行。这批地雷是 4 号甲雷，引爆方法有 4 种：一是轻压即爆，炸散兵用的；二是重压才爆，炸车辆马匹的；三是用绳索拉发的；四是电发的，是预埋供伏击用的。我们把这些引爆方法都用上了。由于当时老百姓都已逃难他乡，无须顾虑误炸乡民，因而山上、路上、树上、房屋里，处处都摆下了地雷阵，在不久后的作战中果然发挥了很大的作用。日军第七十师团长内田孝行在手记中哀叹：“金华、兰溪的阵地上，主要交通线上，埋设了无数地雷，以阻止我军行动，我军因此受到严重损失。”至于日军第十五师团长酒井直次中将竟因踏中我军埋设的地雷，当天伤重毙命，则更是敌我双方都始料未及的。此事详细经过，下面再作专门记述。

5 月 14 日，日军向浙赣线发起全面进攻，我第六十三师师长赵锡田（黄埔二期）、副师长唐肃（黄埔三期），第一八八团团长邓光锋（军校六期）到阵地上来检查工事强度，我怕他们不知埋设地雷的暗号，即前往引路。在石廓山坐下休息时，副师长夸奖我们说：“这工事虽然不是钢筋水泥的，但不比当年南京郊区的国防工事差多少。”师长说：“南京的工事可惜没有用上，敌人把主力避开（我军）坚强工事，绕道先攻芜湖，而唐生智指挥的缺点是对侧后方的威胁太敏感，才仓促撤退，造成那么大的损失！”这话使我若有所悟，便问道：“敌人倘若和在南京一样，不攻打我正、侧面阵地，而从兰江西岸绕到后面攻兰溪，我们花费了这样多的人力物力岂不落空？”这一问，他们三人愣了半天，最后师长说：“兰溪东郊的好地形都被我们占有了，敌人来了无踏脚的台阶。人家是内行，他会眼睁睁吃这个亏吗？”遂即命令我快把岩头和石埠岭之间的前进阵地全部填平，让敌人来占领。又令邓团长速派第三营向桐庐挺进，与敌人保持战斗接触，边打边退，把敌人引到石廓山来。此时我体会到兵法上说“将欲取之必先予之”的道理，便迅速带人去前进阵地毁坏原有工事，并用枪炮向估定的可能敌占火力据点试射，将射击诸元的数据记录下来，以便夜间射击。我安排了一个班留在岩头山上，叫他们和敌军打一下就退到石廓山主阵地。

约 5 月 24 日，枪炮声愈来愈近，估计敌军将到兰溪城东北 40 华里的马涧。第三营营长涂犹龙（军校十期）在距马涧 5 华里的石渠市（村）和敌人打了一天之后，全营退了回来。他笑着对我说：“我把敌人请来啦，以后看你们的了！”

（二）阵地战的开始。5 月下旬某日，日军侦察机沿我石廓山阵地用机枪扫射，接着用轰炸机四处投弹。我们知道他是威力搜索，寻找我工事位置，便置之不理。接着，日军以步炮协同进攻我离兰溪城约 10 华里的大坞村第一营阵地，同时以岩头、石埠岭高地为据点，集结兵力准备进攻石廓山我营阵地。这样一来，日军居然完全按照我们预定的作战计划来进攻，我心中不由暗喜。次日晚，日军麇集于岩头和石埠岭村庄里，杀猪宰牛，炊烟弥天，对近在咫尺的我营阵地毫无顾忌，其骄横轻敌可知。入夜，我令迫击炮连将 8 门迫击炮推到阵地前沿，每门炮配发 200 发炮弹，按事先测定好的方向距离，连续向岩头、石埠岭发射。一时炮声大作，日军的战马受惊四下乱跑，我营设在秘密点的拉发地雷同时拉爆，轻重机枪也一起向日军猛扫。第二天清晨，敌人在飞机和炮兵的掩护下前来收尸，民间的席子、门板为之搜尽。后据逃出来的民夫说，日军死伤有好几百人。这一棒子打得日军停战两天，我们从日兵遗尸身上的番号才知悉当面敌军是第十五师团的酒井部队。

两天后，敌后续大军到达，猛攻我第一营大坞阵地，该营第一连连长陈锁才和机枪连连长均负重伤。营长黎殿臣（军校十一期）向团部告急，团部令第三营于是夜偷袭石渠市敌军后方，才使第一营阵地的战况缓和下来。又过了两天，敌集结大批部队进攻我营石廓山阵地，日机丢下烧夷弹烧毁我阵地前的鹿砦，轰炸机猛炸我轻重机枪掩体和掩蔽部，炮兵从上午 7 时一直打到中午。我营阵地被打得沙石飞扬，敌步兵随即向我阵地猛扑，其先锋从鹿砦缺口处跃入。幸好我阵地前的鹿砦有几层，当敌兵冲入第一道鹿砦后，我侧防重机枪即从秘密火力点中向敌侧射，使敌兵前进不能，后退不得，只能停滞在我火力点下来回蠕动。敌机和炮兵则因敌我距离太近无法协助。直到黄昏后，困陷在我前沿鹿砦阵里的敌兵才利用黑夜撤了下去。

（三）激烈的核心阵地战。敌军感到在我石廓山侧面阵地上花的代价太高，划不来，于是便把攻击重点转向兰溪城防的我第一八七团核心阵地。兰溪核心阵地上烟尘四起，枪炮声、炸弹声震天动地，从早到晚敌机盘旋不停，其战斗之激烈在我师历次战斗中是少有的。激战了两天之后，大云山麓的担山中学（现兰溪一中校址）和大云山被敌攻占，敌军从山上居高临下向我军发射猛烈火力，我兰溪守军伤亡过半，核心阵地岌岌可危。师预备队第一八九团（团长陶绍唐是黄埔四期生）夜袭担山中学之敌，得手后又猛攻大云山，与日军肉搏了一天一夜，卒将该阵地夺回。我团第三营则逆袭石廓山当面之敌，我营也以炮火支援我军争夺收复大云山，夜间又派迫击炮潜行至敌炮兵阵地附近，以迅雷不及掩耳的突然袭击速打速回。此时敌人感到我侧面阵地对其威胁和打击太大，便改变决心，又把攻击重点转回我营的石廓山阵地。

5 月下旬某日拂晓，敌机数架在我营阵地上投弹后，敌炮兵又向我阵地轰击，因为他们的观测气球升到我阵地上空来指挥炮兵射击，所以打得很准。我看到这是个很大威胁，便立即集中机枪火力向气球猛射，打瞎了敌炮兵的“眼睛”。不一会儿，敌军又派来小型战斗机两架，与炮兵协同为之指示目标，使我营工事被击毁不少，我的掩蔽指挥部也被敌炮弹击中，浮土埋到胸膛，幸未受伤。接着日军又不顾国际公法施放毒气，幸好当天刮风，莽莽山原，几十发催泪弹起不了什么作用。中午，敌机和炮兵愈炸愈凶，敌炮火开始向我阵地纵深延伸射击。敌步兵手摇太阳旗，脱去上身军装，分几路向我拼命扑来，对地雷、竹签、鹿砦、铁丝网等障碍物完全置之不顾，真像疯了一样。我营官兵抱着与阵地共存亡的决心，跃出掩体投手榴弹，与敌人拼刺刀，进行激烈的肉搏厮杀。战斗中，五连连长底柱阵亡，六连连长陆钦治负重伤，机枪二连连长吴楚才失踪，全营伤亡三分之一以上。第二天，敌我已处于犬牙交错的状态，由于双方伤亡都很大而削弱了作战能力，所以彼此只是反复拉锯式地小打了一天。

（四）退出兰溪战斗。5 月 28 日，我六十三师接到第三战区司令长官部命令，大意是：衢州防务已布置就绪，你师任务业已完成，望迅速撤出兰溪脱离敌人。是夜，我们埋完战友们的尸体，将带不动的山炮和器材隐蔽埋藏起来，在第一八九团的掩护下，退到金兰铁路西南山区进行整补。不久，我师奉命担任截断金兰一带敌人后方补给线的任务。我营以北山为根据地，进出于马涧、石渠市、洲上埠、岩头一带，截断富春江敌人的水上运输线。6 月间，日军被迫废除了富春江水上兵站线，以后战事转入衢州会战阶段，本文从略。

击毙酒井直次中将的经过

当时，日军第十五师团长酒井直次中将临阵兼代军司令官职务，进攻金华等地的日军其他师团也暂归他指挥，而他自己的师团却因遭我军猛烈抵抗，几天还攻不下兰溪，使他格外恼火，遂亲自来到兰溪前线督战。5 月 28 日那天，敌机比过去增多一倍，向我兰溪前沿阵地狂轰滥炸，许多敌兵扛着木梯越过我前沿堑壕，猛扑不止。但我第一八七团官兵仍死守阵地不退。我在石廓山侧翼阵地上闻得正面阵地上杀声大作，而机枪声却逐渐稀疏，知敌我已进入白刃肉搏战，兰溪城防已处危急状态。在此同时，又发现金华方向有敌军沿金兰铁路向兰溪方向急进，我第一八九团遂迅将主力抽去守铁路，严密注视敌军动向。

是时，敌酒井直次中将师团长偕幕僚5人（川久保少将参谋长，参谋间濑、古谷次郎、吉村，及一专属副官），正在石廓山下有一个华表石柱的地方（为当地郑姓墓地）指挥作战，日军则正在继续向兰溪城逼近中。我营在昨夜曾派一个班潜伏在附近的义冢地内，正巧发现了酒井等一行日军将佐，误以为是前来搜索他们的日军前哨，觉得与其被敌人发现后被动挨打，倒不如先下手为强。于是我营这个班的战士立即用轻机枪和步枪向酒井等人猛烈扫射，当场有随从的日军中弹身亡，其余日军仓皇四散隐蔽，刚巧又误进我埋伏的地雷区，一时爆炸声四起，血肉横飞。我营四连刘连长率部赶来，集中机枪向中伏的日军猛打，但敌军却并未进行猛烈的还击而很快就悄悄地撤走了，战场迅即沉寂下来。我们当时虽觉日军方面似乎有些异常，却不知其详情。事后方知这次被我军伏击和踏地雷毙命的有日军第十五师团长酒井直次中将及其幕僚官佐4人（川久保少将参谋长死里逃生，暂时负责在现场指挥师团作战，6月1日由山内正文中将赶到战场接任师团长职务）。据后来川久保参谋长的回忆和日军战史资料记载，酒井直次中将是在5月28日上午10时45分骑马前进中踏响地雷，身负重伤（左腿皮肉被炸掉，脚心粉碎），经抢救无效，于当日下午14时13分死去。同时中雷负伤者，还有宫下兵器部长、佐野兽医部长和兽医部员佐山中尉等人。日本防卫厅防卫研究所战史室编写的《中国派遣军》（上卷）在记述这一史实时叹曰："现任师团长阵亡，自陆军创建以来还算首次。"正是由于这一原因，日军当时决定"暂时不向外宣布"。

敌酒井师团长等将佐被我军击毙后，日军在杭州西湖某山庄举行了"兰溪战役阵亡将士追悼会"。我潜入情报工作人员曾将会场的重要文件图片等偷摄回来，只见那祭台下挂着5张相片，中间一张是师团长酒井直次中将，左右各两张是在兰溪战斗中同时被我军击毙的4个日军官佐幕僚人员。在其余的照片中，有一张注明是酒井等骑着战马上前线的镜头，另一张是他被击毙的地点现场，看得出就是在兰溪郊外石廓山下一个有华表石柱的义冢地旁。此外，有份材料说明，酒井在阵亡前两天，曾有一奏折写给日本天皇，其中详述了中国士兵不怕死的顽强抗战精神，请求天皇不要轻视中国的“国魂”，谨慎行使对华的战争步骤，等等。

第三战区司令长官顾祝同将以上的文件图片，和我们自己在战场上缴获的日军文件印成专辑上报中央，在重庆散发给各部院、各部队作广泛宣传，并向盟军通报。

衢州保卫战亲历记

陈颐鼎*

太平洋战争爆发后，中国政府与美国协定，美军将在我国东南沿海地区登陆，开辟第二战场。自 1941 年秋起，我方先后将浙江衢州、福建长汀、江西赣州三处原有的飞机场进行扩建，以备美国空军必要时使用。1942 年 4 月 18 日，美国远程轰炸机轰炸日本东京、横滨、名古屋等城市，使日本朝野十分惊慌。日本当局为安定本国民心，防止美国空军对其本土轰炸，令日军驻浙东、杭州、萧山等地的各部，并从其他各地调集部队，发动浙赣战役，打通浙赣线，摧毁衢州飞机场，用以剪除对日本本土的空中威胁。我当时任第八十六军副军长兼第六十七师师长，亲身参加衢州保卫战。现就回忆所及，提供有关这方面资料如下。

一、日军作战企图和我军作战方针

1942 年 5 月中旬，日军大举进犯时，在浙江方面是以绍兴、杭州、萧山、富阳等地为主要据点。除使用这一地区原有的日军第二十二师团及第

* 作者时任第八十六军副军长兼第六十七师师长。

十三旅团外，又从各地抽调部队，另配有伪军和地方汉奸武装，不下 5 万多人。敌发动攻势后，在浙赣线正面，首先击破守备钱塘江南岸的我第八十八军何绍周部和固守浙东地区的我暂编第九军冯圣法部及暂编第十三师史克勤部等防御阵地，以主力沿浙赣线两侧地区前进；另以一部由绍兴经东阳、永康，向金华、衢州方向深入，以求歼灭我军于这一地区。尔后会同南昌方面沿浙赣线东进之敌，会师上饶，打通浙赣线，以达到破坏衢州飞机场的目的。

我军针对日军作战企图，制定会战主要指导方针：在浙赣线上让开正面，采取逐步抵抗、逐次后撤，诱敌深入到衢州地区。我以一部坚守衢州城，各以有力部队在衢州外围两侧占领侧面阵地，尔后以合围之势，歼灭进犯之敌。具体部署：

第八十六军莫与硕部第十六师、第六十七师，坚守衢州城和飞机场外围阵地，阻止敌人向纵深发展。另以该军第七十九师段霖茂部在浙赣线正面与敌军保持接触，逐步诱敌深入。当敌军进犯到金华、龙游地区，该师留在金华附近敌后，打击敌军后续部队，牵制敌人沿铁路线活动。

第四十九军王铁汉部、第七十四军王耀武部在衢州以东溪口、灵山地区占领侧面阵地，待机合围进犯衢州之敌。

以上 3 个军，均归第十集团军总司令王敬久指挥。

第二十五军张文清部、第二十六军丁治磐部在常山以北地区占领侧面阵地，待命配合第十集团军王敬久所指挥的各军合围，歼灭进犯衢州之敌。以上两个军归第三十二集团军总司令上官云相指挥。

以原守备浙东地区的暂编第九军冯圣法部和原守备钱塘江南岸的第八十八军何绍周部，分别留在浙赣路的两侧地区，做敌后游击活动。

因此，1942 年 5 月中旬，日军大举进犯浙赣线时，如入无人之境。到 6 月 2 日，浙赣线正面后方重镇衢州，便完全暴露在敌人兵锋之下。日军深入到衢州地区后，除沿路重要据点留兵防守、维护交通外，对衢州城进攻的兵力不到3万人。从数量上看，敌军劣势，我军优势；从形势上看，敌军分散，我军集中。如在衢州地区与敌决一死战，是可以给敌军以歼灭性打击的。可惜兵临城下，中枢突然改变决策，致使耗资巨万建造的飞机场，未经使用便付诸流水；执行防守任务的官兵，白白送掉2000多人生命。现虽事隔多年，每一忆及往事，犹感慨不已。

二、保卫衢州准备工作部署概要

当时，我国政府为迎接美军在东南沿海地区登陆，在浙赣线方面将衢州城北门外原有飞机场进行扩建，派航空委员会陈处长和美国空军一位联络官（已记不清名字），到衢州负责扩建任务，并指示第三战区司令长官顾祝同对扩建机场积极支持，还抽调战斗力较强的第八十六军到衢州准备保卫工作。1941年12月，顾祝同命令第八十六军从浙赣线正面绍兴、诸暨地区撤回到衢州，积极备战。第八十六军是蒋介石的嫡系部队，辖第十六、第六十七、第七十九师3个师和军属炮、工等团，营以上军官大部分是黄埔军官学校各期毕业的，在第三战区当时所辖各军来说，是战斗力较强的部队。

第八十六军调衢州时，顾祝同要军、师长先到上饶长官部见面，设宴招待，表示慰勉。他说："衢州是扼守浙、赣、闽、皖四省交通要枢，居战略上极为重要地位。委员长决定在衢州扩建一个为盟军在东南沿海登陆使用的飞机场，供美国空军任何型号飞机的降落和起飞之用。为了贯彻这项计划，防止日军发动攻击，进行破坏，要你们到衢州着手准备保卫工作。这项准备工作，首先要构成两个师兵力，使用环形核心野战工事，尔后逐步加强。要根据具体情况，拟好防守计划，报批后即积极实施。"第八十六军（欠第七十九师）于1941年12月开到衢州，即秉承上述意图作如下部署：

第十六师（欠一个团）担任信安江西岸构成以杜泽为核心的对西、西北、西南半环形阵地，阻止敌人向衢州城左侧背迂回。

第六十七师配属第十六师一个团，担任以衢州城、飞机场为核心的构成对东、东北、东南半环形阵地，阻止敌人进攻。

军部及其直属部队位置衢州城内。

另外，顾祝同为检查衢州城防工程设施和备战情况，曾两次到衢州。第一次是 1942 年 2 月，顾祝同在衢州行政专员公署，召集衢县、龙游、江山、常山各县县长和第八十六军团以上军官举行会议。浙江省主席黄绍竑也参加。会上，顾祝同一再强调衢州备战的重要性，要各县县长对飞机场扩建、征用民夫和木、石等建材供应，都要按计划规定及时完成。对部队构筑野战工事所需的木、竹、石、水泥、钢筋等材料作价，也要放低些。第二次顾祝同到衢州是 1942 年 4 月，日军向浙赣线发动攻势之前。顾祝同在第八十六军军部集合连长以上军官讲话，说明盘踞浙江境内日军已蠢蠢欲动，不久浙赣线上将展开大规模作战，要大家坚强地担负起这一光荣使命，只要能坚守一个星期的时间，胜利就是我们的。他还当场宣布提升我为第八十六军副军长，仍兼第六十七师师长，以示鼓励。

三、衢州保卫战打响和撤走经过

当时，衢州守备兵力部署：

第十六师（欠一个步兵团）配属军野战炮兵一个营，守备信安江西岸以杜泽为核心的各个既设据点，阻止敌人沿信安江向衢州城左侧背迂回。

第六十七师配属第十六师一个步兵团和独立炮兵团及高射炮兵连，守备樟树潭、西伯垅、飞机场、衢州城既设阵地，确保这个地区，给进犯敌军以重创，尔后协同友军全歼入侵之敌。

第八十六军军部及直属部队在衢州城内。

防御工事大部是野战性的，只有重机枪掩体和部分指挥所用钢筋混凝土，全部副防无铁丝网，仅用木竹材料钉成木栅，无照明设备，阵地前敷设少数地雷群。

衢州城内居民原计划每户留一人在家看守私人财物，但到情况紧张时多已逃走，原因是他们留在城内没处吃饭，守城部队事先也没有计划这项供应。部队虽囤积一个月的粮弹，但蔬菜、食油、肉类全无一点存储。居民跑光，守城官兵又无副食品供应，部队常有纪律废弛，发生任意抢劫居民食物的事情。我迫于事实无法解决，明里叫人制止，实乃装聋作哑罢了。

侵犯浙赣线日军于1942年5月15日，分由奉化、上虞、绍兴、萧山方向同时出动，主力沿浙赣路前进，一路沿富春江以西地区窜扰。5月16日，敌陷嵊县，17日陷诸暨，20日，敌陷东阳，21日陷义乌，22日，永康被敌占领。舆论哗然，叫喊当局应惩办作战不力者。顾祝同在这样的压力下，一天晚上和我通电话，除问备战情况外，他要我不惜任何牺牲守住衢州，使这次会战能顺利进行，只有这样才能把社会上七嘴八舌的责难去掉，言下心情极为沉重。

5月26日，我们接到第三战区司令长官部转发蒋介石致第八十六军军、师长电，大意是：当前敌人除企图割裂我东南沿海地区与中央联系外，更为重要的是要破坏我与盟军在沿海地区作战计划，要第八十六军坚守衢城，造成衢州地区作战有利态势。我们当时将电文印发到连级单位，并在全军进行政治动员，各作战单位也都填具守住所在阵地的保证书，当时我军士气确实是很高的。

5月27日，敌军攻占龙游县城后，以一个联队兵力，渡过信安江，溯江而上，向第十六师两个团阵地猛烈进攻。29日傍晚，第十六师各个阵地多被敌人攻占。该师师长曹振铎、副师长顾宏扬、参谋长朱恺仁，仅带少数随从人员，于黄昏后渡过信安江，来到衢州城里，要求我给予收留，并愿意协同我保卫衢州作战。29日下午5时许，第八十六军军长莫与硕在电话中对我说："第十六师各个阵地已多被敌攻破，我去航埠方面收容他们。"莫与硕一出走，军部直属部队相继离去，给人造成衢州不守的错觉。于是，城内放列的炮兵部队挽上车马准备出城，城内的各种机动车辆也争夺城门外出逃走，一时城内外乱作一团，非常紧张。后来，我从城外指挥所赶到现场，才将这场自相惊扰的乱局安定下来。莫与硕擅自脱离衢州战场后，即沿通往江山县公路逃去。5月30日，第三战区司令长官部发现莫与硕这一行动，勒令他即日重返衢州城，但由于敌军攻占信安江西岸第十六师阵地后，即向衢州城以南地区迂回，占领了通往常山、江山水陆交通要点双江口，形成对衢州半包围态势，给莫与硕造成返回衢州城的障碍。于是，蒋介石要顾祝同先将第八十六军军长莫与硕、参谋长胡炎立即免职，押解重庆交军法审判。后将莫、胡两人各判处有期徒刑 5 年；第十六师师长曹振铎作战不力，予以撤职处分。

6 月初，浙赣路正面的日军第二十二师团主力，在衢州外围向我樟树潭、西伯垅等阵地猛烈进攻，集中炮火向我阵地射击，掩护其步兵前进。同时，敌出动了十多架飞机全日轮番轰炸，协同地面部队作战。西伯垅阵地经过三次得失争夺，终于稳住，使敌军遭受较大伤亡。后敌军继续以一部向西伯垅地区进攻，其主力由石室街、上叶渡过乌溪河，迂回到衢州以南地区，与双江口之敌会合，对衢州形成四面包围态势，尔后逐步缩小包围圈，企图全歼我守城部队。两天来的战斗打得很激烈，我伤亡官兵 1200 多人，第六十七师的团长石补天，副团长汪忠民，营长戴锐、徐隆铁、阎思柱、朱正秋先后英勇牺牲。我军阵地屹立未动，士气和信心仍然很高。我通过无线电台经常与顾祝同和第十集团军总司令王敬久保持联系，他们对我的指示是：拖住敌人，给敌以重大杀伤，尔后按预定作战计划实施。

6 月 3 日，敌军对衢州城进行全面进攻，缩小包围圈，出动更多的飞机滥肆轰炸，我所有阵地、野战工事和炮兵阵地多被敌机炸毁，连我自己掌握的 3 架无线电收发报机也先后被敌机炸毁，不能使用，对外完全失去联系。是日午后 2 时许，敌有两股小部队，每股约百余人，从衢州南门附近，在炮、空火力掩护下，冲进城内。经我守城防核心阵地第十六师第四十六团团长谢士炎反复组织反击，打出去一股；另一股冲到我当时在南门内指挥所附近，经第六十七师特务连连长高远举率其所部与敌肉搏多次，消灭一部分，余敌退出城外。高远举在战斗中手、脸都被敌刀刺伤多次，最后饮弹阵亡。这天战斗，第十六师谢士炎团伤亡 100 多人，第六十七师也伤亡 100 多人。

连日暴雨未停，一时间山洪暴发，信安江、乌溪河大小河流都涨水，所有阵地工事都积水盈尺。从 3 日起，敌军从衢州火车站对南门我阵地不断发起进攻。敌人突进来被我打出去共有 3 次之多。这是衢州保卫战中最激烈的一次战斗，每个官兵都发扬了为民族而战的最大勇气，终于把敌军再次打退，稳住了核心阵地。这一天战斗，第十六师阵亡上校参谋主任袁福崇以下官兵 100 多人，第六十七师伤亡副团长李实以下官兵 600 多人。敌军在这场战斗中也付出很大伤亡，在不到 1000 米的战场上，血流成渠，尸横遍地。

衢州保卫战已进行五昼夜，我先后伤亡官兵已达2200多人。我军处在四面包围、对外失去联系的情况下进行战斗，官兵信心仍不减当初。我于4日晚间召集有关部队长研究下一步作战方案，接到守城防核心阵地第十六师第四十六团团长谢士炎电话报告，说守西门的连长报告，由信安江上游浮来一个老百姓，说有事要见师长。我要他们把这个人速送来见。此人姓乔，名叫大年，江山县清湖镇人，26岁，从事船运行业，经常来往于信安江、新安江、富春江各口岸，给人运输货物，今晚由后溪街游来衢州送信。他从裤带中取出用蜡纸写的字条，上面的字虽已模糊，但还可认出，写的是："又新（我的别号），速设法前来，我在风林街等候你。平。"我问他这条子是谁交给他的？"平"是什么人？他说，这条子是他师傅姜××（已记不清名字）要他送来的，其他一无所知。"平"就是第十集团军总司令王敬久的别号，名叫又平，日常我们私人函电来往都是用这个名字，至此我已完全理解王敬久要我向外突围的暗示。此时，仍然下着倾盆大雨，我们的心情像雨点般频频跳动。我想，敌人已被我军拖住，正是围歼的大好时机，为什么要我们向外突围？最高统帅既是决策在前，要同敌军在衢州地区决战，为什么甫经交战，就要我们撤走？眼前敌军已将我们围困得像铁桶一般，水泄不通，就是撤走，成功的希望也不大，更不忍心将几百名重伤员遗弃在这里，他们的后果是悲惨的，如何对得起这些久共生死的袍泽。如果没有外援，战斗下去徒丧一些人生命，也不会得到预期战果。我冥思苦想，定不下决心。后经第十六师师长曹振铎、副师长顾宏扬和第六十七师副师长戚永年、参谋长唐化南一起分析，认为王敬久能在万分艰难中派人通知向外突围，已属不易，必将另有部队在外围迎接我们，如不按指示办事，那将是抗命行为。大家坚持按指示办，利用大雨滂沱的深夜，丢掉重武器、骡马、车辆和不能行走的重伤员，准备突围。我只好同意他们的想法。

衢州是个两面环水的城市，西面紧靠信安江，北临乌溪河，这两条河流经连天大雨，河水猛涨，均宽在三四百米，深到3—5米，人员不能徒涉，只有东南两面狭小地带可走。再从当前敌人部署看，敌军第二十二师团主力已从上叶、石室街渡过乌溪河，除以一部监视东南两面第七十四军王耀武、第四十九军王铁汉外，大部使用在衢州东南两门和火车站附近，企图压缩包围圈，全歼我守城部队，尔后向浙赣线西进，期同与南昌东进的日军早日会师上饶。对此，当时突围的部署是：以原守城防的第十六师谢士炎团，指派一部兵力在东南两门与敌保持接触，其他部队一律到北门外飞机场集合，兵分两路，分别向溪口方向我第七十四军防地靠拢，即一路经茅坪、孔家，另一路沿乌溪河南岸，均向溪口方向前进。每路皆组织能通日语的数人走在部队先头，准备同日军进行答话。另外，每路又组织破坏通讯设施小组，负责剪断敌军有线电话线，混出敌人包围圈。

我当时是走乌溪河南岸这一路，一出飞机场就遇到敌哨盘问，我第十六师副师长顾宏扬用日语说明我们是皇协军某部（具体番号记不清），奉命由胡村调去上叶，另有任务。这时大雨如注，天黑得对面不见五指，我军官兵都身着雨衣雨帽，敌人分辨不清真伪，信以为真，居然一枪未放，就闯出敌军包围。自 6 月 5 日午夜 1 时许开始突围行动，至 4 时许已走了 30 多华里路程，到达我第七十四军第五十七师阵地前沿，眼看敌军在天将黎明时，到处施放信号弹，好像是已发现我们突围行动。但这时我们以各种联络信号同第五十七师取得联系，进入他们阵地内。我利用第五十七师前沿电话，同王耀武通了话，请他代向王敬久或顾祝同请示今后行动。不久，得到王敬久指示，要部队开去福建浦城整理。衢州保卫战到此就这样虎头蛇尾草草结束了。

大约是6月9日，我在部队开往浦城途中，路过风林街，同王敬久见面。王说：请姜老先生派人给你送信，是出于无奈中的办法，这是请青帮老头子想的法子，虽是花些钱，总算达到了目的。对此，我代表突围的官兵表示对他的谢意。他接着说：衢州会战计划的改变是 6 月 1 日才定下来的。老头子（指蒋介石）这项会战计划，事先未得到盟军驻华总司令魏德迈同意。魏说，衢州会战即使胜利结束，日本在华军事行动也不会因此告终，何况这一胜利尚要付出许多代价，而且你们国家内部还存在许多问题，有生力量消耗掉，那将是最大的危险。因此，触动了老头子改变在衢州决战的决心，放弃了会战计划。我听了王敬久有关会战计划改变的谈话后，不禁为战死在衢州的官兵落泪。

衢州飞机场的抢修与破坏

汪振国*

衢州飞机场是抗战期间扩建的巨大国防工程。机场修建后，不但一次未使用，而且给浙东人民带来巨大灾难。这个机场的抢修与破坏，曾吞噬埋葬了成千上万人的生命。1945 年，作者在开化县长任内，曾去衢县参加浙江省第五区行政会议，亲往机场凭吊，只见荒烟蔓草，满目凄凉，沙碛丛中，黄土垅畔，骷髅白骨，触目惊心。

衢州飞机场开始修建于 1933 年，当时并非考虑国防上的需要，规模不大，时作时辍，三年未成。抗战军兴，杭州笕桥机场随即不守，衢州机场又一度加工赶修。在赶修中，敌机第一次飞临轰炸时，即死伤民工 50 余人。1940 年 2 月，敌人乘漫天大雪，渡过钱塘江，占领萧山，迫近临浦义桥，有向浙赣线西上之势，当局又下令破坏机场，漏夜征集民工 7000 余人，在机场纵横掘沟数千公尺，附近建筑亦予摧毁。但这次敌锋止于临浦义桥之线，机场破坏工程亦随之停止。这是衢州机场第一次的赶修与破坏。

1941 年 12 月 7 日，日本偷袭珍珠港，英、美随即向日本宣战。不久，第三战区司令长官顾祝同、副司令长官兼浙江省主席黄绍竑来到衢县，召集

* 作者时任浙江省开化县县长。

了一次专员县长会议，会议中心问题，就是要扩建衢州飞机场，为大反攻作准备。扩建的标准要求能容纳 50 架美国重型轰炸机起飞降落之用，顾祝同还规定要在 6 个月以内完成，违限以贻误戎机论处。参加会议的专员、县长听了面面相觑，没有一个人敢说话。黄绍竑心里也清楚这是一项极其艰巨而又不能不拼力完成的国防工程，他含泪忍痛地说："我们负地方责任，固然有我们的困难，但军队方面的困难，比我们还要厉害。长官的命令要怎么办，就得绝对服从去做，流血牺牲，就是我们最后的责任。"专员、县长们听省主席这样一说，也就不能不立下军令状，表示拼死以赴。

扩建机场，要征集 20 公分直径大木 360 万株、毛竹 90 万根，这样大的木材都不是衢属各县所能完全办到的。除邻近几县外，北至遂安、淳安、建德、桐庐，东至武义、永康、缙云，南至遂昌、松阳，都属征集范围。分配的任务都是难以想象的，如开化县当年人口不过 10 万，分配的任务木料 10 万株，人均一株，而且还要负责运送。开化还可以通水运，有些远的县路程达 200 公里，也只得背负肩抬。时值春节，大雪封山，各县动员了全县丁壮，开山伐木，随伐随运，几十万人冒风顶雪，踏着坚冰形成人流，向衢县涌来。有的县长、县党部书记在大雪纷飞、泥泞载道的人流中与老百姓一起背木头，寿昌县长林希岳，背木头跌倒受伤，久治不愈。民工之冻伤、跌伤、淹死者，日有所闻。竹木运到机场，又受到验收人员的挑剔，不合尺度者，两根或三根算一根，因之实际运送的木头、毛竹，远远超过规定的数字。堆在衢县城外四周的竹木，像山一样。黄绍竑不时到衢县巡视工程进行情况，他在回忆中说："我到那里去巡视，只见竹木如山，少见人头，真不胜其沉痛与悲感哩！"

征料征工同时进行。工人的征集，按各县的人口丁壮数字分配，自带干粮，自备炊具，抬石头，平壕堑，扩场基，修跑道，日夜赶工。现场工人经常在两万以上，最紧张时达 4 万人。敌人侦知机场在扩建，不时前来轰炸。敌机临空时，无处趋避，民工时有死伤。有一次，50 余民工躲在一个壕沟里被炸中，死者 40 余人。加以敌人动态不定，敌人有向金、兰窜扰模样时，即下令破坏，敌人不来又下令复修，忽破忽修，疲于奔命。工地饮食住宿卫生不备，工人饥疲疾病以死者，日有所闻。白天警报，就彻夜赶工，在监工人员的手杖下，工人欲小休亦不可得。机场尚未全部修成，地方官民苦头已吃够，为了赶走日本侵略军，流血牺牲在所不顾。

1942年4月18日，盟国飞机从太平洋上的航空母舰起飞轰炸东京等地，事先通知我方，返航要在衢州机场降落。当美机飞临浙江沿海上空时，各县以为是敌机夜袭，都发出空袭警报。衢州机场虽然事先得到通知，因气候恶劣，狂风暴雨，盟军飞机迷失方向，盲目乱飞，未能与衢州机场取得联络，燃料耗尽，飞行员被迫在三门、临海、江山、临安等地跳伞降落，一共有50余人，包括领队杜立德上校，都经我省军民营救，送往后方。杜立德回国后晋升为美国第八航空队司令，成了第二次世界大战中出色的空军英雄。这次轰炸东京等地，对日本是一次严重的打击。日军大本营认为美机轰炸东京，是以浙江衢州机场为基地，所以立即采取军事行动，先出动飞机对浙赣路沿线狂轰滥炸，衢州机场就是其摧毁的主要目标。

敌人连续轰炸后，5月中旬，日军调集十余万兵力，开始大规模沿浙赣路进攻。第三战区司令长官部立即下令对衢州飞机场进行破坏。机场上两万余民工，上午还在抢修未完工程，填平敌机轰炸的弹坑，下午接到命令，即开始破坏，限令3天内完成彻破任务。在场民工不够，又临时征集700余人，丁壮不足，老弱妇女亦参加，还调集了一批工兵，参与爆破及埋设地雷。刚修好的跑道，要分段掘壕，附属建筑一律要摧毁。历时三日三夜，将已接近完成的机场作了一次彻底破坏。这是衢州飞机场第二次抢修与破坏。

机场破坏不到两天，敌人已迫近衢境，机场外围防御工事，数日间即被敌人突破，我守衢城的官兵伤亡甚多。6月7日晨，敌人分两路进入衢城，机场沦入敌手。敌即驱使我被俘的军民70余人，贯以长绳，赴机场搜掘地雷，填平壕堑，稍不如意，即鞭抽刀劈，弃尸沟中，平之以土，旬日之间，我同胞埋骨于机场者以千计。经过数日抢修，敌机即在机场降落，日停十架、数十架不等。时适遇阴雨连朝，山洪暴发，江水陡涨，一夕之间，机场上敌机四散漂流，敌人泅水打捞，无济于事。水退后，敌机多漂搁坟茔村墟间，又费数日之力，始移回机场，从此敌机再不敢在机场降落了。但机场抢修工作仍在继续。8 月下旬，敌人开始撤退，撤退前，兽骑四出，拉集丁壮近万人集中机场，又进行彻底破坏。在皮鞭刺刀之下，民工日夜挥锄，饥不得食，病不得休，稍一逡巡，即用刺刀刺死，或以锄头击其脑壳，视其死而后已。机场内外，血流遍地，泥浆为殷。破坏工程较我方彻破时尤为彻底，附近建筑一间不留。这是衢州机场第三次抢修与破坏。

敌人退后，当局又曾倡议修复机场，但衢州人民谈机场而色变，地方上虽不敢公开反对，也无当初之热忱。不久，敌人第二次向浙赣路流窜，1944 年 6 月 26 日，衢县再度沦陷，机场修复之议，无敢再提者矣。

临安军民护送美国飞行员

朱学三*

抗日战争时期，临安军民营救了以杜利特尔将军（又译作杜立德）为首的5名美国飞行人员。当时我是教师，充当翻译，参与此事。在抗日战争和世界反法西斯战争胜利40周年之际，抚今忆昔，撰写此文，以志纪念。

1942年4月18日，美国空军首次轰炸日本东京等城市。这次空袭是由杜利特尔中校率领的16架B–25轰炸机，从离东京800海里的美国“大黄蜂”号航空母舰起飞，空袭了东京、横滨、横须贺、大阪、神户、名古屋，炸毁了日本军事设施。美机完成任务后，按照预定计划，在浙江省衢州机场降落。不料衢州机场扩建甫成，缺乏导航设备，致使找不到安全着落的目标，终因燃料耗尽，弃机迫降。此举除杜利特尔的指挥机一行5人跳伞降落在我们天目山麓外，其余大多数被迫降落在浙江沿海附近一带，有两架飞机不幸落入日军占领区，有9名美国飞行员被敌俘虏，全部遭难于上海。杜利特尔驾驶的指挥机坠毁在安徽省宁国县与浙江省临安县毗邻的豪天关山岭上。

1942年4月19日清晨，我正在用早餐时，突然跑来几位乡亲告诉我：“碧淙村发现两个高鼻子、蓝眼睛的外国人，说话哩哩噜噜。昨晚听到飞机

* 作者时为当地教师。

坠毁巨声，会不会是德、意、日轴心国家的降落伞部队？”又说：“保长俞根生朝天开了枪：将其中一人绑了起来。”我听了意识到有误会的可能，便反问道：“能吃准他们是敌人的伞兵吗？你们有没有听说过同盟的美国与我们并肩作战，对付日本帝国主义侵略。”乡亲们说：“正因为这个缘故，我们跑来找你。你上过洋学堂，懂得外语，请你马上去看个究竟吧！”这个要求，我感到有些为难，因为自知所学的一点英语是无法充当现场翻译的。但又认为这个穷乡僻壤的山村，有谁能胜任呢？在责任感的驱使和众人的怂恿下，我放下饭碗，跟着几位乡亲向碧淙走去。

天下着漾漾细雨，约走了一里多路，望见了义家畈那边有众多群众迎面而来，几个肩挎步枪的人为先导，押着一高一矮的两个外国人，其中一人还用绳索反剪着双手，另一人步履维艰，大约受了伤。我们加快步伐，逐渐看清了他们一身飞行员装束，却无可供识别国籍的标志，看其脸相肤色属欧美白种人。究竟是哪个国家的人呢？我踌躇不前。我壮着胆子怀着试探的心情，首先向他们打招呼：“How do you do！（你好！）”没想到话音刚落，他们立即露出希望的眼神，回答了我同样的问候，给我增强了信心。当我初步弄清楚他们是失事的美国飞行员时，我随即叫押送人员松绑，同时向这两位飞行员解释误会，表示歉意。

事后我才知道，18 日傍晚，这两位飞行员弃机跳伞后，随风飘落在碧淙溪畔，一个降落在碧淙村前山坡上，腿部受了伤，另一个降落在溪后畈。他俩在野外露宿了一夜，第二天清早摸进村里被群众发觉，告知保长俞根生。保长用步枪朝天开枪威吓，缴下一名飞行人员的左轮手枪，又用左轮手枪对空连发几枪，把一名飞行员捆绑起来，连同另一名飞行员准备解送去西天目山。

误会初释，我热情地请他们到我家去洗尘，又让俞保长到区里去报告。这两位飞行员在我家厅堂里饮着清沏的天目新茶，乡亲们抱着新奇的心情前来看热闹，挤满了厅堂。大家满面笑容以表友好，两位飞行员惶惑与惊恐的情绪也逐渐消失了。这时经人提醒，我立即端出现成的中国式肴馔来待客。可是，他们不会使用筷子用膳，菜饭挟不到嘴边，惹得大家哄堂大笑。我请家母烧煮了一小锅鸡蛋，请他们剥而食之，他们这才津津有味地饱餐了一顿。

由于我英语会话水平有限，只得辅以笔谈或借助手势进行交谈，始搞清了以下几点：一、知道他们是轰炸日本东京后飞抵我省上空，因联络不上衢州机场的讯号，在燃料耗尽的情况下弃机跳伞的；二、他们驾驶的是指挥机，全机5人，领队是杜利特尔中校，跳伞是循着天目山这个目标进行的，估计都落在这一带附近地区；三、身体较矮的叫劳昂埃特，是驾驶员，高个者叫帕脱尔·亨利，是射击手。前者跳伞时被毛竹和树枝扯住了，忙乱中卸脱伞钩时受了伤；四、他们疑惑和惶恐的情绪表露，不知降落在什么地方，是敌占区还是国统区？经查阅航空地图，看到地图上临安与余杭毗连之间标有一条明显的红色警戒线。

我们临安县此时已遭受了日军二次铁蹄蹂躏之苦。群众听了我的翻译，告诉他们已将日本东京炸得一片火海时，大家激于义愤，同仇敌忾，爆发了热烈的掌声，气氛活跃起来了。这时，有的敬烟，有的敬茶，两位飞行员也捺不住激动的心情，他俩满面笑容地站起合掌表示致意。正当大家沉浸在欢乐之中，突然又有人来报告：在射干发现一个外国人，要不要送来？我一时拿不定主意，幸好俞根生陪着苕云区区长李关安来了，我随即向两位飞行员作了介绍，并把在射干发现一个外国人向区长作了汇报。因为区长不懂英语，对我的汇报持怀疑态度，经略事考虑后，他还是相信了。他随即宣布：马上护送去浙西行署，由他亲自带队，并要我同往，至于在射干的一位飞行员叫他在路上等候。

时近中午，我们只带了煮熟的鸡蛋，就踏上去天目山的路程。从由口到东社，不过三华里，过了乌石桥，听到锣声和断续的土铳声。走到村口，看到山脚下围着几十人，正在起劲地鸣锣，放铜铳，打土抢，还伴着阵阵地呐喊声，气氛显得十分紧张。我们问道：“既然搜山，为什么不上山去？”有人回答说：“那个外国人可能有枪，弄得不好，我们要倒楣的。”我向区长建议：必须立即停止敲锣、放铳，不妨让这两个飞行员喊话，叫他出来。大家认为这个主意不错，这两位飞行员也表示乐意这样做。于是，他们二人不断地喊话，果然在山脚下的摒沟草丛里钻出一个人来。这个人高兴极了，踩上田埂，张开双臂，连跑带叫地向我们方向奔来。这时在场的群众爆发出欢呼声，经历了惊险厄运的战友，平安相逢，分外高兴。这个被喊话叫出来的是报务员，名字记不起来了。我们稍待逗留后，继续上路，后面跟随着一长列的欢送群众，直至我们折向去尚志岭的崎岖山径时，群众才渐渐离去。

越过尚志岭，来到白滩溪，我们在凉亭里歇脚。村民闻讯奔来告诉一个好消息：杜利特尔和另一个飞行员降落在白滩溪，已被当地的浙西行署青年营营救送到天目山去了。我把这个喜讯转告给三位飞行员，他们高兴得互相拥抱。从这里到天目山麓尚有 10 华里行程，路呈现上坡之势，可是大家的步伐反而变得轻快起来。劳昂埃特虽腿受伤，也走得一样的轻快。

下午 5 时许，我们护送至目的地。其时，行署已派专人在鲍庄村前迎候。区长吩咐俞根生及 3 名乡丁返回。我们径达浙西行署“天然居”，行署主任贺扬灵和杜利特尔等已在官邸平台上迎接，见面握手、拥抱，喜悦和兴奋之情自不待言，我们也为他们的平安相聚而感到无比欣慰。杜利特尔中校双目炯炯，谈笑自如，身材不算高，却是相当壮实。他听到劳昂埃特等人的介绍后，就主动过来与我紧紧握手道谢，一时我竟激动得无言以对。

当晚，贺扬灵在“天然居”设宴，为 5 名美国飞行员压惊洗尘。李区长和我也被邀请入席。宾主频频举杯，为中美并肩战斗的诚挚友谊而互致祝贺。席间，他们各自介绍了跳伞后的遭遇及营救经过，我再一次受到大家的赞誉。宴会后，我和行署的翻译陪美国飞行员一起宿在天目旅馆。就寝前，行署派了医护人员前来询问他们的身体情况，并对劳昂埃特的腿伤作了护理。

20 日晨，李区长有事要回去，我认为这里已有比我水平高的翻译，故表示也要一同回家，唯因飞行员热情挽留，坚持不让。区长见此即对我说：“你在天目山读过书，这里的情况很熟，你就留下再陪他们玩吧。”于是，我以导游身份陪他们愉快地度过两天。我是个在职教员，不得不告辞了。临别时，杜利特尔中校及 4 名飞行员都在我的笔记本上签了各自的姓名和通讯地址。劳昂埃特和帕脱尔・亨利向我赠送了纪念品，前者送的是玻璃太阳镜，后者送的是铸有飞行员姓名和机队编号的铂合金腕章，据说这是一种十分隆重的纪念品。

以后获悉，罗斯福总统给杜利特尔亲授勋章，加以褒奖晋升。自这次事件以后，美国为了吸取教训，避免再发生类似的误会，曾一度在出勤者飞行装上印有英、中、缅、越等多国文字，以供识别。还有值得一提的是，抗日战争胜利后的 1947 年 9 月，我在临安突然接到一封寄自美国的来信，原来是劳昂埃特夫妇共同具名的感谢信。信的内容除热情洋溢地感谢临安人民对他的营救之情外，还把我喻为“救命恩人”，这是过誉之词。遗憾的是，我虽请人写了回信，但始终未见再复，从此音讯杳然。

近从美联杜的电讯报导中获悉：曾经率机队首次轰炸日本的杜利特尔将军，已得美国参议院批准，荣晋为“四星上将”。回忆往事，不胜感慨，特撰写此文，藉以表达抗战时中美人民的良好合作和诚挚的友谊。

八路军总部突破日军“围剿”

十字岭头见将军

王亚朴*

1942 年 5 月 25 日，是个永远值得纪念的日子。这一天，八路军总部胜利突破了日军的“铁壁合围”，副参谋长左权将军却在指挥部队突围时壮烈牺牲了。

太平洋战争爆发以后，日军对华侵略战争重点转向敌后，1942 年驻山西日军就进行了两次“总进攻”。5 月，第二次对太行北部的“扫荡”，以三十六师团为主力，动用了约 2.5 万人的兵力。这次“扫荡”，以消灭我高级领导机关为目标，以“铁壁合围”“抉剔扫荡”“分路合击”等战术，显得异常猖狂。

那时，我正在 129 师 385 旅 769 团 1 营和李德生同志共事，他任营长，我为教导员。5 月 22 日，旅部为了避敌锋芒，保存有生力量，寻找杀机，决定部队分散行动。我营和团部一起转移。25 日天还不亮，我营和团部从山庄转移到南艾铺。这里和辽县（今左权县）交界，是个山区。我们部队还没有住下，总部和北方局各机关也经偏城等地转移到这里。团长郑国仲和李德生一起向总部首长请示任务，得到回答是待把冀西游击队杨秀峰等处敌情

---

* 作者时任八路军 129 师 769 团 1 营教导员。

弄清后再做决定，要我部即刻布置警戒，侦察敌情。

山西、河南这个交界地区，多次在敌人“扫荡”中作为后方机关的转移、掩护地点。但是这次改“扫荡”却和过去有所不同。自21日我团从武乡向黎城北部转移，敌人就一直缠住我们不放。到了南艾铺是否就能完全甩开敌人，这是个未卜的难题。总部和北方局各机关都临时住在这里，假如被敌人发现，怎样安全转移，是个很棘手的问题。因此，团首长决定根据总部要我部加强警戒的命令，除派出侦察部队外出侦察以外，在南艾铺西北高山十字岭，加放连哨。以便发生紧急敌情，控制高山，后方机关有个转移余地。当时，3连连长李忠太调动工作，到后方学习，我和李德生商议，由我带领3连上山。

这十字岭居于南艾铺（涉县属）和北艾铺（辽县属）之间，海拔1300多米，一条羊肠小道自南艾铺曲曲折折地斜斜通向山上，到山顶就有五里之遥。山顶上，有路北通北艾铺。控制了这个山，南、北艾铺一带就成了活棋。3连干部无不为这个山岭叫好。我和3连干部共同决定，部队分散布置，一个排放在正山顶，向西警戒，一个排放在靠南的山包，向南警戒，一个排放在山路东侧偏北的山包，向北警戒。部队除警戒外，抓紧时间就地休息。一切布置就绪后，环视四周，历历在目，南艾铺到窑门口几里范围，到处炊烟缭绕，若是和平年月，是一幅多么美好的山区自然风光。可是，那时我脑子中一直泛出“该怎么办”的念头。我坐坐走走，心神不宁，等待着山下有什么消息到来。

上午10时左右，去李德生那里的通讯员回来了，他说总部首长正通过电台和冀西联系。首长说：情况不明，白天后方机关转移有危险。要我们在山上坚持，待黄昏后分路转移。可是，不到中午，除了西北方向，几处响起了枪炮声，西南方向枪声更近、更密。待到中午，李德生派通讯员来传达团部的命令。敌情是：泽城、尖庙敌人，已进到山庄；羊角敌人已经达红土垴；偏城敌人，也顺总部转移路线，向这里行进。我军正在阻击。三连的任务是：（一）不论任何情况，必须坚守阵地，没有命令，绝不允许自行撤退。（二）再派人向北艾铺以北、以西侦察，随时报告。

“发现敌机！”哨兵高声报告，打断了我对团部命令的思考。同时山下也响起了紧急的防空号声。一架敌机盘旋低飞，但没有投弹，飞走了。我和 3 连干部研究团部命令，分析敌情。我要求 3 连坚守阵地，派人侦察并防备即将到来的飞机轰炸。

飞机又出现了，1 架，2 架，3 架，以至 6 架。轮回盘旋，接着便是低飞，扫射和投弹。东北红土垴方向飞来了“嗖嗖”直叫的炮弹，从山庄来的路上响起了更加激烈的机枪声，战场形势急转直下，黄昏转移的可能已经不存在了。正在这时，郑国仲团长上山来了。他问明了部队情况，特别询问是否派人到北艾铺以北、以西去侦察了。他对我说：团直属部队随后就要到来，向北艾铺方向转移，并说总部也从这里转移突围，要 3 连好好控制这个高地。我听后心中一块石头落下来。

团直通过十字岭，已是午后了。总部机关，也陆续通过这里北去。情况更加紧急，飞机轮番飞来，十字岭南山下打得火热，机枪、步枪声交织在一起，手榴弹不断爆炸。一股敌人妄图抢夺十字岭，3 连奋起反击，把敌打退。敌人又妄图从对面西山向北运动迂回，也为我 3 连火力截击。十字岭山顶之上，开始几个山包背面还有隐蔽，后来红土垴方向的炮弹，时有袭来，加上飞机轰炸、扫射，结果一个山包几面受击。幸好 3 连的指战员既理解敌情的严重，更理解掩护总部任务的重要，各排坚持在自己的阵地上，任你炮火连天，我自岿然不动。战士们上好刺刀，准备好手榴弹，准备随时白刃肉搏，牢牢地把十字岭控制在自己手里。战士说，日本鬼子听见我们步枪声，知道是“三八式”；听听机关枪叫声，是歪把子；都是来自日本的战利品，就知道这山上是主力老八路。敌人妄图夺取十字岭，我们一个反击，就连滚带爬逃跑了。3 连是 769 团的模范连队，老红军的基础，英勇善战，能攻能守，带他们打仗，一百个放心。我离开部队，站在路口，催促一切上山的人员快走。急急上山的人们，到了山顶，见了部队，以为到了安全之地，有的坐下来休息。迅速转移突围，才是胜利，这里哪能休息！

“快，快走！朝那个小山垭口走，翻过去就是通北艾铺的山沟。”我用手指着，嘴里说着，把他们催走。

太阳偏西了，又有一队人马走上山来。他们排着一路纵队，像是平时行军的样子，这哪里能行！待他们上山，我跑了过去喊道：“怎么能这样慢腾腾！快，快向那里走！”

奇怪，这个部队和别的部队不同，没有一个人听从我的“命令”而快步走去。为首的一个人反而朝我走来，对我笑笑，开口道：“你看见13号过去了吗？“13号！ 13号不是彭总战时的代号吗？”我回答没有看见。他又问罗瑞卿、杨立三等首长的情况。他听我说都没看见和不晓得，显得那样不安。我一面回答一面想，这是谁？仔细一看，不由怔住了，这不是我们左副参谋长嘛！

左权环顾十字岭的前前后后，寻问部队番号和我的职务，了解3连部署和对北艾铺方向侦察的情况，我一一做了回答。这时，他脸上露出了满意的笑容，说：“你们的部署和决心很好。告诉全体指战员，坚持这个山岭很重要。现在，还有很多人在山下，丢了这个山岭不堪设想。你们一定要坚持到底，只要还有一个人没有出来，你们就不能撤退；只有所有人员全部转移出去，才是完全的胜利。”

“是！请首长放心，我们一定坚持到底。请首长尽快离开这里。”

左副参谋长微微一笑，又点点头，然后，向通北艾铺的山垭口走去。

战争真是个怪物，有时炮火连天，地动山摇；有时悄然无声，静得怕人。左副参谋长在十字岭那个时候，既无炮声，也无飞机骚扰。左副参谋长一走，飞机就“光临”了，它竟然平着山头飞行，对着山沟扫射，那么猖狂。我命令在正山顶的部队，做好一切准备，如果敌机再飞得这么低，就用机枪、步枪一齐射击，狠揍这个鬼东西。

总部又有辎重上山，敌机紧跟不放，轮番扫射，大炮也跟着转移轰击，一炮又一炮。一颗飞机弹在人群中开了花。有人负伤，有人牺牲。我的右脚踵也被什么东西狠狠打击了一下，几乎把我摔倒。看看渗出了血，但还能走动。我跑向伤员，组织人把他们抬走。

我看看转移出去的方向，突围的人消失在山沟；望望去南艾铺的小道，一时空无一人，远处炮声隆隆，敌机也消失了。我用望远镜向山下搜索，看还有没有人留下。一阵机枪声响过，有部队自南艾铺村走出来，上了山。为防意外，我要 3 连部队做好战斗准备，并派人下山。原来，是总部警卫连。他们说，战斗部队都已经转移，敌人已进入南艾铺。

总部胜利突围而去，我营其他连队已随李德生营长转移，十字岭失去了控制的意义，我命令 3 连部队撤退："各排互相掩护，向北艾铺方向撤退。靠南的一个排先撤。"部队翻过垭口全都下了山，太阳就只剩下余晖了。总部在险恶的敌情下突围后，3 连顺利脱离战场，我感到一身轻松，不像别日的战斗，战斗一结束疲劳就充满了全身。我要部队略事集合休息，我讲几句话，我说："仗有各种各样，今天的仗：第一，我们控制了十字岭，总部安全转移；第二，敌人表面凶恶，色厉而内荏，打枪打炮，就是不敢冲锋肉搏，是3连手下败兵；第三，我们伤亡少，一伤两亡，轻伤无人报告，代价不大。因此，对 3 连来说，是一次被动中的胜仗。"

第二天，部队到了东、西黄漳以东山区。忽然，一个消息，像晴天霹雳在部队传开："左副参谋长昨天突围转移时牺牲了！"这怎么可能？一定是误传！昨天，在十字岭，他不是明明走向垭口了吗？战争中的情况千变万化，以为死了的人会忽然出现；认为一定活着的人，却被证实已经死亡。昨天，左副参谋长正要翻山下沟，恰巧一颗敌人的炮弹打来，夺去了他的生命，实在令人无限悲痛！

"我们要为左副参谋长报仇，血债要拿血来还！"3 连全体指战员发出钢铁般的誓言，要用实际战斗行动，纪念左副参谋长。5 月 30 日，即总部突围第 5 天，我和 3 连一起，在敌辽县至东、西黄漳补给线上，靠辽县附近的苏亭村北面设下了埋伏，痛击了"扫荡"归巢之敌 300 余人，痛快淋漓地打了一仗！全体指战员和当地民兵、群众总算出了口气！毙敌 60 余人，伤敌 80 多人，毙伤敌战马 80 多匹，解救群众数十人。我伤班长 1 人，牺牲战士 1 人。这一行动也告诉敌人：八路军主力依然健在，疯狂屠杀中国人民的刽子手，是决没有好下场的。

辽县人民为纪念左权将军，万人签名，要求辽县改名左权县。晋冀鲁豫边区人民政府决定，从 1942 年 9 月 18 日起，辽县易名左权县。1965 年

5 月 24 日，山西省人民委员会决定：十字岭易名为左权岭，并在左权将军殉国地点，用汉白玉建造一座“左权将军殉难处”纪念碑，以资永久纪念。1981 年 6 月 29 日，广州军区前副司令员、当年总部警卫团团长欧致富，警卫连指导员辛嘉功，文化部机关党委前副书记刘备耕和我，以及左权史志办公室的同志一起专程到了十字岭，凭吊左权将军。现在，左权将军殉难处，纪念碑岿然屹立，汉白玉灼灼闪光。松柏滴翠，枝干挺拔，象征着左权将军和突围转移中牺牲的革命烈士精神永垂不朽！

记罗瑞卿主任指挥五月反“扫荡”

陈斐琴*

1942年5月，日本侵华军对华北敌后抗日根据地进行空前的大“扫荡”，仅对太行山根据地北部，就出动了2.5万人马，实施所谓“铁壁合围”，企图一举消灭我八路军前方总部和129师部。我全体军民紧急进入反“扫荡”战斗。驻在清漳河畔麻田镇一带的八路军前方司令部、野战政治部和后勤部，一面帮助驻地群众坚壁清野、转入山里，一面准备机关转移。那天黄昏时分，左权副参谋长、罗瑞卿主任、杨立三后勤部长，率领机关和警卫部队，经过熟峪沟、南北艾铺向东转移。第二天上午，即遭到敌机袭击，进到姚门口一带时，受到敌人包围，左权副参谋长在指挥战斗中壮烈牺牲。司令部机关的一部，随即向西突围。在这危急的时刻，野战政治部罗瑞卿主任，就自动接替了当场的指挥，指挥机关队伍向南突围。在姚门口的口子上，罗主任命令当时受前方总部指挥的朝鲜义勇队阻击敌人，掩护转移。英勇的朝鲜战友，立即登上西侧的一个山头，向北封锁敌人。这时各部人员错杂在一起蜂拥向南，大家看到罗主任出来指挥，朝鲜战友的英勇阻击，便沉着地按指挥的方向转移。走了一程，我们又看见杨立三部长指挥后勤机关，沿着东

* 作者时任八路军总部野战政治部科长。

山上的一条小路上山，以分散目标。

我们走到黑龙洞的时候，发现敌人已经占领了正前方东山麓的青塔村，把沟口堵死了。这时，前来掩护总部转移的129师13团，正好到达黑龙洞。罗主任便立即命令13团抢占青塔后山，掩护机关从青塔后沟的北坡登上东山去。两架敌机来了，向我们轰炸扫射。正在上山的队伍不得不卧倒在路边的小沟中，隐蔽在山坡上的草丛和灌木丛中。草坡被打得着火了，同志们又匍匐向外移动。因为左副参谋长的牺牲，同志们的心里都压上了一块大石头；看到罗主任指挥若定，129师部队在对面的南坡上英勇压制敌人并对空射击，大家又宽慰起来，沉着地应付这险恶的局面。

天黑以后，我们进入山上的一个小村庄休息做饭。其实这里不过是太行山麓的一个台阶。已经是一天一夜没有休息了，大家十分疲劳和饥饿，但必须继续转移。吃饭前，罗主任就传下命令：“马上轻装，吃饭后继续向东转移。”这次要在一夜之间越过太行山脊，摆脱敌人，转移到黄泽关通昭邑的南沼河河谷一带。那里是武安北部，是敌人“铁壁合围”的一个空隙。

从这里登上太行山巅，是一个陡坡，只有羊肠小道。因为太陡，一连几个军马掉进沟里，没有再出来。罗主任坚定地率领队伍往上攀登。好容易登上山巅，有了较宽较平的道路，但人们渴极了，一点水也没有，越走越渴，这时才理解到“渴望”这个词的真正含义。

黎明终于来临。雄伟高大的太行山，山影轮廓分明的晨光中，南沼河两岸的村落、道路，隐约可见。罗主任又出现在大家面前。他站在路边，以关怀的目光，视察着前进的队伍，有时同一些同志打个招呼，谈些什么。有一个干部走过他身边时，罗主任看他的脚还有点拐，便关切地问：“脚好些了吗？”

“越走越好了。”那个干部泰然地回答。

队伍进到东麓的小店村、馆陶村一带休息做饭，同后勤队伍汇合了，同武北地方工作队也取得了联系。大家喝了满肚子水，但早饭还没有吃完，又传来东山后活水、册井的敌人向这边出动。罗主任立即命令在东南山上布阵的13团准备迎击敌人。当我们沿着东山麓向北转移时，从活水出动的敌一个大队，已经占领了东山上的一个山头，准备向我们压下来。战斗部队立即向敌人进行牵制射击。这时在我们中间的杨立三部长，也命令野政警卫班阻击敌人，同时命令大家跳下一个不太高的崖。因为这里是一段断绝地。听到命令，只有十几个战士的警卫班，沉着占领有利地势布阵，大家也立即向下跳去，连滑带滚冲下崖底。郝治平同志这时也同大家一道跳了下去，还有鲁艺的木刻家、剧团的演员……有的同志碰伤了头部，有的同志摔坏了腿。

突然，南沼河边的大道上，罗主任骑在一匹枣红马上由南向北疾驰。他向这边呼喊："同志们，跟我来！"

于是，队伍重新集合，几十队人马涌上去，汇成一道人流，随着罗主任前进，直奔黄泽关下南沼河的源头白草坪。这里有武北地方工作队的一个工作组，带领群众配合军队展开反"扫荡"斗争。在这里，我们又分开行动了，129 师那个团也执行战斗任务去了。

野战政治部在罗主任的率领下，又沿着曲折的道路向西攀登太行山主脉。

走了一夜。凌晨，我们又登上了太行山顶。这里叫功德崖，从这里极目四望，千山万壑，犹如碧波万顷的海洋，红日浴海而出。西望是一个巨大的山谷，那远方的一个谷口，正是前天突围的姚门口，附近的一个山岭，就是左副参谋长壮烈牺牲的十字岭。大家站着默哀了一会儿，便分散到几个小山庄和独立窑洞休息做饭。在这太行山之巅没有水源，没有溪流，山庄居民依着山势打水窖，让雨水顺着山沟流进去贮存起来。在群众引导下，挑来了窖水做饭。3 天 3 夜没有休息了，又饿又累，但既吃不下又睡不着，只好喝足了地窖中汲出来的水，随便吃上几口饭，把剩下的饭装在茶缸里，带在身边。

这时分散休息的队伍，传来了罗主任的命令：我们仍处在敌人的包围圈中。129 师各团、队在外线打击敌人。敌人要用"梳篦战术"在包围圈内反复实施"抉别清剿"，主要目标是我指挥机关。我们必须化整为零，组成游击小组，分散活动，以分散目标，在内线牵制敌人，配合外线打破敌人的"铁壁合围"。

于是，野战政治部各部门立即组成游击小组，各组分了粮食和现款，自己放哨，自己侦察敌情，决定行动方向。本来准备当天晚上行动。但到了下午，又传来了敌情：一个轻装的敌突击队，带着轻机枪、小炮来袭。罗主任命令各游击小组马上分散行动。但当看到罗主任率领一个小小的队伍出发时，各小组又不约而同地跟了上去，就像孩子离不开娘似的。敌人的枪声响了。此时此刻，罗主任完全理解大家的心情。他爱护所有的干部、战士，在危急时刻，他也舍不得离开大家。他没有做声，领着队伍转移。敌人的枪声更密了，并发射小炮，向我们进行火力追击。我们由快步走变为跑步。在敌人追击下，我们在起伏的太行山上，走过了几个山梁，便往下进入一片树林，沿着林中小道下到一条沟里，摆脱了敌人。敌人的袭击失败了。

时近黄昏，密密的树林撑起大伞，遮盖着山沟，更显得昏暗。这里有涓涓的清泉，大家痛饮了一番，坐在涧边休息，汗水尽落。

片刻之后，罗主任站在我们面前。他消瘦了，有一分钟之久没有吱声，用爱抚的目光看着大家。然后，用果断的、充满战友感情的声调说：“同志们，我们同生死共患难，但不能同归于尽！”

大家听了以后，没有再说什么。各游击小组组长，把自己一组人带走了。

化整为零的决策，很快就把被动局面扭转过来了。在内线，几十个游击小组，留下的独立班、排，朝鲜义勇队，结合当地群众和地方工作队，到处骚扰敌人，牵制敌人，干扰敌人的交通运输线，分散了敌人的目标，使敌人疲于奔命，到处扑空。到处碰到的是坚壁清野，拆去井架的辘轳，封死井口的无人村庄。129 师部队和军分区游击队，则出击外线到处打击敌人。经过一个月的苦战，敌人支持不住了，“铁壁合围”终于被打破了。

我们又陆续回到麻田一带驻地。

罗主任首先安排大家理发、洗澡、洗衣服，吩咐把仅存的一头肥猪宰了，大家又采集了许多茴茴菜，来一个猪肉炖茴茴菜会餐，庆祝胜利。直属队政治指导员李田，照例讲一篇会餐的三点意义（因为平时大都要有三点意义才能会餐）引得大家欢乐大笑。一个月战斗的疲劳去掉了大半。

罗主任又吩咐做好群众工作。他说，这次反“扫荡”的胜利，主要依靠群众；武北地方工作的开辟有很大意义，扩大了我军在反“扫荡”斗争中的回旋余地。武北的群众和老区的群众一样，给了军队很大的帮助。

回到麻田才知道，罗主任这一队人马到了老爷山受到敌人的袭击，损失了组织科长李文檑、干部科长龚竹村。保卫部科长李月波同志，是武北工作队的领导人之一，也在掩护总部转移的战斗中英勇牺牲了。党校、新华日报社、银行、文工团、鲁艺、朝鲜义勇队、警卫团等单位，也牺牲了一些同志，还有民兵、群众也受到了损失。大家的心里十分沉痛。

在清漳河畔举行的追悼大会上，罗主任沉痛地说：“左副参谋长和好些干部、战士、民兵、人民群众牺牲了。同志们，我们要做三件事：第一件是报仇！第二件是报仇！第三件还是报仇！”

追悼大会开完的时候，近黄昏了。落日的余晖，照在清漳河水里，像开放出无数的血花。

1942 年 5 月日军对太行山的“扫荡”，是它进攻敌后抗日根据地最疯狂的一次，也是它走下坡路、走向最后失败的开端。

敌后武工队

敌后武工队在清苑

杨寿增*

1942年10月，我奉命由冀中军区18团调到9分区司令部，接受了一项特殊任务——组建冀中第9军分区敌后武装工作队，简称敌后武工队。

当时，日军对我冀中地区刚刚进行了“五一”大“扫荡”，对我边区实行封锁和“蚕食”政策，妄图将我华北变成他们的“大东亚战争的兵站基地”。我军为了更有力地打击敌人，主力跳到外线去作战。冀中地区一时间碉堡林立，沟壕成网。日军在每个乡和村都建立了伪政权，推行所谓“第五次治安强化运动”，“剿灭共党，肃正思想”，一片白色恐怖。为了粉碎日军的阴谋，根据中央指示，聂荣臻司令员提出“到敌后之敌后去”的口号，制订了在敌人后方开展游击战争的方略。9分区敌后武工队就是在这种情况下组建的。

敌后武工队由我任队长兼政委，周继发任指导员，张朝仁任支部书记，小队长是蒋保庆、冯志（长篇小说《敌后武工队》作者）、魏树槐等人。分别在18团、24团、军分区机关精心挑选出年轻壮健、机智勇敢、有单独活动能力的连、排、班级干部50多人组成，编为3个小队，每个小队十二三

* 作者时任八路军冀中军区第9军分区敌后武工队队长兼政委。

人。装备上，每个小队配备冲锋枪 1 挺、马步枪 9 支、手枪 6 支。除正副小队长配手枪外，有的队员配长短枪各一支，以便作战和单独执行任务。另外队部还设政工干事（王震宇），除奸干事（胡同欣），敌军工作组长臧永安，成员有刘增旺、王振宇、张志强、孟庆同等，司务长张怀忠，卫生员魏玉民、慈保太，通信员杨小铁、赵福生，炊事员李嘉洪（红军战士）、贾玉涛。还有高保中队（高、博、蠡地区起义人员组成）附属武工队指挥。

敌后武工队组建后，为了适应新环境，完成新任务，全队拉到贾各庄南边二三里地的南峪村，进行“实地练兵”。夜间行军，翻墙登房，爬树越沟，射击骑车，空手格斗。对完县（今顺平县——编者注）周围的敌人碉堡岗楼，进行围楼喊话等活动。同时进行政治形势教育，逐渐掌握了对敌人斗争的政策、策略，熟悉了各种形式的对敌斗争本领，取得了小部队隐蔽活动的经验。

1943 年初的一天，在夜幕的掩护下，整个武工队迅速越过平汉铁路封锁线，秘密地潜入冀中平原，来到了保定郊区清苑、之光地区，像一把锋利的尖刀插入敌人心脏。

改造伪政权扎根建基地

我们最初的任务是首先恢复保定城南清苑县地区，然后逐步向之（光）博（野）蠡（县）发展。所以，我们从路西过到路东，首先在清苑县落脚。第一夜住在小白团村（这个村有我方秘密联络点）一个高墙大院的富户家里。住下后，说服房东家的所有人当天不要出门，白天凡到房东家串门办事的，只准进不准出，等到晚上我们转移后再回自己家。并教育他们回家后不能乱说，要保密，不要给房东家带来麻烦。在敌占区活动，要昼伏夜出，封锁消息。个别人需要白天活动时，必须化装成农民或小商贩。

到了晚上，我们才和秘密联络点取得联系，打听县、区干部在哪里，并把保长找来，对他进行教育。告诉他，我们是从山里过来的老八路，不光你们村住了，别的村也住了很多（这是虚张声势，扩大宣传）。还对他讲了抗战形势，警告他，谁要是看错了形势，认为天下永远是日本人的，死心塌地地给日本人办事，帮日本人欺压中国人，是决不会有好下场的。我们相信你不是那样的人，你会欢迎我们并为我们办事的。我们不但今天住在你们村庄，以后还要经常来住。保长听了我们的教育，连忙表示：不知你们来，没照顾你们吃好，很抱歉。还说：当保长是村里乡亲推举的，只不过为村里应酬一下官面上的事（即敌人），说心里话我也不愿干这个差事，所以还请同志们谅解，你们回来就好了，今后你们叫我干什么就干什么，忠心为咱们中国人办事……我们看他态度较好，就和他商议召集村里伪办公人员开个会。他满口答应，我们体谅他的困难，便派了两个队员跟他去叫人。人到齐后，我们亮了牌子，进行宣传教育。并了解了据点里和村里的各方面情况。

会开完后，半夜里我们就转移了。在未和 2 区区委取得联系以前，我们都是这样活动的。所有住过的村庄里的伪保甲长都受到了我们的教育，效果较好。

这样活动了几天后，我们找到了清苑县 2 区区委书记董忠。有了区委的配合，我们活动更便利了。区委积极协助我们在大、小白团，大、小白城，南、北蛮营等村庄和党员、贫苦农民中的抗日积极分子以及伪保长、伪联络员建立了联系，并建立了可靠的“堡垒户”。我们在 2 区这些村很快站住了脚。在 2 区区委的帮助下，我们还和清苑县委及其他区取得联系，在郝庄、张庄、田庄、几个罗侯村、曹庄等地也站住了脚，特别是几个罗侯村还成了我们在清苑的隐蔽根据地。

我们的活动范围越来越大。后又与之光县委取得了联系。这时，分区敌工科又派干部臧永安和保定敌工站的孟庆同、刘大田、刘全章到武工队帮助工作，使我们在之光县内高（阳）保（定）公路两侧的小张庄、朱庄、连庄、阮庄、李八庄、何桥、史桥、苑桥等村扎下了根。臧庄村北有片直径十多里地的大苇地，也成了我们理想的隐蔽根据地。清苑、之光县凡是我们到过的村庄，我们都对伪村、乡政权进行了改造工作，县区的工作在我们的配合下也越来越活跃。基层党组织迅速恢复活动，村、乡两级伪政权倾向我们的成分越来越增长、越巩固，基本上控制在区委、村党支部手中。伪保公所逐渐变成了抗日村公所，伪保长和伪乡长不少转变为抗日村长和乡长了。他们对待敌人是支应，对我方则是真心实意工作。

1943 年 4 月初的一天上午，武工队住在清苑南蛮营村东南角一家，日伪军 1000 多人突然来“扫荡”。敌人在村里乱窜，日本兵几次窜到我们住的胡同里，伪办公人员都机智巧妙地把敌人应付走了。我在房上隐蔽处看得清清楚楚，就这样一队一队的日军没有一个人进到胡同内。敌人走后，保长马上向我们报告情况。我表扬他为保护抗日队伍立了功。保长说：“敌人没走以前我的心总是吊在嗓子眼上，现在才放下来……”一场突如其来的险情，在保长的巧妙应付下化险为夷。

开展宣传战教育敌伪军

武工队的一项经常性的任务就是开展政治攻势，包围据点、岗楼，向敌军喊话。召开伪公职人员和伪家属训话会，在据点附近或有据点的村里贴写标语、撒传单，在敌占区的村庄进行高房喊话，宣讲抗日形势和八路军、抗日政府对伪军警、伪公职人员及其家属进行爱国主义教育，从政治上和思想上动摇他们，使他们不死心塌地侍敌，不坚决和抗日政府、八路军为敌，“身在曹营心在汉”，一有机会即投向人民怀抱。

当我们站稳了脚，扎下了根，有了隐蔽根据地以后，便向敌伪开展政治攻势。这一活动的开展，对恢复和开辟地区工作起到了很大促进作用。它既能震慑敌伪军警和伪职人员，又能鼓舞分散隐蔽活动的党政干部、党员和人民群众的抗日情绪，坚定必胜的信念。

1943 年 4 月的一天夜晚，我们和之光县委、当地区委密切配合，对东闾镇的伪军据点、伪大乡、伪属开展了一次大规模的政治攻势。武工队的全体人员和县、区部分干部参加。这是武工队过路东后的第一次政治攻势。县、区干部分到武工队的各个组共同行动。有的包围据点，向伪军喊话；有的给伪大乡和伪保甲长训话；有的把伪属召集起来，进行教育；有的召开村长和上层绅士座谈会，讲共产党的统一战线政策，号召他们与共产党、八路军联合起来共同抗日……一夜之间把整个东闾镇搞得热火朝天，大造了我党我军的声势，震惊了敌人，鼓舞了人民。这一次行动很快传遍了四方，取得了很好的效果。

此后，我们对每个据点、岗楼、伪大乡，以至保定城附近的敌伪军、政机关都进行了详细的调查，对敌人了如指掌。并在调查的基础上经常有选择、有目的地包围岗楼，进行喊话，向伪军宣传国际、国内反法西斯战争的胜利消息，和日本必败、中国必胜的战争前途。教育他们不要死心塌地给日本人当炮灰，中国人不打中国人。要待机杀敌反正，或在战场上交枪投降八路军。

围楼喊话都是在夜间进行。开始喊话时，伪军还向我开枪或谩骂："有种的白天来！"我们则耐心宣传。以后喊话次数多了，伪军不打枪也不谩骂了，静静地听着，甚至有的岗楼一听到我们喊话，站岗的伪军就说："八爷又来了，快来听八爷讲话。"开始围楼喊话都是武工队全体参加，至少一个小队。以后情况熟悉了，摸着了规律，我们就三五个人甚至一两个人，向岗楼喊话。逐渐围楼喊话发展成了一种群众性的活动。日子久了，对伪军队长、班长以至士兵的名字、籍贯，每个人的表现都掌握了，对做了坏事的就指名道姓地提出警告。如孟庄岗楼的小队长向村里要布匹做衣服。晚上向岗楼喊话时，点名伪小队长向村里要布做衣服是勒索老百姓。伪小队长听到喊话后说："八路弟兄们，你们的消息真灵通啊，布还没送来你们就知道了，听你们的话，不要了。以后再不随便向村里要东西了……"

有了群众性围楼喊话的经验，为恢复清苑南部地区创造了有利条件，我们和县委配合在清苑县南部又组织了一次更大规模的政治攻势。县、区干部和武工队混合编成了 4 个战斗队，在同一天夜里，对张登、温仁、王盘、良寨等 4 个据点和岗楼，进行了围楼喊话，震动了整个清苑南部地区。张登日军据点打了蔫，4 个据点和岗楼的伪军再不敢随便到村里勒索百姓。从此这几个村的地方工作打开了缺口，县、区干部夜间敢进村工作了。

开展政治攻势对伪军、伪属的教育作用很大，收到了从政治上动摇、瓦解伪军的效果。伪属们给当伪军的亲人捎信不要做坏事，打仗时枪口朝天放，有机会就开小差或投降八路军……有些伪军则通过亲属和朋友与多方拉关系，为自己留后路。

枪决活阎王除掉敌密探

在之光县东间镇据点开展政治攻势以后，原以为伪军据点的中队长丁化成会收敛一些，不料这个铁杆汉奸不但不接受教育，反而认为是给他眼里揉沙子，使他大丢脸面，扬言不把土八路斩尽杀绝死不瞑目。他更加紧了侦察活动，逢集亲自带队到集上搜查八路，并大肆敲诈勒索摆摊的商贩。夜间，他还派巡回小分队在镇子内外游动，发现可疑的人就抓进据点严刑拷问。丁化成家是顽固地主，与共产党、抗日政府、八路军结下了深仇。“五一”大“扫荡”时，他投奔日本人，当上了伪军并很快升为中队长。由于他报仇心切，经常抓捕和杀害我村干部和斗争过他家的积极分子。所以人们给他起了个绰号“活阎王”。

“活阎王”对我方工作破坏很大，县、区曾几次想除掉他，但由于力量不足，始终未能如愿。武工队到了之光，县委向我们介绍了丁化成的罪恶，要求我们把这个铁杆汉奸除掉，以利开展工作。对此，我们作了周密侦察，摸准了丁化成的行动规律，制定了周密的组织计划，选派了胆大心细的一小队长蒋宝庆，枪法好的队员贾正喜、朱凤鸣、魏云山等化装成赶集的老百姓，身藏县政府布告，混在赶集的人群中，待机击毙丁化成。

上午 10 点多钟，丁化成带着五六个伪军耀武扬威地走到了鲜货集市。蒋宝庆等同志发现后，随即从人群中机智灵活地挤到了鲜货集市，接近了这个汉奸。当丁化成被鲜货摊上的黄澄澄的大鸭梨吸引，猫腰去拿时，蒋宝庆给魏云山使了个眼色，魏云山在贾正喜、朱凤鸣的掩护下，以迅雷不及掩耳之势一枪把“活阎王”打死在卖梨的货摊前，紧接着朱凤鸣连放几枪。伪军眼看队长脑浆崩裂倒在血泊里，吓得魂飞胆破，拼命挤着逃命而去。这时赶集的人一看八路和伪军打起来，慌忙向四方奔跑。魏云山缴了丁化成的手枪，把布告放在丁化成的尸体上，高声呐喊：“老乡们，我们是八路军武工队，今天把‘活阎王’打死了，给老乡们出口气……”边喊边混在人群中撤出东闾镇，胜利完成了之光县委的委托。虽然只是打死了一个伪军，但对多数伪军却起了杀一儆百的作用。

1943 年秋初，清苑县 2 区区委副书记张玉臣，代表区委要我们把魏村据点在曹庄的罪恶深重的坐探马振荣除掉。这个坐探，区委曾给我们介绍过，我们为了争取他，专门住过他家，对他进行争取教育。虽经我们教育，但他仍不改悔。群众目睹他仍和据点的敌人密切来往，继续给据点送情报。区委认为还是早日铲除这个汉奸为妥，避免吃他的亏。我们接受了区委的委托，派魏树槐带两个战士在夜间把他从家里掏出来，枪毙在村南的金线河边，并把布告放在他身上。除掉他后，魏村据点失去了这个耳目，区里到这个村工作踏实了，村里的党员和干部也消除一块心病，工作起来也大胆了，伪军警再不敢随便到曹庄敲诈勒索。

智取乌马庄开辟老敌区

敌人为了保定城区的安全，在距保定城 10 华里的外围，环绕保定城四周挖了一条大封锁沟。在封锁沟出入口安了岗楼，派伪武装警察（一个伪警察所）把守，对出入封锁沟的老百姓严加盘问和搜查，敲诈勒索，攫掠财物，污辱妇女。这也成了伪警察们的一条生财之道。

保定城西南 10 里地封锁沟出入口的乌马庄岗楼，就是其中的一个。老百姓对这些甘心附敌的伪警察恨之入骨，封锁沟不但对老百姓出入非常不利，而且也极大地妨碍我方向保定城发展，阻碍着开辟沟里的许多村庄。

武工队没有进沟以前，县、区没有过沟开展过工作。他们不是不想越沟开展工作，而是没有力量。这里本来就是老敌占区，过去就没我们的工作。“五一”大“扫荡”后，根据地还都没恢复起来，就更没力量开辟新区了。武工队过来以后，在县、区委的配合下，把清苑、之光两县距保定较远点的村庄的工作恢复起来之后，开辟沟里新区的工作就提到日程上来了。必须尽快治服封锁沟出入口的伪警察，为老百姓排忧解难，并为我们向沟内挺进、开辟沟内的村庄创造条件。所以，我们在保定工作站（主要是臧永安和孟庆同同志）和清苑县敌工部的密切配合下，选择了乌马庄岗楼为突破口。只要把乌马庄岗楼端了，我们就有可能从保定西南角突进去。

怎样端掉乌马庄岗楼呢？大家经过研究，一致认为只能智取，不能强攻。原因是我们没强攻的力量，而且离保定城太近，只几里地，一打起来，城里敌人会很快增援。

为了智取乌马庄，我们和保定工作站及县敌工部做了周密细致的准备工作。首先，我们把乌马庄村南（沟外）约 3 里的南北沟头开辟出来，改造了村里的伪政权；开展了统一战线工作；把这两个村建成了向沟内挺进的“桥头堡”。同时，县委敌工部和保定工作站，通过关系，对乌马庄的地理、社会情况以及敌人岗楼内的一切情况进行了周密的调查。保定工作站的孟庆同，通过保定敌人宪兵队内的关系搞了一张假护照。

1943 年农历八月十三日，组织了以小队长魏树槐、敌工干事张志强为首，队员祝向阳、贾正喜、朱凤鸣、魏云山、李树昌等参加的 7 人手枪队，化装成保定日本宪兵司令部的特务队，半夜从大白团村出发，经过 30 里的夜行军，拂晓前从乌马庄村西爬进封锁沟，在保定南关翻墙跳进一家老乡的家里隐蔽起来。天亮后，他们以特务队的名义说是清乡的，叫老乡给他们烧了热水，把脸洗得干干净净，又化装了一番，然后告别老乡到炮楼去吃早饭。从老乡家出来向东登上公路，背着保定方向向南行进，到达岗楼跟前。

站岗的伪警察见到我们，赶忙打招呼说：朋友们辛苦了！很有礼貌地请我们到岗楼里休息。魏树槐举着假护照说：我们是城里宪兵司令部特务队，要到南乡去抓人，需要你们配合，请传禀声。站岗的一连向院里喊：“警长，城里特务队来啦，找你有公事，快来迎接吧……”一边放下吊桥。我们进到岗楼院内，按分工到达各自的战斗位置。当魏树槐和张志强进到警长室，把警长叫醒，以上司的口吻训了他一顿后，魏树槐给张志强使了个眼色，叫他留在屋内继续缠住伪警长，他来到院内，见一切准备就绪，高声命令所有的人徒手到院内靠北墙根站成一横队。谁反抗就打死谁！各个队员也在自己岗位上异口同声命令伪警察到院内集合。集合后，张志强训话，其余人迅速收缴枪支弹药，10 分钟左右即全部俘虏了敌人。将 13 名伪警察（伙夫 1 人）押解出岗楼。出了封锁沟口，顺着公路向南疾进。走了 1 里多地即进入青纱帐，在离公路 3 里多地的地方停下来。魏树槐枪毙了伪警长，其余由张志强进行了简要的教育即全部释放。武工队每人扛着两支缴获的步枪向预定的地点——李家罗侯村去找部队。这是武工队过路东后首次在敌人鼻子底下，一枪未发，以少胜多，拿下敌人岗楼，创造了一个很好的化袭战例，受到军分区首长的通令嘉奖。

智取乌马庄岗楼的成功，开辟封锁沟内村庄的第一步计划达到了。于是便乘胜前进，把工作重点转移到封锁沟内和保定城西南铁路沿线，把保定城附近的樊庄、小张庄、于庄、方顺桥等都逐步开辟了出来。

开辟樊庄时（保定城东南 5 里），我们专门把部队拉到伪大乡长家住了一天一夜，由周继发同志对伪大乡长宣传我党统一战线政策。伪乡长慑于我们的威名，和为自己留后路，答应以后愿服从抗日政府和八路军的领导，供应抗日政府和八路军粮食和物资。在他的影响下，全乡伪保长都被我们争取过来，由单方资敌转为对敌我双方都资供。除非必要，我们一般都是夜间去，做完工作，下半夜即撤到沟外基础较好的村，基本上不住在沟里。

于庄车站东边小张庄（属清苑 5 区），虽然距铁路和车站较近，但这村群众基础较好，我们把保长争取过来后，除住在这个村，还秘密发展了两个党员，物色了一个抗日村长，交给 5 区。区里也常到这个村开展工作。我们把这个村建成了平汉铁路边的一个隐蔽的根据地。敌人大规模“清乡”，情况紧急时，我们就在这个村避风。此后，我们护送干部过铁路，就由更夫领路从道口过，不再爬沟了。有敌情时，更夫就紧敲梆子，向我方报警。没有敌情，就慢敲梆子，喊：“平安无事哟！”从此不再从望都那边走了。

南、北大冉虽然在封锁沟外，但这里是敌人较大的据点。县、区一般不敢到这里来开展工作。我们过来后，和据点里的伪军拉上了关系，将这两个村也开辟了出来，伪军和我们相安无事。

组成飞虎队南关毙大平

1943 年农历九月中旬的一天，武工队化装成伪河北省公署的特务队，在保定城南关火车站击毙了日本铁道警务段南关火车站的日本特务头目——大平，缴获了 5 支新式马步枪，2 支手枪。

日本铁道警务段，就是铁道系统的警察局，其主要任务是在铁道沿线和车站查找共产党和八路军。大平所管辖的这个警务段，豢养着十几个伪警察和特务，专门侦察车站和铁道沿线的我方情况。

1943 年 1 月，保定工作站的赵洪勋同志在保定城东北 20 华里的大夫庄被特务告密捕去。日本特务机关对赵洪勋严刑拷问，赵坚贞不屈。不论敌人怎么刑讯逼供，他都拒不供认是八路军、共产党员。敌人把他秘密监押起来。保定工作站的同志误认为他被暗杀了。日本投降后，组织上才把他营救出来。当时保定工作站和武工队的同志为了报复敌人，决定打掉大平，研究结果，认为像智取乌马庄岗楼那样化袭的办法不行，因为化袭乌马庄后敌人有了警惕。

为了打大平，派保定工作站的敌工干事去保定南关车站侦察了 3 次，摸清了警务段驻在所和大平的活动规律。驻在所的警察和特务每到晚饭后，大都到车站旁边的操场打篮球，院内只留下站岗、值班的少数人和家属。大平不爱打球，多在院门口散步。敌人很麻痹。敌工干事向我和臧永安作了汇报，并建议工作站的同志化装成伪河北省公署的特务队，趁敌人晚饭后多数人打球，大平在门口散步的机会，突然袭击，打死大平就撤出战斗，决不恋战。

我们认为这个办法可行，但是，保定城里城外驻有日军和伪治安军，有汽车、骑兵，我们徒步去打，完成任务后，敌人追上来不好办。最后决定组成“飞虎队”，找会骑自行车的同志去执行这个任务。去的快，撤出战斗也快。我们的驻地离保定不过二三十里，打完后，骑上自行车一个多小时就“飞”回来了。

于是挑选了几个会骑自行车的队员组成“飞虎突击队”。有熟悉保定南关地形的臧永安，有拿过乌马庄岗楼的一小队长魏树槐，有外号机灵鬼的二小队长冯志和心细有战斗经验的贾正喜、李树昌。此外，还有之光县 6 区区小队王小队长。“飞虎队”由臧永安率领和指挥，魏树槐是主攻手，其他人负责掩护。

下午 4 时，“飞虎队”在 6 区王小队长的引导下“飞”向保定南关车站。

下午 6 时半，“飞虎队”装作刚从南乡“讨伐”回城的特务队，从车站西侧向南关城门方向驶去。随后，从南城门外绕到车站后驶向驻在所。6 时 50 分左右，“飞虎队”赶到敌驻在所门前下了车，正值大多数敌人在打球，大平站在门口望着开动的火车招手。大平一看 6 个骑自行车的人来到门前，便问：“你们什么的干活？”

“我们省公署特务队的干活！”臧永安答。

大平上下打量和审视了每个人，又问：“省公署特务队？我的怎么一个不认识的干活？”他一边问，一边把双手伸到马裤兜里，似乎是掏手枪。站在臧永安后侧的魏树槐手疾眼快，拔出插在腰间的驳壳枪打开保险机，大声喊：“冯志闪开！”朝大平的前额“砰”地就是一枪，一枪把大平打得脑浆崩裂，扑通一声仰面朝天栽倒在地。魏树槐就势从大平裤兜里搜出两只小手枪。

这边枪响，那边冯志立即缴了卫兵的枪。接着大家冲进院子，到各屋搜枪。每人背了一个就迅速骑上车从飞机场西边的大道向南疾驶，撤出了战斗。

“飞虎队”刚驶出五六里地，后边人喊马嘶，尘土飞扬，是伪治安军的骑兵追来了。队员们商量一下迅速决定二人为一组分散到青纱帐里庄稼小道上去，晚上到李八庄会合。

敌人骑兵追了一阵子，没发现目标，天也快黑了，无奈收兵回营。

晚上 8 点多钟，“飞虎队”的英雄们胜利地回到了李八庄。

为了防止敌人报复，当夜，武工队和六区区小队转移到清苑县西白城村。

第二天，敌人果然合围李八庄一带村庄。但是扑了个空。

敌人人死枪丢，还打肿脸充胖子，在保定伪《新民晚报》上刊出：昨晚共匪袭扰南关被我骑兵击退云云。

打死大平以后，对保定的敌人震动很大。当晚城里和四关都戒了严，闹得敌人心惊肉跳。保定城内外的市民们听到这一消息，打心眼儿里高兴，说有这样的神八路中国亡不了。分区对这次武工队的行动进行了通报表扬。

巧克东石桥消灭特务队

1943 年农历十一月底，正值数九隆冬，一个星期六的漆黑夜里，东石桥据点里热闹非凡。有说大鼓书的，有唱单弦的，有清唱京剧《苏三起解》的……还有几个妓女陪着当官的打麻将。所有的屋子和大岗楼都亮着带玻璃罩的煤油灯。整个据点里灯火通明，吹、拉、弹唱声和伪军、警察、特务们流里流气的怪叫声，洗麻将牌的哗啦声、妓女们娇声浪气的笑声交合在一起，一片嘈杂。

据点今天为什么这么热闹？原来是特务队抓捕区、村干部，“防共”“作战”“强化治安”有功，得了奖赏，摆庆功宴呢。

可是，这帮甘心附逆、作恶多端的民族败类，万万没有想到就在他们花天酒地、得意忘形的时候，突然之间当了我们的俘虏。破坏我地方工作，抓捕我干部最卖力气的两个特务，被我当场就地正法。

我们为什么要拿这个据点？怎样才能一枪不发很顺利地把据点拿下来？

东石桥是保定城东南 20 多里地的一个大村，是高阳至保定必经之地。敌人为了确保高保公路畅通和分割、封锁我根据地，沿公路一些较大的村庄安了许多据点，东石桥据点就是其中的一个。据点修筑在村西南半里多地公路的北侧，并用正方形的封锁沟圈起来。封锁沟的 4 个角修了 4 个小岗楼。院子的正中央修了圆形 5 层高的中心大岗楼，是据点的核心战斗堡垒。院内还有 3 排平房，北边的一排是伪县公署的特务队、税务警察所和县伪警察的派出所。南边的一排住的是伪警备队的两个小队。西边的一排小伙房、食堂、仓库等附属设施，住的是伙夫及勤杂人员。中队部住在中央大岗楼里。整个据点里住有百十个伪军、警察和特务，是个地区性的综合大据点。

这个据点的敌人很坏，我们进行过围点喊话，但不接受教育，特别是特务队经常化装成小商贩到各村刺探我方情报，侦察我区、村干部行踪。先后抓捕了之光 6 区区委委员、区妇救会主任、区政府的两名助理员和几个村干部，对该区的组织和工作破坏很大。该区区委为了坚定区、村干部和群众的胜利信心，鼓舞干部和群众的斗志，要求我们武工队拿下这个据点，处决两个罪大恶极的特务，打击敌人的嚣张气焰，以进一步恢复这一地区的工作，保护群众利益。

但是，石桥据点大，敌人多，困难较大。我们就和县委一起研究，最后认为只能用里应外合的办法。

这个想法虽好，可当时据点里没有内线关系。区敌工委员说小张庄有个在据点里当兵的，正准备通过他的家属把他争取过来。于是，我们决定让臧永安和区敌工委员马上到小张庄做那个伪军家属的工作。他把在据点当兵的儿子找了来，臧永安直截了当，要他立功赎罪，事成之后奖赏 800 元。

这个伪军原是被抓壮丁被迫当的兵。再加上他小时候受过抗日教育，听过我军的喊话，对我军政策有所了解，认识到当伪军不光彩，早想反正投八路军，打日本救中国，只恨没有机会。今天八路军找上门来，他高兴地说：这是我投向人民怀抱的好机会，我不要赏钱，无条件地执行交给的任务。

他把据点内大后天（星期六）会餐，晚上办“同乐晚会”的情况告诉了臧永安和区敌工委员，还说那天晚上 11 点他在中心岗楼站岗。臧永安一听是个好机会，当即和他定了星期六晚上里应外合拿据点的战斗计划。

我们听了臧永安和区敌工委员的汇报，非常高兴，决定由一小队长魏树槐和朱向阳、李树昌等十多名队员，在内线关系的配合下，先从据点西侧爬过沟进入据点，首先解决东北角小岗楼的哨兵，放下吊桥，迎接由我率领的全体队员和县、区干部进入据点，整个战斗由我统一指挥。

晚上 10 点钟，我们从黄陀村出发，到东石桥据点外围时，正好是深夜 11 点 10 分。我们伏在据点外边全神贯注地等待内线发信号。一会儿，只见中心岗楼顶上划着了一根火柴，点着烟卷划了 3 个圈。这是预定信号。我马上叫魏树槐用暗号回答了内线。

当魏树槐等 14 人运动到西边封锁沟外时，内线正等着接他们。他们刚下到沟里，东北角岗楼哨兵突然“啪”地打了一枪。下到沟里的队员们和内线关系不知是怎么回事，立即隐蔽起来。我带领的在据点东边等待放吊桥的人也立即伏倒。

不大工夫，据点里有人说：“别他妈疑神疑鬼，惹得大伙不安生！”哨兵挨了上司一顿训，再也不管事了。内线用绳子系上一个队员，接着把其他队员也一个一个地都系上去。待 14 个人都进入据点，隐蔽在西房后边时，内线领着魏云山缴了东北角岗楼刚才打枪的那个哨兵的枪，并小声严厉喝令他轻轻放下吊桥。我一见吊桥放下，马上指挥大家迅速通过吊桥进入据点。我和魏树槐、冯志等接上头后，即令各战斗小组按预定方案开始行动。

屋里正在寻欢作乐的伪军、警察、特务们一点儿也没想到在这个时候会被八路军堵在屋里。各战斗小组就位后，我便命令 3 小队冲进中队部中心岗楼，展开了战斗。刹那间，各个战斗岗位上的勇士们大声喝令：“不许动！”“我们是武工队，谁动打死谁！把手举起来！……”

各屋的敌人被这突如其来的袭击吓得魂飞魄散，一齐举起颤抖的双手。我们收缴了敌人的武器。魏树槐、冯志和朱凤鸣手疾眼快，迅速缴了特务们的枪，并把他们关在屋里，一个也不准出来。

就这样，未发一枪一弹，俘虏了所有的伪官兵。魏树槐点着用棉花沾煤油做的火把，照亮了据点大院，把特务一个一个地叫出屋，找出抓捕我区、村干部的两个特务。由区委书记验明正身后，魏树槐和魏云山各枪毙一个，随后向全体俘虏宣布了他俩的罪状，以杀一儆百。

这次战斗，不到一个小时，俘敌 104 人，枪毙 2 人，缴获各种长短枪 88 支，子弹和手榴弹很多。我方无一伤亡。

在清查俘虏时，发现一个小勤务兵，才 14 岁，经询问，他是清苑县伪警备队第三大队长的儿子。我们认为这个人有用，就把他收留下来。其余的，连官带兵，包括妓女在内经教育后全部释放（在这种环境下，必须是速捉速放，不放会成为我们的累赘，而且这也是我们的俘虏政策）。

队伍撤出以后，我派魏树槐带他的小队，把敌人据点全部、彻底烧毁，顿时整个据点大火冲天，各屋遗留下来的弹药被火烧着，噼噼啪啪、轰隆轰隆地乱响，保定和临近据点的敌人电话打不通，也不知道怎么回事。第二天，敌人到据点增援，才知道真相。虽然不久，敌人又重新恢复了这个据点。但是，新来的伪军和特务有前车之鉴，比以前老实多了。区、村干部和老百姓都说武工队把敌人镇住了。

罗侯截击战夺粮还百姓

1944 年春末的一天，武工队和高保中队住在清苑县李罗侯村。第二天上午 10 点多钟，突然听到南边三间房村方向响起了密集的枪声，情况不明，估计战斗可能发展到我们这边来。我便命令全体队员做好战斗准备。

不大工夫，侦察员报告，大魏村据点的伪军 100 多人到三间房一带几个村庄“征粮”，和我们的部队（战后知道是 24 团的一个连和清苑大队）打上了。敌人押着十几辆装满粮食和猪、牛、羊、鸡、鸭等物资的大车正在边打边往我们这边的大魏村据点撤退。当敌人刚到我们住的村东一里多地的公路上时，我立即将武工队紧急集合，马上下令，向村东敌人撤退方向出击。派一个班（由贾正喜率领）跑步向大魏村南面截断敌人退路，其余武工队员随我到村东向敌人大队冲击。刚到村东，看到敌人的队伍时，我立即下令：“冲！”各小队、高保中队和队部的干部和勤杂人员临时组成的战斗小分队，高声呐喊着：“冲呀！冲呀！”边喊边向敌人射击，“冲呀！冲呀……交枪不杀、优待俘虏……”的喊声和枪声交织在一起，震撼了敌人。敌人被我们的突然袭击打得晕头转向。走在最前边的敌人只管拼命地向北狼狈逃窜，后边的敌人一见前边遇上八路军的埋伏，后边还有八路军追击，哪里还敢抵抗，仓皇下了公路撒鸭子往北溃逃。前后敌人被我们拦腰斩断，四散逃命。中间的十几辆大车很快就被截住缴获，押车的十几名伪军一看前后都被我们打散了，他们吓得趴在大车跟前一动也不敢动。当我们的人冲到车跟前时，他们个个两手高举步枪，战战兢兢地向我们的勇士们投降求饶。

战斗只打了 20 多分钟，缴获满载物资的大车十几辆和十几支步枪，生俘了十几名伪军。我们把大车、俘虏押解到罗侯村后，对俘虏进行审讯和教育，晚上即予释放。查询了十几辆大车的车把式，令其各自把车赶回村，将敌人抢的粮食和东西全部还给各家各户。

战后，军分区首长得知武工队主动出击，打了一个漂亮的以少胜多的截击战，把敌人抢的东西还给了老百姓，再次给以通令表彰。

配合敌工部瓦解敌伪军

争取瓦解敌伪军（包括伪警察、宪兵、特务、乡以上伪政权的职员）是敌后武工队的一项重要任务。下面是几个争取瓦解敌伪军的事例。

前述攻克东石桥据点我们俘虏清苑县伪警备队第三大队长的儿子。臧永安认为这是一个“小宝贝”，把他收留下来，以利日后通过他争取他的父亲。当时别的俘虏都放了，就是没放他，他吓得直哭。臧永安摸着他的头说：“你年纪这么小，三更半夜的一个人到那里去，你不胆小吗？你不要怕，我们一定放你，我们白天把你送到保定附近，你自己再回家去。”小俘虏不哭了。我便让他跟我们敌工组在一起行军。

第二天，敌工组的同志们像对待小弟弟那样照顾他，叫他吃饱点，怕他冷，给他把大棉袍披在身上，坐在暖炕头上。臧永安和其他两个干事教育他，中国人不能给日本人做事，给日本人做事就是日本人的走狗汉奸。为什么要枪毙那两个特务，就是因为他们忠心为日本人当走狗，抓抗日干部，坚决与八路军为敌。但是，给日本人做事的不一定都是忠于日本人的，有的是为了混饭吃，比如你和你父亲不都是为了全家糊口度日子嘛？要不是家里生活困难，你母亲怎么会叫你这么小就离开家庭，离开父母到东石桥当勤务兵，干伺候人的差事呢？还不是为了你有碗饭吃，每月还给家里赚几个钱帮助家中小弟弟小妹妹们吃饱肚子和上学吗？八路军实行宽待俘虏政策，只要不是忠心为日本人做事的，一律都释放回家。昨天夜里，你也亲眼见了，俘虏你们 100 多人，就枪毙了两个最坏的特务，其余的不是都放了吗？臧永安等边说，小俘虏边点头。问他还怕不怕八路军，他说你们不打不骂，还让我和你们一样吃饭，我不但不怕你们，还觉着你们可亲呢！

初步教育，打消了他的顾虑，接着又对他进行了国际反法西斯和中国抗战大好形势的教育，他听得津津有味。

第三天，臧永安和他商量说：我们给你父亲写封信，放你回家捎给你父亲，你看行不行？他说那怎么不行，我回去把你们说的那些话，都讲给我爸爸妈妈听。我们看工作做好了，把事先写好的信帮他藏在身上，并嘱咐他千万不能被日本人搜去。下午我们派了两个队员化装成赶集的老百姓送他回家。傍晚两个队员把他送到封锁沟后，才让他自己走回家去。

我们在给他父亲写的信中除简要申明我军政策和抗战形势外，要求他按照我们指定的时间和地点与我们接头，建立友好关系，希望他不要错过这个机会。小俘虏的父亲按时到达指定地点。我方是张志强和韩湘谭去接头的。接上头后，伪大队长首先对我军宽待他儿子表示感谢。并说他已与军分区敌工科徐科长建立了关系。我们知道此事后，非常高兴。虽然不是我们新发展的关系，但对巩固他和分区的关系有好处，并且也和我们有了关系，今后我们就可以从他那里取得更多更准确的情报，使我们在对敌斗争中更加主动。

武工队还经常化装成赶集或拣粪、锄地的老百姓，在保定至张登的公路上劫持单个或二三个南来北往的伪军或伪邮政人员，对他们进行简要教育和调查。我队员把缴获他们的枪支、子弹还给他们。问清他们的姓名、籍贯、家中亲属，对他们进行争取工作。南大冉据点的两个伪军班长就是这样被争取过来的。

还有一次，徐英同志指示武工队派几个手枪队员到张保公路截一个姓魏的伪军小队长，对他进行教育后，还给他枪，并予释放。原因是徐英和这个驻张登据点的伪小队长接过头，看他对我军的态度含含糊糊，与我建立关系的态度不坚决。为了教训他一下，以加深伪小队长对我军的认识，促使他坚定决心。于是就派了敌工干事张志强、王振海和两个队员化装成割草的老百姓到指定地点等他。徐英知道他那天骑自行车去保定，就通知了我们，果然伪小队长带两个兵骑自行车从南沿公路向北来了。我武工队员一齐窜上公路截住他们，命令他们放倒自行车举起手，缴了他们的枪。伪小队长等面色煞白、战战兢兢说不出话，镇静了一下说："前两天我与八路军长官接过头交了朋友，不信你们回去打听一下……"我们当即表示，既然是八路军的朋友，那就不当敌人对待了，把枪还给了他们。伪小队长等 3 人表示感激，说八路军真够朋友，点头鞠躬骑车而去了。以后，徐英见到他，他表示下定决心与八路军友好。从此，关系巩固起来。

经过近一年的斗争，武工队完成了开辟和恢复保定南部地区的任务，于 1944 年春进行了短暂的休整后，又像一把利剑一样插向津南——去开辟新的地区了。

在敌后武工队的日子里

胡庚生*

1942 年秋，抗日战争正处于最艰苦的相持阶段，但世界反法西斯战争已露出胜利的曙光。为争取抗日战争的早日胜利，根据党中央的部署，驻扎在华北的各主力部队纷纷抽调大批优秀指战员，组成一支支精干的武工队，从四面八方插向敌人的心脏。

我当时在八路军总部后勤部警卫营担任营长，被抽调到太行军区第 6 军分区任第 1 武工大队队长，到武安县开展工作。

武安县是敌占区。敌人力量强大，群众基础差。前两任队长就是在敌人"扫荡"中被害的。剩下的 50 多名队员，都奉命撤离了敌占区。我们的任务不是去同敌人打大仗、打硬仗，而是去那里建立隐蔽的根据地，成立两面政权，发展壮大我方力量，破坏敌人的"蚕食"政策。

组织群众抗粮

秋季正是收获庄稼的季节。群众都在忙着收割，连六七十岁的老人和几

* 作者时任八路军太行军区第 6 军分区第 1 武工大队队长。

岁的小孩子也都在田边地角忙。看着到手的粮食，大家心里既高兴又担心，怕日寇和伪军把粮食抢走。我和武工队员通过敌人设置的道道封锁线，来到敌占区西码项村的群众当中，帮助收割，组织抗粮。

这天吃中饭的时候，武工队员小陈从县城气喘吁吁地跑回来，报告了一个不好的消息：伪武安县公署发出了征收粮食的布告，今年一亩地要交粮食45斤，从10月8日开始，限3天缴到保公所，不缴者要严查。

乡亲们听后，气红了眼。我心里更是着急。敌人要粮是迟早的事，但没有想到敌人要得这么快。民以食为人。粮食是老百姓的命根子。如果粮食被敌人抢走，就等于增加了敌人的力量。而老百姓对我们武工队寄予很大希望。如果我们不能帮助老百姓保住粮食，以后的工作势必更难做。于是，我召集队员紧急开会商量对策，经过一番讨论，最后决定采取"真截假交"的办法，就是乡亲们把好粮食藏起来，把秕子交到保公所，3天后再装车送到乡公所，等车队快到炮楼时，武工队鸣枪将送粮的乡亲们赶到另一条道路上。估计炮楼里的几个伪军也不敢出来，只能在炮楼里眼睁睁地看到武工队把老百姓的"粮食"截走。这样保公所交了差，日寇也没有理由再来抢老百姓的粮食了。

晚上，队员们分头通知乡亲们抗粮的办法。到交粮的那天，村里集中了几十辆大大小小的马拉车，车里装上一袋袋秕子。当车队浩浩荡荡地来到炮楼前时，忽然枪声四起，乡亲们赶着车拐了弯。炮楼上的伪军真以为是八路军来抢粮食，他们不敢出来，只朝天放了几枪，并派人报告伪县公署。等伪县公署派人赶来时，我们人马和粮食早就无影无踪了。

瓦解伪军

武工队对伪军采取的策略是分化瓦解、各个击破。

有一次，我去五湖村执行任务，看见八九个伪兵在街上抢完一个小贩的花生后，在一家小店里边吃花生边喝酒。当他们喝得有几分醉意时，我装成看热闹的，故意凑到瘦子班长跟前。他凶神恶煞般地对我说："老子都吃不饱，你也想吃吗？走开点！”我一手掏出手枪，一手狠劲地搧了他一耳光。他被打得踉跄栽倒在桌下。我从容地把帽子一取，亮出个和尚头。当时武安人都习惯留发，唯独我剃着光头。伪军都知道有个和尚八路，叫胡队长。此时，他们如梦方醒，一个个战战兢兢。我命令他们放下武器，面朝墙，要他们仔细听着。这时，我给他们上政治课，讲抗日的形势，我说日本很快就要完蛋了，要他们别再执迷不悟，要为自己留条后路……一口气讲了一个多小时，才叫他们回去。

当天晚上我又找到伪军班长谈了两个多小时，从国内讲到国外，从过去讲到现在，直讲到他动了心。当晚我在伪军兵营过夜，这位班长还亲自为我站岗。第二天一早，我对伪军班长说：“回去给你们张司令（伪军队长张茂西）说说，我们派人到他那里去当兵，如何？”没过多久，张茂西果真接受了孙森同志去当“参谋”。经过孙森的宣传、启发和教育，张茂西经常给武工队递送日军活动情况，掩护我武工队的活动。几个月过去了，他的行动被日军知道，张茂西也闻到点风声。他与孙森商定，赶快采取行动。就在一个漆黑的夜晚，他亲自带领 50 多个伪兵，越过封锁线，投奔了八路军。

矿区警备队的小队长名叫张贵堂。我带领武工队在矿区一带活动时，有一次亲眼看见张贵堂和日军指手划脚地不知在说什么。第二天，我给他送了一封信。我在信中写道：“昨天我亲眼见到你给鬼子出谋划策，本想一枪毙了你，考虑你有妻儿父母，想再给你一次机会，望你自己好好选择。”他看了信后，吓出了一身冷汗，当晚即给我写了回信，并提出了 4 条保证：保证辖区内武工队员的人身安全；保证不劫八路军的布匹和食盐；保证鬼子有情况及时报告；保证自己跟鬼子进入根据地时对老百姓不抢、不杀。

后来，张贵堂确实做到了这几点，但时间一长，引起了日本人的怀疑。当鬼子准备对他下毒手时，我派武工队员火速给他送信告诉他这个消息，并敦促他当机立断，投奔八路军。他刚看完信，两个全副武装的鬼子进来了。他见势不妙，掏出枪把两个鬼子干掉，然后集合全队 40 多个伪兵，连夜投奔八路军。

改造乡伪政权

武工队在西石门、八里湾、东寺庄、西马项村等地站稳了脚之后，根据分区首长的指示，尽快将敌占区的乡村伪政权、伪组织改造成为我所用的“两面政权”，以打击敌人，保护自己。

西寨子村离县城有 20 多华里，是武工队进城的必经之地。5 月日军大“扫荡”前，这里的群众抗日情绪高涨，建立了各种抗日救亡团体。大“扫荡”后，这些团体遭到了敌人的破坏，村里完备了伪保甲制，并实行了“连坐法”。我几次派人进村，都被堵了回来。为了打开局面，我决定自己去一趟。

这天天刚蒙蒙亮，我带着武工队员庄同来到村口，遇到一位 60 多岁的老头在地里割草。从他那里得知：西寨子村的保长李万义向着老百姓，日军“扫荡”前曾到邯郸为八路军买了一台油印机，并亲自送到根据地。

我和庄同高兴地找到李万义。李万义知道我们是八路军的武工队，立即把我们拉进了屋。突然，屋外一阵犬吠声，接着一阵急促的敲门声。李万义要我们到后面茅屋里躲一躲。原来是伪军队长刘阎王来了，他开门见山地说：“村里来了八路，你为何不报告？”刘阎王说完径直向屋里走去。

李万义堵住屋门，故作气愤地说：“听刘队长的话音，像是八路军跑到我这儿来了，你什么时候看到的？可以搜，但丑话说在前面，搜不出来怎么办？”

刘阎王也不想得罪保长。于是连连解释说：“李保长，我不是这个意思，你不要多心。”

李万义趁机说：“这年头兵荒马乱的，还是搜的好。”

刘阎王忙赔起了笑脸，“唉！兄弟算啦，吃咱们这碗饭的也有难处。”说完转身就走了。

我见李万义机灵地对付刘阎王，觉得他可信任。从茅屋里出来，便和他商量着今后如何建立“两面政权”。李万义说：“过去我人单力薄，你们来了，今后就好办了。”

我们在西寨子村连住了数日，工作进展顺利。一天，我接到上级指示，敌人在銮村抓了一个八路军通信员，准备送往县城，会路过西寨子村，要我设法营救。我把此事告诉了李万义，他想了片刻，说："你们放心，到时看我的。"

第二天吃罢早饭，李万义在自己地里摘了 3 个西瓜，在院子里捉了只鸡，便向村头的观音庙走去。在庙里等到快晌午时分，看到 3 个伪军押着八路军通信员走来。可能是走累了，他们把八路军通信员捆在庙外的一棵树上，自己则到庙里歇脚。李万义自我介绍是本村的保长。3 个伪军见了西瓜，心里乐滋滋的，立即狼吞虎咽地吃起来。这时李万义装着若无其事地走出庙门，故意对捆在树上的通信员说："哟！这不是大盛粮行的伙计小六子吗？"并给通信员使了个眼色。一个伪军出来说："你认识他？他是八路。"李保长说："他哪是八路。他是大盛粮行徐老板新来的小伙计，也是徐老板的第六个伙计。我们都叫他小六子。"

"你敢担保？"伪军对李保长说。李保长当场写了"担保书"，按了手印。3 个伪军接过"担保书"就往回走。一个伪兵顺手把那只鸡也拿走了。当然李保长很快给通信员松了绑，并连夜送他过了封锁线，返回根据地。

我对李万义给予了表扬，后来通过他将周围各村的"自卫团""维持会"等伪组织都争取过来，成为支持抗日的力量。

借刀除奸

1944 年夏天，我和几个区干部来到贾家庄。这里住着 200 多户人家，群众基础比较好。我想把即将成立的临时区政府设在这里。

一天，我召集几个积极分子在一位老大娘家里议事。会议刚结束，有 20 来个伪军气势汹汹地包围了整个村子，挨家挨户地搜查。在外面放哨的老大娘见情况紧急，连忙进屋，卷起炕席，掀开一个洞，叫我和几个区干部藏到炕下。然后老大娘搬来一部纺车搁在炕上，吱吱呀呀地纺起棉花来。没多久，几个伪军士兵窜进来，在屋里翻箱倒柜地搜查，老大娘装作什么也不知道。敌人搜来搜去，连个八路军的影子也没见着，只好无奈地走了。晚上，我和几个区干部分析了情况，断定有奸细。并初步认定是郭大麻子。

第二天，我带领武工队员陈杰前往执行除奸的任务。我们直奔郭大麻子家里。快到门口时，我装出气喘吁吁、十分难受的样子。郭大麻子见状，忙说："哟，是胡队长，今天怎么啦？"陈杰双手扶着我回答道："胡队长刚才走得好好的，忽然肚子痛得厉害，请你烧壶开水，让他在这里休息休息。"

郭大麻子"热情"地急忙将我扶进屋里。陈杰故作神秘地叮嘱道："胡队长在你家暂避一下，千万不能让外人知道啊！"郭大麻子满脸奸笑，说："不会的，谁敢做那种昧良心的事，谁就要遭枪子打！"说罢，就要我们上楼去休息。

我心想，楼上更好对付敌人。郭大麻子把我们引上楼后，说："我给你们烧点开水来喝。"趁下楼烧开水的机会，他指使女儿到炮楼向敌人报告。没过多久，来了十多个日军和伪军。我和陈杰在楼上看得十分清楚。这时，郭大麻子早已溜之大吉。敌人杀气腾腾地包围了郭大麻子的房子。我和陈杰扔下几枚手榴弹，随着几声爆炸声，敌人不知从哪里丢下来的，慌乱地退出院子。我们趁势举枪向敌人射击，打得敌人抬不起头，院外留下五六具尸体。敌人遭到出其不意的伏击。又见火力这样猛，一时弄不清究竟有多少八路军。剩下的几个敌人，只得狼狈地逃回炮楼。

第二天，炮楼的敌人把郭大麻子抓去，日军小队长亲自审问，认为他提供假情报，与八路军串通一气，想害皇军。郭大麻子自知情况不妙，大喊"饶命"，但无济于事。他很快就被枪毙了。

人们知道了郭大麻子的下场，都高兴地说：武工队这是借刀除奸。

经过几年的艰苦工作，到 1945 年春，武安的抗日斗争形势发生了很大变化，全县大小几百个村庄基本控制在八路军手中。1945 年 4 月，我奉命调回延安。乡亲们闻讯后，纷纷前来和我告别……

中国驻印军成立

中国驻印军始末

郑洞国*

一、中国驻印军的组织

1942年4月，中国远征军在缅甸失败，远征军第一路司令长官罗卓英惊慌失措，脱离部队，追随史迪威逃往印度。罗卓英所指挥的第五军、第六军、第六十六军，大部都向云南边境溃退。第六十六军的新编第三十八师（师长孙立人）奉命掩护英军，并遵照史迪威的指示，由缅甸的提定以北地区向印度撤退。该师于五月中旬到达印度境内的英普哈尔。杜聿明率领的第五军直属部队，及新编第二十二师，由缅甸的打洛、新平洋经野人山向印度的列多（雷多）撤退，于8月初到达印境的迪不鲁加尔。杜到印不久，即奉蒋介石电召回国，以后驻印部队由罗卓英负责整训。史迪威到印度后，与英国驻印度当局接洽，决定以离印度边境较远的兰姆伽（加尔各答西北）作为训练中国军队的基地。撤到印境的军队，陆续向该地集结。同时史向蒋介石要求，营长以上军官均由美国人担任，并且先由美调来300多军官，准备接替中国军官的职务。史迪威的这一企图，立刻遭到全体中国军官的反对，甚

* 作者时任中国驻印军新编第一军军长，后改任驻印军副总指挥。

至亲美的孙立人也坚决反对。蒋介石也不同意，但为了缓和矛盾，将远征军第一路司令长官部撤销，成立中国驻印军总指挥部，由史迪威任总指挥，罗卓英任副总指挥，并成立副总指挥部。这样一来，那几百名准备来接替营长以上职务的美国军官，对史迪威不能兑现的诺言，也表示不满。1942 年 10 月间，史迪威打电报给蒋，批评中国将领腐败无能，其中有“罗长官终日绕室彷徨，对于军队之教育训练毫无办法”等语，并列举罗卓英的十大“罪状”。蒋被迫将罗调回，并撤销副总指挥部，把驻印部队改编为一个军，军长人选由中国任命；300 多美国军官，除派一部分到昆明建立训练基地外，其余分别派到驻印军担任各级联络官，有一部分在兰姆伽训练基地任教官及管理人员。史迪威企图通过联络官达到他控制中国军队的目的，赋予联络官的权力很大。

驻印军军长的人选，蒋介石原打算派邱清泉，何应钦以邱的性情粗暴，可能与美国人闹翻，影响美援，乃向蒋建议改派郑洞国。郑于 1943 年春率军部人员赴印，成立了新编第一军。

二、编制、装备及训练

史迪威一贯主张“要中国兵不要中国官，尤其不要中国的高级军官”。他对成立新编第一军本有抵触情绪，但反对不了，只好用缩小军部编制的办法来削弱军长的作用。军部官兵共三四十人，没有任何直属部队。关于部队的指挥、训练、人事、管理、卫生等权力，都集中到总指挥部。他给军部的任务，只是管理军风纪。新编第一军最初只辖新编第二十二师、新编第三十八师，每师步兵 3 团、炮兵 1 营（后来增加 1 营）、工兵 1 营、通讯兵 1 营、辎重兵 1 营、卫生队 1 部和 1 个特务连（作战开始，新编第三十八师配属 1 个战车营）。每团步兵 3 营，迫击炮、平射炮各 1 连，1 个通讯连，1 个卫生队，1 个特务排，全团约 3000 人。每营 3 个步兵连、1 个机枪连。每连 3 排，每排 3 个步兵班，1 个轻迫击炮班。总指挥部的直属部队计有：炮兵 3 个团，每团重炮 36 门。汽车兵团有载重汽车 400 辆，工兵 2 个团，化学兵 2 个团（后改为重迫击炮团），每团有重迫击炮 48 门，骡马辎重兵 1 个团，1 个特务营，1 个通讯兵营，1 个战车训练处。此外有 1 个训练处，处长的权力很大，仅次于史迪威。

驻印各部的补充兵均由国内航空运去，士兵体质甚好。1944 年初，由国内空运新编第三十师到兰姆伽接受装备和训练，归入新编第一军建制。1944 年夏，蒋介石为了取得更多的美械装备，空运第五十四军到印度，但史迪威只接受两个师，不接受军部。该军第十四师及第五十师空运到列多接受装备后，在缅甸战役中与原驻印军合并，扩编为新编第一军及新编第六军。郑洞国改任副总指挥，原军部改为副总指挥部。新编第一军军长为孙立人，辖新三十八师、新编第三十师、第五十师。新编第六军军长为廖耀湘，辖新编第二十二师、第十四师。车辆装备，各部队原有一定的编制。凡是被美国联络官认为亲美的军官，可以多分配些。如孙立人部的武器、弹药、车辆等，总比廖耀湘部的既多又好。这样的例子很多。

对于士兵的训练，通过各种训练场来进行，每个训练场均由美国军官负责。训练的分工很细，但动作却很简单。训练场可以容纳一定数量的部队，士兵轮流在各训练场接受训练。美国人最初不要中国军官参加，由美国军官直接训练；后来因为中国士兵不听美国人的话，训练场秩序很乱，才不得不要中国军官负责管理（昆明训练基地也发生过类似的情况）。美国军官自恃有强大的空军及炮兵，故对筑城作业及夜战教育不甚重视。

驻印军的给养均发实物，主要是罐头和面包，营养较国内好。医药卫生很完善，疾病很少。更重要的是没有逃兵（逃兵是当时国民党部队的一个严重问题，由于国民党乱拉壮丁，部队中又克扣军饷、伙食，逃兵是无法避免的。“逃了补，补了逃”，永远练不完的新兵，战斗力就谈不上了）。驻印军远离祖国，又受尽美国人的气，因而爱国思想比较浓厚，军官也随时抓机会进行爱国教育，所以官兵比较团结。“打回祖国去”，成了官兵一致的愿望。这在一定程度上弥补了美国那种只重训练技术，不注重也不可能注重精神教育的训练缺点。

三、作战经过概要

攻击路线的选择和准备

中国驻印军必须配合中国大陆及太平洋地区的战争形势，重新打开中国大陆的供应线，以解决战地需要的物资供应，减轻空运的困难。因此，对于攻击路线的选择，具有战略上的重大意义，至少应考虑以下几个问题：（一）便于大兵团作战，尤其要便于发挥驻印军比较优良的重装备的威力；（二）能迅速进出缅北地区，切断敌人的交通线，一举而向孟拱、八莫等要点攻击；（三）修筑公路，并使其成为而后使用效率较高的地区。但当时所决定的路线，从印度亚三省的列多（雷多）起，经大加卡崎岖绝径的野人山区、胡康河谷的新平洋（中缅未定界）南折至孟拱、密支那，迄八莫与滇缅路衔接。这条路线，从地图上看，似乎距离较近。实际上野人山是崇山峻岭、森林漫野、人迹不到的地方，只有蜿蜒于悬崖绝壁之间的羊肠小径可通。一到雨季，泥泞满道，蚂蟥遍地，跋山涉水，尤为困难。通过这一地区，要走十几天。修筑公路的困难很多，路修成后，雨季根本不能通车，使用率也很低。因此，在整个缅北作战期间，完全依赖空运补给。其次胡康河谷、孟拱河谷，到处是原始森林，大小河流，纵横交错，形势甚为险要，易守难攻。敌后方的交通便利，兵力转运灵活。我方则背绝地以攻天险，其困难可知。假如在列多以南英普哈尔地区选择路线，无论如何要比列多线有利。当时所以选择列多线，可能有以下两个原因：（1）英国一贯反对中国军队深入缅甸中南部，因为在英国看来，中国对缅甸的影响愈大，对于它以后控制缅甸愈不利；（2）史迪威及一些美国将领的用兵，很少考虑兵要地理，当我们和他们谈到这条路的补给困难时，他们总强调有强大空军支援，一切不成问题。他们这种思想，给以后在缅北的作战带来很大困难。

攻击路线决定后，就为反攻缅甸作了初步准备。1943 年春，史迪威先后派出美国两个工兵团和中国工兵第十团、第十二团作为基干的中美工兵部队，在美国供应处的惠来少将与阿鲁斯密准将的指挥下，开始修筑列多及野人山区的中印公路。是年 3 月初旬，派新编第三十八师的第一一四团进击野人山区，占领掩护阵地。该团在人迹不到的野人山区走了十几天才到达柏察海，并在卡拉卡迄大加卡之线占领阵地。当面之敌是日军第十八师团第一一四联队的一部，集结于新平洋、于邦、孟关间地区，数度来犯，均未得逞。5 月中旬，雨季开始，胡康谷地渐成泛滥；敌以补给困难，大部撤退。我第一一四团亦因过于疲劳，而以第一一二团接替。此外除少数斥候战（侦察敌情等战斗——编者注）外，无大接触。9 月初旬，公路通到能阳附近（美军工兵每月轮休一次，实际作业人员约 7000 人，每天进展不到两公里）。第一一二团的警戒部队亦推进到大沙坎及秦老沙坎之线。此时，除新编第三十师留兰姆伽继续训练，新编第三十八师、新编第二十二师全部先后开到列多附近。10 月底雨季停止，全军奉命前进，胡康河谷的序战由此展开，缅甸的反攻战也从此开始。

胡康河谷战斗

胡康河谷是由打洛盆地及新平洋盆地组成，山高林密，河流纵横，雨季泛滥，有绝地之称。

敌军在胡康地区为第十八师团，主力为步兵第五十五联队全部和第一一四联队的一部、炮兵第十八联队等，师团长是田中新一中将。敌军的编制着重加强炮火威力，全战役敌人所使用的兵力，步炮比例约为三比二。敌人的最大长处是应战沉着，工事坚固，火力控制得宜，对一时一地之战机绝不放过，退却亦有条不紊。其最大弱点为滥施袭击，往往增加伤亡，对侧翼警戒颇为疏忽，厌战情绪极为浓厚。

我军自 1943 年 10 月 10 日起，由史迪威下令进行攻占大龙河西岸各据点，掩护主力进击野人山的战斗。新编第三十八师各团准备进攻，10 月 24 日分三路开始行动。11 月 1 日占领拉加苏高地。11 日敌人反扑，此后形成对峙态势，敌我双方均不断增援。我坚持战斗 1 月有余，至 12 月中旬，新编第三十师主力和炮兵一部开到，予敌沉重打击，敌狼狈向东岸退去。至此，大龙河西岸各据点，先后被我攻破，取得第一次战役的胜利。接着我新编第二十二师担任右路，向打洛攻击；新编第三十八师担任左路，沿新平洋至腰班卡之线以北地区，向太伯卡及甘卡等地攻击。右路军于 1944 年 1 月 9 日渡过大奈河，沿左岸崎岖山区逐段开路前进，14 日进至百贼河北岸。敌军在百贼河南岸，沿大奈河占领阵地。我军于 22 日夜完成对敌包围圈，23 日向敌人猛攻。经过几天的激战，毙敌官兵约 200 名。我军乘胜前进，31 日占领打洛。左路军也在一月间先后渡过大奈河及大龙河，肃清孟阳河的敌军，进占太伯卡及甘卡，夺取了敌人交通要点。我军在森林中开路奇袭敌人，收效很大。史迪威对于新编第二十二师、新编第三十八师的指挥权原来自己掌握，经此胜利，不得不还给该两师的师长。

2 月 5 日，我军分数路前进，直迫腰班卡以迄大宛河之线，新编第二十二师曾攀登 3000 米以上的悬崖，分别进军包围腰班卡，敌向孟关方面退去。新编第三十八师在森邦卡西北地区，逐次围歼死守据点的敌军，毙敌 300 余人，并进占茂林河以北的据点。孟关外围的敌军至此被肃清，随即展开围攻孟关的主力战和瓦鲁班的追击战。

2 月 21 日，我新编第二十二师、新编第三十八师仍分左右两翼，依大奈河、南比河相连之线为作战地境线，各在线以西及以东的地区向南攻击。战车也同时配合出动。另由美军一个支队（约步兵一团）在我军左侧前进，相机进取瓦鲁班。经过十几天的激战，我军攻克孟关，占领胡康河谷敌军的心脏。但美军支队到达瓦鲁班附近小河东面，遭遇敌军两个中队的袭击，就立刻叫苦求援。我新编第三十八师一部经两昼夜的急行军，于 3 月 6 日占领拉干卡（瓦鲁班东北两公里），击退压迫美军的敌人。这时新编第二十二师主力已攻入孟关，两师合击，形成包围态势，更向瓦鲁班猛攻两昼夜，9 日完全占领瓦鲁班及秦诺两据点。敌第十八师团受创很重，还想顽抗。我军乘胜分路追击，肃清胡康河谷的残敌，3 月 15 日向坚布山隘进攻。19 日攻克这个天险，继续南进。28 日占领高鲁阳，29 日进占沙杜渣。计自 1943 年 10 月底至 1944 年 4 月底已南进 150 余公里，予敌第十八师团严重打击，缴获大炮 15 门，步枪 780 余支，其他装备弹药很多。从此，孟拱河谷的门户被我打开。

孟拱河谷战斗

孟拱河谷是沿孟拱河两岸谷地的总称。孟拱城市位于水陆交通中心，有孟拱河、南英河做天然屏障，与密支那、卡盟互成犄角，是军事上的要地。每逢雨季，山地泥深过膝，平地一片汪洋。因此易守难攻，攻击部队的进行，到处都受阻碍；而守军却可选择高地构筑工事，利用河川，以逸待劳。敌为抗拒我军前进，以第十八师团第一一四联队主力和新增援的第五十六师团第一四六联队全部布置在孟拱河谷，企图凭仗山川有利形势，逐次抵抗。我军于 4 月 4 日部署进军，新编第二十二师、新编第三十八师经过 15 天的激战，先后完全占领瓦康迄丁克林之线。此后新编第二十二师与敌相持于英开塘北方。5 月 3 日，美军飞机 36 架配合作战，我军由战车掩护向敌包围攻击，4 日完全占领英开塘。同时，新编第三十八师以迂回渗透的战术占领东瓦拉、拉吉等地，又绕道奇袭，进占芒平。

敌军分别退至马拉高以北和瓦兰及西瓦拉等地据点，顽强固守，以待雨季的来临。我军各师继续分别向南急进。担任公路正面攻击的新编第二十二师自 5 月 5 日至 30 日，与敌激战将近一月，才进至马拉高地区。新编第三十八师也围攻瓦兰半月才得占领。敌军又以第二师团主力增援，企图在卡盟附近与我决战。这时，雨季已到，我军不顾大雨淋漓，与敌展开搏斗。6 月 4 日至 9 日，新编第二十二师歼灭敌第十八师团大部主力，前锋逼近卡盟。新编第三十八师偷渡孟拱河，5 月 27 日奇袭色当地区的敌军，敌毫无戒备，伤亡数百。6 月初敌增援猛烈反扑两次，均未得逞。我两翼协同猛攻卡盟，6 月 16 日完全占领。此役先后发现敌尸 1600 余具，估计敌死伤数不下 5000，俘敌大尉以下官兵 89 名，各种火炮 30 门，步枪数百支，汽车 200 余辆。

这时英军第七十七旅乘我军吸引敌军主力于卡盟期间，由左侧出动进袭孟拱，不料遭遇敌军的反击，形势危急。我新编第三十八师奉令解救，6 月 18 日到达孟拱东北的北岸，冒险用橡皮船连夜偷渡，20 日晨突击敌军的侧背，挽救了英军的危局。23 日三面包围孟拱，战斗两昼夜，敌军不支溃败，残部泅水脱逃，25 日进占孟拱。我军曾以一排兵力接替英军一营的战斗任务，英军颇为惊异。原来只有数十名敌军牵制了英军一营，而我军一排就驱逐了敌人。事后英军旅长亲到我军第一一四团团部，收集战斗资料作为参考，并表示感佩不已。至 7 月 11 日由孟拱向密支那沿线扫荡敌人的新编第三十八师部队，与密支那的新编第三十师会合，卡盟、孟拱、密支那间的公路、铁路线畅行无阻，从而奠定了缅北胜利的局面。

密支那围攻战

密支那周围多山，中间是一小平原，地形稍有起伏，遍地皆森林（幼年林），荫蔽异常。城西北两方，均有飞机场。它为缅北战略上的要地。

敌自瓦鲁班溃败后，时感后路被切，因而对我军在原始森林中开路前进的战术特别重视，故于 3 月中旬由密支那派出部队在雷班隘口及瑞里一带警戒，待机出击。

我军新编第三十师第八十八团、第五〇师第一五〇团，及美国 G 字团（以上各部队先后到达孟关、恩潘卡、太克利附近地区），曾于 4 月中旬奉史迪威命令，组织一先遣支队，支队长为米尔准将，第一纵队长（简称 K 纵队）开利生上校，第二纵队长（简称 H 纵队）汉得上校。4 月 29 日由太克利出发，5 月 3 日 K 纵队到达南卡，H 纵队亦到达坡盖卡。7 日 K 纵队开始对雷班攻击，9 日采取迂回，始将敌军击溃，10 日占领阿兰机场。14 日，H 纵队到达密支那地区外围地点的升尼，并在该地开辟一小型飞机降落场。K 纵队攻克雷班后，即向翁卡前进，于 12 日到达丁克路高。此时，美 G 团一营与兵力约两中队之敌遭遇，激战迄晚被围。旋我第八十九团赶至，向敌猛攻，13 日解围。18 日赶至密支那北约 10 公里的遮巴德。H 纵队 16 日亦全部到密支那西机场以西附近，并将密孟公路切断。解美军之围有功、留在丁克路高掩护的我军一营，由于指挥官不负责任，竟忘却对该营空投给养，使该营官兵忍饥 8 日之久，仅采山果野菜充饥，至为艰苦。

为迅速占领密支那，驻印军总指挥部决定将原留在印度境内对英普哈尔方面警戒的新编第三十师第八十九团空运密支那方面参加战斗，并归先遣支队指挥官指挥。5 月 17 日，先遣支队向密支那西机场发动攻击。守卫机场四周之敌百余人，仓皇抵抗后即向市区溃退。米尔准将命令我第一五〇团即晚向密市攻击，20 日已攻入车站，忽遭敌集中火力的袭击，通讯联络均被切断。美方总联络官孔姆中校借故离开，以致无法要求机场的空军及炮兵支援，该团伤亡惨重，车站得而复失。21 日，指挥部命该团撤退至跑马堤。敌乘机跟进，并将原有工事加强，分成 4 个防御地区，纵深配备，增兵固守。因指挥官未能及时支援前线，扩大战果，又犯逐次使用兵力、被敌各个击破的错误，致使本来可以一举而得的密支那，竟拖延到两个多月之久。23 日史迪威偕参谋长鲍德诺及我军潘、胡两师长，来到前线组织临时指挥所，撤换米尔的支队指挥官并规定华军由潘、胡两师长自行指挥。又由列多空运第十四师的第四十二团前来增援。

25 日起，我方再度开始攻击，至 28 日无大进展，各线均因气候恶劣，地形不利，奉命在现地构筑坚固据点，并搜索敌情。30 日，天气稍晴，指挥部下令攻击。经两星期苦战，右翼先后突破南区敌部的坚固防线，左翼虽因强行通过开阔地区，伤亡很大，也占领敌方的重要据点。攻击至此，指挥官未能接受以往教训，命令频传，严厉督催，致伤亡惨重。我部队长鉴于密市自南至北高堤间，敌依据房舍、大树、竹丛等构成坚固据点，攻击愈形困难。经和指挥部争论，6 月 15 日以后指挥部方面听由各部队自行处理。各部队乃采取掘壕及强攻并用的战法，进展迟缓。7 月 6 日，我到前线视察，深感各部队胶着不动，徒延时间，因而决定在 7 月 7 日发动全面攻击。13 日起，在我优势空军及炮兵支援下连攻 3 日，始将北端高地及其西南数据点占领。17 日以后，各部队自行掘壕攻击，大部进入街市村落战斗。敌人虽屡次补充，但为我空军及炮兵猛烈轰击，死伤奇重，逐步退守市区。25 日起我军又开始全线攻击，至 31 日，已将密支那市区大部占领。第五十师师长鉴于密城北端之敌据坚固阵地顽抗，强攻牺牲太大，8 月 2 日派轻装敢死队，分组潜入敌阵地后方，将敌通讯设备完全切断，3 日拂晓即向敌指挥所猛烈攻击。我攻击部队同时应声而起，向敌冲杀。敌大部被迫向江中逃窜，未能逃走之敌，大部用手榴弹自杀。5 日已将所有残敌肃清，完全占领密支那。

此次战役，前后换了 3 个美国指挥官。他们既不了解中国士兵的特性，又不信任中国军官；命令时常变更，任务指示也不明确，下达命令以前，对实施所需的时间不作考虑，且常陷于分割使用兵力的错误。因此，中美军官之间的矛盾就充分暴露出来。

八莫克复，畹町会师

我军攻占密支那后，部队亟须整顿。在此期间奉命将驻印军编为两个军，即新编第一军与新编第六军，同时准备向缅北重要据点八莫攻击。10 月初雨季已过，我军陆续向八莫地区前进。后因国内战局的需要，新编第六军空运湖南芷江，新编第一军继续向八莫攻击。八莫是敌侵犯我滇西的战略要地，此地得失，关系缅北及滇西全局。敌在密支那失败，即集中残余部队加强八莫的防御设备，深沟高垒，层层设防，每条街巷都有坚固工事。当我新编第三十八师首次攻击时，即发现敌人阵地坚固，火力猛烈，就吸取密支那的教训，决定用陆空协同，步炮协同，并以战车掩护，逐点作歼灭之攻击。鏖战一月，整个八莫的敌军阵地，几乎全为我炮火及飞机轰炸所粉碎。敌顽强抵抗，大部被我歼灭，残敌向南坎逃窜。在追击战中，敌曾作凶猛的反扑，也都被我军击败。我军继续攻下南坎，并于 1945 年 1 月下旬与滇西部队在畹町会师后，继续南下略取腊戍及其以南以西地区。但不久奉命回国，中国驻印军总指挥部亦告结束。

四、中美军官的矛盾

史迪威要撤换中国军队营长以上官员的企图虽未得逞，但仍坚持由美国军官直接训练中国士兵；所以在兰姆伽训练的时候，美国军官直接调动营以下的部队，直接带领连队到训练场，中国部队长根本不知道。中国军官当然不愿意由美国人这样随便摆布，双方争论结果，才规定各部队联络官在调部队到某某训练场时，应事先与该部队长联系，并向师部汇报。有的联络官这样办了，有的还是不按这个规定。尤其是总指挥部的直属团队，更是由美国人为所欲为。联络官认为某个干部不行，只要向总指挥部汇报，就随时撤换，并送上飞机回国，事后中国的部队长才知道。史迪威的参谋长鲍德诺曾坚持参谋长有权直接指挥部队，因中国将领反对，最后史迪威不得不接受中国将领的意见。鲍德诺从此对中国将领特别仇视。新编第一军军部原分配有一辆小轿车，鲍认为这是浪费，立即把小轿车调回总指挥部。有一次外交部长宋子文因出席新德里会议，顺便到兰姆伽视察，中国将领在欢迎时派了一排仪仗队。事后鲍德诺在中美高级将领的会议上提出质问说："是谁命令派仪仗队迎接宋部长？如果不经过总指挥部的同意，随便派遣部队的话，那么，我们美国军官回去好了。"当时史迪威也支持他的意见。后来中国将领也提出质问："前几天印度的一位省长来参观时（省长是英国人），总指挥部曾派一营仪仗队；中国的部长来视察，派一排仪仗队，就不应该吗？"史迪威这才没有话说了。总之，美国军官是以施主自居，认为既靠美国援助就得听他们的话，他们的联络官就是太上皇。也有很少数中国的败类（多半是翻译官）为讨好美国人，从中搬弄是非，所以中美军官一度闹得很僵。有的中国军官见面时大发牢骚说："班超当年扬威异域，我们今天到印度来却领略海外洋威。"当时某高级将领曾写了这样一首诗："捧檄出神州，天涯作壮游。关山欣聚首，风雨感同舟。束手难为策，依人岂善谋？重温西汉史，无语对班侯。"

在缅北作战期间，中美间的矛盾更加明显。凡有危险和困难的地方就派中国军队去，有便宜可取时就派美国军队去。说也奇怪，往往美国人认为便宜的地方，却偏偏碰钉子。如孟关主力战时，他们看到日军快溃退了，就派美军一个团去瓦鲁班截敌后路；可是遇着敌两个中队的抵抗就叫苦起来，结果还是中国军派一营人去解了围。更可恶的是当中国军队去增援他们，才一开到，他们就跑了，把中国军队留下作掩护；甚至七八天不派飞机投送给养，几乎把一营人饿垮。官兵们谈起此事莫不愤恨。至于随时派中国军队去接替在危险中的美国部队，更是家常便饭。可是，美国军队在战场上（如密支那战役）本来有机会可以而且应该支援中国进攻部队时，他们却坐视中国军队的牺牲。他们是大少爷军，却把中国军队看成奴隶军。许多官兵都愤慨地说：“中国并没有亡国，为什么我们要受这个亡国奴的待遇！”现在回想起来，深刻体会到：这就是“美援”的滋味！

五、蒋介石与史迪威的矛盾

据我们的看法，史迪威到中国来，一方面是代表美国政府监督美援的运用，另一方面也有他个人的打算。他以“中国通”自命，想利用中国的士兵和美国的装备，在远东创造他的英雄事业。他的做法：第一步希望能指挥中国军队；第二步以美国军官代替中国军官，企图建立一支殖民地式的军队，作为他代表美国在中国称王称霸的资本。而蒋介石是以掠夺兵权、并吞别人军队起家的。两个野心家碰到一块，这就展开了尖锐的矛盾。为了撤换驻印军干部的问题，蒋、史进行了第一次斗争，蒋没有完全应允史的要求。史迪威一计未成，又施一计：他利用打通中印公路给他带来的威望，向蒋介石提出中国的13个美械装备军应该和中国驻印军一样，由美国高级将领来指挥，这就是说应该由他来指挥。蒋介石当然不同意他的意见。史迪威也不肯让步，便用美援这张王牌对蒋介石施加压力。史曾派包瑞德到延安建立美军观察组，并放出空气，打算把美援一部分发给八路军。史又扬言要去延安，摆出要援助共产党的架势。史认为他这一手可能使蒋介石屈服，所以由西北回来不久，便去见蒋谈判。蒋介石与罗斯福在开罗会议时，已订下反共密约，当然不肯对史让步。谈判决裂后，史迪威感到不对头，便去找何应钦转圜。何应钦深怕得罪美国，立刻去报告蒋介石。出他意料之外，蒋告诉他：“已打电报给罗斯福总统，请他撤回史迪威了。”何应钦大吃一惊，他从蒋介石那里出来时垂头丧气地说：“从此美援没有指望了。”罗斯福第二天就复电给蒋介石，同意撤回史迪威；不久就改派魏德迈来接替史的任务（以上材料一部分是当时史迪威的翻译刘耀汉谈的）。魏德迈来后，反共态度很鲜明，也不过问中国军队内部的事务，可是美援却不像以前那样顺利了。美国除了已答应装备的10个美械军外，不再装备其他军队了。后来经蒋再三要求，魏德迈才应允再装备 3 个军。中国驻印军的预备装备（等于原装备三分之一）原存于印度，蒋虽一再请求交给中国，而美国却仍然送给印度。原来打算在西安、桂林两地装备的中国军队，也不打算实行了。蒋介石只好把 13 个美械军的预备装备拿出来，成立若干个半美械装备军，以满足一些将领的要求。当时有人说："美国这样做法，使中国军队既饿不死，也吃不饱。"从这里可以看出，蒋介石和史迪威的矛盾，实质就是蒋、美的矛盾。

（覃异之整理）

被人视为雇佣军的中国驻印军

罗学万*

读了郑洞国先生所撰写的《中国驻印军始末》一文，使我回想到38年前随他去新一军司令部及以后到新三十师工作的一些情景，真是别有一股滋味在心头。当时的中国，由于蒋介石国民党当权，一贯倒行逆施，使国家濒于被日本军国主义者灭亡的边缘。由于国际形势的变化，中国后来跻身于所谓世界“四强”之列，与美、英、苏并肩作战。无奈名义上虽同为“四强”，实际上中国只徒有虚名。英美等国甚至有人视当时的中国驻印军为美国的雇佣军，中国官兵受尽了美国人的气。但10万人的中国部队，在印缅作战中，前仆后继，英勇牺牲，可以说是做到了扬威异域，保持了我中华民族的尊严。现将我所见到、听到及身受的一些美国人对我们的蔑视和欺凌，回忆追记写出。

一、新一军司令部虚有其名

1943年春，第八军军长郑洞国调任中国驻印军新编第一军军长后，经

* 作者时任中国驻印军新编第一军司令部第三课参谋，后任新编第三十师山炮第一营第三连连长。

请准于第八军抽调中、下级军官 40 人随同赴印，我亦附骥尾。我们陆续由昆明坐美国运输机飞越驼峰，到达印度洞姆洞马飞机场，再转乘火车来到中国驻印军训练基地——兰姆伽，同郑洞国由重庆飞印时所带去的 10 余名军官汇合，编组成军司令部的参谋、副官、军需、军法等处，多余人员都暂编为高参、额外参谋等，准备作为军直属部队成立时的各级部队长。

新一军司令部的成立，美国将军史迪威是不同意的。因为他长期以来认为只有以美国高、中级军官和幕僚来统率用美国装备、受美国训练的中国士兵，才能打好仗。新一军司令部的成立，违反了他一贯想建立由他控制的军队的目的。为此史迪威与他的幕僚长费尽心机地设法限制、剥夺新一军司令官的权力，使其有名无实，受气干不下去。致使温文儒雅的郑洞国将军，没有任何权力，只能斗室独坐，或看点书、或下几局棋；致使军司令部的幕僚人员，无事可做，闲得无聊，更难熬异域枯涩的生活。

（一）中国驻印军虽置身外国，但他们永远是隶属中国的，尤其作为统率中国驻印军的军司令部，它代表着国家的尊严，因此他们所着的服装，应该是中国规定的陆军制服。美英两国的军队驻在印度，其官兵所着服装，也全是美英国规定的式样，没有因为离本国太远，或是同盟国共同在他国同一地区作战而稍有所改变。惟独中国驻印军，不论官兵，一律改着当时英属印度陆军所着服装，颜色和式样没有半点差异，远看同当时印度殖民地军队一样，近看才能从肤色上分辨出来。负责服装装具补给的美国官员，就是不通知制作服装的英印工厂，依中国陆军制服式样，缝制中国军队的服装来补充。明知这是从外表上给我们的侮辱，大家和我一样只好以忍辱负重，以“小不忍则乱大谋”来自我解嘲。后来军司令部的军官们，都自己缝制了一套本国的陆军制服和武装带等，以便节日穿着，以示我们有祖国的衣冠。

（二）当时的郑洞国将军是驻印军新编第一军军长，也是中国驻印部队的最高指挥官，是一个独立盟国的代表。可是郑洞国所坐的轿车，是一部英国式的旧轿车，远远比不上史迪威和他的参谋长坐的当时美国最新的流线型轿车。据说原来新一军军部配有一辆美国新式轿车，作为郑洞国专用，以示尊重。后来史迪威认为军司令部配这样好的轿车是浪费，指示收回总部使用。郑洞国只得坐这部英式的旧车子，好在他深居简出，出去以乘吉普车为主。

（三）按照中国军队编制，军是作为战役、战略指挥的机构。为完成此一任务，军应有其直属部队，如警卫、通信、搜索、辎重等营（团），以利于其执行战役、战略任务。新一军司令部成立后，多次草拟军直属部队的编制装备，呈请中国驻印军总部审核批准，并空运兵员来印，以便早日编成，加速训练。可由于史迪威出于内心不同意建立军司令部，就表面上敷衍应付。据我所知，军部曾 3 次修改编制装备，呈请审核，没有一次得到史迪威的同意。按其批示修正后，又是这样的毛病，或那样的困难，批回复拟。最后，还是以海运武器装备困难，暂缓成立而全盘否定。军司令部的警戒，也只有请新二十二师特务连派出。直到 1944 年夏新一军扩编为新一军、新六军时，仍旧是个“光杆司令部”。郑洞国在新一军军长任内，连卫士班也无法建立。

（四）新一军部队装备了美国武器，司令部的军官们为了工作的方便，想熟知美国武器的战术性能与技术性能、美国诸兵种联合作战的特点和美军参谋业务的内容特点。郑洞国也想使军部这些幕僚能到美军所办的各类学校、训练班去受训，学点东西。他多次函请美军训练处，要求分批接收军部的军官们到各类学校受训，但总指挥部、美军训练处都以各种藉口（如训练部队太忙，人数太少，无法另行开班等）而拒绝。1943 年入秋以后，郑洞国利用中、美节日，宴请了美国在兰姆伽上校以上军官后，又再函请送训，始同意分批去各类学校受训。我就是在当年 10 月第一批去兰姆伽美军战术学校受训的一个。参加各类学校训练班（如战术训练班、森林战训练班、参谋业务训练班等）受训，为时也不过 3 个月。

（五）史迪威剥夺了郑洞国的大部分权力，致使军参谋处处于瘫痪状态。参一课掌管作战教育，而兰姆伽的部队训练，由总部美军训练处包办了，训练实施情况从不通知军部。参二课掌管情报，可当时为掩护修筑中印公路的新三十八师第一一四团，在新平洋一带丛林中与日军对峙并进行斥候战的情况，由总部前方指挥部掌握，军部无权过问；军部既无搜索部队，也无搜索器材，更无情报人员，有时仅从总部转来一些过时的敌情通报。参三课掌管后勤，更是茫然漆黑，既不了解预想战场的整个通信联络系统，也不知道粮弹储存补给系统的设施。当时我在参三课工作，为了解战时后勤设施的概要，不致临战慌乱，曾请准参谋长，持函去总指挥部参三课，请他们给予我们概略指示，同去的还有两个专业通信与辎重参谋。到总部见了参三课课长景去增上校（后调任新三十师参谋长），他说：“此事要和课里的美军联络官商量后才能答复。”随即他去与该课联络官商量很久，转来对我们说：“联络官认为军司令部没有知道这类设施的必要，一切有美国联络官负责办理。”我当时向景课长说：“只有军部先原则地了解总部的后勤设施方案，才能策定军的后勤设施计划；总部与军部，在一切业务上是各有各的范围的，课长你说对不对，军部向总部来请示后勤一般业务原则，应不应予以指示？”景去增说：“我也认为是对的，但我只能同意联络官的答复。请你们转报舒参谋长吧！”我们 3 人只得悻悻而返。

（六）据说在 1943 年春，新一军司令部成立不久（当时我还未到达军部），军参谋长舒适存为了军部幕僚业务的开展和军所属部队的调遣等问题，与总部参谋长美国鲍德诺准将商讨研究，与其约定了时间去总部会商。在会商中，总部参谋长在一些问题上固执己见，盛气凌人，舒适存据理力争，并不相让，至互相面红耳赤，会商中断。当舒适存返回军部时，美军参谋长竟下令扣留舒所乘的汽车，舒只好愤然步行而返。这事上告到中国战区司令部，因美国人太无理，史迪威只好将鲍调离总部任前方指挥部参谋长，另派美国准将白根为兰姆伽总部参谋长。

二、美联络官是“监军”与“太上皇”

（一）美联络官的由来、配置与素质

中国驻印军配置美国联络军官，是依史迪威的设想而办。史认为中国士兵能吃苦又勇敢，如装备美械并以美国军官来统驭指挥，必成劲旅。因此在

1942年中国军队在缅甸溃败撤到印度后，他就建议以中国士兵、美国军官重建这支部队，并从美国调来数百名军官作为建立这支部队的骨干。但此举遭到中国人的坚决反对。美国当局亦以中美系同盟国，这种以殖民地军队方式对待中国军队做法，亦有失美国的国际声誉，促使中国离心，没有应允。

史迪威见此计不成，又生一计，以中国驻印军都是美械装备，给养装具则由英印当局负责，要使中国部队熟练使用美式武器，又要使英印当局对中国部队给养补给充分，仅依靠中国军方难以完成，提出配置美国联络军官。当时中国军方亦有上述的同感。这样原由史迪威调来准备充任中国驻印军连级以上干部的美国军官，就大部以联络军官的名义出现在中国驻印军中，但他们仍隶属于印缅战区美军指挥部。

这样虽然没有实现史迪威的以美国军官来统率中国部队的野心，但实现了以美国联络军官来控制中国部队，作为中国驻印部队的“监军”和“太上皇”，掌握着一切大权。较之以美国军官在中国部队里充各级指挥官，更能隐晦其目的，可以“客人”“帮助者”的面貌，专横傲慢地对待中国军队，却不负任何错误的责任。

中国驻印军的指挥机关（除新一军司令部外）和各部队均设有美国联络军官。在中国驻印军总指挥部，总指挥是史迪威，参谋长是美国陆军准将白根，各处、课、室均有联络军官负责协助处理各处、课、室的业务。各步兵师、团（特种兵团）、营均有美联络军官组，一般以美军上、中校军官为组长，以校尉级军官和特级军士若干人为组员，负责各师、团、营和团直属部队的训练和装备。以新三十师山炮第一营为例，营有少、中校联络军官一人，特级军士一二人；炮兵连、补给连有上尉或少校联络军官一人，中、少尉联络军官一二人，负责炮兵炮操、通讯、观测、驮载、射击的训练。为训练临时派来协助的联络军官，没有定额，每个课目训练完成后，就不常来了。

在中国驻印军中担任联络官的美军军官，很少是美国正式军官学校毕业的。一般都是大学毕业或肄业的学生，在学校曾接受过预备役军官教育，战时征召入伍后，再予以短期专业补习教育。因此他们的军事业务知识是有限的，大部只知其所学兵种的某部门的一般知识。如山炮营的联络军官，多只熟习山炮兵的一二门知识，常常是知道火炮操作的，就不知道观测、通信业务。有点全面知识但又不甚精通的人，就多是负责任的联络军官组长。他们的战术知识、尤其是实战经验，更是粗浅缺乏。特级军士一般是文化水平较低，没有进过大学受过预备军官教育，但军龄长，或精通某项具体工作（如在养马场工作很久，熟习养马），受国家规定的限制，不能提升为军官，以特级军士待之。据他们说：这些特级军士的月薪很高，一般都能达到上尉级的月薪，有的还可以超过初升的少校。

（二）美联络官包办训练，侮辱人格

在兰姆伽驻印军基地，中国军队的教育训练，完全是由总指挥部美国训练处包办，也即由美国联络军官包办。部队的训练计划、每周训练实施的进度，均由他们拟定，从不向中国军队主官通报，更谈不上共同协商，致使训练脱离中国军队的实际。美国联络军官认为，中国军官不懂美国武器的技术性能和战术性能，没有必要使中国军官了解他们对中国部队的训练计划，而且中国军队使用的是美国的武器，那就得在教育训练上听从他们的指挥。所以部队每天的训练，都要等联络军官来后才能确定，当美国联络官未按时到达部队时，就不能进行操作。遇到这种情况，连队值星官来问连长时，连长们都习惯地答复："联络官还没有到，干什么不知道，等吧！"有时联络官一下来了三四个，他们就宣布："今天进行火炮操作；观测兵和通信兵进行其本身的器材操作；军官在小型射击场进行射击法演习。"

负责各部门训练的美联络军官到各个操作地点去实施训练了，作为一个连队指挥官的连长，既要了解连队各部门的训练实施情况，又要顾虑连队士兵在训练中因言语不通、教育方法不同而发生损坏火炮器材的事故，还要顾到自己接受美国炮兵射击法的教育，确实心挂多头，难于应付。有时美国联络军官只来一人，这个美军既无法分身执行各部门训练，也不完全懂得炮兵各部门的技术，就说："你们自己进行训练吧！"他站在旁边看看算了。这样，更使作为一连之长的连长，难以妥当地配置当天的训练进度，尤其是进行炮兵连各部门联合训练时，由于不了解美国人所订的训练计划，且自己有时也是被教育者，所以常常形成这一部门操作熟练了，那个部门的操作还没有完成，联合操作搞不起来。

其实，美国火炮、观通器材和炮兵射击法等，与日、德的是大同小异，我们只要看几次美国炮兵操作，就可以掌握它的特点，就能进行适合我军士兵素质的教育，完成训练任务。只因美联络官的包办代替，反而推迟了训练完成的时间，造成不必要的紊乱。

在炮兵连队完成炮兵各部门的基本操作后，都要进行连队的联合演习。除实弹射击先日有通知外（这是因为要检查校正火炮、弹药的种类，以免发生意外），其他的演习都是美联络军官到达连队后才说："今天野外演习。"连队没有准备，就带着队伍跟着联络官走。演习课目、时间、地点和经过路线，都不能事先了解。即使问他们，回答也是："去到那里就知道了！"更谈不上在这次演习中，假设的各种情况与处置的腹案的意见交换了，这是我任连长时多次演习所碰到的。

有次演习，美联络军官带着连队就走，行了一段路，徒涉了二道浅河，又走了一段山路，到达一个比较平坦的树林区。联络军官立即宣布："停止前进，休息！"随即又说："卸下火炮、器材，火炮结合后，四个方向各摆一门，做简单的防御工事，骡马集中于西边洼地，炊事班准备升火做饭……"我看到好像是准备宿营似的，就问联络军官可克："是准备宿营吗？"他说："是呀！"我又问他这次演习是旅次行军还是战备行军的宿营？如为战备行军的宿营，连队是前卫炮兵，还是本队炮兵？周围的步兵部队的宿营配备如何？炮兵的警戒如何派出？与步兵如何联络？并告诉他，炊事班没有来参加演习。美联络官可克听后说："既然炊事班没有随来，那就算一般的行军宿营吧！休息休息，返回营地。"这个可克就敢这么随意地对待演习。

利用合法场合，借端侮辱中国军官，是常有的事。1944 年 5 月，新三十师山炮一营最后一次实弹射击（空炸）演习，由我连作演习部队。第二天一早，我们就到射击场，作好一切准备。美国炮兵学校校长和众多的美联络军官、教官与新三十师炮兵指挥官唐永康和全营军官相继乘车到达后，由美炮兵学校中校教官（统裁官）检查了炮阵地、观测所及通信设施等，认为没有问题，就开始射击演习。

先行演习的排长、观测员、连附的射击成绩都很好，虽统裁官有所修正，但均无大错。轮到连长指挥射击，由第一连连长开始，在试射完成准备效力射时，被统裁官制止了，以目标错误，取消了射击指挥权。但统裁官在试射中并没有提出纠正演习者的错误，或代为修正错误的射击诸元。接着第二连连长和补给连连长相继进行射击演习，亦以同样的“理由”而先后被取消了射击指挥权。当时在场的中国军官哗然，不知错在何处？随后，轮到我指挥射击了，我到指挥位置后，请统裁官指示了目标，就又重作了一次标定，再请其检查有无错误。得到没有错误的指示后，就提出对目标的射击诸元，并经统裁官认可后，便发出试射口令。一发炮弹就完成了试射。正下达效力射口令时，又遭到美国统裁官的制止，还是以对目标错误，取消了射击指挥权。我当即提出抗议，问其错在哪里？你自己检查了对目标的标定，谁也没有动一下，这是为什么？这个美军中校说：“我是统裁官，我有权取消演习指挥者的射击指挥权，何况火炮是我们美国运来的。”我听后，更触动了我的自尊心和民族主义意识，也愤怒地说：“我是中国连队的指挥官，是不可欺的，我有权向你提出抗议，纠正你错误的裁决；我们所用的一切是依盟军租借法案而得到的，这是用我们中国人的钱买来的。”并转过来对观测员说：“立即撤出观测所、炮阵地，返回营地。”

正在撤收中，美国炮兵学校校长看到了我愤怒的表情并知道了我抗议的内容，就到师炮兵指挥官唐永康处对他说：“请你命令这个连长，就算是统裁错了，也不能撤收炮队回营地，由他继续射击吧！”唐指挥官就转令我：“准备继续射击，停止撤收。”我只好服从命令，打完那个目标，并取得好的效果。这个美军中校也没有履行其最后的讲评程序，与美炮兵学校校长相继乘车离开了演习场。返回营地后，我也受到唐永康指挥官的严重警告：“以后不得与美国军官当场发生顶撞，我们需要他们的援助，要忍辱负重。”

美国联络军官在训练中对中国士兵的生命是漠视的。当时中国驻印军的师炮兵，因预想作战地区多为山地，骡马驮载的山炮更能随伴步兵协同作战。但所用骡马，由于产地不同，调教时间不同，服役的驯良程度也各异，少数劣性马并未驯服，见人接近，就乱咬乱踢，不能驮载火炮与器材。新二十二师山炮兵在驮载训练中，被这类劣马咬伤多人，先后有两人被踢伤重而死。美国联络军官认为这是调教骡马的方法太粗糙，人马不亲和，士兵不小心所致。新三十师山炮营，为了避免士兵发生这些可以避免的人身事故，对这类劣马拟采用另一种较好的调教方法，即先使劣马体力疲劳再行驮载的调教方式。美国联络军官不同意这种作法，认为："这是不人道的，易使骡马发生肺炎等多种疾病，不能用这种方法调教。"我们对他们说："让劣马踢伤、咬伤士兵因而致死，难道是人道的吗？"我们不理会他们那一套，照常干我们的。美联络军官看到不能纠正我们，就带来几个印度人破坏了调教场的设备，使我们无法使用，但我们对少数劣马却基本上调教驯良了。

（三）美联络官在作战上固执错误，贻误战机

1944 年 8 月，密支那攻克不久，新三十师师长胡素就接到奉调回国的命令，总部前方指挥部限他在接到指示的第三天乘飞机回国。胡素被解除师长职务后，调任军委会高参。后据胡素的随从参谋项德椿对我说：胡之所以被调回国，是美国将军在指挥这次战役中，分割使用兵力，命令、任务随令即改，因而使部队遭到重大伤亡。当史迪威偕其前方指挥部参谋长鲍德诺来前线视察时，见美国将军指挥无能，不得已规定中国军队由中国将军指挥。命令虽然下达了，但总部前方指挥部参谋长并不执行，仍以总部命令，强令我军在不适宜强攻的情况下强攻，新三十师第八十九团伤亡惨重。胡师长为第八十九团的进攻与总部前方指挥部多次发生争执，没有达成其改变计划的协议，也得不到空军、炮兵的大量支援。胡见到师部美军联络官就发火，指责美国将军将中国人的生命当其错误指挥的牺牲品。因此他们对胡怀恨在心，借胡素在指挥上也有不当之处，且个性暴躁，请蒋介石把他调回国，蒋介石只得同意。这样，胡素的师长职务撤掉了，也就为美国军官挽回了面子，遮了丑。

1944 年秋，新三十师沿八南公路（八莫—南坎）之线两侧进攻日军。至 12 月底，逐次打到南坎外围，又受到南坎日军凭借南坎有利地形的阻击。

南坎为四面环绕高山的一个小平原，瑞丽江横贯其中，江北属于我国，江南属于缅甸，附近村落棋布，隐蔽于丛竹之中，日军沿河直接筑有工事。在其观察所，对我军行动大都能瞭望清楚，而我对敌人工事构筑、火力配系、部队行动，却很难观察。

1945 年 1 月初，新三十师几次从正面渡江进攻，均未有收效，部队屯兵已多天了。后来采纳副师长文小山的方案，在八南公路未出狭谷且隐蔽之处渡河，从我右翼的大山中，迂回到南坎后面，截断公路，包围聚歼南坎守敌。规定迂回部队从出发日起，4 天完成截断公路，构筑工事，准备日军反扑，并凭既设工事，逐次压缩对敌包围圈。又严格规定迂回部队带足备用粮弹，在 4 天行动中不准空投，防止暴露；正面部队在这 4 天中，作好渡河准备，不断佯攻，以迷惑敌人。但是迂回部队第八十九团的美国联络军官，没有按计划指示，通知粮秣补给系统，干粮只补足 3 天，该团团长曾琪也没有注意此事，带着部队就出发。3 天过去，部队抵达南坎后面大山时，没有饭吃了，来电请求空投。文小山接电后，极为恼怒，回电指示："不但不能空投，而且要兼程按时赶到目的地；如空投，敌人将逃跑，迂回部队将受到猛烈的攻击，有关人员战后将严予议处。"但在第八十九团的美联络军官认为，部队得不到给养就不能完成任务，便擅自通知美国空投部队，开始起飞空投了。

果然，美机空投后，日军发觉受包围了，即向迂回部队猛烈攻击。1 月 14 日当晚，所有日军分成多路溃逃，有越岭爬山的、有沿公路逃跑的，弃尽不能携带的武器，连日军旅团长的小汽车也丢在南坎，衔枚急撤。翌日拂晓，当我军猛攻南坎时，日军仅留下一个阻击小分队被我全歼，结果收复了一座空城。

（四）美联络官利用武器装备，拉拢培植亲信

中国驻印军的编制装备，基本上依中国陆军步兵师的编制来装备的，增加了一些汽车、小口径战车防御炮、轻迫击炮、山炮等，一般说武器都较陈旧。美联络军官对中国部队的装备，有建议权、决定权。他们的标准，主要依中国部队的主管军官对美国人的态度是否亲近，对美国的一切是否崇

拜、仰慕而定。如亲美思想很浓厚，其所属部队得到的装备就会好些、多些。如新三十八师师长孙立人是美国留学的，据说还是史迪威的学生，因此新三十八师不仅装备了两个山炮营，还装备了一个10.5厘米榴弹炮营（这种火炮是1942年出厂的，较为新式）。该师炮兵指挥组的器材、车辆，就比其他各师炮兵指挥组多一倍；其他各师也不可能得到10.5厘米榴弹炮装备。第十四师、第五十师仅装备了一个山炮营。据说新三十八师储存的预备武器，还可以按编制装备一个师至一个半师。其他师也有预备武器的储存，但都由美国军官统一集中储存，并不发到各师，最后还是由美军当局全部拨发给印度了。

三、医疗、待遇、勤务方面的不平等

（一）医疗方面，对我军如对待殖民地军队的待遇

中国驻印军官兵看病、住院，有专门的医院，都由美国军医、护士负责，翻译人员很少，每天仅查一次病房，全天发药、换药一次。其他时间，虽病情变化，再三呼唤医生护士，亦很难来到病房诊治。不少病人因诊断不及时，或语言不通，轻病转成重病，甚至因此死亡。在外科手术方面，如包皮过长（印度气候炎热易于发炎）、阑尾炎等割治，都是用哥罗芳全身麻醉（我就受过此害），这是为了便于美国女护士进行实习，积累经验。这类简易手术即使在我国医院里，也早就使用局部麻醉了，为了美国女护士的实习，竟使这类手术伤口长期发炎，个别的性神经被割断的亦有人在。内科方面，常有病重垂危尚未诊断是何病，只有让其死亡。美军另有医院，不接收有色人种的病人，美国黑人虽与美国白人同一医院，但病室是分开的，绝不混同。歧视有色人种，战时也没有减少。

（二）生活待遇上，中国军队与美军更是悬殊，不可比拟

先看居住地区，美国军人都住在营房内，并有各种卫生设备，如淋浴

室、有抽水马桶的厕所等，还有电影、电视、舞厅，漂亮的食堂和厨房……只有服侍他们的印度人才住在帐篷里。中国军队除军、师司令部和总部直属团、营及少数步兵团有营房可住，一般设备都很简陋（部队出资修整者除外），设备仅有电灯、自来水，绝大多数中国部队均住在帐篷里（8—10人住一帐篷），除自来水有一总开关外，别无其他。厨房、厕所都由部队修挖。

中国军队的给养与美军也是不能相比的。美军官兵在兰姆伽有食堂，有丰盛的食品——牛奶、肉类、鱼类、面包、水果、香烟、酒……应有尽有，也取之不尽；在战场上，美军规定有制式干粮（分早、中、晚餐）、水果罐头、糖类等。中国军队在兰姆伽训练基地，分校官和尉官士兵两种给养（将官另有规定，记不清了）。校官有牛奶、面包、大米，还有点罐头、水果、香烟等，每周份量不够其个人 3—4 天之需；尉官士兵给养为糙米、粗面粉（没有去麦皮的面粉）、鲜牛肉、蔬菜（经常缺货）、黄豆、牛油、食盐等。战时副食以牛肉罐头、杂烩罐头为主，主食同在兰姆伽一样，配给部分英国干粮（每袋有粗饼干 10 块、奶粉一小袋、枣糕一块、白糖一小袋、烟 5 枝），与美军在质量上相比却是悬殊的。

关于中、美官兵的薪饷。据说在印度的美国军人领取的是海外津贴，国内还有薪饷。每月的海外津贴，上尉级有 500—600 盾卢比，中、少尉级有 350—400 盾卢比，特级上士一般都能领取上尉级的海外津贴，一般的士兵可领津贴 100—150 盾卢比（以上数字是与一些美军联络军官闲谈时得到的，也许有错误）。中国驻印军的少校每月薪饷为 150 盾卢比，上尉为 100 盾卢比，士兵 8—15 盾卢比。

中国驻印军官兵在薪饷发放时，多要集合点名，当场发给。这时，美国负责军需方面的联络军官，都分派到各部队去监督，点一个名，发一个人的饷。如住医院或因重病不能到点的，事先必须先在名册上注明，当场还得声明。点完名、发完饷，要由美国联络军官与中国的部队指挥官共同签字，才能有效。

在行的方面，美国军人在兰姆伽外出都是坐汽车（大小汽车、机器脚踏车等），中国驻印军除团级以上、直属部队营级以上（步兵营长到开赴战地时）才有吉普车。

（三）作战执勤方面，中国军队与美军也是不平等的

1945 年 2 月，我们在星伟外围作战时，美军有一个旅在右翼作战。一天黄昏，在我连炮兵阵地前，发现 5 名全副美式服装、装备的中国士兵，通过警戒线。哨兵认为有异，怀疑为日军化装潜入的侦察兵。即将彼等带来连部，经我询问，他们答复为中美混合团的部队，同美国独立旅在我军右翼作战，是奉令经过我警戒线出去侦察日军阵地情况的，并拿出证件给我看。我问他们的部队编组、作战、生活等情况。他们说：我们是属中美混合部队（团），配属于美军独立旅作战。中美混合团大部分为美国人，一部分为中国人，我们中国人共编成 3 个连，并不与美国人混合。在生活上与美国士兵一样待遇，作战时就不同了。我们中国人要担任侦察、警戒，打仗时要作战斗搜索。晚上不管天晴下雨、平时战时，我们都要任警戒兵，他们都安然睡觉，除非听到很剧烈的枪声，决不起床作抗敌夜袭的战斗准备。这种最危险、最易于伤亡的工作，美国兵都是不愿干、也不敢干的，只有由我们来干。他们说后不胜唏嘘。我见他们确为我方部队，且确为中国人，为了执行夜间侦察任务，因此就由他们自行离去。美国出钱出枪，中国出人出命，这就是当时中国驻印军作战的实质，这也是我在他们离去后茫茫黑夜中的感想。

驻印军三年工作漫忆

李则夷*

为适应与盟军协同作战的需要，1942 年军委会办了两期外语人员训练班，训练一个月便分配到中国驻印军工作。我曾在成都高师受过英语专业教育，怀着以语文报国的心愿考入了外语训练班第二期。

一、飞越天险驼峰

我们在重庆经过一个月的英语训练，便照各人志愿分配到军委会外事局工作，外事局兼局长商震接见了我们同去的 20 多人，说：一项重要的工作即将派你们去担任，地点在印度，第一批已经去了，你们还得等待几天，望安心把自己的外语知识好好巩固，别浪费了学习时间。他还讲了自己 40 岁后才开始学习英语并取得成功的经验，使大家受到鼓舞。副局长汪世铭点名后宣布了第二批去印度的名单，让听候通知，其中有我的名字。

9 月 2 日，局里派车送我们到九龙坡机场，顺路搭乘史迪威将军去印度布置工作的专机。史迪威个头不高，面容瘦削而且布满了皱纹，双眼炯炯有

* 作者时任中国驻印军兰姆伽训练基地军训处步枪组翻译官。

神，态度和蔼可亲，肩上佩戴中将军衔，年龄恐已在60岁左右了。他领着大家走上舷梯进入机舱，叫大家分坐两旁靠窗的座位，还热情地帮助扣好安全带。飞机起飞了，隆隆的机声震耳欲聋，他什么话也未说，却把夹心饼干、沙田柚子分送到各人面前，让大家和他分而食之。到了昆明巫家坝机场，他吩咐大家入住招待所，下午可以进城游玩，次晨继续起飞。

第二天起飞时天色尚未大明，滇池从机翼下滑过，点点游船隐约可见。见了洱海的深蓝和点点苍山的暗绿，已知航程越过大理了。山越高，雾越厚，寒气也越重，何处是驼峰谁也看不清楚。据说翻越过去，机身须升高达8000米，大家都穿着太薄，不禁瑟缩发抖，呼吸迫促起来。这时史迪威和乘务员送来几张军毯，让大家披在肩上，才顿时感到身心俱暖。进入印境，机身逐渐降低，地面上大片整齐的麻田极目无限。到汀江机场降落下来，全身已是燥热难耐了。指挥部有专车接史迪威前去休息，我们被引导至场边美军食堂就餐。

机场尚在建设中，数以万计的印度劳工正在紧张地施工。下午继续西飞，经卡坝降落一次，机场跑道正用多孔大型钢板铺筑，工程牢固，进展迅速。史迪威下机指示工作后又向西飞行，直到印度第三个省份比哈尔邦的兰溪机场降落。此时已是薄暮，中国驻印军新二十二师师长廖耀湘、新三十八师师长孙立人已到机场迎接。我们分乘同来的小轿车，跟在他们后面，又西行50公里，终于到了中国驻印军的训练基地兰姆伽。道旁肃立着整齐的队伍，在嘹亮的军乐声中举枪致敬，热烈欢迎史迪威将军的到来，我们也暗自感到忝附骥尾的光荣。

二、兰姆伽基地一瞥

我们到达兰姆伽军营的次晨，中国驻印军副总指挥罗卓英便在指挥部接见了我们。他说，新二十二师和新三十八师由缅北辗转到此，经过近月的休整已大体就绪，紧张的训练工作即将开始，国内要派来大量的新兵补充缺额，并成立新的单位。这儿的基地是与盟军共同组织成立的，英方负责后勤，包括营地、粮食、服装、给养等项；美方负责训练，包括武器、交通、装备等项；中国专门负责供应兵员，互相配合，共同协作，不出两年，必将训练出强大的现代化军队，反攻缅甸，击败日军。他希望我们下定决心，不辞劳苦，为此目标而努力奋斗。

指挥部是在史迪威领导下直接推动基地整个业务之首脑机构，史本人不常留驻此地，中方长官罗卓英中将不久奉调回国，继任人为李申之少将，名义已改为主任。此人不大管事，主要权力在参谋处，处长系美方少将波特勒，中方高参黎度公少将（曾留美西点军校）负责中美间联系，使业务推进自如。军训处组织庞大，处长为美方少将马克甫，基地整个训练业务的开展与完成概属其职责范围。中国部队的政治教育、制式教练、生活管理等，该处全不过问。中方军官按照计划通知，实施步、炮、工、辎、武器、战术、战车、通讯等训练措施，准时率队到指定地接受教育。所有准备工作概由美方军士布设就绪，美军教官与翻译官密切配合施教，进度按时顺利完成。训练于9月中旬正式开始，指挥部于前一日下午邀集所有中美军官开了一次生动活泼的庭园盛会，直到尽欢而散。

三、步枪射击教育

我被派到步枪组工作，时间持续达两年半之久，一同工作的美国教官先后有布什上尉、希尔利少校、克拉克上尉、雷汶中尉（犹太人后裔，学说中国话进步快，后来不需翻译能自用汉语讲课）、陈中尉（华裔）。凡是由国内派到兰姆伽基地的中国官兵，即使是伙夫、勤杂兵甚至是前来值勤的宪兵，无一例外地均须经过步枪基础训练，约训练了3个步兵师（即新二十二师、新三十八师、新三十师）、3个炮兵团（驮载山炮直属各师，此为汽车拖运的105榴弹炮）、3个辎汽车团、1个化学兵团、1个工兵旅（大部在前方训练）和6个战车营；办了6期将校班（每期百人）和其他一些直属或独立的通信、迫击炮、重机枪、宪兵排连长等训练班，人数当在五六万之间。现成营房不足，均在近郊架设帐篷驻扎。每一单位训练、装备完成，便被陆续调赴印缅边境的前进基地汀江。我曾见过新三十八师开拔前的检阅仪式，威武雄壮，军容赫赫。

1942 年底，国内第一批新兵送到了兰姆伽。不下 3000 人的长长行列，由火车站向营区开来，一个个面黄肌瘦，头发深长，服装污破。他们集中到空旷的营地广场上，由老兵们以简陋的设备给他们剃头、洗澡、换装（脱下旧衣全投入火坑焚烧，发给印度兵服装），这一系列的程序都在露天进行。美国兵见此纷纷用照相机摄入镜头，他们对待盟军的态度，实显得不够尊重。后来上级察觉到，遂将此一程序改在汀江办理，新兵一下飞机，便立即改换了面貌。

一次在训练场上我发觉一新兵操作艰难，每触及肩臂即呼痛不止。休息时我前往查询，他解衣相示，只见伤处皮肉模糊，血痕斑斑。据告姓张，四川泸县人，曾在西康第二十四军刘文辉部当兵，回家省亲便被抓住送印。日前逃跑又被宪兵扭获送回，连长把他作为教育全连的样板，当众捆绑吊打，双臂受伤最重。我说："这是外国，你能逃到哪里去呢？"他答："跑回西康去，半天飞机，三昼夜火车的路，能有好远，向西跑一两个月总是可以跑到的。"我又说："人是要吃饭的，语言不通咋办？"他从衣袋里摸出一个小本本给我，好家伙，他有充分准备哩！饭注音干那、水注音巴尼，各种单词注音不下三四十个。我劝他："别做梦啦，除了练好本事，反攻缅甸、打回老家，此外别无出路；在国内逃兵一律枪毙，你保住了命算是幸运的啊！"他听了我的话，咬着牙继续操作去了。

步枪射击教育是有许多具体工作要作的。先由两个师挑选了 100 名优秀上等兵作为助教，他们经过严格反复训练，每人都成为能掌握射击技术、熟悉教育要求的优良射手，在辅助教学中有重要作用。受训的第一班是指挥部黎度公率领的所有官佐，其次是两师的全部军官，他们学习认真，成绩突出，起了很好的带头作用。

士兵开班训练每班 100 名，配助教 25 名，每人辅导 4 名，使用的步枪系美国名厂制造的"春田步枪"。教学分为 6 个阶段：（1）熟悉部件名称和装卸方法；（2）识别瞄准图形及枪背带调整方法；（3）射击姿势练习，卧、坐、跪姿用套背带，立姿用挽背带;（4）击发方法，停止呼吸，分两段扣引扳机;（5）实弹射击，靶场距离分 100、200 码两种;（6）用热肥皂水擦拭枪机、枪管。一班的基础训练，3 日便可完成。工作紧张期间，采用流水作业方法，与轻武器其他各组合作，功效可提高几倍。以后多次的战术演习，概为实弹射击之复习，人人都成了神枪手。

四、蒋氏父子在基地

1943 年夏，驻印军成立了新一军军部，军长郑洞国中将，所属新二十二、新三十八师训练完成，相继开赴前方；次年新三十八师调上前线后，孙立人接任了新一军军长，廖耀湘升任新六军军长，郑洞国则升为中国驻印军的副总指挥。在兰姆伽期间，我每晨上班总见郑将军在操场上练太极拳。一日，他偕同上尉参谋蒋纬国到靶场视察，教官报告训练情况后，即引导他们到 50 码小靶场作实弹射击。

同年 11 月，蒋介石到开罗参加中、美、英三巨头会议后，回国途中绕道兰姆伽视察。他的一贯作风是专听主管汇报、登台大致训词。当日整个军区停止了一切正常活动，我们见各处路口都遍布岗哨，门前公路上两次成串的轿车奔驰而过，激起滚滚黄尘。事后才知道是最高统帅亲临军区，向部队致了他的训词。

五、将校培训班

从 1943 年秋起，重庆国民政府便陆续抽调所属部队的带兵官——军长、师长、团长及其副职、参谋长之类的人员，军衔概为中将、少将、上校，到兰姆伽参加将校班学习，共办了 6 期。每期 100 人，受训一个月。训练方法是观摩美国军训方式，实际操作若干项目，深刻领会要领，务使真有所得，回国后才好在各人主管单位推广应用。各期领队人有杜心如、陈明仁、黄维、康泽等。

为了训练好这批中国高级军官，美军训处最初也作了认真的规划和准备。以我所在的步枪组为例，教官希尔利少校便事先写好了讲稿，经过反复修改，多次预行演习，步兵武器上校组长还亲临现场指导，其他项目的准备莫不如此。每期开始训练的第一课，便是步枪射击教育，教官背完了他的精彩讲词，经我如实照译后，问大家有何问题。对其他轻武器训练，一概到现场由教官讲解、指挥，士兵操作、演习，大家从旁参观，事后讨论。最后一课为步炮联合大演习，动员人数约有一个团以上。我随同教官在步兵前线向敌人阵地匍匐行进，步兵利用地形地物不时跃进，身后轻重机枪及迫击炮概为超越或交叉射击，子弹从头上嘘嘘飞过；多门大炮在一两千米后阵地按观测所通知不断排放，敌阵地上浓烟大起；步兵临近敌阵，枪弹密发如雨，起立大呼冲锋，喊杀连天；大炮立刻延伸射击，战车随即出动清扫战场，飞机亦凌空观察战果。将校们立于后方高地观摩，无不夸赞演习之情景逼真，若干在国内抗日战场上曾有过实战经验的，亦盛称如此配备、如此激烈的场面，也很少见。

一个月训练结束，将校们集资举行中餐答谢宴会，与教官们欢聚一堂，翻译官亦应邀敬陪末座。平心而论，以陈明仁为领队的第二期、黄维领队的第三期均表现较好，是颇得美方赞誉的。某期将官覃异之在《军声》上发表一诗，道出了他受训的感触，诗云：“捧檄出神州，天涯作壮游。关山欣聚首，风雨感同舟。束手难为策，依人岂善谋？重温东汉史，无语对班侯！”

六、英文翻译官

外事局的译员共分 5 级，派赴印度的起码定为 3 级。我们先去的两批共 20 人，1942 年 9 月便正式参加训练工作，被服、给养均按校官级供应，薪资最初叫作驻留日费，每日 12 卢比，不久调整为 3 级每月 180 卢比，2 级 220 卢比，1 级 250 卢比。接着第三批、第四批的到来，人数增至 40 名，外事局便分设了一个驻印办事处，以便统一管理。

翻译官虽有级别却没有军衔，不能佩戴军衔领章。美国教官没有翻译官的合作，工作便寸步难行，他们表面上相当尊重我们，口里不断叫着三级、二级、一级翻译官，实际有的人认识片面，以为训练中国军队、支援中国物资是帮助中国抗日，不免骄傲地以恩人自居。我们在闲聊中提醒他们，不要忘了在珍珠港所受的惨痛教训，不要忘了日本特使莱栖长期驻美所得的美援都是屠杀中国人民的武器。他们不能否定铁的事实，才认识到日本是中美的共同敌人，脸上的骄气才稍稍收敛了一些。

外事局派来的驻印办事处主任名叫叶南，是国民党老前辈叶楚伧的儿子。他虽曾留学美国，却不是军人出身，年龄不到 30 岁却挂上了少将的军衔，他以为这样才好和美方打交道。不料不仅未引起重视，背后还被叫作娃娃将官，又自行把领章摘了下来。对译员的工作情况他从未到现场作实际考察了解，便主观地定级上报。局里照准核定下来，群众立时大哗。3 批人员中长期睡大觉的病号竟升了一级，而一贯埋头苦干的人却在原地踏步，与新来的人同等看待，笔者便是列名后者之一（随后两年始得升为二级、一级）。群众的气愤不平使他觉得脸上无光，不久便自动离职回国了。继任人是名教授周炳琳先生，他顺利地领导大家工作直到撤退回国。

第五批以后到来的译员，都直接下放随同部队开赴前线。美方在营以上单位都设置了联络官，同时配备一名译员，留在美军训处工作人数经常保持在 50 人左右。我们第一、二批译员的住处，安排在指挥部附近的第 13 号平房，距美方教官的住处最近。

七、业余文体活动

军中的生活如无文体活动的调剂，是使人最感枯燥最觉难耐的。《军声》的创刊、书报阅览室的开办已似在沙漠中发现了清泉，电影的周末放映、京剧团的几次公演，才大大满足了人们的渴望。

辎汽六团是由国内派去的原有编制，他们不仅运输任务完成得非常出色，而且自行筹组的京剧团更是人才济济，几次业余公演轰动了整个军区，丰富了广大官兵的精神生活。新三十师的一些青年军官们出于对足球运动的特别爱好，贸然组队远征加尔各答，和印度足球队作友谊比赛，受到了印方的友好接待。

谭云山先生是加尔各答国际大学唯一的中国教授，他不辞年老力衰特来军区访视，亲眼看见中国军队在国外昂首挺胸艰苦锻炼的英雄气概，十分高兴，感到抗日战争胜利有望。外事局办事处请他向译员讲话，承欣然允诺，他首先介绍了泰戈尔创办国际大学的艰苦经历和该校对世界文化所作的贡献，然后讲到中印两国在历史上的文化交流及邻国间从无战争发生，为国际史上所仅见的事实，大家听了都很受感动。

指挥部规定：军区工作人员每人每年可享有一个星期的休假，如去加尔各答发给二等火车票，其他地方得自掏腰包。1943 年夏我约了同事 5 人先去加尔各答游览，它是印度的最大城市，战时上空布满了无数的各色阻塞气球，大街上也有不少掩蔽建筑。市中心日机 3 架试探性的空袭破坏已不留形迹，9 架偷袭的情报幸赖中国的及时转告，英印空军起飞阻截，全部击落于吉大港海域，才保证了今日的安全。我们遍游了各处名胜即转向孟加拉省的避暑胜地大吉岭一游，投宿中华会馆，蒙主人热情接待，山地气温较低并借给棉衣御寒。次晨天气晴朗，登高远眺，中尼边境厚积冰雪高达 8000 多米的埃非勒士峰（即珠穆朗玛峰），金光灿烂，巍然在望，真是大开眼界！新二十二师师长廖耀湘及舒适存参谋长适在山上避暑，意外相见，备觉亲热。他招待我们在一咖啡馆吃了早点，并讲了关于中华会馆的故事：辛亥革命前赵尔丰经略康藏，前锋钟颖所率川军到达拉萨，达赖喇嘛在英人的庇护下逃入印度，钟部一团跟踪追袭，直达大吉岭山下的西里古里。此时适逢武昌起义推翻了满清王朝的统治，此一团部队与国内联系中断，粮饷失去接济，官兵纷纷各谋生路，不少流散到大吉岭等地安家落户，随即成立会馆互相照应，余留数百人后由英人收容，在加尔各答上船由海道送回中国。

新二十二师赵翻译官休假时向西旅游，深入到印度西北的克什米尔地区。他归来曾相告一事，使人大为惊异：该地货币因缺乏辅币安那（1/16 卢比），小数找补概以我国清代铸造的“康熙”“乾隆”等外圆内方的青铜制钱代替流通市面。乾、嘉盛世疆域所及之广，这不是很好的事实说明么！

1945 年 5 月我和许沛泉受办事处派遣和战车第六营同道驾车撤离兰姆伽，在加尔各答休息一日。适逢英军为庆祝欧战胜利结束举行盛大游行，我们同立招待所门前，观看浩浩荡荡的现代化机械化部队。有人说：摆排场他们可能胜过我们，但在打击消灭日军方面他们却很少建立奇功。

在西里古里休息一日，我们驾车循山谷公路去通往中国西藏的最北小城噶伦堡一游。英人在市区北关竖起一面高大的木牌，上书“中国人到此止步”7 个大字。我们看了心里感到非常难受，真是岂有此理！外国人不准中国人民进入自己的国土！我们去华侨学校访问，承西南联大毕业、教育部派来任职的徐校长相告：当年春天重庆国民党政府派了一个以沈怡为团长的西藏考察团，取道印度入藏，到此即被“中国人到此止步”的木牌挡住了。该团在此留住月余，通过外交途径多次交涉，英方最终只同意了 14 人由此进藏，100 多人组成的考察团其余全部折回重庆。次年我在南京看了一部《西藏巡礼》的影片，听了一次中华交响乐团演奏的马思聪所作《西藏音诗》，即是 14 人此行的收获。

八、训练青年军

1944 年冬季，国内掀起了青年学生从军的热潮。兰姆伽军区接受了训练两个团的任务，他们都是来自重庆各大学，其中不少人是显要人物的公子。在最后 3 个月的一批步枪射击训练中，我认识了重庆市长贺耀组、前外交部长王正廷、前驻美大使颜惠庆的儿子或侄儿，他们都是南温泉政治大学的学生。两个团的步枪训练完成后不久，照预定计划要开始化学兵团的训练，因上级临时改变了主意改为辎汽团，违反了各人的心愿，他们一时闹得不可开交，有的便被特许悄悄地提前回国了。待到驾驶班正式开始训练之日，这些显贵人物的公子们带头的任务已告完成，辎汽团里不再见他们的影子了。

我被调任训练辎汽团的工作直到 5 月底任务结束，撤离兰姆伽为止。个人的收获是自己也成了一名合格的驾驶兵，虽然未领得驾驶执照。

九、雷多后方医院

雷多原是印缅接壤的一个小镇，缅北战役步步向南胜利推进，中印公路（即史迪威公路）迅速建成，此地已成为中印交通的枢纽重镇。

我一到雷多便由外事局办事处派入第十四后方医院，刚一下车，便受到士兵的欢迎。他们在兰姆伽受训期间多已和我相识，那时他们身手健全，眼前所见大都臂断腿残，行动维艰。我被安置在肺病房，与美军医官、护士合作，为 200 名病员减轻病苦。疯人病室相距较远，日夜惟闻惊呼狂叫不已，人数不多，概系由炮兵阵地送来的，耳聋与神志不清为其特点。

我有幸得见李副排长，他是四川梓潼县人，已是折臂英雄了。该排吴排长系我任教期间欢送从军的学生，据告吴已在密支那一役光荣牺牲。他接替其继续作战，被打断左臂。我询及步枪在战场上发挥效力如何。据答由于人数多、距敌近、射击准，确实做到了“我们都是神枪手、每一颗子弹消灭一个敌人”，虽然我们也付出了一定的代价。人们评论均以为美式大炮、飞机、坦克立了大功，而对步枪发挥的作用不重视，他对此感到极为气忿和不平。

1945 年 8 月 15 日，日本宣告无条件投降。军营医院中人人奔走相告，大家都感到无限的欢欣。9 月 2 日，办事处派车将我们送往机场，乘飞机回国。抵密支那下机小憩，年前我军抢占机场的激烈战斗场面只能在想象中浮现脑际，无数为抗战胜利、为祖国流血牺牲的烈士们的英灵，已不知当向何处凭吊。安息吧，先烈们！日本而今已宣告投降，你们亦当含笑九泉了！

飞机继续飞行，到昆明时已是深夜，绕城一周，俯视满城灯火通明，亦如在地面仰观繁星组成的天上市街一样的美丽，尽管夜半无人来机场迎接，我们在场边倚靠行李坐待天明，仍感到十分喜慰，终于又平安地投入祖国怀抱了。

10 月，重庆外事局以抗战胜利结束，所有译员均发薪 3 月，概行遣散。

鲁中反“扫荡”斗争

粉碎冬季大“扫荡”

许世友*

1942年11月，胶东大地渐渐换上冬装。从渤海湾吹过来的朔风，一阵紧似一阵。

日军很快就要大“扫荡”的消息，也传得一阵比一阵紧。连日来，日军往胶东大量增兵，车辆不绝，调动频繁；各据点日伪军纷纷出动，拉丁抓伕，抢粮、抢牲口；挖掘封锁沟的范围扩大，进度加快；烟台日军加强警戒；封锁消息；伪军驻守的一些据点，已经由日军接防，或由日伪军共同驻防；日伪派往我根据地的特务增多，活动加剧；日军调拨大量武器弹药给赵保原等投降派队伍。种种迹象表明：一场大规模的“扫荡”已经迫在眉睫了。紧接着，上级正式通知我们，日酋冈村宁次已经由北平飞往烟台。

冈村宁次是日军驻华北派遣军最高司令官，以嗜血成性和阴险狡诈而臭名远扬。他亲临胶东，绝不是偶然的。胶东半岛三面环海，一面沟通冀鲁平原，物产富庶，自然条件得天独厚，战略位置十分重要，日本法西斯在“大东亚圣战”的战略计划中，一直把胶东作为往来于海上与华北之间的重要通道和“以战养战”的补给基地之一。罗荣桓同志率领八路军第115师挺进山

* 作者时任八路军胶东军区司令员。

东以后，曾经意味深长地说：“胶东是未上到枪身上的一把刺刀。”随着胶东抗日游击战争的蓬勃发展，我军在重新打开牙山中心根据地以后，依靠牙山，稳步向东、西两翼发展，巩固和扩大了昆仑山、大泽山根据地，大大改变了胶东战略局势，使胶东半岛这把刺刀上到了枪身上。胶东大地，抗日刀光闪闪，斗争烈火熊熊。日军赖以运送人员、军火以及其他物资的这一重要通道和补给基地，受到重大威胁。三四月间，日伪军出动 1 万余人，在土桥次郎中将指挥下，对胶东抗日根据地实施春季大“扫荡”。5 月间，日伪军又组织 4000 多人“扫荡”胶东。入秋以后，日伪军分头“扫荡”胶东各海区。当时，胶东的行政区划分为东海、西海、北海、南海 4 个专区。现在，从日军调兵遣将之多、动员范围之广和准备时间之长来判断，特别是冈村宁次秘密抵烟，预示着胶东抗日军民所面临的日军冬季“扫荡”，将是空前规模和极端残酷的。

自从胶东 1941 年 5 个月反投降作战以后，我即回到山东纵队（后改为山东军区）。1942 年，为了适应敌后游击战争的严重局面，统一胶东 5 旅、5 支队与地方武装的作战指挥及后方生产建设，上级决定成立胶东军区，以 5 支队机关改建为胶东军区机关，取消 5 支队番号，5 旅属胶东军区指挥。在敌人的冬季大“扫荡”之前，我来到胶东，任胶东军区司令员，林浩同志任政治委员。

11 月上旬，军区在海莱边区召开营以上干部会议，作了紧急的反“扫荡”动员，研究部署了反“扫荡”的作战计划。根据以往反“扫荡”的斗争经验，会议确定采取“保存有生力量，保卫根据地，分散活动，分区坚持”的方针，在胶东军区统一领导下，以烟青路为界，将主力部队和地方武装分为两个指挥系统：烟青路以西有第 13、第 14、第 15 团及西海、南海、北海 3 个军分区，归 5 旅指挥；烟青路以东有第 16、第 17 团及抗大胶东分校、军区直属队、东海军分区，归胶东军区直接指挥。在东西两个指挥系统内，以团、营或连为单位，划分地区，分散活动，避免大部队过分集中。我们总的意图是，敌人要“拉网”，我们就“破网”。部队分散坚持，目标隐蔽，行动快捷。一个连，一个营，活动到哪里，就在哪里以部队为骨干，带领群众开展游击战，坚持根据地。军区作战会议结束后，各部队立即在干部、战士中做了传达动员，使大家充分认识敌人冬季大“扫荡”的紧迫性和残酷性，做好必要的准备，坚决争取反“扫荡”斗争的伟大胜利。与此同时，胶东区党委动员全区人民紧急行动起来，投身到反“扫荡”斗争中去。区党委和军区领导机关还精简疏散大批人员，充实县、区、村和各战斗部队，加强对基层反“扫荡”的领导。

11 月 17 日，敌人突然由青岛、高密派出汽车六七百辆，沿烟青路、烟潍路向莱阳、栖霞、福山等地大量增兵。21 日清晨，天色阴沉，朔风骤聚。蛰伏在莱阳、栖霞、福山之敌全部出动，在投降派赵保原、秦毓堂等部的配合下，多路奔袭栖霞、牟平、海阳、莱阳边区，“拉网”合围以牙山、马石山为中心的抗日根据地。合围圈南北不过 90 公里，东西仅 75 公里。日军出动 1.5 万人，加上伪军和投降派赵保原等部 5000 余人，总兵力达两万人，另有海、空军配合“扫荡”。敌人多路分进合击，密集平推。白天摇旗呐喊，步步紧逼，无山不搜，无村不梳，烧草堆、挖新坟、掘地堰、清山洞，连荒庵、野寺以及巴掌大的小土地庙也不漏过；夜晚则野地宿营，烧起一堆堆篝火，岗哨密布，在山口要隘还设置了带响铃的铁丝网。敌人曾得意地夸口说：“只要进入合围圈内，天上飞的小鸟要挨三枪，地上跑的兔子要戳三刀。共产党、八路军插翅难逃！”

胶东地区人民群众积极投身到反“扫荡”斗争中，各村普遍实行“坚壁清野”，以“三空”（搬空、藏空、躲空）对付敌人野蛮残酷的“三光”（抢光、杀光、烧光）政策。他们大力支援我军作战，当向导，递情报，送给养，挖地道，隐蔽军用物资，掩护和疏散伤病员，表现了高度的聪明才智和自我牺牲精神。例如，日军常常利用狼狗搜寻地洞口，这是很厉害的一手。群众研究出一种好办法，即用辣椒面拌上烟梗末，撒在地洞口的周围，狼狗一闻到这种刺激性很强的气味，连连打喷嚏，嗅觉顿失。再如，当时部队的女同志和地方妇女干部多数剪了短发。敌人在“扫荡”中，见到妇女就查头发，专门抓捕、杀害安假发髻的妇女。在妇救会的动员下，东海几个县的妇女纷纷铰掉发髻，使敌人真假难辨。

黄昏降临了，险峻的牙山峰峦，渐渐隐没在苍茫的暮色之中。抗大胶东分校趁敌人合围圈“网口”欲收未紧之际，一举跃进到敌人背后，在地方武装的配合下，大破烟青路栖霞、福山段，并三次袭击福山城，给敌人造成很大威胁。

在海莱边区活动的我第 17 团一部，夜晚被敌人围困于朱吴北山。夜色茫茫，寒风刺骨。四周山梁上，簇簇火堆，层层迭迭，仿佛一条条吞吐着烈焰的凶恶的火龙。待到黎明将至，天愈黑，风愈狂。日军人困马乏，一个个东倒西歪。该部指战员隐蔽贴近敌人的封锁线，朝着篝火堆猛然甩出一批手榴弹，把昏睡中的日军轰得懵头转向。大家趁势一跃而起，破“网”而出，只伤了一名战士。

敌人的“网”愈收愈紧了。我坚持牙山、马石山地区的各部队和地方武装率领一部分群众突围，有的部队由于指挥不够灵活，受到一些损失。24 日，日军收“网”合围马石山。莱、海、栖等地群众 2000 多人被围困在山上。5 旅第 13 团一个交通班，在执行任务后途经马石山，依然决定留下来带领乡亲们连夜突围。他们和地方干部、民兵一道往返数次冲破敌人的“火网”，护送出群众 1000 多人。拂晓以后，当他们再次杀进重围抢救群众时，被日军团团包围在山峦上。全班 10 名战士怀着复仇的怒火，奋勇杀敌，7 名战士阵亡，3 名战士弹尽路断，紧紧拥抱在一起，拉响手中仅剩的一颗手榴弹，英勇献身，血染马石山岗。群众赞誉他们为“马石山十勇士”。在马石山反合围的激烈战斗中，许多地方工作人员、民兵和群众纷纷以树棍、石头与日军拼杀，宁死不屈。日军攻占马石山后，露出极端凶残的本性，将被抓捕的 500 多名群众全部杀害，老弱妇孺，无一幸免，制造了惨绝人寰的“马石山惨案”。

我们胶东军区指挥机关率第 17 团 1 营，在敌人开始“扫荡”的时候，就反其道而行，由西向东，隐蔽穿越敌人的合围圈，一气插到日伪据点附近，接着东行冯家，绕到棘子园。等到敌人回师向东拉“网”之际，我们判断继续东进则必中敌人的诡计，遂改奔西北方向，飞插鹊山后。这里临近胶东日军的大本营烟台，紧靠牟平、福山之敌东、西“扫荡”的主要通道。有人说这是一着险棋，其实险中不险。敌人做梦也不会想到我们胶东军区指挥机关敢于钻到他的鼻子底下来，加之日伪军几乎倾巢而出参加“扫荡”，所以他的据点附近反倒成了我们活动的“安全地带”。把敌人的行踪摸清以后，我们继续向西跃进。抵达烟青公路时，正好碰上大批日伪军自莱阳、栖霞向烟台开进，我们隐蔽在距烟青公路不足半公里的柳家庄，安然无恙。不久，胜利返回战场根据地。在整个穿插行动中，我们行程 200 多公里，未损一兵一卒，保存了胶东军区指挥机关，实施了对反“扫荡”斗争的不间断指挥。

凶狠狡诈的敌人合围牙山中心根据地，企图一举“剿灭”我抗日武装的阴谋破产以后，又施弄新的花招。他们扬言再度合击马石山，并以部队的频繁调动造成假象。11 月 28 日，日军集结的重兵突然掉头向东，对昆仑山及文登、荣成一带进行梳篦式的“铁壁合围”。日伪军 5000 余人，严密封锁烟青公路，北起渤海，南至黄海，成一线密集平推，并以兵舰 6 艘、汽艇 20 余艘，分别在渤海、黄海游弋封锁，以图彻底围歼由牙山、马石山突围东进的抗日部队。

“敌人向东我向西，山峦沟壑任纵横。”敌人的“网”张得越大，空隙越多。我们的干部、战士绝大多数是胶东生、胶东长，人亲地熟，如鱼得水。第 16、第 17 团以营、连为单位，化整为零、穿隙插孔，破“网”突围。敌“扫荡”到荣成山区，残酷杀害被围群众 300 余人，制造了又一起血腥惨案。我驻荣成县崂山村兵工厂的一个警卫排，英勇抗击日军，毙伤了 100 多个敌人，因弹尽援绝，全排同志高呼“共产党万岁”，抱枪投海，壮烈牺牲。

敌人由西向东寻歼我主力，又一次扑了空，急得像疯狗似的四处乱窜。12 月中旬，日军再次张“网”西进，接连合围牙山、磁石山和蚕山、崮山地区。坚持牙山区斗争的抗大胶东分校，协同民兵广泛开展地雷战、麻雀战，打得敌人胆战心惊，草木皆兵。在伪军中流传着这样一句话：“到了牙山，进了鬼门关！”在蚕山区，被围群众 1000 多人，由部队掩护突围。

在冬季反“扫荡”斗争中，5 旅主力驰骋在烟青路以西地区，灵活巧妙地从侧背狠狠打击敌人，炮击平度，袭扰招远，连战夏甸、驿道、朱桥、日庄等日伪据点。从 11 月 26 日起，胶东军区主力部队与地方武装结合，在南、北、西海区相继举行大破袭，炸桥破路，伏击敌人，多处切断烟潍、烟青公路交通。当敌人于12月中旬越过烟青路，西进“扫荡”平招莱掖边区时，5旅主力适时跳到外线，在福山猴子沟、莱阳北孔家等地成功地部署了伏击战，打得日伪军丢盔弃甲，鬼哭狼嚎。

敌人精心策划的冬季大“扫荡”，损兵折将，彻底失败，不得不于12月底收兵回窜。胶东抗战史上，日军规模最大、时间最长的“扫荡”，终于被胜利地粉碎了。

胶东抗日军民以反“扫荡”斗争的新胜利，跨进了新的一年！

抗日时期鲁中的反“扫荡”斗争

高克亭[*]

1942年下半年，日军为支援太平洋战争和南亚战争，开始推行第五次“治安强化运动”。在军事上，敌人综合过去的“铁壁合围”“分进合击”等手段，发展成为“拉网合围”的“扫荡”战术，即以强大的兵力呈网状分布，多路、快速、梳篦式推进，构成若干个合围圈，边压缩边搜索，力图迫我于狭小地区聚而歼之。

10月17日，日伪军约5000余人，从莱芜、博山、淄川、章丘及胶济线分6路出发，向我泰山地委机关驻地莱芜吉山刘白杨村进行合围偷袭。当时主力部队正在外线作战，这里除地委机关外，只有分区特务连和县区干部培训班的300余人。为掩护机关突围，泰山军分区政委兼地委书记汪洋指挥地委机关人员分路突围，自己率领部分人员向吉山方向突围，与敌主力展开激战。战况异常惨烈，终因众寡悬殊，虽毙敌200余人，但汪洋和200余名干部战士壮烈牺牲。消息传来，我们大为震惊。汪洋是山东东阿县人，抗战前加入中国共产党，抗战爆发后在莒县、临沂、沂水组织抗日武装，后编入山东纵队4支队，他曾任4支队团长、政委、政治部主任及4旅政委等职务，

* 作者时任中共鲁中区委副书记。

1942年5月任泰山区地委书记，他的牺牲是鲁中抗日根据地的一重大损失。区党委与军区研究，报分局批准，决定由泰山军分区司令员廖容标代理地委书记，坚持泰山区的斗争。

吉山战斗后，泰山区对敌斗争形势更加恶化，由于各地委有的同志过去强调党政干部的“职业化”掩护（即要求党政干部有一种职业为掩护，当时多以小商人的身份做掩护，穿戴上以青衣小帽为主）为保存力量，而没大胆及时地开展对敌斗争，退缩到边远山区，工作受到不少影响。为了扭转斗争局势，鲁中区党委负责人、军区司令员兼政委罗舜初亲自到泰山区检查指导工作，帮助那里的同志总结对敌斗争经验教训，开创新的局面，同时对泰南区的工作也进行了指导。罗舜初在调查研究的基础上，认真分析了前一段的对敌斗争情况，指示泰山地委采取有力措施，调整、充实县以下领导力量和地方武装，要求“下山打虎”，深入敌占区，大力开展对敌斗争，改变被动局面。与此同时，鲁中区党委报请分局同意，决定调区党委宣传部长林乎加任泰山地委书记兼军分区政委。在泰南区，罗舜初着重帮助地委一班人加强协调配合，针对地委、专署、军分区机关驻地偏于东部新（泰）蒙（阴）山区根据地，对西部新泰、泰（安）宁（阳）、泗（水）北等广大地区难以实施有效领导的状况，指示地委加强西部广大地区的工作，派出得力干部和精干部队，恢复那一带的工作。

根据罗舜初的指示，泰山地委抽调了大批地专机关干部到县区工作，调蒋方宇、高启云、胡寅、刘喆、薛玉、翟翕武、亓伟等得力干部到各县任县委书记、县长，军分区也抽调一部分干部和骨干充实、加强县大队（独立营），地委、军分区还派军分区副司令员钱钧带一支小部队东进淄河流域，支援在那里艰苦工作的益临工委，并在工委的帮助、配合下，开辟和扩大根据地。泰南地委根据区党委指示，迅速在西部地区建立了泰宁中心县委，派地委宣传部长张烈任中心县委书记，同时派军分区参谋长单洪带一支部队去泰宁地区活动。1943年春，泰山区、泰南区的形势就发生了明显的变化。

继对泰山区“拉网合围扫荡”之后，敌人又集中了1.5万余人的兵力向鲁中沂蒙中心区根据地发动大“扫荡”。敌人这次“扫荡”更加狡猾了，先放出风声要“扫荡”滨海区，并派出部分兵力向滨海区附近集结，以制造假象。在滨海区活动的山东军区、省战工会（山东省战时工作推行委员会）等领导机关转移至沂蒙山区以后，敌人便集中主力，突然合围沂蒙山区。10 月 25 日，集结于新泰、蒙阴的日军第五十九师团所辖的独立第十混成旅团 5000 余人，兵分三路向岸堤、坦埠、高湖推进；临沂的日军第三十二师团主力 3000 余人，向沂河、沭河以东各据点推进；沂水的日军独立第五、六混成旅团主力 6000 余人，兵分数路，星夜出犯，控制了汶河南岸及沂河沿岸的斜午、河阳、葛沟等地。26 日，日军第十混成旅团在高湖、孙祖扑空后，遂西犯垛庄、蒙山；第三十二师团回兵北犯青驼寺、张庄集、东西桃花坪；第五、六混成旅团完成了对沂蒙公路等要道区域的封锁。27 日，日军纠集 1.2 万余人，在飞机、大炮、骑兵的配合下，向我从滨海转移至沂水南墙峪的山东军区、省战工会及 2 地委等机关、部队合围。山东军区等机关及部队大部适时跳出敌之合围圈，一部转移来不及的，依托南墙峪以南的悬崮顶等高地，顽强抗击敌人，黄昏后分路冲出重围。11 月 2 日，当山东军区等机关、部队转移到对崮峪时，又遭从沂水城、东里店、大关等据点出动的日伪军 5000 余人的合围。省战工会主任、山东军区政委黎玉，副司令员王建安指挥军区特务营、2 军分区 1 团 1 营坚守对崮峪一天，冒着敌人的猛烈炮火，先后打退了敌人的 8 次攻击，大量杀伤了敌人，为机关突围赢得了时间，但特务营的 500 名勇士仅剩下 14 人，陷入绝境的 14 名勇士在营长严雨霖带领下，跳下悬崖，又有 6 人牺牲，全营最后只有 8 人生还。2 军分区 1 团团长刘毓泉、政委王锐、政治部主任张圣符等数百名指战员也壮烈牺牲。省战工会主任黎玉负伤，分局宣传部长李竹如、鲁中 2 地委组织部长潘维周牺牲。

敌人在撤军途中，又突然向位于淄川东南部的我军据守的马鞍山发动进攻，坚守在山上的我军几十名伤病员与数千敌军激战两天，杀伤大量敌人，在弹尽粮绝的情况下，在山上养伤的鲁中军区 2 团副团长王凤麟、区党委组织科长李成仕等 30 多人壮烈牺牲。同时还有在山上避难的冯毅之的父亲、妻子、子女等一家 6 口也壮烈牺牲。马鞍山保卫战是鲁中抗战史上悲壮的一页。王凤麟是与我一道从延安到山东工作的，他曾是东北抗日义勇队的一名英勇的战士，后到苏联军事学校学习爆破技术。到山东后，王凤麟在鲁中部队2团担任副团长，为鲁中以至山东纵队培养了许多爆破手。在战争实践中，他同其他同志一道，使爆破战术逐步完善，在当时我军缺乏重武器的情况下，爆破成为我军攻城掠地的攻坚武器，减少了很大伤亡，得到毛主席的赞扬。凤麟同志功不可没。

11月中旬，日军一部在“扫荡”沂蒙山区后，再次“扫荡”泰山区。1军分区部队在廖容标等指挥下，避开敌人合围，保存了有生力量。博莱县独立营营长郇振民，率一个排在博山夏庄附近的桃花岭英勇抗击敌人，掩护党政军机关转移，与敌激战中除个别幸存者外，全部壮烈牺牲。正在泰山区检查工作的“泽东青年干校”副校长、省青委书记钟效培，在莱芜东北的榆林前遭敌袭击，突围时身负重伤，不幸牺牲。

在这次反“扫荡”斗争中，沂蒙区军民已经有了1941年冬反“扫荡”的经验，经过了“减租减息”运动，人民群众觉悟有了很大提高，又经过村组织整顿，基层党组织的战斗堡垒作用大大增强，各群众团体和民兵组织也有了一定战斗力，反“扫荡”斗争开展得有声有色。区、村干部坚持本地斗争，民兵游击小组主动开展杀敌竞赛，主力部队、地方武装及民兵，广泛开展了游击战、地雷战、麻雀战，沉重打击了敌人，涌现了许许多多可歌可泣的动人事迹。沂北野房乡一位党支部书记武善同，为了保护红石岩村的群众不被敌人屠杀，挺身而出，把敌人骗到村东的悬崖绝壁上，乘敌不备，突然把一名日本兵推下悬崖，紧接着又抱住一名日本兵一起跳下悬崖，英勇牺牲，敌人被惊得目瞪口呆。像这样的英雄事迹真是举不胜举。以中心村为基点的民兵联防在反“扫荡”中也发挥了很大的作用，一村有敌情，村村呼应。莱芜口镇、雪野据点的日伪军500余人，企图偷袭茶叶峪五村联防，被白杨、清山村的民兵发现后，立即鸣土炮报警，各村联防立即集合迎敌，经一天一夜激战，消灭日伪军100余人，缴枪60余支。在鲁中沂蒙军民的英勇反击下，敌人的这次大“扫荡”仅持续了十几天便收场了。

“扫荡”过后，区党委立即带领沂蒙军民展开大破袭斗争，破坏了临（沂）蒙（阴）、沂（水）临（沂）、沂（水）蒙（阴）等公路交通线及敌人的通讯线路，地方武装也频频出击，打击伪保甲人员及汉奸、特务，摧毁了不少炮楼、岗楼，粉碎了敌人封锁、分割沂蒙中心区根据地的阴谋。

在鲁中沂蒙抗日军民进行英勇的反“扫荡”斗争时，罗荣桓同志指挥115 师，运用“敌人打到我这里来，我打到敌人那里去”的“翻边战术”，在滨海区南部发动了海陵战役，6 天内攻克敌据点 16 处，将伪军杨步仁的1200 余人的别动队打得七零八落，只剩下 200 余人。随后，又发动了郯城战役，经过一天激战，攻入城内，全歼守敌。海陵、郯城战役打乱了敌人的“扫荡”计划，有力地支援了沂蒙山区的反“扫荡”斗争。这两个战役成为罗荣桓同志运用“翻边战术”的范例。此后，罗荣桓同志的“翻边战术”陆续推广到山东各个抗日根据地，在反“蚕食”、反“扫荡”，坚持边沿区和开展敌占区的斗争中，起到了重大作用。

国共两党的地下斗争

战斗在地下运输线上

刘燕如[*]

1938年5月，中共上海地下组织调我到益友社工作。1940年，为了取得职业掩护，党组织通过社内党员陈春宜的介绍，我进入了益友社中层骨干赵家彬所在的永大运输公司当职员。

1941年6月，我受赵家彬的委托，通过新四军2师后勤部的交通员马良夫，护送伤员石雪书（石凌鹤胞妹）从上海乘火车经龙潭过长江进入苏皖边区津浦路东抗日根据地（简称淮南路东）新四军2师地区。在赵的侄儿赵卓的介绍下，认识了当时联防办事处的主任方毅、副主任汪道涵，从而开始了协助他们输送人员、物资等交通运输工作。1942年，我正式由上海地下党调至华中局城工部，在刘长胜同志指示下从事淮南行政公署的上海至淮南的秘密交通运输工作。在水、陆、邮三条线路上，共战斗了4个春秋。

一、打开陆路通道

当时我首先打开了京沪铁路从上海到镇江的运输渠道。我通过在闸北宝

---

* 作者时为中共华中局城工部的地下工作者。

山路开小押店的益友社典当业社友、原职业界救国会成员郭亨昭（郭明）的辗转介绍，结识了宝山路一家“海龙园”茶馆的老板、当地青帮头子李淦荣。此人是北站“黑帽子”（日伪时期车站站务员的通称）“红帽子”（车站搬运夫的通称）的“老头子”。其经营的茶馆，就是专供偷越日伪车站检问所检查的“单帮”人员的集合、歇脚藏物之所。

我开始也以跑“单帮”的身份托他利用关系将“货”运到镇江，我再到站取“货”。几次之后，由他派人在天黑以后通过“黑帽子”从宝山路的道口进入铁路送“货”上车，我带“货”到镇江，由该站熟悉的“红帽子”从站台外侧铁路，绕过车站出口所设的检问所送“货”出站。但以后“货”的数量越来越多，体积越来越大，已不是单身手提所能解决，我决定与李谈判以合伙做布生意为名（当时布匹是日伪当局统制，不能自行运输出境的），将大箱大箱“货物”由李通过“黑帽子”送进车站行李房作“行李”托运，随夜行列车的行李车运抵镇江车站后，再由李吸收入伙的镇江车站的地头蛇，也是红、黑帽子一把抓的青帮成员吴玉楼（绰号吴驼子），负责从车站行李房越过检问所提出“行李”交我。

当时为了便于在镇江运输，经益友社的赵家彬、赵家元、钱碧城等人集资，在镇江马厂一个比较隐蔽的巷子内，开了一家专营批发的“生大布号”作为中转站。所有从上海用火车运抵镇江的西药、边区银行印制钞票的印版、手提英文打字机、发报机的圆桶电池、制造炸药用的废电影胶卷、手风琴、大量仿制的“良民证”以及陆志仁、梅洛同志去淮南参加整风时所要带的雨衣等等，都在这里进行改装中转过江。城工部张承宗交运的在根据地印成的几麻袋宣传品，也从淮南运到这里改装中转去上海。

我在这条线上跑“单帮”带“货”，基本上是顺利的，但也出过险情。有一次，我带着“货”坐在车厢里，当车驶过常州之后，突然日军抄车检查。他们从我座椅背面方向抄过来，离我的位置尚有一段距离，这时我暗暗思索：第一，不能走动，一走动就会自我暴露目标；第二，迅速考虑隐藏措施。我低头细看了放在椅下的货位情况，发现我背后旅客座椅下空着没放东西。我熟悉日军抄查的顺序，总是先抄行李架上的东西，后抄座椅底下的物件。我决定利用空间，日军抄完我背后旅客，转向我这边来时，坐着暗自用脚将我座椅下的“货”，使力朝后踢向我背后旅客已抄过的座椅下。这样，当日军抄到我时，我已经是一个没有行李的单身旅客，使我闯过了险境。

二、突破长江封锁

从上海运出的“货”到镇江后，接着就得设法突破长江南北两岸的敌人封锁。我经常是通过镇江驶往南京的班船小火轮运至长江北岸沙漫洲上岸，越过两头检问所安全进入我游击边区。在这条交通运输线上，主要依靠边区农民李必静老先生的关系，结识了这趟班船上的船员和镇江码头上的地头蛇单子华以及沙漫洲码头上的管理员。在镇江由当班船员利用班船靠岸停驶的空隙，在日伪检问所撤岗之后，将“货”先运上船，藏在舵手的脚板下，直至次日早晨按班驶离镇江口岸。当船抵沙漫洲拉响第一次汽笛后，以我站在船头甲板上为信号，沙漫洲码头管理员就派两条驳船至江心傍靠轮船。一条载送客货上岸经检问所伪军检查，另一条则专供装载我携带的人和“货”，不经过码头检问所而直接驶进港内管理员家门口上岸，然后步行至我游击边区沙窝子农民李必静家进入根据地。

1943 年初冬，淮南行政公署主任方毅亲自交给我一项大规模秘密运输军用物资的任务，要求将当时淮南兵工厂急需制造迫击炮的炮筒和柴油发电机、旧电影胶卷以及淮南路东日报印刷厂需要用的圆盘印刷机、铸字炉、浇字的全套铜模、铅锭，在上海采购并运入根据地。

我考虑到这是一批数量多、分量重、体积大而又无法伪装的物资，必须用特殊的方法来解决这项特殊的任务。我到镇江找了几位和我合作共事过的船老大商量，向他们交了底，请他们出点子。大家商定利用由日本船老大掌管的小火轮从南京装煤运到上海后，然后利用其空船返回南京的机会，从上海装货直驶龙潭对江我淮南根据地边区沙窝子卸船的办法比较稳妥。

迫击炮必需无缝钢管，是这次采购和运输的重点。当年只有美国货，也是日军竭力搜购的军用物资。商店有货也都隐藏了起来。我通过益友社五金业社友疏通了资本家，终于买到手，又通过我外甥刘士熙工作的中国船厂，秘密将钢管截成兵工厂指定的长短规格，整整装了一卡车，在一个傍晚，偷运到武定路我婶母家密藏起来。另外还通过“时代出版社”的关系，购买了印刷器材和电影废胶卷，并将这些物资密藏在江西北路一家存放棺材的“会馆”里。

1944 年春，已经联系好的那艘船运煤抵沪，停靠在日本海军码头卸船，于是我在浙江路孟渊旅馆开了两个房间，一间供船老大、二副（即联系人老陈）住，一间由我作谈判用。大家商定了装船日期、卸船地点、运输酬劳以及船抵镇江后的晤面地点，为了防止意外，我决定不派押船人员。

确定装船的前一天，我通过益友社社友、我所在职单位永大运输公司的经理刘琦，以永大运输公司的名义向卡车运输公司预租了 3 辆大卡车装“货”。装船的当天早晨，3 辆卡车分赴 3 个密藏地，将“货”分别起出，集中到永大运输公司门口，准备直驶日本海军码头。为了防止市区途中警察查阻，通过流氓张某的关系，买通了沿途各地段的地头蛇流氓势力，由他们分段押车护送，不料就在“货”已集中的时候，3 个汽车驾驶员看出卡车上装运的东西是军用物资，纷纷叫嚷不敢装运。其中一个驾驶员打电话给自己的公司老板，讲了物资情况，对方向刘经理提出停止装运，并责问：“出了事怎么办？车子充公，人抓起来怎么办？”刘经理回过头看了我一眼问我：“你看呢？”我因所有的物资和密藏地点都已暴露，不能再放回去，而这次船运机会错过，可能要拖延时日，因此我下决心向刘经理表示：“车子充公了，我赔。人被抓了，我保。今天一定要装出。”刘经理向对方传了话，对方提出要刘经理书面保证。当时，我推了推刘经理说：“你写，我负责。”就这样，3 辆卡车开始发动，我和张某一齐登车，由张某沿途招呼押车，卡车终于安全驶抵日本海军码头。

我向“二副”交付了三卡车“货”，催他快卸车装船。只见早已准备好的船工紧张地搬运起来。忽然有几名日本海军士兵走到卡车边摸摸车上的麻袋和用草绳缠裹的钢管，叽哩咕噜地说着话，我心里不免担忧，考虑着万一出事的应变措施。那些驾驶员和张某在一旁也显得很紧张。幸而这些日本兵咕噜了一阵就走了。他们万万没有想到，新四军和地下党会在光天化日之下，公开地在日本海军的军用码头，由日本海军征用、日本船老大掌舵的船，装运新四军的军用物资，运到新四军地区去。

我刚回到旅馆，流氓张某跟着进来，阴阳怪气地招呼了我一下。我冷静地问："有什么事？"我估计这些流氓来意不善。他终于开口了"哈哈，刘先生，你运什么东西，你自己知道。"我说："什么知道不知道，你们不都是亲眼看到的吗？"张某亮出了底说："刘先生，打开天窗说亮话，你运的这些东西，一定要有日本宪兵司令部的通行证才行。"我随着也以轻蔑的口吻说："笑话，我运的东西还在日本船上，船还没开，去报告宪兵司令部还来得及嘛！"顿了一会儿，我加重了语气说："去报告吧！告诉你们，日本宪兵司令部会有好处给你们的，去吧！"这一下他闹不清我能用日本人的船在日本海军码头装运的来头了。于是嘻皮笑脸地打圆场讲："刘先生不要误会，我们弟兄不是这个意思，我们是说装运军用物资没有通行证，我们押车的也是担风险的，请你让弟兄们多抽几包香烟吧！"我也就趁此转口道："好吧，既然你们讲了，就加一点辛苦钱，好来好散。"当时我把流氓打发走了，立刻付清旅馆房钱，也匆匆离开了旅馆，以防再生枝节。

按照预定计划，小火轮是在第二天启航，第三天到镇江，约定船到镇江后停泊在江中心，二副乘驳船上岸，在预先指定的旅社和我见面后再继续航驶。我在船从上海启航的当天乘火车到了镇江，第三天上午二副如约来到，一进门就发现他的脸色不正常，倒茶敬烟之后他开口了："刘先生，这事不好办，日本老大看到你这批'货'里面有大量无缝钢管，这是日军司令部绝对禁运的军用物资，日本老大说一定要把船停靠镇江码头（含义是船靠码头，日本宪兵就会来检查）。"我发觉他在耍花招，于是我抢着说："不是事先讲明是五金器材嘛，而且事先讲好船到镇江停泊在江中心，你我虽是初交，但都有熟人介绍，我也不是第一次运货，在外面交朋友干事，不能讲话不算数，船靠码头不行。"稍顿了一回，我拍了一下桌子站起来说："你去告诉日本老大，他一定要把船靠码头的话，我也不怕。我固然没命，他也逃不了杀头。他是船老大，他不同意，我的'货'会自己飞上船吗？他日本人私通新四军偷运军火该当何罪？有他好看的。”二副愁眉苦脸地垂下了头说：“刘先生，这事你看怎么办？”我停了一会儿，以息事宁人的口气说：“我们是初交，在这事上不会让你为难的，日本老大的态度，据我看来，无非想增加一点运费，那也不是不可以商量的，今天你们在镇江休息，陪日本老大到岸上玩玩，洗个澡，消遣消遣，明天清晨，你们船照常向南京航行，船到龙潭对面沙窝子卸‘货’，一言为定。至于增加运费，运好了再算，你看着办吧！”这样，二副也趁此转舵落篷同意了。

次晨开船，为了便于识别，约定船到长江北岸沙窝子附近，双方以白旗为号，船开慢车由我派驳船接近轮船靠帮卸“货”。当天下午，我乘火车去龙潭摆渡过江到了沙窝子，傍晚赶到游击边区农民李必静老先生家，写信急送30里路的仪征县月塘集陈西舫，要他赶快组织人员第二天到江边抢运。并约定了具体步骤。陈接到我信后迅即组成了一支100余人的民工运输队伍，为了解决整体柴油发电机的扛抬，还拆了房屋的一根梁柱作“龙骨”，以便像抬棺材的办法扛运。为了防止当地汉奸走漏风声，通知游击队封锁了通向六合和仪征东西两边通道，并布置部队准备武装接应，使物资安全进入根据地。而我则在沙窝子江边，通过我方税收人员的帮助，准备了两条驳船，守在江边等候。

第三天下午，一艘扯着白布的轮船在远处出现，我就脱下白衬衣向它挥动，这时，轮船果已减速驶到了沙窝子，我的两条驳船早已摇至江心，遂紧绑在轮船的北舷边慢驶卸“货”，船过龙潭，货物已全部卸完，轮船才开足马力向南京方向驶去。驳船在沙窝子靠岸，时已傍晚，隐蔽在李必静家的100余人运输队伍，快步奔到江边抢运，至夜深才毕。

由于这次抢运物资的规模较大，一路上人声嘈杂，不能不惊动附近村落，当抢运人员离开江边，撤除武装警戒后，仪征城内敌人得到了消息，天亮后，从30里远的城内赶来追击，一时枪声大作。我抢运人员加快步伐，把绝大部分物资都安全地运抵边区月塘集，只有那十多人抬的有方桌大小的柴油发电机体积大，分量重，田埂小路难行，临时找到农家场地上的一个凹塘，把发电机连木箱放了下去，上面盖上稻草掩护起来，等敌人被我武装队伍击退后，这批军用物资终于全部安全运抵目的地。

三、发展绿色邮路

由于根据地需要，我经常到斜桥弄（今吴江路）时代出版社去购买该社销售的俄文《真理报》《消息报》和中文《时代》杂志以及苏联文艺小说等寄到淮南去，所以同该社职员蒋裴之搞得很熟。虽然互不明言，但也心照不宣，都知道对方是干什么的。

随着寄往淮南的东西越来越多，为了不引起检查邮件的敌人注意，我商之于蒋。他告诉我一个诀窍，投向同一地址，同一收件人的书报数量凑满一邮袋，就可以由邮政分局自行装袋并扣上铅封发出，任何人（包括日军）都不再开封检查。但这必须与邮局封发人员作好联系。而时代出版社由于寄发的书报数量大，所以和同地段的卡德路（今石门一路）邮局的业务人员很熟悉，因此，我就常将要寄的书、报，通过蒋向该邮局寄出。从此，生活书店、三联书店、读书生活出版社的许多进步书刊，都从这一绿色邮路源源不断地流向淮南“汪道源”处（即当时行署副主任汪道涵与我约定的化名）。

1942 年下半年，日军占领租界后的形势发生变化，所有进步书店都受到敌人压制，无法继续工作。一天，蒋裴之介绍读书生活出版社的张汉卿等两人和我认识，并提出该社拟将在沪人员和书籍都迁往淮南路东根据地去，要我协助，我欣然接受了这一任务。但鉴于寄书的数量很大，不仅要搞好上海卡德路邮局的关系，而且必须搞好中转站镇江邮局的关系。我与蒋商量的结果，由蒋通过卡德路邮局的那位关系人，介绍我认识镇江邮局的陆志远。于是我专程去镇江与陆联系挂钩，并明白告诉他我是新四军的身份，请他帮助将上海寄到仪征县月塘集的邮袋，不要拆检而径送码头发出，并允予相当报酬。至于月塘集是我淮南路东根据地游击区的一个重要集镇，设有邮政代办所，所长陈西舫在政治上靠拢我民主政权，因而这个代办所就成为根据地与上海建立通讯联系的一个可靠渠道。而仪征县城当时正处在新四军的包围之中，县邮局也不敢刁难我们，所以月塘集的邮运业务一向顺利无阻。对于这次读书生活出版社迁往根据地，我们又事先向仪征县邮局打过招呼。经过以上的安排，一条从上海—镇江—仪征—月塘集的秘密邮路贯通了。读书生活社的几百包进步书籍，就在“汪道源”的名义下，顺顺当当地送进了淮南路东根据地。在结束了运书任务后，张汉卿等人都由我护送到淮南行政公署，并在行署附近一家老百姓的农舍里开办了书店。它为新四军2师，淮南行政公署地区的军民，提供了宝贵的丰富的精神食粮，受到群众的欢迎和赞扬。

与此同时，大量运往上海采购物资的钞票，成捆、成麻袋地在月塘集装入从仪征县邮局取来的邮袋，用铅封加以封口，大模大样地用驴子驮向仪征县城，并通过城门口的日军岗哨越过仪征邮局直上码头，装上南京到镇江的下水班轮运抵镇江，再由镇江邮局陆志远在码头越过邮局，直送我镇江的另一个秘密点（中药材行），以他们的账户汇往上海大和钱庄转手。

以后华中局城工部张承宗交运的几麻袋封面经过伪装的宣传品，也以同样的办法，通过这条绿色邮路先运到镇江，然后再通过火车的秘密运输线运进了上海。

回忆保定内线工作

李英儒*

1942年夏，冀中地区经过日军的“五一”大“扫荡”，环境残酷，斗争尖锐，活动困难，大批干部调往路西山区。我们正准备出发，区党委宣传部长周小舟同志把我找去，说内线工作非常重要，让我通过社会关系打入保定城。当时的任务只是说保存力量掩护干部，通过关系打通冀中去铁路西的道路。我衔着这个使命，先后在安新县的白洋淀和老河头，跟地委书记吴立人和敌工部长陈鹏同志会面，商谈具体问题。吴立人指示：组织反攻同志会（群众组织），实行单线领导，团结进步，争取中间，如与国民党地下工作者碰了头，人不犯我，我不犯人。陈鹏又在多搞情报、灵通耳目、保全自己、消灭敌人方面作了指示。当时提到找下列关系：（1）找我18团被俘的特派员任玉璞、营长张崇汉、教导员曹英。吴立人说该3人如无罪恶且有工作成绩即予恢复党的关系。（2）作敌军工作的张勃同志。（3）派遣干部郭濯和李希周。此外我当然要找老战友白力行，她因为要生孩子行动困难，回到城里老家去了。

* 作者时任晋察冀军区政治部敌工科长，保定地下党负责人。

巧妙斗争

1942 年冬到 1943 年初，我同我的爱人张淑文同志先后进入保定城。当时先寄居在同乡张茂家（我们开始工作以后，叫他担任联络通信，以后发展为党员）。张淑文担任内线交通，负责保管誊写文件，安排工作关系街头谈话的时间地点，传达一些重要问题等。除工作关系外还有社交活动、掩护等事。

因我是本地人，又在保定读过书，同乡同学熟人不少。讨厌的是认识一些特务和投敌分子，应付这些人最伤脑筋。例如城南青堡村一个当过我军连长的投了敌，几次同我见面，总是说："咱们什么时候回军区呀？走的时候可别落下我。"从蒋管区归来的同学安大树（定县人）说："你不是干过八路吗？为何半途而废？"并要介绍由蒋介石派回来的庄竟奎等同我见面，还带一些政治面目不清的人跟我打交道。同乡对我也是议论纷纷。一次我去西大街某同乡商铺家，恰有林家村的同乡进城，我应付几句即朝外走。一位上岁数的同乡竟指着我的背影说："他是给八路军搞敌工的。"有一回在闻香池洗澡，有两个投敌的家伙，偷偷地去看我，还作证说："错不了，就是他。"我们团投敌当了特务的刘营长，深夜领着特务去找我，我躲到同院的屋里不见，他隔着门缝扔下冈村特高班头衔的名片才走了。

这些例子举不清，但有一宗，只要发生了就不能不理，还要处理妥善，任何轻易草率，都有不可思议的恶果。当时曾用过很大精力处理这些问题。我用过不同身份不同语言，对一般熟人就说："我有病，哪边也不参加，自谋生活找饭吃。"对一些认为有用的人，则含糊其词，同时调查他们的政治态度。对怀疑的人多用"唬"的方式：你在治安军下属做个小事，我就与治安军的上层司令有关系；你是保安队谍报员或是特务，我就拿日本高级特务的牌子来镇唬你。不信吗？我知道伪高级人员的姓名、地址、门牌、电话，还知道他们的生活家事。再不相信我还拿出证件来。那个问我几时回去的家伙，我就问他几时回去。有特务故意说："我想走，特务队长不让走。"我说："我也想离开，但日本人邀我到北京开会。"这些办法挺顶事。

此外就是生活上深居简出，不断搬家（曾搬过 3 次家）。出门就化装（当时化装盛行，日本人也要经常化装），长袍大褂，黑眼镜，大口罩，帽子压住眼眉。最重要的还是谋个合法职业。进保定一个月后，就托人在伪省公署谋事，先说给找个科员，因嫌送礼“小气”，那个汉奸经理科长硬给搞成文书。干了 3 个月，路西调我去汇报。去路西十分困难，先去满城出荆山，荆山治安军不叫过，只得硬着头皮走日本炮楼，幸而用商人名义混出去。路西归来后，原差便吹了。又去保定师范教书。不到半年，路西又调去开会，这次可不敢丢合法职业了，故意去办“出国手续”，声言到“满洲国”吉林省去看母亲。由日文教官陪同到学校找千大江顾问，我谈到母病时声泪俱下，他赞许着准了我的假。又赴路西一趟，两次来去确实出生入死。在赤白交界地带最叫人头疼，第一次回来硬用伪人员身分叫开敌人的关卡。第二次回到满城县江城据点时，竟被敌人讨伐队盘问了一阵，最后一块儿回到保定。

论工作成绩并不显著，经历的风险可也不少。出门担心有人尾随，睡觉怕被敌人堵窝儿，同院邻居夜里来个亲戚朋友，我们都偷偷爬上房顶上。一次史仪同志由根据地来找我，告诉他走小南门，那里有伪军关系把门，到时我去接他。结果临时添加了 4 个日本兵检查，差点出了大错。一次我骑车给外面送军事情报，刚从高坡速下，骤然发现电灯公司后面小木桥上蹲着两个宪兵。急中生智，从车上摔倒，装作摔坏车子，才推着走了一截儿，把文件情报用大砖头沉到屎坑子里。

1944 年夏，由于叛徒告密，敌人去我家。我们临时得到消息，我爱人张淑文刚刚离家，敌人就包围了房子。这次淑文出城后，天黑才走到樊庄，前面有治安军营盘，不敢前进，只好宿在村北菜园的小庙里。夜里小孩子冻得哭，惊醒了当地一个好心的老太太才接进房子里去。这次出来全部东西都扔净了，没穿没戴的怎么办，没奈何趁着下大雨，又回去取东西。我们走后，敌人闻风去追，又扑空了。

以上说的内线生活中的一些风浪，这些风浪能够安全度过，主要是依靠了我们党的声誉和影响，因而得到群众的支持，也说明全民抗战时期，帝国主义是孤立的，死心塌地的汉奸是为数极少的。

发展内线力量

入城两三日内，首先和张宗汉接上关系，谈到党的关怀他很感动，做了一些情报工作和掩护工作，但他决心不大，未能很好地开展活动。张勃找到后，工作很积极，情报工作有成绩。一个时期他每天去车站看敌人的动向，晚上把敌人营盘点灯的窗户有多少都统计下来。军事部门对此曾加以表扬。他还发展了池培德（党员）等一批关系。从郭濯所在的保安司令部也能搞情报发展关系，齐执玉等人就是他发展的。

在保定师范里通过调查，我发展了一批进步学生，其中记起来的像郭均、张清图、张非等都成了科以上的党员干部。黄凡、姚铁、王书鹤等人当时表现还好，以后情况不明了。在唐家胡同洪立兴粮店发展了王松全和王长明为工作关系。全顺恒布铺中学徒的也成了工作关系。在伪省府发展了党员尚庆仁，后来被捕牺牲了。保定师范的会计王文如并不是党员，多方支援并掩护我们，经济上也有帮助，可惜，于1944年被捕牺牲了。在白力行家认识了她在北平读高中的妹妹杜平，读大学的弟弟谢德茂，都拉上了关系，并把他们介绍到根据地。李希周在“剿共委员会”和市民中也发展了一些关系。

我们从北平、天津转送到白洋淀、铁道西好几批人，有搞俄文的，有搞科学的，有搞体育的，这些人中有一部分现在仍在京、津工作。当然，我们内线工作中最大的力量，要算是开展伪治安军的工作。这里有派遣干部华友绵、马某、李松坡（都是党员）。有从城工部介绍来的同志，他们的领导是王甦和韩月亭（都是党员）。以后又在中下级军官中发展了高真、张崇智、刘竟生、冯书、曾乃耕、赵志文（以上都是党员）、张国栋、张涛、刘发林等20余名。此外我还记起3位好同志，两名是由东北转保定的旧军人高觉和申再新，一位是照相馆的路远，他们的名字都是在参加内线工作时起的，他们现在都为党很好地工作着。

1944 年我由内线转到外线参加领导这部分工作，1945 年因形势发展而成立保委会，统一内线力量，后来攻城不下，又分散回原单位，我们仍属北方分局和晋察军区政治部双重领导。1946 年刘仁同志（北京第二书记）找我去谈话，叫我去搞平汉线工作委员会，管北平、保定、石门一带的内线工作。后来因形势需要，由华北军区与冀中联合组织新二军工委会，我和臧永安等同志专门进行新二军（即原治安军）4 个师的争取工作。

开展对敌斗争

从内线工作上看，发展了党员，教育了群众，宣传了党的政策。这里再补充一些工作内容：

搞军事情报。各个时期的敌伪军增减活动情况，我们尽可能地作了调查，保定敌军部署，工事建筑，也都几次画过详细地图。也曾在上级命令下供给过美军观察组情报与轰炸目标。1943 年至 1944 年，曾把日军治安强化运动的材料，以及治安区、非治安区的绝密文件搞出来，把敌伪、敌特系统，全河北省的伪县长、伪新民会长、伪保安团长名单列出交给外边。

瓦解敌伪军工作。在抗日战争末期，零星搞出一两个伪军携枪反正的事是不少的。这项工作虽无精确统计，大体有 3 种反正情况：一是我们派遣去的党员或好的群众到一定时期携枪反正。二是在内线发展的关系反正。三是有些人不愿意当亡国奴，经我们瓦解出来的。日本投降时还搞了一个班的日军反正。

宣传党的政策瓦解敌伪军士气。当时做的最多的是口头宣传，及时揭露敌人各种欺骗把戏，破坏敌人抢粮，“肃正思想昂扬士气”的活动。文字宣传上多是从外面带进宣传品，办法多是秘密携带，有时利用特务们带。日本人要情报，我们将内容有关的公开携带进去，经过若干人看后再给他们。也印制过传单，因容易暴露不能多搞。对于抓开小差的人，给他们写信劝止，申再新同志编歌说：“小鱼小虾成礼物，驱得部下成鹰犬。”（因对抓差者奖赏一包小鱼虾米）对很顽固的或是有正义感的都写过信，前者是警告信，后者是争取信（有的人还在伪省公署门前贴过布告，也有用恐吓手段炸伪经理、刺杀日本人的，贴布告、暗杀都不合乎政策，曾受到批评）。总之，凡是进行过工作的地方，多多少少起了一些作用。

如果上述问题当作成绩，那么，这成绩的获得，首先归功于党，归功于北方分局和军区以及当地党委的领导。归功于全体参加内线工作同志的努力。在争取伪治安军上层活动的成绩中，王甦、韩月亭等同志出力最多。在情报工作中，已牺牲的张勃同志等工作最艰巨。在争取伪军的下层工作中，臧永安、尤文奎、瞿新等同志花费的精力很重。争取张国栋起义与联络伪军力量等方面，梁辑五、高真、李松坡等同志做了很多工作。我个人也参加了上述工作，但努力不够，远不及上述同志们的成绩大。

军统局“策反”汉奸周佛海的经过

王安之[*]

周母狱中一封信

周佛海小名福海，湖南沅陵东乡杨树井人。父早死，跟母亲长大。以后留学日本，并参加国民党，历任中央委员和政府要职。1940 年，他同汪精卫一起，在南京组织汉奸政府，出任财政部长等职。

当周佛海等在南京组织汉奸政府时，蒋介石的特务机关军统局即将周佛海的母亲从湖南沅陵老家押解到贵州，监禁在息烽县的军统秘密监狱里。

两年以后，1941 年 12 月 8 日爆发了太平洋大战。战事起后的第二天，我在重庆接任军统局上海实验区区长（前任区长毛万里调福建浦城筹组军统局东南办事处）。后来，上海区又扩充为华东区，主管华东沦陷区的工作。当时，军统特务头子戴笠一再强调说：“太平洋大战爆发后，中国抗战形势与前不同，对于南京、上海的一批主要汉奸，正好利用时机，进行策反，并可利用汉奸家属，作为策反汉奸的门路。”于是，我在 1942 年 2 月初，用周佛海母亲口气，给周佛海写了一封信，只说她（周母）已由政府招待在四

---

* 作者时任军统局上海实验区（后扩充为华东区）区长。

川，盼望周佛海早早归来，以慰余年。最后，写上意思双关的四句诗，我记得原句是这样："忠奸不两立，生死莫相违；知否渝中母？倚闾望子归。"这封信，先经戴笠批准，再送息烽看守所征求周佛海母亲同意，然后备了公文，从重庆发到香港军统办事处，再由办事处转到上海第二情报站。因为第二情报站副站长姜尚诚，是浙江江山人，戴笠的同乡，戴认为可靠。当时指示姜尚诚，待周佛海从南京回到上海时，就将这信送到湖南路周佛海公馆。信里另附一页信，约定在几天内，如有回信，可送交指定地点，转往重庆。但是，这封信送去之后，当时未见周佛海回音。

周佛海遣使入渝

1943 年 3 月中旬，有一个名叫程克祥的人来到重庆枣子岚垭漱庐军统局对外联络机关，说是南京来的，有重要公事向军统负责人当面报告。当时，军统局主任秘书毛人凤指定我去接谈。在接谈中，知道程克祥原是军统南京区的情报通讯员，南京沦陷后，他被汉奸特务机关逮捕，押入监牢。1942 年春，周佛海接到他母亲去信（即上面所说假借周母名义写的那封信），便向特务机关打听，得知程克祥是军统分子，便用"有关案情必须亲自审问"名义，将程克祥解到周佛海公馆。周佛海并未审问，只将他留在公馆，优礼相待，有时由周佛海内弟杨惺华接见谈谈。这样一住半年，程克祥摸不清周佛海的意思，便请杨惺华转达："要杀便杀，不杀便放，倘有用我之处，亦不妨明言，再不要长期留此，心中反觉难受。"这话由杨惺华转达后，周佛海仍无表示。直到 1943 年 2 月，周佛海才将程克祥叫到密室谈话，要程送一封亲笔信到重庆，交与戴笠转报蒋介石。程克祥答应了，所以从南京来到重庆。程克祥说完，掏出周佛海的信来。我研究原信，确是周佛海手笔，便招待程克祥，先在观音岩附近一家旅馆住下。然后，我回局本部向人事室查明卡片，核对照片，知道程克祥确是军统南京区情报通讯员，于是将经过情形签请毛人凤转报戴笠，并将周佛海原信附上。周佛海的信，并不是正正规规的一封信，而是日记本上撕下的一页纸张，上面用毛笔行楷，只有寥寥几句。主要表示他悔悟前非，愿意立功赎罪，听候驱策。我在签报戴笠时，主张先报告蒋介石，再派程克祥回南京，利用周佛海的关系，在南京建立无线电台，与重庆直接通报。

戴笠的策反计划

过了几天，已是 1943 年的 3 月下旬，戴笠通知我两件事：一、可以招待程克祥参加四·一大会（即 4 月 1 日军统局的成立纪念会）；二、通知息烽看守所对周佛海母亲特别优待。两天之后，程克祥要求探望周母。我报告主任秘书毛人凤批准后，即由司法室派员带领程克祥前往息烽探望。后来程克祥回到重庆对我说："周母生活很好，天天在吃白木耳呢。"

签报戴笠的公文，好几天没有发下，这是出乎意料之外的。我向曾家岩戴笠住宅的机要室打听，才加道戴笠已将周佛海原信亲自报告蒋介石去了。因为事关"勾结汉奸"，所以他在蒋介石面前，不用公文形式，不留任何痕迹，只作口头报告。事实上他得到蒋介石允许，才通知我招待程克祥参加四·一大会。可见这事在当时只能暗中进行。

四·一以后的一天，戴笠通知毛人凤和我，招待程克祥同往曾家岩住宅晚餐。当时彼此见面，略谈数语，戴笠即对程克祥说："只要周佛海确能立功赎罪，领袖（指蒋介石）对他是可以宽大的。现在你仍回南京，担任南京区长，我这里派文书、译电、报务员各一人，随带报机密本，跟你同去。先在南京建立电台，与重庆通报，然后将周佛海情形，随时报告。"接着，程克祥提出："周佛海自己表示，愿意立功赎罪，那么我去之后，应注意哪些方面？"

戴笠说道："周佛海在南京发行了大批储备券，强迫沦陷区人民将中央政府的钞票，一律调换储备券流通市面。同时，周佛海派出很多人，用调换下来的中央政府钞票，向内地抢购大批黄金。这事我是知道的，可是我对他没有出手，因为中央政府发行的钞票，持有人当然可以用这种钞票购买黄金。所以黄金照样自由买卖，政府并不加以限制，亦不拒绝。此番你去南京，第一，调查周佛海对于储备券的准备金，到底储备得怎样，随时报告。

照国际银行法规定，发行钞票，必须有六成以上的确实准备金。第二，要开展策反工作。我们所说的策反，就是策动敌人反正。现在大势已很明白，南京方面那些人，如能及早悔悟，政府是宽大为怀的。这事你可相机进行。至于情报报道，那就不用我再说了。”之后，戴笠又问程克祥：“丁默邨在南京的情形怎样？”程克祥回答：“丁默邨在南京和李士群一起负责特工总部，但肺病已到第三期，喉咙发生变化，说话都没有响声了。”戴笠听了哈哈大笑道：“且看他悔悟如何？”

当时，我听到戴笠对程克祥所说这番话，知道他对于策反工作的目的，只是一种政治投机，利用策反名义，对汉奸使用欺骗手段，进行敲诈勒索。但在当时的情况下，我还是照戴笠的意思，在第2天选派了文书、译电、报务员各一人，随带密本和无线电收发报机，跟程克祥一路去南京了。暗中还指定文书、译电员，随时密报程克祥和周佛海情形，另又指定电台报务员，随时用台密（电台专用密本）报告文书和译电员情形。

周佛海、鲍文樾、丁默邨相继与军统发生关系

程克祥等到南京不久，原任伪政府财政部长的周佛海，又千方百计争夺到上海市长。他在伪政府代主席陈公博面前坚决表示，宁可不干“财政部长”，非干“上海市长”不可。这个道理很明显，干“上海市长”，可以大大地直接搜刮一些民脂民膏，作为储备券的六成准备金，来报效戴笠和蒋介石，作为他立功赎罪的资本。可惜这种办法，只是加重了沦陷区人民的无限痛苦。

关于策反方面，周佛海首先介绍他内弟杨惺华，通过程克祥与军统发生了关系。杨惺华也是湖南人，因是周佛海至亲，成为周佛海面前第一个心腹之人。杨惺华名义上是伪财政部的总务司长，可是权高一切，等于财政部长。如今摇身一变，跟着周佛海也投入军统。

汪精卫死后，陈公博继任伪国民政府代主席。自从周佛海与军统发生关系后，陈公博也来东施效颦，于1943年6月间，派一个姓竺的（四川纂江人）从南京送一封亲笔信到重庆，要求戴笠转报蒋介石，也表示愿意立功赎

罪，听候驱策。这封信仍然落在我手里。我签报戴笠后，戴笠说：“陈公博与周佛海不同，陈是汪精卫的死党，又是汉奸政府首脑，这事不要理他。”事实上汪精卫死后，陈公博在汉奸集团中已成鸡肋，所以戴笠不以他为策反对象。事后那个姓竺的回复了陈公博，从此陈公博知道政治上没有退路，便迷恋声色，醉生梦死。

另一个汉奸鲍文樾，辽宁凤城人，保定军校出身，他原是东北军中的少壮派，曾任张学良的参谋长和驻京代表。张学良对他很信任，只因 1936 年西安事变后，张学良被蒋介石扣留，鲍文樾郁郁不得志，逗留在上海。1940 年以后被周佛海拉拢，出任汉奸政府的军政部长。当时，张学良正由军统局看管在贵阳附近的修文县军统秘密看守所。戴笠于 1939 年冬，曾要求张学良写信与鲍文樾，劝他与军统发生关系。鲍文樾接信后，虽未拒绝，但也只是敷衍。自从周佛海与军统发生关系，戴笠再一次要求张学良写信给鲍文樾，同时由周佛海从旁启发，鲍文樾与军统也就进一步发生了关系。

另一个汉奸丁默邨，他原是中统局的老牌特务，1939 年他比周佛海先到南京，算是周佛海的开路先锋。他一到南京，就在日本特务机关支配下，和汉奸李士群一起，正式成立特务机关，也称为调查统计局。这个调查统计局，与重庆蒋介石集团的军统局、中统局针锋相对。戴笠知道了，毛骨悚然，所以 1943 年 4 月初，戴等在程克祥面前曾问起丁默邨的情况。当时戴笠是暗示程克祥对于丁默邨可以策反。果然戴笠这话由程克祥传到周佛海，再由周佛海传到丁默邨，于是丁默邨在 1944 年便也与军统发生了关系。当他出任伪浙江省长时，暗中即由戴笠派遣特务葛谷光担任丁默邨那里的浙江省会伪警察局长，因而丁默邨与军统的关系更加密切起来。

以上周佛海、鲍文樾、丁默邨三人，可以代表汉奸集团的政、军、特三个方面，自从他们经过军统策反后，再由他们引进几个方面的小汉奸，人数就相当可观了。

其　他

香港被日军占领后的悲惨世界

黄海云[*]

1941年12月7日太平洋战争爆发，8日，日军进犯香港，启德机场被轰炸。当时港九居民从梦中惊醒，还以为是英军演习。后来见英军从新界节节败退，才知道战争爆发。不久，港九渡海小轮也停止航行。

日军占领香港前夕的“胜利友”

12月12日这天傍晚，九龙一带已经出现了一批批劫匪，挨家逐户去洗劫。有三五成群的，也有用大巴士出动的，边抢劫边高呼“胜利”。其中被洗劫得最惨重的莫如深水埗、旺角、油麻地一带的住户。有些住户，连仅有的米粮都被抢劫一空，到处哭声震天，与“胜利”呼声交织成一片。一连两天，劫掠频仍。有些住户还一夕接连几次被劫，情况惨重极了。

这些“胜利友”，一是原来港九黑社会组织分子，二是平日游手好闲、不务正业的浪荡汉。他们乘英军败退、弃械而逃。日军又未进城，治安乏人管理之际，就打着“胜利”旗帜，到处抢劫，为所欲为。其中尚有放火焚

* 作者时为香港九龙的居民。

烧、奸淫妇女的，真是惨不堪言。

日军进城见人枪杀

日军第一批以骑队先行，从新界公路直入九龙。这些毫无人性的日本兽兵到达每个地方，见人便开枪扫射，市区人民晨早出外谋生的，一被日军见到，便遭杀害。当时深水埗至油麻地这段马路，被杀害的居民不可胜计。直至晚上，住户还不见家人回来，都觉得忧心忡忡。有些找到家人尸体，只得暗中移至附近土丘安葬；也有找不到家人尸体的，整天在街头哀嚎，真是见者伤心，闻者流泪。

日军进入九龙后，经常戒严。戒严时期，派出宪兵、警备队站岗，绝对禁止居民通行。有时只隔一条马路，也无法过去。又不准居民站立，一律要蹲于行人路旁。深水埗元洲街，有一妇人背负小孩出街买菜，回来时适遇戒严，目睹自己所住的楼宇，亦无法走过去。当时妇人有一长子，年约八九岁，在对面见母亲站立，不知危险，想横过马路，为其母所见，急急走出马路，边喝止其子，边摇手示意。谁知为日军望见，立即开枪对母子三人射击，母子三人当场被杀害，见者无不切齿。而杀人成性的日军反作狞笑。这种悲惨景象，震动了九龙，居民恨之入骨。

日夜炮战惊动港九

日军进入九龙，即部署军事，与隔岸的英军开展炮战。当时日军在九龙借居民来作掩护，在居民附近架设起临时炮位，向香港山顶炮位轰击。晚上，九龙方面有些胆子较大的居民，多登上天台，观看炮战，只见火团一个个互相轰来轰去。后来日军强渡至铜锣湾，被英军击沉登陆艇多艘。但日军终于从铜锣湾登陆。当时在香港海傍一带，由西环至上环，英军都设置电网，直至日军登上香岛，才将这些电网毁掉，港九渡海小轮始告恢复通航。但是由于当时治安不好，港九商店均不愿开门营业，整个市面十分萧条。

弥敦道与上海街交界处，以及湾仔鹅颈桥地段，都成为流蝠的聚集处。当中多属日军占领香港后，生活无着，逼得堕入火坑的。入夜后，灯火管制，不少在生活压迫下的可怜女人，缩瑟街头，有如鬼影憧憧，反映出一幅悲惨世界图。

日军占领九龙，到处设立岗卡，又把尖沙嘴九龙半岛大酒店，改为九龙地区宪兵司令部。当时行人经过岗卡，必须向站岗日军鞠躬，否则必遭日军拳打脚踢，诸多凌辱。且有被逼托大石，或跪在地上头顶杂物。年老体弱的居民，往往因不堪虐待，倒毙在岗卡前。

至于半岛大酒店的宪兵司令部，不论白天黑夜，从各处捉了许多居民回来，诬以“重庆分子”及“暗害皇军”的罪名。真正的劫匪“胜利友”，则被抓获得不多。有些“胜利友”还乘机投靠日军，做了特务，摇身一变，成为汉奸密探，继续在港九两地作恶多端，并且挟仇去陷害无辜。宪兵司令部每晚都发出无辜居民受毒刑残害的惨叫声，使人闻之毛骨悚然。

在九龙油麻地宝庆戏院侧面那个山坡上，当时是日军的“杀人地”。香港落入日军之手后，每天都有大批宪警出动，到处去抓“危险分子”，用军车一辆辆运至这个“杀人地”，实行大屠杀。住在附近的居民，在骑楼上一见到这些杀人卡车经过，便转身入屋，怕见这些受害者的悲惨遭遇。

杀人练靶惨无人道

在九龙界限街通入九龙城的一个路口，日军设有岗卡，每天都由军部派出日军多人，在该处监视行人来往。这些日军在无聊之际，故意在岗卡前的那幅空地撒上几十张一元面额的港纸，以诱骗行人。偶若行人俯身拾取，日军便以人为靶，对准那人开枪射击。有当场中枪身亡的；有受伤倒地，流血过多而死亡的，日军便把尸体移到岗卡附近的草堆里。有些居民得知此事，宁愿多走一些路程，绕道而行，避免遭受杀害。这种以人为靶的惨相，九龙有，香港花园道也有。以致经过这些岗卡时，谁也不敢左右张望，向岗卡鞠躬后，就急急行过，免遭杀身之祸。

“慰安所”与“妓馆”

日军在占领香港期间，港九两地均设有“慰安所”与“妓馆”。九龙的“慰安所”设在旺角弥敦道原瀚智中学的校舍内，每天从各处运进一车车中国妇女进去，供日军发泄兽欲。这些妇女多数由当时的九龙特务借口代找工作，把她们诱骗而来，及至“慰安所”，这些妇女才知受骗，但由于日军严密监视，无法逃出。刚烈的女性，不甘受辱，在“慰安所”撞墙而死者有之；也有由于大声呼救，被日军杀死的。在“慰安所”附近居住的人，晚上经常听到凄厉的惨叫声，就是那些不肯屈服的妇女遭受日军毒打时发出来的。

九龙宪兵军曹，和当地特务相互勾结，在大南街设有公开式“妓馆”，当妓女的多数都是当时生活无着的可怜妇女。这些妓女由特务监督。但是有些妓女不堪为特务虐待，暗中逃走，她们逃离“妓馆”后，把“妓馆”中的种种黑幕向人揭发。有因患上性病无人医治的妓女，则被特务载往新界荒僻处，不闻不问，惨不堪言。

赌馆林立互相倾轧

九龙在日军占领后第二年，由当地著名特务头子袁某出面，于深水埗与旺角交界处的南昌街，开设有六七间赌馆。这些赌馆规模较大，包括有色宝、牌九、番摊等，并且雇女伶演唱，大锣大鼓，以吸引一般赌徒。除此以外，许多街道都有赌档。后来有一个日军军曹知道开赌有很好的入息，便派人和袁某讲数口，要求每日抽头，除缴交部分与当时日军财务课之外，其余则分作两份。袁某却以本人几许经营，这些赌馆才能开档，一旦把抽头分作两份，获利甚微，因此不肯相让。结果，南昌街的赌馆，就由某军曹下令关闭。但是袁某却化整为零，在九龙各地段仍然继续开设小型赌档，日本军曹虽有所闻，因这种非公开式的赌馆，经常改变地点，故亦无可奈何。

六两四绿豆与浆粉

日军占领香港后，最初规定每个居民，每天配大米 6 两 4 钱（16 两秤），就是每餐三两二米。后来香港米仓告竭，只好配给居民绿豆、浆粉，港九居民吃不惯这些绿豆与浆粉，病饿而死的越来越多。当时港九两地的僻静街道，常出现饿殍，传说有人把这些新死的尸体，割掉身上肉，当猪肉出售；又传上海街某云吞面铺，以人肉包云吞，食客到小食店进食咸抱戒心。这简直成为人肉市场，不少港人今天回忆起来，犹有余怖。

以上所述，都是笔者当时居住在九龙时耳闻目见的事实。

马来亚华人的抗日救亡运动

陈天日*

我出生在马来亚彭亨文冬县一个偏僻的乡村，从小跟随父母在山沟里摸爬滚打，过着极其艰苦的生活。1942 年 12 月在我七八岁时，日本侵略者入侵了马来亚，当时一部分华侨纷纷逃离城市，跑到深山密林中搭棚盖屋，开荒种地，借以躲避日军的烧杀掠夺，我们家也从小城镇逃到山里。在山里开荒，种木薯、粟米、旱稻，但往往被野兽、鸟雀偷食，收获时所剩无几，只好靠山芋充饥。油盐米很缺，有时从城里弄到一点米也是石灰米（用石灰腌泡过的米），吃前要用水漂洗多次后才能下锅。住的地方是用竹木搭成的棚屋，常常受到野兽的侵袭。记得有一天深夜，鸡棚里鸡乱叫，正好那天我父亲外出，我只好跟着母亲提着油灯战战兢兢向鸡棚走去。不看则已，一看吓一跳，只见一条一丈多长碗口粗的蟒蛇正在吞鸡，母亲拿着标枪咬着牙照准蛇头狠狠地猛刺下去，把蛇杀死。与天斗、与兽斗，当时的艰难岁月真是苦不堪言。而日本侵略者的暴行，给华侨带来的灾难更加深重。

日军从 1941 年 12 月 10 日入侵马来亚吉打州开始，到 1942 年 2 月 8 日占领新加坡止，在短短的两个月的时间里马来亚半岛全部失陷。日本侵略者

* 作者时为居住在马来亚的华侨。

所到之处烧杀掠夺，奸淫妇女，无恶不作。一次日军“扫荡”我们华侨居住的小山村，见东西就抢，见男人就抓，五花大绑押去当苦力，不服从者当场枪杀，见了妇女就强奸。当时我带着 5 岁的二弟躲到树丛里，看见几个日本兵押着一位华商女儿到华侨住的工棚里轮奸，尖叫声吓得我们连气也不敢喘。

日军对彭亨华人还进行了惨无人道的屠杀，最严重的是在华人集居的城镇实行“大检证”。所谓“大检证”就是把该处所有华人，不分男女老少，妇弱幼孺，全都赶到一集合处接受检查。居民面对日军的机枪，被认为有嫌疑者，就会被一批批地用卡车载到郊区枪杀。名曰大检证，实则大屠杀，而死于刺刀、机枪、棍棒和被活埋的华人不计其数。1942 年日本宪兵队又搞了“肃清”行动，主要对象是以下几种人：

1. 曾经在南洋华侨筹赈会中积极活动的会士。

2. 曾经慷慨地捐助给筹赈会的富裕人士。

3. 南洋华侨救国运动领袖陈嘉庚的追随者以及校长、教员和律师。

4. 海南人（根据日本人的看法，海南人均属共产分子）。

5. 凡在中日战争以后来到马来亚的中国出生的华人。

6. 凡是纹身的男性。因为依照日本人看法，纹身的男子皆为私会党徒。

7. 凡是义勇军的身份，替英军抵抗日军的人士。

8. 公务员以及可能亲英的人士，诸如太平局绅、立法议员等。

9. 凡是拥有武器，并尝试扰乱治安的人士。

上述几种人一经发现，不是抓去坐牢就是被枪杀。

为了报复马来亚华人给中国抗日力量的捐助，在马来亚的日本侵略军司令山下奉文还强迫华侨缴“奉纳金”5000 万元。所谓“奉纳金”即华侨给日军的赠款，以换取日本发还遭没收的财产和保护华侨的生命。华人领袖当时被迫组织华侨协会以筹集这笔赎命金，这笔钱由各州华人分摊。刚从检证场活着回来的人们，为了免遭毒手，只得把所有值钱的东西贱价出售及典当，七拼八凑，将钱交给日军。彭亨华人可说受到极大压力。最初日军限期在 1942 年 4 月 20 日前缴齐，后见华人实在无法筹足，又放宽至 6 月 25 日。

各地竭力筹措至 6 月 20 日始得 2900 万元，余数由日本正金银行假作慈悲，予以高利垫借，而硬将此项债务加在华人身上。

日军占领马来亚后，马来亚的锡矿、橡胶园、港口等主要经济部门全都被日本垄断资本家所接管。这些掠夺者采取了“杀鸡取卵”的办法，割胶不培植，采矿不整理，使橡胶和锡的产量大幅度下降。仅以橡胶产量为例，1941 年的产量是 609600 吨，到 1945 年就下降到 8700 吨了。在市场上是商品奇缺，物价飞涨，如大米、食盐等食用品的价格暴涨了 1000 多倍。工人拼死拼活地劳动，得到的只是日本侵略者滥印的连号码都没有的军用券，用这种成把的军用券连半把米都买不到，真是贱如手纸。与此同时，苛捐重税也日增月加，有的税款竟比原来增加 40 倍。

日本侵略者的暴虐，迫使马来亚人民特别是华侨的奋起反抗。当时在马共的领导下组建了马来亚人民抗日军，部队共分 8 个支队（独立队），包括彭亨西部和东部的两个独立队。其中第 6 独立队在彭亨西部活动，第 7 独立队在彭亨东部活动。他们以彭亨州为基地，广泛宣传发动群众、组织群众、依靠群众开展抗日斗争。为什么选择彭亨州作为基地？彭亨州地处马来半岛东海岸，大部分地区是森林和橡胶园，农村人口稀少，交通不便，唯一一条铁路支路沉陷，不久又被日军拆去建筑缅甸“死亡铁路”，所以日军驻兵不多，统治力量相对薄弱。日军的烧杀抢掠，无论在暴烈程度和规模上，都远没有西海岸各州那么残酷，这就给抗日联军提供了一个较为安全的环境。

抗日联军的任务包括军事行动、统一战线工作、宣教及寻求人员和物资的支援。彭亨的抗日独立队在政治宣传、联络群众以及提供支援方面的工作，更被视为绝顶首要的任务。人民抗日军由最初的 4 个独立队发展到 8 个独立队，由开始的 165 人发展到 7000 人，越战越勇。

在彭亨方面，第六独立队成立于 1943 年 8 月 18 日，但实际上早在 1943 年 4 月，当第二独立队奉命从森美兰东调彭亨时，第六独立队作为一支队伍的活动就开始了。当时二独东调彭亨的有 4 个中队，1 个分队，他们和原来在该地区活动的上彭（彭亨分上、下彭，以后又叫东、西彭）人民抗日军辖下的 3 个分队，合并组成马来亚人民抗日军第六独立队。第六独立队编成多个中队和一个独立分队，分别在文冬加叻、明光和直凉、文积、劳勿、牙拉顶、文德甲、瓜拉立卑等地区一带活动。到日本将近投降时，六独已拥有 10 个中队，兵员近 2000 人。

彭亨的另一支独立队——第七独立队正式成立于 1944 年 11 月 7 日，但其抗日活动早在 1941 年 12 月 31 日关丹沦陷时就开展了。七独共有 3 个中队，在雅姆及关丹、甘马挽、林明等一带地区活动。七独在抗日期间给日军沉重打击，其锄奸部队让特务及侨奸闻风丧胆。

当时与马来亚人民抗日军有联系的还有一支一三六部队。一三六部队是与中央合作的一支潜在马来亚敌后秘密开展抗日斗争的先遣队，由中国战时滞留在印度的人员在该处受训后潜入马来亚敌后活动，英国负担经费及训练调派护送等。林谋盛和庄惠泉被任命为一三六部队马来亚华人区正、副区长。从 1943 年 5 月到 1945 年战争结束前夕，共派人员 7 批潜入马来亚内地活动。这些队员很快与活跃在彭亨及其他地区的人民抗日军取得联系，并得到掩护和情报供应，一三六部队则帮助人民抗日军训练部队，收盟军提供的装备、资金支援他们。在彭亨沦陷后、盟军反攻马来亚之前这段时间里，抗日军为主的武装力量牵制和打击日军，扰乱了敌人的军事计划，使日本侵略军日夜不得安宁。

马来亚抗日军纪律严明，经常活跃在山区里，和群众是鱼水关系。我还记得他们经常召开群众大会，在山林的大草坪上点起篝火，宣传抗日道理、唱歌、跳舞，表演活报剧。他们教群众唱《团结就是力量》这首歌，群众拥护爱戴他们。我也就是从此认识共产党，认识共产党领导的抗日军队的。每逢开群众大会，家家户户都拿一些米粉、点心什么的去慰劳抗日军队。我很喜欢和一些十七八岁的小战士玩，他们身上都挎着卡宾枪，精神抖擞。

在马来亚抗日期间，我父亲作为当地抗日军的交通联络员，负责在华人中募捐筹粮，供给抗日军用，所以经常早出晚归在华人中进行活动，为抗日做了不少工作。记得当时我家里经常有抗日军的侦察员来居住，他们对我很好。英军后来反攻回来，又处于统治地位时，却宣布解散抗日军。因怀疑我父亲仍然与抗日军有联系，便下令通缉他，我父亲只好带领全家在亲友的资助下于广西解放前夕（1950年）仓促回国。我父亲所做的抗日工作，只是成千上万华人参与抗日的一部分，事实上当时华人抗日英雄可歌可泣的事迹，至今仍在华人社会中传诵。

赵尚志将军殉国记

赵俊清*

1942 年 2 月 12 日凌晨，北方大地寒气逼人，万籁俱寂。突然，位于黑龙江省鹤岗北方的梧桐河畔响起了激烈的枪声。这枪声撕裂了夜空。不久，一个惊人的消息传遍各地——东北抗联著名将领赵尚志以身殉国。

赵尚志，1908 年生于热河省朝阳县（今辽宁省西部的朝阳市）一个农民家庭。1925 年加入中国共产党。不久，入黄埔军校学习。九一八事变后，从事抗日武装斗争。他是珠河反日游击队创始人，曾任东北抗日联军第 3 军军长，北满抗联总司令。在抗日武装斗争中，为争取东北抗日战争的胜利，赵尚志积极贯彻党的抗日民族统一战线政策，壮大抗日力量，在北满形成了以抗联 3 军为核心，包括抗联 6、9、11 军及其他义勇军、山林队组成的两万余人的抗日武装。他注重抗日根据地的开辟和建设工作，在地方党组织的配合下，开辟了被人民群众誉为“红地盘”的珠河抗日根据地，建立了哈东抗日游击根据地和沿松花江两岸，小兴安岭山麓约 20 余县的抗日游击区。赵尚志娴熟游击战略、战术，富有卓越的军事指挥才能。他指挥抗联 3 军、联合其他抗日部队在北满大地纵横驰骋，歼灭了大批日、伪军，严重地威胁

* 本文系作者经采访多名亲历者后整理而成。

着日伪统治。日伪当局称赵尚志是“满洲治安的一大祸患”。日本侵略者为了扑灭东北人民的抗日烈火，铲除在北满推行殖民统治的障碍，曾多次妄图诱降、暗杀赵尚志，但皆未得逞。

自 1938 年起，东北抗日游击战争进入极端艰苦时期。抗联在频繁、激烈的斗争中，也受到很大损失。为保存实力，以利再战，从 1940 年年末始，东北抗联各部陆续进入苏联境内进行整训。与此同时，抗联也经常派遣小部队回到东北继续进行抗日活动。

1941 年 10 月，赵尚志率领由姜立新等 5 人组成的小部队，由苏联返回兴山（今之鹤岗）及汤原北部地区活动。他决心继续发展抗日队伍，开展抗日游击战争。他曾对同行的战友说：“我死也宁肯死在东北抗日战场。”表达出他坚韧、顽强，誓将抗日战争进行到底的决心。但是，当时东北地区的形势十分险恶。日本帝国主义为了发动太平洋战争，扩大侵略，正在搞所谓“关东军特别大演习”，百万日军遍布东北各地，汉奸、特务、密探活动十分猖獗，这给抗日斗争造成了极大的困难，赵尚志所率的小部队要进行的活动也很难开展。

赵尚志与其他 4 个人住在汤原县北部姜把头趟子房，在梧桐河上游地区活动了两个来月。此际，已是隆冬季节，整日朔风怒吼，大雪飞扬。赵尚志等冒着零下 40 摄氏度的严寒坚持斗争。12 月 23 日，他们来到汤原县北部乌得库（今伊春市境内），在距伪警防所北方 64 公里处，吸收了采集皮货的青年王永孝入队。这样，小部队增至 6 人。随后，赵尚志率队踏着皑皑白雪，穿过莽莽山林，奔向岭后三间房。在这里，赵尚志决定派 3 名战士返回苏联，向上级汇报情况。此刻队内只剩下 3 个人了。赵尚志率姜立新、王永孝又返回姜把头“趟子房”，以此为据点，继续开展活动。

就在赵尚志率领小分队在汤原、鹤立北部山区密林中活动期间，敌人从一个伪装成收山货老客的特务那里得到了情报：“12 月下旬，在鹤立县梧桐河西北约百华里的东山沟王永江、冯界德的趟子房有赵尚志等 5 人出现。”这一情报引起了敌人的极大注意，因为赵尚志一直是敌人捕杀的重要对象。由于从 1940 年秋到 1941 年 10 月赵尚志留在苏联，所以赵尚志的名字在敌人所搜集的情报及线索上，已失踪一年多了。赵尚志的这次出现使敌人感到十分恐慌。伪鹤立县兴山镇警察署特务主任东城政雄与警察署长田井久二郎立即进行密谋，并派出警备队长以下 25 名，携带无线电台，结合冬季“讨伐”，到鹤立河附近山岳地带进行了 7 天搜索，但未发现赵尚志等人的踪影。之后，田井久二郎与东城政雄为捕杀赵尚志又进一步做了密谋。田井说:“赵尚志能够得到中国人民的绝对支持，所以即使用日本军一个师团以上的兵力，也不能将他抓住，所谓讨伐是没用的。因此，应采取派遣伪装的侦探、谍报到山里。秘密地潜入赵尚志部下，设法把他引诱到警察活动范围内，见机使他负伤，然后将其加以逮捕的办法。”田井的主张得到东城的喝彩。尔后，田井将这个计划上报伪鹤立县警务科，又经县转到了伪三江省警务厅和保安分室。

1942 年 1 月上旬，敌人决定派他们认为“非常有价值”的特务刘德山担负这一诱捕任务，并答应事成之后，给他一笔优厚的赏金。刘德山，珠河一面坡人，当年 42 岁，曾任伪梧桐河采金会社警备队小队长。因枪法好，别人送给他一个绰号叫“刘炮”。同年 1 月 15 日，刘德山伪装成猎手及收山货的老客潜入鹤立县北部山区。同时，敌人令穴泽武夫警长以下 16 人进驻鹤立县北部地区，一方面组织搜集情报工作，一方面担任警戒，配合刘的行动。这样，一个十分毒辣、阴险的计划付诸实施了。

数日后，谙熟山路、狡黠奸诈的刘德山，在汤原北部山里姜把头“趟子房”碰上了赵尚志所率小部队。赵尚志对刘的突然出现十分警觉，感到其形迹可疑，断定不是好人，并要枪毙他。可是，事情十分凑巧，跟随赵尚志的姜立新与刘德山早年相识。经姜立新的介绍，赵尚志放弃了对他的严格审查，解除怀疑，并将他吸收入队。刘德山加入小部队以后，不断向赵尚志提供“情报”，以骗取赵尚志的信任。不久，伪兴山警察署长田井又派出特务张锡蔚（外号张小背）进山，执行同样任务。2 月 8 日，张锡蔚在姜把头“趟子房”找到了赵尚志所率小部队。特务刘德山便花言巧语地对赵尚志说:“他是我唯一的亲密朋友，由于我没能及时回去，他很挂念，是来探听我的。”这样，这名特务也混进赵尚志所率的小部队中来了。此后，刘、张两名特务一直潜伏在赵尚志身边。

2 月 8 日晚，这两名特务开始按田井制订的计划引诱赵尚志。刘德山向赵尚志“献策”说：“梧桐河警察分驻所警备力量缺乏，现在是袭击的好机会。”当时，赵尚志对刘的提议未置可否。晚饭后，赵尚志经过考虑，才做出决定：12 日拂晓，袭击梧桐河伪警察分驻所，并做了具体的战斗部署。翌日，赵尚志等从姜把头“趟子房”出发，向梧桐河伪警察分驻所移动。

据敌伪资料记载，以后几日的情况是：“2 月 9 日，午前 6 点起床。早饭后，8 点出发。途中休息一会儿。午后 8 点到达收山货的柴把头小屋，并在柴把头小屋住下，当夜，张锡蔚从 12 点到 1 点站了一次岗。”

“2 月 10 日，午前 6 点起床。早饭后，为商议袭击梧桐河，在出发之前，赵尚志对其部下说：这次袭击梧桐河要是成功的话，我们就乘马去苏联，若是这次袭击失败的话，我们就都到姜把头小屋集合。途中休息了两三回。”

“2 月 12 日，午夜 1 时到达梧桐河北方 2000 米的一个独立农小房后，刘德山对赵尚志说：现在有必要派人到梧桐河去调查一下。赵尚志也认为有必要派熟悉部落情况的人去。于是就派张锡蔚。张认为这是个好机会，就同意了。”这以后，张锡蔚就直奔梧桐河伪警察分驻所，将情况向敌人作了报告。

张锡蔚走后，刘德山为伺机枪杀赵尚志，便一直跟在他身旁。清晨 3 时许，赵尚志一行来到距梧桐河伪警察分驻所不远的吕家菜园子。走在赵尚志前面的刘德山认为时机已到，狡诈地说：“先到菜园子屋里暖和暖和，我去小便。”说罢，他转身就往回走，行至赵尚志身后，便开枪向其射击。由于近在咫尺，赵尚志中弹负伤，立仆在地。这时，赵尚志强忍剧痛，操起手枪朝正要向战士王永孝开枪的刘德山打去，刘头部腹部各中一弹，当即结束了可耻的生命。走在后面的姜立新听到枪声后，急忙跑到赵尚志跟前，只见他腹部血流如注，鲜血浸透了衣裤。于是，他就把赵尚志背到吕家菜园子的小窝棚里。赵尚志自知伤势严重，难以继续行动，命令姜立新迅速离开。

此际，特务张锡蔚已跑到梧桐河伪警察分驻所。他一进大门就高喊：“刘炮与赵尚志打起来了。”分驻所的敌人一听说“赵尚志”便吓得乱作一团。在梧桐河担任警戒任务的县伪警备队长穴泽武夫于忙乱间临时召集 12 名伪警察、警备队员组成一支“讨伐队”。“讨伐队”在特务张锡蔚引领下，赶到现场，将吕家菜园子包围起来。紧接着，又是一场激烈的战斗。对于这场战斗，敌人曾做过这样描述：“讨伐队因积雪尺余，行动不便，遂于距赵部房舍 400 米附近潜伏下来，监视赵部的动静。在潜伏中，很快地被匪团发觉，于是散开应战。为了切断赵匪的去路，派分驻所所长以下 5 名迂回后身，战斗经历 15 分钟，匪部枪声熄灭。”

就在这一战斗中，姜立新在赵尚志的掩护下，携带装有秘密文件及活动经费的文件包转移去苏联。王永孝腹部被机枪子弹打穿，负了重伤。赵尚志与王永孝在重伤昏迷中被俘。敌人从他们身上掳获了赵尚志印鉴、任命状数张，三八式步枪 2 支，子弹 230 发，美制一号橹子枪 1 支，日制九一式手榴弹 10 枚，日本军服一套半。

以后，敌人派人用爬犁将身负重伤的赵尚志、王永孝及刘德山的尸体拉到梧桐河伪警察分驻所。不久，赵尚志从昏迷中醒来。他说：“只成想死在千军万马中，没想到死在刘的手里。”赵尚志所受的是贯通伤。子弹从腰后右下部打进、斜从小腹与胯间穿出，伤势十分严重。敌人为了解抗联机密，得到口供，鉴于赵尚志身负重伤，无法行动，便在当地对他进行了突击审讯。

审讯中，赵尚志面对气焰嚣张的敌人毫无惧色。他以惊人的毅力一边克服剧烈的伤痛，一边与敌人进行着最后的顽强斗争。面对敌人，他切齿痛骂。关于对赵尚志的审讯，敌人记载：“赵尚志受伤后约活了 8 个小时。当审讯时，赵尚志对审讯他的警察说：‘你们不也是中国人吗？现在你们出卖了祖国。我一个人死了没有关系，我就要死了，还有什么可问的！’说完闭口不语，狠狠瞪着审讯他的人，对重伤带来的苦痛不出一声，其最后表现，真不愧为一大匪首的尊严。”

就这样，年仅 34 岁的赵尚志怀着对日本侵略者、汉奸特务的刻骨仇恨，为着民族解放事业英勇牺牲了。不久，同时被敌人捕获的王永孝在受伤后也牺牲了。

赵尚志牺牲后，日警备队长穴泽武夫急忙乘车去兴山伪警察署，向署长田井久二郎作了报告。接着，田井又立即将情况报告给伪鹤立县警务科和伪三江省警察厅。2 月 14 日，敌人将赵尚志遗体由梧桐河伪警察分驻所运到伪兴山警察署。尔后，伪三江省警务厅事务官筱原胜清、伪鹤立县警务科警正春日兵吉及抗联叛徒李华堂一同来到伪兴山警察署，辨认赵尚志遗体。敌人根据李华堂的辨认及所掳获的赵尚志的印鉴、王永孝的口供和赵尚志遗首左眼下 3 个月形伤痕（1932 年在巴彦游击队期间，攻打东兴战斗中负伤所留），断定牺牲者系赵尚志无疑。于是，敌人进行了拍照。从现存的赵尚志遗容照片看，他牺牲时，面无痛苦表情，圆睁的眼睛狠狠地向上瞪着。

2 月 15 日晨，敌人将赵尚志的遗体用汽车运往佳木斯伪三江省警务厅。凶狠残暴的敌人割下了赵尚志的头颅，用飞机送往伪满洲国国都新京（今长春），向警务总局请功。

赵尚志壮烈殉国后，日伪统治当局开动宣传机器，大造舆论，宣扬日“讨伐”的武功。伪满治安部警务司长谷口明山狂叫“残匪歼灭，邦家之幸；北方守护，愈行增强”。叛徒李华堂也跟着发出“从心里高兴”“今后进一步效忠满洲国”的叫嚣。但是，赵尚志的壮烈殉国也引起了敌人的极大恐惧。日本侵略者称“现在，匪情如何，虽不得而知，但日苏之间若发生了问题时，他们马上就会出来扰乱国内治安，这是很明显的”。谷口明山则说：“当此之时，为确保国内治安之安定，尚望全国警察官更加一层决意，对于重责之完遂，期无遗憾为盼。”

然而，侵略者无论如何，也是挽救不了自己失败、灭亡的命运的。1945 年 9 月 3 日，中国人民的抗日战争取得最后的胜利。那些穷凶极恶的日本侵略者终于被中国人民押上了历史的审判台。当年直接进行策划谋杀赵尚志的伪兴山警察署署长田井久二郎、特务主任东城政雄都作为战争罪犯被关押在战犯监狱中。他们在胜利的中国人民面前不得不低头认罪。而为拯救民族危难而英勇献身的赵尚志永远被人们所敬仰。东北光复后，人民政府遵照广大群众的意愿，将抗联第三军成立地——珠河县改名为尚志县，将哈尔滨市一条繁华大街——新城街，改名为尚志大街，以永远纪念这位抗日英雄。

回忆战友柯棣华

江一真*

1942 年 12 月 8 日，我刚刚离开学校教务处，一位同志从身后赶来，气喘吁吁地说：“校长，柯棣华院长又犯病啦！”

我的心猛地一沉。自从 1941 年 6 月后，他的癫痫病时有发作。也是从那时候开始，我特意将一块毛巾裁成两半，以备他犯病时能及时塞垫在他的嘴里，免得他咬破舌头。听到这个消息后，我下意识地将手伸进裤袋，掏出这半块毛巾，赶紧向柯棣华住处奔去。

推开柯棣华居住的那间低矮的农舍的木门，我一眼看到躺在炕上的柯棣华。他黝黑的脸膛显得焦黄，嘴角上挂着白沫和血丝。他的妻子郭庆兰正在用一块湿毛巾为他擦拭。见我进门，他支撑着要坐起来，我急忙将他按住问：“怎么样了？”他躺下去，不无歉意地向我笑笑，吃力地说：“没关系，你休息去吧！”话音刚落，他的病再次发作，颈项骤然强直，全身剧烈抽搐。先是间隔 1 小时抽搐 10 分钟，以后每 15 分钟抽搐一次。我们全力进行抢救治疗，可能采取的措施都用上了，可都未奏效。12 月 9 日凌晨，印度人民的优秀儿子、中国人民的亲密朋友、伟大的国际主义战士、中国共产

* 作者时任晋察冀军区白求恩卫生学校校长、军区卫生部部长。

党党员柯棣华的心脏停止了跳动。他把年轻的生命献给了中国人民的解放和中印友好的崇高事业。

冬季的寒风在华北的原野上呼啸。人们有的放声痛哭，有的低声抽咽。我无法控制自己的感情，用那半块毛巾最后一次擦去他嘴角的白沫和血迹，不禁泪如泉涌……

一

我第一次见到柯棣华，是在 1940 年 6 月中旬。当时我是晋察冀军区白求恩卫生学校校长。一天上午，军区卫生部电话通知说，印度援华医疗队的柯棣华和巴苏华已经到了第 3 军分区，要我接他们到白求恩卫生学校和附属白求恩国际和平医院工作。放下话筒，我情不自禁地喊出声来："好啦！他们终于来啦！"

还是白求恩大夫在世的时候，我们就议论过柯棣华到前线来的事。1939 年 8 月，白求恩准备回加拿大和美国募捐，谁来接替他的工作呢？他告诉我，他已经写信给中央军委，建议派印度援华医疗队的一两位大夫来帮助工作。可能是马海德大夫向他介绍了一些情况，言谈中，我发现他对印度援华医疗队的情况很熟悉。他说，他希望能派柯棣华来，柯棣华年轻，能比他这个老头子发挥更大作用。白求恩甚至兴致勃勃地说到他第二年五一回来后，和柯棣华共事的计划。遗憾的是，这两位国际主义战士连见一次面的机会也没有。白求恩在头年 11 月离开了人世，柯棣华能看到的只有以白求恩命名的学校和医院了。

白求恩大夫逝世不几天，有消息说柯棣华他们已经离开延安到前线来了。我和同志们翘首以待，只盼着他哪一天突然出现在我们面前。现在好了，一下子来了两位，我心里的高兴劲就别提了。

我扔下话筒，招呼同志们立即出发，去驻在史家佐的 3 分区司令部接他们。农时已值夏至，虽说山里的夏天来的晚，可唐河岸边刮来的南风，吹得人身上暖洋洋的。不知是心急还是天热，同志们一个个解下了腰带，敞开了领口。我们南去不远，一队人马迎面走来，其中正有柯棣华和巴苏华！原来，他俩也是迫不及待地要到我们这里来。我仔细打量他俩，个子不高，面色黝黑，一副憨厚谦恭的神态，像是我的同乡福建人。尽管天气热，他俩的衣着却很规范，连腰间皮带也没解下来。

就在我端详他们的时候，发现柯棣华脸上略有倦意。他和巴苏华从延安辗转到晋察冀，足足走了半年有余，显然是劳累了。我这样想，也就没问他有什么不舒服，只是安排他们到村子中间的一户老乡家住下来。柯棣华问我分配他们做什么工作，我摆摆手，让他们休息几天再说。他嘴唇动了动，但终于没再说什么。看他俩用热水洗过脚，我才离开。回去的路上我暗想，他俩还是好说话，不像白求恩那样犟。假使今天是白求恩让我安排工作我不照办，他一准得和我吵起来。

在我们起初共事的一些日子里，我更认为对柯棣华的第一印象准确无误。我当时虽是校长，但要把相当一部分精力放到医院的工作上。特别是一些大手术，要亲自动手。柯棣华到来后，我就想拉他做帮手。他听我说了这个意思，高兴得眼睛都亮了！第二天，我来到手术室，发现他已经洗过手等在那里。他到底是受过高等教育，基础好，又在八路军军医院工作过一段时间，所以很快适应了我们的情况。手术做得干净、漂亮。不过他处处谨慎，遇到截肢或摘除脏器一类手术，从不单独处理，要和我们反复商量。有时我讲了处理意见，他又要刨根问底追问理由。他认真谨慎的工作态度使我高兴，可他“打破砂锅问到底”的劲头又使我狼狈。我这个只上过红军“卫校”的人，被他问得兜出了全部家底。

一个多月后，我发现他的脸色还是不好。一天手术结束，他突然弯腰蹲在地下。我赶忙扶他躺在一张诊断床上，问他有什么不舒服？他不肯说。以后我又追问，他才告诉我，他下腹痛，伴有饥饿感，大便时曾排出过几节绦虫。感染上绦虫病可太糟糕了，我不由地为他担心。

他或许看出了我的心情，若无其事地说：“没有关系，我已经喝了一些煎石榴根水，看效果吧。”

“煎石榴根水？”我很惊奇。煎石榴根水是当地群众用来治绦虫病的偏方，他怎么会知道？

“是我刚刚学到的。我还知道十几种偏方呢！”他语气里带着几分自豪。

石榴根水还没发挥效力，柯棣华却要上前线了。9月中旬，交通破击战（以后称百团大战）第二阶段战斗打响了。柯棣华和巴苏华坚决要求到前线去。我不同意柯棣华去，理由很充足：不是因为他是个外国人，而是因为他是个绦虫病患者。他不听，一连几天缠着我，不急不慢，慢条斯理地说服我。有一回，还端杯水放在我面前：“我还没参加过大战斗呢。不到前线去，还能算是八路军军医吗？”“白求恩怎么说来？要到前线去，要和伤员在一起。我们不是用白求恩的名字命名的学校嘛，我们得像他那样工作呀！”我“黏”他不过，只好有条件地同意了。这条件是：不直接参加火线救护、不能连续工作10小时以上。又交代随去的同志注意他的起居劳逸。临行前我去送他，又把这话强调了一遍，他向我挤挤眼笑了。我隐约感到，他也并不如我原来所想象的那么“随和”。

柯棣华和巴苏华分别派到3分区和4分区工作。临行前，他俩提出挑战，看谁治疗伤员又快又好又节约医药材料。10月中旬，他们回来了。我发现柯棣华黝黑的脸膛透出了黄色，眼窝更深了。随去的同志告诉我，柯棣华在前线工作了13天，共接受800余名伤员，为其中585人施行了手术。似乎在他脑子里不存在什么苦和累，也不存在什么危险，只有千方百计抢救伤员。有一次，他曾连续工作三天三夜不离开工作岗位。我埋怨随去的同志，怎么让他这样干！这同志委屈地说：“你试试看，他那犟劲，你能说服得了吗？”我转身想质问柯棣华，可是这个在前线是那样勇敢倔强的人却偷偷溜走了。我这才感到，我对他的第一个印象并不正确。他也和白求恩一样地犟。不同的是，白求恩不同意你的意见时大声争吵，而柯棣华是笑嘻嘻地把他的意见变成你的。

二

1939年10月29日，毛主席会见柯棣华。

还是柯棣华和巴苏华在前线时，我接到军区转来的一封毛主席给他俩的电报。只有一句话，要他俩立即取道延安回印度。待他们回来后，我把电报交给他们，柯棣华很惊讶，怀疑电文译错了。一再说："这是为什么呀？战斗正在进行而要我们离开，我不能理解。"巴苏华比他冷静，分析是印度方面来电报催他们，他们出国已经两年多，超过原定一年的期限。我建议他和巴苏华讨论讨论，尽快上路，抢在敌军采取新的战役行动隔断我们与延安的联系之前。

没过多会儿，他俩又来了，说是讨论已有结果：由巴苏华返回延安弄清情况，柯棣华则留下来在学校或医院工作，因为这里需要医生。我感到为难，毛主席要他俩一起回去，我怎好改变？柯棣华见我面呈难色，主动说："我留下的原因由巴苏华向毛主席解释吧，我是自愿的。"巴苏华瞥了他一眼说："我可是不自愿回去。"我又何尝不希望他俩全留下！我们不仅十分需要像他们这样的人才，仅是他们留在边区工作的这一事实，便有利于鼓舞士气！可我不能将这话告诉他俩，我说："如果留下一个人，那还得报告司令员决定。"

请示结果，柯棣华的要求被批准了。聂荣臻司令员严肃地指示说：柯棣华留下是可以，但要绝对保证他的安全。我将请示结果告诉他俩，柯棣华眉开眼笑，捅捅巴苏华说："喂，你嫉妒吗？"巴苏华无可奈何地耸耸肩："嫉妒，真的嫉妒！"

留下来的柯棣华被任命为"白校"的外科教员。由于他坚持自己能说汉语，翻译巴寒冰同志已随巴苏华返回延安。可是，他讲医学术语还有困难，只好借助辞典，把生词用英文字母注音，这就增加了备课工作量。困难，对他来说，似乎不知为何物，为了搞好教学，他几乎天天打夜作，情绪极好，仿佛络虫也不打扰他，脸色反而渐渐好起来。进进出出，口里总是哼着歌曲或小调，时而还到篮球场上来两下。一天晚上，夜深人静，也许是工作顺利吧，柯棣华竟哼起京剧来。他捏尖嗓门学女声的怪腔怪调，先是把我吓了一跳，及至听清他是在唱京剧，我又忍不住笑出声来。真是一个永远不知忧愁的乐观主义者！

令人担心的事情终于发生了。11 月，敌人发动了空前规模的“扫荡”，我们迅速坚壁起来，向行唐一带转移。转移途中，我们听到了“皖南事变”的消息。当时，他刚给学员做完动物解剖，听过我的简要介绍，他将橡皮手套猛地掷进装着清水的盆子。激起的水花溅了他一脸他擦都不擦，大声嚷着：卑鄙下流！卑鄙下流！我这是第一次见他发这样大的脾气。这个温文尔雅的书生，此时变成一头发怒的狮子！

发生在长江南岸的皖南事变，刺激了北方省份的日伪和顽军。策反、暗杀，各种手段都对八路军用上了。为了巩固晋察冀抗日根据地，各部队和地方政府一起联合召开军民誓约大会，决心同日伪顽军斗争到底。在白求恩国际和平医院驻地张各庄召开的大会上，柯棣华庄严地走上讲台，用中文宣誓，与八路军和中国共产党人一起迎接最险峻的局势。接着，和大家一起唱起他最喜爱的《义勇军进行曲》。悲愤激昂的誓词和歌声，把这个来自异国的年轻大夫的感情，同中国抗日军民的感情完全融合在一起了。一位同志为会场的同仇敌忾的气氛所感动，歌声未停就喊了起来：“中印人民团结万岁！”“打败日本法西斯！”这时，我见柯棣华两眼含着泪水，一双手微微颤抖，他太激动了。

散会后，我俩相对而坐，他的感情还不能平静。我燃起一支烟，又给他倒一杯水。这样过了一会儿，他才冷静下来，告诉我：他在中国的时间越长，越发现中印两国在历史上有那么多的相似之处，也渐渐理解为什么在支援中国这件事上，印度各党派、各阶层是那样的一致。所以每逢听到中印团结的口号，便无法控制自己的感情。他说：“在我离开家乡时，父亲曾经对我说过两句话：一句话是他不希望看到一个在中国一事无成的儿子；另一句话是只要印度和中国团结起来，就没有人可以在亚洲任意摆布人民的命运。后一句话不是父亲个人的意思，在每次欢送我们的会议上，我都听到过类似的声音。这是印度人民的声音。”

听柯棣华发自肺腑的一席话，使我对他、对他的父亲、对印度这个伟大民族肃然起敬。我望着并不魁伟的柯棣华，仿佛觉得他正把中印两个民族的苦难一并担在自己的肩上，虽然吃力，却照直前去，一步不停。

三

几天后，柯棣华被任命为白求恩国际和平医院院长。

我和政委几经踌躇，才提名他担任这个职务。我们完全相信他对中国人民解放事业的赤诚以及他的领导能力。只是在这个斗争最严酷的时候要他担任院长，是不是难为了他，同时也担心他不肯接受任命。在他留校工作最初的日子里，他曾经交给我一份改善手术室的设想，我认为不错，即交代医院照办。几天后，他又提出改变外科换药时间的建议，认为每天换药不利于创口愈合。他建议我向伤员讲清这个道理，我请他讲，因为伤员信任他。就在这次，我对他说："老柯（他年长我 4 岁，我这样称呼他），我看你能当院长啦！"我是有意投了一只测探气球，他脸红了，说我开他的玩笑。我隐约感到他对做行政工作很少兴趣。

几经踌躇和讨论，最后还是报经军区领导批准由柯棣华担任院长。出乎我的意料，他没有拒绝。只是问了一句："我行吗？"我说："你行，聂司令员希望你成为第二个白求恩。"他"哦"了一声，陷入沉思。事情就这样定下来了。

显然，聂司令员的希望使他受到启发。柯棣华收集起白求恩的全部遗文，还再三要我介绍和白求恩一起工作的感受。他钦佩白求恩的科学态度。一次，他指着白求恩最后一篇著作《游击战中师野战医院的组织和技术》对我说："这真是一本不可多得的好书。好就好在把西方现代医学手段运用到中国的战争实际。"

没想到素来文弱的柯棣华竟有偌大魄力！上任之初，便领导制定了不少切实可行的管理制度。像伤病员班排组织、领导干部轮流查房、医生护士每周一次工作汇报会等等。他言必行、行必果，雷厉风行。在一次征求意见会上，有位同志提出应该在平时就组织成战地救护医疗组，以便适应战时需要。散会后，柯棣华立即召集医院领导开会，决定采纳这条意见并付诸实施，他自己也担任了一个救护组的负责人。在他领导下，医院工作迅速改善。来医院参观的一位英国教授感慨地写道："在如此之艰难环境中能创造出第一流的成就，这才是真正的科学家！”柯棣华的回答是：“只要我们争取进步，我们就能进步！”

为英国教授所赞扬的第一流成就当然不只是医疗工作。在当时的环境里，作为一个医院院长，远远不能只潜心于医学，使柯棣华犯难的事多着呢。上山砍柴，到平原区去背粮，他都过问，以至亲自参加。他的身体不好，我们曾经一次又一次地制止他参加那些繁重的体力劳动，但都被他一次次笑着拒绝了。一次，我们奉命去背粮，来回要走 80 余里山路，还要穿过敌人的封锁线，我告诉柯棣华不要参加。谁想临出发时发现他也在队列里。我请他出列，他不听；我提醒他执行命令，他倒笑嘻嘻地反问我：“我们不是奉命背粮吗？”队列前我不便多说，只好由他。待返回时过了封锁线，他不顾自己身体还带着病，又别出心裁，要和高他一头的奥地利籍教员傅莱搞“马拉松”竞赛。没等我制止，他抢先跑起来。这下子运粮队活跃了，你追我赶，个个身上像带了风。

尽管我佩服他这种顽强的毅力，但回到驻地，我还是不客气地批评了他。他不以为然：“这有什么错？”几天后他见我还提此事，便诚恳地向我解释说：“我本来打算和战士们一样背背包、吃小米、爬山行军，只是因为健康状况不能如愿，但我愿意过集体生活，不愿有任何特殊。否则，我怎么能理直气壮地说，我这个院长不是挂名的？”听了他这番剖白，仿佛看到了他那热爱中国人民解放事业和对自己严格要求的赤诚之心。除了感动和敬佩之外，我还能说什么呢？

四

他领导的医院日新月异，而他的健康却每况愈下。敌人反复“扫荡”和严重的自然灾害，使边区军民陷入极大困难。我们曾经有过一项专门规定：部队不得在驻地附近剥树皮、捋树叶，那是留给群众救急的。生活如此艰苦，健康人尚且吃不消，何况他是个绦虫病患者！

患难中，柯棣华和本校护理教员郭庆兰产生了爱情。聂司令员知道后很是赞成，认为组织家庭对他的健康有好处，要我促成其事。11 月，他们结婚了。不久，这对新婚夫妇就遵循当时的惯例，各自回到原先的住处，只在星期六才住到一起。直到 1942 年夏天柯棣华病情严重，我们才说服他俩一起生活。这时候，柯棣华因为绦虫病引起的癫痫病时有发作，每次昏厥时间也渐次延长。聂司令员非常关心和焦虑，他要我向柯棣华转达让他易地治疗的意见。这意味着让他离开边区。柯棣华并不直接回答，只是重复了斯大林讲过的大力士安泰的故事，借以说明他不能离开前线。他已经将自己和我们抗日军民的命运紧密结合在一起了，后来司令员亲自劝他，他也如此谢绝了。

就在此后的一天，他突然问我："一个外国人可以加入中国共产党吗？"说这话时，他有些拘谨，这是我们相处两年间很少见的。我笑了，因为我早知道他有入党的愿望，并且认为他已具备了入党的条件。当时正在学习整风文件，柯棣华积极参加了。他不但认真学习文件，还联系自己，对照检查。我看过他写的多篇学习笔记，他的坦率与严格，常常使我感动不已。我了解他，也请示过上级，所以明确回答说：可以。他很高兴，转而说自己还有许多缺点，不知会不会被接受。接着又问我愿不愿做他的入党介绍人，我表示将以做他的入党介绍人而感到光荣，他紧紧地用双手握着我的手，久久不肯放开。经支部大会通过，军区党委批准，1942 年 7 月 7 日，伟大的国际主义战士柯棣华加入了无产阶级先锋队的行列，成为光荣的中国共产党党员。

五

柯棣华入党后，学习和工作更加勤奋，病情也似有好转，像是他的虎虎生气把病吓跑了。这年秋天，他写完《外科总论》这部讲义，接着开始编《外科各论》。他信心十足地对我说，有把握在年底前交稿。

谁料想，一部《外科各论》成了他未竟的遗作！临去世前，他对党、对同志、对他的爱妻娇子没留下一句话，但他的全部工作，他的革命热情，他的献身精神，他的国际主义精神，将永远激励着我们前进！

12 月 17 日，天阴如铅，西风劲吹。我和同志们一起扶着柯棣华的灵柩，向军城南关走去。我们要把他葬在白求恩墓旁。在我们祭奠结束时，我看到从几十里外赶来的老乡们，哭泣着来到墓前；更有大爷大娘们烧香烧纸，祈祷柯棣华在天之灵平安。

1943 年夏天，在敌人隆隆炮声中，我们和边区群众一起在白求恩墓南侧，为柯棣华修建了陵墓。望着这两座并排的陵墓，我想起 1940 年 6 月 21 日那天。那天，柯棣华在白求恩墓前宣誓说："我要像你一样生活！"现在轮到我们宣誓了："柯棣华，我们要像你一样生活！"

今天，我们的国家已经发生了天翻地覆的变化，我也由一个青年变成一个双鬓如霜的老人，但我仍然要这样向我的国际主义的战友誓言："柯棣华，我们一定要像你一样生活！"

中国军队一炮击毙日军最高将领冢田攻

余松祥[*]

1942年12月18日，统帅23万日寇的侵华日军十一军军团长、华中方面军司令官、1937年南京大屠杀的主谋之一、大将冢田攻命丧大别山区安徽安庆太湖县。

有关资料显示，冢田攻，日本茨城县人，1886年7月生，日本士官学校第19期步科及陆军大学毕业，曾任日军参谋本部科员、欧美科长，陆军大学研究部主事兼兵学教官，驻德国大使馆武官等职。欧战后留学德国，执贽鲁登道夫之门，尝谓德国第一次世界大战失败之原因，“主由国防上政府不肯依照军部之要求与以充分之满足，故卒为敌所乘。”30年代日本军事预算无限膨胀，实为此种思想所促成，冢田攻是为之极力鼓噪者。1933年8月，出任关东军参谋长，1935年11月，升任日军参谋本部第三部少将部长。在日军参谋本部，冢田攻与山下奉文（大将，后任日军南洋派遣军司令官）同被称为“负荷日本新陆军之双璧”。1937年，与石原莞尔（第一部部长）、町尻量基、石本寅三、田中新一、秦彦三郎等人共同反对宇垣一成（日军大将）执政，致宇垣内阁因此流产。“八一三”上海战事发生后，作为日军上

---

* 本文系作者经采访多名亲历者后整理成文。

海派遣军司令官松井石根的副手，指挥日军第十军在杭州湾登陆，参与进攻上海和南京，是南京大屠杀的策划者和指挥者之一，1937 年 10 月任日军华中方面军参谋长。1938 年 2 月奉调回国，3 月任陆军大学校长，并晋级陆军中将。1940 年 11 月，升任日军参谋本部次长。1941 年 11 月，被派往西贡，任日军南洋派遣军（南方军）参谋长，成为太平洋战争元凶之一。1942 年 7 月 1 日，冢田攻从西贡飞汉口，接替阿南惟几中将，任驻武汉日军第十一军司令官兼华中派遣军指挥官。日军第十一军是日军在中国战场上唯一的纯野战机动兵团，担负监视和进攻国民党陪都重庆和西安的任务，主力 6 个师团，兵力 23 万人。

“档案大观”栏目载覃世进先生撰文《倭寇冢田攻毙命大别山》——1942 年 12 月 18 日中午，一架日军飞机在位于大别山区的安徽省太湖县弥驼寺上空，被第四十八军一三八师莫德宏部的高射炮火击落，机上乘员 12 人全部当场毙命，死者之一就是侵华日军第十一军司令官（又称军团长）兼华中派遣军指挥官冢田攻大将。

12 月 18 日，天气晴朗，冢田攻参加完会议之后，乘配属第十一军的专机回武汉。这是一架本年刚由上海飞机厂制造出厂的“七九”式飞机，机身上漆有“中支那派遣军第十一军军邮机 G310 九江号”，能乘坐 14 人，专航于上海—汉口航线。当日上午 10 时 20 分，“九江号”由上海起飞，11 时到达南京，12 时 05 分，冢田攻及其军部高级参谋藤原武大佐（死后追晋少将）等随员登上飞机后，“九江号”继续往西向目的地汉口飞行，进入大别山区。中午 1 时许，“九江号”飞抵安徽省太湖县和湖北省英山县之间的弥驼寺上空，此时，新桂系军队第四十八军一三八师四一二团三营九连的高射炮队正在演练，发现一架身躯庞大的敌机从长江方向由东向西飞近阵地，且高度较低，立即开炮射击，“九江号”被一炮命中，顷刻间冒出滚滚浓烟，坠毁在不远处的深山里。巧合的是，就在这同一天，日本陆军省刚刚颁布了晋升冢田攻为陆军大将的命令，这使得他“有幸”成为了中国军队在抗日战争期间击毙的日军最高将领。

新桂系军队在搜索日军飞机坠毁现场时，搜获日军中支那（华中）作战计划 1 份（已烧残不全）、中支那派遣军各部队主官姓名及部队驻地表 1 份、航空暗号 1 本、航空乘员手册 1 本、航空搭乘券 3 张等物。

冢田攻座机被击落之后，侵华日军总司令畑俊六命令华中派遣军调集了约 1.7 万人的兵力，于 19、20 日由武汉、合肥、安庆三个方向分五路出发，搜寻冢田攻的飞机，并乘机“扫荡”新桂系军队盘踞的大别山区，进行报复。新桂系称此次日军的进攻为“大别山战役”或“立煌战役”。日军在大别山内弥驼寺附近的筋竹冲寻到了冢田攻的飞机残骸和已被炸碎的日军尸首，冢田攻的碎尸被运至安庆装殓，后运回日本安葬。

冢田攻死后，日军调来了在侵华战争中臭名昭著的冈村宁次大将任华中派遣军司令官，横山勇中将任第十一军司令官。

安徽省太湖县余世磊先生的文章《日寇大将冢田攻亡命田家滩前后》，对冢田攻座机坠毁的情况也有详细的描述：“1942 年 12 月 18 日午后，在安徽省太湖县弥陀镇田家滩上空，一架日本军用飞机怪叫着，拖着一道长长的白烟，绕着群山低空盘旋。突然，飞机失去控制，一头撞在山上，发出一声震耳欲聋的巨响，燃烧的火光映红了半边天。坐在这架飞机上的，是日军第十一军司令官、中将冢田攻及其随员共 11 人，其中还包括高级参谋、少将藤原武，全部当场丧命”。

日军大本营得知冢田攻毙命的消息，一片震惊，他们搞不清中国军队通过什么情报得到了冢田攻的行动机密，弄不清中国军队使用了什么先进武器。冢田攻之死，使日军大本营彻底放弃了“五号作战计划”。

关于冢田攻座机坠毁的原因，最普遍的一种说法认为，是被驻守湖北黄梅的我第二十一集团军一三八师的高炮部队击落。何应钦撰写的《八年抗战之经过》、蒋经国撰写的《国民革命战争》、赵荣声撰写的《回忆卫立煌》等书都承此说。据说这天，是个无风晴朗的好天气，驻守大别山的一三八师的几名高炮兵，正在炮场测试武器。因当时的炮弹质量差，他们怕炮弹存放年久失效，想趁着天气好，试放几炮检验一下效果。就在他们调好高射炮准备要放的时候，突然发现沿长江飞来了一架日军飞机。这架飞机不知什么原因，飞得很低。炮兵当时灵机一动，便以这架飞机为目标，迅速开了炮。真是无巧不成奇迹，只一炮就击中了敌机。

另有一种说法认为，飞机遇恶劣天气，迷路导致燃油耗尽。十几年前，笔者曾专门去了一趟田家滩，采访到几位这件史实的见证人。他们证实，那天不像上种说法说的“是个无风晴朗的好天气”，而是满天乌云，能见度很低。冢田攻座机从南京飞向大别山区，山区地形复杂，又遇恶劣天气，迷路也有可能。究竟是何种原因？尚待进一步考证。

我进一步走访了十几位八九十岁老人，试图揭开冢田攻丧生弥陀寺张家榜之谜。

见证人之一金太原，家住离坠机地很近的金家湾，他对那段历史一直记忆犹新：那年，他 17 岁。当天午后，他刚刚吃过午饭，正准备去放牛，忽然听到飞机的嗡嗡声，那声音听上去很特别。一会儿，就看到一架飞机从山那边飞过来了，机尾冒起了浓浓的白烟，像拖着一匹长长的白布。打了几个盘旋后，就坠落在屋后一个名叫杨树垄的地方。后来，他跟着屋场的人跑到杨树垄去看，发现飞机碎成了几块，起了火，有一个日本兵挂在树上，其余十人则留在机内，都烧成了黑炭。

现年 85 岁的冶溪镇罗铺村王和林老先生说：“当年他 17 岁，在安庆六邑中学店前分部读书。军长是李本一（一三八师是整编师），会写诗，手脚都会写字，住程家新屋。师长是李英俊，大个子，住龚家屋。头天听说弥陀寺张家榜那里落下来一架日本飞机，第二天飞机的残骸（尾翼）就运到店前来了，说是死了一个很大的军官。我在店前程家新屋前的稻场看见的，飞机上还有一个‘日头’，有晒簟那么大（直径 1.5 米左右）。还有几挺带钢板的机枪。后来，飞机残骸都运到立煌县四十八军总部去了。”

家住司空山东部的店前镇杨胜老屋组 86 岁老人汪四美先生，对一三八师在店前的情况记得清清楚楚：“我们汪家老屋一块驻扎的通信连，有 4 个排。连长卢连忠是少校军衔，我家住的是通信连粟排长，他会做菜煮汤，我们经常一起吃饭，经常帮我家做农活，和我关系好得很。碾槽屋住秦排长，一个排住师部边上。上垄组驻扎防毒连，严家屋驻扎炮连，有小炮；莲花形组驻扎卫生连，熊家屋驻扎搜索连，王家陵驻扎特务连。搜索连抓到的嫌疑人交特务连审讯处置，枪毙了不少人。师部在程家新屋的程家支祠堂，师长李英俊住对面的花园组程达国家的私塾。”

对于冢田攻座机坠毁太湖弥陀寺田家滩的情况，汪老如数家珍：“那时我 17 岁快满 18 岁，半下午，整个店前都炸开了窝，‘弥陀落下一架日军飞机，死了一个大军官！’第二天，飞机尾子和机枪等运到了店前，放在师部程家祠堂门口，我们都跑去看。整个一三八师的官兵都说是日本飞机发生故障，自己落下来的。第二天，一支日军由蕲春经黄梅、宿松进攻太湖弥陀寺，一支日军由安庆经潜山水吼进攻弥陀。一三八师和日军在牛镇龙湾附近的双尖河大打了一仗，双方都死了好多人，还累死了一匹马。后来，一三八师还为这匹马建了一个义马亭。日军不惜一切代价，抢回冢田攻等人烧焦的尸体，对弥陀实行三光，血洗了弥陀街。”

店前程家新屋的退休老教师程加龙先生（1927 年生，2010 年 10 月去世）生前的回忆与汪四美老人的回忆近似：1938 年 10 月，国民党师开进店前、溪河、河图后，把冶溪桃阳的一座大寺庙——崇报寺一夜之间拆了，在附近的山上建了好多瞭望台，还架起了枪炮。弥陀寺坠落日本飞机那天早上，一三八师搜索连接到上峰的命令，说有日军飞机经由司空山附近上空飞过，命令搜索连要把子弹全部打光。但当天天气阴沉沉的，搜索连听到飞机的轰鸣声音，在辖区内南京武汉航线上的司空山南北走马岗、司空山极顶和大竹山上空乱开了一通枪，至于是否击中，无法知晓。

飞机坠毁后，搜索连有邀功请赏，但师部说是日军飞机故障坠毁，没有发一分钱的奖金。

吃“混合面”的苦难纪实

迟子安　万永光*

北平是日本帝国主义在卢沟桥发动全面侵华战争后，最先沦陷的大城市。北平人民在日本侵略者的铁蹄下，受尽了压迫和摧残，过着水深火热的生活。吃“混合面”就是北平人民在日伪统治时期经受的一大苦难。

旧北平是一个大的消费城市，粮食是市民赖以生存的最基本的生活资料。那时，市民生活所需的粮食完全由私营粮商贩运销售，供给市民消费。日寇占领期间，由于推行所谓“治安强化运动”，对广大农村的抗日军民实行杀光、烧光、抢光的“三光政策”，农业生产遭到很大破坏；日寇又用各种手段将华北所产粮食大量掠夺，供作军粮；这就使可供城市消费的粮食明显地减少。日寇还对各抗日根据地实施军事封锁，阻塞了正常的城乡流通渠道，北平粮商出外采购和外地商贩贩粮来平，都困难重重。在这种形势下，北平的粮食来源日渐减少，粮价不断上涨，劳动人民的生活受到很大威胁。40 年代初期，华北连年干旱，各地普遍歉收，北平缺粮更加严重。到了 1942 年春末夏初，有些粮店无粮可卖，处于停业状态；同时粮价暴涨，人心惶惶，市民反应强烈，成为当时最大的社会问题。日本占领者及其卵翼下的

---

*　作者时为北平市居民。

华北和北平市的伪政权为维持其殖民统治，“安定”地方秩序，不得不谋求解决的对策。

北平缺粮的根本原因，是日本侵略者的掠夺和破坏造成的，但侵略者决不肯停止侵略破坏，更不会把掠夺的粮食拿出来供应中国人民。他们经过反复策划，终于想出了一套措施。首先是用转移目标的手法，把北平发生粮荒的责任归罪于粮商囤积居奇、哄抬粮价。日本宪兵队带领伪警察对全市粮食行业的商号进行了突击大检查，在一天之内逮捕了 128 家存粮较多的粮商，查封了大批粮食。其中绝大部分是城外各粮栈代客买卖的客货，也有城内存粮较多的粮店大户，如北新桥汪大人胡同永顺成粮店即被查封存粮 56 万斤，经理姜渭川被捕。被捕的粮商都被关押在日本宪兵队的地牢（地址在沙滩北京大学旧址）。日本宪兵队向来被人们视为“鬼门关”“阎王殿”，“进了宪兵队，不死也得蜕层皮”，被押的人无端地遭到毒刑拷打，是家常便饭。这些粮商们吃了不少苦头，被关押了两三个月，直到他们的存粮被处理完了，才获得释放。

日伪当局在突击检查、逮捕粮商的同时，宣布对全市粮食实行管制，规定所有粮食行业商号均须将现存粮食品种、数量造表呈报，并须将每日进货、销货、存货的品种、数量逐日汇报，违者严惩。商人们慑于日寇淫威，怕进宪兵队，不敢隐匿遗漏，只好遵照规定据实申报。日伪当局又以充分利用粮食、克服损耗浪费为理由，下令全市粮商禁止按过去的正常方法加工粮食，要求各粮店将各种杂粮混合一起，搀上麸皮、米糠、橡子等，磨成“混合面”，供应市民。

北平的“混合面”，基本上是由各粮店就各自上报的存粮自行加工出售，查封粮栈的存粮由日伪当局通过磨坊办事处（此机构是粮食行业中有加工设备的商号共同组成，专为承揽日本军粮加工而设）分配到有加工设备的粮店加工出售（价款返还货主）。市民购买“混合面”的办法是，由日伪当局根据各粮店所报生产数量印发购买证，按户口分发市民，凭证定量购买。“混合面”按平价出售。

“混合面”的成分因各粮店所存粮食品种不同，并无一定的质量标准。

开始时，其中尚有大部分正当粮食，如谷子、高粱、玉米、豆类等，虽质量较差，尚可食用。其后越磨越次，质量日趋低劣，“混合面”逐渐出现颜色灰暗、牙碜、口感苦涩、有异味等现象。原因是粮店所存粮食只出不进，好粮日益减少，粮店为凑足所报数量，不得不把发霉变质的次粮、陈粮和囤底土粮都一起磨了进去。还有少数粮商买通检查人员，胡掺乱兑，抵换好粮留作自用。而日伪当局为了维持现状尽量延长供应时间，还一再动员粮商挖掘潜力，增加产量，有什么磨什么，根本不管质量好坏。到了后期，“混合面”中粮食成分已经很少，大部分是玉米皮、玉米核、橡子、糠秕、尘土之类。这些东西不但毫无营养，因其成分复杂，有的不免含有病菌。当时老百姓纷纷反映：吃了混合面，有的腹痛拉稀，有的大便干结拉不出来，有的闹病，真是怨声载道，叫苦连天。

市民购买“混合面”，开始时不甚紧张，一般是大街面的粮店规模较大，质量稍好，购买的人多一些，时有排队现象；小胡同的小粮店购买的人较少。后因有些粮店陆续卖完停业，供应点日渐减少，供不应求，就出现了排队挤购的紧张情况。最后阶段，粮店门前半夜即排起长队，人们争先恐后，互相拥挤，吵嘴打架时有发生，影响了地面治安，伪警察所就派警察到场弹压，打骂群众。有时排队一天半日还买不到，情况非常混乱。那时在日寇的严密管制下，粮源断绝，“混合面”虽然难吃，一般市民也只得赖此果腹充饥，家家挨饿，人人面有菜色。有的人在京郊外县有亲友关系，冒着风险下乡，弄点白薯、杂粮回来，掺着“混合面”吃，那就是美味珍品了。

老百姓吃着难以下咽的“混合面”，不少人把怨气向粮店发泄，骂店主是奸商。东直门附近有一家粮店，在加工“混合面”时偷偷地留下一些好粮，店主关起门来吃馒头，被人从门缝里瞧见。愤怒的人群立刻破门而入，把该粮店捣毁了。其实，粮店商人也是满腹委屈，他们的存粮被变成“混合面”平价配售，不但无利可图，而且大蚀其本。如上述汪大人胡同永顺成粮店存粮 56 万斤，价值联银券 100 余万元，被磨成“混合面”平售后，只得到 37 万元。在日伪管制下，粮商无法正常做买卖，不少粮店亏损倒闭。在磨制“混合面”的过程中，日伪检查人员每天到店检查，态度蛮横，应付稍有疏忽，就要挨打挨骂；市民吃“混合面”也对粮店不满，粮店两头受气，自叹倒霉。这些店主的共同想法是，把这点粮食赶快磨完卖完，不再受罪。这样，存粮只出不进，越卖越少。经过不到一年的时间，各粮店已将所有可磨的东西全部磨完售完，仓囤净光。日伪当局管制粮食的结果，是粮源断绝，粮商破产。他们无计可施，也就撒手不管了。这时，北平人民却处于空前严重的饥荒灾难之中，许多人饥饿致死，街头倒毙的饿殍随处可见，惨不忍睹。北平这座名城竟成了人鬼杂处的世界！

然而，就在中国人大批饿死的时候，日本侵略者及其走狗汉奸们吃的却是精米白面，他们取精用宏，养尊处优，连日军的军马也都用粮食喂养，据说那些军马吃豆类消化不完，拉出的马粪中有许多豆粒，附近有的饥民就到马厩中偷拾马粪，回家检出其中的豆粒，用水淘洗后充饥。在侵略者铁蹄下生活的沦陷区的人民真是牛马不如啊！

世界最大矿难之真相

周保钢*

辽宁省本溪市是我国著名的重工业城市。1905年清政府设本溪县。日伪时期曾改名本溪湖街、本溪湖市。本溪湖是当地一洞中湖，形似犀角，外阔内窄，水面仅20余平米，为世界最小的湖，已申报吉尼斯世界纪录并获批准。本文叙述的事件发生在日伪时期，所以在涉及地名、矿名时或称之“本溪湖”。

1942年4月26日，本溪湖煤矿发生井下瓦斯爆炸，被称为迄今世界最大的矿难。权威性亲历者回忆共有1549人罹难，轻重伤246人；死亡人员中除31名日本人外，其余都是中国矿工。这已经成为公开且通常的说法。

矿难后，日本当局在埋葬死难矿工的“万人坑”旁竖起一通墓碑，记有1327名“产业战士壮烈殉职”，比1549人少了222人。而据其他一些见证人的回忆，这次矿难死亡人数起码在3000人以上，又比1549人多了一倍。

这3个数字是怎么来的呢，这里面还有多少不为世人所知的隐情？

---

* 本文系作者根据有关资料整理而成。

亲历者的记述

张洪昆，原本溪矿务局高级工程师。1942 年 3 月 6 日到本溪煤矿保安课工作。当年矿难发生后，他是第一时间进入爆炸现场的唯一中国籍工程技术人员，全面参与了事故调查。2006 年的时候，张洪昆已是年逾八旬的老人，他将当时的事故调查和此后数十年的现场勘查、考证分析得出的 1942 年“4.26”矿难真相公诸于世。1942 年 4 月 26 日是一个星期日，春雨连绵，矿上管事的日本人大都在家休假。这天早晨天还没亮，2000 多名矿工就在手持棍子的“二把头”吼骂、监视下，从茨沟的老三坑和柳塘下层坑下井，开始了连续 12 个小时以上的奴役劳动。

上午 11 时 30 分，地面变电所出了故障，影响全矿都停了电。到下午 2 点修复后，首先给各井口扇风机送电;2 时 10 分给井下采区送电。就在此时，突然从井口传来一声巨响，顿时，滚滚黑烟从茨沟、仕人沟、柳塘等 5 个通地面斜井口喷出，直冲云霄。这天张洪昆没有下井，事故发生时他刚吃过饭，就听到了大爆炸的声音。由于张会说日语，学的又是采矿专业，于是就成了事故处理中唯一一名中国工程技术人员。

在柳塘附近，张洪昆见到两名修理轨道的工人，被爆炸冲击波抛到距坑口 100 多米的支撑绞车钢丝的混凝土架子上，这是最先发现的事故殉难者。柳塘下层坑和一坑两台 100 马力的扇风机、防爆门同时被摧毁。矿井的通风系统被破坏，井上井下的通讯也中断了。噩耗传开，矿工家属哭天号地，奔向坑口，一时呼子觅夫，悲声震野。当日下午 3 时许，管事的日本人陆续赶到矿上，他们看见中央大斜坑还在冒烟，认为井下可能发生了火灾。公司采炭所长藤井渡和保安课长山下寿一经过研究，怕火势继续扩大，决定命令尚在继续运转的老三坑和柳塘上层坑两台主扇停风。接着，煤矿最高负责人公司炭业部长今泉耕吉赶来。当他知道二坑的坑长上野健二还在井下时，当即给第一批下井的日本矿山救护队队员发出命令，要救护队从柳塘下井搜寻上野;并指示说，如果发现是死了，也要立即把尸首运上来。日本人对井下还活着的中国工人置之不顾，让他们活活闷死、毒死、烧死，而却要抢救哪怕已经死了的日本坑长。在他们眼里，中国人不如猪狗。

第一批救护队大约是在下午3时30分下井的。他们从柳塘大斜坑下井，刚前进百余米，因烟火很大，遮住了视线，无法前进而折回，改由柳塘下层坑下井，行进200米来到西风道岔口，同样因为浓烟弥漫，搜寻十分困难而停止前进。当即向指挥所汇报。4时半钟指挥所下达命令，要各井口主扇恢复运转。这样，风向立即改变向下流，经下层回风道排出地面。救护队再沿着下层坑绞车道往下探查直到井下办公室。一路上尸体纵横，惨不忍睹。大斜坑的情况更惨，尸体都成几段，没有一具是完整的。这时还没有找到上野。接着，救护队第二小队从下层回风道下井，和第一小队会合。在西风道和西一道几个掘进工作面上，有的工人还在呻吟。救护队员逐个查看了面孔，没有发现上野，而对于尚有气息的中国工人却置之不理。最终，他们在下层八道绞车道旁发现了上野，当时上野脸朝下躺着，脉博似有微动。救护队把他抬了上来急救，很快就苏醒过来了。这是矿难发生后唯一被抢救生还的人。其他很多中国工人在瓦斯爆炸当时并没有死，而是爆炸后中毒未及时抢救，以致死亡。到晚上6点多钟，井下烟没有了，指挥所的人员才由柳塘下井，经电车道从茨沟中央大斜坑上来。这时发现从电车道柳塘大斜坑车场子以东一个独头掘进工作面走出来14个人，领头的姓孙，他说刚听见轰的一声，就被震昏了，醒过来以后，想往外走，因有浓烟，又退回去了，他们就在独头动作面里边坐了4个多小时，直到听见外面有说话声才出来。这14个人是距离爆炸中心最近而侥幸生存的。从这个工作面出口往东不到200米，就是爆炸最猛烈的地方。这里有一列满载煤炭的矿车被炸得四零五散，牵引力10吨的电车横卧在轨道上。在这一地段东西300米的范围内，事故当时只有少数人在工作；爆炸后，除了电机车司机被碾死在机车下面尸体还算完整外，其余的人都已粉身碎骨。再往东，有多数混凝土墩被崩垮。在一坑车场子外边，原来的压风机房出口附近，有200多具尸体匍匐堆积在一起，多数人的嘴上还绑着毛巾。这些人都是在爆炸时并没有死，而是在争取脱险途中因停风而中毒遇难的。再到一坑采区西二道口小房里，也有百余具尸体，都是中毒而死的。

当时全矿 5 个采区，除了在最东部的五坑和最西部的四坑这两个采区没有受到爆炸影响外，其他 3 个采区当天所有下井的矿工，绝大多数都蒙难了，仅有极少数生还者。事故发生后的十多天中，总共清理、运出尸体 1549 具，其中除 31 名日本人外，其余都是中国矿工。矿工的尸体除少数当地有家属的单独收容外，其余的都集中埋在四坑口山下。当时，在四坑口外山角下挖了一个大坑，把尸体装入薄板棺材，层层垛起来，胡乱埋了。这就是现在的仕人沟万人坑。这次瓦斯大爆炸是世界采煤史上最大的一次灾难。骇人听闻的事件发生后，日本为掩人耳目，减轻罪责，在埋葬矿工的“肉丘坟”上立了一个碑，碑文掩盖惨案真相，为残暴行为涂脂。同时，他们还极力掩饰事件的严重性。日本人在当时沈阳出版的《盛京时报》上，对这次事件仅仅刊登了一条不到 40 个字的消息，大意是本溪湖煤矿柳塘坑发生瓦斯爆炸事故，损失轻微，用以欺骗世人。事故发生后，经过一个多月时间调查，做出了结论。矿上的日本技术人员都认为是一次瓦斯爆炸事故。但是，经过后来调查，爆炸最严重的区域是柳塘大斜坑井筒及其以东的井下电车道至一坑以西这一段区域，在这一段坑道内发现的尸体，都是直接由于爆炸死亡的。随之产生了这样一个疑问：在电车道上不易积蓄大量瓦斯，怎么会产生这么大的爆炸威力？后来经过煤尘实验认定，本溪湖的煤尘是能够爆炸的。从而证实了事故性质是瓦斯煤尘联合大爆炸。

事故性质明确后，事故原因查实工作更加费尽周折。经过考证，得出可靠论断：在五接回采工作面上部，链式运输机的耐爆开关的螺丝，全被卸下敞开放着，附近死亡的矿工，包括一名姓徐的电工，身上都有烧伤痕迹。经推断是停电以后，工作面的人员和井口没有取得联系。当时工作面根本没有通讯设备，可能是当溜子停转时，误认为是开关出了毛病，找电工修理。因通风系统不合理，在这期间停风，实行下行风的这个回采工作面瓦斯积聚，当恢复送电时，发生电弧火花，引起局部瓦斯爆炸，和回风道紧接连的是井下电车道，积聚有大量煤尘，引燃爆炸，这就是爆炸事故发生的直接原因。而造成如此重大惨案的根本原因是日本当局在瓦斯爆炸后，为了避免发生火灾，保住煤矿资源和井下设备，竟不顾井下矿工的死活，断然采取了停止送风的措施，断绝了矿工们逃生的出路，导致了千余名矿工因窒息被活活憋死。苏联学者斯雅·希菲茨在其编著的《煤矿安全技术》一书中这样写到，“1942 年在中国东北本溪煤矿发生的瓦斯煤尘爆炸事件中，大多数矿工死于一氧化碳中毒，只有极少数人死于爆炸。假如当时扇风机照常工作，新鲜空气可以通入人行道内而不致他们死亡。很显然，这些工人在发生爆炸时，都很快跑到巷道来，打算通过这些巷道出井。假如不被该处积聚的有毒气体毒害，那么他们是不会死的。”

日本帝国主义在本溪野蛮开采、疯狂地掠夺我国资源之时，毫不顾及矿工的死活，甚至根本不可能查明造成事故的根本原因。这一震惊世界的矿难最终仅以公司炭业部长今泉受一年罚薪百分之十的处分而敷衍了事。

见证人的回忆

见证人：郭金秀，男，9 岁随父母从山东被骗到煤矿当劳工。抗战胜利后，一直在煤矿工作，曾任本溪矿务局第三任局长，1999 年离休。

1942 年瓦斯大爆炸，死了很多人，日本人说是 1300 多人，我们这些劳工都说最少也有 2000 到 3000 人，或者更多——光尸体就拉了十多天，没有挖出的，烂在洞子里，臭得人不能下去。日本人大量浇酒，还掩不住臭味。

实际上大爆炸时死的人并不多，绝大多数人都是后来日本人下令停止供风、堵死井口以后被毒死或窒息死的。而日本人停止供风、封堵井口，只是怕井下着火烧坏机器设备。

日本人开采中国煤矿是破坏性的。他们的开采，就像我们有些人吃枣糕，只把中间的枣吃掉。我记得我们下井时，用的是“前进扒两帮、一捅冒落光”和“杀鸡取卵”的蚕食式、残柱式的采煤方法，以及大舞台式的大面积顶空作业，这些采煤方式，对劳工而言非常危险，很容易出伤亡事故。此外，日本人只要中间最好的煤，这种破坏性的开采，浪费很大。80 年代，我们矿务局不得不对他们采过的地方进行二次开采，难度很大。

尚宝德，本溪煤矿退休工人，1942 年 4 月瓦斯爆炸的幸存者。此材料系 1999 年 8 月据口述资料整理（下同）。

到矿上一年左右，发生了瓦斯大爆炸。我是瓦斯大爆炸事故的幸存者。那天下午，我和另外 4 个矿工正在柳塘坑口干活，当时坑口外没有车，天又下起了雨，我们就进入坑口。当进到距坑口 100 多米的地方时，突然一声巨响，巨大的气流将我们冲出井口，我被冲到坑口外 100 来米远绞车架外面摔下来。当时，我被震昏了……醒来时直发懵，回头看看矿井，只见黑烟夹着火从井口喷出，火柱冲天，有人喊：“了不得了，了不得了，着火了！”我就赶紧到医院去了。我是事故后第一个到医院的伤号，检查一下还没受重伤，过了一段时间就干活了。经过这次事故我侥幸未死，而和我一起干活的那几个工友都摔死了。

事故发生后，日本宪兵给矿井四周电网通了电，关住大门，不让家属和其他矿工靠近井口，封住井口不让井下人上来。四坑口周围摆满了矿工尸体，柳塘矿也是一样。这次事故死难矿工，80%是庄河人和一些抓来的“特殊工人。”

当时日本侵略者不敢真实报道事故真相，而实际上死的得有三四千人。1945 年后，为了恢复生产，在清理坑道时，又在这些坑道里挖出 20 多矿车白骨，怎么能说瓦斯爆炸只死了 1000 多人呢？挖出的死尸，在四坑口的山坡上用石头砌了一个大圈，炸碎的尸体已经拿不成个，就拣起来装棺材，填满算，用棺材垛 5 层，围了一大圈，中间干脆也不用棺材了，直接用车拉上碎尸骨倒在坑中间就完事了。填满了后，用土埋起来，剩下的埋到太平沟了。想起这些，我对日本帝国主义真是恨之入骨。

翟文华，本溪煤矿退休工人，1942 年 4 月瓦斯爆炸的幸存者。

发生瓦斯大爆炸那天正巧我拉肚子，把头逼我下井，并且打我，但我一点力气都没有，动弹不了，没办法，一个老乡怕我再挨打，就替我上工了。他走时忘了拿我的灯罩，又回来取，结果去晚了。恰好下井的车没在，他就在那儿等着，就在这时发生了瓦斯爆炸。这样，我和老乡都免于一死。这场事故我们大房子里的人死了一大半。

李永普，本溪煤矿退休工人，1942 年 4 月瓦斯爆炸的目击者。

1942 年瓦斯大爆炸那会儿，我正在矿上，亲眼目睹了爆炸后的惨景。那天正赶上下了一天雨。过了中午，我在井上听到爆炸声，知道肯定是矿上出事了。我急忙向井口跑去，但当时日本兵已经把井口围起来了，不让人们靠近。我扭头往家里跑去，因为我哥就在这个井口干活。不一会儿大哥传回信说他没事，当时他恰好因巷道跑车升了井，刚抽一支烟工夫，井下就爆炸了，哥哥没出事，真是侥幸！当时日本鬼子为了保住井，把井口封得严严实实，不管工人死活，逃出来就出来了，没逃出来的就被堵在里面。第二天我参加了清理工作。现在想起来，井下的情景真是历历在目，惨不忍睹。矿工的尸体成车往外拉，成筐往外抬，这样拉了七八天，初步统计足有 3000 多人。那时我当常役夫，有机会接触把头们，这是我听到把头统计报表时说的。当时，二平半（掌子面）里面堆满了死人，拉到最后时，由于天热尸体腐烂，井下臭气熏天。清理近十天后，井下巷道里的尸体基本拉干净了，但仍有很多埋在煤堆里的尸体没有挖出来。洞里一片臭气无法采煤。后来日本鬼子命令用酒浇井下，但仍然不能解除臭味，无法清理。这次瓦斯大爆炸，人死的真是不计其数。这些死尸绝大多数都埋在了四坑口万人坑。这个万人坑现在保存完好，还有日本人立的碑为证。虽然他们的碑文为自己掩盖罪行，但事实是不容否定的。

马国志，本溪煤矿退休工人。

我 13 岁那年，由于家庭生活所迫，开始在日本株式会社本溪煤铁公司当劳工。由于我年纪小，下不了井，就在总办的庶务系当杂工。我耳闻目睹了日本侵略者对中国矿工的残酷迫害和 1942 年 4 月瓦斯大爆炸情况，以及本溪湖地区几个万人坑的有关情况。……矿上的劳工大多数是庄河县一带的人，也有少数是从关内抓来的“黑八路”。劳工每天吃窝窝头，枕砖头，系绳头。没有鞋穿，穿的是一种水袜子，只给下井的人穿，上井就要脱下，光脚上去。没有衣服穿，用破布条系在身上。

……四坑口万人坑埋的是 1942 年 4 月在本溪湖煤矿发生的瓦斯大爆炸时死难的中国矿工，一次性埋下了 1300 多人。井下瓦斯大爆炸那天，下着雨。事故发生后，井口不断涌出一股股浓烟和火舌，日本宪兵封锁住了井口，他们要井不要人，不让救人，强行堵住井口，把火憋灭。矿山四周，家属们呼天号地地拥向井口，日本鬼子将铁丝网通了电，不让家属们到坑口附近。电线直冒火，又是在雨中，一些人被电烧得直冒油，乱蹦乱叫，电死了很多人。等到井下火灭了，运上来的一车车尸体已烧焦了，分不出模样。拉出来的尸体堆在井口，然后用车拉到四坑口，挖了一个长 80 米、宽 80 米的大坑，坑里四周用木棺垛起有五六层高，然后将烧焦尸体扔到坑里。尸体中缺胳膊少腿的有的是。日本人为了掩人耳目，还为这个万人坑立了一块木碑。后来又换成石碑，至今还保存着。四坑口的万人坑如果挖下去，不用多深就是层层白骨。

那时，我们一家 4 口人在井上干活，有父亲、大哥、二哥和我。瓦斯爆炸时，父亲正好在井口干活，维修路轨，被爆炸掀起的风鼓出，只受了轻伤，大哥和二哥正好没有下井，这样我们家幸免于难。比起我们家，很多矿工兄弟就不那么幸运了。死难的人中有 70%以上都是从庄河等地抓来或骗来的劳工，只有少数矿工是本地人。可怜那些外地矿工兄弟，死在异地他乡。南天门万人坑位于溪湖柳塘，是一个地面万人坑，运尸体的是活底棺材，有时一个棺材里面装两个尸体运到山上，倒出尸体，棺材再运回来，这样反复使用。扔到这儿的矿工尸体根本不掩埋，南天门山坡上尸体遍地，赤身裸体，野狗吃得眼红，看见活人都想吃。直到新中国成立初期，南天门山坡上还是白骨成堆。太平沟万人坑，埋的是瓦斯爆炸后在四坑口万人坑余下的尸体，最后清理井下时陆续挖出的尸体都埋在太平沟。

矿难原本可以避免

张洪昆先生关于此次矿难死亡人数的记载，还是一个可商榷的数据，但一个明确的事实确是明白无误的：刹那间，数以千计中国人的生命就此消失，数千家庭顿时陷入灭顶之灾，处于本溪的日本人风声鹤唳，紧张万状。日本当局初步判定这是一起大惨案后，唯恐引起工人暴动，对于日本人采取了各种保护措施。入夜之前，对各厂矿以及各交通要道、车站等加强了戒严和封锁，全城处于戒严状态。距离坑口最近的住宅区的日本男职工，当晚都在矿上集合待命。妇女老人和小孩等大部分家属，都带着贵重物品到市区的亲属朋友家躲避。有的家中虽留人看守，但都门窗紧锁，连灯也不敢开。特别是柳塘坑口附近的 4 户日本独立住宅，一夜间全部撤离到市中心区了。为防止工人“闹事”或是暴动，日本当局的第一反应就是立即召集全市的军队、警察、宪兵荷枪实弹，很快对几处井口广场进行了戒严封锁。同时加固了矿工宿舍房子的电网、铁丝网。分布在茨沟、四坑口、柳塘等处的独身矿工居住的大房子也被包围得水泄不通，这一夜，日本的监工、把头三番五次到大房子里，对照“灯牌子”查点人数，对矿工们实行严格的人身管制。日本当局还将用铁丝网、电网重重包围的茨沟、柳塘两处的“特殊工人”住的地方加强了警戒。不但严密包围了大房子，还将“特殊工人”住处的所有铁器如锹、镐、斧头、锤子、炉通条以及木棍等全部收缴集中看管。电网内外形成了一触即发的对势状态。日本当局害怕工人逃跑，还把当时的本溪湖火车站以及各主要交通要道，全部封锁戒严。并极力封锁消息。矿内的电话一律不准往外打。事发第二天凌晨 4 点，天刚亮，本溪湖电话电报局夜间值班员熊谷奕雄被一阵急促的敲门声惊醒，打开窗口，看到两三个日本人，急匆匆地要打电报。短短的 20 几个字的电文，传递着“本溪湖煤矿发生了特大瓦斯爆炸事故”噩耗。接着来打电话、电报的人越来越多，不一会儿就发出了 50 多份。到上午 9 点，日本宪兵队来人下令：所有电报一律停发，这一封锁就封锁了十几天。

为什么惨案发生后，日本人如此紧张惶恐？因为他们知道，他们对惨案的发生负有直接的责任。于是，他们对惨案真相进行隐瞒。

惨案发生后不久，日本当局为推卸责任，即把瓦斯爆炸一事赖在“特殊工人”头上。后来看这条理由实在是站不住脚，才组织人搞了个调查，并撰写了有关惨案的极密文件——《灾害事故报告》。《报告》中日本当局承认了“4.26”瓦斯爆炸是一起惨案，但只是记录了一些有关“爆炸”的时间、地点、死亡人数以及如何探险、救护、恢复生产，抚恤方案等过程，对瓦斯爆炸惨案的真正原因却避而不谈，既没分析事故的原因，也没追究事故的责任人。任何一份事故报告书，最不可缺的部分是事故原因分析和追究事故责任人。日本人对于“4.26”瓦斯大爆炸的事故报告缺的刚好就是这两部分。不为别的，只为隐瞒事故真相。他们隐瞒的理由很简单：“瓦斯被风所袭，猝然爆发。”明眼人一看就会指出这样的理由极其蹩脚、荒唐：“瓦斯被风所袭”带来的结果，只能是瓦斯在空气中的含量降低，这样的结果恰恰避免了瓦斯爆炸的可能，还怎能“猝然爆发”？一个名叫上野建二的日本人，是当时惨案的见证人。1945 年 8 月日本投降后，他还留在中国本溪继续工作，直到 1948 年才回国。他在后来写的关于本溪“4.26”瓦斯爆炸回忆录中明确说：“这是一起不应该发生的矿难！”“这次事故，不仅是一次单纯的惨祸，也使技术界人士感到耻辱。”正是因为日本人的无责任感，造成了世界第一大矿难；而无视科学的掠夺性生产的殖民者心态和手段，是惨案发生的主导原因。惨案发生后，经从日本北海道请来的专家鉴定分析，将这次事故定性为“瓦斯煤尘爆炸”，即是以一个工作面为中心的瓦斯爆炸发生后，相继引发了整个矿井“有浮游煤尘参与的瓦斯煤尘串联大爆炸”。这次串联大爆炸波及井下各巷道 1 万多延长米，其威力之大，范围之广，杀伤力之强，人员死伤之惨烈，都是空前的。爆炸瞬间产生的烟雾和毒气沿着巷道喷出井口，持续了近 3 个小时之久，致使近千名矿工因窒息而死伤在求生（升井）的路上。煤尘在这次大爆炸中起到了绝大部分的破坏作用。

但是，在爆炸事故发生前，日方却从未对该矿做过任何煤尘检测和分析。当时井下贯穿东西长达 5000 多米的主巷道内，堆积大量煤尘，不用干活，就是从这条巷道走一趟，就会满脸黢黑，只有牙齿露白。面对严峻的潜在威胁，日本人没有采取任何防尘、除尘措施，并主观预言该矿不会发生煤尘爆炸。再者，在只够 1000 人呼吸的井下却涌入了 4000 人，不仅严重影响工人的生存和健康，而且埋下了严重的事故隐患。根据国际惯例以及煤炭安全生产的标准规定，井下工人每人每分钟，必须保证供应新鲜空气不得少于 4 立方米。当时这个矿井采用的是 5 个采区联合通风的方式，总有效风量近 4000 立方米 / 每分钟。按最低标准每人每分钟 4 立方米计算，每班入井人数不应超过 1000 人。而《报告》中记载说，当天实际入井人数高达 4442 人，超过规定的最低标准 3 倍之多。另外，不合理的拐脖子式的通风道造成瓦斯的聚积，也是造成事故的原因。当时该矿经常采用的是“急倾斜下行风”或者是“串联通风”。通风巷道被设计成拐脖子式的，瓦斯于此没有通畅地流出去，造成了聚积，当送电时引发电火花，惨案就酿成。这是煤矿通风设计、生产中的大忌，是技术性很强的原则性错误！日本人采用这种不懂（或是不讲，下同）技术、不懂常识、不懂科学的错误设计，除了视中国人的生命如儿戏、如草芥外，实无其他理由可以解释。

结论：这次矿难原本可以避免，起码不会造成如此大的损失。

1942 年发生于本溪湖煤矿的“4.26”瓦斯煤尘大爆炸，根据史料记载，至今仍属世界煤炭史上一次性死亡人数最多、最惨烈、最大的一次矿难！但 70 年过去了，有关惨案的事实真相，日本政府仍极力掩盖，避而不谈，仍以“瓦斯被风所袭，猝然爆发”这样尽人皆知的弥天大谎来掩盖事实真相。这除了令人遗憾外，更令人愤恨！

本溪矿难到底死了多少人

迄今，1942 年本溪湖煤矿“4.26”矿难的死亡人数，采用的是亲历者张洪昆的说法，1549 人。这与郭金秀等几位见证人提供的 2000—3000 人、3000 多人、三四千人等有较大的出入。从比较权威的资料来对比分析，也能看出这方面的出入。日方《灾难事故报告》中记载，当天实际入井人数高达 4442 人，超过规定的最低标准 3 倍之多；精确到个位数，不像是胡编乱造。而张洪昆见证：当时全矿 5 个采区，死难矿工集中在居中的 3 个采区。我们没有当天 5 个采区各自入井人数，姑且平均计算，4442 人分摊，一个采区为 888 人，那么 3 个采区入井人数应该为近 2700 人。这些人照张洪昆所言，“仅有极少数生还者，绝大多数都蒙难了”，本次矿难死亡人数也应该在 2500 人以上。

日本人的“1327 人”是如何统计出来的呢？有一位具有探索求实精神

的肖亮先生，对这个问题以及这次矿难的有关问题进行了实地调查，取得了应该是可信度较高的第一手资料。

据原本溪湖煤矿大把头后人的回忆：在日方对死难中国矿工进行赔偿时，按照的是矿工与煤矿签订劳动合同，统计的大致人数是：来自辽宁庄河矿工近 600 人，来自本溪桓仁矿工 500 余人，合计 1100 余人；还有来自山东、河南的矿工，200 余人。这几个数字累加，与“1327”这个数字比较吻合。而且证据资料也比较过硬，有现存的一份 1944 年日本人煤矿招工的合同可资证明。这份由矿工、保人、煤矿方三方签订的白纸黑字的劳动合同，是经过我们政府确认的、作为日本侵略者奴役中国矿工的罪证来进行展览的展品，其真实性不容置疑。

还有一个佐证：矿难以后，煤矿方面收集死难矿工的尸骨供家属认领，由于时间仓促，本溪湖地区的棺材铺，根本做不出如此数量的标准棺木（本溪当时的风俗，一个标准的棺木，要用厚达 3 寸半的厚木板制成，仅空重就达 800 斤左右，加上描漆等工序，很复杂），所以只好日夜赶工，用 1 寸厚的薄板赶制了 1300 多口白皮棺木，把死难矿工装在里面，不盖盖，摆放在四坑口附近的一块平地上，供家属认领。这个数字，与 1327 人也很接近。

同时亲历者、见证人，对矿难死亡人数的说法差距如此之大，其根本原因是将两个统计系统混为一谈。一个系统是有据可查的有劳动合同的正式矿工，另一个系统是“特殊工人”，因为没有劳动合同，无根无据，不好统计，所以也就“不成系统”，只能从亲历者、见证人不同角度的忆述中估计个大概数字。

按照老矿工们的回忆，当时煤矿上还有大量的特殊工人，“黑八路”，就是关内正面战场上被俘的国民党官兵、少量的八路军以及部分思想政治犯。他们作为一个特殊群体，不但劳动没有任何报酬，生命权也没有任何保障。矿难中到底有多少“特殊工人”遇难，至今仍然是一个疑问。

当时本溪煤矿正式矿工与“特殊工人”的区别，主要是着装、装备不同，这从一些本溪湖煤矿的老照片中可以看出来。正式矿工无一例外是身着统一的劳动服、劳动鞋，头戴矿灯；而“特殊工人”们就没有这样的待遇，

“没有鞋穿，穿的是一种水袜子，只给下井的人穿，上井就要脱下，光脚上去。没有衣服穿，用破布条系在身上”。这也是矿难以后，矿方能够将正式矿工遗体分拣出来的依据。

据煤矿大把头的后人回忆，他的先人曾经问过一起工作的日本人，到底矿难死了多少工人。老人家模仿得非常形象：日本人撅了撅鼻涕胡，一脸沮丧地说，“支那工人死的大大的多，有3000多人”。

综上，在死难矿工人数上，这样认为比较合适：签订过劳动合同、获得了煤矿抚恤金的正式矿工人数，在1327人左右；但是同时还有大量的“特殊工人”以及少部分煤矿周边人员（曾经有一个杂货店店主，在坑口附近被爆炸冲击波冲击死亡，还有部分矿工及家属自行下井救人中毒死亡或为冲进矿区救人被电网电死）死亡；总人数应该是在3000人以上，不到4000人。

还有对于死难矿工的善后处理问题。

迄今没有任何文章提到此次矿难善后处理问题。日本侵略者统治下的煤矿，对死于矿难的中国工人，不都是一埋了事，或是一扔了事吗？

在日本人所立的本溪湖煤矿“4.26”矿难纪念碑碑文中，提到这个问题：“当此灾害甫定殉职诸君身后最沐光荣者畏蒙皇帝陛下御轸念御赐内帑金圣恩高厚存殁同深恐惧感激者也。”尚有“不宁唯是殉职诸君之遗族经我社与关系市县当局商定优□办法业已措施竣事”。□处字迹不清，肖亮先生考证应为“抚”或是“恤”。

“内帑金”说白了就是皇帝的小金库，似乎是当时的伪满洲国溥仪皇帝还为此事破费了许多；下面“经我社与关系市县当局商定优□”，“我社”好理解，就是本溪湖煤铁株式会社，但什么是“关系市县当局”呢，为什么“我社”还要与“关系市县当局”商定呢？

这个问题，许多老矿工都说不清楚，所有的“当事人”“亲历者”的回忆，也没有这方面的内容。倒是一位煤矿把头的后人，提供了一条有意义的线索：当时本溪煤矿有大量的从庄河县、桓仁县招来的矿工，这两个地方的工人的特殊之处，是在于当时的庄河、桓仁两县县长出面作保人，由煤矿、县政府、矿工三方签订的劳动合同。矿难发生以后，由于这两地的矿工伤亡惨重，两位县长自然关系重大，于是在第一时间赶到了矿里，要求煤矿方面给予答复。最后，面对两位县长的压力，煤矿方面做出了让步，给予庄河、桓仁两县死难矿工家属特殊的照顾：由县政府作保的死难矿工家属，每人 500 个大洋（银元）；而其他签订劳动合同的死难矿工家属，每个人 200 个大洋。这样“商定优□”，才算最终了事。“关系市县当局”，就是指当时的庄河县、桓仁县。

还有一个小插曲：据说庄河、桓仁两县的县太爷，拿到日本人给的白花花的大洋，见财起意，合伙侵吞了大头，最后只给每个家属 100 个大洋。

在 1942 年，大洋在东北基本退出了流通，取而代之的是纸币。当时一个大洋的购买力是多少，自有伪满经济史料可以查对，其答案很可能是你查对前想象不到的。日本当局“优□”给中国死难的正式矿工的，无论是 500 大洋还是 200 大洋，都是一笔不小的数字。

另外说说几个万人坑的现状。

关于本溪湖煤矿大爆炸死难矿工，新中国成立以后没有任何说法，大概是因为日本人所立的纪念碑已经说得十分清楚详细了。这被认为是日本帝国主义侵略中国领土、掠夺中国资源、残害中国人民的铁证，被列为对人民群众特别是广大青少年进行爱国主义教育的教材和基地，是毫无疑问的，也是完全应该的。

日占时代在本溪湖煤矿造成许多万人坑，有仕仁沟、太平沟、庙儿沟等等。但仕仁沟、太平沟与庙儿沟是有区别的。因为严格讲，前者是 1942 年“4.26”本溪煤矿大爆炸死难中国（正式）矿工的公墓。而后者则基本是南芬铁矿以及本溪湖煤矿“特殊工人”的墓地；至日本战败投降，此处被遗弃的尸骨已达 17800 多具，“万人坑”因此而得名。

日本人所立的纪念碑中有“本年八月我社复在仕仁沟太平沟两处重修共同墓地并另筑神祠以妥幽魂”碑文，其经过为矿难发生后，收集到的矿工遗体被装进 1300 多口白皮棺材，集中摆放在四坑口附近的一块平地上，棺材都不盖盖，供家属认领。而实际上大多数家属只是领取了抚恤金，没有领取遗体。由于天气渐热，不久煤矿方面在四坑口外山角下挖了一个大坑，即仕仁沟万人坑的位置，把大多数棺木下葬，另有大约 200 具安葬在太平沟。第二年又陆续修建了纪念的神社等附属设施。

现在仕仁沟万人坑似乎是一处平地，但是当时是一座小山般的坟头，因为光是 1000 多具棺木，就要垒起老高。后来日久年深，棺木腐烂塌陷，才形成今天看到的样子。太平沟万人坑当年与仕仁沟差不多，但是新中国成立后太平沟建起了“溪湖区锻压机械厂”，正好就在万人坑的上面，于是砸碎了纪念碑，推平了坟头，当年死难矿工的白骨就用推土机推在厂房地基下面。所以现在已经看不到传说中的太平沟万人坑了。

庙儿沟万人坑原址由于位于新中国成立后主体矿山采掘中心，随着生产规模的日趋扩大，不便被人凭吊，择址建立万人坑纪念地，即今本溪市南芬区西山公园内南芬万人坑纪念地主题公园，是以纪念日占时期死难的 17800 名劳工。

北疃惨案备忘录

陶一笑*

1942年，在对冀中抗日根据地进行的“五一”大“扫荡”中，日军上坂胜所属的一六三联队，经过精心的策划和部署，用拉网合围的战术，将抗日军民向一个叫北疃的小村庄驱赶聚集。

北疃，位于河北定州（时称定县）东南约30公里处，是当时著名的抗日堡垒村。在北疃村的地下，密布着纵横交织的地道网，总长度达到十余华里。抗战中，在一马平川、无遮无拦、几乎无险可守的冀中平原上，古老的地道应运而生。

地道，最原始最重要的功能是藏身，让敌人难以找到自己，从而化险为夷。在风行全国、人人尽知的抗战题材电影《地道战》中，我民兵利用地道，神出鬼没地打击日寇。

岂知，这仅是地道战为我们展现的“正面形象”。

北疃地道战，告诉了我们另外一种真实。一种并不广为人知的真实，一种血写的真实。在日寇的蓄谋下，隐遁于地道内的大批人群，几乎全部遇难，幸存者寥寥无几。

---

* 本文系作者经采访多名亲历者后整理成文。

日军显然是有备而来。他们步步为营，拉网合围，似乎等待的就是这一刻。面对突然间销声匿迹、空旷无人的村落，他们显得胸有成竹，在密探的指引下，先派人截断通往村外的地道，然后掘开地道口，向地道内投下了一枚枚毒气筒。

1942 年 5 月 27 日，这一天永远定格在了北疃的历史上。

中方的讲述

这是最早见诸于媒体（《晋察冀日报》）的一份资料，也是第一份向全国、向全世界揭示北疃惨案并发出呼吁的文告。兹录如下（节选）：

晋察冀军区司令部为揭露日军制造北疃惨案罪行发表通电

（1942 年 6 月 26 日）全国同胞，全世界人士：

为了维护世界的公理、公法及正义，我们有权利，同时也有义务将这次日本法西斯盗匪毒杀北疃村八百余无辜人民的滔天罪行，在你们的面前揭露出来，向你们控诉、呼吁！

……

日本法西斯盗匪对边区人民所施的烧杀淫掠各种罪恶，已经不可胜数了。而这次竟违反国际公法，对无辜民众，施放毒气！其残暴凶狠的面目，与人类为敌的居心更属昭然。这种旷古未有的对人民的大屠杀，更加证明日本法西斯已将世界的公理、公法、正义的最后的藩篱，毁弃无余。为了维护世界公理、公法和正义，我们要求全世界所有的正义人士，用各种方法，对毁弃这些公理、公法、正义的日本法西斯盗匪，以有力的制裁！

在北疃惨案陈列室，笔者找到了一份档案。这是当时的冀中行署，在事隔 5 年之后，关于北疃惨案的调查报告。有关惨案发生的背景及情形，较之以前，描述得更为详细而全面，可谓是又一份权威的“官方报告”。

冀中行署关于北疃惨案的调查报告

(1947年9月15日)

一九四二年春，日寇为了确保华北，达其以战养战之目的，在敌酋冈村宁次指挥下的大江、黑田等三四万敌寇，于五月一日开始了对冀中人民的大屠杀（“五一”大“扫荡”）。在“扫荡”中，除奸淫、烧杀、抢劫外，更驱使数百万无辜群众到处修路筑墙，建立碉点，把广阔的冀中平原，分割为细碎的小块，以达其从点、线到面的占领，以便统治奴役中国人民。

敌寇为屠杀我定南沙河沿岸之同胞，集中兵力从李亲顾镇分流的沙河两岸大举“扫荡”，并在北疃村周围各村积极建碉、修路、挖沟，每天抓夫、烧杀，迫使我广大群众，集结于沙河支流与主流之带形地带北疃村，蓄意一网打尽。我沙河沿岸人民，见到这一地区稍稍安静，扶老携幼逃来北疃村避难。北疃人民日夜赶挖地洞，于是敌人便趁此机会制造了惨绝人寰的“五·二七”北疃惨案。

一、铜墙铁壁大合围

五月二十七日早晨，从远的地方，听到几声稀疏的枪声，北疃村的人民，早就起来作好了饭，准备着敌情的发生。太阳升到树梢头了，枪声由远而近，由疏而密，机枪声、炮声，亦越响越激烈，这时东西城、东西湖等村的人们，扶老携幼逃命避难，又奔向北疃村来了。不多时，三四千敌人，从四面八方铜墙铁壁一样地紧紧围住了北疃村。机枪、大炮向村中咆哮起来。手无寸铁的人民，有的被炮弹炸伤，有的被机枪射死。人们在东碰西撞，呼妻唤子，乱成一片，扶老携幼争先恐后地钻入地洞。敌人像饿狼似地扑向村中，大肆搜索，迫喊砸门，声闻于数里以外。敌人搜索了半天，很少见到他们要屠杀的人民（街上只有少数枪炮下的受伤者与死难者）。“老百姓哪里去了？”鬼子知道人是不会飞的，更没有逃出他们的合围圈，即开始向地下搜索。上午十时，鬼子终于获得了老百姓的避难所——地洞。他们立即用毒气对人民开始了惨绝人寰的大屠杀，向藏在地下的老百姓开了刀。

二、惨死在毒气下的人们

敌人找到了几处洞口，将随身带的各种毒气点着投到洞里，同时并将毛柴燃着，亦投入洞里，洞口盖上棉被，使毒气向洞内各处流荡。不多时，洞内各处便充满了毒气，毒烟又从敌人未发现的洞口冒出，于是又有许多洞口被敌人发现，又大放起毒气来。这样，洞内充满了浓厚的毒气。洞内的人们，先闻有辣椒味、炮药味和甜味，后来便有流泪的、喷嚏的、呼吸窒息和流青色鼻涕的（这里证明敌人放的毒气是窒息性、催泪性、喷嚏性的三种毒气）。洞内混乱起来，人们东挡西撞，争找洞口，母子被挤散，全家被分离，老人和小孩被挤伤踩死。孩子埋怨其父母不该使其入洞；年老的人则说，我宁死在外面也不在这里受罪；妇女在咒骂万恶的日寇，再加上外面的鬼子，乱挖洞口，大量施放毒气，于是洞里的呼妻唤子声、咒骂声和将死者的呻吟声，搅作一团。人们受毒后，全身发烧，紧靠洞壁以取凉。这时呼喊声渐沉寂，仅闻呼呼的喘息声、呻吟声，不久即是蹬腿、咧嘴、瞪眼而死。有的头钻入地而死，有的呕吐而死，其死状至惨。

本村王牛儿，一个年四十多岁的男子，其一年八岁、一年十岁之两子，分枕于两膝而死于洞内。据未死者说。其父子未死前，子呼其母，其父说：“孩子，不要叫你母亲了，她不知死在哪里了，咱们死在一块吧！”

本村李菊，年三十二岁，她怀中尚抱有一个不满周岁的小孩，吃着奶就共同死在洞里了。

更有一老年妇女，年约五十，仰死洞中，两手还拉着两个年约十岁的女孩。

死在洞中者多为老年、妇女、小孩，中毒较轻、身体较壮的人挣扎着寻找洞口。本来五尺高、三尺宽的洞中，能立起来走，但因中毒死在洞中者过多，便不得不在尸体上爬行，更有的地方尸体堵塞不能通行。能勉强寻着洞口爬出者，则被敌人刺死于洞口或洞外。能幸免者，亦被关在屋内看守。爬出之妇女，则被驱逐院内，横遭侮辱。故出洞口者，既受毒于先，更遭蹂躏于后。

三、残忍的屠杀

兽军为了完全杀死我洞中同胞，分别守住各个洞口，除放毒气外，更燃烧柴草，使烟送毒气于洞内。洞内身体强壮受毒较轻者，经过多次的艰苦挣扎，从死人堆爬往洞门，冲过大火，钻出洞时，敌人则将快死者拖到路旁或广场上，不允许爬走，最后因口渴、饥饿，辗转呻吟而死；对精神较健旺的青年男女，有的立即被捆绑，有的立即被枪毙或刺死；要不然即被绑在树上刺死或剖腹；对于青年妇女则进行兽性的奸污蹂躏。村里村外、院内屋内。纵横躺着死难者的尸体。只南北街上的尸体即达五十余具，李家街陈尸二百五十余具，李家老坟也躺着七十多死难者，村东北口马香云、王吕恒之井台上也横躺竖卧着九十多个尸体，李献家院子里枪杀或刺死者尸体二十九具，朱根德家土井里被砍掉头的十六个，屋内被捆压致死的十六个。这些因中毒或中毒后又被惨杀之无辜群众，露于地面者，即达五百具之多，由于初夏的暖天和毒气在人体内的发酵，死者全身紫黑色，腹部膨胀，四肢挺伸，仰卧者双拳紧握，怒目而视，伏卧者两脚扣地，双手刨起一堆泥土。有的满面怒容，全身裸露。十三岁的刘兵站、六十五岁的刘洛协、五十多岁的许根柱等血肉模糊倒在血泊中。朱根德家院子里，一青年被镢轳头砸烂头颅，脑浆迸流；一不知姓名的老妇，携其幼孙，倒卧路旁，满面忧愁，若有所思；有的紧靠墙根，咬牙切齿，坐着死去；青年妇女李朱儿赤身露体坐于墙角，两腿分开，头部俯向胸前。本村宋洛风新娶的儿媳妇王白女，年二十岁，跪伏于阎贵福的门口死去。李铁牛家门口有一青年失去胳膊死于血泊中。本村李洛信，四十多岁，被烧得焦头烂额被掷井中。男女尸体多半裸露，其状之惨，其所谓闻之不忍闻，见之毛骨悚然。兽军去后，尸体已发酵了，村内外弥漫着臭气，人们不敢回来，街上很少人迹。只有残存下的老母猪，啃着曾经饲养过它们的主人的尸体。北疃村变成了死的世界。

四、村北的“血肉井”

洞里中毒较轻者，坚持着爬过了无数的尸体，寻到了村北洞口，但敌人早在这里看守着。日寇为了阻止人们出洞，就把附近的秫秸弄到洞口烧起来。爬到洞口的人们感到洞里的毒气实在难受，于是趁火势较小时就往外爬。年轻的人爬得快，受火伤轻，但爬出后，又被万恶的敌寇刺死和枪毙，也有的被扔到秫秸里去烧，也有用铁丝绑在树上烧死的。半死的人用火一烧，疼的身子一伸一缩，东歪西倒，发出尖锐的悲嚎。年老的人和妇女、小孩爬得慢，待出洞后已经是半死的人，敌人便弄到附近的小井中（王尚志家的井）。被刺死者多是乱刃分尸，血肉模糊，不能辨认。被烧得只剩下乌黑的肉和骨头架，更不知是谁了。至于投到井中者，敌人又用土和烂柴草埋在里面，井里只露着尸身倒置的大腿。因正在炎热季，过几天后人们去弄时已烂成一团，臭气扑人，未弄出就将井填了。于去年（一九四六年）春挖井时才弄出了十一个头颅，从头发和头颅的大小，又辨明其中有一妇女和一小孩，这些人更无从知其姓名了，只能辨认出有被枪杀的本村的王喜成（年五十岁、农人）和其孙小明二人。原来喜成及其孙振明（年七岁）等四人一块爬出洞口，喜成用手搂着两个孙子就被敌人枪毙了。

总计井里十一个头，外面十个尸身和骨头架，除王喜成祖孙三人外，其余均认不出是谁来了。

五年后的今天，狐狸和母猪在村北洞中拖出了四五具不完整的尸体啃嚼着。究竟今天洞内尚有多少尸体，是无人所能估计的。

五、假俘虏群

二十七日下午，王文雪满身泥土，鼻涕唾沫满脸，一歪一倒地被鬼子押解到朱根德家的南屋里。屋里已有三四十个人，人们也都是满身泥土，鼻涕满脸，呼吸短促地呻吟着。王文雪一看就知道这些人都和自己一样，都是中毒后从洞内爬出，又被敌人捉住的老百姓。后来鬼子接连不断地押送到这屋来的满身泥土、涕沫交流的人们，还有的被打得头破血流。到天晚时，屋里拥拥挤挤增添到七八十个人。鬼子在门外站着岗，怒视着这群无辜的人们！被看押的人们，浑身发烧，口渴，咳嗽，有的坐立不安，心神不定。想喝水都不能喝。毒性发作，连续不断地死去，一夜工夫就死了十六个。人们默视着这十六个尸体，在脑际浮起了“不知什么时候死”的悲惨念头。二十八日早饭后，敌人把这群无辜百姓赶到朱根德家的大院里，凶恶的鬼子兵拿着枪，上着刺刀，在四面包围着。三角眼的翻译官向他们说：“……谁换上军装就有活命，不换军装死了死了的……”王文雪一时拿不定主意：“穿上军装也许说我是八路军，把我枪毙！”这种思想在王文雪脑际一晃，便决定不穿军装。翻译官说：“穿军装的留在西院，不愿换军装的到东院里去！”接着，敌人每拉过一个百姓来，翻译官就问：“你穿军装吗？”有的回答“穿”，有的哼了半天才说：“穿！”这样便留在西院了。回答不穿的有十六人，王文雪也是一个，便被押到东院。到东院，王文雪看见本村许根柱、许福山已被敌人枪毙于山药井旁了。凶恶的日本鬼子提来一桶水，将洋刀在水里蘸了蘸，把刘玉章拉到井旁，一刀将头砍下，用脚将尸首踢下井去，又拉四个人，围跪在山药井旁，用刀连砍两个，两个尸首都倒山药井里去了。王文雪想逃脱敌人魔掌，他知道墙的西面就是西院，那院里一定在换军装，恨不能插翅飞过墙去，又见东西院界墙有一缺口，缺口处有个凶恶的鬼子兵，持枪在缺口旁站岗。当鬼子去砍跪着的第三个人时，王文雪冷不防跑到缺口处用尽平生之力一窜，从缺口处窜到西院里，跑入换军装的人群里，换上了军装。到正午又有一群换上军装的老百姓，押到西院来。王文雪和这百十来个换上军装的老百姓，就都以八路军的俘虏名义做了日军报功邀赏的牺牲品。二十八日午后，这百余个假俘虏就被敌人捆绑着向定县城里开去了。在路上敌人又挑死了十四五个走不动的假俘虏。到邵村后，用汽车将假俘虏载到定县，从定县又用汽车载到石门劳工训练所，后来王文雪和其他同伴被运到抚顺千金寨煤窑里，受了半年多的苦，才跑回来了。敌人走后，朱根德家山药井中发现的十六具尸体，两个枪毙，十四个刀砍，但人们不知道死者的情况。王文雪从千金寨逃回后，对人们谈到这段经历，人们才知道死者的情况。

六、杀人场——“红部”

日寇向洞内放毒放烟后，便三五成群地到处寻找洞口，凡是见到浓烟喷放的地方（洞口），鬼子就悄悄地蹲在那里，用枪口、刺刀对着洞口，准备着那受毒不幸者的来临。

当人们一露头，顷刻被敌人用刺刀或大枪逼着爬上来。不管是男女老幼，即脚踢手打，同时将老头、青年、壮年的男子和男孩子用绳捆绑起来，交给袖上带有红布的鬼子，送到李家街路西的李洛敏的家里去，这就是当时所谓杀人不眨眼的“红部”。一天功夫，这样抓来了百十来人，敌人把这些不幸者塞在一间牛圈和一间草屋子里，门关得紧紧的。这群不幸者，有的发烧将自己的衣服脱光，有的受毒严重，“喀！喀！”地喘气，有的鼻涕满面，泥土满身，他们一致的要求是喝水，经过几次的请求，鬼子始终没有给他们一口水喝。一夜的功夫，两个小屋子里就死了十二个人。有一个因中毒过重，神经错乱，口渴难忍，便推开了门子，跪在院子里大声喊叫：“渴死人了！给点水吧！”房上站岗的鬼子用枪“叭”的一枪，就将他击毙在院子里了。

第二天上午，敌人把他们拉到大院子里，先在人群中挑出了七十多个青壮年，每个人都被绑得紧紧得拉出了大门，剩下了二十个老年和小孩。

太阳平西了，哒、哒、哒的号音响了，万恶的野兽们急忙整起了队伍，骑上了马，站在李洛敏的院子里，注视着这些人。一会来了一个杀人的刽子手，赤着臂膀，挽着裤腿，拿着一把亮光光的大刀，指挥着两个鬼子将被屠杀者拉到粪堆上，枪口朝头部“叭”的一声就枪毙了。这样一个接一个被打死了七八个。北疃村李洛协年已六十五岁，刘兵站年仅十三岁，也被枪毙了。连续地杀死二十人，最后一个轮到李洛由，他伸了伸脖子，望了望天，看了看地，咬着牙，心里说：“死吧！死吧！没有关系的！”他于是也被架到院东井旁，“叭”的一声，随着枪音倒了，但子弹从脖子的上部穿过舌下，由下唇出去，没有伤了要害部位，所以他心里还清楚。他一动也不动地在那里静躺着，眼角却偷看着敌人的动作，一会儿敌人走了，他爬起来托着下巴走出了村庄。后来由于他的口述，人们才知道当时所谓“红部”这个地方杀人的详细情形。

七、妇女同胞横遭蹂躏

二十七日至二十八日，鬼子盘据北疃两天一夜，除对我同胞大肆屠杀、放毒、抓捕外，对我妇女同胞横加奸污蹂躏，从十一岁之幼女以至五六十岁之老妇，除中毒立即死亡者外，极少幸免。被奸污之妇女同胞数目亦无法统计，至少在一百七八十名左右。

八、日寇给留下的血债

在此次惨案前，北疃是一个二百二十二户的村庄，共有人口一千二百二十七名，但经敌寇犯下这个惨绝人寰的惨案后，仅该村即有十四家成了绝户，中毒而死和被敌刺杀而死者，共有二百二十四人。附近各村逃来的老百姓，中毒者有三千多人，死难者被找见尸体的就有一千一百二十五人，其死于深洞或被敌投于井中、埋于深壕而未找见尸体，及被敌抓走失踪者，尚不知有多少。北疃村李家街，五十三人就死了二十八人，死难者占全街人口的二分之一以上，除全家死去的十四户绝户外，死去家中主要劳动力的，也占三分之一以上，严重的影响了他们全家的生活。被奸污的妇女有一百七八十人，被奸污致死者有六人。

据幸存者回忆，地道一挖开，人们觉得眼前一亮，忙往地道深处挤。接着听见上头日本人在哇啦哇啦叫，然后只见“嗤”地一声，掉下个冒烟的筒筒。地道里的人，包括战士，大多是头一回见这玩艺，谁也不知道这是毒气筒，还以为是块烧着的木头什么的。接着就闻见一股辣椒味、火药味，还带着甜味。然后就觉得喘不过气，胸口憋得像压着块大石头。眼睛直流泪，直流清鼻涕，这才悟过来是日军要用新花招杀人了。顿时，洞内混乱起来，人们东走西撞，争着往洞口挤。但地道内空气不通畅，人又太多。日本兵把毒气筒扔下去后，都停止了叫喊和打枪，一个个很有兴趣地听着地道里的动静。不久，一批批老人、小孩、妇女窒息而死，其状惨不忍睹。尸体将五尺高三尺宽的地道堵塞得难以通行……

北疃地道如今已无处可觅。1964 年，天空连降大雨，一场大水将地道全部泡塌。但是，北疃惨案给当地村民造成的心灵创伤，却是难以愈合的。

北疃惨案的幸存者，如今大多已经作古。笔者采访之时，当年仅 15 岁的少年李庆祥，也已是风烛残年的老人。在那场惨案中，他的八口之家，就有一半遇害。而在当天夜里，天空中出现的那一轮诡异的红月亮，也永远留在了老人的脑海中：

“那一年，我刚刚 15 岁，正在上高小，但抗战开始后，学也不正常念了。5 月 27 日早晨，也就是上工的时间，忽然村口响起了枪声，正在院里的父亲拉着姐姐就往村北跑，但姐姐没跑出村，一会儿工夫就回来了，她和母亲、妹妹、我，还有抱着的一个小妹妹以及两个弟弟一起钻入了地道。可没多久，日本鬼子就发现了地道口，并开始放毒气，毒气一呛，地道里又黑，姐姐和两个弟弟很快和我们失散了。又过了一会儿，大一点儿的妹妹对我和妈妈说：‘你们走吧，我实在走不动了。’这是我听到的妹妹的最后一句话，当时我心里特别难受，想背起妹妹一起走，可地道太窄，根本走不了，没办法，还是把妹妹放下了。我和妈妈抱着小妹妹继续往前爬，这时候，我们的呼吸开始急促起来，鼻涕不停地流出来，而且口干舌燥，渴得要命。爬着爬着，看到有亮光，我知道那是一个洞口，就悄悄地爬到洞口，往外面看了看，也就是几米远，正站着十几个鬼子，吓得我赶快又回到地道里。就在此时，听到外边有中国人喊话，意思是都出来吧，出来没事。可谁也没出去，鬼子见没动静，继续往地道里放毒气，还点着了柴火，往地道里灌烟。我和母亲抱着小妹妹拼命地向东南角爬，因为越是边缘的地方，毒气更稀薄一些。我们往东南角待了很长时间后，又开始往回爬。当我找到一个洞口往上一看，天已经全黑了，我记得那天是农历四月十三，月亮又大又红，外面非常安静，估摸着已经快半夜了，我迅速爬了上去，见没有人，就和母亲抱着小妹妹一口气跑到了解家庄，那里已经有很多人，当时渴得要命，找不到干净水，就喝涮锅水，就是这涮锅水，救了我们三个人的命。最让人难过的是，我的姐姐和大弟弟跑到解家庄的时候，几乎连一滴水都找不到了，他们两个活活的渴死了。第二天，鬼子撤走了，我到村里的时候碰到了父亲，他因为及时跑到了王五村，幸免于难。在地道西边的一个洞口下面，我和父亲发现了小弟弟的尸体，这边挤了很多的人，除了受到毒气的伤害，有些人可能是挤死的。我逃出来以后过了 20 多天，嗓子还一直疼、说不出话来，不停地流鼻涕……”

李庆祥又回忆说：“洞里的毒气人们当时一闻见，腥乎乎的炮药味，立刻就咳嗽，喘不上气来，鼻子里有脓，打喷嚏，发烧。上边就又开始放毒气了，这么粗、这么长的毒瓦斯，黄呢子衣服那样色的，还冒着气，和电棒似的，噌噌地冒又黄又蓝的烟，放进去了，还把柴火点着了。”

作为幸存者，李庆祥老人曾于1998年8月应日本“三光作战罪行调查会”会长渡边登的邀请，去日本的十几个大城市声讨、揭露日本侵华的罪行。

为了更全面、具体地印证侵华日军制造北疃惨案的罪行，我们再来听一听日方的讲述。

日方的讲述

首先是日军指挥官上坂胜的讲述。

做为北疃惨案的罪魁祸首，上坂胜的认罪与供述，对于北疃毒杀惨案而言，无疑是至关重要的一个环节。日寇在侵华期间，制造了大大小小无以计数的惨案。而在绝大多数的惨案认证中，我们缺少日方供述这样的法律环节。有幸的是，1945 年 8 月 15 日，日本宣布无条件投降之后，上坂胜成为了苏联红军的战俘，在寒冷的西伯利亚监狱关押 5 年后，由苏联移交给中方——这个罪大恶极的战犯最终落入了中国人民的法网。

上坂胜认罪书

（1954 年 12 月 6 日）

河北省定县人民政府对我命令我的部下在河北省定县东南方北疃村使用毒气，杀害抗日军及和平居民罪行的鉴定书，及李德祥等对此罪行的控诉书，以及对此进行的询问笔录，经翻译员用日话向我宣读，又经

> 我阅读，我承认其内容属实。这是我的部下第一大队按照我的命令所犯的滔天罪行，我要负完全的责任。确实对不起中国人民，深表歉意。特向遭受此灾难的英灵表示深切哀悼之意。

在上坂胜的亲口供词中，提到了将大批八路军战士和居民驱入地道而使用毒气，由此亦可以推断，北疃毒杀惨案的发生，乃是日寇刻意发动的一场有预谋的大毒杀。上坂胜的口供，为北疃毒杀惨案的定性，再添新证。

在最高人民法院沈阳特别军事法庭上，上坂胜痛哭流涕，这个昔日顽固的军国主义分子、一心誓死效忠天皇的武士，当庭向北疃村民下跪，发出了真心的忏悔。并请求法庭将自己交给北疃村民，甘心情愿由村民任意处治，以洗刷自己几条命也无法抵偿的罪恶。

接受上坂胜的命令去侵袭北疃的部队，是日军一一师团一六三联队所辖的第一大队，大队长为少佐大江芳若。

下面是来自大江芳若的讲述。

> 大队于当夜秘密从各警备队驻地出发，采取离开道路机动前进的方法，在拂晓以前包围了北坦村。天亮时开始了战斗，敌军虽猛烈射击，但我方逐渐压缩包围圈，攻入村内。此时一直坚持战斗的敌兵突然消失不见踪影。有时敌兵从房顶上抛来手榴弹，有数处地雷爆炸。
>
> 于是立即搜索村外的地道和村内地道口，切断了通向邻村的地道。村内地道及地下室内充满了敌兵，进行顽强抵抗，因而费了很大力气，全部予以歼灭，缴获颇多。

文中的“北坦”应为北疃。当地乡音浓重，外人难以辨析。而“疃”字人们也大多不识。即令到了如今，“北疃”与“北坦”，仍在当地文献中并存混用。

从以上这些文字，可以明显看出讲述者完全是站在日军立场上，对日军的战绩进行了吹嘘和炫耀。

事实上，在上坂胜的供词中，曾引用了大江芳若的报告，说到："大队在战斗中，使用了赤筒和绿筒毒气，配合机枪扫射，不仅射杀了八路军战士，而且射杀了迷失逃跑方向的居民。此外，还对村内进行扫荡，很多居民逃进地下壕内，便向壕内投入赤筒和绿筒毒气，使其窒息。有的居民困惑痛苦而逃出，便对跑出的居民进行残酷的射杀、砍杀等。"

不难发现，只需将这两段讲述结合起来，去伪存真，便是完整的北疃惨案真相。我们也不难得出结论，北疃惨案是日军一手炮制的、有预谋的一次毒杀大惨案。

前面所引的大江芳若的讲述，源自日本防卫厅战史室编纂的《华北治安战》一书。原文还有如下句子："当时步兵第一六三联队第一大队（大队长大江芳若少佐）于 5 月 28 日在安国西南地区，急袭包围了约 1000 敌军，并在地道中予以歼灭。"

"5 月 28 日"当为 27 日；"安国"当为定县之误。

在书中，并不见大江的悔罪行为，反在字里行间可窥见其洋洋自得之态。

对照大江芳若的经历及言论，让笔者大感疑惑的还有，既然在中国，他已经对所犯罪行供认不讳，为何在其后于日本的战争回忆录中，又流露出了如此截然相反的态度？

遗憾的是，我至今仍未能找到大江芳若在中国关押期间的讯问笔录。坦诚地说，与中方讲述部分相比，日方讲述者少之又少，尤其是关于北疃惨案的讲述。在收集日方讲述过程中，可谓是困难重重、费尽周折，甚至一度让我停笔。

据说，当年回国的日本老兵，慑于军内铁纪及国内形势，大多对所犯暴行保持缄默，甚至终其一生，对自己身边的亲人妻子，也守口如瓶。

正当我停笔踯躅，感到难以为继之时，也许是北疃惨案亡者不屈的呐喊，也许是天不藏奸的缘故，冥冥中如有天助，我幸运地得到了陈俊英教授的无私援助与大力支持。

以下便是陈俊英教授翻译出来的部分资料。

日本方面关于北疃毒气证言

——《日本 毒ガス作 の村》(著者石切山英彰)

使用毒气的铁证：发现日军大队长手记

走访北疃村两年以后的1990年6月22日，我在东京惠比寿的防卫厅防卫研究所图书馆，发现了日军绝对在北疃村使用了毒气的日本方面的铁证文书资料。

关于在北疃施用了毒气问题：

立即命令搜查村内外的地道、井等，投入毒瓦斯。

可是，已经听不到共军的任何声音。于是，命令挖断从村里通向外村的地道，在地道里窒息、歼灭共匪几百名，缴获小枪等约120挺，我方也有死伤。之后，定县南边河川流域的治安状况迅速好转。

毒气战的研究人员、立教大学教授粟屋宪太郎对笔者说："关于毒气战问题，有关日军人员的嘴巴非常严。"但是，该手记是具有专业知识的人作为自己的实际体验，不是在别人的强压下而承认的使用了毒气。是"日军毒气战"的铁证。正如后面所述，大江氏曾是一位在陆军习志野学校（专门培养处理毒气武器的将校、下士官的学校）做过教官的人物，和没有专业知识的士兵所说出话语有本质不同。

在大江氏的手记中，清楚地证实了北疃毒气惨案的两点：

第一，日军在北疃村使用了毒气。

第二，毒气杀害了几百个中国人。

下面是石切山英彰对大江芳若的采访：

面对一个军人，我想了想后，便直截了当地询问道："大江先生，我在中国调查的时候，听说日军在北疃村使用了毒气？这件事情是否属实？"

大江鼻子一哼："支那人都那么说。"停了一下又补充说，"那是烟幕弹，和着火时的烟是一样的。"

"烟幕弹吗？"我质疑道，"那么为什么会熏死人，而且熏死了很多人？"

大江有些支吾："总之属于烟幕弹。因为空气稀薄了，死人是理所当然的。"他警惕地看了我一眼，追问道，"你是共产党？"

我回答道："我不是共产党员。"

大江愣怔了片刻，皱了皱眉头，仿佛陷入了对往事的回忆中，他用军人赞赏军人的口吻说："北疃中国军队的中队长和干部，在地道里用手榴弹自杀了，没有人当俘虏。我们在地面上能听到地底下传来的爆炸声。他们都非常勇敢，没有一个甘当俘虏。"

我说："听说被熏死的人中，不光有中国军人，还有许多平民，是这样吗？"

大江口气凝重道："和日本不同，在中国，民众也一起转移。读过《三国志》吧？"

我点点头。我知道中国的《三国志》中，刘备弃城后，带领老百姓一同逃亡。

大江接着说："在北疃村地道的人不是大约 1000 人。光军队就有 1000 人，民众人数可能比这还要多。"

在他的话告一段落的时候，我把话题转向了他的亲笔手记上。

我问："那手记是不是安倍（防卫研究所战史研究室编写官安倍邦夫）写的呢？"

大江顾左右而言他："在战争期间，我在习志野学校（毒气战专门教育机构）当过教官。"

我提醒说："安倍也是吧？听说昭和 37 年（1962 年）安倍曾到您家里采访过您？"

大江怔了一下说："记得是有这事，但是不记得谈过毒气的事情。不过，此后再没有见过安倍。"说罢，又断断续续地低语说，"习志野学校，'赤筒'之类不认为是毒气。"

我问："那什么才会被称作毒气？"

大江断然说："认为芥子气、氰酸是真正的毒气。"

我接着问："氰酸的效力如何？"

大江说："对战的时候使用氰酸。最多一秒钟人就死去。我没有使用过。"

我又绕了回来，问："那么'赤筒'到底是什么？"

大江支支吾吾地说："'赤筒'属于喷嚏气，没有致死力，只有一时性效果，所以没有兵器价值。……我们不叫它毒气，而是称它为'烟气'。吸了这种'烟气'……只是打枪瞄准度不高而已。"

我盯着大江的表情，问："真的是这样吗？"

大江表情有些狼狈，尴尬地说："和发烟筒一样。因为不通气，所以窒息、死亡。"似乎觉得言多有失，马上又补充一句说，"只是打打喷嚏而已的程度。"

我瞧着大江不太自然的表情，心中在猜想，不知这个当年杀人如麻的战争机器，他的心肠是否与我们常人一样，心中是否还存有人类基本的良知？于是又有意提问："当年，你亲眼目睹了那么多人被熏死，你心中难道没有什么感慨吗？"

这句话也许真正触动了大江的内心，大江张嘴结舌，一时间怔住了，过了一会儿，他的泪水充盈了眼眶，抬起头，难过地喃喃说："你说的不错。可怜的是，那些悲惨的情景至今还经常在我眼前出现，让我经常从噩梦中惊醒。虽然我们针对的是反抗的中国军人，并给中国军人造成了一定的伤亡，但是，也确实殃及到了许多无辜的百姓。我亲眼看到，一位母亲抱着一个一岁大的孩子从地道里爬出来了。因为地道里空气窒息，那个母亲爬出来不久，就栽倒在地下死去了，而那个可怜的孩子，却不明白母亲已经死去，还依偎在母亲身上哇哇哭着吃奶。这是对方部队牵扯上的。太残酷了。如果只是日中双方部队之间打仗，就不可能有这种事情发生。"

我见事情有转机，马上追问道："这么说，你承认在北疃村使用了'赤筒'？如果'赤筒'不属于毒气，为什么会一下害死那么多人？"

大江吃了一惊，神情重新紧张起来，又支吾说："我已经记不得当时是不是使用'赤筒'了。上级没下命令吧。"

我放柔了口气："那个爬在妈妈乳房吃奶的孩子，后来命运如何？"

大江躲开我的视线，语气变得有气无力，心虚地说："不记得后来那个孩子怎样了。"

我问："您在担任大队长的时候，取得最大战果的战斗是哪一场？"

他立即自信地回答："就是这场（北疃村）战斗。"

"北疃村战斗给予中共非常大的打击。虽然共产党军队，在别的时候都逃跑了没有抓住，但是在北疃村一役，我们是不慌不忙作战的，因为我们预先知道，他们撤退时必定会躲进北疃的地道。

"村里的地道与邻村是相通的。我们首先获得情报，然后制订攻打计划。我下命令，一定要截断通往邻村的全部地道出口。截断后就往里放了烟幕弹。

"有时候共军用这种打法：日本军队在进入村子的时候，里面的人通过地道向周围村庄转移，进入村子的日军反而被反包围。实际上，有的日本军队就是这样被歼灭的。北疃村也策划了这样的打法。我们把井里和灶头下都放了烟幕弹。能听见地道里的中国人一边哇哇叫一边转移的声音。"

作为发现地道、切断地道的理由，大队长对中国常说的汉奸反倒予以了否认，他慢条斯理地回答说："与其说是中国方面出了叛徒，莫不如说是在地面上的我们，听到了地下说话的声音和发出的响声。据说地上和地道之间的隔层土是很薄的。"

这一点倒说得不错，据我采访过的北疃，情形确实是这样，北疃当时毗邻沙河，三面环水，地下水位较高，所以地道难以挖掘得深入地下。

我问："听说日军在北疃村对村民实施了暴行，是这样的吗？"

大江又咳嗽了一声，然后字斟句酌回答说："放火、抢夺和强奸是严厉禁止的。应该绝对没有发生。这个我们事先已经有明确要求，如果士兵乱来的话，将会提交军法会议裁决。一六三联队大多来自松江等山区，都是很认真、老实的人。"

我问："日军在北疃一战中投入了多少战力？"

大江这回爽快地说："参加北疃村战斗的共计约200人，都是从第一、第二、第四中队中各抽出来的70—80人集合在一起的，第三中队没有人参加。"

大江对北疃之战的回忆情况，大致就是这样，我再问下去，他也是反复如此回答，于是，对北疃战役的了解，只好以此告终。从大江氏的言谈中，我并没有看到他的些许悔罪之意，相反，反倒对自己没有得到奖赏而耿耿于怀："战争如果取胜的话，像我这样的人能拿到三级金鵄勋章。"

接下来的时间，大江谈到了日本何以侵华的原因，他的言论让我大吃一惊。在他的言论里，彻底否认了侵略行为，而是视为日本人回归故乡。但我知道，大江的这种怪异的言论，也许正是在某种程度上，代表了与他同时代的那些日本军人的思想与历史观。并且，这种向外扩张思想，至今在日本占有很大市场。

掩埋与掩盖、掩饰甚至粉饰当年日军在中国的犯罪兽行，大江的个人言行，只不过是日本当今社会的一个真实折射，一个黑色的缩影。

《北支的治安战（2）》一书中，对此只是如此轻描淡写地写了几句："村里地道、地下室里敌满为患，因为他们进行了顽强抵抗，我军花费了很大力气，才把他们全部歼灭，缴获了很多战利品。"对于投放"赤筒""烟幕弹"的事情，竟然无一字提及。这样，在地道里存在被杀害的普通村民的事实，自然也就无声无息、烟消云散了。在这样的描述中，日军利用毒气，对普通村民进行的残杀事件本质，也就此彻底掩盖。

现实的讲述

2010年4月5日，距离北疃惨案发生68周年的清明节，由渡边登夫妇、山内夫妇、沟口女士等日本"三光作战调查会"成员组成的日本民间友好访华团，第15次来到北疃，为北疃烈士陵园敬献花圈，献上了表达和平愿望的千纸鹤。

同历年一样，这次由当地政府组织的祭奠英烈的活动，集结了 2000 多名群众。有附近中学的学生，有村民，有部队官兵。会场设在北疃村烈士陵园。平时清冷空旷的烈士陵园，此刻一下子被忧伤塞满。

日本民间友好访华团的山内静代女士，做为日方代表在会上做了发言。

山内静代的发言（节选）

各位领导、各位来宾：

我叫山内静代，是日本毒气岛历史研究所的所长。

首先让我感谢定州市政府，感谢北疃村民，给予了我们参加这次定州市北疃村爱国主义教育大会的机会。这次我们从日本一共来了 6 个人，我们组成了一个民间访华团。访华团的名称叫做“北疃村教育交流访华团”。

今天我们有机会能够和各位领导、各位来宾以及各位同学见面，感到非常荣幸。过去日本侵略了中国，给中国人民造成了极大的伤害。当时的日本军国主义在中国实行了惨无人道的“三光”政策，曾经侮辱了无数的中国女性，并且对中国使用了毒气。对于日本在中国的加害行为，在这里我们代表日本人民，向曾经受害的中国人民表示衷心的谢罪。

在 1942 年 5 月 27 日，日本侵略者对英勇抗战的河北北疃人民使用了毒气，严重违反国际公约。当时的日军使用毒气，杀害了 1000 多名村民。对于日军犯下的这些罪行，我们做为日本人，是无论怎样地谢罪，都难以原谅和难以饶恕的。这样严重的罪行，无论我们怎样去谢罪，都觉得实在是无法谢完的，所以我们每次在大家面前，都会一再地表示衷心的诚挚的谢罪。虽然日军当年犯下的滔天罪行，并不能因为我们的谢罪而有丝毫减轻，更不会因此而从历史长河中消失。我们的谢罪，是想表明一种认罪的态度，同时也是表达一种希望日中人民世代友好和平的愿望。

什么是毒气？毒气是一种“格杀勿论”式的武器，是一种只要使用，就不分男女老幼，统统都会受害的非常残忍的武器。当我一想起日军曾利用毒气攻打北疃，利用毒气杀害了那么多的老人、妇女和儿童，一想到这些，我就会感到撕心裂肺，感到心如刀绞。在此，我们再一次向北疃村民、向中国人民表示诚恳的谢罪。

日本有一个岛屿叫大久野岛，当年日军在岛上秘密修建了一个毒气制造工厂。我就出生于大久野岛附近的一个城市。日军在北疃村使用的毒气，就是在大久野岛上生产的。

在日军侵华时期，日本政府刻意隐匿毒气制造的事实。为此，大久野岛在当时日本的版图上无声无息地消失了。

我一直在从事着这种和平教育活动。我从事这些活动的目的，是让日本人能够对那一段历史树立正确的认识，认识到侵略战争的性质以及日本是一个战争加害国的事实。

这是由“鬼”变成人的小林宽澄先生，用中文书写的一幅字。他因年事已高，行动不便，所以不能来华，特意委托我们带来他的这一份礼物，以表达他对中国人民的感情，以及他的祝福与心愿。(已81岁高龄兼癌症晚期患者的渡边登，此刻面向会场群众，双手高举起小林宽澄写的这一幅字给大家观看)小林宽澄先生在这张纸上写的是：我们一定要团结起来，肩并肩，手拉手，一起来反对战争，构筑世界和平。

我希望中日两国的青少年能够不断加强交流，希望我们之间携起手来，共筑世界和平的美好环境。我会把今天在北疃村的活动情况，回去后告诉日本青少年，告诉他们日中人民要世世代代友好下去。

在北疃村的这次集会上，日本民间访华团给北疃陵园的英烈们敬献了花圈，捐献了从日本带来的有关资料与图片，并再次为修缮陵园捐资。

和笔者同往北疃的中国作家杨金平先生，见之感慨道：他们代表了日本的良心。杨金平在给渡边登等日本友人的留言簿上，写下了这样的话：渡边先生一行：我认为你们代表了日本国的良心，你们的努力真诚可嘉！关注中日战争的文人，对你们的努力欣慰。人类要和平，没有这样的努力不行。我是记录“梅花惨案”的作者，盼望我们以后在这个方面精诚合作。

在这里，要追加附录的一点是，在这次与日本民间友好访华代表团的交流活动中，山内正之赠送了我们一些他们从日本国内带来的资料与刊物。在其中一份刊物中，我蓦然发现了原日军步兵一六三联队一名士兵的证言。

安养寺功幸的讲述（节选）

> 这是个非常悲惨的战争案例，在战斗中，中国北疃村方面最初是实施的游击战，接下来就是枪战对决，可是打到后来，八路军就突然消失不见了，整个村子里一个人也看不到。一些日军士兵感到很纳闷，不知刚才还在顽强抵抗的这些中国人，一转眼之间都去了哪里。部队在村子里开始搜索，发现了可疑的地下暗道。这些地道里面，隐藏着八路军，还有今天来到日本的李德祥等人也躲避在里面。于是日军开始改变作战方案，把发烟筒从掘开的地道洞口扔进去。

这是目前为止，我唯一找到的来自一六三联队士兵的证言。

在日本民间访华代表团归国之后，为了核实原步兵一六三联队士兵安养寺功幸的讲述，及希望获得更多的日军官兵证言，我与渡边登用电子邮件进行了沟通。

孰料，渡边登的来信，却让我大吃一惊。

渡边登在回信中，告诉了我这样一件事情：安养寺功幸的证言，近年来又被他自己推翻了。他在新的证言中，不仅否认了北疃惨案的存在，并且还声称日军一六三联队在中国从未进行过烧光、杀光、抢光这些暴虐行为的“三光”作战。

北疃惨案似乎已经随风而逝了，大多的中国人并不记得（或者根本就是一无所知）曾经在中国的北疃村，发生过一起惨绝人寰的日军毒杀大惨案。那么，若干年后，不要说是北疃惨案，就是南京大屠杀，人们会不会也将其忘却于脑后？或者，只是在记忆中留存下一个淡淡的历史名词而已？

潘家戴庄“千人坑”大惨案

田益亭　刘作云　王树增*

中华人民共和国最高人民法院特别军事法庭，于1956年6月9日上午8点30分在沈阳市开庭审判8名日本战争罪犯。日本陆军第一一七师团长铃木启久在法庭上供认：“1942年十月二十八日（农历），为推行‘三光政策’，我下令所属第一联队骑兵队‘彻底肃正潘家戴庄’，集体屠杀千余和平居民，烧毁民房一千余间，把财物抢劫一空……”“我杀害中国人民的手段是残忍的，毫无人性的，是中国人民所不能忘记的，我诚恳地接受中国政府对我的正义判决……”

潘家戴庄现属滦南县，在抗日战争时期，是冀东八路军北宁路南（以下简称“路南”）游击区中的一个拥有371户、1765口人的大村。北距张各庄8公里，南距倴城8公里，是倴（城）张（各庄）公路的必经之处。1942年12月5日（农历十月二十八日），驻张各庄、司各庄的日伪军250余人，在日军骑兵队长铃木信指挥下，制造了一起骇人所闻的潘家戴庄“千人坑”大惨案，屠杀我同胞1128人，烧毁民房1030间，财物被抢劫一空，美丽富饶的村庄变成一片焦土。杀人现场惨不忍睹：30名婴儿被杀人强盗摔死在碌碡

* 本文系作者经采访多名亲历者后整理成文。

上，60 名孕妇身遭杀戮，27 户被杀绝，31 户只剩下孤儿寡母。对日本侵略者欠下中国人民的这笔血债，人们刻骨铭心，永志不忘！

一

1942 年 10 月，日本侵略者在冀东推行所谓第五次“治安强化”运动，并规定“自 12 月 2 日至 8 日期间，配合大东亚战争一周年纪念活动，使本次运动达到最高潮。”

日军先是以路北为重点，沿长城各县制造“无人区”，驱赶路南地区 16 岁至 60 岁的男人去路北挖沟筑垒。尔后，在路南挖“遮断壕”，搞“清水摸鱼”。日伪军架着大板车大肆抓捕男性青壮年去做劳工，违者枪决、刀砍或就地活埋。对没有“良民证”的外乡客商、走亲访友和赶集上店的农民，则视为“通共”“通八路”分子，枪挑、刀砍于“杀人坑”，并下令不准收尸，收尸者也以“通共”治罪。

为了配合路南地区群众的抗日活动，八路军迁（安）滦（县）卢（龙）县基干队大队长张鹤鸣率 2 连、新 3 连和地方游击队一部，挺进路南，经常活动于唐官营、川林和潘家戴庄一带，寻隙打击敌人。12 月 4 日下午 4 点时分，当我部队由唐官营、潘家戴庄向程庄转移时，日军派出一个骑毛驴的密探，尾随在我部队的后边，探清我部队的人员、装备后，从潘家戴庄折回张各庄据点。晚饭前我部队刚到程庄，准备在该村宿营，铁杆汉奸伪保长程殿栋同伪办事员程为平，偷偷溜进倴城据点，将程庄驻有八路军的情报，呈递给倴城伪警察分局长王星寿。王星寿为献媚请赏，马上通电他的主子——驻张各庄日本骑兵队队长铃木信。在此之前，负责在冀东执行五次“治强”的日军第二十七步兵团少将兵团长铃木启久（后升为第一一七师团中将师团长）曾指令所属第一联队骑兵队“迅速对该村（指有八路军活动的村庄）进行‘剔抉’，彻底消灭该地的祸根”。所以，铃木信得知王星寿和密探的情报后，如获至宝。当夜就调集张各庄、司各庄两处日军、特务、伪警备队 250 余人，深夜 12 点出发，在柱王庄会合后，直扑程庄，去执行“剔抉”

计划。

我迁滦卢基干队在得知程庄伪保长程殿栋逃跑的消息后，即刻撤离该村。午夜 12 点，从甸子村迁回到潘家戴庄。天将拂晓，从村西传来了稀疏的马蹄声，隐隐约约的人也依稀可见，我隐蔽在村西高坟、岭地上的哨兵，断定是敌人摸上来了，即刻朝敌射击一阵排子枪，走在前面的两个日军尖兵，应着枪声栽下马来，一个当即毙命，一个捂着中弹伤口嚎叫不止。一心想到程庄围歼“土八路”的铃木信，没有想到会在潘家戴庄挨打。他不知所措，慌忙拨马回逃。特务和伪警备队也尾随其主子掉头西窜。他们逃到皂户村，伺机反扑；胆战心惊的伪警备队则趴在潘家戴庄村西的沙岗子下边，等待“皇军”命令。

我初战获胜的迁滦卢基干队，为保存实力，决定暂时避开敌人的锋芒，迅速转移。部队行动前，怕老百姓身遭不测，动员他们一同转移。村东头的几家群众随着转移出去了，但多数群众未及转走。那时人们受了不少欺骗宣传，伪保长戴老四就经常宣扬什么“中日亲善”，“皇军”来了不跑不颠，就会不杀不砍。但是，善良的人民哪里会知道，一场浩劫会降临到他们的头上！

二

12 月 5 日天亮后，日军派出的密探回报：“八路已经跑了”。铃木信转而喝令部下，重新整队，杀回潘家戴庄。把村庄包围后，日军、特务们端枪、持棒，挨门挨户喝令男女老少，统统到村东南角的大场里听“皇军”讲话。慢者即遭棍棒打，违者杀头！少数群众早饭刚进半餐，多数群众还在空腹饿肚，就被赶出家门。全村老老少少，不管盲人、残废还是病人都被驱赶到“会场”，即杀人场。东、北两面的房子上站满了端着刺刀的伪警察队。场南的围墙上和路口中间，架着好几挺机枪，日寇和特务头目们，齐聚“会场”中央，他们是：

铃木信，日本驻张各庄骑兵队长

郭成信，日本骑兵队翻译官

张占鳌，张各庄伪清乡办事处主任

间　岛，日本驻伪清乡办事处顾问

安　田，日本张各庄骑兵小队长

曾广昭，伪清乡自卫队队长

牛　田，日本驻司各庄骑兵小队长

程凌阁，驻司各庄的伪警备小队长

杨××，驻司各庄日本骑兵队翻译

铃木信面对群众虎视眈眈，阵阵狂笑；特务爪牙横眉立目，拎着棍棒，端着步枪，围着群众荡来荡去。场上的百姓们预感到一场灾祸就要临头。

9 点时分，日伪从人群中第一个抓出了教师马文焕，厉声问道："八路有多少？都往哪里去了？"马文焕刚说出"不知道"，一群特务蜂拥而上，一阵乱棒，打得他遍体鳞伤，鲜血淋漓。最后，一个特务对着马文焕的脑袋狠狠一棒，立刻殷红的血浆从耳朵里喷了出来，惨死在血泊中。几个日寇、特务盯着喷血的耳朵，跺脚狂笑。接着，一个特务又从人群中拽出了齐盘成，先用凶狠的目光扫视一遍人群，然后大声喝道："要不说出八路军的下落，同样下场！"未等齐盘成回话，就被打死在地。此刻，一个日本兵又从人群里拉出青年李庆发，随后扒去他的棉袄，另外 4 个日本兵端着刺刀，对着他的前胸后背，连声逼问："八路军的哪里去了？"李庆发回答："不知道！"再问还是"不知道"。这时，日本兵一刺刀扎在李庆发的肚子上，热血喷了一地，肠子流出肚外，辗转惨死。潘恩田因躲避日寇，藏在自家的幔子上，被特务发觉后，赶进杀人场。他刚走进人群，就被日本兵、特务拉出来一阵苦打。潘恩田的母亲看到儿子挨打，心如刀绞，急忙从人群里挤出来，一面用双手搂住儿子，一面对日伪哀求说："他不是八路军，是我的儿子。""死了死了的！统统的八路！"铃木信哇啦哇啦地叫着，将潘恩田的母亲抓起来推入人群，随后在潘恩田身上又是一阵乱棒。潘思田的胛子被打掉了，耳朵被打碎了，他昏死过去。日伪唯恐他不死，又在他左腿上扎了一刺刀。时隔一小时之后，日伪又杀了潘恩田的母亲，活埋了他的妻子、妹妹，摔死了他那刚满 4 岁的儿子。

时近中午，日军、特务按着铃木信的指令，窜入人群，一起抓出了李忠海、潘恩和、戴达成、戈振久等十几名群众，他们都先后惨死在刀枪棍棒之下：有的七窍出血，有的脑浆四溢，有的被砍掉头颅。但是他们谁也没泄露我军的机密和领导者的姓名。气急败坏的日寇、特务，一看问不出八路军的去向，便对全村人狠下了毒手。从人群中挑选出 20 名年轻力壮的小伙子，用枪逼着他们将地主潘俊章紧靠场北挡车霸道的老沟，加深加宽，挖成了一条长 10 丈、宽 7 尺、深 6 尺的大坑。大坑挖好后，日伪从挖坑人手中夺过锹、镐，驱赶群众进坑。群众面对死亡，挣扎外闯。敌人手持刀枪、棍棒，开始了血腥大屠杀。在人群里棒起刀落、锹镐乱舞。善良的百姓成片成片地倒下去。万恶的日寇和特务，把打死打伤的人们，扯着双腿扔进大坑，然后堆柴纵火焚烧。周树全誓死不进杀人坑，被日军一镐刨死在坑沿上。戴昌田被推进坑里后，奋力争着往外爬，又被日军一镐砸碎了脑袋。周树清刚从坑里爬出，又被两个特务扔进火坑。周树恩刚给日军装完马车，就被特务押入杀人场，打入烈火熊熊的大坑。他乘敌不备，从火坑里拱爬出来，随手扒下着火的衣服，赤身爬出了杀人场。被敌人打掉胛子、左腿上挨了一刺刀的潘恩田，数小时后，又死而复苏，他强忍仇恨和剧痛，从死人堆里爬了出来，逃出了虎口。

时过正午，敌人用过午饭，又把杀人魔爪扑向妇女。开始，敌人用刺刀、棍棒、锹镐驱赶妇女进坑。特务汤兴辉等杀人不眨眼的刽子手们，嫌妇女进坑太慢，他们就用绳子拉、扁担赶。大坑里堆满了死人和活人。日军、特务逼着挖坑的人又挖了一个长 2 丈、宽 1.5 丈、深 5 尺的大坑。齐安居的妻子，从坑里往外爬，一个日本兵朝她狠狠就是一刺刀，刀尖透过前胸，她躺在了血泊中。她的两个女孩子，一个叫菊勾，一个叫白勾，见到妈妈被敌人扎死了，趴在母亲身上放声大哭，万恶的日寇又用刺刀把两个孩子挑进坑中。周树昌的妻子正顺着坑沿往上爬，被日军一刺刀挑开肚子，立刻肠胃落地，胎婴流出。

在大肆屠杀妇女之前，一个身穿黄呢子军装、斜挎腰刀的日军军官，在坑边上大喊一声："花姑娘的，这边来！"张占鳌等一伙特务立刻窜入人群，拽出十几个年轻的姑娘、媳妇，拖进地主潘俊章家的大院，随后日军、特务跟进一大帮。这群野兽，把她们轮番奸污。之后，又拖进杀人场，枪挑、活埋了。

孩子的妈妈们，只知道自己的惨死，哪里知道她们的亲生骨肉比自己死得更惨！这些丧尽天良的强盗们，把嗷嗷待哺的孩子们抓起来就往火坑里扔，或顺手一刀砍掉脑袋，或一脚踢进大坑。特务张占鳌是个杀人成性的刽子手。他凶狠地拎着孩子们的小腿往碌碡上摔，被摔得脑浆四溅，血肉横飞。一群特务也学着张占鳌的招术杀人，30 多名天真活泼的幼童被活活摔死在碌碡上。

这群吃人的豺狼，一心要把潘家戴庄人斩尽杀绝，最后把 20 名挖坑的青年枪挑、锹铲于杀人坑。

血洗之后，250 名日寇、特务又从杀人场窜回村里，他们先砸门落锁，翻箱倒柜，抢劫财物，后纵火烧房。顿时，火光冲天，浓烟蔽日。熊熊大火一直燃烧了三天三夜。第二天正遇西北大风，柴草木灰随风飘出 30 多里。潘家戴庄变成一片焦土。

日寇血洗潘家戴庄的暴行，很快传遍路南大地。各村群众遥望着大火，焦虑不安，愤愤不已；与潘家戴庄有亲属的人们，无不牵肠挂肚，甚至失声痛哭；虎口余生的人们，特别是趁给敌人抱草而逃出杀人场的学生们，虽得到乡亲们的热情照料，他们因思念亲人，而终日哭泣不止。被日寇征去路北挖沟、服劳役的 150 多名（最后一批）青壮年，听到自己的家乡被烧，亲人被杀，心急如焚，他们扔掉锹镐，闯过敌人的数道哨卡，甩掉敌人的追击，星夜跑回潘家戴庄。去他乡走亲访友的潘恩普老大爷回村后，一见全家 9 口亲人被杀，房子被烧，立刻昏倒在地。他想亲人想疯了，一连几夜不离杀人场，呼天唤地，哭儿叫女，后来他疯癫愈甚，离开人间。

在抗日政府的组织发动下，活下来的潘家戴庄人，三四天后陆续回村，附近村庄的群众和亲友也都先后赶来。5 天头上开始收殓亲人尸体。众亲人一进杀人场，悲痛欲绝，声泪俱下，哭声震天撼地，数里以外可闻。

人们流着泪水，从坑里往外挖亲人，可是大坑里被烧、被杀的尸体已经腐烂、发臭，血肉模糊，尸骨凌乱，缺肢断臂，手足成灰，额烂头焦。孩子们的小小身躯，已经蜷缩一团。被埋在大坑最上层的人们，已被野犬撕得残缺不全。“千人坑”里惨不忍睹。齐广礼被烧得全身焦黑，腿已成灰。戴文秀的闺女，是被日伪头朝下活埋的，双脚烧焦，眼和舌头全被挤压出来。60多名孕妇肚子被烧崩，或被压开，胎婴流出体外。

抠尸的人尽管小心慎重，但是，拉胳膊，胳膊断；拽腿，腿掉下来。无奈，用绳子拴在死者腰上往上拽，把抠出来的尸体摆了一场。亲属们凭带血的“良民证”、领袖不全的衣着或生理特征来辨认亲人。最后，有200俱尸体实在无法辨认，只好合葬于一个肉丘坟。

惨案发生后的当天晚上，我迁滦卢联合县三总区区长蔡勇为等赶到潘家戴庄，观察了惨案现场，并向殉难同胞肃穆默哀，告慰惨死的父老兄弟姐妹们，我们一定向敌人讨还这笔血债！为死难的同胞们报仇！

在十几天以后的一天晚上，蔡勇为等一行6人又来到潘家戴庄，在一间教室里召开了幸免于难的群众会，宣读了冀东军分区司令员李运昌亲笔写给潘家戴庄人民的慰问信，信中写道：“……听到潘家戴庄人民惨遭日寇杀害，心里万分悲痛。日寇的暴行，极为令人发指，活着的潘家戴庄人民，要有骨气，不要因此而倒下去。要效仿路北的潘家峪人民，组织起复仇团，为惨遭杀害的同胞报仇。全冀东的八路军做你们的后盾。今派人送去步枪6支，手枪1支，武装起来，向敌人讨还血债！”

不久，我冀东抗日政府先后两次给潘家戴庄送来了两车玉米，3车种子，12头骡马和大批土布等物，以支援惨案后人民的生产、生活。鼓励他们要团结一致，一手拿抢，一手拿镐，打击日寇，重建家园。

日寇屠杀潘家戴庄居民的根本目的，在于压服路南人民，顺利推行其“沟壕堡垒”政策，扑灭抗日烈火，确保北宁路的安全。但却适得其反。用战犯铃木启久的话说，“由于潘家戴庄事件，附近一带居民尽向他方避难，所以骑兵队负责的壕沟，连三分之一都没有完成……不但壕沟没有完成，而且‘最平稳的治安区’的铁路南区有数百名八路军出现，并逼近北宁路线。”

惨案发生后的一个月，在党和政府的领导下，潘家戴庄人组织起“复仇团”，小顺更名“齐心”，二义改名“报仇”。他们二人当天晚上同戴作全一起报名，第一批参加了“复仇团”。从“复仇团”建立到日寇投降前，潘家截庄有 20 名青年参加了地方游击队和八路军路南地区主力部队，走上抗日第一线。

为打击敌人的嚣张气焰，给潘家戴庄报仇。在惨案后月余，1 区队调集两个连打伏击，屠杀潘家戴庄人民的刽子手、怙恶不悛的杨翻译和日军曹长都被我当场击毙。抗日政府为了给潘家戴庄人民报仇雪恨，惨案不久，就逮捕并处决了给日寇送情报的汉奸程殿栋。新中国成立后，在镇反、肃反运动中，又把参与惨案暴行的特务、汉奸分子曾广昭、张占鳌等 20 多名罪犯逮捕归案，分别判处了死刑、死缓和徒刑。血债累累的张占鳌，日本投降后畏罪潜逃东北，改姓更名，妄图长期潜伏。但他终究未能逃出人民的法网，被龙江县人民法院判处死刑立即执行。

1956 年 6 月，在沈阳公开审判铃木启久等 8 名日本战犯。当年潘家戴庄惨案中虎口余生的周树恩，应我国特别军事法庭的邀请出庭作证，控诉日寇暴行。当周树恩在法庭上敞开衣襟，露出块块伤疤时，这个当年不可一世的“皇军”师长，面如土色，跪下认罪。按照国际公法，铃木启久被我国特别军事法庭判处有期徒刑 20 年。消息传到潘家戴庄，人民无不拍手称快！